Nosotros que luchamos con Dios

Jordan B. Peterson

NOSOTROS QUE LUCHAMOS CON DIOS

Una nueva perspectiva sobre
la mayor historia jamás contada

 Planeta

Obra editada en colaboración con Editorial Planeta – España

Título original: *We Who Wrestle With God. Perceptions of the Divine*

© Dr. Jordan B. Peterson, 2024
© de la traducción del inglés, Juan José Estrella González, 2025

Créditos de portada: adaptación de la edición original en alemán, publicada por Fontis: *Gott. Das Ringen mit einem, der über allem steht*, de Jordan B. Peterson. © 2024 por Fontis

Adaptación de portada: © Genoveva Saavedra / aciditadiseño
Fotografía del autor: © Carly Söderström

© 2025, Editorial Planeta, S.A. – Barcelona, España

Derechos reservados

© 2025, Editorial Planeta Mexicana, S.A. de C.V.
Bajo el sello editorial PLANETA M.R.
Avenida Presidente Masarik núm. 111,
Piso 2, Polanco V Sección, Miguel Hidalgo
C.P. 11560, Ciudad de México
www.planetadelibros.us

Primera edición impresa en esta presentación: mayo de 2025
ISBN: 978-607-39-2830-4

Impreso en los talleres de Bertelsmann Printing Group USA
25 Jack Enders Boulevard, Berryville, Virginia 22611, USA.
Impreso en EE.UU. - *Printed in the United States of America*

*A mi madre, Beverley Ann Peterson, recientemente fallecida,
que como todos nosotros luchó con Dios
(en su caso, sobre todo con alegría).*

Índice

Frontispicio

Consolación de la carroña

No, no quiero ser consuelo de carroña, desesperación, no me
   complaceré en ti;
ni destrenzaré en mí, por débiles que sean, estas últimas briznas
   de lo humano,
ni en el colmo del cansancio gritaré: «No puedo más». Sí puedo;
   puedo al menos esperar y ansiar que llegue el día, no escoger el
   no ser.
Pero, ¡ay!, pero, oh tú, terrible, ¿por qué con tu diestra bota
   ahogamundos
con rudeza me pateas?
¿Por qué con zarpa de león me oprimes y con negros,
   devoradores ojos,
hasta mis lacerados huesos escudriñas?
¿O con ráfagas de tempestad me avientas, cuando ya en parva
   amontonado, de ti
trataba de escapar y huir enloquecido?
¿Para qué? Para que vuele mi paja y limpio y escogido caiga el
   grano.
No cesó toda esta refriega, esta porfía, hasta que yo (al parecer) besé la
   vara...
Mejor, la mano. Entonces, ¡por fin sí!, mi corazón lamió fuerza,
   robó alegría,
llegó a reír, a aclamar...

¿Pero a aclamar a quién? ¿Al héroe que con celestial mano
    me zarandeaba
y con su pie me pisoteaba?
¿A mí, que inerme contra él luchaba? ¿O a quién? ¿A los
    dos? Aquella noche,
aquel año,
de ya pasadas sombras, yo, desdichado, luchando estuve
    (¡oh, Dios mío!) con mi Dios.[1]

Borradores anteriores del verso final:

De oscuridad pasada, desdichado, luché, forcejeé con Dios.
Ya pasado, sé que desdichado luché, forcejeé con Dios.
Pasado ya, sé que desdichado luché, forcejeé con Dios.
De oscuridad ya extinta, desdichado forcejeé y luché.

GERALD MANLEY HOPKINS (1885)

La historia de los seres supremos de estructura celeste es de una importancia capital para el que quiera comprender la historia religiosa de la humanidad en su conjunto. No es nuestra aspiración el escribirla aquí, en unas páginas. Pero al menos nos es preciso traer a colación un hecho que nos parece esencial: los seres supremos de estructura celeste tienden a desaparecer del culto: se «alejan» de los hombres, se retiran al cielo y se convierten en *dei otiosi*. Estos dioses, después de haber creado el cosmos, la vida y el hombre, se resienten, se diría, de una especie de «fatiga», como si la enorme empresa de la creación hubiera agotado sus fuerzas. Se retiran al cielo...[2]

Presagio

El susurro de una brisa suave

Iniciamos nuestro viaje, nuestra lucha con Dios, con una historia singular, una historia que nos da a conocer una idea de considerable peso y que adopta la forma dramática clásica de las narraciones bíblicas; una idea que puede ayudarnos a entender por qué debemos explorar y llegar a conocer estos relatos antiguos cada vez más olvidados. Se trata de la historia del profeta Elías y ofrece una de las caracterizaciones o definiciones más fundamentales de Dios. Dicho profeta vivió en tiempos del rey Acab y de su esposa Jezabel, en el siglo IX a. C. Aunque su historia es breve, Elías destaca entre los profetas por dos razones: su extraña manera de morir y su aparición mucho más tardía junto a Moisés y Jesús de Nazaret en la cima del monte Tabor durante la conocida como «transfiguración» (Mateo 17:1-9; Marcos 9:2-8; y Lucas 9:28-37). Ese término, *transfiguración*, lo emplearon los traductores latinos del texto griego original, que aludieron al suceso con el término helénico *metamorfoô*, con sus connotaciones de la cualidad transformadora de gusano a mariposa. Los seres humanos crecen y se desarrollan a medida que maduran (presuponiendo que maduren) de una manera casi tan radical como la del insecto alado. Como apunta el apóstol Pablo en Corintios 1:11-13: «Cuando yo era niño, hablaba como niño, pensaba como niño, juzgaba como niño; mas cuando ya fui hombre, dejé lo que era de niño». Así, no es en absoluto irrelevante que la palabra *psyche* (ψυχή) —raíz de la que deriva el término *psicología*, el significante del espíritu o alma humana— significara, literalmente, «mariposa».

Por profundo que sea el vínculo entre alma y mariposa, no es ese el único motivo de comparación. Las mariposas también son capaces de asombrosas hazañas de navegación. Se trata de algo casi milagroso, como mínimo, dada su fragilidad y su inteligencia, en teoría limitada. En esa capacidad de navegación suya (y quizá en lo efímero de su vida y en sus restricciones), resultan similares a los seres humanos, que han viajado desde su lugar de origen en África hasta todos los confines del planeta, por más distantes e inhóspitos que fueran. Además, esos insectos de alas vaporosas son hermosos, excepcionalmente simétricos, y notables en su capacidad para percibir en relación con esa belleza y esa simetría, y para seleccionar a sus parejas en consecuencia. Son capaces de detectar desviaciones de ambas características con asombrosa precisión. Ello revela una alta capacidad de juicio en relación con el ideal: una aptitud más que esos insectos perfectamente creados comparten con la psique humana. ¿Y por qué todo esto es relevante para nuestro relato del profeta Elías y para la comprensión de la vida? Porque tanto su manera de morir como su posterior aparición en compañía del Cristo transfigurado son representativas, o simbólicas, de la capacidad de transmutación cualitativa y revolucionaria de la psique.

En 2 Reyes 2:2 se nos informa de que Elías fue elevado en cuerpo y alma a los cielos estando todavía vivo, privilegio que el Antiguo Testamento les reserva solo a él y al profeta Enoc (Génesis 5:24). Es, claro está, parte integrante de la tradición cristiana que Jesús ascienda a los cielos de manera similar tras la resurrección (Lucas 24:50-53; Hechos 1:9-11). Gran parte de la cristiandad también acepta la doctrina de la asunción de María, según la cual esta es llevada en cuerpo y alma a los cielos después de su muerte. Pero hasta ahí el alcance de este fenómeno. La ascensión al reino divino supone la presencia de algo sin duda muy notable. En el momento del tránsito de Elías, este se encuentra acompañado de Eliseo, su discípulo y sucesor. Se desplazan desde Gilgal a Betel, lugares ambos de profunda importancia bíblica. Gilgal es, por ejemplo, el lugar en que los israelitas erigen un monumento a Dios para conmemorar el éxito de su paso, a través del río Jordán, a la tierra prometida (Josué 4:19-24). Betel, por su parte, significa «casa de Dios». Aparece por primera vez en Génesis 28:10-22 como el lugar en el que Jacob sueña con una escalera que se eleva hacia el cielo por la que unos ángeles —intermediarios entre lo divino y el hombre— descienden y ascienden. En su sueño, Dios reafirma a Jacob la alianza a la que había llegado con Abraham e Isaac, prometiéndole numerosa descendencia, tierras y protección divina. Todo relato en el que aparecen unos héroes desplazándose de un lugar en el que ha ocurrido algo importante hasta otro de relevancia equivalente o incluso mayor es un relato sobre la idea del propio «viaje significativo», una descripción del camino de la vida que se desarrolla de manera óptimamente audaz y llena de sentido. Es por eso que la última y mayor de las aventuras de Elías tiene lugar en Betel, o en sus inmediaciones, por ser el punto en el que se produjo la visión de la escalera de Jacob. Eliseo está con él:

En cuanto pasaron, Elías dijo a Eliseo: «Pide lo que quieras que haga por ti, antes de que yo sea arrebatado de tu lado». Eliseo dijo: «Te ruego que me dejes una doble porción de tu espíritu». «Cosa difícil has pedido —le respondió Elías—. Si me ves cuando sea separado de ti, te será concedido; pero si no, no.» Aconteció que mientras ellos iban caminando y hablando, un carro de fuego, con caballos de fuego, los apartó a los dos y Elías subió al cielo en un torbellino. Al ver esto, Eliseo clamó: «¡Padre mío, padre mío! ¡Carro de Israel y su caballería!». Y nunca más lo vio. Entonces Eliseo tomó sus vestidos y los rasgó en dos partes.

2 Reyes 2:9-12

De ese modo, Elías es entregado al reino de Dios, así como la gran buscadora de belleza y viajera del mundo de los insectos levanta el vuelo hacia los cielos después de su metamorfosis. El ascenso al reino de lo divino por parte del profeta prepara el terreno para su posterior reaparición junto a Jesús en la cima del monte Tabor:

> Seis días después, Jesús tomó a Pedro, a Jacobo y a su hermano Juan y los llevó aparte a un monte alto. Allí se transfiguró delante de ellos, y resplandeció su rostro como el sol y sus vestidos se hicieron blancos como la luz. Y se les aparecieron Moisés y Elías, que hablaban con él. Entonces Pedro dijo a Jesús: «Señor, bueno es para nosotros que estemos aquí; si quieres, haremos aquí tres enramadas: una para ti, otra para Moisés y otra para Elías». Mientras él aún hablaba, una nube de luz los cubrió y se oyó una voz desde la nube que decía: «Este es mi Hijo amado, en quien tengo complacencia; a él oíd». Al oír esto, los discípulos se postraron sobre sus rostros y sintieron gran temor.
>
> Mateo 17:1-6

Una transformación que, de modo parecido, también mueve al temor reverencial se da en los relatos sobre Moisés: «Después descendió Moisés del monte Sinaí con las dos tablas del testimonio en sus manos. Al descender del monte, la piel de su rostro resplandecía por haber estado hablando con Dios, pero Moisés no lo sabía. Aarón y todos los hijos de Israel miraron a Moisés y al ver que la piel de su rostro resplandecía, tuvieron miedo de acercarse a él» (Éxodo 34:29-30). Ese resplandor es, por así decirlo, la ocurrencia simultánea de la elevación definitiva y lo que normalmente es meramente humano: una indicación del descenso de lo divino a lo profano, o del ascenso de lo profano hacia las alturas.

Por tanto, tiene todo el sentido del mundo, simbólicamente, que esas revoluciones en el carácter o transmutaciones de la psique tengan lugar en las cimas de los montes. La cumbre de la montaña sagrada es el lugar mítico en el que el cielo y la tierra se tocan, en que lo meramente material se encuentra con lo trascendente y lo divino. Más aún: la vida se representa bien como una serie de viajes montaña arriba. Para los pesimistas, se trata del temible destino de Sísifo, condenado a empujar una piedra por una ladera hasta la cima para ver como esta desciende rodando una y otra vez, por lo que el proceso debe repetirse eternamente. En cambio, un intérprete más optimista de la vida podría ver las oportunidades de transformación personal. Cuando hemos subido una nueva montaña y llegado a la cima —esto es, cuando hemos alcanzado nuestra meta—, hemos llevado con éxito algo hacia un fin, hemos materializado una visión cercana y nos hemos convertido en más de lo que éramos. Al llegar a la cima, al menos a la cima del ascenso en curso, también vemos todo lo que se extiende ante nosotros, incluido el siguiente reto —la siguiente posibilidad de jugar, de madurar y de crecer; la siguiente llamada a un sacrificio transformador—. El progreso continuamente ascendente representado en una sucesión de escaladas, cada una de ellas con su experiencia de cumbre, es una variación del camino de ascensión representado por la escalera de Jacob, la subida en espiral a los cielos hacia el reino de Dios, en la que el propio Dios llama desde el punto elevado, desde la cúspide del monte más elevado concebible.

La historia de Elías no se limita a su manera excepcional de morir y a su transformación final. El gran profeta vivió en la época del reino dividido de Israel y Judá. En ese tiempo, el pueblo de Israel trabajaba a las órdenes del rey Acab, que lo llevó a venerar a dioses que no eran Jehová, la deidad tradicional de Abraham, Isaac y el pueblo elegido. Esa desviación tuvo lugar como consecuencia directa el matrimonio de Acab con Jezabel, una princesa fenicia rica y privilegiada que trajo consigo a sus falsos dioses tras los esponsales. Baal, su dios preferido, era una deidad fenicia cananea de la naturaleza, responsable de la fertilidad, la lluvia, el trueno, el relámpago y el rocío. La nueva esposa de Acab, una mujer resuelta, mató a la mayoría de los profetas de Jehová en su intento de establecer la primacía de Baal. Se dice que el esposo de Jezabel, totalmente sometido a su control, hizo «para provocar así la ira de Jehová, Dios de Israel, más que todos los reyes de Israel que reinaron antes de él» (1 Reyes 16:33). Elías intenta disuadir al monarca de sus debilidades y de su idolatría, asegurándole que las consecuencias de su gobierno desviado traerán consigo años de una sequía tan grave que incluso el rocío de la mañana dejará de visitarlos.

Dado que Baal era el dios considerado responsable directo de la lluvia dadora de vida, la sequía vaticinada por Elías socavaba claramente la autoridad del dios y de sus sacerdotes, así como la confianza del pueblo en Acab, su rey, y en Jezabel. El motivo literario del «reino reseco» empleado en este fragmento narrativo constituye un tema simbólico de significación estable, algo que se pone de manifiesto, por ejemplo, en la obra maestra de la animación de Disney, *El rey león*. Cuando Scar, el hermano malvado del rey legítimo, depone a Mufasa, verdadero rey de Pride Rock, destierra al hijo de este, Simba, a la periferia del reino. La consecuencia es que la lluvia deja de caer y desaparecen los animales que los leones cazan y de los que dependen. Cuando Simba recupera el trono, la lluvia regresa. En el cuento infantil *El agua de la vida,* de los hermanos Grimm, se insiste en el mismo tema y se presenta como la aventura de un hermano menor encargado de transportar el agua que ha de devolver la vida a su padre moribundo. Algo similar aparece en el Libro del Éxodo con su contraste entre la rigidez pétrea del faraón intransigente y el dominio dinámico del agua característico de Moisés. Cuando el principio erróneo se establece como supremo —cuando un rey falso ocupa el trono o se imponen unos valores impíos—, la gente no tarda en verse privada de la mismísima agua de la vida. En todo caso, de manera más profunda, un reino que gira en torno a un polo errado —que venera a unos dioses equivocados, por así decirlo—, sufre psicológica o espiritualmente.

Después de declarar la sequía y retirarse al desierto, donde en un primer momento es alimentado por cuervos y bebe de un arroyo, los propios recursos del profeta se secan. Dios dirige a Elías al encuentro de una viuda en la localidad de Sarepta. La halla junto a un pozo y le pide agua y pan. Ella responde: «Vive Jehová, tu Dios, que no tengo pan cocido; solamente un puñado de harina tengo en la tinaja y un poco de aceite en una vasija; y ahora recogía dos leños para entrar y prepararlo para mí y para mi hijo, para que lo comamos y nos dejemos morir» (1 Reyes 17:12). Elías la tranquiliza y le dice que Dios no permitirá la escasez en su casa. «Porque Jehová, Dios de Israel, ha dicho así: "La harina de la tinaja no escaseará, ni el aceite de la vasija disminuirá, hasta el día en que Jehová haga llover sobre la faz de la tierra"» (1 Reyes 17:14). Podría parecer raro que un emisario de Dios necesite recurrir a una viuda pobre para asegurarse el sustento. Pero los relatos bíblicos son sutiles y sofisticados. Aquí, en primer lugar, la historia de Elías enfatiza la importancia, también, de las personas humildes (en este caso, la viuda); en segundo lugar, la necesidad de una orientación moral incluso en condiciones de privación (la disposición de la viuda a ofrecer hospitalidad, una obligación que volverá a surgir a lo largo de nuestra indagación); y, en tercer lugar, que la abundancia depende absolutamente de la orientación moral de todos, independientemente del estatus.

La influencia inadecuada y manipuladora que la esposa del rey débil ejerce sobre su esposo inútil y carente de fe amenaza la integridad del Estado mismo. En parte, ella representa la atracción a menudo peligrosa de las ideas y las costumbres extrañas que pueden invadir y penetrar en una sociedad bajo el disfraz de lo creativo, lo sofisticado y lo nuevo. Antes de que surjan las objeciones («los autores de los relatos bíblicos eran inexcusablemente prejuiciosos e incluso xenófobos»), conviene tener en cuenta a figuras del Antiguo Testamento como Jetro, el suegro de Moisés, que ocupa un lugar importante en el Libro del Éxodo (véase, sobre todo, 18:17-23); Rahab, una valerosa y creyente prostituta de Jericó (Josué 2); y Naamán (2 Reyes 5), cuya humildad y fe permitieron su curación a manos de Eliseo. En todos los casos, se trata de individuos que a pesar de ser extranjeros, o precisamente por serlo, perciben con ojo no viciado y se comportan moralmente, por lo que juegan un papel correctivo cuando los israelitas se corrompen. A veces, lo nuevo parasita y envenena y en otras ocasiones restaura y renueva. La sabiduría consiste, entre otras cosas, en la capacidad para distinguir, en estos casos, lo que ayuda de lo que entorpece.

La mujer pobre pero bondadosa que ha perdido a su marido se presenta sutilmente como deseable, en contraposición a la arrogante y peligrosa reina Jezabel. ¿Por qué? A lo largo de casi toda la historia de la humanidad, la viudedad dejaba a la mujer en una situación muy difícil, sobre todo cuando esta tenía hijos a su cargo. Así pues, en el corpus bíblico, la figura de la viuda suele usarse para representar vulnerabilidad, impotencia y existencia en los márgenes sociales y económicos. Su estado miserable bien podría verse como una forma de injusticia cósmica constante. Por esa razón, así como para la edificación moral de su pueblo, el espíritu de Dios llama a los israelitas a rectificar su desigualdad: a vencer la tentación estrecha de centrarse en uno mismo y de entregarse a la avaricia y a dejar algo para los desposeídos:

> Cuando siegues la mies de tu tierra, no segarás hasta el último rincón de ella ni espigarás tu tierra segada. No rebuscarás tu viña ni recogerás el fruto caído de tu viña; para el pobre y para el extranjero lo dejarás. Yo, Jehová, vuestro Dios.
>
> Levítico 19:9-10

Este principio se elabora en el Deuteronomio, junto con un punto adicional: en cierto momento de la vida, todo individuo va a depender de otros; por tanto, una psique y una sociedad correctamente estructuradas se organizan de manera que esa dependencia inevitable se entrelace con la preocupación y las atenciones necesarias. No tiene sentido establecer una sociedad que no acierte a cuidar de las personas que la componen en todas las etapas de su desarrollo, desde la vulnerabilidad hasta la capacitación, la productividad y la generosidad.

> Cuando vendimies tu viña, no rebuscarás tras de ti; será para el extranjero, el huérfano y la viuda. Acuérdate de que fuiste siervo en tierra de Egipto. Por tanto, yo te mando que hagas esto.
>
> Deuteronomio 24:21-22

La viuda, que es generosa a pesar de su pobreza, encarna el patrón de conducta del sacrificio recíproco y la ayuda mutua que caracteriza por igual a un individuo fiable y a un Estado pacífico y productivo. Contrasta absolutamente con la reina privilegiada cuyo ensimismamiento amenaza la psique y la comunidad.

A medida que prosigue la historia de Elías, la idea de que la jerarquía de valores psicológica y social debe organizarse bajo el mandatario adecuado —o, de manera más abstracta, bajo el principio adecuado— se concreta más. El profeta deja Sarepta y organiza lo que en términos coloquiales podría denominarse «batalla final» en el monte Carmelo. Convence a Abdías, el mayordomo del palacio de Acab, para que congregue a todos los profetas de Baal, además de al pueblo de Israel, al pie del monte. Se preparan dos altares para el sacrificio: uno para Baal, controlado por sus profetas; otro para Jehová, bajo dominio de Elías. Se invoca a ambos dioses para que enciendan el fuego del altar que consume el sacrificio. Los profetas de Baal rezan durante horas sin éxito. Elías empapa su altar con agua tres veces (para demostrar que tiene razón) y después pide la intercesión de Jehová. De inmediato, desde los cielos desciende un fuego que inmola el sacrificio e incluso el propio altar. Así queda establecida la supremacía de Jehová. Los profetas de Baal son ejecutados y «una abundancia de lluvia» (1 Reyes 18:41) regresa de inmediato. No puede haber riqueza en ausencia de un orden moral verdadero. Bajo la guía de un espíritu alentador adecuado, la escasez puede convertirse en recuerdo lejano.

Nada contenta, Jezabel dirige su ira contra Elías. Y así, el desventurado profeta huye y se adentra en el desolado desierto. Se refugia en una cueva, donde Dios le habla (1 Reyes 19). El recurso de la revelación en un lugar solitario constituye un tema común en las narraciones. Las voces interiores y la experiencia imaginativa se vuelven mucho más probables en condiciones de aislamiento, en que se minimiza la comunicación verbal externa, así como en la oscuridad y el silencio, en que los estímulos sensoriales exteriores se ven drásticamente reducidos. Ello hace que aumente la probabilidad de una experiencia reveladora, para bien o para mal. A un nivel más profundo, esto puede ser así porque los sistemas neurológicos del hemisferio derecho, que (al menos en las personas diestras) se asocian más con el pensamiento y la acción inconscientes e implícitos, pueden asumir el control de la experiencia verbal y visual cuando no están ahogados ni suprimidos por las condiciones más normales de la interacción social y la información sensorial.[1]

Elías expresa una gran frustración y desesperanza, convencido de que sus intentos por mantener la fe solo han desembocado en desastre: «He sentido un vivo celo por Jehová, Dios de los ejércitos, porque los hijos de Israel han dejado tu pacto, han derribado tus altares y han matado a espada a tus profetas. Solo yo he quedado y me buscan para quitarme la vida» (1 Reyes 19:10). Dios le dice: «"Sal fuera y ponte en el monte delante de Jehová". En ese momento pasaba Jehová y un viento grande y poderoso rompía los montes y quebraba las peñas delante de Jehová; pero Jehová no estaba en el viento. Tras el viento hubo un terremoto; pero Jehová no estaba en el terremoto. Tras el terremoto hubo un fuego; pero Jehová no estaba en el fuego. Y tras el fuego se escuchó el susurro de una brisa suave» (1 Reyes 19:11-12). Son numerosas las frases célebres en la Biblia y «el susurro de una brisa suave» es, sin duda, una de ellas. Es en ese momento cuando Elías —y, a través de él, la humanidad— llega a entender que Dios no está en el viento, por más feroz que este sea, ni en el terremoto, por más devastador, sino que es algo interior: la voz de la misma conciencia; la guía interna de lo que está bien y lo que está mal; ese espíritu autónomo que reside en todas las almas y nos avergüenza ante nosotros mismos, nos hace fijarnos en nuestros defectos y pecados, y suscita el impulso de arrepentirse, disculparse y expiar.

Se trata de un descubrimiento de una magnitud sin parangón: la posibilidad de establecer una relación con Dios atendiendo a la conciencia. Dios garantiza al hombre y a la mujer el libre albedrío, a pesar de que Él quiere la lealtad de las criaturas que ha creado y también desea guiarlas. ¿Cuál es la mejor manera que tiene Él para conjugar esos dos deseos en pugna? No a través de la imposición, la fuerza o el miedo, sino proporcionando una voz, una imagen o incluso un sentimiento capaz de apuntar, de sugerir o de avergonzar y humillar silenciosa y quedamente (a pesar de ser capaz de aumentar su intensidad cuando hace falta). Esa identificación de la conciencia con Dios se vuelve cada vez más explícita, al menos en ciertas corrientes del pensamiento cristiano. Por ejemplo, el cardenal Newman, teólogo británico del siglo XIX, insistía exactamente en ello en gran parte de sus escritos.

> Así, la ley divina es la que gobierna la verdad ética, el criterio del bien y del mal, una autoridad soberana, irreversible, absoluta en presencia de hombres y ángeles. «La ley eterna —afirma san Agustín— es la razón divina o la voluntad de Dios, que exige observancia, prohíbe la alteración del orden natural de las cosas.» «La ley natural —expone santo Tomás— es una impresión de la luz divina en nosotros, una participación de la ley eterna en la criatura racional.» Esa ley, tal como la aprehende la mente de cada hombre individual, se denomina *conciencia*; y aunque pueda sufrir refracción al pasar al medio intelectual de cada uno, no se ve, por tanto, tan afectada como para perder su carácter de

ley divina y, en cuanto tal, conserva la prerrogativa de exigir obediencia.[2]

Este puede considerarse un argumento más poderoso y justificado que el que actualmente se usa con mucha mayor frecuencia: el «argumento a partir del diseño», por el que se insiste en que la complejidad de la naturaleza apunta necesariamente a un creador activo. En 1 y 2 Reyes se hallan las bases reveladoras de una definición mucho más psicológica y relacional de la deidad suprema, que diferencia a Dios del teatro pagano del mundo natural (por más inspiradora de respeto reverencial que, sin duda, pueda ser la naturaleza) y lo coloca a Él, maravillosa y terriblemente, en el interior de todos nosotros. Es esa comprensión de Elías la que prepara el terreno, también, para el relato de Jonás —para la misteriosa historia del profeta que en un primer momento rechaza y posteriormente obedece la llamada de ese susurro, de esa voz—, cuyas hazañas conforman el relato que cierra el presente volumen. La importancia fundamental y revolucionaria de la contribución de Elías se ve subrayada por el milagro de su ascenso en vida a los cielos. Ese acontecimiento, que prefigura la resurrección de Cristo (y la del propio Jonás, a su manera), indica el éxito inigualable de Elías en cuanto profeta. Simplemente, los textos bíblicos y la caracterización de Dios que aparece en ellos no pueden entenderse si no se valora la relevancia inédita de Elías como profeta, así como la importancia fundamental de eso tan transformador y revolucionario que él comprendió. Después de encontrarnos con la historia de Elías, percibimos la naturaleza del ser (de nuestro ser y del ser divino) de manera diferente, más claramente, y más directa y personalmente. Abrimos los ojos y oímos de manera nueva.

¿Y por qué el relato como cimiento incluso del acto mismo de la percepción? ¿O bien de la transformación del acto mismo de la percepción? Porque el mundo debe filtrarse a través del mecanismo del relato para hacerse comprensible, o incluso aprehensible; porque, simplemente, el mundo es demasiado complicado para asimilarlo y moverse por él en ausencia de finalidad y de personaje (que son los rasgos definitorios del relato mismo). Continuamente se presentan a nuestra consideración un conjunto infinito de hechos; un hecho por cada fenómeno, quizá, y no solo eso: un hecho no solo por cada fenómeno, sino por todas sus posibles combinaciones. Y eso son, claramente, demasiados hechos. El mismo problema se da con respecto a los resultados: cada acción, cada causa posible, produce una ramificación exponencial de efectos, demasiados para contemplarlos, considerarlos y tenerlos en cuenta. Se trata de un problema inasumible; algo que el filósofo Daniel C. Dennett caracterizó, en expresión célebre, como «un nuevo y profundo problema epistemológico».[3] Existe un número prácticamente infinito de maneras de categorizar —y, por tanto, de percibir— un número finito de objetos. No prestamos atención, y no podemos hacerlo, con la misma devoción a todo lo que ocurre siempre y en todas partes a nuestro alrededor. Lo que sí hacemos, con cada una de nuestras miradas, es priorizar los hechos. Y al hacerlo, prestamos atención a muy poco e ignoramos mucho. Lo hacemos para mantener nuestra meta. Lo hacemos para obtener lo que necesitamos y queremos. Pero ¿qué es? Puede ser la necedad de nuestro capricho momentáneo, cuando somos infantiles o no hemos abandonado el infantilismo, y nos orientamos hacia la gratificación inmediata de nuestros deseos. Puede tratarse del deseo de obtener el poder que posibilita esa gratificación a pesar de la presencia o incluso de las objeciones de los demás, con las que nos vemos obligados a combatir a medida que avanzamos. También puede ser el establecimiento maduro de los vínculos que nos unen y dan verdadero sentido a nuestras vidas: los lazos del matrimonio, de la familia, de la amistad, del comercio y del Estado. Quizá también sea la integración armoniosa y productiva del presente y del futuro en el individuo autónomo, que conforma la verdadera madurez y la conducta responsable, tanto cooperativa como competitiva.

Sopesamos los hechos con los que nos encontramos según

nuestros valores. Elevamos algunos caminos y no otros, algunas cosas en el mundo y no otras, y a algunas personas y no a otras a un lugar superior, y enviamos todo lo que consideramos menor al submundo del impedimento, del obstáculo, del enemigo o del adversario, o al dominio invisible de la irrelevancia. Así, ordenamos, simplificamos y reducimos el mundo, antes incluso de encontrarnos con él. Esa priorización no es meramente un proceso pasivo. Por el contrario, se trata de renuncias, ofrendas y sacrificios activos. No somos los receptores sumisos de verdades simplemente evidentes por sí mismas. Toda percepción es tanto una sensación como un esfuerzo. Toda percepción requiere del movimiento de los ojos, de la indagación de los dedos o del enfoque de la audición. Todo lo que experimentamos depende irreductiblemente de la motivación y de la acción, no es reflexivamente sensorial, por lo que la sensación nunca se da simplemente antes de la acción. Sea lo que sea lo que ocupa nuestra atención (sea lo que sea aquello de lo que somos conscientes, independientemente de su brevedad) es, pues, algo elevado en ese momento al lugar más alto, celebrado y venerado, lo sepamos o no. Debemos especificar lo que es más valioso en el presente y distinguirlo de cualquier otra cosa, y de todo lo demás, incluso para verlo. Esos elementos de atención momentánea, incluso fugaz, se organizan, a su vez, de manera más o menos coherente (dependiendo del grado de nuestra integridad) en una estructura piramidal de valor. Es más, esa estructura, o bien cuenta con algo en lo más alto (nuestra meta última), o es la casa dividida contra sí misma, que no puede permanecer (Marcos 3:25). Vemos el mundo a través de una jerarquía de valor. Ese es el mapa que usamos para que guíe nuestra navegación a través del territorio desconocido en el que, de otro modo, nos perderíamos. *Percibimos, por tanto, de acuerdo con nuestro fin.* Darse cuenta de ello es algo notable y no lo suficientemente divulgado, que implica, nada menos, que tanto nuestra tristeza como nuestra dicha dependen de nuestros valores.

Elevamos lo que tenemos en más alta consideración al lugar

más destacado de supremacía o soberanía. Apuntamos hacia el blanco elevado que consideramos central, aunque sea momentáneamente. Hacemos que nuestra conciencia misma se fije en lo que definimos como digno de dedicarle nuestra atención y de los esfuerzos de nuestra acción. Iniciamos nuestro viaje continuo hacia delante planteando un bien, un bien que es, como mínimo, mejor que nuestro punto de partida. Se trata de un acto de fe, además de un acto de sacrificio: de *fe*, porque lo bueno podría estar en otra parte; de *sacrificio*, porque en la búsqueda de cualquier bien concreto decidimos pasar por alto todos los demás. Todas nuestras percepciones son aliadas, «compañeras espirituales» de nuestra decisión final y determinante. Nuestra meta dibuja a nuestro alrededor un paisaje moral y el destino hacia el que tendemos nos sirve como el más alto bien imaginable, al menos en el momento y el lugar a los que nuestra intención da relevancia. Así, la meta ofrece al mundo su sentido, prioriza y organiza incluso nuestra percepción de este. En consecuencia, vemos extenderse ante nosotros el camino a seguir, la ruta que percibimos como la que con más probabilidad nos guiará hacia donde hemos decidido ir; vemos qué y quién nos ayuda y tenemos esperanza.

Gran parte de nuestra comunicación consiste en la descripción de la meta. Contamos a otros en qué andamos y esperamos y queremos que ellos nos cuenten lo mismo. Hablamos entre nosotros, a menudo superficialmente, sobre lo que están haciendo exactamente las personas a las que conocemos. ¿Qué quieren? ¿A qué prestan atención? Y en consecuencia, ¿cómo actúan? Empezamos a centrarnos en el personaje, más que en la inmediatez de la meta, cuando hablamos más profundamente de esas cosas, porque el personaje no es más que la encarnación habitual de la meta. Conocernos a nosotros mismos o a otros... Eso es entender al personaje. ¿Y cómo adquirimos y representamos ese conocimiento? Actuamos, imitamos, interpretamos —dramatizamos— para poder representar e interiorizar los patrones de atención y acción que nos caracterizan a nosotros y a otras personas. De manera más abstracta: contamos una historia. Cuando describimos las metas de una persona o un pueblo, su avance, los obstáculos y oportunidades que surgen en ese viaje, los amigos y enemigos que acompañan su movimiento —el paisaje moral que emerge—, contamos un relato. Al hacerlo, priorizamos, organizamos y percibimos el mundo. De ese modo, describimos la meta. Vemos el mundo en relación con la meta. ¿Qué es una historia, un relato, en que se detallan la meta y todas sus consecuencias? *Una descripción de la estructura a través de la cual vemos el mundo.* Los relatos nos revelan, en sus diversas caracterizaciones, las estructuras de valor en las que el mundo se manifiesta a nuestra percepción. ¿Y por qué importa eso? ¿Qué significa? ¿Por qué es importante, incluso vital? Ver y actuar en el mundo, con toda su incomprensible complejidad, constituye un desafío tremendo. Así, valoramos mucho las descripciones de nuestra manera de percibir y comportarnos, más aún, quizá, de lo que valoramos cualquier otra cosa.

Nos metemos de lleno en las historias que representamos en la niñez, las que vemos en escenarios o pantallas, o las que leemos en las obras de ficción, también de adultos, porque no hay nada que más falta nos haga que conocer cómo construir, ajustar y mejorar la jerarquía de valor en la que los hechos relevantes del mundo se dan. Así es como llegamos a construir el mundo que ocupamos, existencialmente. Así es como hacemos la realidad que habitamos. Así es como seguimos adelante... y decidimos qué es ese *adelante*. Vemos al héroe que apunta alto, que vive en la verdad, que se sacrifica por lo que es mejor, que lucha con nobleza contra las adversidades de la atroz fortuna y que, sin embargo, mantiene la integridad. Observamos que los amigos con los que se encuentra por el camino aceptan los sacrificios necesarios para ser de ayuda y nos complace verlo. Vemos a sus enemigos engañar, robar, traicionar, mentir y caer, y sentimos que se ha hecho justicia, o los vemos triunfar y experimentamos la indignación moral de los engañados. En pocas palabras: nos fascinan los que tienen metas elevadas y deseamos que, si somos valientes, nos posea su espíritu.

Aspiramos a sus metas, o mantenemos la esperanza de ver lo que ven, de experimentar las emociones que sienten y de aprender las lecciones que aprenden instalados, a salvo, en el mundo de lo imaginario. Ese es el valor de lo ficticio: es ahí donde experimentamos con el valor al tiempo que permanecemos sanos y salvos. Es el lugar en el que la obra que conforma nuestras propias percepciones puede darse de la manera más segura y efectiva.

Colocamos lo que más valoramos —el bien cuyo descubrimiento es nuestro propósito; el destino que es el objetivo del momento— en lo más alto, en la cima, en el lugar de supremacía o soberanía. Apuntamos hacia el objetivo que estimamos central, por más que sea momentáneamente. Nos concentramos en lo que definimos como digno de merecer nuestra atención y los esfuerzos de nuestra acción. Planteamos un bien, un bien que al menos es mejor que nuestro punto de partida. Se trata de un acto de fe y también de sacrificio: de fe, porque el bien podía estar en otra parte, y de sacrificio porque en pos de ese bien determinamos no buscar todos los otros. Toda percepción se alinea con esa fe inicial y determinante, mientras que la decisión que establece el marco interpretativo es, ella misma, un viaje parcial hacia la tierra prometida de nuestra meta, al depender, como depende, dicha percepción de la acción, que es el elemento constitutivo mismo del viaje. Nuestra meta dibuja a nuestro alrededor un paisaje moral y la meta sirve como el mayor bien imaginable, al menos en el tiempo y el lugar a los que dicha meta da relevancia. Una vez más, la meta da sentido al mundo, prioriza y organiza incluso su percepción. Esa meta revela qué camino seguir; la ruta que percibimos como la que con mayor probabilidad nos guiará hasta donde hemos decidido ir. También al personaje lo vemos como meta. El personaje es la meta encarnada, la búsqueda habitual de la meta. Ese es el sentido de la acción de alguien.

Todo ello suscita varias preguntas importantísimas: si vemos y debemos ver el mundo a través de un relato; si el mundo se revela a sí mismo en forma de relato, ¿cuál es ese relato? ¿De qué manera caracterizamos adecuadamente nuestras metas, nuestras tentaciones más profundas, nuestros empeños ascendentes más admirables? ¿Qué es relevante y qué puede y debe ignorarse? ¿A qué debemos dedicar nuestra atención, una atención que no es barata? ¿A qué fines debemos dirigir nuestra acción? ¿Qué verdad incómoda intenta revelar eternamente nuestra conciencia? En otras palabras, ¿cuál es la historia, la verdadera historia de nuestras vidas? ¿Qué es y qué debería ser? Es un relato de nuestras más altas aspiraciones, que son nuestra relación más fundamental y, a la vez, del verdadero suelo que existe bajo nuestros pies. Por tanto, es y debe ser la caracterización de lo divino mismo, de Dios, tal como se insiste en los relatos bíblicos. ¿Y eso qué es?

La conciencia, por más importante que sea —la conciencia que se le manifiesta a Elías—, no es la única manifestación de Dios; no es su único personaje dramático. También aparece, como veremos más adelante, como una llamada —inspiración, aventura, entusiasmo, curiosidad, incluso tentación— en otro de sus principales disfraces, y como mucho más. Deseamos profundamente conocer y, si es posible, convertirnos en el héroe, por ejemplo (otro disfraz), y no solo en el héroe, sino en el héroe de todos los héroes. Deseamos adoptar las maneras no solo del rey, del señor de sus dominios, sino del Rey de Reyes. Estamos constituidos de tal manera que admiramos el principio divino de la soberanía misma. Lo deseamos para poder asumir la perspectiva del espíritu correctamente puesto en el lugar más elevado y experimentar el mundo a través de sus ojos. Queremos hacerlo para poder adoptar, nosotros, esa actitud heroica, de regia responsabilidad, en relación con los problemas que nos acechan y nos ofrecen oportunidades en nuestras propias vidas. Deseamos comprender, tan profundamente como sea posible, la naturaleza del bien que hay detrás de todos los bienes próximos —el bien que hace que la cautivadora vida resulte más abundante, que es el verdadero jardín del deseo eterno—. Queremos, asimismo, identificar al villano que está detrás de todos los actos de villanía —la naturaleza del espíritu que desea generar todo el sufrimiento del mundo, solo por el placer de generarlo—. Queremos entender el bien para poder ser buenos y entender el mal para evitar ser malos. De esa manera, podremos propiciar la salvación y la redención del mundo, a pequeña y a gran escala. De esa manera seremos capaces de constreñir el infierno que el mal produce, y no solo para nosotros mismos, sino para todos aquellos a los que queremos y por los que nos preocupamos, para la estabilidad y la continuidad de las sociedades que habitamos y por amor al propio mundo.

Para bien o para mal, lo que cuenta es el relato; y para bien o para mal, el relato en el que nuestras psiques y culturas occidentales se fundamentan, actualmente de manera algo frágil, es esencialmente el relato contado en el corpus bíblico, el compendio de dramas que se hallan en la base de nuestra cultura y a través del cual miramos el mundo. Es la historia sobre la que descansa la civilización occidental. Se trata de un conjunto de caracterizaciones no solo de Dios, cuya imitación, veneración o, también, encarnación, se tiene por la más elevada de todas las metas, sino también del hombre y de la mujer, cuyos personajes pasan a existir en relación con ese Dios, y de la sociedad, en relación con el individuo y lo divino. Se trata, además, de la revelación del sacrificio que posibilita esa meta y de un examen en forma dramatizada del objetivo trascendente que se persigue para unir todas las cosas de la mejor manera posible. La historia bíblica, en su totalidad, es el marco a través del cual el mundo de los hechos se revela, por lo que respecta a Occidente; es la descripción de la jerarquía de valor en la que incluso la propia ciencia (esto es, la ciencia que, en último extremo, aspira al bien) se hace posible. La Biblia es la biblioteca de relatos en los que se basan las sociedades más productivas, libres y estables que el mundo ha conocido, los cimientos de Occidente, por decirlo lisa y llanamente.

El paisaje de lo ficticio es el mundo del bien y del mal: el mundo del valor, con una cima siempre en retroceso, camino de la tierra prometida misma, y la sima eterna de sufrimiento abisal e infinito que ocupa el lugar más bajo posible. Las historias bíblicas iluminan el camino eterno de ascenso por la montaña sagrada hasta la ciudad celestial, al tiempo que, simultáneamente, avisan de los peligros apocalípticos en lo desviado, lo marginal, lo monstruoso, lo pecaminoso, lo impío, lo serpentino y lo indudablemente demoníaco. Dios, en esta formulación, es el espíritu que guía el ascenso. El hombre es el ser que, con cada decisión, lucha con ese espíritu, porque decidir tiene que ver con priorizar; con cada mirada, pues cada mirada es un sacrificio de la posibilidad en aras de cierto fin deseado, y con cada acción, mientras avanza hacia cierto destino y se aleja de todos los demás. En cada momento de conciencia, estamos destinados a luchar con Dios.

1

En el principio

1.1. Dios como espíritu creativo

> En el principio creó Dios los cielos y la tierra. La tierra estaba desordenada y vacía, las tinieblas estaban sobre la faz del abismo y el espíritu de Dios se movía sobre la faz de las aguas.
>
> Génesis 1:1-2

¿Cómo se presenta a Dios en el inicio del gran Libro del Génesis? Como un espíritu animado: creativo, móvil y activo; algo que hace y que es. Dios es, dicho en pocas palabras, un *personaje*, cuya personalidad se va revelando a medida que avanza el relato.

El Génesis empieza con una confrontación. Dios «se mueve» sobre la faz de las «aguas». ¿Qué significa ese «se mueve»? Significa que Dios es móvil, obviamente. De manera menos obvia, *mover* es lo que decimos cuando nos ha impactado algo profundamente, en el sentido de *conmover*. Dios es lo que nos encuentra cuando surgen y se conforman nuevas posibilidades. Dios es lo que encontramos cuando somos movidos a las profundidades. Entonces: ¿qué significa *aguas*, sobre todo las aguas que Dios aún no ha creado? Son el antiguo *tehom* o el *tohu va bohu* hebreo: el caos, lo potencial; lo que acecha, pero aún no ha sido revelado, dado que el agua es condición previa para la vida, pero también alberga lo desconocido en sus profundidades. Así pues, Dios es el espíritu que se enfrenta al caos; que se opone al vacío, a lo profundo; que voluntariamente da forma a lo que aún no se ha materializado y se abre camino en el horizonte del futuro, siempre en transformación. Dios es el espíritu que engendra los contrarios (luz/oscuridad; tierra/agua), así como las posibilidades que surgen del espacio que se da entre ellos:

> Luego dijo Dios: «Haya un firmamento en medio de las aguas, para que separe las aguas de las aguas». E hizo Dios un firmamento que separó las aguas que estaban debajo del firmamento de las aguas que estaban sobre el firmamento. Y fue así. Al firmamento llamó Dios «cielo». Y fue la tarde y la mañana del segundo día. Dijo también Dios: «Reúnanse las aguas que están debajo de los cielos en un solo lugar, para que se descubra lo seco». Y fue así. A la parte seca llamó Dios «tierra» y al conjunto de las aguas las llamó «mares». Y vio Dios que era bueno.
>
> Génesis 1:6-10

> Dijo luego Dios: «Haya lumbreras en el firmamento de los cielos para separar el día de la noche, que sirvan de señales para las estaciones, los días y los años, y sirvan de lumbreras en el firmamento celeste para alumbrar sobre la tierra». Y fue así.
>
> Génesis 1:14-15

¿Cómo podemos nosotros, en términos humanos, entender este primer encuentro con Dios? ¿Qué es Él y a qué se enfrenta? Imaginemos, por un momento, a qué nos enfrentamos cuando despertamos por la mañana. Nuestra atención no se dirige a los objetos que nos rodean —a la realidad banal de los muebles de nuestro dormitorio—. Lo que hacemos es pensar en los retos y las oportunidades del día. Quizá sintamos algo de ansiedad, porque sencillamente son demasiadas las cosas que debemos abordar.

Quizá (ojalá) nos encontremos en una mejor situación y tengamos ganas de ir al encuentro de las oportunidades que se presenten. Nuestra conciencia —nuestro ser— sobrevuela el potencial que nos ofrece el nuevo inicio de la mañana de una manera similar a las condiciones y al proceso mismo de la creación tal como se plasman en los versículos iniciales de la Biblia: una creación que continúa con cada mirada que dedicamos y cada palabra que pronunciamos. A través de la conciencia procesamos el dominio del ser posible: el devenir. Ese es el ámbito que inspira esperanza, en nuestra aprehensión de las cosas positivas que hay por delante, pero también ansiedad, ante la espantosa incertidumbre de la vida.[1]

He aquí otra manera de entender nuestra confrontación con la posibilidad. Imaginemos un objeto. Y ahora, imaginemos que hay un espacio que rodea ese objeto y que consiste en aquello en lo que podría convertirse a medida que el tiempo progresa y el contexto cambia. En condiciones normales, el estado futuro más probable de un objeto conocido —una botella, un bolígrafo, el sol— puede predecirse a partir de su estado actual. Sin embargo, por un malvado giro del destino, o por un cambio radical de meta, esas ataduras pueden deshacerse y la posibilidad no revelada del objeto manifestarse. En un bar de pendencieros, una botella puede convertirse en un arma mortífera o, rota en un arrebato de ira, llegar a ser una lanza de bordes afilados. Un bolígrafo puede convertirse en un dispositivo capaz de garantizar la vida misma si se inserta en la tráquea de alguien que está a punto de asfixiarse. El sol puede convertirse no en el garante de vida y luz estable y predecible que define los días y las noches que habitamos, sino en la fuente de una tormenta solar que avería la red eléctrica de la que, con tanta fragilidad, dependemos.

Es a esa amplitud de posibilidades a la que la conciencia se enfrenta, y la que asimila, cuando aprehende el mundo y se decide a actuar sobre él. Nuestro avance en el tiempo no es, por tanto, una procesión mecánica a través del ámbito de una facticidad estable. La conciencia trata con lo que aún podría darse exactamente de la misma manera en que el espíritu de Dios trata con la profundidad vacía e informe: de la misma manera en que lo divino se enfrenta a la *massa confusa* que es caos y oportunidad, y la matriz de la que emergen todas las formas.

Dios es, asimismo, lo que (o el que) crea no solo el orden, sino, tal como se recalca reiteradamente a lo largo del libro inicial del corpus bíblico, el orden que es bueno. El primer día establece la separación entre la luz y las tinieblas (Génesis 1:3-4). El segundo, crea el firmamento, separando las aguas que están debajo, las terrestres, de las aguas superiores, fuente de lluvia (Génesis 1:6-8). El tercero, la *terra ferma* en la que habitamos se une y se separa de lo que entonces pasan a ser los mares y sobre la tierra aparecen plantas (Génesis 1:9-13). El cuarto día:

> Hizo Dios las dos grandes lumbreras: la lumbrera mayor para que señoreara en el día y la lumbrera menor para que señoreara en la noche; e hizo también las estrellas. Las puso Dios en el firmamento de los cielos para alumbrar sobre la tierra, señorear en el día y en la noche, y para separar la luz de las tinieblas. Y vio Dios que era bueno.
>
> Génesis 1:16-18

El quinto día aparecen los peces y las aves (Génesis 1:20-23). Toda esa creación, a pesar de su cualidad prístina o bondad, sigue ascendiendo, desarrollándose más, tal como se indica en el sexto y último día en que Dios invoca el mundo. Los animales hacen su aparición (Génesis 1:24-25) y finalmente el hombre y la mujer:

> Entonces dijo Dios: «Hagamos al hombre a nuestra imagen, conforme a nuestra semejanza; y tenga potestad sobre los peces del mar, las aves de los cielos y las bestias, sobre toda la tierra y sobre todo animal que se arrastra sobre la tierra». Y creó Dios al hombre a su imagen, a imagen de Dios lo creó; varón y hembra los

creó. Los bendijo Dios y les dijo: «Fructificad y multiplicaos; llenad la tierra y sometedla; ejerced potestad sobre los peces del mar, las aves de los cielos y todas las bestias que se mueven sobre la tierra».

Génesis 1:26-28

En esa creación final, Dios parece haberse extendido más allá de todo lo que ha logrado antes. Emite el siguiente juicio: «Y vio Dios todo cuanto había hecho, y era bueno en gran manera. Y fue la tarde y la mañana del sexto día» (Génesis 1:31). ¿Qué significa eso? Significa, en primer lugar, que Dios no solo se enfrenta al caos y a la posibilidad y les da forma, sino que lo hace con una intención y un resultado benévolos. Dios se presenta como el proceso o el espíritu guiado por la meta de que todas las cosas existan y florezcan; en una palabra, el espíritu guiado por el amor. Esa secuencia de la creación significa, en segundo lugar, no solo que la vida deba manifestarse y se manifieste de manera más abundante, sino también que lo hará en la espiral ascendente constante —de «bueno» a «bueno en gran manera»— que podría servir como definición misma de *cielo*. Esa es la escalera de Jacob, el proceso que, eternamente, hace que todo sea como debe ser, pero que de alguna manera también mejora, halla nuevos caminos a órdenes superiores de verdad, belleza y bondad.

La creación culmina con la del hombre y la mujer y es específicamente su creación la que se considera «buena en gran manera». Los dos primeros seres humanos, y los hombres y las mujeres en general, son, así, avatares del propio Dios, siendo Él el espíritu creativo que infunde orden en el ser desde el caos y la posibilidad, y el hombre y la mujer el microcosmos de ese espíritu, similar o incluso idéntico en esencia, encargado de reiterar para siempre el proceso creativo. Difícilmente cabría imaginar una concepción más optimista de la realidad. Ni podría ser mayor la importancia de la insistencia de Dios. Esa descripción del proceso creativo —plasmación de la acción del Verbo, orientada al bien— es también una declaración de primeros principios: los principios mismos a los que hombre y mujer son llamados de inmediato a someterse y a acatar. La narración bíblica nos asigna a cada uno de nosotros un valor que nos sitúa en la cúspide misma de la creación; un valor que es bueno en gran manera en un cosmos que es bueno; un valor que supera toda evaluación terrenal (dado nuestro reflejo de la propia imagen de lo divino). Hay que entender que es cuestión de definición. La estaca clavada en la tierra en torno a la cual todo lo demás debe girar se establece sobre el valor divino de la humanidad y ha de considerarse inamovible, sacrosanto, inviolable: sagrado. Esa es, nada menos, la descripción del orden moral implícito en el propio cosmos, reflejo de la naturaleza de Dios, del hombre y de la mujer, y de los cimientos sobre los que se asienta la idea de derechos intrínsecos y responsabilidad soberana.

¿Nos creemos ese relato? ¿Nos creemos lo que declara y supone? En primer lugar, ¿qué significa creer? Sin duda, actuamos, individual y colectivamente, como si fuera cierto, al menos cuando nos comportamos como debemos —al menos cuando actuamos genuinamente en el mejor interés para nosotros mismos y para todos los demás—. Tratamos a la gente a la que queremos (e incluso a aquellos a quienes odiamos) como si fueran centros indefinidamente valiosos de conciencia creativa, capaces de avanzar y crear el mundo que depende de sus hallazgos. Es el hecho de esa identidad y ese ser supremo el que obstaculiza eternamente las aspiraciones a un poder enloquecido de toda organización, sociedad o Estado que se atrevan a amenazar la soberanía individual. Sensatos e insensatos por igual harían bien en dar las gracias al Señor por ello.

Profundamente ofendidos, objetamos si alguien no nos trata como corresponde a un hijo de Dios —esto es, si alguien no nos trata como si importáramos de veras—. De la misma manera, nosotros ofendemos si tratamos a los demás como si estuvieran por debajo de nosotros; como si fueran menos que los seres conscientes de valor divino de cuya experiencia depende, algo misteriosamente, la realidad misma. Incluso si la historia que nos contamos a nosotros mismos en este mundo actual cada vez más ateo, materialista y basado en hechos se da en escéptica contraposición a esa creencia, aun así creemos, en tanto en cuanto expresamos esa ofensa, ya sea como sus causantes o como sus receptores. Ningún hombre que diga no creer en el libre albedrío, o incluso en la propia conciencia, se atreverá a tratar a su mujer como si ella careciera de ambas cosas. ¿Por qué no? Porque si lo hace, se desata el infierno. ¿Y eso por qué es así? Porque la presunción de valor intrínseco refleja una realidad que es lo bastante profunda —lo bastante «real»— como para que negarla resulte peligroso en la práctica. Y, si esa presunción resulta tan absolutamente necesaria, ¿cómo no va a ser verdad? Y si esa presunción que estructura todas nuestras interacciones es la aceptación o la dramatización del valor trascendente del individuo (incluso de nosotros mismos), entonces, ¿de qué manera no «creemos» que ese valor sea real? A un nivel más profundo, cabe preguntar: ¿en qué punto debe admitirse que una «ficción necesaria» es verdad precisamente en proporción a su necesidad? ¿No sucede que lo que es más profundamente necesario para nuestra supervivencia es la esencia misma de lo que es «verdad»? Cualquier otra forma de verdad va en contra de la vida y una verdad que no sirva a la vida es verdad solo según un criterio que en último extremo es contraproducente; y, por tanto, no es fundamentalmente «verdad».

En este punto del relato del Génesis, Dios como personaje apenas nos ha sido presentado. A pesar de ello, esas frases iniciales, de una riqueza inagotable, describen la naturaleza esencial del orden cósmico: la existencia de un proceso que transforma el caos y la posibilidad en el orden habitable que es bueno y que aspira a lo bueno en gran manera; la proclamación de que ese proceso es fundamental para esa creación y superior en ella; la afirmación de que la realidad misma depende de él; la insistencia en que los seres humanos participan y deben participar en ese proceso, y en que la posibilidad de esa participación otorga a cada persona un valor y una responsabilidad divinos y finales. Así, el hombre, y la mujer también (tan milagrosamente, ya desde el principio), se formulan a imagen misma de lo divino. Sea cual sea la esencia que tipifica o caracteriza a todo ser humano —el espíritu mismo que lo hace a la vez humano y valioso— es directamente similar a la fuerza que transforma el vacío en el propio jardín del Edén. Todos los lugares y estados más funcionales y deseables del mundo, desde el microcosmos del matrimonio feliz a la comunidad integrada de la nación, se fundamentan tanto implícita como explícitamente en algo que se parece mucho a esa presunción. Es más (y de un modo que apuntala el punto central), la falta de esa creencia o fe transforma las relaciones y los sistemas de gobierno nefastos que el hombre también es capaz de crear en los verdaderos infiernos en los que con demasiada frecuencia se convierten.

¿Creemos? Cuando incumplimos ese mandamiento, la catástrofe acecha.

1.2. El espíritu del hombre en el punto más alto

Dios les dice a los hombres y a las mujeres de su nueva creación que deben «someter» la tierra (concretamente después de «llenarla»). Esa idea ha sido ampliamente criticada, entre otras cosas porque se amplía en el versículo siguiente, que otorga al hombre y a la mujer soberanía («potestad») sobre los peces, las aves y «todas las bestias que se mueven sobre la tierra». Los que defienden que en la posición superior debería colocarse otra cosa se oponen con vehemencia a los valores encerrados en esas palabras. Según esos críticos, no son el hombre y la mujer en relación con Dios los que deberían ser elevados, honrados y venerados. Tomemos las palabras del profesor de historia Lynn White, extraídas de su conocido ensayo *The Historical Roots of our Ecological Crisis*, de 1967:

Sobre todo en su forma occidental, el cristianismo es la religión más antropocéntrica que el mundo ha conocido. Ya en el siglo II, tanto Tertuliano como san Ireneo de Lyon insistían en que cuando Dios dio forma a Adán estaba anticipando la imagen del Cristo encarnado, el Segundo Adán. El hombre comparte, en gran medida, la trascendencia de Dios respecto de la naturaleza. El cristianismo, en absoluto contraste con el paganismo antiguo y las religiones asiáticas (exceptuando, quizá, el zoroastrismo) no solo estableció un dualismo entre el hombre y la naturaleza, sino que, además, insistió en que es la voluntad de Dios que el hombre explote la naturaleza para sus propios fines. [...] En la Antigüedad, cada árbol, cada fuente, cada arroyo, cada monte, tenían su propio *genius loci*, su espíritu guardián. Esos espíritus eran accesibles a los hombres, pero muy distintos a ellos; centauros, faunos y sirenas muestran su ambivalencia. Antes de cortar un árbol, explotar un monte o represar un arroyo, era importante aplacar al espíritu encargado de esa situación concreta y mantenerlo aplacado. Al destruir el animismo pagano, el cristianismo posibilitó una explotación de la naturaleza que no tenía en cuenta los sentimientos de los objetos naturales.[2]

¿Qué defiende White? Que es inmoral elevar lo meramente humano; que sea lo que sea lo que constituye el mal definido término *naturaleza* o, peor aún, *medioambiente*, este debería ponerse en primer lugar, y en el más destacado, en lugar de poner al hombre y a la mujer, a la sociedad o al bienestar humano. Esas objeciones, planteadas de manera teórica en nombre de la naturaleza suenan bien, incluso altruistas y humildes (¿por qué ese accidente evolutivo presuntuoso, el hombre, debería ocupar el centro del escenario?), pero son en realidad todo lo contrario. Si la naturaleza se sitúa por encima del hombre, de modo que todos y cada uno de los arroyos tengan su espíritu trascendente, entonces el hombre, la mujer y el niño son situados necesariamente por debajo de la naturaleza. Ello podría significar, en principio, que las maravillas del medioambiente llegarían a ser valoradas correctamente. Sin embargo, en la práctica, lo que significa con demasiada frecuencia es que a los seres humanos no se les concede más atención que a las hierbas o a las ratas. Esa inversión de los valores permite no tanto la gestión de la tierra como la explotación de aquellos considerados tan poco valiosos como las formas más bajas de vida; una explotación ejercida por parte de la misma clase de gente que siempre se presta a sacar partido de esa ventaja.

Una objeción moral similar suele plantearse al mandato de poblar la tierra («fructificad y multiplicaos», Génesis 1:28). En todo caso, esa orden se ofrece en un contexto muy particular, caracterizado por el espíritu que ya ha generado el orden que es bueno y bueno en gran manera, y que sigue haciéndolo, no en poca medida, a través de la intermediación del hombre. Ello significa que la empresa humana de la creación, incluida la de la familia, debe llevarse a cabo de una manera que llene, tal como se afirma claramente en ese versículo en concreto y como queda implícito en los que lo preceden, y que refleje más verdaderamente el espíritu del Creador. El dominio del hombre sobre la tierra debe ser, por recurrir a un término que en la actualidad aparece fuertemente teñido de connotación ideológica, *sostenible;* debe hacer que lo que es bueno sea aún mejor. Nuestro planeta no ha de ser explotado de manera egoísta hasta su agotamiento, una estrategia que haría que el mandato de crecer y multiplicarse perdiera su sentido en muy poco tiempo, generacionalmente hablando. Por ello, Génesis 2:15 sitúa a Adán, el primer hombre, en el jardín eterno para que «lo labrara y lo guardase». Ese jardín es el Edén, que significa «lugar bien regado», y el paraíso *(para-daiza),* un cercado que rodea la naturaleza.[3] Ese entorno optimizado es el delicado equilibrio dispuesto entre el mundo material y el orden social que mejor permite a cada persona —o, dicho más adecuadamente, a cada pareja, y después a cada familia— demarcar para sí misma un sector de la creación y posteriormente trabajar y sacrificarse para convertirlo en parte del orden de lo que es bueno o bueno en gran manera.

Los mandatos bíblicos posteriores que instan a dejar reposar la tierra de manera periódica (Éxodo 23:11), así como a cuidar de los animales de carga, están en consonancia con ese sentimiento productivo y previsor: «El justo cuida de la vida de su bestia; mas el corazón de los impíos es cruel» (Proverbios 12:10). «No pondrás bozal al buey cuando trillare» (Deuteronomio 25:4). «Mas el séptimo día es reposo para Jehová, tu Dios; no hagas en él obra alguna, tú, ni tu hijo, ni tu hija, ni tu siervo, ni tu criada, ni tu bestia, ni tu extranjero que está dentro de tus puertas» (Éxodo 20:10). Este último pasaje resulta especialmente revelador en el sentido de que incluso a aquellos sobre quienes fácilmente podría ejercerse poder o autoridad excesiva debe concedérseles descanso. Esos principios del cuidado reflejan la idea aún más profunda que impregna el corpus bíblico: que el más elevado de los esfuerzos morales es exactamente lo que hace que el agua de la vida fluya, de modo que incluso el desierto pueda florecer.

Además, *someter* tampoco es *dominar*, por más que digan quienes afirman lo contrario. Lo divino se opone continuamente a la tiranía (como en Éxodo 7-14) y advierte incluso contra reyes hipotéticamente benevolentes (1 Samuel 8:10-18). Es más: Dios se presenta (se define) como el espíritu que castiga incluso a grandes hombres, incluso a dirigentes arquetípicos de su pueblo que sucumben a las tentaciones de la fuerza y la imposición (Números 20:12). Para rematarlo, claro está, existen los ejemplos primero de Job y después de Cristo —que se abordarán exhaustivamente en una obra próxima—, que renuncian al uso de la fuerza incluso en las situaciones más provocativas y desesperadas. Así pues, someter no es controlar ni mandar, sino ponerlo todo en el lugar que le corresponde —dar a todo su valor subordinado o su reconocimiento; ordenarlo todo, jerárquicamente, de manera que las prioridades y la acción puedan establecerse; y colocar las cosas para que el mundo deje de ser mero potencial o desorden—. Esta responsabilidad se subraya en Génesis 2, el segundo capítulo de la creación, en el que, primero, «Jehová Dios formó, pues, de la tierra toda bestia del campo y toda ave de los cielos, y las trajo a Adán para que viese cómo las había de llamar» (Génesis 2:19). Este versículo sugiere con fuerza que la obra de la creación emprendida por el Logos o Verbo de Dios estaba de algún modo incompleta hasta que fue más diferenciada por el hombre, cuya decisión en estas cuestiones parece ser extrañamente definitiva: «Y todo lo que Adán llamó a los animales vivientes, ese es su nombre. Y puso Adán nombre a toda bestia y ave de los cielos y a todo ganado del campo» (Génesis 2:19-20).

Adán somete y nombra. Esas son las acciones, o incluso la esencia, de la consciencia humana. Y hay más. Dada la dependencia que el Ser tiene de esa consciencia (pues el Ser sin consciencia es literalmente inconcebible y quizá también imposible), la conciencia es la esencia de aquello que sustenta el Ser mismo. Sería el Creador Divino de Todas las Cosas, la realidad inefable de la que depende toda realidad revelada. Sería el Verbo identificado ahí, «en el principio» del Génesis, y mucho después por el apóstol Juan (Juan 1:1). El héroe —el espíritu de Adán hecho a imagen del espíritu fundacional— es el proceso activo de someter y nombrar, que es la valoración que posibilita la percepción, el significado e incluso la existencia misma. Ese héroe se enfrenta eternamente al caos primigenio —a las aguas y al vacío sobre los que se mueve el espíritu de Dios—. Esa posibilidad aún informe es la Gran Madre, la matriz de la que surge la realidad, la *prima materia*, la materia primigenia de la que más primordialmente está «hecho» todo lo tangible y lo real. Y es el héroe quien lo hace. Eso implica, nada menos, que los seres humanos a los que Dios ha creado tienen algo a la vez real y vital de lo que ocuparse, algo que importa de verdad, incluso en el plan cósmico.

1.3. Lo real y su representación

¿Qué podría ser más real que los hechos? En primer lugar, ¿qué hechos? Y es que, ciertamente, ahí está la cuestión. Es por ello por lo que encontramos historias arquetípicas en la base de toda psique bien integrada y de toda comunidad unificada. Esos relatos proporcionan la estructura a través de la cual aprehendemos los hechos y comunicamos la jerarquía de valor que atribuye peso a un hecho por encima de otro. Las grandes narraciones reflejan la meta que nos motiva y proporcionan seguridad al individuo y, cuando se comparten, constituyen la base para la comunidad. Esa meta es una condición previa del acto de la percepción que nos permite incluso encontrarnos con lo que existe más verdaderamente. Los relatos que son descripciones de nuestra meta y nuestro personaje tienen una realidad primordial, sobre todo porque incluso nuestra comprensión de lo real —incluso nuestra percepción «directa» de los hechos— depende de la existencia *a priori* de esas descripciones. ¿Son los hechos más reales que el instrumento que permite la determinación de los hechos? No podemos evitar ver el mundo a través de un relato. Más concretamente, vemos el mundo a través de una estructura que, cuando se dramatiza o se verbaliza, *es* una historia.

Incluso nuestra ciencia ha progresado de tal manera que cada vez entendemos con mayor claridad de qué manera funciona el lenguaje que conforma una historia y por qué esto es relevante para cualquiera que se ocupe de las historias mismas, sobre todo en su mejor forma. El cuerpo de cualquier lengua humana contiene una codificación de significado empíricamente derivable. Podemos cartografiar esa codificación como la relación estadística entre letras, palabras, oraciones, frases, párrafos, y así sucesivamente en ascenso por el árbol vivo del Logos. Una palabra es identificable como tal porque corresponde al patrón matemático de la relación entre letras que caracteriza a todas las palabras comprensibles. Es ese patrón el que hace plausibles ciertas «no-palabras», como por ejemplo «burtac», «cincopio», «lliyiña», y el que permite que puedan distinguirse al momento de otras no-palabras no-plausibles, como por ejemplo« kjlk», «zxnq» y «qwlelrltl» o, más radicalmente aún, «m4a3s2tlr». Las no-palabras plausibles se ajustan a los patrones de sonido de la lengua en la que son creadas.[4] Poseen combinaciones de consonantes y vocales que resultan familiares a los hablantes de una lengua dada y que son pronunciables en ella.[5] En cambio, las no-palabras no-plausibles contienen combinaciones de letras que, o bien no resultan familiares, o resultan imposibles de pronunciar en esa lengua.[6]

Nos encontramos con una situación análoga en niveles de significado «más elevados» o «más fundamentales». Así como existe una probabilidad calculable de que una letra determinada siga a cualquier otra letra dada (de hecho, existe una jerarquía de esa probabilidad según la cual es más probable que la vocal *e*, por ejemplo, siga a cualquier consonante que la letra *a*; pero la aparición de la vocal *a* después de una consonante es más probable que la aparición de la letra *q*), existe una probabilidad elevada y calculable de que cualquier frase dada, y por tanto cualquier concepto, ocurra simultáneamente o exista en estrecha proximidad a una red de otros conceptos con un significado asociado. Esos conceptos próximos, en conjunto, constituyen las llamadas *asociaciones simbólicas*, que contribuyen a connotar, más que a denotar, el significado de la frase en cuestión. En un relato bien construido, cualquier red dada de esas asociaciones está rodeada de otras redes de similitud comparativa y en contraste con redes de disimilitud diferenciada.

La red creciente de asociaciones constituye el paisaje de significado. A nivel lingüístico, ese paisaje contiene conceptos que son similares o de peso equivalente, o que es muy probable que existan en proximidad unos de otros. Por ejemplo, es probable que la palabra *dragón* «ocurra» cerca de palabras o expresiones como *aliento de fuego, mítico, legendario, criatura, serpiente, bestia, fantasía, folclore, mitología, guardián* o *tesoro*; la palabra *bruja*, cerca de *magia, hechizo, escoba, caldero, familiar, túnica negra, sombrero, maleficio, pócima* y *aquelarre*; la palabra *padre*, cerca de *amor, familia, apoyo, guía, modelo que seguir, mentor, proveedor, protector, legado, sabiduría* y *magia*; la palabra *villano*, cerca de *mal, antagonista, malvado, nefario, malévolo, desprecia-*

ble, corrupto, malicioso, inescrupuloso y diabólico.[7] Más allá del nivel lingüístico, este paisaje también existe en los ámbitos de la imagen y del comportamiento. Resulta fácil traer a colación ejemplos relevantes extraídos de la cultura popular: el basilisco —una variante del dragón— en el segundo volumen de la saga de Harry Potter,[8] cuya mirada mataba, o al menos petrificaba —así como el conejo queda paralizado por los ojos de un lobo—, y cuya picadura puede curarse, misteriosamente, con las lágrimas de un ave fénix; el padre representado por Geppetto en la película *Pinocho,*[9] que muy devotamente desea que el hijo que talla en madera se libere de las cuerdas de marioneta que determinan su destino (la atracción del engaño, la tentación del victimismo neurótico, la rebelión barata del hedonismo delincuente); y la figura del Joker en *El caballero oscuro:*[10] el villano cuya perfidia es tan profunda que traiciona incluso la ética del ladrón.

Esa asociación entre imágenes es, en todo caso, más profunda que la asociación análoga entre palabras, porque una imagen puede representar un gran número de ideas a la vez, en comparación con el ancho de banda más restringido del lenguaje. Ello es especialmente cierto, quizá, en el caso de las imágenes en movimiento. La asociación entre imágenes existe porque se dan patrones de carácter en el mundo humano de la atención y la acción que existen unos en relación con otros de una manera regular e identificable. Si ello no fuera así, no podríamos mantenernos en proximidad unos de otros y ni siquiera de nosotros mismos, pues la impredecibilidad que reinaría en ese caso resultaría emocionalmente intolerable y, sin duda, no seríamos capaces de cooperar en metas u objetivos compartidos.

Es con ese patrón de asociación como mejor se entiende, por ejemplo, la idea de *símbolo.* Algo que es simbólico de algo no es una mera sustitución, un oscurecimiento ni un falso recambio, en el sentido freudiano de «represión» de esa cosa. Sí es, en cambio, algo que hace aflorar la consciencia, en palabras o imágenes, una pléyade de ideas simultáneas e imágenes, y que, de ese modo, destacan la relevancia, la importancia, las implicaciones o el significado de lo que existe en asociación con ellas. El patrón de atención y acción de alguien en el mundo real puede producir el mismo efecto: una persona nueva puede recordar a un viejo amigo, a un viejo enemigo, a una hermana o a un hermano —o incluso algo más fundamental, más arquetípico; algo que trae a la mente, pongamos por caso, a un héroe o a un villano—. Ese efecto lo experimentamos, por ejemplo, cuando nos invade la admiración por alguien cautivador y carismático, o cuando sentimos una sensación de incomodidad y desagrado visceral, de consternación y asco. Es el hecho de que quienes afectan a otros de ese modo representan un patrón del espíritu, lo que nos empuja a darnos cuenta de algo más de lo que sencillamente está ahí para nuestra aprehensión simple e inmediata, lo que atrae nuestra atención a la posibilidad de que se esté dando algo profundo y cuya comprensión por nuestra parte es necesaria.

Aunque el significado simbólico ha sido visto, en general, como más o menos (o incluso indefinida e irreductiblemente) abierto a la interpretación —noción llevada a su extremo definitivo por los máximos exponentes de la escuela posmoderna—,[11] la idea de que existe una regularidad estadística en la existencia simultánea de palabras, imágenes y comportamientos no es en absoluto radical. Su reflejo en la cultura en sentido amplio parece obvio. Si fuera posible reunir todos los textos aportados por una sociedad dada y crear un mapa de relación entre las palabras y los conceptos en esos textos, sería posible, en principio, generar un modelo matemático de significado —como mínimo, a nivel lingüístico, al menos en la medida en que esa producción fuera simultáneamente coherente y comprensible—. Es más, en la actualidad contamos con una prueba incontestable de la existencia de esa forma de representación en concreto, en forma de los denominados *modelos de lenguaje de gran tamaño*.[12] Esas plataformas de inteligencia artificial usan un número de parámetros extraordinariamente elevado (estimado, por algunos observadores, en 1,76 billones en el caso de GPT-4)[13] para especificar la relación entre palabras y conceptos que están presentes en los numerosos textos que sirven de material de entrenamiento a esos modelos. Por diversas razones, no está en absoluto claro que ni siquiera esa biblioteca tan extensa de textos sea suficiente para entrenar a un modelo estadístico a fin de que aporte una representación no sesgada del mapa lingüístico de significado, lo cual presenta un problema serio tanto en la práctica como en la teoría. Parte de ese sesgo es consecuencia de la manipulación por parte de quienes desarrollan el modelo; otra parte lo es del hecho de favorecer obras contemporáneas en la selección de los materiales de entrenamiento, pues los textos en formato electrónico resultan más fácilmente accesibles.[14] A pesar de ello, esas objeciones no socavan la idea básica: el significado puede cartografiarse y los mapas no son meramente imaginarios, subjetivos ni arbitrarios.

Por abundar en ello: ese paisaje matemáticamente detectable de significado lingüístico viene conformado no solo por la relación entre palabras, y después por expresiones y oraciones, sino también por los párrafos y los capítulos en los que se integran —en camino ascendente por la jerarquía de la conceptualización—. Esto implica, nada menos (o, incluso, significa de manera necesaria e inevitable), que existe un centro implícito en cualquier red de significados comprensibles. Por ejemplo, el centro de los términos *vida salvaje, criatura, mascota, pez, mamífero, vertebrado, ave, reptil, insecto* y *anfibio* es la palabra *animal*. Ese centro de un conjunto de ideas asociadas es algo parecido al alma (¿o incluso al dios?) de ese conjunto. No se trata de una relación estadística inanimada entre letras y palabras en un cuerpo de texto impreso. Es una relación que se da en las mentes de las personas: en el metaespacio colectivo de la imaginación humana, donde esas ideas relacionadas constituyen una fuerza viva, incluso una entidad viva. En cuanto fuerzas animadoras, motivadoras y organizadoras, esas ideas asociadas son más como personajes con metas o personalidades que meras relaciones matemáticas. Así, un patrón de ideas animadas que ocurren simultáneamente es algo que puede representarse bien, y considerarse de manera adecuada y efectiva, como un espíritu viviente, dinámico y en movimiento, mejor que como algo estático y muerto.

Consideremos, a este respecto, las palabras de Cristo cuando en los relatos del Evangelio insiste en que la Palabra de Dios puede compararse, por ejemplo, a una semilla. En la parábola del grano de mostaza (Mateo 13:31-32; Marcos 4:30-32; Lucas 13:18-19), el reino de los cielos se presenta contenido y surgiendo de algo pequeño, pero poderosamente vivo. En la parábola del sembrador (Lucas 8:5-15; Mateo 13:3-23; Marcos 4:3-20), los que escuchan o no lo hacen son comparados con la tierra. Algunas semillas caen en el camino (los que oyen, pero no entienden); otras, en terreno pedregoso (los que reciben la Palabra con dicha, pero no perseveran); otras, entre espinos (los que se ahogan en las preocupaciones y las riquezas de la vida); y otras, en terreno fértil (los que oyen, asimilan y dan fruto). Ese tema se desarrolla más en la parábola del trigo y la cizaña (Mateo 13:24-30 y 13:36-43), que indica que varias semillas pueden enraizar en el alma humana, tantas que muchas de ellas (la cizaña o la mala hierba) se ven tentadas de seguir el camino del adversario eterno, mientras que otras (los hijos del reino, Mateo 13:38) son las que se permiten a sí mismas ser poseídas por el espíritu del sacrificio ascendente que caracteriza la alianza redentora con Dios.

Es por eso por lo que Cristo advierte contra la falsa, contaminante e incluso mortífera «levadura de los fariseos» (Lucas 12:1; Mateo 16:6). Los miembros de esa secta representan el papel de los hipócritas religiosos en la pasión, que manipulan su tradición para promover unas ideas que los benefician a ellos (Marcos 7:6-9), que exigen para ellos, como hacen Adán y Eva, el derecho a establecer el orden moral mismo y que lo hacen sin otro motivo que el de elevar falsamente su estatus social (tal como lo describe Cristo de manera absolutamente condenatoria en Mateo 23). Es un pecado equiparable al incumplimiento del tercer mandamiento (Éxodo 20:7): «No tomarás el nombre de Jehová, tu Dios, en vano, porque no dará por inocente Jehová al

que tome su nombre en vano», que no es un mandamiento contra el pecado de hablar sin reparo de manera profana o maldiciendo, como suele presumirse, sino una prohibición del error
mucho más serio de atribuirse fidelidad y comprensión del orden divino al tiempo que, de hecho, se persiguen solo metas interesadas. Cuesta imaginar una meta más clamorosamente dañina, que no aporta más que el descrédito de la hipocresía a la
empresa religiosa misma. En efecto, de las semillas malvadas
brota la fruta amarga.

El filósofo alemán Georg W. F. Hegel planteó un concepto
basado, de manera similar, en el significado asociado en su exposición sobre el *Zeitgeist* —un término usado tanto entonces
como ahora para referirse al espíritu de los tiempos—.[15] Es ese
Zeitgeist el que otorga a las viejas fotografías el aire de su época,
un estilo o cualidad que posee a todos los que son de un tiempo
y un lugar, y que se admiran y se imitan unos a otros. Esa misma
idea de espíritu viviente (a pesar de su forma patológica o farisaica) hace su aparición en las obras del mejor comentarista de
las catástrofes de la era soviética, Aleksandr Solzhenitsin. Él ilustró con precisión que los males perpetrados por las autoridades
en aquel temible sistema comunista no eran una desviación de
un espíritu del marxismo hipotéticamente puro y moral, sino
consecuencia directa del veneno inherente a aquella terrible
doctrina de la acusación y la envidia cainita. «¡De cada cual, según sus capacidades; a cada cual, según sus necesidades!»,[16] en
efecto. En torno a esa idea central, a esa estaca plantada en la
tierra, a ese mástil, bastón de mando o vara, se desarrolla una red
de ideas, imágenes y comportamientos. Cuando se compone de
mentes vivientes, esa red no es meramente un «sistema de ideas»,
sino un personaje que se expresa a sí mismo en forma de *Zeitgeist*; un personaje que puede poseer y que posee a una cultura
entera; un espíritu que con demasiada frecuencia se manifiesta
como el puño de hierro de la ideología que reduce a todo individuo a un títere inconsciente o portavoz. Esas redes se contemplan mejor como cosas vivas; transpersonales, pero también per

sonales; abstractas, en el sentido de que, en parte, son las relaciones entre ideas, pero concretas en el sentido de que invitan y pueden ser bien acogidas por los despreocupados, los engreídos y los amargados y, por tanto, hacerse con el control de todos los aspectos de su ser.

Esa posesión por parte de una idea viviente es lo que el psicólogo suizo Carl Gustav Jung se esforzaba por mostrar en gran parte de su obra en relación con la idea de Dios —una idea hipotéticamente criticada a muerte por las mentes ilustradas—. Eso es lo que él entendía por *complejo*, una idea que hunde sus raíces en el método de libre asociación descubierto y popularizado por Sigmund Freud.[17] Por esas razones, Jung grabó las siguientes palabras en el arco de entrada a la casa de piedra con aspecto de castillo que se construyó él mismo en Kusnacht, Suiza, y que fue su hogar durante los últimos años de su vida: «Vocatus atque non vocatus deus aderit» («Se lo llame o no se lo llame, Dios está presente»).[18] Si el centro de una red de ideas (un símbolo, en algunos casos) ha sido presentado, específicamente —denotado—, por una palabra dada o concepto (ha sido «llamado»), entonces se ha hecho consciente, o se ha materializado, o, incluso, se ha hecho «real» (¿?). Si no ha sido así, o si aún no ha sido así, bien puede seguir siendo implícito —codificado en la relación entre ideas, o imágenes, o comportamientos, pero aún no llamado o sometido—. Eso significa, a falta de un término mejor, que es *inconsciente*.

De manera similar, si ese centro ha existido alguna vez y ha sido identificado, pero desde entonces se ha ignorado, se ha olvidado despreocupadamente o se ha rechazado explícitamente, entonces está abandonado —o muerto—. Ese estado de inconsciencia o de abandono se refleja, se imagina, se caracteriza o se describe en un tema arquetípico: el héroe tragado por la bestia, que vive una vida a medias en su vientre, como el profeta Jonás o el Geppetto de *Pinocho*, el dios muerto Osiris en el inframundo,[19] o el Dios del mundo judeocristiano cuya muerte anunció Nietzsche con su célebre frase: «Dios ha muerto. Dios sigue muerto. Y lo hemos matado nosotros».[20] Lo que es cierto en el caso de las palabras, por cierto, también lo es en el de las imágenes ficticias y los dramas que nos guían y que contienen otro «mapa de significado» que representa los patrones de conducta, los rituales y los modos de nuestras culturas.[21] Tienen un centro vivo, que está ahí se sepa o no, y que juega un papel causal en la determinación de nuestros patrones individuales y colectivos de atención y acción. Y eso, por más que sea, no es todo: esos cimientos conductuales/culturales, todavía implícitos en gran medida (pues son acción, más que representación en palabra o imagen), reflejan la estructura del mundo ordenado e inteligible. Ese mundo está codificado en nuestro mapa de la misma manera en que morir por precipitarse desde un puente a las aguas del río que ruge abajo refleja la relación entre conocimiento y realidad. Ese es el reflejo de la estructura del cosmos mismo en el alma del hombre. Así, incluso cuando Dios está muerto, mantiene su existencia no solo en las profundidades, sino en el propio orden pautado del ser y del devenir.

La validez de cualquier visión del mundo dada es, por tanto, cualquier cosa menos arbitraria. Al contrario: depende necesariamente, o es reflejo, de la precisión con la que refleje el mundo natural, social y psicológico. Esa codificación del significado, esa representación del valor, esa jerarquía implícita de la priorización probable de la atención y la acción es, por abundar en ello, algo muy similar a la ponderación de datos que caracteriza a nuestros nuevos modelos de lenguaje de gran tamaño. Al crear esos espíritus artificialmente inteligentes, hemos *externalizado y formalizado nuestro inconsciente* —incluso nuestro *inconsciente colectivo*—[22] y ahora debemos lidiar con la abundancia de posibilidades y de peligros que resultan de ese logro y beneficiarnos de ella. Esto implica, también, otra cosa, que es de una importancia revolucionaria y que ya se ha mencionado antes: el inconsciente colectivo es la relación de unos conceptos con otros, de unas imágenes con otras y de unos comportamientos con otros (considerados estadísticamente) en toda la cultura, siendo, entonces, el inconsciente personal la concreción, en una resolución inferior, de esos conceptos, imágenes y acciones en la persona individual. Esa conexión entre el inconsciente personal y el colectivo ayuda a explicar esa sensación de revelación que experimentamos cuando leemos, pongamos por caso, un libro particularmente profundo. Esa sensación es la expansión de nuestro modelo inconsciente o implícito de significado como consecuencia de incorporar una parte mayor del patrón o del espíritu que caracteriza los niveles más profundos de la cultura. En su manifestación más honda, eso es, concretamente, el reflejo de la imagen de Dios, que, según consta en el corpus bíblico, tipifica el alma, tanto del hombre como de la mujer, y asimismo constituye la alianza entre el Estado del pueblo elegido y lo divino.

Ese encuentro con la profundidad, con nuestra profunda codificación cultural, es lo que produce esa sensación en el lector de «esto ya lo sabía, pero me faltaban las palabras». Es la identidad entre lo personal y lo cultural lo que define con mayor precisión a la persona inculturada o socializada y, a la vez, permite la comprensión mutua y la comunidad armoniosa, productiva, generosa. Ese es el microcosmos que desde antiguo se tiene por el rasgo central del alma humana y reflejo del más amplio orden cósmico a sus niveles más profundos, así como concordancia entre realidad y psique, cuya materialización hizo que el propio empeño científico resultara tanto motivado como posible.[23] Es compartir un patrón de comprensión y de acción; es la posesión simultánea de lo colectivo por parte del espíritu. Si no nos imitáramos los unos a los otros, no podríamos vivir juntos. Pero al imitarnos «unos a otros», también estamos imitando el pasado, nuestra tradición —o, por expresarlo con mayor precisión, el espíritu de esa tradición y, con la gracia de Dios, el espíritu viviente de esa tradición, y no el mero patrón muerto de su cadáver.

Esa imitación inconsciente, individual y colectiva, es el patrón de comportamiento que Freud intentó cimentar en lo estrechamente sexual[24] (un patrón bien respaldado por miopes biólogos evolutivos[25] y psicólogos) y Nietzsche en la voluntad de poder (patrón extendido hasta más allá de lo que el filósofo habría podido soñar por los neo o metamarxistas posmodernos, que insisten en que la interacción humana no es más que explotación mutua).[26] Esas dos subdeidades del placer y del poder bien podrían considerarse como los espíritus que emergen inevitablemente para poseer la cultura cuando se siembra la duda sobre la más elevada unidad monoteísta. Tanto el placer como el poder son centros en ciertos aspectos, y centros necesarios, pero son patológicos cuando se elevan a la posición última, en lugar de servir a su señor superior con el sometimiento adecuado, la humildad correspondiente, con docilidad y veneración. Gran parte de la imaginería que aparece en el Apocalipsis es una exploración de la caída en esa dinámica de hedonismo, fuerza e imposición, que es eternamente emblemática del fin de los tiempos.[27] El mundo no puede sobrevivir si lo gobiernan el sexo o el poder. Esas fuerzas degeneran en tiranía y caos entrelazados, entremezclados y unidos cuando se elevan al lugar más alto. En cambio, el mundo del verdadero orden soberano se rige y debe regirse por el patrón de encuentro con el caos, empeño ascendente, verdad y sacrificio voluntario exactamente del modo en que aparece más profundamente y exhaustivamente codificado en el corpus bíblico. Nos invitamos a nosotros mismos a ser poseídos por ese espíritu más profundo cuando de manera voluntaria y diligente nos *alejamos* del infierno del totalitario, de la dolorosa ausencia de sentido del nihilista o de la elevación autodevoradora de los caprichos de un yo corto de miras y vamos en pos del orden que es bueno o bueno en gran manera.

Ver de qué manera ese espíritu se ve reflejado en las historias más profundas de una cultura nos ayuda a entender el valor eterno de los personajes arquetípicos del mundo narrativo: el Dragón del Caos, la Gran Madre, el Gran Padre y el Hijo divino.[28] Aprender a entender y a reconocer esos personajes, siempre que se manifiestan, también nos permite apreciar lo inevitable de su atractivo y de su renacer, en caso de que sean, o bien olvidados, o bien abandonados. El Dragón del Caos es la plenitud de la posibilidad sin categorizar, o incluso la que aún no se ha encontrado —la que existe eternamente fuera del ámbito de la experiencia—; la mayor de todas las amenazas posibles y el reino ilimitado de lo que todavía podría ser. Ese dragón es el *tohu va bohu* sobre el que se incuba eterna y creativamente el espíritu de Dios, el caos acuático que de algún modo existe antes de la aparición del orden creativo. En cambio, la Gran Madre es la manifestación más primordial de ese reino caótico de posibilidad, en el dominio de lo que se experimenta directamente. Es la naturaleza en sí misma, que es tanto la manera más básica en que el potencial se nos revela como nuestra experiencia en relación con nuestras propias madres: el amor y el cuidado que todo lo abarca y que es, simultáneamente, condición previa para la vida en el sentido más concreto y el mayor impedimento para su realización independiente cuando ese cuidado va mal. El Gran Padre, por su parte, es la estructura de valor *a priori* derivada de las acciones del espíritu que dieron origen a esa estructura, y que está compuesta de las consecuencias de su acción creativa y regeneradora. También es el tirano eterno que puede levantarse y se levanta cuando la estructura se vuelve caduca, rígida u obstinadamente ciega. Finalmente, el individuo arquetípico es el Héroe, el proceso activo, engendrador del mundo, renovador, el que somete y nombra, que son los atributos principales que Dios considera que corresponden a Adán. Es la dotación de valor que hace posible la percepción misma, que da significado al mundo, que participa en lo que es bueno y constituye la imagen misma del espíritu que engendra lo real. Ese héroe se opone siempre y para siempre al adversario, al usurpador, al espíritu de Caín y Lucifer, que se alza en orgullosa y presuntuosa oposición ante el orden cósmico implícito y ante su progenitor.

Todo ello significa que el héroe eterno (la esencia o espíritu de Adán) es el proceso activo de encontrar, someter, nombrar y construir relaciones descrito en el inicio del drama humano del gran Libro del Génesis. Sin embargo, los esfuerzos individuales, masculinos, de Adán, en este sentido, resultan insuficientes, a pesar de su lugar central y de su naturaleza divina, tal como implica la frase que sigue inmediatamente al pasaje en el que pone nombre a los animales: «Pero no se halló ayuda idónea para él» (Génesis 2:20). La naturaleza de esa ausencia la expresó de manera especialmente acertada el novelista inglés Daniel Defoe, más conocido por ser el autor de *Robinson Crusoe*, aunque también un pensador prolífico en materia filosófica y escritor de su tiempo.[29] Defoe consideraba que Adán necesitaba (tal como el propio Dios, al parecer, había concluido):

> Un igual, un compañero, alguien con quien compartir sus pensamientos, sus observaciones, sus alegrías, sus propósitos, sus empresas. Ya era evidente, a partir de la indagación sobre el terreno, que ninguno de aquellos animales, ni siquiera la serpiente, estaba dotado de razón, de ideas morales ni intelectuales, de las facultades de abstraer y nombrar, de las capacidades del compañerismo racional y de la veneración. Quizá fueran ministros de sus propósitos, pero no seres aptos para ayudarlo. Por otra parte, Dios era la fuente de su ser y el objeto de su reverencia, pero no estaba a la par con Él en necesidades y recursos. Se hacía, por tanto, aparente que ese hombre, con respecto a un igual, se encontraba solo, y aun así necesitaba un socio.[30]

1.4. Eva a partir de Adán

Curiosamente, Eva es extraída a partir de Adán, algo en cierto sentido contrario a lo que cabría esperar, dado que es la mujer la que, de manera muy evidente, da a luz al hombre. Sin embargo, esa inversión subraya la idea de la primacía creativa del Logos, que trabaja en armonía con la estructura (o Padre) a través de la cual ese Logos opera, además de indicar la extraña dependencia de ese proceso sobre unas fuerzas que operan fuera de él y más allá de su percepción (al menos en su forma humana). Así pues, es perfectamente apropiado que Eva derive del Adán inconsciente: «Entonces Jehová Dios hizo caer un sueño profundo sobre Adán y, mientras este dormía, tomó una de sus costillas y cerró la carne en su lugar. De la costilla que Jehová Dios tomó del hombre, hizo una mujer y la trajo al hombre» (Génesis 2:21-22).

Adán acaba de ser confirmado en su papel de descriptor y delineador del mundo; él es el centro de la conciencia diferenciada de la que de alguna manera, misteriosamente, dependen el ser y el devenir. Que Eva derive de Adán indica su relación (la de ella) con ese mismo Logos; hasta su feminidad primigenia es otra manifestación de la Palabra de Dios, pues Él la ha hecho según esa imagen femenina, tal como se insiste en el Génesis 1. También es el caso, por supuesto, que toda mujer dada depende de un orden social e incluso, en cierto sentido limitado, es una criatura de un orden social que, transculturalmente, se representa como masculino,[31] además de ser una manifestación, en el hecho de su conciencia, del Verbo que establece el orden real y el cósmico. Es precisamente en este punto en el que insisten los relativistas de género posmodernos cuando apuntan al «constructo social» de la feminidad y la masculinidad, aunque, al hacerlo, no distinguen el grano de la paja y confunden el hecho de que lo femenino derive en parte de lo cultural con que exista una independencia absoluta de sexo y roles de género respecto del sustrato subyacente biológico y físico.

Ello no significa que el papel de Eva sea idéntico al de Adán, que es el de poner nombres, ni que, simplemente, derive de este. Por insistir en ello, Eva deriva del Adán *inconsciente*. Entenderlo así es clave para comprender su papel: ella representa y habla por lo que todavía no le es conocido a Adán. Dada la ignorancia de este, deliberada y no deliberada, Eva tiene mucho trabajo. En cuanto eterno femenino, llama la atención sobre lo que aún no ha aflorado a la luz de la conciencia —lo que aún no ha sido nombrado ni sometido al orden social—. Ese es el papel de Eva en su calidad de «ayuda idónea», expresión traducida del hebreo כְּנֶגְדּוֹעֵזֶר o *ezer kenegdo*.

El término *ezer* aparece en todos los textos bíblicos. Aplicado a Dios, denota su provisión de una ayuda poderosa y no de una capacidad subordinada: «Nuestra alma espera a Jehová; nuestra ayuda y nuestro escudo es Él» (Salmos 33:20). Salmos 115:9-11, 121:12 y 124:8 se suman a ese retrato, pues describen a Dios en su papel de *ezer*, una fuente de fuerza y ayuda. La palabra *ezer* también se usa para caracterizar a un aliado militar (Ezequiel 12:14). Sugiere rescate, fuerza y ventaja estratégica.[32] La palabra *kenegdo*, junto a *ezer*, contribuye a dar cuerpo a esa caracterización. Aparece solo como descriptor de Eva y la connotación es la de algo que «se esfuerza con» o «ayuda contra». Podría resultar de gran utilidad considerar a Eva como alguien que se aproxima a un adversario beneficioso; una compañera de juegos. Psicológicamente hablando, el desarrollo óptimo de una relación no depende ni de la inmovilidad ni de la victoria, sino del reto. La unión de opuestos que caracteriza la dinámica entre hombre y mujer es una unión de mutua prueba y prospección —la competición de la danza o del juego—. El compañero de juego óptimo es aquel cuyas habilidades en el campo de juego igualan o quizá superan ligeramente la habilidad del posible compañero. Es ahí donde se hallará la verdadera aventura. Jugar en la zona de desarrollo cercano[33] —en el límite; en la frontera entre el caos y el orden— trae consigo la alegría que es señal de desarrollo ascendente continuo.

Es para aportar esa mejora mutua para lo que Eva es creada, en un estado de igualdad y compañerismo fundamentales; y, en concreto, creada a partir de la costilla de Adán, de su costado, no a partir de su cabeza (que es como Atenea surgió de Zeus, lo que implicaría una superioridad potencial), ni de su pierna, ni del pie ni de ninguna otra parte inferior del cuerpo (lo que implicaría subordinación o inferioridad). Eva se corresponde con Adán exactamente como el yin taoísta se corresponde con el yang. Su misión consiste en hacer que su socio preste atención a todas las preocupaciones que Adán puede haber pasado por alto, implicado como está en su empresa de gestión responsable. En ese trabajo, él es convocado para ampliar, expandir y actualizar su labor de nombrar y someter en consonancia con las verdaderas e incluso novedosas necesidades del momento, sin reestructurar la tradición en su conjunto con excesiva radicalidad, orgullo ni arrogancia. El papel de Eva está en consonancia con las bien conocidas diferencias de personalidad entre hombre y mujer, evidentes de manera transcultural,[34] y que resultan más pronunciadas en sociedades más igualitarias: las mujeres son más conciliadoras —se preocupan de los demás, están más interesadas en las personas que en las cosas—[35] y son más propensas a experimentar emociones negativas, amenazas y dolor; más *sensibles* a las cosas que ponen en peligro o lastiman a las personas y las alteran. Desgraciadamente, es ese papel —estrechamente vinculado al cuidado de recién nacidos y niños, y a atender las preocupaciones incipientes y sutiles de estos— el que también, posiblemente, la vuelve más susceptible a la atracción de la serpiente (o, al menos, a ser la primera en ser susceptible a ella).

Así, la historia de los padres primigenios de toda la humanidad esboza los roles principales de los sexos, dentro de los confines del orden cósmico, mientras representan sus respectivos papeles en cuanto habitantes dependientes, creados, y creadores autónomos. Sin embargo, no es eso lo único que logra: el gran drama de Adán y Eva en el jardín también caracteriza el patrón fundamental del error al que ambos sexos son proclives. Toda propensión temperamental presenta sus ventajas y sus tentaciones. Así pues, una historia que caracterice de manera exhaustiva al hombre y a la mujer en relación con la naturaleza y con Dios va a describir necesariamente tanto la meta acertada como el pecado. Adán ordena, nombra y somete. La naturaleza y Dios predisponen a Eva a hablar por los oprimidos, ignorados y marginados, haciendo que Adán preste atención a sus preocupaciones. Está bien dotada para ese papel clave, por ser realmente más sensible en el reconocimiento de los problemas de lo frágil y lo aún no verbal ni socializado. Eso le permite desempeñar un papel que es a la vez estabilizador y exploratorio —y, por tanto, algo profundamente similar al propio Logos—. Ella estabiliza, en la medida en que el orden individual y social mantiene su armonía cuando todo lo vulnerable y aun así valioso se tiene en cuenta, en tanto que eso sea posible. Explora en la medida en que todo lo ordenado debe expandirse siempre que las cosas cambian —cuando, por ejemplo, ha nacido un niño, o cuando ha surgido una nueva dificultad doméstica o relacional, o cuando alguien que en otro tiempo era fuerte y capaz está enfermo, frágil, y necesita cuidados, ya sea temporalmente o de manera permanente—.

El conocimiento de la sensibilidad esencial de Eva —su capacidad de servir de alarma, por así decirlo—[36] también es clave para comprender su fundamental tentación del pecado, que es asumir orgullosamente algo que se aproxima a «yo puedo arropar incluso a la mismísima serpiente —incluso a lo que es irreductiblemente venenoso y falso— en mis brazos que todo lo abrazan; puedo incorporar el fruto que ofrece la serpiente, el dominio del bien y del mal, y convertirme en Dios mismo al hacerlo. Todo ello eleva mi reputación y coloca esa elevada virtud en el centro mismo del mundo». Esto equivale a la insistencia de que la capacidad femenina para la tolerancia empática y la inclusión sea o deba ser la base del orden moral mismo (esto es, que lo que es bueno debería identificarse con lo que es la madre para el recién nacido dependiente) y, simultáneamente, la proclamación estridente de que solo esa compasión, y nada más que esa compasión, sea el verdadero sello de la superioridad moral. Se trata de un verdadero exceso, una forma de arrogancia presuntuosa y engañosa, así como una manifestación del espíritu que eternamente se empeña en usurpar. De ahí la serpiente como tentadora.

Adán no es mejor. Él puede categorizar y ordenar el mundo, pero también puede atribuirse falsamente una pericia al hacerlo y una capacidad que exceden su verdadero nivel de competencia, y es muy probable que así lo haga para impresionar al eterno femenino. Se trata del narcisismo fanfarrón que caracteriza al falso masculino, presente en personajes como Gastón, de *La bella y la bestia* de Disney,[37] o mucho más seriamente en el caso de la denominada «tríada oscura» (o tétrada) que conforma los rasgos patológicos de la personalidad.[38] La pretensión de Adán, que lo lleva a enaltecerse a sí mismo, a ser arrogante e igualmente usurpador, es que puede y debe reestructurar el mundo para que la serpiente y su fruto puedan incorporarse como sea y con la misma facilidad con que lo hace Eva, por poco razonables que sean las exigencias. Sus valores son algo así como «ofreceré lo que sea que impresione a lo femenino, incluso si la petición es exagerada; incluso si ese ofrecimiento implica la usurpación y la violación del orden moral implícito tal como Dios lo ha establecido». Eva, engreída, abarca demasiado, exhibiendo egoísta su compasión y sus cuidados, y Adán se cae de bruces para impresionar a su compañera, insistiendo en que nada de lo que requiere, desea o exige queda fuera de su poder. De ese modo dual los padres eternos de la humanidad caen presas del pecado capital del orgullo y catalizan la caída.

Tanto el hombre como la mujer encarnan el Logos, al menos en potencia. El patrón de ser que debería caracterizar a cada individuo es un reflejo, una imitación (y en modo alguno una imitación pálida) de lo que es a la vez más real y definitivamente sagrado. Es sobre esa suposición fundamental (esa creencia axiomática, una exigencia de inmensa y aún no materializada magnitud e importancia) sobre la que el hombre y la mujer posan su dignidad, intrínsecamente, fuera del ámbito del yo, el soberano, el Estado y la naturaleza. Es sobre esa suposición fundamental sobre la que se cimienta el valor trascendente de lo individual; sobre la que se construye el edificio entero de derechos y responsabilidades que caracterizan a las sociedades libres de Occidente, altamente funcionales, en la medida en que cada una de esas sociedades es verdaderamente funcional y libre. Es alrededor de esa bandera, plantada en la tierra —ese mástil de tradición—, donde todos los individuos, los hogares, las ciudades y los Estados libres se congregan, se sienten seguros y esperanzados, unidos en intención, propósito y acción. Quizá el mundo y todo lo perceptible ha de cimentarse sobre/centrarse en torno a un axioma central, una proposición de fe no cuestionada y básica, una afirmación que se alce fuera del tema que se trata —incluso de un hecho milagroso—. Quizá sea así porque algo tiene que intermediar entre nuestro conocimiento, siempre defectuoso e incompleto, y el mundo de infinito misterio; quizá porque debemos envolver nuestra extensa ignorancia y esconderla de nosotros mismos, y de ese modo poder actuar sin el regreso infinito de la duda. Quizá debamos llevar con nosotros una caja que nunca ha de abrirse para que la Pandora de nuestra indagación no nos socave a nosotros mismos y caigamos en un descenso eterno.

Lynn White, el historiador y crítico de Occidente al que hemos mencionado antes,[39] parece ver con buenos ojos el animismo que hacía de la naturaleza un lugar imposiblemente encantado, incomprensible e intocable, sagrado o tabú: «Antes de cortar un árbol, explotar un monte o represar un arroyo, era importante aplacar al espíritu encargado de esa situación concreta». Lo mismo puede decirse de sus «descendientes» ambientalistas y veneradores de la naturaleza de la actualidad. Se supone que el lector de esas palabras, tentado de moralizar sin sacrificio, debe asumir, acríticamente, que esa actitud era superior al antropocentrismo dominante de los malvados cristianos, destructores de la naturaleza, que se atrevían a colocar en el centro del mundo a esa criatura patética, el hombre —nombrando, sometiendo, asumiendo la gestión—. Pero ¿cuál es la alternativa? ¿Elevar a insectos, roedores, árboles y arbustos por encima del estatus de los niños? ¿Elevar el mundo natural inconsciente y despreocupado al estatus de deidad? Poner la naturaleza en el lugar más alto acríticamente es denigrar al hombre y las consecuencias de hacerlo no serán buenas ni para el hombre ni para la naturaleza. El hombre y la mujer someterán y dominarán precisamente porque, justamente, desean vivir y que sus hijos, nietos y bisnietos prosperen en abundancia. Todo intento de reemplazar esa preocupación central acabará en desastre, en el culto a ideologías o idolatrías a falsos dioses que desencadenarán tiranía y totalitarismo. Repetimos que esto no significa que cualquier hombre, cualquier mujer o toda la humanidad tengan derecho a saquear en nombre de un interés corto de miras. Todo lo contrario: como criaturas hechas a imagen y semejanza de Dios, tenemos la responsabilidad de continuar y ampliar el acto de la creación de la mejor manera imaginable.

1.5. A imagen de Dios

¿Qué significa «creado a imagen de Dios»? Significa que el espíritu humano existe, en su esencia, en la frontera entre el orden y el caos; que sirve de mediador entre el devenir y el ser; que da forma a la manera en que la nueva realidad se manifiesta cuando lo que es realidad vieja y caduca clama por la redención y la renovación. La visión según la cual la capacidad mediadora del hombre es fundamental para la consciencia, o incluso idéntica a ella, se refleja en fuentes tan diversas como son las cosmogonías de los antiguos mesopotámicos y egipcios,[40] así como las reflexiones de la neurociencia cognitiva moderna.[41] Según dicha visión, la consciencia es el espíritu humano activo, el asesino eterno de gigantes y dragones, el enemigo del rey malvado y de la madre devoradora y la fuerza del empeño responsable, ascendente, que se autosacrifica, de la transformación y el movimiento. ¿Por qué tomar en consideración el pensamiento de esos pueblos antiguos? Porque sus grandes civilizaciones, tan populosas y prolongadas en el tiempo, fueron la consecuencia de ese pensamiento. ¿Y por qué tomar en consideración a los científicos modernos? Porque sus investigaciones cartografían el mundo natural y biológico, pero a la vez subrayan un paralelismo notable con las ideas más antiguas a las que aún hoy tenemos acceso.

Era deber del antiguo emperador de Mesopotamia hacer que el espíritu de Marduk —el dios más elevado del panteón de deidades de su sociedad— se manifestara en sus propias atenciones y acciones. Por esa precisa razón, los sacerdotes le pedían cuentas en la ceremonia anual de Año Nuevo, una ceremonia de confesión, arrepentimiento, batalla y renovación. Le correspondía a él, en cuanto encarnación de la autoridad válida, adoptar el personaje de esa divinidad suprema.[42] Era haciendo eso, y no otra cosa, como su soberanía se caracterizaba o entendía (¿qué debe gobernar?) y se justificaba. Así pues, un buen emperador era un avatar del espíritu de Marduk, una deidad que, como el Dios del Génesis, generaba el orden que era bueno a partir del caos/posibilidad como consecuencia de la batalla eterna con la madre dragón primordial de las profundidades, Tiamat (etimológicamente vinculada al *tehom* y al *tohu va bohu*). La abstracción de ese espíritu a partir del panteón previo de dioses originales y primigenios (panteón de algún modo insuficiente) constituyó la condición previa para el desarrollo de la idea abstracta de la soberanía misma (pues *soberanía* es el espíritu que trasciende a cualquier rey dado; algo de lo que depende la existencia misma del reinado y a lo que debe aspirar todo el que vaya a ser propiamente rey). De ahí que Cristo sea tradicionalmente Señor de Señores, Rey de Reyes (Apocalipsis 19:16). Él es, por definición, el espíritu o la esencia de la soberanía, su encarnación misma.

Sabemos, por uno de los textos más antiguos conservados, el *Enuma elish*,[43] que los habitantes de Mesopotamia caracterizaban a Marduk, como el vencedor de la batalla eterna de los dioses en el cielo. Era el dios que emergía sobre todos los dioses; el espíritu ascendente que decidía voluntariamente enfrentarse a lo monstruoso; el ganador de la batalla cósmica que podía inspirar, unir y dirigir a otros (dioses); el hacedor del mundo a partir de la confrontación con la serpiente o el dragón; y, finalmente, el regenerador del mundo disoluto. Este motivo de la lucha de las deidades por la primacía está extraordinariamente extendido en toda la tradición humana.[44] ¿Por qué? Imaginemos que, en cuanto grupos tribales, cada uno unido bajo el dominio de uno o varios dioses, nos uniéramos en el intento de establecer sistemas de gobierno más ambiciosos. Imaginemos que, en consecuencia, no faltaran luchas por la primacía del drama y del relato, libradas en el campo de batalla del interés y la memoria; por la opinión y la actitud, pactadas mediante el uso de la palabra; y cuando todo lo demás fallara, mediante la fuerza: mediante la esclavitud, la muerte y la destrucción. Imaginemos, finalmente, que esos procesos complejos de consolidación pueden representarse como un gran conflicto eterno entre las grandes figuras de la imaginación, los dioses que el hombre proyecta en el cosmos, batallando por la posición y la primacía en el espacio definido por la imaginación humana colectiva, poseyendo a sus seguidores y acólitos terrenales, por así decirlo, e impulsándolos a hacer lo mismo.

Desde una perspectiva, los seres humanos batallan unos con otros para establecer la superioridad de sus dioses. Desde otra, los dioses usan a los seres humanos como sus representantes terrenales para establecer su dominio en el cielo. Es mucho lo que cabe decir respecto de este segundo marco conceptual. Las ideas son espíritus vivientes, como se ha sugerido antes,[45] existentes tanto en la psique colectiva como en la individual. A la terrible realidad de este campo de batalla de lo divino da voz Gloucester en *El rey Lear* de Shakespeare: «Somos para los dioses como las moscas para los chiquillos. Nos matan por diversión»,[46] un eco de Homero, que en *La Ilíada* (canto 17, líneas 515-516) expresa los sentimientos de Zeus: «Porque no hay un ser más desgraciado que el hombre entre cuantos respiran y se mueven sobre la tierra».[47] Esa es la terrible lucha hacia la unidad, tanto de la psique como de la sociedad.

En Mesopotamia «conocían», o al menos representaban narrativamente, la idea monoteísta según la cual lo que es más profundo —definitivo y divino— es precisamente el espíritu del encuentro voluntario con el alma, la sociedad y la naturaleza. «Sabían» también que cualquier emperador digno de ese nombre aspiraría a encarnar ese espíritu y que las propias supervivencia y renovación del reino dependían de esa aspiración, tal como expuse en mi obra *Mapas de sentidos*, de 1999:

La identificación del emperador de Mesopotamia con la más divina de todas las deidades (según el juicio y la elección de esos mismos poderes) le otorgaba poder y servía para mantener el orden social y psicológico entre su gente. Es más, el emperador de Mesopotamia se encontraba en la misma relación con respecto a su pueblo que Marduk en relación con él: era un modelo ritual de emulación, la personalidad cuyas acciones servían como patrón para todas las acciones llevadas a cabo en el reino: la personalidad que era el Estado por cuanto el Estado definía y aportaba orden a las interacciones personales (que, en el fondo, eran sus funciones primarias). Así pues, Babilonia se conceptualizaba como «el reino del dios en la tierra» —esto es, una imitación profana del cielo—. El emperador servía a ese «cielo imitado» como «imitador de Marduk», al menos por cuanto era conservador, justo, valeroso y creativo.[48]

Los habitantes de Mesopotamia determinaron que el patrón para la soberanía legítima —el espíritu de confrontación voluntaria, el principio animador que debería tenerse en la posición más elevada— era todo ojo atento y voz mágica. Marduk tenía ojos alrededor de toda la cabeza y pronunciaba las palabras mágicas que transformaban, por ejemplo, la noche en día. Se trata de una visión brillante e inspiradora: la idea de que el dios de todos los dioses es atención y mundo creativo, transformador —el Verbo que transforma la posibilidad monstruosa y la oscuridad en el mundo mismo—. ¿Quién debe gobernar? No la persona capaz de ejercer la máxima fuerza. No la persona más rica. No la persona capaz de manipular más eficazmente, de manera maquiavélica. Por el contrario: ha de ser el comunicador atento, visionario; la persona que observa con más detalle y cuenta la mejor historia, pasada, presente y futura. ¿Qué debe gobernar? No el poder. No el capricho inmaduro y hedonista del momento, ni siquiera en sus manifestaciones sexuales más potentes. Ha de ser algo más elevado. Algo que genuinamente congregue, establezca, nombre, sitúe y renueve: algo con una aspiración ascendente y que sea reflejo de la verdad.

¿Cómo podrían esas ideas arquetípicas bajarse a la tierra? ¿Cómo pueden el caos, la posibilidad y su confrontación voluntaria ser entendidos en un sentido práctico? Pensemos, una vez más, en una mañana. ¿Qué nos espera cuando despertamos? Pensemos, una vez más, qué se manifiesta en el teatro de nuestra consciencia cuando amanece el nuevo día; la promesa y el peligro de las próximas dieciséis horas de vigilia, el futuro aún informe. Ese presente que se despliega no está ni determinado ni siquiera constreñido, en último extremo, por el pasado; no en ningún sentido simple y predecible, pues incluso la trayectoria previamente más estable y predecible puede transformarse en un abrir y cerrar de ojos y cambiar por completo.[49] En consecuencia, no podemos aplicar un conjunto de reglas deterministas y seguir adelante, ni siquiera en principio. Ningún algoritmo nos permite calcular sin equivocarnos el horizonte transformador del futuro: no en un mundo que no es, ni siquiera en principio, determinista.[50]

En cambio, lo que ocurre es que se nos convoca a ir al encuentro del eterno reto de dar forma —en consonancia con nuestra visión, por más inmadura que esta sea— a eso que todavía no es, pero que aún podría ser. Nos orientamos en el mundo hacia el *devenir*, hacia lo que está cambiando y lo que puede ser cambiado, mientras que todo lo que es estático y fijo se vuelve irrelevante e invisible, incluso para la percepción misma.[51]

«Podría hacer esto; quizá haría esto; debería hacer esto; esto me resulta interesante; esto me mortifica; las cosas saldrán mal si hago esto y no eso, o bien si hago esto y no lo otro.» Ese es el dominio de la preocupación y del cuidado,[52] que constantemente se presentan y atrapan la consciencia. Quizá nos enfrentemos a toda esa posibilidad con temor porque nuestras circunstancias son demasiado caóticas, de una complejidad que excede nuestra competencia (o eso tememos). Quizá, a su vez, ello sea conse-

cuencia de las flechas y infortunios del destino, pero posiblemente derive de nuestra propia incompetencia, del orgullo, la
arrogancia, la propensión a la evitación y el engaño y, subsi-
guientemente, del resentimiento. Quizá, en cambio, seamos entusiastas, pues percibimos tanto la posibilidad en el sentido positivo como un camino transitable hacia esta. Quizá sea así
porque nos han animado adecuadamente para que asumamos,
nos enfrentemos y exploremos; para que nos desafiemos a nosotros mismos, porque hemos hecho nuestra esa responsabilidad,
voluntariamente, y la hemos convertido en hábito de atención y
acción. Quizá, por último, nos permitamos aceptar ese desafío
hasta el punto del miedo, de manera que temor y entusiasmo se
equilibren a la perfección. Posicionados así, estamos despiertos y
alerta; vigilamos en busca del peligro, pero nos sentimos preparados para avanzar; listos para esquivar, para atacar, para bailar.
Eso significa que estamos situados óptimamente: si podemos jugar con el horizonte del futuro, sin duda lo estaremos haciendo
bien.

El horizonte del futuro, así encontrado, es equivalente al caos
de la posibilidad que existe al principio de los tiempos, plasmado
en los versículos iniciales del Génesis. Proyectamos nuestras visiones sobre las aguas y creamos —mediante nuestra afinidad con el
Logos, mediante la exploración, la imaginación, el pensamiento y
el habla— el mundo habitable, bueno, o incluso bueno en gran
manera, en la proporción precisa a la exactitud de nuestra meta.
Esa es la manifestación continua, en cada uno de nosotros, del
Verbo divino que generó el cosmos cuando empezaron el tiempo
y el espacio mismos. Esa es la caracterización bíblica inicial del espíritu de lo que es más elevado; la manifestación inicial del espíritu
del único Dios. Se trata de una idea asombrosa, de una idea revolucionaria, de una idea ordenadora del mundo, de una idea engen-
dradora de civilización; una idea que es la condición previa para el
orden optimizado, tanto psicológico como social. Es de esa presunción de nuestro valor individual implícito (por abundar en
ello) de donde derivamos nuestro conjunto infinito de derechos

naturales (y no olvidemos, pues somos dados a hacerlo, la responsabilidad natural).

Esos derechos y esas responsabilidades no recaen sobre nosotros, secundariamente, gracias a este o aquel proceso de contrato social —no nos son dados por el Estado omnisciente, omnipresente y omnipotente—, sino que son el reflejo más profundo de lo que da origen al Estado duradero y de lo que protege a este de la caída en el anacronismo, la ceguera, el gigantismo y la tiranía que de otro modo resultarían inevitables. Esos derechos y responsabilidades están ahí en el principio, como el Logos, que constituye su verdadera fuente. Son axiomáticos; los verdaderos cimientos de todo, incluido cualquier Estado posible que pudiera establecer cualquier derecho de cualquier tipo, o negarlo. Por tanto, el espíritu que media entre el devenir y el ser está ahí, en el principio, presente en el presente, dando forma al futuro y residiendo en nosotros o incluso caracterizándonos (siempre que nosotros lo permitamos).

Nosotros «tenemos nuestros derechos». ¿Por qué? Planteémonoslo ahora: la sociedad, la tradición, la ley (todo lo que está muerto, en cierto sentido real) son meramente un vestigio del pasado. Son lo que ya está fijado y es invisible a medida que ascendemos gracias a esa fijación. Son, exactamente, lo que podemos dar por sentado, apartar de la consciencia precisamente gracias a su predictibilidad. En cambio, es el futuro manifestado en el presente lo que activa la consciencia; es el potencial de futuro el que se manifiesta en el teatro de la consciencia. Es el fluir eterno del agua del caos y de la vida en el lecho muerto, pero necesario, de la certeza tradicional. ¿Qué —o quién— domina ese futuro? El centro de la consciencia. *El individuo.* La osadía visionaria y aventurera del alma individual. El empeño verdaderamente ético del individuo. La capacidad individual de imaginar, pensar y comunicar (y todo ello son variantes del Logos intrínseco). Es el individuo soberano el que es modelador y potencialmente amo del futuro indeterminado o, más exactamente, el amo es la conciencia que se manifiesta en cada individuo.

La sociedad solo puede adaptarse al futuro en la medida en que hace caso e integra la visión y el pensamiento (el Logos) de sus ciudadanos. Así pues, los que dirigen deben servir y propiciar esa individualidad divina; agregar y unir sus preocupaciones; reunir, amalgamar y comunicar sus deseos visionarios y sus necesidades; y transformar la ley, el pasado muerto, pero necesario, en el mundo vivo que guía. Por tanto, el dirigente auténtico contempla necesariamente el abismo: el sufrimiento de sus componentes; descubre a los otrora grandes héroes del pasado languideciendo en el inframundo; identifica, rescata y rejuvenece al Padre eternamente muriente, integrando el pasado con el presente; y otorga nueva vida y visión a lo que quedó establecido antes. Ese es el relato eterno, que ya ha ocurrido y que está ocurriendo ahora, y que ocurrirá siempre en cualquier futuro humano identificable. Eso es lo que los antiguos egipcios descubrieron en su culto al dios Horus, el gran ojo de la atención, la fuerza que se enfrenta al caos y al mal, que revivifica a Osiris, dios del Estado, que languidece ciegamente en el inframundo.[53] El Estado llegaría a detenerse, paralizado por su mera ejemplificación del pasado muerto, si no consiguiera tener en cuenta la visión y el pensamiento de sus integrantes del presente. Es, eternamente, el individuo verdaderamente visionario —el vidente y la voz profética— el que se alza contra el estancamiento y la tiranía. Hasta para mantenerse y propagarse, el Estado debe, pues, someterse al Logos del individuo.

No se trata de mera ideología; no hablamos de una mera verdad relativa. Se trata, sí, de lo que debe ser principal —verdaderamente— para que el infierno no se dé a conocer. Es la negación y la erradicación del Logos del individuo lo que ha generado los regímenes tiránicos y totalitarios del siglo XX. No hemos superado en absoluto las delicias hedonistas y ebrias de poder de esa tentación. Esto no significa que los que existen en el presente puedan hacer lo que quieran: el Estado puede limitarse por la necesidad de visión creativa, renovadora y activa del individuo, pero, de la misma manera, el individuo debe sacrificar su mera individualidad aislada y atomizada a una tradición que constituye madurez y que nos une comunalmente.

De acuerdo con esa visión, el Estado no *permite* a sus ciudadanos su libertad. El Estado que prohíbe a los individuos que lo integran prestar atención y decir la verdad, anquilosa (la libertad que tolera), se marchita y muere en una cascada de mentiras que llevan a la derrota propia y que desmoralizan cada vez más. Se trata de una victoria parecida a la del hermano malo del rey; el tío torvo, resentido y egoísta del verdadero príncipe desterrado; y el temible suceso que prepara el terreno para la peste, el estancamiento y la desaparición del agua misma de la vida. Esa es una verdad que va más allá de todas las meras objeciones relativistas. Existe una relación necesariamente recíproca entre Estado y ciudadano y no hay manera de que el Estado sea superior, aunque proporcione lo que es necesariamente estático y estable. Sin el individuo: sin *ti*, en pocas palabras; sin ti encarnando la ética adecuada, el Estado se anquilosaría fuertemente y llegaría a paralizarse. Nosotros —la raza humana, al menos en su mejor versión— hemos determinado a través de un doloroso proceso de prueba y error que tanto la tiranía como la esclavitud son intrínsecamente malos, pues ambos existen en contraposición a ese principio. El tirano suprime el Logos y a la vez intenta suplantarlo, mientras que los esclavizados están demasiado intimidados y son demasiado perezosos (en realidad, son demasiado arrogantes y carentes de fe) como para hacer que el Logos se manifieste en su interior. Esa supresión y ese servilismo condenan tanto al individuo como al Estado; y no solo «condenan» (si esa condena se entiende como mera muerte), sino que engendran un infierno literal que, en su manifestación plena, puede llegar a ser algo que haga que incluso la muerte resulte preferible.

¿Creemos, en el fondo de nuestro corazón, que la esclavitud está mal? ¿Creemos sinceramente que la tiranía que insiste en la esclavitud también está mal? ¿Creemos, por tanto, en la divinidad intrínseca del individuo (en el valor profundo del individuo, técnicamente, dadas las definiciones con las que trabajamos)?

¿Cómo si no podemos dar sentido a nuestra objeción al tirano esclavista? Por decirlo de otro modo: la oposición sincera a la imposición y la fuerza, incluso si es meramente sentida o experimentada de manera incipiente (por ejemplo, la sensación de violación producida por la consciencia) es fe, al menos en la alternativa a la tiranía y la esclavitud. Y una pregunta más, una vez que esta definición ha quedado clarificada: ¿nos oponemos a la esclavitud y la tiranía sobre la base de nuestra creencia de manera lo bastante profunda como para guiarnos por los dictados del Logos creativo? ¿O, por el contrario, flaqueamos al entender que la responsabilidad supone una carga excesivamente pesada, por lo que abandonamos la verdadera aventura y el sentido de nuestra vida? La oposición tanto a la esclavitud como a la fuerza es una creencia genuina y además una creencia religiosa, por cuanto es materia de los primeros principios. Hemos librado muchas guerras sobre si el axioma del valor divino intrínseco del hombre y de la mujer individuales es verdad; si es verdad profunda, fundamental y no arbitrariamente. Los que lucharon por la libertad hicieron muchos sacrificios para postular esa idea, para elevarla al lugar más alto.

La esclavitud encontró oposición y después, de manera sustancial y con dificultades, se erradicó en nombre de esa misma verdad profunda y se hizo por la más profunda de las razones religiosas,[54] planteando, en contra de toda evidencia inmediata, próxima (la evidencia, por ejemplo, de la riqueza, del poder y del estatus comparativo, por ejemplo), que el alma del individuo era realmente, y en último extremo, soberana, por más aparentemente baja y excluida que fuera; planteando que ese valor no era superior, en su sentido último, en quienes eran ricos y poderosos, por más ricos o aparentemente importantes que fueran. La dificultad de comprender algo así no debe subestimarse. Va en contra de los hechos más inmediatamente evidentes, como el de la capacidad de la fuerza para dominar la debilidad, o como las obvias ventajas de la riqueza sobre la pobreza. «Si puedo, ¿por qué no habría de hacerlo? Si tengo el poder, ¿por qué esos que se oponen a mí son algo más que despreciables y débiles? Si soy rico, incluso por herencia, ¿acaso no es ello prueba evidente de que Dios (o el destino, o la naturaleza) me ama más y, por tanto, me da derecho a tener un estatus especial, como así indican los datos que debe ser?» Esa era, claramente, la presuposición en el mundo clásico, prejudeocristiano, y sin duda es la proclama del espíritu que en la actualidad posee a la mayoría de los individuos y las sociedades.

Bajo la influencia del espíritu encerrado en los textos y las tradiciones bíblicas, nosotros, en Occidente, nos dimos cuenta de que ese favoritismo y esa subyugación estaban mal de manera fundamental: que violaban algún principio divino profundo; que ofendían no meramente un dogma de la racionalidad o la compasión, sino el espíritu mismo de lo que era grande en sí mismo. Y también decidimos que la tiranía era inmoral, ya se manifestara esta dentro de la psique, la familia, la ciudad o el Estado; que el mismo rey, independientemente de su poder, debe inclinarse ante lo que es verdaderamente soberano; y, lo que es más importante, que hay cierta «realidad celestial» que es siempre y verdaderamente superior a cualquier gobernante terrenal o secular, o incluso a un principio explícito o a una ley. Sería muy insensato y peligroso por nuestra parte olvidar que el impulso para hacerlo —para erradicar la esclavitud y la tiranía; para subordinar la autoridad al soberano trascendental— fue claramente (y hablo desde el punto de vista histórico, además del psicológico) consecuencia de la ética establecida en una forma incipiente pero poderosa al principio del relato del Génesis.[55]

¿«Creemos» que hombre y mujer por igual estamos hechos a imagen y semejanza de Dios? Y, si eso es así, ¿qué significa *creer*? Y, si no es así, ¿en qué creemos; o simplemente no creemos en nada y sufrimos las espantosas consecuencias causantes de ansiedad, devoradoras de esperanza y socialmente desestabilizadoras que se derivan de ello? Establecida la creencia en «el Dios en las alturas», ¿qué apariencia tienen nuestros matrimonios, nuestras familias, amistades y sociedades, y qué apariencia muestran, en cambio, cuando otras creencias las sustituyen como meta o como cimiento? ¿Acaso la tiranía o la esclavitud no se impondrán (e inmediatamente) a todos esos niveles (así como también al nivel de lo interpersonal, lo psicológico y lo espiritual) si esa piedra angular es rechazada? Y esa tiranía y esa esclavitud están inevitablemente vinculadas al dominio del capricho hedonista y la gratificación del deseo a corto plazo, inmadura, centrada estrechamente en el yo, que no contrarrestan ni pueden contrarrestar una autoconsciencia sostenible ni un sistema de gobierno productivo, generoso y armonioso.

¿Y qué implica aceptar esa proposición del valor divino intrínseco si se materializa plenamente?

2

Adán, Eva, orgullo, autoconsciencia y caída

2.1. La imagen de Dios en el jardín eterno

En Génesis 1 emergen una serie de proposiciones narrativas: que la existencia es consecuencia de un espíritu eterno, trascendente, que actúa sobre el potencial mismo; que el orden habitable que es bueno surge de los trabajos de ese espíritu; que el hombre y la mujer están hechos a imagen de ese espíritu; y que ese espíritu es lo que tiene verdadero y eterno dominio sobre la creación. En Génesis 1 se insiste en que hombre y mujer son verdaderas imágenes de Dios. Esa imagen no es exactamente Dios, sino una muestra en baja resolución del original; algo, en muchos aspectos, de su misma naturaleza, a escala más restringida; algo que es *kenótico*,[1] vacío en relación con el original; algo que es un icono o incluso un avatar[2] del original. Esas presuposiciones resuenan muy poco después en Génesis 2, un capítulo que ofrece un retrato más profundamente personificado, primordial: «Entonces Jehová Dios formó al hombre del polvo de la tierra, sopló en su nariz aliento de vida y fue el hombre un ser viviente» (Génesis 2:7).

¿No es esa idea del hombre como imagen de Dios absolutamente descabellada? ¿Cómo puede un hombre defectuoso, incluso el hombre o la mujer más indignos, poseer una relación directa con lo divino? El hombre, con su propensión a la decrepitud, al sufrimiento y a la muerte; con su insignificancia evidente en contraste con la naturaleza y el cosmos; con la brevedad de su vida... ¿Por qué atribuir valor a algo tan fugaz en su existencia y despreciable en su ineptitud? Pero, en ausencia de esa proposición divina, ¿dónde estaríamos? ¿De qué otra manera podría atribuírsele al hombre corriente algún tipo de estatus *a priori*, y más en relación con quienes, de otro modo, serían plenamente capaces de hacer realidad ese principio según el cual es la fuerza la que otorga la razón, y que, en cualquier caso, a menudo amenazan con aplicarlo? ¿Cómo podríamos apañarnos sin la tradición de los derechos inalienables y la responsabilidad individual intrínseca que es la consecuencia lógica de esa proclamación axiomática de nuestra divinidad? Esa insistencia es una idea a la vez improbable e importante más allá de toda medida. Se trata quizá de la idea más importante jamás revelada y, en cuanto idea central del corpus bíblico, constituye el cimiento mismo de la tradición judeocristiana. Es un axioma, una proclamación, algo que debe establecerse como piedra angular antes de que pueda aparecer cualquier sociedad; algo que debe aceptarse «por la fe» como regla necesaria antes incluso de que pueda empezar el juego.

Gran parte de la fe que es verdaderamente religiosa presenta la misma forma: no se trata de la insistencia en que algo supersticioso o imposible fue cierto, sino la proclamación y la definición de lo que constituye, abarca o caracteriza lo real que, por tanto, debe ser tenido en cuenta con la mayor diligencia y sobre lo que hay que actuar. Es, irreductiblemente, una decisión, entre otras cosas porque nunca sabemos las cosas con la suficiente antelación como para estar seguros y, ante nuestra ignorancia, debemos avanzar con presuposiciones. El matrimonio ofrece una analogía que resulta de ayuda: un matrimonio no puede empezar sin fe en su permanencia. ¿Está ahí la evidencia de su permanencia antes del compromiso? No. Es más, la evidencia que sería necesaria no puede obtenerse en modo alguno sin el compromiso *a priori*, la promesa de jugar a ese juego en concreto y a ningún otro. Todas las decisiones cruciales de la vida se toman sobre ese principio, no como consecuencia de ninguna evidencia suficiente. Ello no significa que debamos avanzar a ciegas, de manera insensata. Pero cada vez que nos enfrentamos a lo realmente desconocido, nos vemos obligados a avanzar con fe. La alternativa es ciertamente lúgubre.

En Génesis 2 se particulariza la transformación que Dios hace del caos y la nada en ser habitable. Dios crea el primer lugar habitable para el hombre:

> Jehová Dios plantó un huerto en Edén, al oriente, y puso allí al hombre que había formado. E hizo Jehová Dios nacer de la tierra todo árbol delicioso a la vista y bueno para comer; también el árbol de vida en medio del huerto, y el árbol del conocimiento del bien y del mal. Salía de Edén un río para regar el huerto y de allí se repartía en cuatro brazos.
>
> Génesis 2:8-10

Ese jardín es el entorno humano óptimo, representado en la abstracción imaginativa. Es la morada arquetípica en la que la cultura y el orden (los muros) y la naturaleza o el caos (las plantas, los árboles, las aves y los animales) coexisten en adecuado equilibrio. Es, a la vez, origen y destino perfecto y eterno: el «jardín tapiado» (pues eso es lo que significa la palabra *paraíso*, *pairi daiza*),[3] el lugar bien regado (ese es el sentido del vocablo *Edén*).[4] Es el restablecimiento de ese lugar óptimo lo que constituye la meta implícita de todo dueño o dueña de una vivienda que imagina un jardín en su patio trasero: su variante vallada del Edén original (incluso si esa valla se manifiesta solo en lo abstracto, como propiedad, ese lugar sigue cercado por los límites de la convención social).

Hombres y mujeres trabajan o se sacrifican de manera natural en aras del establecimiento de un entorno que circunscriba eternamente la naturaleza a la cultura: un entorno que proteja y cobije al tiempo, que permite y proporciona oportunidades. Soñamos con nuestro espacio privado verde y natural y, si no lo conseguimos, al menos con un apartamento que quede cerca de algún parque. Lo queremos delimitado; separado, con sus confines. Queremos saber exactamente de qué somos responsables y a qué tenemos derecho en relación con la expectativa y la propiedad de otros. A partir de ahí, nos esforzamos por embellecerlo, por convertirlo en un lugar pacífico y seguro, y nos orientamos intrínsecamente hacia esa perfección. Esa orientación es un espíritu; un proceso o patrón que nos habita, que aguijonea nuestro interés, que dirige nuestra atención y motiva nuestra acción. ¿Qué pretendemos que ocurra ahí, en nuestros jardines, si conseguimos que sean lo que queremos, y cuando ello ocurre? Es muy posible que seamos incapaces de cuidar de todo el mundo, pero sí podemos ocuparnos de nuestros pequeños espacios naturales privados, lo que no es ni mucho menos poca cosa.

¿Cómo podemos imaginar un lugar así? ¿Qué hacemos con esa pequeña porción de tierra si invocamos al espíritu adecuado? Cuando, en la India tradicional, se erigía una nueva construcción:[5]

Antes de plantar una sola piedra, «el astrólogo muestra qué punto de los cimientos queda exactamente sobre la cabeza de la serpiente que sostiene el mundo. El albañil modela una pequeña estaca con madera de árbol de khadira y, con un coco, clava la estaca en la tierra en ese punto preciso, de manera que la cabeza de la serpiente quede bien abajo. [...] Si esa serpiente llegara alguna vez a agitar la cabeza con violencia, el mundo se rompería en pedazos».[6] Sobre esa estaca se coloca una primera piedra. Así, la piedra angular se ubica exactamente en el «centro del mundo». Pero ese acto fundacional, a la vez, repite el acto cosmogónico, porque «asegurar» la cabeza de la serpiente, clavarle la estaca, es imitar el gesto primigenio de Soma (Rigveda II, 12, 1), o el de Indra cuando más tarde «golpeó a la serpiente en su madriguera» (Rigveda VI, 17, 9), cuando su rayo «le arrancó la cabeza» (Rigveda I, 52, 10).[7]

Ese acto de clavar la estaca a la serpiente ondulante que subyace a todo, por más que de manera invisible, es el de plantar el mástil o el asta de la bandera en el centro para estabilizarnos y orientarnos a nosotros mismos y a la comunidad. Es la dinámica entre la vara que guía y la serpiente que Moisés ha llegado a dominar y que muestra al faraón, a los egipcios y a los israelitas. Es incluso la lanza que san Jorge y san Miguel clavan en el corazón del dragón para derrotar el caos y el mal. Queremos y necesitamos que nuestro jardín tapiado esté delimitado: queremos que sea nuestro, para poder beneficiarnos, a largo plazo, de nuestros sacrificios a corto plazo en tiempo, esfuerzo y dinero en busca de nuestro sueño: de ahí los muros. Invitamos a la naturaleza a expresarse en el interior de esos confines limitadores de una manera que sea atractiva e interesante. Trabajamos en pos de esa meta, de esa visión de la tierra prometida. En esos trabajos encontramos paz y felicidad. Podemos sentarnos ahí fuera, con nuestra familia y amigos, con hospitalidad, cenando en la mesa celestial, por así decirlo. Hay un espíritu que nos habita mientras lo hacemos, si se hace bien. Es el Verbo mismo el que da origen al jardín y al cosmos. El entorno adecuado del hombre y de la mujer hechos a imagen de Dios es el lugar óptimamente equilibrado entre cultura y naturaleza: entre orden y caos. También, como hemos visto, es el lugar de la consciencia optimizada.

Ese entorno edénico ha sido representado tradicionalmente (y así se describe en el texto) como un territorio dividido por ríos en cuatro partes: «Salía del Edén un río para regar el huerto y de allí se repartía en cuatro brazos» (Génesis 2:10). Esa división y disposición forma una estructura geométrica conocida como *mandala*,[8] que es una cruz superpuesta a un círculo y a menudo (pero no necesariamente) rodeada por un cuadrado. Un mandala es una representación del orden optimizado como tal: el equivalente psicológico o conceptual al paraíso.[9] Esa división en cuatro partes que nace de un centro es el lugar que el hombre siempre ocupa en el mundo, con los puntos cardinales (norte, sur, este y oeste) partiendo desde ahí. Presenta la misma estruc-

tura cruciforme de una catedral, que es una imagen arquitectónica de la idea de un centro divino o celestial, además de la ejemplificación concreta del Edén. El tema del jardín impregna el
diseño de las catedrales, replica en piedra el bosque primigenio
con sus ramas, sus arcos que son como árboles y una iluminación que penetra a través de sus vitrales de la misma manera en
que la luz del sol se filtra en una arboleda a través de las hojas y
las ramas.

2.2. Orgullo frente a orden moral sagrado

En Génesis 2, Dios establece el jardín cerrado y concede al hombre dominio sobre él: «Y mandó Jehová Dios al hombre, diciendo: "De todo árbol del huerto podrás comer"» (Génesis 2:16).
De ese modo, Dios procura al hombre y a la mujer una libertad
casi completa para explorar, incorporar y usar de otros modos
todo lo que el mundo proporciona, con dos importantes excepciones: la primera es el mandamiento de ejercer el dominio de
una manera que llene la tierra y lo ponga todo en el lugar adecuado (Génesis 1:28) y, de un modo parecido, para que lo labre
y lo cuide (Génesis 2:15).[10] En segundo lugar, deben evitar ingerir el fruto de uno de los árboles centrales del jardín: «Pero del
árbol del conocimiento del bien y del mal no comerás, porque el
día que de él comas, ciertamente morirás» (Génesis 2:17).
La vida en el jardín edénico correctamente gestionado es
algo que se da en un estado de juego dinámico: orden desafiado,
actualizado y aumentado por el caos; hombre dinámicamente
yuxtapuesto contra él, compitiendo y cooperando con la mujer;
hombre y mujer actuando según la voluntad de Dios (realizán-
dose ellos mismos como imágenes de Dios), ampliando continuamente y perfeccionando cada vez más aquello que ya es bueno o bueno en gran manera. Así, el paraíso presenta la misma
naturaleza que una gran obra musical: pongamos por caso, el
tercer movimiento del *Tercer concierto de Brandeburgo* de Bach,

una composición sin parangón tanto en su capacidad de equilibrar lo predecible y esperado con lo impredecible y novedoso como, simultáneamente, de extraer de algo que ya es hermoso y perfecto otra cosa incluso más hermosa y aún más perfecta. Es una manera de ser, de armonía que siempre mejora, ejemplificada por la música, la «condición» hacia la que «todo el arte aspira constantemente».[11] Es lo bueno que puede llegar a ser bueno en gran manera.

Pero a la humanidad también se le pide que, al tiempo que cuida y actúa, deje en su sitio los cimientos morales mismos del mundo, sin cuestionárselos, o incluso intactos por entero, al tener que rechazar el fruto prohibido. Por tanto, se considera que existe algo que debe permanecer eternamente más allá del juicio humano, con respecto a la naturaleza del bien y del mal: algo debe instalarse de manera inamovible en la base, o ser elevado de manera permanente hasta el lugar más alto; algo debe verse como trascendentalmente intocable o inefable. ¿No se trata precisamente del conjunto de principios morales ya establecidos, sobre los que se insiste: el hecho de la interacción eterna entre orden y caos, Dios y *tehom*, la presuposición de que el orden aportado por el Logos es bueno y de que los seres humanos son buenos en gran manera, la idea de que el hombre y la mujer están hechos a imagen de Dios? Estos axiomas no deben convertirse en parte del dominio del conocimiento humano ni ser sustituidos por algún dogma terrenal hipotéticamente útil. No: deben permanecer sagrados, servir siempre y ser vistos y tratados como las condiciones previas mismas de ese conocimiento.

Así pues, Génesis 2 amplía la caracterización de Dios, lo presenta como el espíritu que advierte contra el exceso, contra el pecado capital del orgullo. ¿Qué puede significar *excederse*? El paraíso, o el Edén, es eternamente un jardín con dos árboles frutales en su centro: «E hizo Jehová Dios nacer de la tierra todo árbol delicioso a la vista y bueno para comer; también el árbol de vida en medio del huerto y el árbol del conocimiento del bien y del mal» (Génesis 2:9). Esos dos árboles guardan cierta relación misteriosa el uno con el otro. El árbol de la vida da un fruto cuya asimilación da la vida, incluso la vida eterna. El árbol del conocimiento del bien y del mal es lo contrario; es el que aloja a la serpiente eterna y da el fruto cuya asimilación trae la muerte.

¿Qué significa eso? *Que lo que es necesaria e inevitablemente axiomático —eso de lo que depende todo lo demás— conlleva un enorme peligro si se toca.* Que lo que es axiomático y cimentador proporciona protección contra el caos que destruye; contra la entropía que gira, disuelve, consume la esperanza y ahoga. Algo tiene que considerarse sagrado —en este caso, los propios cimientos en los que se basan el bien y el mal mismos—. Se trata de la estaca clavada en la cabeza de la serpiente subterránea y cuyo movimiento, de otro modo, agitaría el mundo y lo rompería en pedazos. Es un (¿el?) gran pecado de orgullo cuestionar eso en lo que se asienta todo necesariamente. No toques lo que debe permanecer sagrado necesariamente. De otro modo, el centro no puede resistir y las cosas se disgregan. Tiene que haber algo que sea el objeto inamovible —la vara sagrada, el pilar firme e incluso, tal vez, el árbol para la serpiente—. Tiene que haber algo que sea aquello en torno a lo que se organiza todo lo demás. Eso es Dios mismo, por más inefable que pueda ser. Cuanto más cerca de Dios esté la presuposición, más cuidado debe ponerse al aproximarse a ella, y mucho más aún si se trata de rechazarla o intentar un derrocamiento revolucionario. Las afirmaciones extraordinarias requieren evidencias extraordinarias, algo que muchas personas han dicho de muchas maneras distintas.[12]

El intento de hacer de la empresa moral una cuestión del juicio humano, en lugar de dejar en su sitio un mínimo necesario de presuposiciones, supone llevar a cabo el acto de orgullo que transforma la roca, sobre la que de otro modo la casa se erigiría, en las arenas que se abren, se mueven y devoran cuando llega la tormenta. En consonancia con ello, Cristo —la encarnación misma del Verbo que estableció esos principios— insiste mucho más tarde:

A cualquiera, pues, que me oye estas palabras y las pone en práctica, lo compararé a un hombre prudente que edificó su casa sobre la roca. Descendió la lluvia, vinieron ríos, soplaron vientos y golpearon contra aquella casa; pero no cayó, porque estaba cimentada sobre la roca. Pero a cualquiera que me oye estas palabras y no las practica, lo compararé con un hombre insensato que edificó su casa sobre la arena. Descendió la lluvia, vinieron ríos, soplaron vientos y dieron con ímpetu contra aquella casa; y cayó, y fue grande su ruina.

Mateo 7:24-27

Lo finito y conocido está rodeado por lo infinito y desconocido. Aquello no puede subsumir esto; si lo intenta, excediéndose, se arriesga a perecer. Es necesario, incluso crucial, entenderlo: la periferia, el margen, no es meramente una antítesis singular de lo que está en el centro, ni su opuesto, como suele presumirse. Lo contrario de lo uno no es lo otro, sino lo mucho, y después lo innumerable, y después lo monstruoso, y después lo inconcebible, y después el caos absoluto que es peor que la muerte. Lo contrario de lo uno es la multiplicidad misma —la multiplicidad misma cuyo triunfo revolucionario podría quitarle la prioridad al centro, por más que lo consiga de manera más o menos temporal—. En cualquier caso, esa «victoria» sembrará el desastre en cualesquiera fenómenos periféricos o experimentales que hayan conseguido encontrar un lugar en el margen de tolerancia que necesariamente rodea cualquier ideal.

Ello es cierto, entre otras cosas, porque lo periférico o experimental se aferra a la identidad de manera más frágil que el centro y, por tanto, puede desestabilizarse más fácilmente. Así pues, lo semifuncional o vanguardista actúa más cerca de aquellos que recorren el camino recto y estrecho que de los marginales extremos de la frontera, independientemente de cuál sea su opinión sobre esos asuntos. Los marginales extremos son monstruos que lo devorarían y lo destruirían todo, incluida la vanguardia (quizá, probablemente, a esta la destruirían primero). Por expresarlo de otro modo: el margen puede existir en torno a un centro siempre y cuando ambas partes procedan con cierto cuidado. Puede existir en una tregua frágil, pero quizá mutuamente beneficiosa (dadas las ventajas tanto de la estabilidad como de la variación). Sin embargo, si el margen clama por ocupar el centro, con la consecuencia de caer presa del resentimiento y la amargura que, de manera casi inevitable, forman parte de la vida a la sombra del ideal, entonces el margen del margen empezará a hacer su aparición. Cuando el ideal, ese juez terrible pero necesario, se debilita —y quizá de una manera bienvenida para los excluidos, incluso los oprimidos—, entonces los dragones depredadores y parasitarios de lo verdaderamente caótico regresan con ímpetu. ¿Y entonces, qué? Lo que ahora se ha elevado falsamente, lo que antes era marginal y ahora está hipotéticamente centrado, son las primeras cabezas que se cortan.

También ocurre que ese centrar el margen eliminaría cualquier utilidad hedonista que lo marginal, de hecho, posee. Es el hecho de la transgresión, y la novedad que acompaña a dicha acción desviada, lo que eleva el fetiche, sea cual sea su naturaleza, al estatus de afrodisíaco. La novedad en sí misma es una forma de incentivo, de recompensa. Así, la participación en actos novedosos (que son por definición marginales, aunque puedan resultar positivos en lo exploratorio, además de rebeldes si se trata de mera transgresión) potencia el placer. Se trata de algo que es cierto tanto en el caso de los placeres estéticos, desde lo gustativo hasta lo artístico, como en el terreno sexual. Así, el movimiento de lo marginal a la posición de norma o ideal socava incluso la exacerbación patológicamente inmadura del placer que es la meta de tantas prácticas marginales y amenaza incluso los placeres más auténticos y válidos que se experimentan como consecuencia de la participación en la verdadera y redentora vanguardia. Esa es otra desventaja (especialmente para lo creativo) de todos los intentos de subvertir permanentemente el orden normal o ideal. Si todo el mundo, por ejemplo, tiene que llevar una máscara de perro, nadie podrá divertirse desobedeciendo y poniéndose una.

Dado que lo marginal es multiplicidad, lo marginalizado no puede celebrarse, pues *celebrar* significa elevar a un lugar de primacía y una plétora no puede convertirse en foco de atención singular. Por definición. Por el hecho mismo de la diferencia entre lo uno y lo mucho. Por tanto, el hombre que muerde más de lo que puede tragar, o la sociedad que hace lo mismo, se arriesga a atragantarse; en el intento de digerir lo incomestible se arriesga a la muerte o a algo peor. El conocimiento del hombre no puede, en último extremo, mantener su integridad ante todo lo que es aún desconocido y posiblemente lo sea para siempre. ¿Qué detiene la regresión infinita de la duda frente a la ignorancia verdadera, final? Preguntar por qué, por qué, por qué, por qué, por qué..., eternamente.

Cuando enseñaba en la Universidad de Toronto, a menudo se lo demostraba a mis alumnos de seminario y lo hacía escogiendo a uno de ellos y mortificándolo a base de preguntas: «¿Por qué has leído los textos de la asignatura?» («Porque quería estar preparado para el intercambio de ideas»). «¿Y por qué te importaba estar preparado?» («Porque quería hacerlo bien en clase»). «¿Y por qué te importa hacerlo bien?» («Porque quiero aprobar el curso»). «¿Por qué te importa aprobar el curso?» («Porque quiero obtener el título»). «¿Por qué te importa obtener el título?» («Quiero ser competitivo en el mercado laboral cuando me gradúe»). «¿Y qué más te da a ti tener ese éxito?». Era en este punto, ascendiendo por la escalera de Jacob o descendiendo al inframundo, cuando la ronda de preguntas, muchas veces, empezaba a ponérsele difícil a la persona interrogada. «Si no consigo un buen empleo, seré un desgraciado y no tendré dinero.» «¿Y por qué le importa a alguien, incluyéndote a ti, sufrir y estar sin blanca?» Al final de la *Confesión* de Tolstói, en la que detalla nada menos que su descenso a un nihilismo intensamente suicida y su posterior ascenso, el gran escritor ruso describe un sueño (condensado y adaptado para exponerlo aquí):

Veo que estoy tumbado en una cama. No me siento ni bien ni mal, estoy echado boca arriba. Pero comienzo a preguntarme si estoy bien tumbado; me parece que mis piernas no están cómodas: no sé si la cama es demasiado corta, o tal vez desigual, pero no estoy bien; muevo ligeramente las piernas y al mismo tiempo comienzo a preguntarme cómo y sobre qué estoy tumbado, lo cual no se me había ocurrido hasta el momento. Al examinar mi cama, veo que estoy tumbado sobre un correaje de cuerdas trenzadas, fijadas a los bordes de mi cama. Tengo las plantas de los pies en una de las correas, las pantorrillas en otra, y siento que mis piernas no están cómodas. Por alguna razón sé que las correas se pueden mover. Y con un movimiento de piernas empujo la última. Me parece que así estaré más cómodo. Pero la empujo demasiado lejos, quiero atraerla con los pies, pero ese movimiento hace que se deslicen las otras correas bajo mis piernas y mis piernas quedan colgando. Hago un movimiento con todo el cuerpo para corregir mi postura, totalmente convencido de que ahora lo lograré; pero con ese movimiento se deslizan y se mueven debajo de mí otras correas y veo que la cosa va de mal en peor: toda la parte inferior de mi cuerpo desciende y queda colgando, sin que los pies lleguen hasta el suelo. Me sostengo solo por la espalda, algo que añade a mi sensación de malestar otra de horror, sabe Dios por qué. Entonces me pregunto lo que antes ni siquiera se me había ocurrido: «¿Dónde estoy y sobre qué estoy acostado?». Me pongo a mirar a mi alrededor y en primer lugar miro hacia abajo, donde cuelga mi cuerpo, allí donde siento que no tardaré en caer. Miro abajo y no doy crédito a lo que ven mis ojos. No es que me encuentre a una altura parecida a la de una elevada torre o a la de una montaña, sino que estoy a una altura que nunca pude imaginar. Ni siquiera puedo estar seguro de distinguir alguna cosa ahí abajo, en ese precipicio sin fondo por encima del cual estoy suspendido y que me atrae. Se me encoge el corazón, el terror se apodera de mí. Es horrible mirar allí abajo. Si lo hago, siento que resbalaré por las últimas correas y moriré. No miro, pero hacerlo es incluso peor, porque pienso qué será de mí ahora, cuando me escurra por las últimas correas.

Y siento que el miedo me hace perder mi último apoyo, que me deslizo lentamente por la espalda, más abajo, siempre más abajo. Dentro de un instante, me estrellaré. Y entonces se me ocurre una idea: no puede ser cierto. Es un sueño. Despiértate. Intento despertarme y no puedo. «¿Qué hacer, qué hacer?», me pregunto mirando hacia arriba. Allí arriba también hay otro abismo. Contemplo ese abismo celestial y me esfuerzo por olvidar aquel otro abismo a mis pies y, en efecto, lo olvido. El infinito de abajo me repele y me horroriza; el infinito de arriba me atrae y me tranquiliza. Estoy suspendido por encima del abismo, sobre las últimas correas que todavía no se han deslizado; sé que estoy suspendido en el aire, pero miro hacia arriba y se disipa mi miedo. Como suele pasar en los sueños, una voz me dice: «Fíjate bien, ahí está». Sigo mirando el infinito en lo alto, llevando mi mirada más lejos, y siento que me sosiego.[13]

No existe un lugar o punto necesario en el que termina el interrogatorio. Este puede convertirse con demasiada facilidad en la regresión infinita que ahoga la motivación y petrifica o paraliza. Ningún alumno que asiste a clase —ni, sin duda, ninguna persona que participe en cualquier actividad— lo hace sin presuponer algo; si no es sobre la base de la fe, por más implícita que esta pueda ser. Hay que parar en algún punto. De otro modo, se verían hundidos en un mar de dudas, indecisos, atrapados en el cruce de caminos, desintegrándose, seguirían todos los caminos o ninguno, en lugar de concentrarse en la tarea del momento. Ese estado de confusión es más que posible. Cuando los individuos y las sociedades pierden la fe en sus metas, en cualquier nivel de la «jerarquía celestial», se cuestionan y después subvierten su identidad o su propósito y acaban perdidos en el desierto: angustiados, deprimidos y exentos de esperanza; amargados y cínicos; desenfrenados y nihilistas; hedonistas y embriagados de poder. La inacción paralítica y la confusión fragmentada son estados por defecto. Es algo que ocurre cuando la integridad o incluso la existencia misma al nivel más elevado se vuelven cuestionables —y quizá algo aún más devastador: incluso si las consecuencias plenas de ese hundimiento tardan décadas o más en manifestarse—. Así, cierta fe en el cosmos, en el jardín y en el yo constituye una cimentación necesaria para moverse hacia delante; una cimentación que es incluso inevitable, porque la alternativa es la regresión infinita de la duda y el descenso al abismo.

Nada de todo ello significa que nunca haga falta emprender un cuestionamiento profundo: ante un fracaso reiterado, hay que cuestionar las presuposiciones que guían nuestros movimientos, paso por paso; de manera más profunda, gradualmente, si una corrección leve no funciona. Pero no hay que renunciar al todo porque alguna de sus partes se enfrente a un obstáculo. Y menos si ese todo es lo divino. ¿Cuál ha de ser, pues, la norma? Aplicar la mínima corrección necesaria para mantener el rumbo de la nave o reformular un nuevo destino. ¿Cómo podemos encontrar aquello en lo que tenemos fe, incluso si no sabemos explícitamente que esa fe está ahí? Tomando nota del momento en que el interrogatorio cesa, tanto si las preguntas las formula otra persona como si lo hacemos nosotros mismos, personalmente, en forma de duda. Si los bloques de nuestros cimientos no se han hecho explícitos —objetos conscientes de la aprehensión o al menos principios enunciables, imaginables, o al menos imitables—, siguen estando ahí implícitamente, en tanto que el viaje ascendente continúa. Una tradición religiosa es la revelación y la comunicación de lo necesariamente axiomático, al menos en su forma dramatizada y narrativa. Esas historias que unen mantienen a todo el mundo moviéndose en la misma dirección, contemplando el mismo mundo, experimentando las mismas emociones; existe poca diferencia entre eso y una paz productiva. ¿Es verdad que cuanto más se comprenden esos relatos, y también cuanto más se cuentan, más unión aparece, tanto psicológica como comunalmente? Es bueno imitar, representar e imaginar, pero si la comprensión consciente también se suma, entonces una fuente adicional de desunión no solo se verá eliminada, sino que se transformará en algo que podrá servir como participante activo y no como mero observador crítico.

Los axiomas de la moral tradicional son estacas clavadas en el suelo, varas de tradición; pero toda vara de tradición tiene su correspondiente serpiente, el espíritu viviente que originalmente estableció la tradición y que la renueva constantemente.

2.3. Adán incompleto y la llegada de Eva

El papel de Adán en cuanto espíritu que nombra acaba de ser establecido cuando la historia vira de manera curiosa: «Y puso Adán nombre a toda bestia, a toda ave de los cielos y a todo ganado del campo; pero no se halló ayuda idónea para él» (Génesis 2:20). No es a Eva a la que se asigna directamente la tarea de nombrar. Pero ella sí es la compañera necesaria para ese proceso de conceptualización, hablando o representando aquello que aún no ha sido incluido en el dominio de la conceptualización o en el proceso de generar un orden habitable que es bueno o bueno en gran manera. ¿Por qué? Pues bien, después de todo, ella es la madre arquetípica de la humanidad, además de pareja y compañera de Adán. Quizá ese estatus de persona ajena sea la eterna situación del niño, con sus peculiaridades e idiosincrasias individuales y particularizadas, así como con unos talentos especiales, notables y únicos. Cualquier niño «nuevo», por ejemplo —o cualquier cambio en las circunstancias o en la personalidad de cualquier niño— debe incorporarse al orden funcional existente —el dominio de Adán—, que, en consecuencia, tiene que ampliarse, transformarse o satisfacer el nuevo conjunto de deseos y necesidades. El llanto del niño —y más en general del vulnerable o el excluido— es la preocupación primordial de la madre eterna.

Existe una variedad de razones potenciales que explica las

marcadas y congruentes diferencias entre sexos abordadas más arriba.[14] Algunas se manifiestan en las mujeres en el momento de la maduración sexual y por razones relacionadas precisamente con esta. La diferencia en la experiencia de la emoción negativa y, por tanto, en la autoconsciencia, aflora en la adolescencia.[15] Esto es así, quizá, porque las diferencias en tamaño y fuerza entre hombres y mujeres —sobre todo, en la fuerza del tronco, tan fundamental para la victoria en el combate físico—[16] también aparecen en esa época, lo que hace que la cautela surgida de la ansiedad resulte necesaria y sensata. Es más, es al llegar a la pubertad cuando el cataclismo potencial del embarazo no deseado amenaza por primera vez. Pero la fuerza motriz fundamental que explica la diferenciación de las mujeres con respecto a los hombres, en personalidad e interés, es probablemente la necesidad de una reacción potenciada ante la amenaza y de unas relaciones estrechas que contribuyan al cuidado de otras personas dependientes. Las mujeres postadolescentes son llamadas reiteradamente para que cuiden de los pequeños vulnerables. *A priori*, no hay razón para presuponer que las respuestas emocionales de las mujeres hayan evolucionado solo con vistas a su beneficio personal inmediato (y no para ayudar tanto a la supervivencia como al éxito reproductivo, considerados a largo plazo). Tiene más sentido entender la ansiedad y la autoconsciencia aumentadas de las mujeres como una solución negociada a los problemas conjuntos de la díada madre-recién nacido. La profundidad de esa propensión al autosacrificio no debería subestimarse. Se mete hasta en los mismos huesos. Las mujeres, por ejemplo, son capaces de detectar, mientras amamantan, la falta de calcio en los cuerpos de sus recién nacidos y llegan a descalcificar sus propios esqueletos y a verter ese exceso resultante en la leche de sus pechos para corregir esa carencia en sus hijos.[17]

Quizá no sea coincidencia que la imagen sagrada de la mujer no sea tanto la de la mujer sola como la de esta con un recién nacido. ¿Qué es una mujer sola? ¿El blanco de una gratificación sexual a corto plazo, convertida en eso por la venalidad de unos hombres orientados a buscarla, aunque atraída por el hedonismo que ella misma posee? ¿Un peón en el orden patriarcal, lo mismo que puede ser un hombre, aunque sin todo el despliegue de beneficios que el estatus social *per se* confiere a los hombres?[18] No existe motivo alguno para presuponer que la unidad fundamental de integración social u orden social sea el individuo atomizado y definido subjetivamente. Esto también puede decirse de los hombres, con muchas menos probabilidades de ser hombres y con muchas más, en cambio, de ser hedonistas inmaduros o manipuladores en sus juegos de poder hasta que se convierten en dueños de la responsabilidad que aparece con mujer e hijo. El énfasis liberal clásico en el individuo solo funciona cuando el individuo, así definido, ya está inmerso, aunque sea inconscientemente, en una ética trascendental que hace que su individualidad sea una responsabilidad de autosacrificio voluntario y no una manifestación del poder o del capricho.

La mayor autoconsciencia de las mujeres desborda su dominio y alcanza a los hombres, porque a estos se les pide que se adapten a las mujeres y a sus preocupaciones. La propensión femenina a una experiencia aumentada de la emoción negativa y a una sensibilidad mayor en la interacción interpersonal y el conflicto significa que también es más probable que la mujer subraye, por interferencia y acción directa, la perenne ineptitud del hombre. Por eso, a Adán se le cae la venda de los ojos cuando come el fruto que le ofrece Eva: cobra consciencia de sí mismo, se da cuenta de su propia desnudez (algo de lo que él, a partir de ese momento, siempre culpará a la mujer, o a Dios mismo por haberla creado). La necesidad masculina de resultar atractivo a las mujeres significa que los hombres se esforzarán todo lo que puedan para proporcionar[19] —o, en los casos patológicos, por simular que proporcionan—[20] todo lo que una pareja potencial pueda desear. Las mujeres tienden mucho más a rechazar a otros que los hombres, sexualmente y con respecto a las relaciones. Tienden mucho más a rechazar una proposición sexual dada cuando surgen oportunidades de apareamiento del llamado «a corto plazo».[21] También son las que precipitan el divorcio en el

70 por ciento de los casos.[22] Más aun, las mujeres son más proclives a la agresión indirecta en las relaciones y a la maledicencia (con el fin último de aislar a potenciales rivales).[23] Es defendible que esa propensión lleve a un aumento de la autoconsciencia del hombre: las mujeres, con su mayor capacidad para descodificar el comportamiento no verbal, también son más sensibles a las muestras de atractivo físico femenino y a las conductas encaminadas a «pescar las parejas de otras» —como el coqueteo, por ejemplo— y tienden a castigarlas con dureza, incluso entre amigas. «El cielo no conoce ira como la del amor vuelto odio ni el infierno furia como la de la mujer despechada.»[24]

¿Qué sugiere todo esto? Las mujeres incorporan las preocupaciones de aquellos a los que, en cierto sentido profundo, se han especializado en asistir y cuidar. Después hacen que se fijen en esas preocupaciones sus compañeros del sexo masculino, especializados, a su vez, en salir y esforzarse, en enfrentarse a los enemigos naturales del hogar y la familia, en competir y cooperar por la posición social y la obtención de los beneficios de esta en un mundo social más amplio. De ese modo, las mujeres se benefician de los recursos adicionales que los hombres pueden aportar para abordar los problemas de los cuidados a las personas a su cargo, incluso si se rebelan contra la necesidad de proporcionar esos cuidados. Los hombres, a su vez, se benefician de una expansión de su autoconsciencia y, después, de la consciencia, bajo la presión de la mayor sensibilidad de las mujeres, al tiempo que soportan el peso de una evaluación dura y del rechazo, que vienen con el lote completo.[25]

2.4. Los pecados eternos de Eva y Adán

La serpiente era más astuta que todos los animales del campo que Jehová Dios había hecho y dijo a la mujer: «¿Conque Dios os ha dicho: "No comáis de ningún árbol del huerto"?». La mujer respondió a la serpiente: «Del fruto de los árboles del huerto pode-

mos comer, pero del fruto del árbol que está en medio del huerto, dijo Dios: "No comeréis de él ni lo tocaréis, para que no
muráis"». Entonces la serpiente dijo a la mujer: «No moriréis.
Pero Dios sabe que el día que comáis de él serán abiertos vuestros
ojos y seréis como Dios, conocedores del bien y del mal». Al ver
la mujer que el árbol era bueno para comer, agradable a los ojos
y deseable para alcanzar la sabiduría, tomó de su fruto y comió;
y dio también a su marido, el cual comió al igual que ella. Entonces fueron abiertos los ojos de ambos y se dieron cuenta de que
estaban desnudos. Cosieron, pues, hojas de higuera y se hicieron
delantales.

Génesis 3:1-7

Imaginemos que nuestra vida progresa correctamente. Habitamos en un jardín ordenado, hermoso, en el que impera un
equilibro óptimo entre estructura y posibilidad. Pero nosotros
no hemos asimilado ni conquistado todas las cosas. Hemos establecido una estructura conceptual, pero queda un margen: aquello, o aquellos, que no encajan en el patrón ordenado y están
marginados. ¿Hay que reestructurar el orden para que todos los
que no encajan puedan ser incluidos? Eso no es algo que se ges-
tione fácilmente. En el margen acechan una verdadera multitud
de formas. La multiplicidad no puede convertirse en centro de
una unidad y no existe percepción, y mucho menos estabilidad
o esperanza, en ausencia de una unidad. ¿Todos? Todos es demasiado. Incluir el margen implica que la entropía desborda el
orden —y si el margen no basta para desbordar, el margen del
margen, sin duda, sí bastará—. Todo margen cuenta con su margen más extremo.

El acto de categorización es una determinación del orden: el
orden que es necesario, pero también eternamente incompleto
(a veces de manera nefasta). Por tanto, algo o alguien debe representar aquello que aún no ha accedido o se ha incorporado a la
estructura del orden. La unión de la capacidad para categorizar y
ordenar con la necesidad de prestar atención a lo que aún está

fuera y está perdido constituye el espíritu humano completo, el reflejo más preciso del espíritu de Dios. El Génesis enfatiza esa unidad: «Por tanto, dejará el hombre a su padre y a su madre, se unirá a su mujer y serán una sola carne» (Génesis 2:24). C. G. Jung lo amplía:

> A la imaginación humana le ha preocupado esta idea una y otra vez en los niveles elevados, incluso más elevados, de la cultura, como podemos ver en el último periodo de la Grecia antigua y en la filosofía sincrética del gnosticismo. El pictograma hermafrodita jugaba un papel importante en la filosofía natural de la Edad Media. Y en nuestro tiempo se habla de la androginia de Cristo en el misticismo católico.[26]

Esa unidad de lo masculino y lo femenino será vista en el Cristo heroico, que existe en forma implícita (digamos, como el Salvador del Mundo no nacido) en María; o lo maternal, implícito en Cristo, manifestado como el amor que redime el mundo. Lo femenino (María) es así la mandorla o almendra mística que encapsula tanto a Dios Padre como al Hijo crucificado. Esa unión es el orden, superpuesto sobre un fondo de caos y posibilidad, que da lugar al Verbo mismo redentor, que se sacrifica a sí mismo —el Verbo que, a su vez, es el individuo divino que, plena y completamente, acepta su suerte en el mundo: su destino—. La consecuencia de esa unión —al menos inicialmente, cuando opera en el espíritu adecuado— es la protección última contra la catástrofe de la autoconsciencia (representada como «desnudez»): «Estaban ambos desnudos, Adán y su mujer, pero no se avergonzaban» (Génesis 2:25). Esa autoconsciencia es precisamente lo que aparece después del exceso de orgullo.

Eva es presa de la tentación y se asocia con la serpiente. La serpiente es tanto lo que es marginal, incluso monstruoso (pues la serpiente es real y auténticamente un agente venenoso) como eterna tentación de orgullo, el orgullo que desea usurpar o asumir el lugar de Dios. Podemos imaginar la aproximación de la serpiente, susurrando: «Únete a mí y toma para ti la prerrogativa de lo divino, el dominio sobre el orden moral mismo», definición del bien y del mal mismos. ¿El pecado de Eva y, por tanto, la tentación eterna o el defecto de lo femenino? «Mi compasión lo abarca todo de tal manera que puedo convertir e incorporar incluso aquello que es mortífero veneno; mi compasión es tan total que puedo transformar ese veneno en verdadero alimento y, además, en el alimento de los iluminados.» Ese darse cuenta repentinamente de algo que es profundamente inconsciente produce un espasmo de autoconsciencia. Eva descubre la temible profundidad de su presunción. Adán la sigue, pues se deja tentar él mismo por su nueva compañera y, al hacerlo, por la nueva compañera de esta, que es la serpiente venenosa y, a un nivel superior de abstracción, el eterno adversario mismo (la más venenosa de las serpientes posibles). Tanto la madre como el padre de la humanidad son tentados para digerir algo que no puede y no debe consumirse, si bien por diferentes razones específicas de cada sexo; y todo se desmorona. La iluminación anhelada, que motiva ese pecado, se produce, sí, ciertamente, tal como relata acto seguido el Génesis, pero no de la manera esperada ni de la manera que desearía cualquiera verdaderamente despierto y convenientemente humilde.

La serpiente es «sutil», está camuflada, agazapada; disfrazada como algo que no es; indistinguible del sotobosque o del follaje; confundiéndose casi a la perfección con lo que ya se da por sentado; tentando a los incautos a asumir que es algo que no es:[27] «¡Parece tan inofensiva! ¿Qué podría salir mal?». Se trata del fingimiento de irrelevancia del parásito o del depredador. «¿No podrían abrirse las puertas para ellos también?» Es una pregunta pertinente cuando viene motivada por una compasión fruto del verdadero discernimiento, juiciosa, con criterio para discriminar, pero totalmente inapropiada cuando se formula sin más razón que elevar falsa y engañosamente el estatus moral percibido de quien pregunta. El pecado de Eva: hacer caso de los halagos de lo eternamente serpentino.[28] ¿El pecado de Adán? Hacer caso eternamente a la voz de Eva. En ambos casos se trata de pecados de orgullo. El de Eva, el narcisismo de la compasión: «Soy la madre que puede abarcarlo todo». El de Adán: «Puedo reformar y renombrar el orden mismo, indefinidamente, y todo para impresionar a Eva». Ambos presuponen demasiado, aunque por distintas razones (razones que, en todo caso, hallan su unión en ese pecado de orgullo).

Así pues, la tentación a la que eternamente se enfrenta la mujer es la idea de que la benevolencia maternal puede ampliarse orgullosamente al mundo entero, incluso a la más venenosa de las serpientes, y la tentación asociada de darle importancia a ello a nivel social; de usar su compasión, por más mal aplicada y más falsa que sea, para atribuirse una virtud y una capacidad no ganadas, para atraerse una atención inmerecida para sí misma por parte de hombres individuales de su interés, o bien en el seno de su comunidad social más amplia. La compasión maternal es el espíritu de lo femenino, otorgado a la mujer individual. No es algo de lo que enorgullecerse, pues como tal no es un logro individual. Se trata, en cambio, de algo que puede ser invitado a poseerse y que debe verse con humildad como un don de Dios —un talento otorgado, más que un estandarte de virtud que se exhibe de manera presuntuosa y por interés personal—. La tentación paralela a la que se enfrenta el hombre es hacer caso a esa falsa voz de familiaridad y parentesco inclusivos e indiscriminados y atribuirse en interés propio, y para darse importancia, la capacidad de extender más allá de sus límites el ámbito sobre el que ha establecido cierto grado de dominio.

Existe un pecado de Adán correspondiente e igualmente mortífero: la tentación fundamental o defecto de lo masculino, la proclamación a Eva: «Puedo asimilar, dominar, nombrar y someter, y poner en el orden adecuado cualquier cosa que me traigas, por más excesiva, descabellada o incluso directamente mortífera que sea la arrogancia de hacerlo así». Todo para impresionarla, como con tanta frecuencia hacen los hombres para impresionar a las mujeres. Una realidad terrible de esa danza destructiva es lo mucho que se parece al empeño y a la capacidad morales más profundos, cuando son verdaderos (debemos esforzarnos por ampliar nuestro dominio del cuidado y extender nuestra responsabilidad), y al peor de todos los pecados posibles, la caída eterna, cuando no lo son (cuando falsamente nos atribuimos lo que hemos gestionado y dominado). Que Dios nos ayude a todos, ciertamente, ante nuestra compasión orgullosa y nuestra falsa confianza. ¿Cuánto del sufrimiento del mundo es consecuencia del exceso presuntuoso; del deseo de usurpar y de atribuirnos nosotros algo que no podemos gestionar, que no nos merecemos y a lo que deberíamos servir en vez de intentar dominar tan falsamente? ¿Cuánto sufrimiento llega al mundo con la caída del hombre en el orgullo y la arrogancia? Hay algo de esa insistencia que se ignora, con el riesgo que conlleva.

Las preocupaciones que Eva traslada a Adán obligan a este a reestructurar su personalidad y, de manera más general, el orden social que él ha establecido y que tiene la responsabilidad tanto de mantener como de actualizar. Todo hombre es, por supuesto, una obra en construcción y el orden social es siempre incompleto, no en pequeña medida como consecuencia de su naturaleza excluyente y a menudo demasiado arbitraria. Pero ello no significa que todos los hombres puedan ser rechazados necesariamente hasta que surja un espécimen perfecto ni que pueda prescindirse del orden absolutamente, ni que pueda ampliarse infinita e inmediatamente, ni a demanda. Es más, la ineptitud del hombre no implica la superioridad de la mujer y presuponer esa superioridad a partir de criterios morales conduce de manera inevitable a consecuencias devastadoras. Lo contrario es igualmente cierto, por supuesto.

Imaginemos que hay algo que un hombre dado ignora, o que este no se ocupa adecuadamente de algún aspecto, sobre todo cuando debería haber sabido o haberse preocupado, teniendo en cuenta su edad, conocimientos, competencia o estatus. Alguien podría percibir en esa carencia una inmadurez oculta o alguna otra ineptitud vergonzante. Imaginemos ahora que esa carencia se ve subrayada de pronto, como consecuencia directa de la insatisfacción femenina, de tipo emocional o sexual. Consideremos entonces la ira, la amargura e incluso el deseo de venganza —contra la mujer, contra el mundo, contra sí mismo y contra Dios— que podrían surgir. Como Adán le dijo a Dios, imperdonablemente: «La mujer que me diste por compañera me dio del árbol y yo comí» (Génesis 3:12). El primer hombre podría haber tomado otro rumbo: podría haber rechazado la petición de su nueva compañera, mantenerse obediente a lo divino y haber evitado por completo la caída, en lugar de aceptar el desafío de Eva por orgullo. Incluso una vez cometido su error, podría haberse negado a echarle la culpa a su pareja y a la fuerza divina que la creó, aceptar la responsabilidad de su falta y expiar. Pero no: lo que hizo fue empeorar las cosas: se reafirmó en su orgullo, ampliándolo incluso, al atribuirse una superioridad moral sobre Dios, basándose en la autocompasión y el engreimiento. Y de ahí viene todo lo que ocurrió y lo que sigue ocurriendo.

Comer es consumir, incorporar, asimilar, desarrollar, cultivar. Pero no todo puede comerse: solo se come lo que es apto, por decirlo de alguna manera; solo en la proporción adecuada, y, sin duda, no lo que es veneno, por más tentador y atractivo que resulte. La serpiente es la anomalía misma; lo infinito que acecha eternamente en lo finito; lo que no encaja. Es el dragón cuyo tesoro tienta eternamente. Sin embargo, también es aquello que no puede ser incorporado. La fruta de la serpiente inmortal es aquello que no puede hacerse comestible. Pero, en todo caso, la tentación de morder más de lo que puede masticarse atrae perpetuamente.

2.5. La serpiente eterna

¿Por qué asociamos la serpiente del jardín del Edén con Satán? No existe indicación directa de ese vínculo en el propio texto, por lo que debemos buscar más ampliamente para hallar la respuesta: en la naturaleza, en la tradición y en el contexto. La serpiente es el depredador o adversario cercano —lo que es venenoso y lo que devora, concretamente, aquí y ahora, como ocurre con la víbora, el cocodrilo, el tiburón o la pitón—. Satán, en cambio (y por extensión), es el adversario *como tal*. La mordedura de una serpiente venenosa es algo que sin duda hay que temer. Hay que proteger a los niños contra tal eventualidad y es una misión heroica enfrentarse a un reptil venenoso y procurar ese refugio. Imaginemos esa misión a gran escala: Satán es el equivalente psicológico o abstracto de lo depredador y venenoso en lo concreto; la peor de todas las serpientes concebibles; la eterna metaserpiente. Su morada no es el sotobosque del jardín del mundo natural, sino los confines subterráneos del alma humana. Su derrota tiene lugar como consecuencia no de la caza y del sacrificio, como cuando se prende fuego a un nido de víboras, sino del verdadero esfuerzo moral, que es el patrón más fundamental de las actividades que caracterizan, por ejemplo, a los santos que matan serpientes —Jorge y Patricio— y al arcángel Miguel al final de los tiempos (Apocalipsis 12:7-9):

> Entonces hubo una guerra en el cielo: Miguel y sus ángeles luchaban contra el dragón. Luchaban el dragón y sus ángeles, pero no prevalecieron ni se halló ya lugar para ellos en el cielo. Y fue lanzado fuera el gran dragón, la serpiente antigua, que se llama diablo y Satanás, el cual engaña al mundo entero. Fue arrojado a la tierra y sus ángeles fueron arrojados con él.

Satán como esencia de lo depredador, parasitario y reptiliano es el espíritu del resentimiento asesino, el príncipe de las mentiras y la oscuridad —el adversario del ser, el acusador desvergonzado, la esencia de la malevolencia—. Es, también, el rey del orgullo —el orgullo que se eleva sobre Dios y afirma que es posible prescindir de lo trascendente en favor de su dominio—. Esa caracterización se enfatiza en las estancias iniciales de *El pa-*

raíso perdido de John Milton, que ofrecen el siguiente retrato del gran embustero:

> La serpiente infernal, cuya malicia, animada por la envidia y por la venganza, engañó a la madre del género humano: su orgullo la había precipitado desde el cielo con todo su ejército de espíritus rebeldes, con cuya ayuda aspiraba a sobrepujar en gloria a sus semejantes, lisonjeándose de igualarse al Altísimo, si el Altísimo se le oponía. Dominado aquel espíritu por este ambicioso proyecto contra el trono y la monarquía de Dios, suscitó en el cielo una guerra impía y un combate temerario: más sus esfuerzos fueron vanos.[29]

Es específicamente el orgullo de Satán, según Milton, el que suscita en Eva el sentimiento equivalente y el deseo de dominar (que posteriormente adopta Adán). Conocer el bien y el mal no es solamente poseer el conocimiento de lo que es moral, pues Adán y Eva ya conocen las reglas: «Y mandó Jehová Dios al hombre, diciendo: "De todo árbol del huerto podrás comer; pero del árbol del conocimiento del bien y del mal no comerás, porque el día que de él comas, ciertamente morirás"» (Génesis 2:16-17). El «conocimiento» indicado se refiere al dominio total que permitiría que lo que es bueno y malo pudiera modelarse, alterarse y definirse según el diseño humano. Eso es exactamente lo que el espíritu del orgullo satánico ofrece a Eva e implica incluso, al hacerlo, que la única razón de la prohibición original era algo parecido a la envidia o los celos de Dios: «Pero Dios sabe que el día que comáis de él serán abiertos vuestros ojos y seréis como Dios, conocedores del bien y el mal» (Génesis 3:5). Se trata de atribuirse para sí no meramente la capacidad de volver a asignar valor a todos los valores, en el sentido dado y recomendado por Nietzsche,[30] sino la capacidad de crear valores, de servir como la fuerza verdadera del valor mismo: el poder del propio Dios.

Ese poder, sencillamente, no está al alcance del hombre.

Los valores eternos le vienen dados, como cimientos de la identidad que confiere al hombre y a la mujer la esencia de la humanidad misma. Ser humano es compartir no solo forma física, sino metafísica —la identidad misma del valor que es, por ejemplo, condición previa para cualquier comunicación que no degenere en una regresión infinita del cuestionamiento. Así, podemos preguntarle a alguien: «¿Por qué estás enfadado?», pero no se nos pide que preguntemos: «¿Qué entiendes por *enfadado*?», pues el hecho de nuestra estructura compartida de valores fundamentales implica que todos sabemos, en cuanto seres humanos, qué significa estar enfadado. Lo mismo puede decirse no solo de nuestros estados emocionales o motivacionales básicos, sino también de la manera en la que esos estados potencialmente en conflicto llegan a organizarse en unidades de orden superior, tanto psicológicos como sociales. Existe, sí, un ámbito de variación que es admisible y la experimentación se permite e incluso se alienta en el margen. Pero también existe un centro inmutable. Ese es el hecho evidente por sí mismo que otorga al concepto de *humanidad compartida* o incluso de *ser humano* tanto su realidad como su inteligibilidad.

Eso significa, necesariamente, que todo hombre o mujer que se salga del dominio de los valores eternos ha dejado en esencia de ser humano y, por tanto, no solo no ha trascendido lo humano, sino que lo ha destruido. Lo que además, en la práctica, implica de manera casi inevitable ese «salirse» no es la gran y heroica reevaluación ascendente imaginada por Nietzsche. Lo que se da es la degeneración y la fragmentación de una moral unificadora, que se convierte en capricho hedonista o en la falsa incorporación o supresión de todo ese impulso esclavo bajo la rúbrica del poder. Se trata de elevar la estrecha voluntad propia al lugar más elevado concebible, con apariencia de libertad última. «Puedo regirme por los valores que yo escoja»: algo que casi de inmediato se deteriora y pasa a ser: «Puedo hacer lo que quiera» o, más exactamente: «Cualquier impulso que se apodere de mí manda». Se trata, a la vez, de la presuposición de omnisciencia, omnipresencia y omnipotencia subjetivas («tengo la capacidad de determinar la definición misma de *correcto* y *equivocado*, de *valioso* y *despreciable*, de *bien* y *mal*»). Ante ello, cabría objetar: «¿Es que acaso esa capacidad no es deseable?». La respuesta adecuada a esa pregunta es sencilla: «¿Hasta hoy has vivido con éxito en el paraíso? Si es que no, ¿significa eso que el orden cósmico mismo es de una validez cuestionable, o que tu planteamiento es tremendamente erróneo?». Recemos porque sea esto último y no lo primero, porque si es lo primero no hay esperanza. Mejor fijarnos en nuestra propia ineptitud e intentar rectificar antes de reprender a Dios por su insuficiencia.

El Satanás de Milton es el espíritu orgulloso que dirige eternamente su ambición a reinar «aunque sea en el infierno»: un destino considerado mejor que servir en el cielo.[31] La tradición considera que un orgullo de esa naturaleza se alía simbólicamente, y en el ámbito literario, con la arrogancia del intelecto, con el espíritu luciferino que, paradójicamente, considera que su propio conocimiento es a la vez lo bastante soberano y capaz de una expansión sin límites. Fausto, protagonista de la gran obra homónima de Goethe, es ejemplo de ese exceso de orgullo, movido como está por el deseo arrogante de conocimiento, comprensión y experiencia que trasciende todos los límites humanos necesarios y deseables. Como Eva, y después Adán, Fausto quiere poseer más de lo que se le ha asignado a la esfera terrenal. El propio Mefistófeles se lo explica a Dios:

> ¡Ya! ¡Es preciso confesar que os sirve de modo extraño! ¡Pobre loco! ¡No sabe alimentarse de cosas terrenas! La angustia que lo devora lo lanza hacia los espacios y conoce a medias su demencia; quiere las estrellas más hermosas del cielo, él halaga toda la sublime voluptuosidad de la tierra, y ni de lejos ni de cerca, nada podría satisfacer las insaciables aspiraciones de su corazón.[32]

Tal motivación suscita la pregunta: ¿es el conocimiento o es el poder lo que Fausto busca realmente?, y toda esa indagación intelectual, ¿solo sirve de disfraz? Sin duda tiene una gran opinión de sí mismo, lo bastante elevada como para justificar la especulación más cínica en relación consigo mismo:

> Sé más que todo cuanto necios doctores, maestros clérigos y religiosos conocen; ningún escrúpulo ni duda me atormentan; nada temo de todo aquello que causa a los demás espanto.[33]

No es en absoluto casual que la capa con que se cubre Mefistófeles sea la del «escolar viajero».[34]

Volviendo a Eva: si el orden vigente no sirve a aquello que es más vulnerable (y hacerlo así es el mandato moral de la feminidad misma, en cierto sentido real), entonces resulta insuficiente por definición. Sin embargo, esto no implica, en absoluto, que todo lo que hay fuera, abandonado o marginal, deba interpretarse como vulnerable ni merecedor, ni que todo deba apreciarse y atenderse, sin discriminación ni juicio de ningún tipo, ni todo a la vez; ni que la impostación de esa compasión que todo lo abarca sea digna de alabanza. El mero acto de destacar la vulnerabilidad, sincero o no, no conforma en absoluto todo lo que es bueno. Afirmar que sí lo es constituye la esencia del orgullo femenino y llega eternamente antes de la caída. El bien es mucho más complejo y difícil que la compasión, que es un instinto o un don divino, por más profunda que pueda ser esa compasión. Lo cual significa que está en la admirable naturaleza de lo femenino hacer ver a lo masculino aquello que es vulnerable y no está recibiendo el cuidado adecuado; pero, por abundar en ello, esa llamada pueden amplificarla de manera contraproducente las tentaciones del orgullo narcisista: el espíritu de Dios es lo que nos advierte en contra de actuar de manera incauta en relación con la serpiente eterna en el jardín; lo que nos aconseja que tengamos cuidado con la tentación de asumir (por una actitud errónea) más de lo que podemos soportar correctamente.

2.6. El sufrimiento desnudo como fruto del pecado

Existe una idea cristiana según la cual el sufrimiento mismo es una consecuencia del pecado de Adán y Eva.[35] Se trata de una concepción que deriva directamente del castigo que impone Dios después del pecado original a la serpiente, al hombre y a la mujer (o que se ganan merecidamente tanto el reptil como los humanos). La serpiente orgullosa es condenada a arrastrarse por el polvo, que simultáneamente es la muerte; la mujer presuntuosa, a sufrir y a servir al hombre en ese sufrimiento, y el hombre arrogante y descuidado, a esforzarse pesaroso contra los espinos y a morir:

> Y Jehová Dios dijo a la serpiente: «Por cuanto esto hiciste, maldita serás entre todas las bestias y entre todos los animales del campo. Sobre tu vientre te arrastrarás y polvo comerás todos los días de tu vida. Pondré enemistad entre ti y la mujer, y entre tu simiente y la simiente suya; esta te herirá en la cabeza y tú la herirás en el talón». A la mujer dijo: «Multiplicaré en gran manera los dolores en tus embarazos, con dolor darás a luz los hijos, tu deseo será para tu marido y él se enseñoreará de ti». Y al hombre dijo: «Por cuanto obedeciste a la voz de tu mujer y comiste del árbol de que te mandé diciendo: "No comerás de él", maldita será la tierra por tu causa; con dolor comerás de ella todos los días de tu vida, espinos y cardos te producirá y comerás plantas del campo. Con el sudor de tu rostro comerás el pan hasta que vuelvas a la tierra, porque de ella fuiste tomado; pues polvo eres y al polvo volverás».
>
> Génesis 3:14-19

Consideremos, por un momento, las condiciones de nuestra propia vida. Si no encontramos el espíritu que nos castiga por nuestro orgullo arrogante, o bien somos increíblemente afortunados, o bien nos mentimos a nosotros mismos hasta el punto del engaño. Se dice acertadamente que «antes del quebranto está la soberbia y antes de la caída, la altivez de espíritu» (Proverbios 16:18). Si presumimos de ser mucho más de lo que somos (si presumimos de ocuparnos —como Eva— o de ser competentes —como Adán— más allá de lo que en justicia nos corresponde), entonces asumimos más de lo que en puridad podemos gestionar, por más que no nos percatemos de ello inmediatamente. La complejidad del mundo, al que insensatamente hemos invitado, nos desbordará y sufriremos terriblemente. Si, en nuestra vanidad, asumimos más de lo que podemos dominar, pagaremos el precio y caeremos, y experimentaremos ansiedad, pena, vergüenza y dolor. Así pues, es una cuestión no resuelta que el sufrimiento mismo sea consecuencia de la estructura de la existencia (de nuestro sometimiento a la enfermedad, la demencia, el rechazo social, la malevolencia y la muerte) o que sea igualmente, o más aún (o incluso completamente), consecuencia de un autoengaño insensato que nos tienta a atribuirnos, por narcisismo, más de lo que nos es concedido.

Imaginemos que nos enfrentamos a lo que es anómalo —a lo que está fuera y es rechazado— en la proporción adecuada; que asumimos solamente las tareas para las que hemos sido bien dotados. Imaginemos que, por la parte femenina, insistimos en nuestra capacidad solo para el cuidado benevolente que podemos proporcionar con competencia y sin resentimiento. Imaginemos que, por la parte masculina, admitimos la insuficiencia de nuestras concepciones, sin insistir de manera tiránica —ni para nuestro beneficio— en que estas son generales o completas, ni convenir insensatamente en adaptarlas solo para impresionar. ¿Hasta qué punto podríamos entonces enfrentarnos a los retos del mundo, por más serios que estos fueran, con el espíritu que pudiera surgir de manera sincera para ir a su encuentro y dominarlos? ¿En qué medida podría gestionarse eso, pongamos por caso, con el espíritu de un juego serio, en lugar de adoptarlo como una empresa demasiado exigente, demasiado pesada y, en consecuencia, plagada de sufrimiento? Por encima de todo, deseamos, y con razón, encontrar algo por lo que y contra lo que esforzarnos. Vamos en busca de un reto optimizado, no de una dependencia infantil; en busca de aventura, confrontación y combate. Esperamos encontrar dragones que sean del tamaño adecuado para poder matarlos —el tamaño correspondiente o incluso ligeramente superior al de nuestros niveles de confianza y capacidad—.[36] Esa es la zona de desarrollo próximo,[37] el lugar en el que jugamos de manera más eficaz,[38] el lugar en el que somos más conscientes, o al menos óptimamente conscientes. ¿Acaso, potencialmente, no podríamos prescindir de gran parte del sufrimiento en la vida —e incluso enfrentarnos a la propia muerte de manera mucho más eficaz— si entregadamente y sin reservas pusiéramos todos los recursos de los que disponemos en nuestros problemas? ¿Hasta qué punto sufrimos porque el sufrimiento es inevitable, dados los límites del cuerpo mortal, y hasta qué punto sufrimos porque, en nuestro orgullo, presuponemos demasiado?

Por el lado de la compasión (el lado de Eva), asfixiamos a nuestros hijos con las maravillas de nuestros cuidados excesivos, a fin de poder beneficiarnos por narcisismo y sin merecerlo de las alabanzas que nos dedican aquellos que observan nuestro sacrificio, que no es en absoluto desinteresado, sin prestar atención. Por el lado de la conceptualización y el orden (el lado de Adán), podemos beneficiarnos, también por narcisismo, exagerando falsamente nuestro valor ante otros. Ello significa que podemos ofrecernos (y esa es una tentación típicamente masculina) como productivos y generosos, cuando en realidad no somos ni lo uno ni lo otro. Ese es exactamente el ardid de las llamadas personalidades de la tétrada oscura:[39] narcisistas, manipuladores, psicópatas y sádicos, que manifiestan lo peor de lo peor del orgullo masculino (el equivalente femenino no ha sido tan estudiado, seguramente porque es menos probable que se exprese en una violencia física grave o en robos).[40] ¿Por qué el último de esos cuatro rasgos patológicos —el sadismo, o placer por el dolor de otros— coexiste con los tres primeros (y, sin duda, con sus equivalentes femeninos)?[41] La propensión a usar a los otros como instrumentos para obtener fines ilícitos se vincula, sin duda, con la voluntad de recurrir a la fuerza y a la imposición. Ello, a su vez, puede transformarse y se transforma en un desprecio arrogante hacia los demás (¿cómo si no justificar la ganancia?). ¿Y después? ¿Después se transforma en la creencia o la racionalización de que todo el que es despreciable es merecedor de tortura, e incluso en la creencia de que hace falta someter a esa tortura sobre bases morales? «Quizá los débiles deban aprender una lección. Quizá yo soy el único que puede enseñársela.» Es posible que parte de esa lógica sea, además, el deseo de venganza contra los blancos de esa tortura por ser los pusilánimes que han permitido, de entrada, el gran pecado del uso instrumental y la explotación. ¿Acaba el tirano por odiar necesariamente a los esclavos cuya aquiescencia —justificable o no, forzada o no— ha pervertido su alma?

He aquí una cuestión fundamental de la fe religiosa: ¿crees que existe un espíritu que advierte contra el orgullo y que se opone a él? Si, al examinar tu propia vida, llegas a la conclusión de que nunca has sucumbido al orgullo o nunca te han regañado por tu tendencia a excederte, o bien tu santidad es extrema, o bien estás deliberadamente ciego de una manera que, inevitablemente, te llevará a la tumba, o bien eres un mentiroso rematado y serás condenado por ello. Esas son las opciones, pues el orgullo precede eternamente a la caída. ¿Qué temible espíritu es aquel que nos provoca la caída? ¿Y de qué manera estamos subordinados a él, independientemente de lo que creamos o afirmemos creer, a nivel proposicional? Es después de que Eva haga caso de la voz de la serpiente, insistiendo en que es capaz de integrar lo que es, en su esencia, venenoso —y después de que Adán, ese necio primigenio, se permita atribuirse un poder o inmunidad similares— cuando la caída tiene lugar. Caen las escamas de los ojos de los dos hijos extraviados de Dios. Ahora ven, como si fueran dioses, mucho de lo que aún no son capaces de comprender conscientemente. Han asumido la carga de un conocimiento no adquirido. Ahora saben, pero no saben cómo vivir con el conocimiento. Es en ese punto cuando el sufrimiento, en principio, entra en el mundo: el conocimiento del bien y del mal; la consciencia de la muerte, o incluso la muerte misma; la expulsión del paraíso; la exigencia del sacrificio y el trabajo. La infeliz pareja ha descubierto la desnudez primigenia:

> Al ver la mujer que el árbol era bueno para comer, agradable a los ojos y deseable para alcanzar la sabiduría, tomó de su fruto y comió; y dio también a su marido, el cual comió al igual que ella. Entonces fueron abiertos los ojos de ambos y se dieron cuenta de que estaban desnudos. Cosieron, pues, hojas de higuera y se hicieron delantales.
>
> Génesis 3:6-7

Interpreto desde hace mucho tiempo esa mejora de la visión (la caída de las escamas) como la pérdida de la inocencia infantil y el inicio de la verdadera autoconsciencia: que hombre y mujer por igual, en algún punto de un pasado lejano, cobraron consciencia de los límites temporales de la existencia humana; del hecho de que el sufrimiento, la muerte y la maldad formaban parte integrante de la vida.[42] Así consideradas, la autoconsciencia y el conocimiento de la desnudez son lo mismo. Imaginémonos desnudos, en un escenario, delante de miles de personas. No es diferente a mostrar a la vista de todos nuestra fragilidad, la imperfección y la vulnerabilidad humanas; nuestra incapacidad para pronunciar las palabras divinas que podrían llenarnos de confianza, a pesar de esa vulnerabilidad; la imposibilidad de exponer nuestra historia sin avergonzarnos.

El hecho de que, con la madurez, surja una sofisticada conciencia de uno mismo implica que parte de la caída es una mera consecuencia del crecimiento. La gente abandona su ingenuidad infantil (no sin dolor) a medida que empieza a enfrentarse a las realidades fundamentales de la vida: la dureza del mundo natural, la tiranía del mundo social, las pecaminosas propensiones impulsivas y hedonistas del individuo tentado. Además, no resulta en absoluto evidente que nuestro descenso al cinismo, que con tanta frecuencia sustituye a la confianza y al asombro infantiles, no constituya una mejora de alguna manera lúgubre y necesaria. He aquí una yuxtaposición paradójica: caerse de la ingenuidad infantil es condición previa para la madurez, pero, una vez más, el orgullo antecede a la caída y a menudo de una manera que hace que esa caída lo sea desde una altura mucho mayor y más peligrosa de lo que sería estrictamente necesario. Así pues, la caída parece en cierto sentido necesaria, pero, sin duda, su severidad aumenta a causa de una presuntuosidad innecesaria y del deseo de usurpar. ¿Cómo reconciliar esos opuestos enfrentados? Sospecho que, en cierto sentido, el relato bíblico en su totalidad es precisamente ese intento: ¿cómo avanzar, eternamente, con la esperanza intacta y un mínimo de catástrofe?

Adquirir autoconsciencia es conocer la desnudez, la limitación y la mortalidad: contemplar ese yo emergente como algo excluido de todo aquello de lo que carece; sentirse alejado de la pareja íntima o de otro miembro de la familia, de la cultura más amplia, de la naturaleza, del cosmos y de Dios: sentirse particularizado. Volverse autoconsciente es, también, sufrir por esa separación emergente, en parte porque todo lo que no es el propio yo (y se trata de mucho) puede percibirse ahora como limitación y como amenaza, dispuesto, en cierto sentido fundamental, contra el individuo ahora aislado. Con la autoconsciencia llega la planificación: la acción instrumental y un interés propio que es exactamente tan limitado como esa nueva y restringida conceptualización del yo. Ver el yo como «aparte» también es tener motivación para servir al yo ahora aislado, y solo a él. ¿Por qué no iba a preocuparme solo de mi propia piel, única y vulnerable como es? Son tres las consideraciones relevantes a la hora de sustanciar esa pregunta (por así decirlo). La primera es que la experiencia de la autoconsciencia es, técnicamente, indistinguible del sufrimiento. La segunda es que centrarse en el yo percibido ahora estrecha y separadamente motiva un comportamiento egoísta, instrumental y manipulador. La tercera es que la aparición de la autoconsciencia interfiere de manera directa con la conducta y el rendimiento prácticos.

El descubrimiento de la relación entre autoconsciencia y sufrimiento lo hicieron sin darse cuenta los psicólogos que analizaron los términos empleados formalmente para describir la personalidad humana. Según una descripción muy conocida, la personalidad presenta cinco dimensiones: extraversión, neuroticismo, amabilidad, responsabilidad y apertura a la experiencia.[43] La segunda dimensión —el neuroticismo—, que también ha sido llamada *emocionalidad negativa*,[44] es el eje más útil cuando de lo que se trata es de considerar la importancia psicológica de abrir los ojos sin darse cuenta, con la consecuente conciencia del yo. Los individuos con niveles elevados de neuroticismo son más proclives a la ansiedad y al dolor, así como a sus variantes y correlatos (culpa, vergüenza, decepción, frustración, ira, desagrado, etcétera). Los investigadores que obtuvieron uno de los primeros y más influyentes modelos de personalidad principal e instrumentos de medida (el llamado cuestionario NEO-PI-R) también descubrieron que la experiencia de la autoconsciencia estaba tan estrechamente vinculada al sufrimiento neurótico que aquella se conceptualizaba mejor como un subcomponente esencial de este.[45]

La relación entre una consideración del yo explícita y la ansiedad, la depresión, el dolor, etcétera, es algo que se ha estudiado con cierto detalle. El psicólogo social Mark Richard Leary y sus colegas descubrieron, por ejemplo, que las personas que experimentaban unos niveles elevados de autoconsciencia también tenían mayores probabilidades de presentar estrategias de «gestión de la impresión»:[46] es decir, de urdir y tramar cosas para asegurarse que, en situaciones sociales, son «percibidos» tal como ellas desean. Dichas estrategias coinciden frecuentemente con el engaño al yo y a los demás, acompañado de todos los inconvenientes de la mentira. Existe poca diferencia entre enfocarse en uno mismo y sufrir. En sí mismo, eso ya es un hallazgo importante, pero es que hay más. Es igualmente cierto que se da una tentación peligrosa asociada con el sufrimiento autoconsciente: la tentación de manipular para que el estado doloroso de la consciencia subjetiva se suavice. Es algo que ocurre cuando el «debo manipular a otros de manera que piensen bien de mí» sustituye al «debo colocarme a mí mismo en un continuo servicio de sacrificio para mi yo futuro y para los otros».

La persona que se vuelve repentinamente autoconsciente se ve atrapada en la desagradable experiencia del momento. Existir continuamente en ese estado parece, en la práctica, indistinguible del rasgo de ansiedad[47] y de la propensión a la depresión (incluso de la psicosis),[48] así como de una inadaptación social a menudo dolorosa y contraproducente.[49] ¿Cuál es la consecuencia? La tentación de establecer una alianza con la serpiente, por así decirlo; la tentación de manipular, retorcer y moldear el tejido de la realidad de modo que la emoción negativa pueda ser reducida por cualquier engaño que se estime necesario; la disposición a falsificar el discurso, la acción, la percepción propia y de otros a fin de obtener unos beneficios inmerecidos. La autoconsciencia también interfiere en el rendimiento, medido de manera más objetiva —incluso en el desempeño experto—, además de llevar a un aumento de la emoción negativa y a una disminución de la positiva. La aparición de la autoconsciencia hace aumentar la «carga cognitiva» de las personas que hablan en público, distrayéndolas de la tarea que están llevando a cabo.[50] De manera similar, los expertos que se «bloquean bajo presión» lo hacen porque sustituyen los sistemas neurológicos que en ese momento tienen que ver con sus actuaciones muy practicadas y automatizadas por un sistema de alarma general, nada especializado, que genera una emoción negativa autorreflexiva.[51] Por tanto, su atención se ve fracturada y el foco específico de la tarea se altera. Quizá sea por eso por lo que el rasgo del neuroticismo se asocia a un rendimiento académico y profesional negativos.[52]

¿Cuál es la alternativa? ¿Intentar no pensar en el yo que no hace más que volver a concentrar la atención en el yo de manera inmediata y perversa? ¿O desviar la preocupación desde el estrecho presente y el capricho actual a la comunidad y el futuro? En lugar de actuar de manera autoconsciente, es decir, «cohibida», al servicio del yo concebido de manera estrecha, narcisista e inmediata, es posible actuar teniendo en mente el bien de tu esposa o esposo, o el bien de los otros miembros de tu familia, de la sociedad en general, del país, de la naturaleza, o incluso de Dios. De modo similar, sería posible actuar teniendo en mente el yo personal, pero más elevado; el yo extendido más allá del estado emocional o motivacional del momento; el yo que opera óptimamente a través de numerosos contextos que componen la totalidad de la experiencia. Ese yo más amplio es, inevitablemente, más sabio y más social que el yo del aquí y el ahora, pues debe tener en cuenta largos periodos de tiempo y diversos lugares y situaciones.

El siguiente segmento narrativo del Génesis abunda en este punto. Poco después de que la visión de Adán se vea transformada de manera tan tremenda, Dios se acerca a él en el jardín y lo invita a dar un paseo (algo que al parecer los dos ya habían hecho antes, como un hábito que se da por hecho). Adán se resiste, se oculta tras un arbusto convenientemente situado. Es más, atribuye su novedosa cobardía al hecho, ahora constatado, de su desnudez: «Pero Jehová Dios llamó al hombre y le preguntó: "¿Dónde estás?". Él respondió: "Oí tu voz en el huerto y tuve miedo, porque estaba desnudo; por eso me escondí"» (Génesis 3:9-10). Inmediatamente después llega el momento en el que empeora ese pecado al culpar a Eva y después al Dios que la creó:[53]

> Entonces Dios le preguntó: «¿Quién te enseñó que estabas desnudo? ¿Acaso has comido del árbol del cual yo te mandé que no comieras?». El hombre le respondió: «La mujer que me diste por compañera me dio del árbol y yo comí». Entonces Jehová Dios dijo a la mujer: «¿Qué es lo que has hecho?». Ella respondió: «La serpiente me engañó y comí».
>
> Génesis 3:11-13

La actitud de Adán (su queja ante Dios, su manera de darse importancia, su abdicación de toda responsabilidad por su caída eterna): «¿Recuerdas a esa mujer que hiciste para mí, a esa *ezer kenegdo*?[54] En su orgullo y voluntad de usurpar, hizo caso a la voz del espíritu de lo venenoso e incomestible y me tentó para que me atribuyera la aptitud de asimilar incluso eso. Ahora, como consecuencia de mi exceso, de abarcar más de la cuenta, no puedo dejar de verme a mí mismo como la triste criatura que soy y estoy tan avergonzado que ya no puedo caminar inconsciente de mí con el verdadero espíritu de lo divino en el jardín. ¡Cómo se atreve ella a existir! ¡Cómo te atreves a crearla y a ofrecérmela!». También aquí se agazapa el orgullo, disfrazado tanto del derecho autoarrogado de juzgar a la mujer y a Dios como del rechazo total a admitir ineptitud, error o pecado. En lugar de seguir el camino que podría llevar a la expiación e incluso al regreso al paraíso, Adán difama a su compañera necesaria y muy deseada, que ha sido el mayor y último de los regalos de Dios, y a continuación agrava su ya ingrato, resentido y profundo error haciendo responsable al propio Dios.

Todo ello es la historia universal de la humanidad en sus estados más lamentables, el relato primordial y arquetípico de la guerra interminable entre los sexos. La mujer culpa al hombre por las restricciones y carencias del orden social, por su incapacidad para abarcar plenamente todo lo que pide a gritos ser incorporado. El hombre culpa a la mujer por revelarle sus propias carencias y, lo que es peor, manifiesta un gran resentimiento ante la estructura misma del ser: «¿Cómo es posible que Dios haya hecho un mundo tan horrible que contenga a estas mujeres aterradoras y criticonas?». El corpus bíblico ha sido y es cuestionado constantemente por su hipotético «sesgo patriarcal» —algo en teoría tan evidente que no hace falta siquiera documentarlo—.[55] Baste decir, a modo de réplica breve pero profunda, que Adán no sale en absoluto bien parado en este diálogo, el más fundamental y determinante de todos.

¿Cuánto de nuestro sufrimiento aflora porque no somos lo

bastante humildes para aprender; porque insistimos tiránicamente en que lo que ya sabemos es suficiente y absoluto; porque exigimos reconocimiento a una reputación (por actuar según un código de conducta moral) que no hemos sido capaces de ganarnos; porque nos arredramos, cobardes, ante la vasta extensión de lo desconocido y misterioso; porque tenemos una fe insuficiente en la bondad del Ser y del hombre? ¿Acaso no es todo eso responsabilidad nuestra? ¿Acaso no es esa responsabilidad la verdad última, evidente por sí misma? Si estuviéramos lo bastante iluminados —si hiciéramos uso pleno de todo lo que se nos ha proporcionado, por abundar en ello—, ¿desaparecería el sufrimiento? ¿Sería al menos reemplazado por la gran aventura de la vida, asumida voluntariamente? Puede parecer que se trata de una conclusión optimista en exceso. Sin embargo, quizá solo sea demasiado optimista en un sentido ingenuo, si la dificultad de esa iluminación no se ha tenido adecuadamente en cuenta. En el mundo cristiano, esa iluminación resulta técnicamente indiferenciable de la invitación a asumir la cruz y recorrer el camino de Jesús (Mateo 16:24), que es, por supuesto, el más exigente de los caminos, de los viajes y de las actitudes: ese «sí» a todo, independientemente del sufrimiento, un sí que resuena, que es de una valentía imponente, que resulta en apariencia imposible de emular.

Una vez que Dios descubre que la autoconsciencia desnuda ha surgido en el mundo, se inicia el cataclismo de la caída. Ahora se manifiesta como el espíritu que dispone el alma de la mujer contra la serpiente eterna (Génesis 3:15); que señala que esta se verá sometida, si bien desgraciada e injustificablemente, a sentir dolor durante el embarazo y el parto y a desear a un hombre que, en su pecado y en el de ella, mandará sobre ella (Génesis 3:16); que señala el estado ahora maldito de la tierra y la consiguiente necesidad de esforzarse, trabajar duro y morir (Génesis 3:17-19): que pone entre el hombre y la mujer y la naturaleza ahora hostil, a modo de protección, las pieles de animales sacrificados (Génesis 3:23).

¿Por qué el dolor en el embarazo y el parto? Se producen compensaciones evolutivas entre el aumento cortical, relacionado con el aumento proporcional del tamaño del cráneo del recién nacido, y la anchura de la apertura pélvica femenina.[56] Si fuera algo más estrecha, los bebés nacerían menos desarrollados, más fetales, dependientes y vulnerables de lo que ya son, hasta un punto sin parangón en el mundo de los mamíferos. Si fuera más ancha, las mujeres tendrían problemas para correr. El canal del parto, en el caso de los humanos, es tan estrecho que los bebés han desarrollado unos cráneos comprimibles para superar el tránsito. Nada de todo ello contribuye a la comodidad de la maternidad. ¿Y por qué esa autoridad emergente, dependiente de Adán? No es consecuencia de ninguna superioridad masculina evidente esencial, intrínseca, pongamos por caso, a sus capacidades cognitivas generales[57] ni a su meticulosidad[58] (los dos mejores predictores de competencia general).[59] La causa es simple y evidente y tiene que ver con la mayor dependencia que las mujeres embarazadas y que amamantan a sus hijos exhiben inevitablemente, pues cuidar con esa intensidad, y con la prioridad que dan a sus recién nacidos (así como a otras personas dependientes), las coloca en una desventaja comparativa a la hora de competir con los hombres por la posición social y el «dominio».[60] También sucede que, en todo el mundo, las mujeres buscan a hombres de un estatus social superior al que ellas poseen.[61] Sin esa distancia, existe poca probabilidad de atracción romántica o erótica. Con esa distancia, existe riesgo de subordinación.

¿Y por qué ese estado maldito de la tierra? ¿Acaso no es porque la mayor autoconsciencia y el conocimiento del futuro incierto que la acompaña nos motivan a esforzarnos en el presente —a demorar la gratificación, a trabajar— a fin de evitar la privación y el sufrimiento en el futuro?[62] Los conceptos de *trabajo* y *sacrificio* son esencialmente idénticos. El trabajo es el sacrificio de las delicias inmediatas del presente en aras del futuro y de la comunidad. El hecho de que el trabajo se vuelva necesario tras la expulsión del paraíso significa que la cuestión de qué forma de trabajo se adecúa mejor o fracasa —qué forma de trabajo gusta o disgusta más a Dios— pasa de inmediato a convertirse en la cuestión principal. El hombre está destinado a trabajar; entonces, ¿cuál es el mejor trabajo? ¿Cuál es la forma de sacrificio que más complace a lo que es más elevado? Esa es la preocupación central de todo el corpus bíblico y de todos sus derivados literarios; algo que ciertamente no se diferencia de la cuestión del sentido o significado de la vida; o incluso del ser mismo, o incluso de la naturaleza del Creador mismo en relación con el hombre.

¿Y por qué vestir pieles de animales? ¿Acaso no es porque esa terrible conciencia de la desnudez necesita ahora protección, una protección que puede obtenerse a expensas de otras cosas vivientes? ¿Y no es el caso que esa intermediación es la esencia misma o la definición de la cultura, así como su propósito primordial, al alzarse como se alza entre el hombre y la mujer y la naturaleza, y que el sacrificio que exige esa protección significa que el «patriarcado» está necesariamente empapado en sangre? Eso implica que la vestimenta más primordial proporcionada por Dios al hombre desnudo y alienado es emblemática de toda empresa cultural (patriarcal), moralmente ambivalente, defectuosa, pero aun así heroica, emprendida por el hombre para proporcionar a su carcasa desnuda y a su alma la protección necesaria cuando ya no camina con lo divino. ¿Cuál es el relato? El hombre queda eternamente protegido de los estragos de una naturaleza ahora hostil por la intercesión de la sociedad —siendo la mejor protección la que ofrece una sociedad basada en los ofrecimientos voluntarios de Dios, a pesar de la expulsión del hombre del paraíso por Él ofrecido—. ¿Por qué, por último, la expulsión del paraíso? Porque la autoconsciencia —consecuencia inevitable del orgullo arrogante— es indistinguible del sufrimiento y del alejamiento de lo divino.

2.7. La pérdida del paraíso y la espada encendida

Tras todo lo anterior, el remate del capítulo: el espíritu de Dios también es el que pone a los querubines y la espada encendida que los acompaña, que se revuelve por todos lados en el camino al paraíso (Génesis 3:24). Adán y Eva —y sus descendientes— no pueden regresar al jardín del Edén a menos que puedan resistir la prueba de esos filos de fuego. Esa prohibición parece en cierto sentido real, una condición de la realidad evidente por sí misma: en el cielo no puede permitirse nada que no sea celestial; nada en el paraíso que no sea verdaderamente paradisíaco. Así pues, todo lo que es indigno debe ser cortado o quemado. ¿Existe alguna diferencia, conceptualmente hablando, entre esas espadas encendidas y los fuegos del infierno? ¿No podría ser que los condenados lo son en tanto en cuanto han establecido una distancia aterradora entre ellos y Dios, una distancia que hace de la magnitud del sacrificio y de la reconfiguración necesarias para reconciliar el mal con Dios algo tan sobrecogedor que se convierte en terror sagrado? ¿No podría ser que los que sufren de ese modo lo hagan porque han dejado entrar la oscuridad y han colaborado con ella, hasta el punto de no poder perdonarse a sí mismos fácilmente? Eso convertiría la realidad del infierno en un equivalente exacto de la justicia eterna o cósmica: la consecuencia necesaria del estado final o incluso hipotético en el que nada se oculta y todo se hace manifiesto: «Así nada hay oculto que no haya de ser descubierto, ni escondido que no haya de ser conocido y salir a la luz» (Lucas 8:17).

Los errores de nuestro orgullo y de nuestra presunción nos cargan con el peso de lo que habría de ser sacrificado o seccionado. Si hubiéramos de intentar volver a caminar con Dios, ¿de cuánto tendríamos que desprendernos cada uno de nosotros, de manera que solo quedara lo verdaderamente digno de una existencia perfecta? ¿Cuánto de nuestro tan admirado «yo» no es más que una capa tras otra de fingimiento protector, engaño o racionalización para la evitación y el rechazo de la responsabilidad? ¿Cuánto no son desechos y ramas muertas? ¿Y acaso no existe una lógica muy profunda —e incluso una lógica a un nivel mucho más elemental— para impedir el paso al árbol de la vida a aquellos que siguen inmersos en el pecado? Si el coste de alcanzar la vida eterna es la perfección del padre a la que se refiere Cristo (Mateo 5:48), entonces la prohibición del paso al árbol de la vida a los hombres y las mujeres aún caídos es algo a la vez inevitable y correcto. Lo que todavía es pecaminoso no puede conseguir la recompensa eterna. El paraíso, sencillamente, no sería paraíso si contuviera algo indigno.

¿Qué otra cosa podrían significar los querubines y la espada encendida? Que la capacidad humana de juicio y evaluación —fundamental para que el hombre someta y nombre; y parte de la manifestación de la imagen del Verbo o Logos en forma humana— también es, necesariamente, aquello que excluye y prohíbe. Se trata de parte de lo que la compasión, o incluso la propia misericordia en su forma inmediata, bien podría encontrar objetable. Aun así, lo que resulta doloroso a largo plazo —y que se confunde fácilmente con lo que es cruel— bien puede ser saludable y mejor a medio y largo plazo, o considerando todo en su conjunto. El pensamiento mismo puede contemplarse productivamente a esta luz. Los procesos de formulación de problemas, de inspiración creativa y de evaluación crítica se parecen mucho, en su estructura básica, al intento de comunicarse con los dioses, o con el propio Dios, a través del proceso conocido como *oración*. Con el paso de los milenios, gran parte de lo que en origen era religioso pasó a ser primero semántico y después secular. ¿No es probable que lo mismo ocurriera en el caso del pensamiento?

Consideremos las etapas de la búsqueda de la comprensión, siendo la primera de ellas la admisión de que el progreso presenta carencias en algún frente importante. Se trata de la humildad como condición previa a la revelación. Un científico, por ejemplo, que intente ampliar su dominio del conocimiento (y, por implicación, el conjunto del conocimiento humano) debe contemplar las limitaciones de las presuposiciones que tiene en un momento dado; debe arrodillarse, en sentido abstracto, y abrir su yo, que, según él mismo admite, resulta demasiado ignorante e insuficiente, a la posibilidad de aprender algo nuevo. Dicho de otro modo, el pensador debe plantearse a sí mismo, o a algo dentro de él, una pregunta. Es en ese punto en el que el empeño científico se encuentra con lo trascendente: ¿qué es exactamente ese «yo» que está siendo interrogado —en oposición, pongamos por caso, con el «yo» que formula la pregunta—? Si la respuesta nace de dentro, de alguna manera, entonces, ¿por qué la ignorancia que ha dado pie al proceso exploratorio se ha dado inicialmente? ¿Por qué, de entrada, la pregunta debe formularse? Por plantearlo de una manera algo diferente: ¿qué aspecto del «yo» responde en oposición al «yo» que pregunta?

Los científicos han prestado muy poca atención a la aparición de la «hipótesis de la investigación» que mueve la empresa en su totalidad. Lo mismo cabría decir del misterioso surgimiento de los problemas a los que se enfrentan filósofos y pensadores en el campo de las humanidades, aunque la cuestión es más llamativa en el ámbito científico, dada la insistencia empírica de que todo viene dado por hechos evidentes. Quienes redactan artículos científicos lo hacen siempre como si la pregunta que intentan responder y la formulación tentativa de solución que plantean a modo de hipótesis les llegaran de alguna manera algorítmica como el siguiente paso lógico o incluso determinista en el progreso acumulativo de sus respectivos campos de estudio. Esa presuposición es tan profunda, tan implícita, que a los científicos se les pide que redacten las introducciones y hasta las conclusiones de sus artículos de investigación como si ese fuera el proceso con el que avanzan sus indagaciones y el modo en que su pregunta inicial se les presentó.

Incluso en el caso de que todo ello fuera cierto, que no lo es, el «siguiente paso» a lo desconocido nunca está trazado en su totalidad. Si lo estuviera, ya no sería un paso a lo desconocido, sino un conocimiento ya obtenido y dominado. Es más, si la pregunta no es «trivial» —crítica que con frecuencia se dirige contra quien da un paso excesivamente obvio de una manera excesivamente algorítmica—, entonces tiene que ser un salto al más allá, que es lo que la convierte en «audaz» o, cuando tiene éxito, en un «descubrimiento». Una pregunta de investigación que no aborda un problema lo bastante difícil —una pregunta que, en consecuencia, no llega a responderse verdaderamente— no atraerá el interés ni la atención de investigadores o lectores de literatura científica, de la misma manera que una hipótesis de investigación demasiado obvia no conseguirá financiación y desaparecerá, al no ser citada, si por algún azar llega a publicarse. El mismo lúgubre destino aguarda a una pregunta tan opaca o a una hipótesis tan original que excede la comprensión incluso de los que se hallan a la vanguardia de su disciplina. Así pues, la pregunta planteada debe resultar atractiva —la hipótesis, lo suficientemente original—, algo difícil de definir, pero dentro de unos límites comúnmente establecidos. Esto significa que la pregunta debe existir en la frontera entre el orden y el caos; debe contener una mezcla de lo verdaderamente desconocido. Es así en el caso de cualquier clase de comunicación que sea digna de consideración y resulte instructiva. También ocurre que cuanto más grande es el salto adelante (y aun así plausible y comprensible), más mérito se atribuye al investigador o comunicador, y más revolucionaria y digna de elogio se considera la investigación. El grado óptimo de reto planteado por la investigación parece medirse por su capacidad para suscitar interés por parte tanto de los demás investigadores como del público. La punta de lanza es, por definición, el lugar más fascinante.

La identidad del pensamiento exploratorio —incluso en su manifestación más rigurosa, científica— con su apertura humilde a la revelación (religiosa) no es el único paralelismo entre la plegaria y el pensamiento secularizado. Consideremos de qué manera se despliega realmente el proceso en ambos casos. Primero se da la admisión de la insuficiencia. Es poca la diferencia entre la confesión y la humildad («hay algo vital que no conozco»), la contrición («soy menos de lo que podría ser si supiera») o incluso la virtud religiosa de la mansedumbre (véanse Salmos 37:11 y Mateo 5:5). Antes de que los individuos piensen, deben tener algo en lo que pensar. Deben verse asaltados por un problema intrigante o perturbador; un problema que inquiere, que llama a la consciencia. Estos deben creer, además, que el problema es digno de ser abordado, que abordarlo es posible y que sería bueno (asumiendo, como vamos a asumir en aras del argumento, que apuntan hacia arriba). Finalmente, asimismo deben caracterizarse por la fe en el proceso creativo revelador; fe en su existencia y en su bondad. Esa fe es algo así como la creencia de que si nos planteamos una pregunta (una pregunta, digamos, que es auténtica o real, y no falsa), ese «pensar en una respuesta» es tanto posible como valioso o digno de plantearse, al menos en principio.

Lo que sigue es la súplica: la plegaria o petición de revelación que es la apertura de la psique para obtener comprensión y reestructuración sacrificial. El científico (el filósofo, el humanista, el pecador) se hinca de rodillas y, con toda humildad, admite ante sí mismo, ante su especialidad y ante Dios la total profundidad de su ignorancia. No se trata de ninguna exageración con respecto al grado de compromiso del empirista auténtico: cualquier científico digno de tal nombre persigue algo parecido a una devoción duradera por el tema que le interesa. En ausencia de esa dedicación sentida, simplemente no existe suficiente fuerza motivacional disponible para que un investigador menos implicado haga bien su trabajo, que necesariamente ha de ser muy concienzudo. Una vez admitido esto, el investigador se abre a la comprensión[63] —algo que parece indistinguible, conceptual y ontológicamente, de la revelación—. Las palabras mismas usadas para describir la experiencia reveladora indican exactamente la autonomía y externalidad de su origen: «Pensamiento verdaderamente inspirado», «Golpe de brillantez», «Se me ha ocurrido que...», «Me he percatado de que...», «He visto las cosas bajo una nueva luz», «Me ha llevado a...» (o «algo se ha movido en mí»),

«Mi perspectiva ha cambiado», «El suelo se ha movido», «Las compuertas se han abierto»... Todo ese lenguaje indica, en cierto modo, la entrega de conocimiento. Pero ¿desde dónde? ¿Y cómo? ¿Y por qué? Todo ello queda sin revelar cuando alguien dice «se me ha ocurrido algo» —tanto si se trata de una pregunta como de una respuesta tentativa o de una hipótesis— y todo ello, simplemente, se acepta como algo dado, por ejemplo, en el informe de una investigación científica.

Y aún existen más puntos en común, en cuanto a lo creativo, entre lo hipotéticamente científico y la práctica religiosa. Está el prolongado aprendizaje del pensador, una práctica derivada no de la tradición racionalista o empirista, sino de la práctica monástica que, a su vez, era una manifestación del deseo de unificar la meta ascendente. Se trata del adiestramiento de los científicos para dudar incluso de sus propias suposiciones y para buscar la verdad con diligencia. Se trata de huir de la tiranía de una ideología a menudo no examinada, de huir de la esclavitud al usurpador y al tópico que constituye el sometimiento intelectual. Se trata de la voluntad —por parte del pensador y del científico, entre otros— de sacrificar sus conceptualizaciones previas como consecuencia de su búsqueda de la verdad, por más valiosas o fundamentales que las hubiera considerado. Esto equivale, asimismo, a aceptar la necesidad de «la muerte y el renacimiento» como condición previa del avance científico; la aceptación de la idea de que ciertas condiciones previas y compromisos tendrán que sacrificarse y habrá de darse la bienvenida a otros que los sustituyan. Hay poca diferencia entre esa aceptación y la «subordinación del yo» a la «voluntad divina».

Ese servicio de sacrificio propio y humildad es la ofrenda que más complace a Dios, por así decirlo: el compromiso sincero, *a priori*, con la verdad, que ha de seguirse lleve a donde lleve, como el Espíritu Santo mismo: «El viento sopla de donde quiere y oyes su sonido, pero no sabes de dónde viene ni adónde va. Así es todo aquel que nace del Espíritu» (Juan 3:8). Eso solo ya es mucho, pero aún hay más paralelismos entre la práctica religiosa y el pensamiento genuino. El pensador —el científico— que se abre a la aparición de una hipótesis se prepara, como ya se ha sugerido, para la recepción (pero ¿desde dónde?) de una información correctiva. Se esfuerza por convertirse en la tierra fértil y acogedora sobre la cual las nuevas semillas de la revelación que le son concedidas se abran paso. Eso lo convierte nada menos que en la «novia de Cristo», en lenguaje simbólico. Quizá sea algo difícil de digerir para aquellos que presumen que lo científico y lo religioso son, en cierto modo, diametralmente opuestos.

Al científico, al explorador y al pensador que indagan también se les pide que evalúen las nociones recién reveladas, que hacen su aparición en el teatro de su imaginación, como en «amados, no creáis a todo espíritu, sino probad los espíritus si son de Dios, porque muchos falsos profetas han salido por el mundo» (1 Juan 4:1). Se trata del sometimiento de la idea recibida o revelación al pensamiento crítico. ¿Por qué es necesaria? ¿Por qué el Dios que revela desorientaría o engañaría? Esa manera de considerar el problema es errónea. No es tanto la fuente de la revelación la que debería evaluarse como potencialmente falsa, como las motivaciones de quien busca y la naturaleza del espíritu que, en consecuencia, responde. Es solo Dios mismo el que habla cuando se le llama, si la pregunta ha sido bien planteada o la oración ofrecida de la manera perfecta. Si las razones para investigar y pedir la revelación parten del egoísmo, el resentimiento, el engaño y la arrogancia, el espíritu que incluye la esencia de esos impulsos será el que responderá.

Separar las respuestas de la primera opción de las falsedades de la segunda requiere de un discernimiento y de una discriminación esforzada: la voluntad de separar el grano de la paja, las ovejas de las cabras. Ese es el sometimiento a la temible espada encendida que se alza a las puertas del paraíso. Y eso, a su vez, exige lo que se entiende mejor como «búsqueda del alma»: una evaluación de todas las motivaciones potencialmente contraproducentes que pueden haber corrompido la comprensión: «¿Creo esto solo porque requiere el menor esfuerzo? ¿Porque beneficia a mi carrera? ¿Porque existe en contraposición a las teorías de aquellos con los que compito?». Esas evaluaciones también ponen en cuestión el propósito o el objetivo a los que en realidad sirve la nueva idea: «¿Creo en esto porque es una idea que concuerda con mi compromiso de servir a la verdad, en relación con la meta ética hacia la que sinceramente me dirijo? ¿O (una vez más) solo me sirve a mí, cuando lo que soy yo se concibe en el sentido más limitado?». Esa búsqueda del alma supone, invariablemente, una autocrítica intensa. «¿He acudido adecuadamente a lo que es más elevado para que me ayude en mi empresa exploratoria o he fallado y me he permitido imbuirme de unas preocupaciones que no son las relacionadas con el esfuerzo ascendente, con el camino redentor de la verdad? Si he fallado, ¿a qué espíritu he acudido entonces —y, como consecuencia de ello, qué espíritu ha respondido— cuando he iniciado mi indagación?» También ocurre, por supuesto (y por último), que el científico o pensador se ve impelido a evangelizar los resultados de su búsqueda. Lo hace hablando y escribiendo, intentando propagar la doctrina de la nueva verdad revelada.

Podríamos esclarecer aún más esta comprensión de la aparición regresando a nuestra comprensión en desarrollo, según la cual las percepciones son *funciones de orientación*. Lo que vemos depende de hacia dónde estamos decididos a dirigirnos, pues lo que se nos manifiesta, incluso en el ámbito de los hechos, son caminos que tienden hacia ese progreso o que lo impiden[64] (quedando todo lo demás relegado al reino de la irrelevancia y la invisibilidad). Puede decirse lo mismo de lo que pensamos. El pensamiento nos permite orientarnos de manera abstracta antes de embarcarnos en las aventuras del mundo real. Lo que se nos manifiesta cuando preguntamos y recibimos una revelación correspondiente es, por tanto, el equivalente abstracto de las percepciones que sirven para orientarse. Admitimos nuestras deficiencias en relación con nuestras metas y prioridades y nos formulamos las preguntas que, si se respondieran correctamente, nos acercarían más a nuestros destinos deseados. Agazapado tras todo ese reconocimiento y esas preguntas —implícita, cuando no explícitamente—, se encuentran nuestro sentido del destino final y nuestra prioridad última.

Ese es el espíritu que ocupa la cima de la montaña, o lo alto de la escalera de Jacob, eternamente en recesión. Ese es el Dios al que veneramos, aunque sea inconscientemente, el espíritu que guía nuestras percepciones y modela nuestras emociones (pues los pensamientos pueden hacernos sentir y, de hecho, nos hacen sentir) y, lo más aterrador de todo: la fuente que responde cuando llamamos, pedimos y buscamos (Mateo 7:7-8). Así, si aspiramos, por más que sea de manera inconsciente, a algo que no sea lo más elevado, ese algo que no es lo más elevado producirá las revelaciones que estamos buscando. Imaginémoslo de la siguiente manera: toda opción de destino tiene su razón, su motivación. Los caminos hacia los destinos guiados por unas motivaciones que son de resentimiento, inmadurez, egoísmo, amargura y venganza (asesinas, genocidas, deicidas) vendrán delimitadas por espíritus con esas naturalezas. Si, por poner un ejemplo, rezamos por unos fines impropios, nos atenderán voces demoníacas.

Carl Jung subrayó nuestra propensión generalizada a «sucumbir de la manera más acrítica a la más mínima posibilidad de encontrar algún tipo de respuesta o de certeza».[65] Al hacerlo, describía una forma de ceguera voluntaria. Psicólogos posteriores redescubrieron esa tendencia y la denominaron *disponibilidad heurística:* la propensión de un perceptor o pensador a juzgar la credibilidad de una afirmación por la rapidez y la facilidad con la que esta ha aflorado a la mente.[66] Así, siendo la psique tan susceptible a la revelación y tan poco dada a cuestionarse lo que surge, una evaluación crítica posterior a la intuición resulta de vital importancia. Debemos estar dispuestos a dejar morir ideas contraproducentes. Ese es el sacrificio que constituye de veras el pensamiento crítico mismo. Ese sacrificio implica que nuestras ideas pueden morir para no tener que llevarlas a cabo y morir nosotros. El pensamiento crítico —la muerte de nuestras ideas, por más dolorosa que resulte, por más que las valoremos— es un sacrificio sustitutorio, la erradicación de una parte en lugar del todo. Como reitera Jesús: «Por tanto, si tu ojo derecho te induce a pecar, sácalo y échalo de ti, pues mejor es que se pierda uno de tus miembros y no que todo tu cuerpo sea arrojado al infierno. Y si tu mano derecha te induce a pecar, córtala y échala de ti, pues mejor es que se pierda uno de tus miembros y no que todo tu cuerpo sea arrojado al infierno» (Mateo 5:29-30).

El proceso del pensamiento también es parecido al Logos en el sentido de que es dialógico. El lingüista ruso Lev Vygotsky creía que la capacidad de pensar semánticamente era una réplica del diálogo interior de la mente de un solo individuo:[67] que, a todos los efectos y los propósitos, el pensamiento constituía el argumento abstracto, interiorizado, entre distintos avatares. Una sola mente puede albergar muchas personalidades. Esa es una verdad que se hace particularmente evidente en nuestros estados oníricos, cuando aparecen literalmente diferentes personalidades en el escenario imaginativo, todas ellas con su capacidad de acción y discurso independientes. Lo mismo puede decirse de la capacidad humana para imaginar personajes ficticios —o, más directamente, las posibles acciones, actitudes y reacciones de otras personas vivas, en una contemplación abstracta—. La capacidad de mantener un diálogo interior, incluso entre «personalidades» (por así decirlo) sujetas a una competencia intensa, es, al parecer, una capacidad que puede perfeccionarse y enseñarse. Es posible que Sócrates fuera el primero y el más destacado entre los seres humanos conocidos en potenciar dicha capacidad, formalizando, clarificando y transmitiendo las tecnologías del pensamiento, dando lugar a la filosofía como tal; enseñando literalmente a la gente a pensar por su cuenta (o al menos a pensar de manera mucho más eficaz), en lugar de fiarse sin cuestionárselas de la revelación o la argumentación interpersonal. Al menos eso fue lo que consiguió con sus famosos diálogos.[68]

Todas las ideas que están vivas (y eso son todas las ideas que se anuncian como verdaderamente dignas de ser tenidas en cuenta) se expresan no como una mera descripción, sino como una personalidad con un objetivo, un punto de vista, un mundo congregado a su alrededor y todo un abanico de respuestas emocionales e ideas asociadas. El diálogo es la batalla entre la personalidad de varias ideas. El diálogo interno que es el pensamiento es la guerra entre personalidades enfrentadas en el teatro de la imaginación y la muerte de las perdedoras (a las que acompaña el dolor que esa muerte conlleva necesariamente). Ese proceso según el cual existe una idea-personalidad en guerra no difiere de la guerra de los dioses en el cielo, librada a escala más amplia, comunitaria: en este caso se trata meramente *(meramente)* de una guerra que se libra localmente, en la psique del pensador, y posteriormente en las imaginaciones de aquellas personas afectadas por sus pensamientos. Así es como el Logos del individuo —el proceso de su consciencia— establece y revitaliza el orden cósmico.

La necesidad de una «prueba de fuego» se ejemplifica asimismo, por analogía, en la idea alquímica clave de *in sterquiliniis invenitur*, que literalmente significa «en la mugre se hallará» o, alternativamente, «aquello que más necesitamos encontrar lo encontraremos donde menos queremos buscar».[69] El mayor desafío de lo que es y lo que debe ser, por consenso y tradición, se encuentra siempre en lo que resulta menos familiar y es más temible. Al residir, como reside, en nuestro punto psicológico más débil, también está contaminado, muy probablemente, por una ceguera voluntaria: es muy posible que mantengamos en lo desconocido aquello que más nos atemoriza. Por eso, según consenso universal, los tesoros y las doncellas —que realmente son los mayores tesoros— son custodiados por dragones, y por eso también es el sacrificio lo que complace a Dios, pues el encuentro con algo realmente nuevo en el intento de ascender exige el abandono de todo lo que en el presente impide el movimiento hacia delante. Ello requiere a menudo el sacrificio de lo que es más querido. Resulta mucho más fácil entender bajo esa luz las terribles exigencias que Dios tan frecuentemente plantea: todo debe ofrecerse a lo que es más elevado para que la perfección se manifieste «como en el cielo, así también en la tierra» (Mateo 6:10). El progreso en el pensamiento (en la ciencia misma) depende de la voluntad de enfrentarse al caos mientras está bajo dominio del espíritu que apunta hacia arriba, hacia el orden que es bueno o bueno en gran manera.

El temor a la ansiedad, el dolor, la desesperanza y la confusión asociados a ese sacrificio —la muerte de las concepciones previas— son las razones para oponerse a la libertad de religión, de conciencia, de asociación y de pensamiento, oposición que es el sello de la tiranía. El tirano rechaza la humildad e insiste en que ya sabe todo lo que tiene que saber. Abandona su relación con el espíritu que revela y redime, se empecina cuando sus presuposiciones se revelan inadecuadas (Éxodo 7-10), cae bajo la influencia de su hermano malvado (el tentador y usurpador, el señor del poder y del engaño) y rechaza las pequeñas muertes constantes de las que depende verdaderamente el mantenimiento de la vida. Al hacerlo, o al evitar hacerlo, se condena a sí mismo y a su sociedad al cataclismo que con el tiempo lo destruirá todo. *La muerte de una idea que guía produce desorientación en el camino hacia la iluminación.*

Es el temor a la realidad y la inevitabilidad de ese estado desértico —esa pena intermedia, esa desesperanza, esa confusión— los que hacen que nos acerquemos a la iluminación o a sus mensajeros con agitación, resistencia o, directamente, con hostilidad. La cirugía necesaria para extirpar todo lo que no está bien alineado en nosotros o no nos encaja bien, ¿no conlleva el riesgo de matar al paciente o, al menos de dejarlo suplicando la muerte? Rechazamos muy a menudo la penitencia, incluso cuando nos acusan con razón aquellos que nos quieren (y que sabemos que nos quieren). Rechazamos la necesidad de transformación y nos aferramos ciega y tercamente a nuestras armas. Permanecemos esclavos a nuestros estrechos caprichos egoístas porque nos negamos a reconocer siquiera un atisbo de la incompetencia que hemos producido nosotros mismos. Así pues, ¿quiénes entre nosotros podrían sobrevivir a la clase de criba que permitiría que aflorara solo lo mejor de nosotros? Por eso evitamos la muerte sanadora del fuego que representan simultáneamente Dios y la Palabra redentora. Como se expresa en el Evangelio de Tomás, «quien está cerca de mí está cerca del fuego y quien está lejos de mí está lejos del reino (del Padre)» (Dichos 82).[70]

El querubín y el arma purgativa de Dios, la espada giratoria encendida, que custodian la puerta del jardín paradisíaco (Génesis 3:24) son expresiones dramáticas de ese complejo de ideas. La enseñanza moral esencial del corpus bíblico en su totalidad se ve, por tanto, anticipada en estos relatos iniciales, que se despliegan y que revelan sus secretos implícitos a lo largo de milenios, como acostumbra a ocurrir con las grandes revelaciones. «Otra parábola les refirió, diciendo: "El reino de los cielos es semejante al grano de mostaza que un hombre tomó y sembró en su campo. Esta es, en verdad, la más pequeña de todas las semillas, pero cuando ha crecido es la mayor de las hortalizas y se hace árbol, de tal manera que vienen las aves del cielo y hacen nidos en sus ramas"» (Mateo 13:31-32). ¿Y cuál es la verdadera naturaleza de ese cortar y quemar que destruye, pero que también planta, poda y redime? ¿Cuán hostil es la naturaleza misma, intrínsecamente, con su ofrecimiento de vulnerabilidad mortal? ¿Cuánto sufrimiento es intrínseco de la vida misma y hay que atribuir, por tanto, a Dios, responsabilizar de él a Dios? ¿Y cuánto es, por el contrario, consecuencia de la presunción y del orgullo, de la incapacidad para dar en el clavo, del pecado mismo, y por tanto ha de atribuirse no tanto a la humanidad, sino asumirse como parte de nuestros irresponsables defectos personales? ¿No es esa la clave de la cuestión? ¿La verdadera cruz?

Más vale prevenir que curar, o eso dice el refrán. Los holandeses construyen sus diques para resistir la peor tormenta en diez mil años.[71] El Cuerpo de Ingenieros del Ejército de Estados Unidos reforzó la costa de Nueva Orleans para aguantar (quizá) la peor tormenta en casi un siglo.[72] Y entonces llegó el huracán. ¿Fue un desastre natural o la consecuencia de una ceguera voluntaria? Siempre que una catástrofe de la naturaleza, del Estado o del individuo recae sobre cualquiera de nosotros, se suscitan de inmediato preguntas terribles: de haber sido mejores, ¿habríamos salido indemnes? De haber realizado los sacrificios adecuados, ¿el espíritu temible del Dios castigador nos habría pasado de largo? Se trata, ciertamente, de preguntas abiertas. ¿Qué respuestas surgen a partir del corpus bíblico, despiezadas, paso a paso? *Todo es responsabilidad nuestra*, con Dios como guía. Esa es una carga insoportable, aunque noble; sin duda es todo un reto; posiblemente el desafío definitivo; posiblemente, el secreto de la vida y del propio regreso al paraíso.

3

Caín, Abel y el sacrificio

3.1. La identidad del sacrificio y del trabajo

Con la entrada del esfuerzo en el mundo tras la caída de Adán y Eva surge la cuestión del sacrificio de manera necesaria, dada la estrecha relación, o incluso la identificación, entre aquel y este. La necesidad de trabajar ya se ha señalado como consecuencia de la presunción de la madre y del padre de la humanidad, dolorosamente tentados por las lisonjas de la serpiente. Hombre y mujer, incapaces de caminar con Dios, se ven condenados a trabajar, y a menudo amargamente. ¿Por qué? Al menos en parte por razones espirituales, filosóficas o religiosas, pues quienes rechazan el camino ascendente en espiral del Logos deben, a cambio, pelearse de manera contraproducente y amarga con un destino intransigente. Si nuestro objetivo fuera verdadero, ¿el camino desplegado ante nosotros estaría lleno de «espinos y cardos» (Génesis 3:18)? ¿Sentiríamos la inclinación constante de «dar coces contra el aguijón» (Hechos 9:5)? ¿O el camino dorado se nos revelaría como una serie de puertas que se abrirían con solo llamar, o como una misión que permitiría encontrar a quien pidiera recibir, y a quien buscara (Mateo 7:7-8)? Y entonces, ¿todo lo que tan fácilmente podría ser trabajo esforzado se convertiría en un juego de niños?

Para entender la historia de Caín y Abel, los primeros seres humanos verdaderos (ellos nacen como todos los hombres, mientras que sus padres, Adán y Eva, han sido creados directamente por Dios), resulta clave reconocer que se trata de una historia sobre el trabajo, una actividad humana esencialmente única. Las abejas fabrican miel y los castores construyen presas, pero ninguna de las dos actividades es equivalente a las muy diversas formas de trabajo que afectan al hombre. Muy poco o nada de estas es reductible a los patrones comparativamente simples del instinto que mueve a otras criaturas. La historia de los dos primeros seres humanos, los hermanos hostiles, presenta los dos patrones fundamentalmente opuestos de sacrificio u ofrenda que caracterizan la psique humana. ¿En qué punto entra el trabajo *per se* en esta historia? Caín y Abel tienen, ambos, sus ocupaciones. El primero se dedica a arar la tierra mientras que el segundo es pastor, cuida de los rebaños. Con todo, más sutil es la presentación de la relación entre trabajo y sacrificio, una relación que se entiende conveniente y profundamente como una identidad compartida. Una vez que esa identidad está clara, el énfasis que en los textos bíblicos se pone en el sacrificio como aquello que caracteriza la relación entre el hombre y Dios (y viceversa) se vuelve comprensible y alcanza una importancia práctica inmediata, y asimismo puede identificarse como, quizá, la más profunda y necesaria de todas las verdades.

En primer lugar, para hacer que esa afirmación sobre la identidad sea comprensible, una pregunta: ¿qué es trabajo? Si yo hago lo que debe hacerse en lugar de lo que quiero hacer para conseguir una gratificación presente, estoy *trabajando*. *¿Debe hacerse* en qué sentido... y comparado con qué? El trabajo es el sometimiento del capricho o, más exactamente, es la integración de otras necesidades y deseos en algo de un orden superior y más completo. El trabajo es, por expresarlo de otro modo, la demora de la gratificación y un sacrificio hecho al servicio de otros. Se trata de una inversión para asegurar mejor la benevolencia del futuro, cuyo precio debe pagarse en el presente; una inversión, también, en la buena voluntad de los otros, en cuyo nombre se ha renunciado a algo valioso ahora (tiempo, energía, atención).

Esto significa que cuando estoy trabajando sustituyo lo que deseo hacer ahora mismo (reemplazo lo que, de otro modo, captaría mi atención y mis deseos inmediatos) por alguna exigencia o necesidad trascendente, pero aún en bruto, tomada en conjunto; por algo más calculado y a más largo plazo. Esa renuncia u ofrenda es y puede ser a menudo considerada en cualquier caso como una obligación contractual, comunitaria, como una alianza, ya sea implícita o explícita; una obligación pensada para satisfacer las necesidades y los deseos de otros (de mi familia, mis amigos, mis colegas o socios, así como —y esto es más difícil de entender, pero crucial— de mí mismo futuro).

Tal vez no exista un patrón de acción más difícil de poner en práctica que el sometimiento voluntario del presente al otro y al futuro, dado el conflicto de ese empeño con las poderosas fuerzas apetitivas, motivacionales y emocionales que luchan por poseernos y que nos exigen una gratificación inmediata. Los seres humanos son las únicas criaturas que han llegado a comprender de qué manera someter el ahora al después, de manera rutinaria, como parte de nuestra manera de ser, y son sin duda las únicas criaturas que han determinado cómo ritualizar, entender imaginativamente y después representar semánticamente ese patrón de sometimiento, trabajo y sacrificio. Tuvimos, claro está, que aprender todo eso (a sacrificar, a representar el patrón del sacrificio) a base de palos. Tuvimos que aprender a trabajar. ¿Hay algún propósito más profundo para los grandes cerebros que caracterizan a nuestra especie, y que requieren el desarrollo de una socialización tan amplia, que trascender lo instintivo y dirigirlo hacia las preocupaciones de otros y hacia el futuro? Quizá: lo que se desarrolló junto con ese proceso de maduración fue la capacidad de representar lo que habíamos aprendido sobre el trabajo —sobre el sacrificio— para poder entenderlo más profundamente, más dramáticamente y más explícitamente (al tiempo que hacíamos el trabajo). Hacerlo así nos permitió transmitir esa comprensión en forma de relatos, para nosotros mismos, para los otros y para nuestros hijos.

Formulamos unos relatos dramáticos sobre esfuerzos sacrificiales y después intentamos analizar esas historias para hacer aún más explícitas, comprensibles y memorables unas representaciones que ya se habían destilado a través de la abstracción. A la vez, aprendimos a realizar sacrificios psicológicos, en lugar de, o además de, las ofrendas concretas hechas en altares y en templos: a identificar ideas trasnochadas o contraproducentes en algún otro aspecto; a dejar que se quemaran, por más que en otro tiempo nos encantaran, o por más que nos encanten aún, para que pudiera surgir algo nuevo. Como ya hemos visto: existe poca o nula diferencia entre ese sacrificio psicológico y lo que ahora consideramos, de manera bastante incruenta, «pensamiento crítico». La dificultad de todo ello no debería subestimarse: se tardó mucho en salir de la inmediatez del ser animal y en llegar al reino en que importaban el futuro y la comunidad, incluso en el momento. Y llegar a entender lo que habíamos hecho y lo que significaba fue otro logro asombroso. ¿Por qué exactamente estamos trabajando y por qué debemos trabajar? ¿Por qué sacrificarnos? Esas preguntas todavía nos asaltan en forma de sentido: ¿cuál es el sentido de nuestro esforzado empeño, de nuestras vidas y del trabajo que define nuestras vidas?

Así pues, ¿qué hacemos cuando trabajamos? Sacrificamos los placeres impulsivos del momento en aras de una necesidad más amplia de una vida extensa y social. Pero en todo caso hay algo más: también, y simultáneamente, sacrificamos la multiplicidad de cosas de las que podríamos ocuparnos, o que podríamos hacer (ambas cosas son lo mismo) en aras de una unidad de propósito presente. El filósofo de la ciencia Karl Popper expuso algo sensato que tiene que ver directamente con esta cuestión: «Nuestro conocimiento solo puede ser finito, mientras que nuestra ignorancia ha de ser necesariamente infinita».[1] Debemos trabajar con vistas a un pequeño subconjunto de metas y organizar cada acción según sus criterios. Debemos reducir ese subgrupo aún más, llegando incluso a la unidad, a fin de «aclarar nuestras prioridades». De otro modo, nuestro empeño se diluye en propósitos enfrentados.

Esto hace que se amplifiquen sus dificultades y que aumente nuestra confusión, alimenta el conflicto y destruye la esperanza.[2] Es por esas razones por las que el Evangelio afirma: «Si un reino está dividido contra sí mismo, tal reino no puede permanecer. Y si una casa está dividida contra sí misma, tal casa no puede permanecer» (Marcos 3:24-25). La complejidad del trabajo y del sacrificio no acaba ahí. También debemos organizar nuestras metas para proceder de modo que estas no solo beneficien a nuestros planes particulares, sino que asimismo nos capaciten cada vez más y nos permitan formular y perseguir otros planes... y con otras personas. Un delicado acto de equilibrio, sin duda; resulta un desafío difícil establecer esa amplia armonía, hay que hacer muchos malabarismos sobre la cuerda floja definitiva.

Si servimos a la multiplicidad en lugar de a la unidad, nos sentimos confusos, ansiosos, sin objetivo ni esperanza.[3] Pero si servimos a una unidad, ¿a qué unidad servimos, a qué unidad deberíamos servir? La unidad más completa cohesionaría psicológicamente (o, para la teología, «espiritualmente»); convertiría la tremenda complejidad jerárquica de nuestra arquitectura neuronal en algo singular y la colocaría en la cima del orden o del proceso.[4] Además, simultáneamente, situaría esa individualidad singular integrada en concordancia con el mundo social y el orden natural circundante; en armonía con el Logos comunitario y natural. Cuando la gente apunta a los mismos objetivos, celebra las mismas festividades —venera a los mismos dioses—, está unida. Es algo tan cierto psicológicamente como socialmente. Las personas unidas, normalmente, perciben los mismos objetos, conceptualizan las mismas ideas, coinciden en amigos y enemigos y sienten las mismas emociones. En cuanto individuos, no están sujetos a una guerra interna de espíritus díscolos, en competencia por la posesión; en cuanto miembros de una sociedad verdadera, no los separan dioses enfrentados y, en consecuencia, no avanzan en direcciones contrarias. Los elementos diversos y dispares de sus sistemas nerviosos reman en la misma dirección, en sincronía, tanto en ese sistema nervioso como entre los sistemas nerviosos de personas diferentes pero unidas. Si todo lo que existe en el interior de una persona se ha unido al servicio de la misma unidad trascendente, esa persona quedará desgarrada por la duda y se internará en una espiral de tristeza y desesperanza. Si dos personas sirven a la misma unidad, pueden trabajar juntas, sacrificarse juntas, sortear juntas terrenos traicioneros y difíciles; pueden cooperar y competir juntas y hacerlo voluntaria, productiva y pacíficamente. Las personas que apuntan hacia el mismo objetivo unificado son encarnaciones psicológicamente integradas del mismo espíritu. Esa unión de individuo y colectivo es indistinguible de una maduración socializada plena.

Imaginemos al público de un estadio, un teatro o una iglesia, que asisten a un partido importante o a una representación teatral intensa, o que van a escuchar atentamente un sermón cautivador. Todo el mundo está concentrado y en silencio, con la mirada puesta en la pelota, o en la estrella del espectáculo, aunque se reserva el derecho de reaccionar espontáneamente —como si fuera un solo hombre— con aplausos. Todos celebran la misma meta, siguen la misma trama, prestan atención al mismo argumento y extraen la misma lección moral del sermón. Se trata, en los tres casos, de variaciones sobre el mismo tema. Consideremos el caso de un discurso convincente y unificador. Cuando se pronuncia con maestría, la alocución pública es un monólogo, pero tiene una cualidad comunitaria o social. En el escenario hay una persona que habla, por supuesto, pero esa persona que habla también atiende y escucha a las personas a las que se dirige y, si es verdaderamente experta, lo hace con atención. Está constante y activamente evaluando al público, persona a persona, para asegurarse de pronunciar todas y cada una de sus palabras en el momento oportuno; para que lleguen perfectamente; para dirigirlas con precisión; para que esas palabras se manifiesten a la altura de las expectativas, deseos, temores y esperanzas de los oyentes. Se trata de algo que se da incluso en el caso del partido deportivo, o de la obra teatral, o de la actuación de un cantante o un músico, aunque, en esos eventos, las transformaciones aportadas por la participación son más sutiles e implícitas, a pesar de que en ocasiones pueden resultar más profundas.

La unidad que insta a la atención y que convoca a la acción en esas circunstancias es la participación en un proceso —el «diálogo» o *dia-logos*— que exige del hablante y del oyente por igual que las viejas presuposiciones sean sacrificadas y sustituidas por algo nuevo, más amplio y elegante. Como subrayó P. K. Feyerabend, el filósofo de la ciencia austríaco, en una afirmación bien conocida: «Los científicos intentan eliminar sus falsas teorías, intentan dejar que mueran en su lugar. El creyente —ya sea animal o humano— muere con sus falsas creencias».[5] He aquí un indicativo de la importancia del sacrificio voluntario en el juego, la literatura, el arte y el proceso científico mismo: este es un verdadero sustituto de la muerte. Cualquier suceso de profundidad y calidad verdaderas incorpora un elemento de sacrificio. Una multiplicidad se ha unificado, en un estadio o en un teatro, en un estado de celebración voluntaria y por tanto ha renunciado a su diversidad al servicio de un propósito más elevado. Lo mismo puede decirse, y más explícitamente, de un lugar de culto. Esa celebración voluntaria, esa veneración..., son lo mismo. Es algo que, quizá, se hace más evidente en el caso de una actuación musical, donde la misma melodía, el mismo ritmo y la misma letra, universalmente conocida y amada, atraen la atención y a la vez llaman a la acción (siendo esta última la tendencia a bailar) y unen. ¿Hacia dónde apunta la música? Hacia un patrón de armonía en constante elaboración y en espiral ascendente. Hacia un estado en el que algo que ya es cautivador, armonioso y grande se ve sustituido por algo aún mejor. El ascenso por la escalera eterna de Jacob hacia el cielo.

En todo caso, sin embargo, sentados con los ojos y los oídos concentrados en el campo de fútbol, en el escenario, en el atril, integrándonos, lo hacemos en concordancia con todos los demás presentes. Eso es algo que se da particularmente cuando el local está encendido, por decirlo de alguna manera. Es algo que ocurre cuando la actuación que se está desarrollando capta la atención y mueve a la acción colectiva y casi total (en condiciones óptimas), cuando el espectáculo resulta revelador. Hay algo profundo en esa captación de la atención: algo que va más allá del momento, aunque nos sumerja en ese momento; algo por lo que pagaremos (es decir, por lo que nos sacrificaremos); algo religioso por definición, en cuanto que *lo religioso* y *lo que es profundo* son lo mismo. Lo religioso es lo que capta más profundamente la atención y mueve a la acción. Lo religioso es la llamada de las profundidades. Es verse atrapado por el brillo en la oscuridad de la perla carísima. Es el temor a ese tesoro lo que atrapa a los miembros de los públicos más afortunados y entusiastas —los que se *entretienen* de manera más efectiva, lo que significa, etimológicamente hablando, estar mutuamente sostenidos, entrelazados, comprometidos, encantados, y ser los receptores de la hospitalidad—.[6]

Teniendo en cuenta todo esto, imaginemos que elevamos la vista a un cielo estrellado durante la más oscura y despejada de las noches, lejos de las luces de la ciudad, y que se muestra ante nosotros la extensión infinita. Pensemos en el temor reverencial que esta produce. Son las alturas, que nos llaman de una manera profundamente arraigada, incluso instintiva —o, por expresarlo más exactamente, que llaman a lo mejor que hay en nosotros—. Podemos sentirnos pequeños o insignificantes en comparación, pero solo porque nos enfrentamos a algo mayor y en ese acto de encontrarnos con lo que es más grande existe la conciencia de que eso más grande existe por sí mismo y que se puede y se debe tender hacia ello. Podría decirse que se trata de la consecuencia paradójica de caer de rodillas: es, a la vez, un acto de humildad y una revelación de lo que aún podría ser incluso *dentro*. Es muy difícil desvelar una experiencia así, explicitar su naturaleza, y no en poca medida porque se trata de una experiencia en la que lo finito aprehende lo infinito. Esa experiencia primigenia de respeto reverencial ante el cosmos mismo es, tal vez, el fundamento de la empresa religiosa..., su fundamento inagotable: podríamos describir continuamente la naturaleza de ese encuentro y nunca acabaríamos.

Siempre se apodera de nosotros ese respeto reverencial cuando nos encontramos imbuidos en algo; cuando nuestra atención está centrada, ya sea voluntaria o involuntariamente, o en la extraña situación en que lo voluntario y lo involuntario se dan simultáneamente: cuando no podemos evitar darnos cuenta, pero entonces decidimos, por voluntad propia, investigar. En parte, es así como nuestro destino se revela: es ahí donde encontramos nuestra llamada. Eso es exactamente lo que le ocurre a Moisés en su famoso encuentro con la zarza ardiente:

> Apacentando Moisés las ovejas de Jetro, su suegro, sacerdote de Madián, llevó las ovejas a través del desierto y llegó hasta Horeb, monte de Dios. Y se le apareció el ángel de Jehová en una llama de fuego en medio de una zarza; y él miró, y vio que la zarza ardía en fuego, y la zarza no se consumía. Entonces Moisés dijo: «Iré yo ahora y veré esta grande visión, por qué causa la zarza no se quema». Viendo Jehová que él iba a ver, lo llamó Dios de en medio de la zarza y dijo: «¡Moisés, Moisés!». Y él respondió: «Heme aquí». Y dijo: «No te acerques; quita tu calzado de tus pies, porque el lugar en que tú estás, tierra santa es». Y dijo: «Yo soy el Dios de tu padre, Dios de Abraham, Dios de Isaac y Dios de Jacob». Entonces Moisés cubrió su rostro, porque tuvo miedo de mirar a Dios.
>
> Éxodo 3:1-6

Siempre nos vemos atraídos por variantes de la zarza ardiente; por el encuentro con algo que es resistente en su ser y a la vez furiosamente adecuado. Pensemos, por ejemplo, en las pinturas de girasoles o de lirios[7] de Van Gogh, o en las flores referidas en ese verso de Aldous Huxley, que resplandecen intensamente para él, en su estado alterado por la mescalina.[8] Siempre hay algo que brilla, en la periferia, que intenta darse a conocer... y lo que es más grande lo hace cuando de verdad más intentamos apuntar hacia arriba. Podemos responder o dar la espalda a la llamada de clarín de la oportunidad; a la aventura. Pero si rechazamos la llamada, la puerta desaparece. Si convertimos en práctica ese dar la espalda (si hacemos de ese rechazo el triste espíritu de nuestra vida), la oportunidad y la aventura como tales desaparecen, dejando atrás la normalidad que nuestro rechazo ha vuelto aburrida y sin sentido, despojada de su magia, desencantada y sin esperanza. Este es uno de los patrones del pecado atroz; una de las maneras fundamentales en que nos divorciamos de las obras de lo que, en nosotros y fuera de nosotros, resulta verdaderamente redentor. En cambio, si respondemos, la oportunidad se profundiza y se multiplica, hasta que se manifiesta lo que es más profundo y más realmente inagotable. Ese es exactamente el camino seguido por los más grandes científicos, místicos, santos y artistas. Es así como Dios habla desde las profundidades del verdadero encuentro con lo que arde, centellea y vive.

Resulta básico destacar que el encuentro de Moisés es dialógico: Dios, o el ángel de Dios, se revela, pero Moisés tiene que «apartarse» (esto es, desviarse del camino, apartarse de su tarea preconcebida de atender voluntariamente) antes de que se complete la revelación. Lo mismo nos ocurre a todos: nuestra atención se ve captada por fenómenos que nos parecen interesantes de manera espontánea, o por problemas que nos incordian (variaciones del Pepito Grillo de *Pinocho*).[9] Si nos tomamos en serio lo que nos atrae o nos molesta —es decir, si miramos con la suficiente profundidad el abismo que acecha tras ello—, veremos y oiremos lo que somos capaces de tolerar del espíritu de Dios haciéndose presente ante nosotros. ¿Qué significa eso? *Si prestamos la suficiente atención a cualquier cosa, todo será revelado*. Así, el *David*, la gran estatua de Miguel Ángel, es una zarza ardiente: la revelación de una gran oportunidad. El problema del mal de Auschwitz es una zarza ardiente: la revelación de un problema espantoso, con una solución igualmente dramática y valiosa. El propio Espíritu Santo es la persuasiva dialéctica de la llamada y la conciencia.[10] La *snitch* encontrada por el niño mago Harry Potter en el relato en muchos volúmenes de J. K. Rowling[11] es un símbolo de la llamada, que se le aparece a quien la busca, así como una manifestación del espíritu de Mercurio, o Hermes, el mensajero alado de los dioses,[12] un emisario del mundo onírico del inconsciente —un psicopompo, que revolotea en el límite entre lo humano y lo divino—. El grillo juega el papel de la conciencia para la marioneta Pinocho, que aspira a convertirse en un niño real, por más que se interpongan las tentaciones del orgullo y de la arrogancia, del engaño y del hedonismo. El canto del grillo, que capta la atención, es lo que nos fastidia, lo que dispara el equivalente cognitivo de los sistemas primordiales de detección de lo parásito depredador a lo que nos referimos cuando decimos: «Algo me está chinchando mucho» o «No me lo quito de encima» —variaciones de las plagas de moscas y langostas que posteriormente importunan al intransigente y tiránico, al resentido, asesino y genocida faraón en el relato del Éxodo—. No es en absoluto casual que el diminuto compañero* del niño marioneta que se empeña en realizarse comparta iniciales con el Salvador de la tradición cristiana.[13]

Dios es el peldaño final en el empeño ascendente. El trabajo que redime verdaderamente; el trabajo que complace realmente a Dios; que es sacrificio completo de todo a cambio de lo que es verdaderamente elevado. Es ese trabajo el que Dios pide a Caín y a Abel —y a todos nosotros— que llevemos a cabo: realizamos ese trabajo a la manera doble que caracteriza a los hermanos antagónicos.

3.2. Los hermanos hostiles del bien y del mal

Ya hemos abordado lo que nos une; el drama o relato que unifica nuestras percepciones. Consideremos ahora qué es lo que nos divide; más específicamente, lo que nos divide más profunda-

---

* El nombre de Pepito Grillo en la versión inglesa de *Pinocho* es Jiminy Cricket, que significa algo así como el Grillo Caramba. En ese caso las iniciales J. C. sí coinciden con las de Jesucristo *(N. del t.)*.

mente. Los conflictos que nos dividen tanto interior como exteriormente pueden conceptualizarse de manera más provechosa como batallas entre los relatos que nos habitan o nos poseen, a invitación voluntaria nuestra, y a través de los cuales vemos el mundo. Si dos o más personas se enzarzan en un conflicto, es porque sus maneras de especificar su atención difieren, y a veces a un nivel profundo. No se trata de la mera consecuencia de unas opiniones diferentes, pongamos por caso, sobre un conjunto de hechos que supuestamente son los mismos. Es algo mucho más fundamental, porque los hechos —o, más exactamente, el conjunto de hechos que se nos revela— son consecuencia del relato que hemos extendido sobre la fuente de la que extraemos información. Un relato es una descripción de la estructura a través de la cual se prioriza el mundo; y los conflictos que nos dividen, cuestión de discrepancia en metas o en voluntades.

Una vez que sabemos esto podemos preguntarnos qué relatos chocan de manera más fundamental. O, por expresarlo de otro modo, cuál es la oposición más básica. O qué espíritus o personajes son más antagonistas el uno con respecto del otro. Es en la historia de Caín y Abel donde encontramos la primera caracterización concentrada de este conflicto, guerra o división interna. Tengamos presente, una vez más, que Caín y Abel son los primeros seres humanos reales, dado que Adán y Eva son creados directamente por Dios y en el jardín, antes de la caída, por lo que no han nacido en el mundo profano de la historia. Así pues, resulta muy revelador que los dos hermanos existan en un conflicto absoluto: una dramatización espantosa del destino humano. Tal como célebremente expresó el disidente soviético Aleksandr Solzhenitsin:

> La línea que separa el bien y el mal no pasa a través de Estados, ni de clases, ni de partidos políticos, sino directamente a través de cada corazón humano y a través de todos los corazones humanos. Esa línea cambia. En nuestro interior, fluctúa con los años. E incluso en los corazones abrumados por el mal, perdura una cabeza de puente hacia el bien.[14]

Parte de ese conflicto fraternal esencial es social, familiar, en su manifestación social más básica, y después, más ampliamente, consecuencia de una estructuración social comparativamente abstracta. Ambos niveles de lucha han de caracterizar simultáneamente a los hermanos primigenios:

> Conoció Adán a su mujer Eva, la cual concibió y dio a luz a Caín, y dijo: «Por voluntad de Jehová he adquirido varón». Después dio a luz a su hermano Abel. Y Abel fue pastor de ovejas y Caín fue labrador de la tierra.
>
> Génesis 4:1-2

Es un milagro que tanta información se concentre en tan poco espacio. Para entender realmente esas pocas líneas, debemos considerar la realidad frecuente que es la rivalidad entre hermanos y, en un contexto social más amplio, el conflicto de intereses que surge constantemente, por ejemplo, entre el agricultor y el ganadero. Con respecto a la primera: la rivalidad intrafamiliar entre hermanos es común, quizá hasta el punto de resultar normativa.[15] Se trata de algo que puede convertirse con demasiada facilidad en algo patológicamente extremo. Los hermanos que experimentan unos niveles crónicos, intensos, de rivalidad corren el riesgo de sufrir «una variada gama de consecuencias negativas, entre ellas ansiedad, depresión, baja autoestima y dificultades interpersonales»,[16] así como «un menor rendimiento académico y social».[17] Además, ese conflicto intrafamiliar puede llevar a un aumento de la incidencia y la severidad del trastorno de personalidad límite[18] (sobre todo entre mujeres), narcisismo[19] y psicopatía[20] (aunque la dirección de la causalidad en estos casos no está del todo clara y lo más probable es que se trate de un proceso bidireccional).

Esa propensión a la rivalidad entre hermanos es, a su vez, reflejo de un estado comparativamente desvalido y dependiente del recién nacido humano.[21] Dado que los seres humanos nacemos antes que otros mamíferos (incluidos primates) de masa corporal o tamaño comparable,[22] pasamos por un extenso periodo de dependencia posnatal, preadulta, que es único de nuestra especie.[23] Los recién nacidos y los niños exigen una tremenda inversión de atención y por tanto es probable que surjan conflictos en las familias por un recurso tan escaso. También lo es que ese potencial de conflicto se vea exacerbado si los hermanos en cuestión nacen en un breve intervalo de tiempo, pues en ese caso sus periodos de máxima dependencia se solapan. El tiempo de espera recomendado es de dos a tres años,[24] aunque sin duda surgen otras desventajas asociadas a ese espaciamiento. La probabilidad de conflicto es particularmente elevada cuando los hermanos son del mismo sexo y, por tanto, luchan por unos recursos disponibles similares.

En el texto que incluye el relato sobre Caín y Abel queda implícito, cuando menos por omisión, que ese intervalo tan breve se da en el caso de los hermanos en cuestión, pues nada ocurre (al menos nada digno de consignarse) en el tiempo que separa un nacimiento del otro. Si un nuevo bebé llega cuando un hermano mayor tiene uno o dos años de edad, el mayor deja de ser bebé casi de inmediato y en todo caso ya no es el bebé principal. Así pues, la madre debe sacrificar parte de la atención que dedicaba a su hijo mayor para ofrecérsela al recién nacido, al tiempo que el bebé anterior tiene que aceptar que ya no lo es. Él o ella puede ser convencido, con cuidado, para que acepte los beneficios de una mayor madurez, pero también puede sentir celos del intruso, y de una manera muy airada y profunda. Esos conflictos familiares no se atenúan o desaparecen a medida que llega la madurez y pueden permanecer con toda intensidad a lo largo de la edad adulta.

En el relato aparece una divergencia análoga con respecto a la ocupación comparativa de agricultor (Caín) y ganadero (Abel). En este caso, se trata de la relación entre hermanos que resuena a un nivel social más distante. Los que se dedican a esas ocupaciones tienden a enredarse en disputas sobre derechos de propiedad, acceso a pastos y (en el mundo moderno) uso de pesticidas u otros productos químicos. Se trata de conflictos que se dan por igual en sociedades tradicionales y modernas.[25] La historia de Caín y Abel presenta esas luchas sociales más distantes como variantes del patrón establecido en un sentido quizá más básico por hermanos, que pelean de manera más fundamental y primigenia, incluso cuando se encuentran en el seno materno, como en el caso (posterior) de Esaú y Jacob: «En el seno materno tomó por el calcañar a su hermano y con su poder venció al ángel» (Oseas 12:3); según otra variante, se dice: «Y cuando se hizo hombre luchó con Dios» (Nueva Versión Internacional). Jacob nace, explícitamente, del talón de su hermano (Génesis 25:26). Su nombre mismo, que posiblemente derive del hebreo *âkêb*, significa «el que busca medrar o suplantar», que está «como desde el principio, deseoso de echar a su hermano hacia atrás y ponerse él delante [...]. El carácter del hombre quedaba así prefigurado desde el nacimiento [...], excediéndose o desbancando a través de la astucia y la estrategia».[26] Dos hermanos están destinados a la guerra; dos personajes dramáticos guerrean en nuestros pechos; dos espíritus nos dividen en el seno de nuestras comunidades; las metas ascendente y descendente compiten eternamente por la posesión del alma del hombre.

Este motivo de oposición mortífera es, quizá, más destacado entre los temas arquetípicos que caracterizan la ficción popular y otras formas de entretenimiento dramático (sin duda, en el género de acción y aventura, aunque la oposición entre hermanos emparejados o sus equivalentes también aparece en historias románticas —pensemos, por ejemplo, en *La bella y la bestia*, de Disney—).[27] Harry Potter, el mago juvenil de J. K. Rowling, se opone, tanto de niño como de joven, a Draco Malfoy (aunque, aún más fundamentalmente, en su aspecto final de supermago, a Voldemort, el que no debe ser nombrado). El peligro planteado por aquel (como veremos) no es en poca medida consecuencia de la compenetración con este, como resultado de la batalla más profunda en curso. Esa posesión parcial también caracteriza al propio Potter, que involuntariamente sirve como *horrocrux* de su archienemigo, pues lleva consigo, sin saberlo, un pedazo del alma del oscuro.[28] Ese tema de la «sombra en el interior del héroe» se desarrolla muy bien en la serie de películas de Batman, particularmente en *El caballero oscuro*,[29] en la que Joker, el archienemigo de Batman, tienta constantemente a este para que adopte su misma actitud oscura, anárquica y destructiva, entre otras cosas para que consiga vencer al propio Joker.

El mismo tema se desarrolla en la oposición entre los personajes de Superman y Lex Luthor, de DC Comics; en los de Marvel, Thor y Loki; y en los de Frodo y Gollum en *El señor de los anillos*, la trilogía de Tolkien.[30] El protagonista de la humildad heroica encarnada en el hobbit contrasta, también, con la arrogancia y el orgullo del imponente Sauron, señor del Anillo Único de (¿qué otra cosa podía ser?) Poder, de un modo muy parecido a la representación de la relación entre Potter y Voldemort. Se trata de un indicio del patrón de uno de los hermanos hostiles —el de la meta descendente— a partir del arquetipo de Lucifer, o Satanás, el espíritu que de manera más verdadera o más profunda se halla detrás de todas las manifestaciones próximas o personales del archivillano.

Así pues, no es casual que el antagonista principal de esas historias sea muchas veces intelectualmente arrogante y venerador de la tecnología. A esa luz, consideremos la antiquísima yuxtaposición de Lucifer con el intelecto (el Lucifer miltoniano es portador de luz, el ángel más elevado de Dios que se ha desviado del todo, el intelecto orgulloso;[31] el Mefistófeles de Goethe es la tentación que se le plantea a Fausto, el archiintelectual).[32] En la cultura popular, esa relación se refleja en el personaje del malvado Scar, de *El rey león*, el enemigo tanto de la tradición (Mufasa) como del joven renacido y rey legítimo (Simba);[33] en Felonius Gru, de la famosa *Gru, mi villano favorito*;[34] en Jaffar, de *Aladino*;[35] en Síndrome, de *Los Increíbles*;[36] y en el ya mencionado Sauron de Tolkien, el creador del Anillo Único, engendrador del orco monstruoso y constructor de Barad-dûr, la torre del ojo que todo lo ve, evocadora de la de Babel. El intelectualmente arrogante y presuntuoso también tiene una tendencia muy pronunciada a recurrir exclusivamente a soluciones tecnológicas para enderezar las injusticias aparentes del ser. Esto no significa que la empresa constructora sea intrínsicamente mala. En su justo lugar, es algo bueno, o incluso muy bueno, pero los constructores presuntuosos se jactan falsamente de los productos de su imaginación e intentan atribuirse el talento que posibilita dichas empresas. Regresaremos a esta cuestión cuando analicemos la relación entre los descendientes de Caín y la construcción de la torre de Babel.

La posibilidad de un conflicto esencial es constante —reflejo de nuestra biología, a su nivel más profundo, y de nuestra dependencia hipersociable, nuestra dependencia social, así como de nuestro intento de hallar una posición relativa—. Es por eso por lo que el brevísimo relato de Caín y Abel cobra sentido de inmediato cuando lo leemos, aunque no seamos capaces de decir por qué explícitamente. El conflicto presenta un patrón, que emerge eternamente en las familias, entre hermanos, y en otros rivales más distantes, pero aun así análogos. El tema de los hermanos hostiles representa, tanto en los personajes como en la trama, la batalla eterna entre modos opuestos de sacrificio, formas de trabajo, maneras de sacrificarse en relación con la unidad del futuro y las visiones de lo que podría ser esa unidad. Los narradores de mayor profundidad no dividen necesariamente, en aras de la claridad, a los hermanos hostiles en personajes separados: tienden a representar la interacción de los modos opuestos de sacrificio en el alma de cada individuo, a la vez protagonista y antagonista.

También es sin duda el caso, y por la misma razón, de que los héroes más realistas y creíbles no sean, en absoluto, personas perfectas (y que por tanto estén imbuidas, hasta cierto punto interesante y necesario, del espíritu de Caín), mientras que los malos más convincentes sean aquellos en los que, claramente, aún habita cierta bondad. La mafia y los personajes del crimen organizado representados con tanto éxito por cineastas estadounidenses proporcionan buenos ejemplos de esto último (pensemos, por ejemplo, en Tony Soprano, de *Los Soprano*,[37] o en Walter White o, incluso en mayor medida, en el Jesse Pinkman de *Breaking Bad*).[38] Se trata de algo que evidentemente se da en los personajes de Dostoievski, cuyos ejemplos principales son, quizá, el Raskólnikov de *Crimen y castigo*,[39] los complejos miembros de la familia retratada en *Los hermanos Karamazov*,[40] así como en los diversos y abstractos adoradores de ídolos de *Los demonios* (o *Los poseídos*, o *Los endemoniados*).[41] Las representaciones más dramáticas de ese conflicto constituyen el alma misma de la gran literatura.

La historia de Caín y Abel es un intento, por parte de la imaginación humana colectiva, de destilar, transmitir y recordar lo esencial del bien y del mal en un único relato. ¿Cómo hemos llegado a emprender ese empeño? Una respuesta podría ser «por inspiración divina» y se trata de una buena respuesta a un nivel muy elevado. Otra (en realidad una variante de la primera) es que las personas llevan desde siempre contándose historias las unas a las otras —y quizá antes incluso, representándolas— y que algunas de esas historias eran más destacadas, interesantes y memorables que otras. Ejemplos concretos de lo que es bueno y lo que es malo llamaban la atención y eran recordados. Después, se condensaban en algo que se aproximara a su tendencia o esencia central. Los mejores relatos, contados por los mejores contadores de historias, captaban la atención de la gente de una manera inolvidable y se amalgamaban en imaginación y concepto, tanto colectivos como personales. Esto puede entenderse como una colaboración entre la imagen y la palabra (el Logos) que captaban la atención y la imagen y la palabra (el Logos) que movían a la memoria. Esa colaboración se mantuvo durante decenas y quizá centenares de miles de años. Así, las historias contadas y recordadas se volvían cada vez mejores y, a la vez, cada vez más profundas. Y nadie en concreto las escribía ni las inventaba; o más exactamente, quizá, las escribían y las inventaban todos: y por así decirlo, esa es la actividad del inconsciente colectivo de Jung.[42]

3.3. La formación sagrada del patrón político

Gran parte de la división que acosa al mundo es consecuencia de la oposición de las dos actitudes que se exponen de manera definitiva en el relato bíblico original de los dos hermanos enfrentados. Así pues, la historia de Caín y Abel es de una importancia que también se extiende directamente a lo político (o, más exactamente, que constituye lo político, en tanto en cuanto lo sagrado cae sobre lo político). Constituye el patrón de ese relato de víctima/ victimario que juega un papel clave en las ideologías del resentimiento que ciertamente caracterizan nuestra época, aunque no exclusivamente, puesto que el drama que se representa en él es eterno. Esa historia es una metaverdad: un marco en el que se pide a los hechos del mundo que se revelen; una estructura que define todas las verdades que quienes se enredan en la posesión ideológica son capaces de ver y sobre las que son capaces de actuar. ¿Cuál es el juego? Los que creen en esas historias —los devotos de esas teorías— se fijan en primer lugar, y con feliz consternación, en las obvias disparidades que existen en el mundo (una hazaña que no difiere en nada de la de observar las diferencias cualitativas entre las cosas que, ciertamente, componen el mundo).

Después, están quienes con resentimiento se obcecan en el hecho de esas distinciones (de sexo, raza, clase, etnia, «género», atractivo…, incluso de edad, peso, estatura) y señalan con dedo acusador a los que injustamente se benefician de su posición en el extremo deseable de la distribución resultante. Finalmente, presumen —de la manera más egoísta imaginable— que toda esa desigualdad, que es una consecuencia inevitable de la diferencia misma, es algo que se debe a la imposición, a la fuerza y a la opresión. Esta hipótesis resulta perniciosa, sobre todo, en el sentido de que la acusación que plantea siempre contiene un grano de verdad. Ninguna sociedad es tan pura que las recompensas inevitablemente diferentes que ofrece se otorguen solo sobre la base del mérito, sea como sea que este se defina: el poder, e incluso el poder corrupto (ya que los dos muy a menudo van de la mano), siempre juegan al menos cierto papel. Algunos de los que son ricos son narcisistas y psicópatas manipuladores, incluso en sociedades occidentales que funcionan muy bien y que son por lo general honestas y productivas. Algunas de las personas que gozan de estatus social lo tienen por herencia dinástica o nepotismo (que son las vías clásicas para alcanzar un éxito relativo en sociedades que no se basan en unos medidores más abstractos y objetivos de mérito).[43] El hecho de que las rutas corruptas hacia el éxito existan y las utilicen algunos individuos corruptos no indica en ningún caso que todas esas rutas estén corrompidas o, peor aún, que todos los que tienen éxito sean también corruptos. Cuando una sociedad asume esto último (o cuando esto último ha pasado a ser verdad), entonces es muy probable que se desate el infierno.

Cabría destacar, por último, que la división en categorías de grupos de opresión y la atribución de la desigualdad resultante única y exclusivamente al poder no se queda ahí. La simplificación que supone semejante esquema conceptual implica que se suspende toda responsabilidad de seguir pensando: todas las disposiciones sociales tienen lugar entre opresor y oprimido, ya sea en la pareja, la familia, la empresa, la ciudad, el Estado, el país o la religión. Se trata, además, de algo muy conveniente, pero no más de lo que lo es la oportunidad conjunta de virtud moral instantánea e inmerecida. Una vez que el mundo está dividido, de manera que los que injustamente están arriba se han segregado conceptualmente de los que injustamente sufren abajo, el camino hacia el estatus mesiánico se revela mágicamente: el empeño moral se convierte exclusivamente en alianza con las víctimas, por más hipotética, meramente emocional, puramente conceptual o egoísta que esa alianza pueda ser.

Los jacobinos que, primero resentidos, después asesinos y finalmente genocidas planificaron la Revolución francesa y se apropiaron de ella por completo eran los descendientes espirituales de Caín. Karl Marx es Caín hasta la médula, al concebir la sociedad solo como un campo de batalla del poder; al asumir que cualquier juicio cualitativo en relación con el valor del sacrificio comparativo es un juego amañado por los vencedores. Falló completamente (y deliberadamente) al separar el grano de la paja en la condena total de la «burguesía», contemplándola, como consecuencia de su éxito, solo como parásita, depredadora y ladrona, y no le atribuyó el menor mérito por la riqueza y la estructura social estable que produjo como resultado de su trabajo concienzudo, diligente, honesto y productivo. Los metamarxistas modernos, los actores posmodernos del poder, han hecho metástasis de Marx, por así decirlo —pero, a un nivel más profundo, del espíritu de Caín—, ampliando el diagnóstico del poder corrompido a todas las categorizaciones grupales posibles que pueden ser aplicadas a hombres y mujeres.

Según esos planteamientos, todo éxito se da en un paisaje de miseria, caracterizado por unos recursos intrínsecamente escasos y limitados. Todos los juegos a los que la gente puede jugar para hallar a través de ellos un éxito o un fracaso comparativos son juegos de fuerza e imposición y son todos iguales en su valor intrínseco (o en su falta de valor). No son juegos, en absoluto, sino campos de batalla de tirano y esclavo, en los que los roles se reparten involuntariamente y de una manera puramente determinista o construida socialmente. Todos los contendientes exitosos en esos concursos patológicos ganan porque saquean y desposeen, y todos los que fracasan —en cualquier dimensión— fracasan injustamente, sin que ninguna culpa sea suya. En consonancia con esas presuposiciones, se considera que el verdadero esfuerzo no existe, que no existe un empeño consciente, conclusión que evidentemente beneficia a los verdaderos psicópatas, depredadores, parásitos y cosas peores. Esas hipótesis redundan en gran manera en el beneficio de aquellos que solo desean usar el poder y la fuerza para alcanzar sus metas esencialmente hedonistas, cortas de miras, centradas en ellos mismos; y, lo que es peor: en beneficio de aquellos que justifican su intento de conseguir poder afirmando que todos los juegos son, en último extremo, batallas de poder y que lo único que hace quien diga lo contrario es revelar la profundidad de su capacidad para manipular de manera egoísta. Es con esa lógica con la que se organiza el escenario para el dominio del infierno, que es la representación eterna de aquellos que no compiten más que por el estatus comparativo... y por el aumento de su predominio en los confines de ese espantoso drama del peor de todos los diablos posibles. Es la consecuencia de imitar a Caín y el destino de los cananeos, los hijos de Caín, que en los relatos bíblicos son constantemente derrotados por aquellos que viven por el Logos y entregan su devoción realmente a Dios.

3.4. El buen pastor como líder arquetípico

«Abel fue pastor de ovejas» (Génesis 4:2). ¿Por qué pastor de ovejas? En el Antiguo Testamento, la imagen del pastor aparece constantemente, en un sentido literal y como metáfora de liderazgo espiritual: «Jehová es mi pastor; nada me faltará. En lugares de delicados pastos me hará descansar; junto a aguas de reposo me pastoreará. Confortará mi alma; me guiará por sendas de justicia por amor de su nombre» (Salmos 23:1-2). En Isaías resuenan esos sentimientos en relación con el carácter de Dios: «Como pastor apacentará su rebaño. En su brazo llevará los corderos, junto a su pecho los llevará; y pastoreará con ternura a las recién paridas» (Isaías 40:11), insistiendo también en que la humanidad perdida puede comprenderse de manera más profunda a través de la metáfora de la oveja descarriada (tema referido después en el Nuevo Testamento): «Todos nosotros nos descarriamos como ovejas, cada cual se apartó por su camino; mas Jehová cargó en él el pecado de todos nosotros» (Isaías 53:6). Ezequiel (34:2-3) reprende a los pastores de Israel por ocuparse de sus propias y pequeñas necesidades antes de tener en cuenta a la gente: «Hijo de hombre, profetiza contra los pastores de Israel; profetiza y di a los pastores: "Así ha dicho Jehová, el Señor: '¡Ay de los pastores de Israel, que se apacientan a sí mismos! ¿Acaso los pastores no apacientan a los rebaños? Os alimentáis con la leche de las ovejas, os vestís con su lana y degolláis a la engordada, pero no las apacentáis'"». Por poner otro ejemplo, cuando el patriarca Jacob/Israel bendice a José, lo hace de la siguiente manera:

Y los bendijo con estas palabras: «Que el Dios, en cuya presencia caminaron mis padres, Abraham e Isaac, el Dios que ha sido mi pastor desde el día en que nací hasta hoy, el ángel que me ha rescatado de todo mal, bendiga a estos jóvenes».

Génesis 48:16 (Nueva Versión Internacional)

En tiempos bíblicos, los pastores se enfrentaban a un entorno de asombrosa dificultad, que exigía resistencia, habilidad y coraje. Debían proteger a sus rebaños de depredadores, incluidos lobos y leones, moverse por terrenos peligrosos para localizar alimento y agua y soportar un calor y un frío extremos. El joven David es, concretamente, un héroe pastor de esas características. Se enfrenta al guerrero gigante filisteo —el arquetipo del enemigo preparado— con solo una honda, haciendo gala de una habilidad que ha perfeccionado mientras cuidaba de su rebaño. Dios ha escogido a David precisamente por sus virtudes:

Eligió a David su siervo y lo tomó de los rebaños de ovejas; de detrás de las paridas lo trajo, para que apacentara a Jacob su pueblo, a Israel su heredad. Y los apacentó conforme a la integridad de su corazón; los pastoreó con la pericia de sus manos.

Salmos 78:70-72

Así, el pastor es una imagen del héroe más poderoso, aunque disfrazado de persona corriente, armado con poco más que su valor y su fe, que se enfrenta con éxito a lo peor de la naturaleza y del hombre mientras dedica sus servicios a los humildes y los más vulnerables. Esas son exactamente las virtudes masculinas cruciales, y sin embargo paradójicas, captadas por Miguel Ángel en su estatua de *David*, con sus manos grandes y su pose de fuerza, gracia y alerta. Esa escultura es a la vez ideal y reproche, diana y juez, y contiene en sí el terror de la belleza de lo que eternamente hace lo mismo, y que asusta e intimida a las personas para que caigan en un gusto de segunda categoría y en una moral estética. El *kitsch* no discrimina ni juzga, provoca un sentimiento barato y la virtud moral hipócrita de lo reflexivamente compasivo. De ahí, por ejemplo, el atractivo sentimental de los platos de cerámica decorados con gatitos que, como muchos sabrán, encantaban a Dolores Umbridge, la reina del inframundo de los benefactores autoritarios retratada por J. K. Rowling.[44]

Ser pastor también es abrir camino, guiar y hacerlo con delicadeza, a pesar de la capacidad para ahuyentar a los depredadores. Eso significa que el pastor clásico es, en cierto sentido real, el hombre ideal, la combinación siempre deseable de alguien lo bastante monstruoso como para enfrentarse a las bestias que acechan en la noche y dominarlas y, a la vez, lo bastante productivo, amable y generoso como para proveer y compartir. Esos hombres son el verdadero blanco de los deseos más íntimos de las mujeres[45] y, a la vez, de la tendencia de los hombres a admirar a sus amigos, por más que tanto unas como otros puedan ser engañados en su admiración por aspirantes narcisistas, psicopáticos, manipuladores e incluso sádicos.[46] Esa admirable propensión dual tiene que proceder, además, del corazón y no puede adquirirse ni fingirse, a diferencia de su contrario, que es falso, manipulador e instrumental. Es por esas razones por las que Cristo dice de sí mismo:

> Yo soy el buen pastor; el buen pastor su vida da por las ovejas. Pero el asalariado, que no es el pastor, de quien no son propias las ovejas, ve venir al lobo y deja las ovejas y huye, y el lobo arrebata las ovejas y las dispersa. Así que el asalariado huye porque es asalariado y no le importan las ovejas.
>
> Juan 10:11-13

CAÍN, ABEL Y EL SACRIFICIO

Convenientemente integrados, los mismos rasgos que podrían predisponer a alguien a la crueldad, la indiferencia y la psicopatía también constituyen la base misma de un valor y una fuerza implacables.[47] Las mujeres prescinden de la mayoría de los hombres en su elección de pareja porque encontrar a alguien que encarne de manera óptima el equilibrio es muy difícil, sobre todo porque resulta realmente difícil poseer ese equilibrio. ¿Cuál es la eterna duda de las mujeres? «Si encuentro al hombre correcto, mantendrá a raya a los monstruos, pero si consigo a uno que sea, él mismo, demasiado monstruoso, voy a tener problemas (a pesar de que pueda resultar perversamente sexi): será un monstruo para mí, así como para otros, y eso no es un buen plan. Necesito encontrar a alguien que sea medio monstruo y medio amable.» Es por eso por lo que el «monstruo civilizable» es, seguramente, el personaje principal preferido por las mujeres tanto en la ficción romántica como en la pornográfica.[48]

La mejor de las suertes a la hora de encontrarlo (o de ser él).

Cuando nos sacrificamos, negociamos con el futuro. Renunciamos a algo porque tenemos fe en que nuestra ofrenda nos será devuelta con intereses. El futuro es el horizonte de posibilidad no realizada, el caos que prevaleció al principio de los tiempos, el potencial que todavía se enfrenta a nuestro Logos en el aquí y el ahora, el ámbito mismo de los problemas y las oportunidades, o del dragón y el tesoro que eternamente se enfrenta a nosotros. Cuando nos sacrificamos —cuando trabajamos—, establecemos lo que, en la práctica, es una relación contractual con esa posibilidad y, a la vez, con la comunidad, con nuestro yo futuro «más elevado» o «más profundo» y con el hecho de convertirse en uno mismo. De hecho, estamos sellando un trato: *Yo renunciaré a algo ahora. Y como resultado de ello, recibiré algo —y algo mejor— en el futuro.* Podría argumentarse que ese trato no se hace con Dios, sino con el mundo social, incluso con «el patriarcado».

En ese caso, lo que se interpreta en términos religiosos como la alianza se convierte en algo más parecido al contrato social clásico: trabajo para otro y acumulo reputación y favor. A cambio recibiré un pago en el futuro. O bien invierto en mi propiedad o trabajo en ella, propiedad a la que el acuerdo social me ha dado «derecho», un derecho extensible a beneficiarme de mi inversión. Sin embargo, presuponer que se trata solo de un mero contrato social constituye un movimiento desacertado y falso, tanto conceptual como ontológicamente. Las sociedades solo mantienen su viabilidad, a todos sus niveles (desde la pareja hasta el Estado) cuando se basan en una moral subyacente que no es un mero acuerdo, por más que este sea necesario. Se requiere algo más profundo: cierto reflejo de una realidad más honda, una realidad que es condición previa para el establecimiento y el mantenimiento sinceros de los acuerdos necesarios del mundo social; una realidad que se base, por ejemplo, en el respeto tanto a Dios como al alma y, por tanto, al individuo.

No todos los juegos se juegan de la misma manera. No reconocer este hecho puro y duro es un defecto (¿el defecto?) fundamental tanto del relativista moral como del revolucionario idiota, poseído por la ideología (las presuposiciones de aquel tienden a ser las de este y viceversa). Si la sociedad pierde todo respeto a la integridad de la persona y degenera hasta llegar al consecuente nihilismo, o hedonismo, o lucha por el dominio, entonces el «contrato social» se volverá inmediatamente insostenible o, en una palabra, irrelevante. Es algo que ocurre constantemente, en momentos de revolución o posesión ideológica, y los resultados son inevitablemente funestos. Si la sociedad no se estructura de manera que las relaciones primarias en su seno sean a la vez voluntarias y responsables —esto es, sacrificiales, y de manera ascendente—, los acuerdos alcanzados entre personas no serán verdaderos acuerdos, sino mentiras descaradas, es decir, contratos que ninguna de las partes implicadas tiene intención de cumplir, intentos de disfrutar de las mieles de un estatus incluso fugaz, o de un poder permanente, o de las manifestaciones impulsivas, temporales y egoístas del capricho inmaduro. Ningún contrato de esa naturaleza puede durar, y menos en tiempos convulsos. En esas condiciones, la gente no cooperará en la tendencia ascendente. Ni competirá de manera productiva, según las reglas, ni respetará los tratos a los que haya llegado, que no son tratos, en absoluto, sino parodias luciferinas. ¿Cómo era ese viejo e infame chiste soviético? (Un chiste muy bueno, por cierto): «Nosotros hacemos ver que trabajamos y ellos hacen ver que nos pagan». Dicho de otro modo, si el orden social no se fundamenta en el Logos, no será un orden bueno y sin duda no será un orden bueno en gran manera. En cambio, bien puede ser un infierno; un infierno, al menos, en su forma terrenal —e incluso en esa forma será algo que se experimentará como poco menos que eterno.

Esa relación con lo que es más elevado, a la vez personal y contractual, es lo que quiere decirse, en su sentido más profundo, con el término *alianza*. Dios se refiere a esa alianza cuando le dice a Caín, como veremos, que sería aceptado si hiciera lo que está bien (Génesis 4:7). Existe una conexión muy profunda entre esta idea de contrato o alianza y la idea de que el hombre debe existir en relación con lo que ha de situarse, para que esté bien situado, en lo más alto, o lo que ha de servir como cimiento sólido. ¿Cómo hay que entender esto? Planteemos lo siguiente: nuestras personalidades son nuestro medio de adaptación al mundo en su sentido más amplio: a los mundos psicológicos, sociales y naturales considerados como una unidad. Lo que nos es más fundamental, en cuanto seres conscientes, lo consideramos nuestra personalidad. Nos conocemos y nos tratamos a nosotros mismos como personalidades. Y así tratamos a los demás. Nos identificamos con nuestras personalidades y estas, por definición, existen en relaciones. Al nivel supremo de nuestro ser estamos organizados como personalidades. Por expresarlo de otro modo, la personalidad es nuestro modo escogido de adaptación, de estar en el mundo, nuestra esencia, nuestro espíritu.

Nos enfrentamos al mundo como personalidades. Hemos evolucionado, incluso si hablamos científicamente, como personalidades. Las personalidades no pueden existir salvo en relaciones. Así, no es para nada descabellado (y, de hecho, puede verse razonablemente como algo necesario) considerar nuestra alianza con el futuro, con nuestros yoes potenciales, con los otros y con el patrón del orden cósmico como una *relación*. ¿Por qué? Redundando en ello: *porque, inevitablemente, como seres humanos, existimos en relación*. Aun así, esta consideración suscita otra pregunta fundamental: ¿relación con qué, o con quién? La respuesta, como mínimo, es: con el futuro, para cuya mejora trabajamos eternamente; por cuya mejora nos sacrificamos. Con aquellos que nos rodean: padres, hijos, esposas y esposos, amigos, compañeros de trabajo; conciudadanos y almas. Con el orden del mundo natural, equilibrado con el de la comunidad. A un nivel más profundo, con el espíritu del Creador mismo, que se manifiesta a lo largo de la situación y del tiempo. Y preguntémonos lo siguiente, desde nuestra postura indudablemente y aun así dubitativamente atea, materialista y darwiniana: ¿por qué habríamos de organizarnos, al nivel superior de identidad, como una personalidad que se sacrifica o trabaja —con toda la presuposición asociada de relación que justificaría esa organización— si hacerlo así no fuera un medio funcional de adaptación a lo que es más profundamente real?

Y eso no es todo. También está el hecho de huir de la necesidad de la hipótesis de la personalidad e incluso, necesariamente, de la personalidad sacrificial en relación con cualquier manifestación de la inevitable formación de un patrón de atención y acción. Es algo que es verdad incluso si somos impulsivos e inmaduros; si estamos gobernados, por ejemplo, por el capricho hedonista: ese capricho no es sino una alianza a corto plazo («si persigo este deseo inmediato, de esta manera determinada, quizá obtenga lo que quiero»). El hedonista simplemente realiza sacrificios a los dioses consecutivos, de corto plazo, de su capricho, en lugar de realizarlos para alguna unidad superior, o más profunda, psicológica o social. ¿Por qué sacrificarse? Al menos, porque el hedonista se permite ser arrastrado en una dirección, aquí y ahora, y no en cualquier otra de las muchas direcciones que podrían pedir ser ellas las que lo arrastraran; también porque él, en su ofrenda, entrega el yo futuro, integrado, responsable y aventurero que podría haber sido si hubiera dejado atrás su inmadurez, a los placeres del momento. Ecos de Peter Pan y de los niños perdidos; ecos de Pinocho y de los delincuentes semiesclavizados de la Isla del Placer.

El hedonista, poseído por su deseo, podría incluso identificarse con ese dios, en ese momento, o de manera cuasipermanente (cuasi porque no habrá un compromiso real, pues este exigiría exactamente el sacrificio que se está rechazando). Puede presumir propiedad o, más realmente, soberanía sobre su capricho del momento («yo soy lo que es que quiere en mí»); afirmar que la proclividad sexual u otro deseo, por ejemplo, son el sello mismo de su ser y su devenir. Esto convierte a todo hedonista en politeísta, pues está dispuesto a invitar y a celebrar o adorar (esto es, a poner en lo más alto o en los cimientos) la amplia variedad de espíritus que se corresponden con sus impulsos y pulsiones momentáneos. Pero todo apunta a lo contrario: alguien poseído por la lujuria, la ira, el hambre o la envidia no es el señor de esa antigua motivación o jerarquía de motivación, sino su esclavo. Los adoradores orgiásticos y materialistas del becerro de oro no son precisamente dueños de su propio destino.

3.5. El sacrificio que complace a Dios

Una vez establecida una comprensión o conceptualización de la necesidad de sacrificio o de trabajo, así como de su identidad, surgen de manera inmediata e inevitable nuevas cuestiones en la imaginación del buscador de la verdad: ¿qué trabajo funciona mejor?, ¿qué sacrificios, por recurrir a la representación simbólica, serán aceptados con mayor entusiasmo por uno mismo, por los demás hombres y por el mundo natural?, ¿cuáles complacerán más a Dios? Entendida de este modo, la pregunta sobre la ofrenda adecuada se concibe, correctamente, como definitiva en

NOSOTROS QUE LUCHAMOS CON DIOS

su dificultad y equivale a preguntar: «¿Cuál es el propósito o el sentido de la vida?». Caín y Abel, desde el amanecer de la historia profana, se enfrentan a ese misterio abismal o celestial inmediatamente después de la caída y expulsión de sus padres y de la posterior entrada del obstáculo y el esfuerzo en el mundo. La interacción entre los hermanos diametralmente opuestos y hostiles establece el patrón del gran drama de la tentación que caracteriza sin fin nuestras relaciones familiares y sociales, así como la trayectoria de nuestros propios corazones. Un espíritu —un patrón de atención y acción fraternal y religiosa— se da en absoluta oposición al otro. Un hermano ofrece habitualmente al mundo y a Dios lo que al parecer se requiere para mantener una relación óptima con lo terrenal y lo más elevado. El otro no puede o se niega a hacerlo, falla, blande sus puños hacia Dios con ira y después mata al primero, a su ideal mismo.

Las ofrendas de Abel son aceptables para Dios. Las de Caín, no: «Y miró Jehová con agrado a Abel y a su ofrenda; pero no miró con agrado a Caín ni a su ofrenda» (Génesis 4:4-5). Pero ¿qué es lo que hace Abel, en comparación y en contraste con su infeliz hermano? Él trabaja honrada y duramente, se sacrifica con gran diligencia, por completo, ofreciendo los primogénitos y los productos de mejor calidad. Lo que es *primogénito* es la intención de una ofrenda, el producto de un trabajo, una ocupación. Marca el tono, establece el patrón y constituye la meta. Lo que es de mejor calidad es, en primer lugar, lo que no tiene mancha —y así, la ofrenda perfecta— y también lo que proporciona un mayor valor (representado en el lenguaje cargado de imágenes y simbólico de la historia como la más rica de todas las fuentes posibles de alimento). La exigencia divina de calidad en un sacrificio necesario y aceptable es un tema recurrente y exhaustivamente desarrollado en muchos de los textos bíblicos posteriores. En Levítico, que relata algunas de las hazañas y aventuras de Moisés y el pueblo elegido, se desarrolla más, dando un paso adelante en la codificación o la representación explícita:

Para que sea aceptado, deberá ofrecer un macho sin defecto de entre el ganado vacuno, de entre los corderos o de entre las cabras. Ninguna cosa en que haya defecto ofreceréis, pues no os será aceptado. Asimismo, cuando alguno ofrezca un sacrificio en ofrenda de paz a Jehová para cumplir un voto, o como ofrenda voluntaria, sea de vacas o de ovejas, para que sea aceptado será sin defecto. No ofreceréis a Jehová un animal ciego, perniquebrado, mutilado, verrugoso, sarnoso o roñoso, ni de ellos pondréis ofrenda quemada sobre el altar de Jehová. Podréis ofrecer como ofrenda voluntaria un buey o un carnero que tenga de más o de menos, pero en pago de un voto no será aceptado. No ofreceréis a Jehová un animal con testículos heridos o magullados, rasgados o cortados, ni en vuestra tierra lo ofreceréis. Ni de mano de extranjeros tomarás estos animales para ofrecerlos como alimento de vuestro Dios, porque su corrupción está en ellos; hay en ellos defecto, no se os aceptarán.

Levítico 22:19-25

La armonía con el orden cósmico no puede establecerse endilgando a lo divino algo que esté dañado o sea inútil para su propósito y que por tanto se ofrezca muy convenientemente y de manera hipócrita como señal de meta, propósito e intención. Se trata de una variante de usar el nombre de Dios en vano, que pasa a ser algo estrictamente prohibido en los mandamientos que le son entregados a Moisés en el texto del Éxodo. Todo lo posible debe elevarse hacia la meta más alta posible para que se vuelva posible el sencillo caminar junto a Dios que caracteriza el modo de ser de Abel. La idea de que esa ofrenda debe ser de la mayor calidad ya está implícita de manera axiomática en el momento en que aparece la historia de Caín y Abel, aunque la historia representa esa concepción y la amplía. Solo Dios sabe, por así decirlo, cuánto esfuerzo intenso en aras de una conceptualización clara hizo falta para llegar a esa formulación comprensible, destilada e inolvidable.

Caín, además, ofrece no la fruta celestial, o las más elevadas aspiraciones del espíritu, sino «el fruto de la tierra» (Génesis 4:3). Abel, en cambio, ofrece no solo el primogénito perfecto, sino la grasa (Génesis 4:4), su parte más fructífera y rica, que representa la cúspide, lo mejor o lo más selecto. Asimismo, se consideraba que la cocción y la quema de la grasa animal durante los sacrificios liberaba un aroma que llegaba a Dios, según varias descripciones del Levítico (Levítico 3:16), como un «olor grato», un «aroma grato», un «aroma agradable», según las diversas versiones de la Biblia o, en otra de ellas, convenientemente, dadas las serias ventajas que se derivan de no irritar al agente mismo de la justicia divina, como «olor de suavidad»: «Luego el sacerdote hará arder todo esto sobre el altar. Es manjar de ofrenda de olor grato que se quema a Jehová. Toda la grasa es de Jehová». La mejor parte es necesariamente de Dios. Es cuestión de definición, tanto como de sentido práctico y de conciencia teológica, espiritual o psicológica. Evidentemente, lo que tiene mayores probabilidades de funcionar es la ofrenda sincera de lo que es mejor. Está claro que lo mejor debe destinarse al propósito más elevado imaginable. Todo lo demás no apunta hacia el éxito, hacia una vida más abundante, hacia la recuperación del jardín del Edén. Todo lo demás apunta hacia el fracaso, hacia la tristeza gris de la mediocridad o el insoportable sufrimiento del propio abismo.

Abel es pastor... y ya hemos explicado por qué.[49] Ofrece a Dios los corderos que cría; ofrece, de buena fe, los mejores cortes, obtenidos de los animales más perfectos, siguiendo la doctrina posteriormente expuesta en Levítico y en otros textos. Caín también hace sacrificios. Él es agricultor. Ofrece a Dios las plantas que cultiva.

> Después dio a luz a su hermano Abel. Fue Abel pastor de ovejas y Caín, labrador de la tierra. Pasado un tiempo, Caín trajo del fruto de la tierra una ofrenda a Jehová. Y Abel trajo también de los primogénitos de sus ovejas y de la grasa de ellas. Y miró Jehová con agrado a Abel y a su ofrenda.
>
> Génesis 4:2-4

Algunas traducciones alternativas de «de los primogénitos de sus ovejas y de la grasa de ellas», variaciones sobre el tema de la máxima calidad: «De los primogénitos de sus ovejas, de lo más gordo de ellas»; «Lo mejor de su rebaño, es decir, los primogénitos con su grasa»; «De los primogénitos de sus ovejas y de su grosura»; «Las primeras y mejores crías de sus ovejas». Reiterémoslo: entre las personas que escribieron estas líneas, un animal primogénito o, para el caso, un ser humano primogénito, presentaba un estatus especial; implícita o incluso explícitamente se consagraba a Dios,[50] por lo que los mejores cortes de un primogénito eran, sin duda, lo mejor de lo mejor.

Caín, en cambio, no lo hace tan bien en sus ofrendas. Por decir poco.

3.6. Poseído creativamente por el espíritu del resentimiento

El respeto de Dios por las ofrendas de Abel no se repite en el caso de su hermano. ¿Por qué? Caín parece reservarse algo, retener algo, no consigue darlo todo. Sus ofrendas, para empezar, se ven condenadas a un elogio débil: las de Abel se definen de manera explícita en el texto como poseedoras de la más alta calidad, mientras que se dice poco de lo que Caín lleva a la mesa. Más definitivo es aún que Caín sea regañado directamente por Dios por su empeño tibio, engañoso: «Si hicieras lo bueno, ¿no serías enaltecido?; pero si no lo haces, el pecado está a la puerta, acechando» (Génesis 4:7). Entre otras traducciones alternativas figuran las siguientes:

Si hicieras lo bueno, podrías andar con la frente en alto. Pero si haces lo malo, el pecado te acecha, como una fiera lista para atraparte. No obstante, tú puedes dominarlo.

Nueva Versión Internacional

Si bien hicieres, ¿no serás ensalzado? Y si no hicieres bien, el pecado está a la puerta: con todo esto, a ti será su deseo y tú te enseñorearás de él.

Reina Valera Antigua

¿No estarías animado si obraras bien?; pero, si no obras bien, el pecado acecha a la puerta y te codicia, aunque tú podrás dominarlo.

Conferencia Episcopal Española

Si haces bien, ¿no serás aceptado? Y si no haces bien, el pecado yace a la puerta y te codicia, pero tú debes dominarlo.

Biblia de las Américas

Esa idea de pecado al acecho vuelve a manifestarse, con otra forma y en un punto muy posterior de los textos bíblicos, en 1 Pedro 5:8: «Sed sobrios y velad, porque vuestro adversario el diablo, como león rugiente, anda alrededor buscando a quien devorar».[51] Conviene resumir la situación de Caín para entender qué se quiere decir con el hecho de ese demonio a la puerta. El hermano descarriado de Abel no está contento («decayó su semblante») después de su fracaso. Y lo comenta con Dios. Este le informa de que tendría éxito si hiciera lo bueno —esto es, si realizara la ofrenda excepcional que la vida verdaderamente exige—. Y a continuación le explica la situación en la que se encuentra Caín de una manera más sofisticada y también mucho más cortante, vehemente y condenatoria. No es exactamente ese fallo *per se* el que ha producido la desgracia del demandante y aspirante a tener éxito. Lo divino indica que esa desgracia la ha producido, en cambio, su *respuesta al fracaso*. En lugar de tomar nota de su error, de rectificar su manera de proceder y de mejorar la calidad de sus sacrificios —podría decirse: en lugar de confesar, arrepentirse y expiar—, Caín opta por abrir la puerta a algo que justifica y a la vez amplifica su rebelión y su resentimiento.

Un análisis causal muy profundo aflora en unas pocas líneas en relación con la existencia, el efecto y la relación voluntaria, incitadora, con el pecado que se agazapa o aguarda junto a la puerta. Es algo que puede explorarse provechosamente de dos maneras: en primer lugar, en la propia tradición de la exégesis bíblica; en segundo lugar, exponiendo los paralelismos entre esta historia y ciertas variaciones arcanas del relato de la batalla entre Horus, el dios redentor egipcio, y Seth. Este era la versión egipcia de Satanás, el destructor eterno de la tradición y de la visión que redime y resucita.[52] Nótese primero la consecuencia del fracaso de Caín para hacer lo bueno; de su rechazo de la oportunidad de darlo todo, o de comprometerse plenamente; de su fracaso a la hora de ofrecer lo mejor que tiene. Dios, por así decirlo, sonríe a Abel y a su sacrificio, «pero no miró con agrado a Caín ni a su ofrenda» (Génesis 4:5). ¿Cuál es entonces la reacción de Caín? «Caín se enojó en gran manera y decayó su semblante» (Génesis 4:5). En otras traducciones se amplifica la naturaleza de su respuesta: «Pero no se fijó en Caín ni en su ofrenda; Caín se enfureció y andaba abatido» (Conferencia Episcopal Española), «Por eso Caín se enfureció y andaba cabizbajo» (Nueva Versión Internacional); «Pero no miró con agrado a Caín y a la ofrenda suya. Y se ensañó Caín en gran manera y decayó su semblante» (Biblia de las Américas). El predicador y escritor escocés Alexander Maclaren (1910), bien conocido en su momento y después por sus explicaciones bíblicas, comentó lo siguiente en relación con este fragmento:

Por más extrañas que suenen las palabras, si no me equivoco, transmiten unas lecciones muy solemnes y, si se consideran bien, se revelan preñadas de significado. La clave para interpretarlas plenamente está en recordar que describen lo que ocurre después y a causa de una mala acción. Todas dependen de «si hicieras lo bueno». Entonces, en ese caso, para lo primero, «el pecado está a la puerta, acechando. Y bien, la palabra traducida aquí, *acechando*, se emplea solo para indicar la postura agazapada de un animal, frecuentemente de un animal salvaje. Así pues, la imagen es la del pecado del que ha obrado mal junto a la puerta, como un tigre acechando, a punto de saltar y si salta, será fatal. «Si no haces lo bueno, un animal salvaje acecha junto a tu puerta.»

A continuación siguen, en una singularmente ágil transición de la metáfora, otras palabras aún más difíciles de interpretar y que de hecho han sido interpretadas de diversas maneras: «Con todo esto, a ti será su [altero ligeramente nuestra versión] deseo y tú te enseñorearás de él». ¿Dónde hemos oído antes estas palabras? Se las dice a Eva en el anuncio de su castigo. Contienen la bendición que estaba engarzada en la maldición: «Tu deseo será para tu marido y él se enseñoreará de ti». El anhelo del corazón puro, femenino, para el esposo de su amor y la autoridad del esposo sobre la esposa amorosa: la fuente de la más profunda dicha y la pureza de la tierra se transfiere, mediante una metáfora singularmente audaz, a esta otra relación y, en horrible parodia de la unión y el amor conyugales, se nos presenta la imagen del pecado, que se veía como una bestia salvaje agazapada a la puerta del pecador y que ahora, por así decirlo, está casado con él. Ahora se ha unido a él y siente una especie de deseo «tigruno», asesino, por él, mientras que él, por su parte, debe someterlo y controlarlo.[53]

Existe un paralelismo muy interesante entre esta historia y un relato que figura en los antiguos textos egipcios en el que se detalla la relación de los dioses y las diosas principales de ese Estado,[54] que son Osiris, Seth, Isis y Horus.[55] Horus y Seth son dioses contrincantes, cuya batalla recuerda mucho a la oposición entre Abel y Caín, respectivamente. Aquel es el dios egipcio de la atención, de los cuidados y de la renovación; este es el urdidor eterno y medrador social ávido de poder.[56] Horus regresa de una juventud y adolescencia pasadas en el exilio para enfrentarse a

Seth, que es su tío malvado, después de que este haya derrocado a su padre y usurpado el trono (algo muy parecido a lo que ocurre con el rey Arturo o con Simba en *El rey león* de Disney). Guerrean terriblemente por el dominio o, en el caso del héroe, por la autoridad. En algunas variantes, Horus pierde un ojo en la confrontación con Seth. Esa es una muestra del peligro que plantea a la conciencia misma el hecho de una malevolencia trascendente y definitiva. Otras versiones (por ejemplo, *La disputa entre Horus y Seth*)[57] destacan que Seth fuerza a Horus a mantener una relación sexual con él (fructuosamente, en parte, o infructuosamente, dependiendo del texto) similar a la que, al parecer, se insinúa entre Caín y el pecado. Mientras los dos luchan, Seth intenta abusar sexualmente de Horus. En algunas versiones, la semilla de Seth penetra en el cuerpo de Horus y lo enferma. Se trata de algo que recuerda mucho a la idea del *horrocrux* desarrollada por J. K. Rowling —la introducción de algo vivo, algo seminal, en el alma misma—.[58] En otras versiones (incluido el propio texto de *La disputa*), Horus frustra las intenciones de Seth tomando la semilla en sus manos, a partir de lo cual Isis, la madre de Horus, revierte el juego y le ofrece a Seth la semilla de Horus, en secreto, y en consecuencia lo derrota. El significado de esto debe quedar claro: la influencia corruptora de Seth es su idea seminal, mientras que la influencia redentora de Horus es la suya. Aquel puede amenazar horriblemente a este, pero este también puede triunfar (continuamente) sobre aquel.

La metáfora sexual es apropiada, además de aterradora, porque la unión voluntaria de Caín con el pecado contiene un elemento creativo. Se trata de algo que entendemos a cierto nivel implícito, sobre todo porque nuestras maldiciones, cuando renegamos de un destino espantoso, reflejan esa comprensión, o ese complejo de sentidos. Nos describimos a nosotros mismos como «jodidos» cuando nos manipulan o nos engañan; «jodidos» cuando algo no nos sale como queremos; una cosa «se jode» cuando no se desarrolla como a nosotros nos gustaría (muy probablemente porque nuestros sacrificios han sido, en verdad, de segunda clase). Existe una amargura real en esas quejas cuando no se pronuncian a partir del humor; una amargura que es a la vez la defensa del estatus de la víctima, que se vanagloria y considera que no puede obrar mal, y la acusación de que hay algo defectuoso en los cimientos del orden cósmico o incluso divino.

Dios asume la responsabilidad de indicar e insistir en que la desgracia de Caín no viene causada de manera simple y determinista por el hecho de haber realizado un trabajo o sacrificio no óptimo (a pesar de que su fracaso sí ha sido causado exactamente por eso). Existe el fracaso, sin duda, pero este se considera algo diferenciado de la respuesta emocional a ese fracaso; algo diferenciado incluso de la comprensión de sus consecuencias causales. Dios da a entender que Caín podría reaccionar a su caída e interpretarla de manera diferente a la que ha escogido y que fuera más adecuada, aceptable y productiva. Por ejemplo, podría arrepentirse, esforzarse y mejorar, e incluso mostrarse agradecido por la lección que le ha enseñado su fallo. Podría implicarse en la aceptación radical del fracaso y en la consiguiente y dolorosa reestructuración de su personalidad. Podría someterse voluntariamente a la espantosa y veloz espada y dejar que le cortara las ramas muertas y las quemara. Pero no. Lo que hace Caín es invitar al mismísimo demonio. Peor aún: no es solo que Caín se deje poseer hasta quedar despojado de su voluntad ni que, como una marioneta desventurada, se dedique a obedecer ciegamente, controlado de manera simple, determinista. Todo lo contrario: en cuanto criatura dotada de un libre albedrío inviolable, lo que hace es iniciar una relación voluntaria y oscuramente creativa con la tentación que acecha, de forma depredadora, junto a su puerta. Le permite voluntariamente que haga con él lo que quiera. Y después se obsesiona con lo que ha nacido de manera tan espantosa. Nadie llega al asesinato a partir de un mero resentimiento sin que exista antes un prolongado periodo dedicado a fantasear y a recrearse deliciosamente en la idea de manera obsesiva.[59]

La relación perversa que Caín desarrolla con el pecado permite que ese espíritu temible florezca en todas sus particularidades: permite que el espíritu atractivo, más abstracto, del mal se manifieste de manera concreta en el tiempo y el espacio específicos del presente; permite que el espíritu adversario antihumano se encarne. Así pues, el pecador se une, libre y voluntariamente —*malitia praecogitata*, con premeditación—,[60] con lo que podría describirse como el espíritu general del desorden. Al hacerlo, asume en su interior el fermento de la maldad y lo hace suyo. Esto lleva a que se manifieste en el mundo su destino particularizado, personificado, creativo del desorden, justificado por sus propios resentimientos, celos, decepciones, frustraciones, arrebatos de ira y victimizaciones (a menudo reales, pues el sufrimiento y la injusticia muchas veces lo son). Por ejemplo, todos los que protagonizan tiroteos en las escuelas aportan su manifiesto hoy estereotipado, su falsa profecía, su lógica bien desarrollada y largamente meditada. El hecho de que esas cartas resulten con frecuencia comprensibles y que incluso consigan despertar cierto reconocimiento y comprensión por resultar humanas, demasiado humanas, no hace que el crimen asociado, bien racionalizado, sea menos censurable. Todo el mundo tiene razones suficientes para el mal.

Es ese hecho innegable del proceso colaborativo e intermediado lo que convierte en burla cualquier intento simplón de establecer una vía causal entre las circunstancias trágicas de la vida de una persona dada y su consiguiente descenso al mal. Se trata de otra variante del empirismo bruto y del determinismo idiota: «La gente herida se vuelve mala» no es una teoría causal bien desarrollada. La hipótesis de que la gente mala recurre a las heridas inevitables que ha sufrido en su vida (que en muchos casos, seguramente, se ha infligido ella misma) para justificar su mal es igualmente plausible y no hay razón para no admitir, como mínimo, que hay algo de las dos cosas. Asimismo, cabría defender también el papel fundamental de la victimización manipuladora en el camino que lleva hacia el mal. En primer lugar, no hay duda de que alguien motivado a hacer daño defenderá toda justificación posible para hacerlo y que hacerlo forma parte inextricable, o incluso es el rasgo principal, del mal que persigue. En segundo lugar, aunque la tentación del resentimiento, por ejemplo, pueda ser una sombra alargada —sobre todo cuando la persona ha sido traicionada además de herida—, el pacto con el pecado, simplemente, no tiene por qué sellarse y mucho menos alentarse, cultivarse y alimentarse.

Una persona victimizada, por más injustamente que lo sea, bien podría, y debería, llegar a la conclusión a partir de su experiencia de que esa herida no tiene por qué devolverse ni hacerse extensiva en su aplicación incluso a Dios, sino que esos actos están mal y rechazar así su propagación, en lugar de identificarse con el perpetrador y emularlo (transmitiendo el abuso infantil de generación en generación, por ejemplo). Si ello no fuera cierto, todas las familias se convertirían rápidamente en espectáculos terroríficos, pues todo abuso se conservaría y se transmitiría y, por tanto, se esparciría hasta que todo el mundo estuviera contaminado y actuara mal. La mayoría de las personas a las que se ofrece el ejemplo del matón, o de cosas peores, optará por no reproducirlo y lo rechazará, de manera que su efecto dañino se suavizará con el tiempo, en lugar de exagerarse y expandirse. La raza humana llegaría, sin duda, a un estado deplorable, y en muy poco tiempo, si no fuera así. Por tanto, el modelo más exacto no es el del «mal procede del dolor» (desigualdad, traición, opresión, incluso tragedia), sino el de «las personas heridas se recuperan, perdonan y siguen adelante».[61]

El trabajo como sacrificio en el relato de Caín y Abel es un intento de representar la esencia del trabajo, de entender su tendencia fundamental, de retratar o conceptualizar la naturaleza de los esfuerzos del hombre. Esto sucede primero en una representación dramática —en una actuación literal; el equivalente de esos juegos consistentes en fingir algo y que tan formativos resultan entre niños—. Después se representa en forma de imaginación dramática: después, si es posible, se formula explícitamente como historia y descripción. Nosotros todavía nos encontramos en el último estadio, a pesar de los siglos transcurridos, con respecto a nuestra comprensión plena del sacrificio, dado que el proceso de adquirir una conciencia plena, explícita, es difícil y su alcance o límite superior nos resulta desconocido. El gran epistemólogo y psicólogo del desarrollo suizo Jean Piaget subrayó que los niños tienden a imitarse a sí mismos: se fijan en acciones que han emprendido y que producen un resultado deseado o interesante por lo inesperado, «se vuelven conscientes» de esas acciones (esto es, se fijan en que las han emprendido y en cómo las han emprendido) y después se copian o se emulan a sí mismos, representando la acción en una «reactuación».[62] Se trata, en parte, de la formulación de la destreza, de la habilidad y del hábito (si se repite lo suficiente) y en parte de un puente para entender, en oposición a meramente actuar.

Ciertos juegos infantiles tempranos, como el de taparse y destaparse la cara para ver y no ver, surgen cuando un niño pequeño y un adulto realizan juntos esos actos de ritualización, sincronizando sus esfuerzos, estableciendo una regularidad similar a una regla en sus juegos, en una acción y reacción repetida. Constancia y predictibilidad de un intercambio sincero con una variación óptimamente interesante: la génesis del comercio. Comerciamos cada vez que nos imitamos los unos a los otros; cada vez que abrimos la boca para hablar. Nos ofrecemos unos a otros los frutos de nuestro empeño exploratorio y consciente y a cambio obtenemos un inmenso alimento. No es una mera metáfora: una cosa es ofrecer comida a alguien y otra completamente distinta enseñarle a proveerse por sí mismo. Cristo es, por ejemplo, el proveedor milagroso de agua (Juan 4:13-14), pan y peces (Mateo 14:15-21), porque Él encarna, representa o es la ética del autosacrificio voluntario completo sobre el que se asientan la actividad productiva y el comercio mismo. Esto podría entenderse como la manifestación plena de las ofrendas de Abel que, en comparación con las de Caín, se han ganado el respeto de Dios (Génesis 4:4). Se trata de un punto de vista que tiene en cuenta la confianza en la provisión, incluso, de los llamados «recursos naturales», de una ética individual y socialmente ejemplificada que hace que el uso mismo e incluso el descubrimiento de esos recursos sean posibles, productivos y sostenibles.

La autoemulación descrita por Piaget bien puede considerarse la base del ritual. Imaginemos, sin embargo, que en el caso de la imitación que más verdaderamente caracteriza el juego humano ocurre algo que de algún modo resulta más complejo: algo mucho más sofisticado que la mera emulación o duplicación exacta de una acción simple; algo más parecido a la imitación de una serie de acciones relacionadas. En ese caso, ese conjunto de acciones relacionadas conformarían varias maneras y medios de renunciar a algo en el presente para asegurar mejor el futuro y sus recompensas potenciales, o al menos para apostar por ello. La consecuencia de esa emulación es, concretamente, el drama del altar sacrificial. De manera más abstracta o psicológica, es el drama de negociar con la posibilidad; el drama de negociar con el futuro, o el futuro mismo —el drama de establecer una alianza contractual con el espíritu mismo del Ser—. La manifestación plena de este drama sería la personalidad de la que depende la ofrenda, que es la más amplia posible, o incluso la más concebible. Supondría la encarnación de la personalidad que alumbra o ilumina el mundo (Mateo 5:14-15); el Verbo mismo hecho carne (Juan 1:14).

La imaginería usada para definir el método de comunicación con lo divino en los relatos antiguos que conocemos es muy concreta y arcaica en relación con los cánones de la sensibilidad moderna y se basa en una serie de convenciones o presuposiciones metafóricas implícitas. *Arriba* es bueno comparado con *abajo*. *Abajo* es inmoral, encorvado, caído. *Abajo* es semblante decaído. *Abajo* es suciedad, polvo, contaminación y multiplicidad. *Arriba* es progreso comparado con descenso, comparado con fracaso. El cielo es el bien (y el progreso). El cielo es arriba y la unidad de toda meta integrada, ascendente. El *arriba* definitivo va en dirección al cielo. Así, los cielos están en dirección al cielo. Dios es el bien último. Por tanto, el bien último, Dios, debe residir en los cielos. El humo asciende. El humo es esencia, meollo o espíritu. La entidad que reside o que caracteriza el arriba último es capaz de detectar la calidad de un sacrificio en el humo ascendente que se eleva. Por último, la ofrenda que apunta con mayor éxito hacia arriba es la inversión completa y perfecta que más complace a Dios. Dado lo concreto de este contenido y esta imaginería arcaica, a la gente de hoy le resulta fácil (y en buena medida le supone alivio existencial) pasar por alto la profunda sofisticación de ese relato breve a la hora de plantear problemas, revelar, deliberar y llegar a conclusiones. Pero una vez que se aclaran las razones de los referentes, o la lógica de estos, deja de ser posible seguir pasándola por alto. Y es al darse cuenta de ello, y al seguir esa pista, cuando empieza el verdadero problema: la verdadera aventura.

¿Por qué los cielos pueden estar arriba? Porque el cielo está más allá de nosotros y, por tanto, es representativo de lo que queda eternamente más allá. Porque *arriba* es la meta adecuada, en oposición, metafóricamente, a *abajo*; porque tenemos en «alta estima» a las personas a las que admiramos, convirtiendo así su carácter en nuestra meta final; porque si bajamos la mirada vemos solo aquello sobre lo que estamos plantados y no aquello hacia lo que vamos; porque «mirar por encima del hombro», es decir, hacia abajo, es mostrar desprecio; porque la contemplación del firmamento, hacia el que podemos elevar la mirada, nos inspira respeto reverencial y deseo de imitar; porque podemos llegar a ser aquello que imitamos con más devoción; y porque es verdad que podemos orientarnos por la posición de los cuerpos celestes. Tal como destaca el lingüista y filósofo George Lakoff:

«Arriba es bueno» es una imagen-esquema que se basa en la experiencia universal humana de estar derecho, vertical y orientado hacia el cielo. Las vinculaciones metafóricas de esa imagen-esquema están altamente sistematizadas y pueden observarse en una amplia variedad de ámbitos. Constituye una metáfora ubicua, arraigada y fuertemente convencionalizada en nuestro lenguaje y en nuestro pensamiento.[63]

A partir de aquí podemos entender por qué la metáfora del *arriba* contrapuesto al *abajo* nos viene a la mente, está disponible para su uso, tiene sentido y puede comunicarse y, además, de qué manera ese sentido comprensible y comunicable depende de su personificación. Un hombre «recto» está motivado, es optimista, mira hacia delante y se mueve, en marcado contraste con alguien derrotado, hundido, que mira al suelo. *Arriba* es emoción positiva y aproximación; *abajo* es hundimiento, evitación. Así pues, *arriba* no es un mero reflejo de su relación con otras palabras, sino referencia a una categoría compartida de la experiencia, cuya naturaleza, a su vez, depende de las estructuras psicofisiológicas compartidas —la personificación o encarnación— que dan a toda experiencia humana su cualidad particular y que la convierten en algo amplia y comprensiblemente similar y comunicable.

¿Por qué Dios reside en los cielos? Porque el temor reverencial que nos invade y nos inspira cuando alzamos la vista hacia el sol, la luna o el reino estrellado de la noche nos pone en contacto, a nivel instintivo, con el espíritu que «descendió», «el mismo que también subió por encima de todos los cielos para llenarlo todo» (Efesios 4:10).[64] ¿Por qué al Dios que ocupa el lugar más elevado de las alturas le preocupa la calidad del sacrificio? El *porqué*, exactamente, es algo que dista mucho de estar claro; es una pregunta que inevitablemente se hunde en lo inefable. Eso es así, al menos en parte, porque todas aquellas cosas a las que vale la pena dedicarse, o bien no guardan relación unas con otras, o bien entran en conflicto en su realización, o bien son reflejo del bien trascendente mismo y a la vez están unidas de alguna manera misteriosa a él, pues esas son las tres únicas opciones. Si son irrelevantes la una para la otra, unirlas en los confines de una sola personalidad o sociedad se convierte en tarea difícil —tarea cuya dificultad se exacerba hasta volverse imposible si, en cambio, existen en una diferencia que resulta irreconciliable—. Así pues, ¿hacia qué fin (si es que existe alguno) tienden y deben tender todas las cosas? ¿Hacia el arriba último, quizá? ¿Hacia el bien final, sea como sea que este se describa? Esta parece ser la hipótesis o la insistencia del monoteísmo de las historias bíblicas y es la alternativa, por definición, a la disociación o a la oposición paradójica. Se trata, sin duda, de la idea implícita, pongamos por caso, en la imagen de la escalera de Jacob, que presenta una jerarquía ascendente sin fin, en espiral, hacia unos cielos que ya son buenos, pero que siguen mejorando eternamente:

> Jacob, pues, salió de Berseba y fue a Harán. Llegó a un cierto lugar y durmió allí, porque ya el sol se había puesto. De las piedras de aquel paraje tomó una para su cabecera y se acostó en aquel lugar. Y tuvo un sueño: vio una escalera que estaba apoyada en tierra y su extremo tocaba en el cielo. Ángeles de Dios subían y descendían por ella. Jehová estaba en lo alto de ella y dijo: «Yo soy Jehová, el Dios de Abraham, tu padre, y el Dios de Isaac; la tierra en que estás acostado te la daré a ti y a tu descendencia».
>
> Génesis 28:10-13

Consideremos, también (o recordemos), que cualquier intención o acción directa es una unidad, así sea temporal, de muchos espíritus y materiales diversos. Incluso para mover la mano a fin de sostener un vaso que acercarnos a la boca hace falta tanto sacrificio como singularidad de propósito. Aquel es la priorización de la exigencia de la sed por encima de cualquier otro espíritu motivador en el presente. Esta es el dominio del patrón de la atención y la acción que está al servicio de los propósitos del movimiento en cuestión por encima de todas las demás acciones potenciales. O esa unidad se integra necesariamente en una unidad superior, o es superficial, incluso sin sentido. Aunque existe cierto placer inmediato en las consecuencias de mi acción, en el refresco que procura la bebida, saciamos la sed, fundamentalmente, para servir a otros propósitos. Estos tienden a disponerse de manera ascendente, y jerárquicamente, en tanto en cuanto lo que estoy haciendo, en el sentido más amplio, tiene un sentido y un propósito. No hay razón para asignar un techo arbitrario al hecho de esa tendencia ascendente: plantear que la unidad existe, pongamos por caso, al nivel de la acción local, pero no en ningún otro punto más elevado ni tampoco en el punto más elevado concebible. Esto se expresa simbólicamente —a partir de imágenes, de manera dramática y literaria— en la idea de una escalera, de una estaca o de un árbol que cubre el vacío entre la tierra y los cielos. Se trata de una de las ideas más antiguas de la humanidad, que se remonta a tiempos paleolíticos y a los rituales chamánicos que empleaban la imagen del árbol cósmico. Tal como subraya el rumano Mircea Eliade, gran historiador de la religión:

> Encontramos el simbolismo de la liana o de la hiedra que va de la tierra al cielo en las áreas iraníes, eslavas y finoúgrias y el simbolismo del árbol cósmico (que es también una liana) en las áreas iraníes, indoeuropeas y altaicas, así como en América y entre los pueblos de Oceanía.[65]
>
> El árbol es considerado a menudo la escala que conecta los tres niveles del cosmos: el submundo, la tierra y el cielo.[66]
>
> El simbolismo del árbol cósmico y del pilar del mundo, del árbol de la vida y de la escalera de los dioses, es uno de los más extendidos y más profundamente enraizados en la cultura humana. No resulta ninguna exageración afirmar que ningún otro símbolo toca de manera tan universal el corazón de lo sagrado y ninguno es capaz de transmitir a ninguna mente, independientemente de su trasfondo cultural, el mismo sentido y la misma fuerza.[67]

El espíritu del ser y del devenir tiende hacia arriba, hacia un despliegue continuo de formas. El hombre está hecho a imagen de ese espíritu y se le pide que se sacrifique sin reservas en pos de su manifestación. La integridad de la psique y la estabilidad y la productividad de la comunidad dependen, de hecho, de la voluntad de hacerlo así. No se trata, en modo alguno, de una suposición arbitraria. Se trata, sí, del reflejo más profundo posible del orden cósmico, cimentado en el principio de la ofrenda ascendente voluntaria. Es el orden que no puede ser rechazado altivamente por mujer ni por hombre sin que recaigan sobre ellos las más tremendas consecuencias; el orden, por definición, al que el espíritu luciferino se opone y que intenta usurpar... por definición.

Hay sacrificios que funcionan (son aceptados), mientras que otros, claramente, no funcionan y son rechazados. Ese es uno de los hechos inalienables de la vida. Y motivo tanto de mucha celebración y regocijo como de una amargura abismal y eterna. Si este es el hecho fundamental, entonces la pregunta fundamental del ser —la moral fundamental, más que la pregunta factual— bien podría ser: ¿qué o cómo debemos ofrecer, o sacrificar, a Dios, para resolver el problema de lo que es aceptable para Dios, el problema de lo que tiene probabilidades de tener éxito, en el más elevado de los sentidos posibles? ¿Cuál fue la respuesta planteada por los autores antiguos? Lo mejor que tengas..., o que el cielo te ayude; o, de manera aún más cruda: «Si ofreces lo que tienes en tu interior, eso que ofrezcas te salvará. Si no ofreces lo que tienes en tu interior, lo que no ofrezcas te destruirá».[68] Es con el establecimiento de esta relación entre talento, oportunidad y responsabilidad como Dios se asegura el mantenimiento del equilibrio eterno de la justicia. Ese es el sentido de esa advertencia análoga que dice: «Porque a todo aquel a quien se haya dado mucho, mucho se le demandará» (Lucas 12:48). El nivel de sacrificio exigido por lo divino es proporcional al grado de privilegio concedido al afortunado o denegado al desgraciado, por más que resulte aparentemente arbitrario.

Así pues, el gran pecado arquetípico de Caín se entiende mejor si se considera que se queda algo para sí, que oculta «bajo una vasija» la luz que le ha entregado Dios, que lo coloca «oculto» (Lucas 11:33), que no llega a ofrecer lo mejor que tiene. Y eso no es bueno por lo que respecta a Dios (no es aceptable para

Dios), pero tampoco es aceptable ni bueno para Caín y resulta que tampoco lo es para Abel, para los descendientes de Caín ni para la raza humana en su totalidad, en tanto en cuanto quienes la conforman están tentados por el mismo espíritu que llamó a la puerta del hermano asesino. Caín se enfurece no solo porque se ha quedado para sí lo mejor que tiene y ha indignado a lo divino, sino porque, a partir de ahí, al hacerlo, prescinde de lo mejor que hay en su vida. El ritual sacrificial —una ofrenda quemada, en este caso— es el intento de mostrar evidencias sobre la calidad de esa ofrenda y, a un nivel más profundo, la intención de ascender por la jerarquía de valor (el árbol cósmico, por así decirlo) hasta el lugar «celestial» más elevado posible. El fracaso de Caín a la hora de hacerlo bien significa que se priva a sí mismo de lo que podría ser la verdadera aventura romántica de su vida, la aventura que podría justificar su misma vida y proporcionarle la importancia que constituye el antídoto más eficaz contra la amargura nihilista y la rebelión resentida. No es solo, en absoluto, esa falta de las estructuras sociales del éxito (que no tiene disponibles a causa de su falta de verdadero esfuerzo) lo que llena de amargura al hermano hostil de Abel. Es la ausencia de sentido en su vida, consecuencia de ese retener arrogante, engañoso y perezoso.

¿Cuál es, entonces, la enseñanza moral de la historia? ¿Cuál es su sentido, o su meta? La insistencia en que una vida más abundante exige un compromiso completo y total, con cada mirada, con cada palabra, con cada acción. A la luz de las abrumadoras dificultades y oportunidades de la vida, se nos pide que ofrezcamos nada menos que todo lo que tenemos, absolutamente: todo (por conceptualizarlo más adecuadamente) lo que se nos ha dado y por lo que debemos sentirnos agradecidos (y no, pongamos por caso, «orgullosos»). Caín y Abel representan ese patrón en la manera concreta de realizar sus ofrendas materiales. En puntos posteriores del relato bíblico y en las profundidades de un alma cada vez más sofisticada y autorreflexiva, la esencia de un sacrificio se convierte en su intención, más que en su realidad concreta; se convierte en la ofrenda psicológica o meta más que en la cosa material ofrecida; pero la semilla de esa concepción más sofisticada ya aparece sembrada en la historia de Caín y Abel: apunta hacia las alturas y ofrece todo lo que tengas.

3.7. Humildad y fe contrapuestas a orgullo, desesperación e ira vengativa

¿Qué significa que «te vaya bien» o que no «te vaya bien»? ¿Tener «éxito» o «fracasar»? Las personas que formularon y reformularon las historias bíblicas en un intento de responder a esas cuestiones existenciales perennes eran tan inteligentes y tan sabias como lo somos nosotros en la actualidad (o quizá más, dadas las dificultades extremas de su existencia y las exigencias morales que dichas dificultades les planteaban). Intentaban entender algo, orientar su atención de manera prioritaria según esa comprensión y, en consecuencia, apuntar en la dirección adecuada. Intentaban determinar de qué manera actuar a fin de negociar —formalizar un contrato, un acuerdo, una alianza— con el espíritu central del Ser mismo y salir victoriosos. Asimismo, intentaron trazar una imagen del camino desviado, alejado de la victoria, tendente al fracaso, y lo hicieron mediante el contraste, para que pudiera evitarse la unión con el espíritu que tienta en ese camino. Todo el mundo ha necesitado siempre, y siempre va a necesitar y va a querer entender, de qué manera gestionar exactamente eso: escoger y recorrer el camino recto y evitar los peores desvíos y obstáculos. Y esa es precisamente la guía que proporcionan la llamada y la conciencia, que son las principales mensajeras gemelas de Dios.

Se trata de algo que, de manera prosaica y reduccionista, puede entenderse como el intento de equilibrar las exigencias (las necesidades y las ganas) del presente —que aparecen como deseo inmediato— con la realidad más abstracta, pero también vital, del futuro. Esto significa: «No hagas nada hoy, dejándote llevar por tu impulso, que pueda poner en peligro el mañana (la semana, el mes o el año próximos)». Dicho de otro modo, aunque en realidad no hay diferencia entre ambas cosas: «No pongas en peligro tus relaciones sociales (dado que estás en franca minoría) dando prioridad a las necesidades del momento». Pero ese reduccionismo conduce a una comprensión incompleta y simplificada en exceso de ese «equilibrio». La alianza no es meramente una negociación entre presente y futuro, entre individuo y comunidad, sino un contrato que asegura una relación entre individuo y comunidad y *el espíritu de lo individual y de la comunidad*. Hasta ahora, ese espíritu ha sido conceptualizado en el relato como el proceso que establece orden en su combate con la posibilidad; el padre celestial que establece el orden moral prohíbe su alteración y castiga el desvío del camino recto y estrecho, el blanco apropiado del sacrificio y el juez de su calidad. No hablamos meramente del orden mismo —Dios Padre, podría decirse—, aunque también sea eso. Es, asimismo, el patrón de confrontación activa con lo desconocido del que depende incluso el Padre y que, en cierto sentido, es. Estas no son llamadas a una superstición infantil. Sí son definiciones (caracterizaciones) del espíritu del *arriba* último. Son definiciones de Dios. Son intentos de establecer el axioma de la unidad última como cimiento de lo real, como aquello que mantiene eternamente a raya el temor, el dolor y la muerte, que da sentido y propósito y que inspira esperanza.

Los sacrificios de Abel se reciben con elogios, mientras que los de Caín no. Este no llega a nada en la vida no porque Dios o el mundo sean arbitrarios, sino porque sus sacrificios resultan insuficientes. Se trata de una insistencia que recuerda a la prohibición divina contra el consumo de la fruta del árbol del conocimiento del bien y del mal; la insistencia en que existe un orden moral implícito, el baño de la totalidad del ser y del devenir en el espíritu creativo que es su originador y tu continuador. No corresponde al hombre ni a la mujer usurpar el derecho a crear ese orden moral ni intentar esquivar sus restricciones con orgullo ni de cualquier otra manera maquiavélica o manipuladora. Sí estamos hechos, en cambio, por así decirlo, para respetar y ser reflejo de ese orden —para adaptarnos a él, para interpretar los signos de fracaso no como insuficiencias del cosmos ni de su Creador, sino como pruebas de una insuficiencia personal—, para esforzarnos por ofrecer solo lo mejor y, si no es lo bastante bueno, para buscar algo que lo sea aún más.

Caín rechaza todo eso —toda esa responsabilidad personal— y, en cambio, intenta modelar el mundo entero a imagen de su incapacidad. Al no conseguirlo, pues no podría ser de otro modo, invita al espíritu de la amargura a morar en él, en lugar de poner su casa en orden. Y al hacerlo, rechaza incluso el consejo de Dios, que cuando Caín acude a Él afirma, de manera nada ambigua (más bien todo lo contrario) que su hijo extraviado podría aún ser aceptado si lo hiciera bien y que su amargura y su resentimiento son consecuencias de su coqueteo voluntario con el pecado. Así pues, en vez de cambiar, tal como sugiere Dios —una manifestación muy temprana de la idea de la voz interior de la conciencia—, Caín mata a su hermano y, al hacerlo, se revuelve contra el ser y el devenir mismos; y, lo que aún es más profundo, contra el propio Dios, en cuanto creador de ese ser. En lugar de asumir las consecuencias, agradecido, Caín se convierte en asesino y en algo más: en deicida. Mata a Abel, por supuesto, pero en último término lo hace para vengarse de Dios. Se trata de la verdadera descripción de la mayor amargura y del mayor odio posibles. El hombre amargado de semblante decaído hace lo que hace con el mismo espíritu que posee a Adán cuando con gran resentimiento carga a la mujer y a Dios la responsabilidad de su propia caída y su posterior huida cobarde; con el mismo espíritu que la esposa de Job pide que este adopte cuando las maquinaciones de Satanás lo hacen caer abajo y lo pierde todo: riqueza, salud, dignidad y compañerismo. «¡Maldice a Dios y muérete!», le dice (Job 2:9), y quizá, incluso, se esté mostrando compasiva, pues observa la desgracia absoluta y aparentemente inmerecida de su esposo.

El Abel cuyo éxito ofende tan profundamente es, después de todo, el hijo predilecto de Dios. Su asesinato es, por tanto, la venganza última contra ese Padre que, en teoría, favorece injustamente. No hace falta que el lector sea especialmente perspicaz para que vea en ese asesinato no solo de la inocencia, sino también de lo claramente bueno, al precursor del sino de Cristo. Caín se ve tentado por el espíritu mismo del pecado —igual que lo fueron sus padres en el jardín del Edén, aunque de forma algo diferente—. Él recibe al tentador con los brazos abiertos y a partir de ahí trabaja diligente con esa esencia del temor para crear la venganza más terrible de todas las que se pueden concebir. Visto así, merece la pena tener en cuenta el siguiente hecho puro y duro: no hay escasez de ateos modernos que, a pesar de su incredulidad —como Caín, y a diferencia de Abel y de Job—, se mantienen totalmente dispuestos a blandir sus puños contra Dios.[69] Afirman hacerlo en nombre de las víctimas del mundo, entre las que se incluyen. Es posible incluso que crean que es así, a pesar de que alguien verdaderamente perspicaz y sensato se mostraría muy escéptico respecto a la validez de dicha atribución. Con todo, en esa afirmación acecha una espantosa oscuridad inconsciente. El asesino Raskólnikov, protagonista de la obra maestra *Crimen y castigo*, obra del gran novelista ruso Fiódor Dostoievski, se imagina a sí mismo, claramente, como salvador heroico de los oprimidos y los pobres, además de osado transgresor de las normas y los ideales más fundamentales del mundo.

No se necesita una gran capacidad de introspección (sobre todo, en relación con la amargura) para entender a Caín. No hay hombre ni mujer en el mundo que en algún momento no se hayan sentido invadidos por la envidia, el resentimiento ante el fracaso, y no hayan deseado el mal a quienes comparativamente tienen más éxito (para los horriblemente ideales). Es muy difícil no maldecir a Dios, por así decirlo, cuando todo a nuestro alrededor se desmorona, sobre todo cuando la justicia de esa desintegración parece cuestionable, que es lo que tantas veces parece.

CAÍN, ABEL Y EL SACRIFICIO

Caín falla. Y entonces se muestra lo bastante engreído, cínico y amargado como para elevar la cuestión al propio Dios. Por decirlo finamente, se trata de una decisión descabellada, un verdadero signo de arrogancia, resentimiento y engaño. Dios —sea lo que sea o quien sea— queda, por definición, fuera del alcance del juicio humano, tal como le recuerda Job mucho más adelante en el corpus bíblico:

> ¿Pescarás tú al Leviatán con un anzuelo o sujetándole la lengua con una cuerda? ¿Le pondrás una soga en las narices? ¿Perforarás con un garfio su quijada? ¿Multiplicará ruegos él delante de ti? ¿Te hablará con palabras lisonjeras? ¿Hará un pacto contigo para que lo tomes por esclavo para siempre? ¿Jugarás con él como con un pájaro? ¿Lo atarás para tus niñas? ¿Harán banquete con él los compañeros? ¿Lo repartirán entre los mercaderes? ¿Cortarás tú con cuchillo su piel, o con arpón de pescadores su cabeza? Pon tu mano sobre él: recordarás luego la lucha y no volverás a hacerlo. En cuanto a él, toda esperanza queda burlada, porque aun a su sola vista la gente se desmaya. Y nadie hay tan osado que lo despierte; ¿quién podrá permanecer delante de mí?
>
> Job 41:1-10

> Menosprecia toda arrogancia y es rey sobre toda otra fiera.
>
> Job 41:34

Dios es el que derrota eternamente incluso al mismísimo Leviatán, enfrentándose y venciendo el caos, el inframundo y la posibilidad representada nada menos que por el terrible dragón, fuente de los mayores tesoros del mundo. Por tanto, no puede jugarse con él, *sea cual sea la justificación*.

El hombre, sencillamente, no está en posición de cuestionar el orden fundamental de la realidad; no a sus niveles más profundos. Hacerlo es rebelión y no de tipo heroico, por más que se disfrace o se justifique. Hacerlo es pecado de orgullo; es la insistencia de que la fruta prohibida es comestible y que ingerirla otorga sabiduría; es el orgullo mismo que no solo precede a la caída, sino que es su esencia misma. No conseguir emular ni regirse por el orden moral del espíritu creativo del ser y del devenir, como si eso fuera algo bueno, no es distinto a no conseguir adaptarse a la realidad más profunda o, por decirlo más adecuadamente, es un rechazo terco, resentido y orgulloso a hacerlo, que es la forma más descarada, profunda y contraproducente de fracaso. Es, ciertamente, un fracaso de la fe, de la que depende eterna y necesariamente la vida misma y mucho más aún la vida más abundante. Así pues, es la exigencia moral más profunda considerar que la vida y Dios son buenos, pase lo que pase. Pase lo que pase. Se trata de una verdad terrible. No hay circunstancias por las que no hacerlo así pueda redefinirse como un éxito, ni siquiera cuando (como en el caso tanto de Job, que sufrió tan largamente, como en el del propio Cristo) la decisión de renunciar a vivir o de sucumbir a la ira homicida o incluso genocida podría resultar comprensible para el espectador compasivo y demasiado humano. Es mucho mejor, incluso en condiciones de sufrimiento extremo y aparentemente injusto, que nos reafirmemos en nuestro compromiso con una vida más abundante y llevemos a cabo los cambios necesarios para soportar nuestra horrible cruz. Se trata de una verdad espantosa, dado todo lo que los seres humanos, de manera inevitable, tienen que soportar. Pero en todo caso la promesa última de la alianza es que el espíritu de Dios, reflejado en esa aceptación tan radical, resiste con nosotros en nuestro sufrimiento y confrontación con el mal. ¿Y qué puede resistir el hombre que tiene realmente a Dios de su lado?

A diferencia de Caín, Job es lo bastante sensato como para callarse ante el recordatorio divino de su inefable misterio y su soberanía omnisciente, omnipresente y omnipotente. Se da cuenta, adecuada y pragmáticamente (dado que la terquedad y la amargura no hacen sino empeorar el sufrimiento), de que, como criatura mortal, no se halla en posición de emitir juicios sobre lo adecuado no solo del ser, sino del Creador mismo o condición previa de ese ser. Así pues, en su desgracia, Job responde contrito a Dios de una manera opuesta a la de Caín:

> Yo reconozco que todo lo puedes y que no hay pensamiento que te sea oculto. ¿Quién es el que, falto de entendimiento, oscurece el consejo? Así hablaba yo y nada entendía; eran cosas demasiado maravillosas para mí, que yo no comprendía. Escucha, te ruego, y hablaré. Te preguntaré y tú me enseñarás. De oídas te conocía, mas ahora mis ojos te ven. Por eso me aborrezco y me arrepiento en polvo y ceniza.
>
> Job 42:2-6

Aunque la naturaleza de los pecados de Job, sean los que sean, no le resulta evidente (aunque, en cierto sentido fundamental, sea inocente), no cae presa de la tentación del orgullo. Lo que él hace es buscar en su conciencia sus propios fallos y se arrepiente tan completamente como le es posible. C. G. Jung sugirió, en afirmación célebre y controvertida, que esa decisión colocó a Job en una posición de superioridad moral con respecto a Dios mismo,[70] pues YHWH [Yavé] sometió a Job a la prueba última, enviándole tragedia tras tragedia, a instigación nada menos que de Satanás, su hijo más extraviado e incomprensible, y fue ese desequilibrio en el orden moral lo que instigó la pasión.[71] Después de todo, en el texto no se indica que Job, a diferencia de Caín, haya hecho nada para merecer su espantoso destino; todo lo contrario, pues la bondad de Job la atestigua Dios mismo (Job 8).

Aun así, Dios, por así decirlo, somete a su hijo fiel a una prueba severa, se lo entrega a Satanás para que este lo torture, apostando con el diablo que Job no perderá la fe. Se trata de una decisión que, cuando menos, parece profundamente injusta, como poco. ¿Cómo hay que entender entonces esta terrible historia, existencialmente, si no teológicamente? En primer lugar: no hay duda de que los inocentes sufren y a menudo más que los culpables, que al menos se ven aliviados, en el sentido más profundo, por el hecho de su castigo, tal como Dostoievski tanto se esforzó en establecer en el caso de Raskólnikov, una vez más en *Crimen y castigo*. El hecho de ese sufrimiento inmerecido es una de las verdades existenciales que hacen que la vida parezca, si no del todo insoportable, al menos sí injustificable. Su realidad es tan profunda que es el tema central de la encarnación de Cristo. En segundo lugar: ocurre que, al menos discutiblemente, el Dios interior puede ser invocado para defendernos contra el Dios exterior (por así decirlo), en contra de los caprichos del destino.

Todos los horrores de la vida —destrucción de la familia, enfermedad, desfiguración, acusaciones y juicios sociales injustificados— recaen en cascada sobre Job, que a pesar de todo se niega a perder la fe y a sucumbir a (o a coquetear con, para ser más exactos) la amargura, el resentimiento y el nihilismo. Él se niega a seguir el camino de Caín y mantiene su fe en sí mismo, en la vida y en Dios, y es recompensado, en último término, con la recepción de algo más completo y de calidad superior que lo que ha perdido. Por último, quizá: Job tiene fe en sí mismo y en Dios, pero Dios también tiene fe en Job y en el hombre en general. Él es el espíritu paternal que insiste en que podemos triunfar ante la adversidad, por más profundo que sea el desafío. Él es, por tanto, el espíritu del ánimo que se manifiesta en los consejos de nuestros padres y de nuestras madres más valientes cuando dicen: «Sal, intérnate en el mundo con todos sus retos y oportunidades y vence; aprende a enfrentarte a las serpientes en vez de ocultarte de ellas o de rehuirlas». ¿Por qué Dios habría de arrojar a Job, o a cualquiera de nosotros, al ring, y más con el propio demonio? Porque Él confía en nuestra victoria. ¿Quién es Dios, entonces? Nuestro espíritu interior, que confía eternamente en nuestra victoria. Ese es otro indicio de lo que ha de ser puesto, correcta y necesariamente, en el lugar más elevado; otra caracterización de la unidad última: otra definición de Dios.

No hay duda de que, a lo largo de nuestra vida, experimentaremos encuentros de la suficiente magnitud y aparente injusti-

CAÍN, ABEL Y EL SACRIFICIO

cia como para que la amargura y el cinismo parezcan poco más que los compañeros necesarios y alegres del deseo de justicia. ¿Quién, entre nosotros, no se ha sentido tentado o no se sentirá tentado de gritar de frustración, rabia o desesperación, clamando al cielo; de maldecir al destino mismo por la espantosa carga que la existencia ha puesto sobre nosotros; de no solo perder la fe, sino de ver esa misma pérdida como nada menos que algo moralmente inevitable, incluso un requisito (en reacción a las evidencias tan obvias, a los terribles hechos que se presentan)? Pero nada de todo eso sirve de ayuda. Lo único que consigue esa ausencia de fe amarga, si bien al parecer justificada e imprescindible, es transformar lo que de otro modo podría ser una mera tragedia («mera») en algo que se parece mucho más al infierno. Cuando se nos convoca a sufrir la injusticia y la tragedia, ¿acaso nuestro sufrimiento no se ve multiplicado en gran medida por la aquiescencia con las lisonjas de la ira, la envidia, el resentimiento y las ansias de venganza? Así, a la serpiente que acecha eternamente en el jardín se la enfrenta mejor con un espíritu que es la antítesis del resentimiento y de la arrogancia, del orgullo herido, por más veneno que desprenda o haya inoculado. ¿No es ese el mejor camino que seguir en tiempos de verdaderos problemas? De ahí el énfasis en la humildad como virtud en el Antiguo y el Nuevo Testamento. Por poner dos ejemplos: «El temor de Jehová es enseñanza de sabiduría y a la honra precede la humildad» (Proverbios 15:33); «Porque el que se enaltece será humillado y el que se humilla será enaltecido» (Mateo 23:12).

Haciendo caso omiso de todo ello, rechazándolo, Caín inicia una unión creativa con el espíritu del pecado y se vuelve vengativo y asesino. Eso es lo que hace en vez de cambiar, en vez de llevar a cabo una metanoia transformadora; en vez de confesar, arrepentirse y decidirse a hacerlo mejor, incluso cuando lo convoca el mismísimo Dios. Ese rechazo es el verdadero pecado contra el Espíritu Santo que Cristo define como imperdonable (Mateo 12:31-32). Job asume un planteamiento diferente. Mantiene la fe —conserva su creencia en la bondad esencial tanto de sí mismo como, por tanto, del hombre, así como de Dios, a pesar de que sus circunstancias son tales que se ve empujado más allá de todo límite razonablemente humano—. Como consecuencia de esa resistencia en su meta ascendente y de la convicción de su fe, todo lo que ha perdido (todo lo que se le ha arrebatado tan injustamente) le es devuelto y con creces:

> Jehová bendijo el postrer estado de Job más que el primero, porque tuvo catorce mil ovejas, seis mil camellos, mil yuntas de bueyes y mil asnas. También tuvo siete hijos y tres hijas. A la primera le puso por nombre Jemima; a la segunda, Cesia, y a la tercera, Keren-hapuc. Y no había en toda la tierra mujeres tan hermosas como las hijas de Job, a las que su padre dio herencia entre sus hermanos. Después de esto vivió Job ciento cuarenta años y vio a sus hijos y a los hijos de sus hijos, hasta la cuarta generación. Job murió muy anciano, colmado de días.
>
> Job 42:12-17

Podría objetarse que los fines no justifican los medios. El hecho de que Dios eleve a Job a una altura superior a la que había alcanzado antes no significa que, de alguna manera mágica, sea aceptable que el Absoluto haya matado a sus hijos, destruido sus posesiones, puesto en peligro su salud y socavado su reputación: no, al menos, si aplicamos unos criterios humanos de evaluación. Pero en cierto sentido relevante, el mismísimo espíritu del ser y del devenir está y debe seguir estando eternamente más allá de esos criterios, entre otras cosas porque nos enfrentamos a la tarea de aceptar los caprichos de la existencia, por más extrema que sea la exigencia. ¿Por qué? Al menos porque la alternativa (el sometimiento paralizante al terror, la catastrófica pérdida de toda esperanza, el verse poseídos por la rabia, la obsesión vengativa y el descenso a los infiernos) es peor, inconcebiblemente peor. La insistencia de Job es que el ser humano que conserva una fe apropiada retiene su meta ascendente y su devoción, pase lo que pase. Son sin duda unas palabras temibles. Pero es esa insistencia la que permite a Job ponerse de nuevo en pie y volver a vencer, e incluso mejorar después del cataclismo. Dado lo inevitable del fracaso y de la catástrofe, y dada incluso la injusticia aparente del destino, ¿qué mejor noticia podría haber y más creíble que esa?

A algunos puede resultarles difícil, desde una posición meramente humana, perdonar a Dios, por así decirlo, por sus horribles pruebas y tribulaciones, merecidas e inmerecidas. No es de eso de lo que trata el relato de Caín y Abel ni el Libro de Job. Lo que sí se plantea es una propuesta: cuando suceden cosas terribles —cosas trágicas; cosas injustas—, la fe, la humildad y el coraje (por abundar en ello) constituyen a pesar de todo la mejor estrategia, el mejor camino. Es posible que ese camino no sea ni siquiera tan bueno, puede llegar a parecer el alma de la tristeza misma, sobre todo a corto plazo, pero aun así puede resultar mejor que la alternativa potencial, infinitamente terrible. Perder la fe en el espíritu del ser y el devenir no es una estrategia aconsejable, sino todo lo contrario.

Caín se convence de algo parecido a lo siguiente: «Aquí estoy, dejándome la piel con mi esfuerzo; intentando hacerlo lo mejor posible y aun así las cosas no me van nada bien. Y mira a Abel, que se pasea tan feliz y contento por la vida, que todo le es concedido, amado por todos... Dios le sonríe. ¿Cómo puede ser justo eso? ¿Acaso no es, no ya injusto, sino emblemático de un defecto profundo y fundamental de la existencia misma?». Pensando de ese modo —atreviéndose a pensar de ese modo—, el que no tardará en ser el hermano asesino increpa a Dios: «¿A qué te dedicas? ¿Qué clase de mundo has creado, un mundo en el que mi esfuerzo es inútil, mis sacrificios no se reconocen, estoy totalmente apartado mientras que Abel se lo pasa en grande con todos los que lo aman, en un campo acogedor y productivo de primavera, mujeres y flores». Y Dios, de inmediato, empeora una situación que ya era mala para su hijo descarriado y responde, como conciencia, en los términos más agrios imaginables, una vez más: «Si bien hicieres, ¿no serás enaltecido? Y si no hicieres bien, el pecado está a la puerta; con todo esto, a ti será su deseo, y tú te enseñorearás de él» (Génesis 4:7). El énfasis en el deseo es revelador, como lo es la imagen de la puerta, combinada con la necesidad de una invitación a entrar, la sumisión a la voluntad de Dios (como alternativa) y la insistencia en que el dominio de esa tentación es a la vez necesario y posible.

Dios, en la práctica, le dice a Caín: «El pecado acechaba junto a tu puerta, como un depredador sexualmente excitado, y tú lo has invitado a entrar, sabiendo muy bien que era pecado, y has dejado que se saliera con la suya». Dios le hace saber a Caín, y sin ambages, que la culpa está en el dominio humano, y es Dios mismo el que habla y no tanto algo o alguien que fácilmente puede desecharse, hecho que, claro está, potencia la devastación. El Señor, en la práctica, está diciendo: «El defecto en este punto no está en mí. Está en ti. Tú has permitido que algo horrible entre en tu alma y te has implicado en una relación pecaminosa con ello. Peor aún: lo has hecho por voluntad propia y lo sabes, y podrías haberlo hecho de otra manera... y lo sabes». ¿Cómo cabe entender esto? Imaginemos que estamos amargados, que somos cínicos, nihilistas y carecemos de fe porque no creemos que estemos obteniendo aquello que hemos negociado. Quizá tengamos nuestros motivos. ¿A qué empezamos a darle vueltas? ¿Qué empezamos a empollar? ¿A qué invitamos a que se apodere de nosotros? Todas ellas son variantes de la metáfora sexual: ¿cómo, entonces, nos vemos tentados a establecer una relación creativa con el mal? Por decirlo, una vez más, de la manera más coloquial y vulgar posible: ¿cuán jodidos estamos dispuestos a llegar a estar?

Caín desea fervientemente que Dios se responsabilice del dolor y de la decepción que recaen sobre la existencia humana. Dios lo reprende de una manera que supone exactamente todo lo contrario de lo que él más anhela oír. Así pues, la petición de Caín no solo es rechazada: Dios le echa la culpa a él. Esto hace que Caín esté más descontento aún y más vengativo. Es horrible que tus sacrificios sean rechazados y fracasar. Pero un nivel totalmente nuevo de desgracia existencial surge cuando aquello o aquel a quien estás acusando te informa de manera incontrovertible de que la culpa de tu fracaso y tu desgracia es plena y completamente tuya; que has empeorado las cosas muchísimo más de lo necesario al negarte a hacer incluso lo que sabes que está bien. Se trata de un juicio condenatorio en grado sumo y a Caín no puede llegarle en peor momento. Eso es, típicamente, lo que ocurre en el caso de los juicios más condenatorios.

3.8. Fratricida y peor que fratricida

Después de una conversación de este tipo —después de que Dios mismo haya hecho saber que el infierno que ahora ocupa Caín le ha llegado por las propias faltas personales de este, por sus ofensas y su ánimo de venganza—, una persona sensible se esfumaría, meditaría y se arrepentiría, independientemente del hecho de que regresar de un lugar tan abismal como ese sería algo a la vez difícil e improbable. Pero lo que hace Caín, de manera algo previsible, dado el lado oscuro de la naturaleza humana, es obstinarse en su presuntuosidad y su orgullo, instalarse en su ira totalmente autojustificada y matar a Abel: «Y habló Caín a su hermano Abel: y aconteció que estando ellos en el campo, Caín se levantó contra su hermano Abel y lo mató» (Génesis 4:8; Reina Valera Antigua). Es más, lo hace después de mentirle a su buen y muy admirado hermano de la manera más manipuladora e irónica posible: después de invitarlo a cooperar en los mismos trabajos para el sacrificio respecto al cual sus caminos han divergido y han surgido diferencias, según otras traducciones de ese mismo versículo: «Y dijo Caín a su hermano Abel: "Salgamos al campo". Y aconteció que estando ellos en el campo, Caín se levantó contra su hermano Abel y lo mató» (Reina Valera, 1960). Peor aún: Caín lo hace después de haber mantenido su reciente conversación con Dios, lo que implica una traición posterior a compartir algo profundamente privado y doloroso y, por tanto, establecer un vínculo de confianza: «Un día, Caín invitó a su hermano Abel a dar un paseo» (Dios Habla Hoy); «Caín habló con su hermano Abel» [de lo que Dios le había dicho] (Nueva Versión Internacional); «Caín dijo a su hermano Abel: "Vamos al campo"» (Conferencia Episcopal Española). Resulta difícil concebir otra estrategia más falsa y manipuladora.

Caín destruye al favorito de Dios, al ideal de Dios, para vengarse de ese ideal favorecido y, al mismo tiempo, de Dios. Pero al hacerlo, el hermano asesino también destruye su propio ideal, porque lo que más desea Caín es ser Abel. Esa carencia de Caín de lo que Abel tiene y de lo que es ha constituido la fuente más profunda de su tormento. Así pues, cuando mata a su hermano, Caín destruye todo lo que lo mantiene entero; todo lo que lo protege de la desesperación; todo lo que le ofrece guía y esperanza cuando está perdido; todo lo que le permite avanzar, elevarse hacia la eterna tierra prometida. Hay un orden moral. Cuidado con las consecuencias inesperadas cuando este es violado.

El hermano homicida comete, en un sentido muy real, el pecado imperdonable, acabando con toda posibilidad de seguir relacionándose con Dios. De ciertas tierras oscuras no existe esperanza de regreso:

> Si pecamos voluntariamente después de haber recibido el conocimiento de la verdad, ya no queda más sacrificio por los pecados, sino una horrenda expectación de juicio y de hervor de fuego que ha de devorar a los adversarios. El que viola la ley de Moisés, por el testimonio de dos o de tres testigos, muere irremisiblemente. ¿Cuánto mayor castigo pensáis que merecerá el que pisotee al Hijo de Dios y tenga por inmunda la sangre del pacto en la cual fue santificado y ofenda al Espíritu de gracia?

Hebreos 10:26-29

Así como Abel es un precursor, un anunciador, un «tipo»[72] de Cristo, y Caín es lo mismo en relación con Satanás, el paralelismo entre el pecado de Caín y el pecado contra el Espíritu Santo (Mateo 12:31-32) es pertinente. En consecuencia, Dios le dice a Caín:

> Ahora, pues, maldito seas de la tierra, que abrió su boca para recibir de tu mano la sangre de tu hermano. Cuando labres la tierra, no te volverá a dar sus frutos; errante y extranjero serás en ella.
>
> Génesis 4:11-12

Nada de aquello en lo que trabaje a partir de ahora el hermano condenado saldrá bien. Vagará y se ocultará eternamente. Ese es el destino del individuo que asesina sus aspiraciones más elevadas: la forma última, quizá, de ocultar la luz bajo la vasija proverbial (Mateo 5:15). Caín comprende que está perdido y lo comprende con la misma certeza con la que sabe que ha cometido una falta después de su último diálogo con Dios. Así pues, grita desde las profundidades del abismo. «Grande es mi culpa para ser soportada. Hoy me echas de la tierra y habré de esconderme de tu presencia, errante y extranjero en la tierra; y sucederá que cualquiera que me encuentre me matará» (Génesis 4:13-14). Una vez más, esto recuerda al Raskólnikov de Dostoievski, que tras su crimen espantoso —e hipotéticamente exitoso y justificado— se siente tan enajenado de todo lo que de manera inconsciente había dado por sentado que el castigo le llega nada menos que como un alivio.

¿Quién puede vivir después de destruir su ideal? ¿Después de destruir ese ideal en un acto de rencor profundamente premeditado? ¿Quién puede vivir después de destruir su ideal cuando sabe muy bien que la culpa, incuestionablemente, es suya? ¿Quién puede vivir después de destruir finalmente toda conexión con lo trascendente y lo absoluto? ¿Y por qué es Caín un vagabundo en la tierra de Nod (que significa «tierra de los errantes»)? Porque todos los que se modelan a sí mismos a partir de Caín se alejan de todo el mundo: engañan, hacen trampas y no ofrecen lo mejor que tienen. La gente que los rodea se da cuenta enseguida y decide no tener más relación con ellos. Así pues, los amargados y los que voluntariamente son de segunda categoría deben buscar nuevos territorios que saquear, nuevos inquilinos a los que parasitar, nuevos inocentes a los que corromper. Además, en inglés, coloquialmente (gracias al poeta Robert Louis Stevenson),[73] visitar la tierra de Nod significa ponerse a dormir. Es decir, estar, permanecer o volverse inconsciente, así como Caín es inconsciente (así como lo son aquellos que ocultan sus luces) al no querer despertar a la realidad de su verdadera naturaleza y su obligación con Dios.

Y eso es solo el principio del infierno que sigue, que se retuerce en una espiral, que se multiplica. Los hijos de Caín, y los hijos de estos, siguen los lúgubres pasos de su padre y les va aún peor. Lamec, descendiente de quinta generación de Caín, mata a un hombre por haberlo herido a él (Génesis 4:23), y profetiza a los cuatro vientos que quien se atreva a matarlo será vengado no las siete veces que habría sufrido cualquiera que se atreviera a matar a Caín (Génesis 4:15), sino setenta y siete veces (Génesis 4:24). Como se subraya en la Cambridge Bible for Schools and Colleges:[74]

> La primera nota de la guerra suena en este feroz júbilo por un hecho que ha excedido los límites de la autodefensa y ha pasado a la región de la enemistad de sangre. La posesión de nuevas armas y el ansia de venganza se registran aquí como los elementos típicos del espíritu de guerra. «Aunque, técnicamente, la ley de la venganza se cumplió con una vida por vida», en la práctica, la venganza de la sangre a menudo se llevó al extremo con una ferocidad despiadada. Por una vida muchos fueron arrebatados, el asesino y sus parientes juntos.[75]

La historia empeora aún más a partir de ahí, demostrando, de nuevo, que el infierno es, de verdad, un abismo sin fondo; demostrando que, por mal que se pongan las cosas, siempre hay algo que puede hacerse para empeorar lo que ya es una situación espantosa. Los descendientes de Caín, que cargan con el espíritu de su pecado, degeneran de manera acelerada en asesinos, tendencia que culmina, quizá, con las obras de Tubalcaín, «artífice de toda obra de bronce y de hierro» (Génesis 4:22) y, junto con sus hermanos, Jabal y Jubal, los primeros fabricantes de armas de guerra.

Juntos, «enseñaron a los hombres a crear armas de latón y de hierro, y a usar la armadura, e introdujeron la guerra en el mundo. Y cuando habían hecho aquellas cosas, guerrearon los unos contra los otros y la multitud de armas se encaminaron al momento a probar sus inventos».[76]

Este es un resumen del camino que conduce no solo a la corrupción del alma, sino a la degeneración del Estado mismo, así como de la tecnología de la que, hipotéticamente, depende el Estado y a la que sin duda recurre. En primer lugar, el individuo no acierta a hacer los sacrificios adecuados. En segundo lugar, miente al respecto de manera egoísta. En tercer lugar, alimenta su resentimiento alejándose de lo divino a propósito, convirtiéndose con el tiempo en un engreído que colabora con el espíritu del pecado. Después destruye su propio ideal para exterminar al juez terrible y para infligir venganza sobre el espíritu del orden cósmico. Entonces, sus descendientes diseminan el patrón de destrucción por toda la sociedad hasta que el último hombre y la última mujer están irremisiblemente corrompidos; y todo ello deriva del primer fracaso, el de no trabajar de manera honesta y agradecida, al tiempo que se recurre al culto inapropiado a la habilidad tecnológica. Y entonces, todo, absolutamente todo, se hunde en la catástrofe. No es casualidad, para nada, que las historias enlazadas de cataclismos, la de la inundación y la del desmoronamiento de la torre del Estado presuntuoso, autoritario y sin fe, sigan al espantoso relato de los hermanos hostiles. La mirada certera que organizó la secuencia exactamente así envía una señal profunda, incluso milagrosa, del genio del inconsciente colectivo o de la mano divina que escribió y compendió el texto.

Dios intenta impedir ese descenso en espiral al abismo. Marca a Caín para evitar que surja un patrón de venganza continua y expansiva y de destrucción mutua. ¿Por qué lo hace? El significado de esa marca lo desarrolla H. D. M. Spence-Jones en su obra *Comentario bíblico del púlpito*, que trata de la Biblia:

1. Para demostrar que «mía es la venganza, yo pagaré, dice el Señor».
2. Para demostrar las riquezas de la clemencia divina a los hombres pecadores.
3. Para que sirva de advertencia contra el crimen del asesinato. Al respecto, seguramente, aparece una referencia en la frase final: «Entonces Jehová puso señal en Caín, para que no lo matara cualquiera que lo encontrase». Los comentaristas se muestran divididos sobre si se trataba de una marca o señal visible para reprimir a los vengadores (los rabinos, Lutero, Calvino, Piscator, etcétera) o un refuerzo interno para que el propio Caín supiera que no debía ser destruido (Aben Ezra, Dathe, Rosenmüller, Gesenius, Tuch, Kalisch, Delitzsch).[77]

«No os venguéis vosotros mismos, amados míos, sino dejad lugar a la ira de Dios, porque escrito está: "Mía es la venganza, yo pagaré, dice el Señor"» (Romanos 12:19). ¿Por qué ese «está escrito»? ¿Por qué es necesaria esa transferencia de responsabilidad de la venganza, incluso, quizá, de la justicia? Porque una sociedad civilizada debe establecer un lapso de tiempo entre la revelación de un crimen y la identificación de su autor, por una parte, y la reacción a ese crimen: en primer lugar, para alejar de la víctima, o de la familia de esta, la terrible carga de la venganza, y en segundo lugar, para proteger a la sociedad de las consecuencia de buscar venganza. La sed de justicia exige que el culpable no quede sin castigo («la voz de la sangre de tu hermano clama a mí desde la tierra» [Génesis 4:10]), pero resulta muy difícil distinguir esa sed del deseo de venganza, que puede convertirse en una fuerza devoradora, tanto psicológica como socialmente. Sin duda, podría defenderse que aquella (la sed de justicia) es, de hecho, una expresión de desarrollo posterior y más sofisticada o equilibrada del impulso de venganza y que exige precisamente un lapso de tiempo antes de reaccionar, así como la intercesión de un agente exterior y comparativamente desapasionado para que pueda tenerse en cuenta todo lo relevante antes de dictar sentencia.

Así, puede considerarse que el pecado de Caín inaugura el patrón del ojo por ojo, de la reacción que culmina primero en una reyerta familiar que puede prolongarse durante generaciones y que bien puede constituir el patrón de una guerra más o menos continua que, potencialmente, caracteriza la norma en nuestro pasado ancestral.[78] ¿Por qué hemos tardado tantos centenares de miles de años en avanzar hacia una cooperación compleja y una paz productiva, a pesar de haber alcanzado nuestra identidad genética actual hace ya tanto tiempo?[79] ¿No fue, al menos en parte, porque nos ensimismamos en círculos estériles de una venganza que nos reforzaba a nosotros mismos?[80] Eso no es todo, claro está: resulta difícil para la fuerza que permite y justifica el robo a los productivos ser reemplazada por un contrato social realmente productivo, o alianza, pero sin duda no conseguir hacerlo fue uno de los principales factores que contribuyeron al empobrecimiento y a la brutalización de la existencia humana y sigue siéndolo hoy. Una sociedad desconfiada nunca será una sociedad abundante ni pacífica. La amenaza siempre presente de los asesinatos de honor es un freno importante a la confianza, aunque la tendencia en esa dirección pueda verse como una mejora moral con respecto a la mera debilidad de aceptar las cosas sin rechistar y arredrarse. Es más, y como consecuencia de ello, la tendencia hacia ese «honor» es profunda y apriorística; estaba ahí al principio; estaba ahí relacionada con un instinto inmaduro pero poderoso (aunque no la cobardía abyecta, por abundar en ello) y no es algo que pueda someterse fácilmente o, mejor aún, trascenderse.

Si nosotros o alguien cercano a nosotros es lastimado por otra persona (sobre todo si existe un elemento de malevolencia o ceguera voluntaria imperdonable, una indiferencia ante la agresión), la tendencia a la represalia aparece, tentadora, disfrazada de necesidad moral. «Si yo fuera una persona buena, honorable, valiente —un buen defensor de mi familia y mi territorio—, tendría el deber de tomar medidas para causar estragos en la persona que ha perpetrado semejante atrocidad» (y, sin duda, hay mucho que decir a favor de esta afirmación). Pero emprender ese camino resulta peligroso. En primer lugar, a nivel psicológico, ese impulso de venganza no tarda en convertirse en algo indistinguible del orgullo. Los padres que matan a sus propias hijas cuando estas son violadas, por ejemplo, no lo hacen sino por orgullo: su orgullo, de hecho («su honor»), es precisamente lo que queda mancillado con esa transgresión.[81] No se trata de deseo de justicia, ni siquiera de venganza. Es arrogancia presuntuosa, que además es capaz de desestabilizarlo todo y que está dispuesta a hacerlo.

Las sociedades civilizadas, con su monopolio sobre el poder, se arrogan a sí mismas la balanza y la espada de la justicia. Al hacerlo, retiran la carga moral de los receptores de la criminalidad y la malevolencia, lo que permite a estos regresar a sus vidas, libres de las exigencias de un castigo justo, y a la vez protege a la sociedad del peligro perversamente respetable del código de honor:

> Durante el tiempo en que los hombres viven sin un poder común que los atemorice a todos, se hallan en la condición o estado que se denomina guerra; una guerra tal que es la de todos contra todos [...]. En una situación semejante no existe oportunidad para la industria, ya que su fruto es incierto; por consiguiente, no hay cultivo de la tierra, ni navegación, ni uso de los artículos que

pueden ser importados por mar, ni construcciones confortables, ni instrumentos para mover y remover las cosas que requieren mucha fuerza, ni conocimiento de la faz de la tierra, ni cómputo del tiempo, ni artes, ni letras, ni sociedad; y, lo que es peor de todo, existen el continuo temor y el peligro de muerte violenta; y la vida del hombre es solitaria, pobre, tosca, embrutecida y breve.[82]

En un Estado civilizado (un Estado que permite la socialización sofisticada y la integración psicológica; un Estado que permite una paz productiva, generosa y estable), ese Estado —o, a un nivel más profundo, la ley— se convierte en intermediario entre el criminal y la víctima. Podría decirse que lo hace como emisario de lo divino, en tanto en cuanto la voluntad divina puede materializarse en este mundo profano. Así pues, en consonancia con esto, la marca de Caín es la protección de Dios, el espíritu de la ley, como también podría decirse, ofrecida también al criminal para proteger no solo a este, sino a la víctima, en el sentido más profundo posible, y para proteger la estabilidad de la sociedad misma. Por ello, el derecho a la venganza queda correctamente reservado al espíritu trascendente de la unidad.

Una vez que Dios le pone la marca a Caín, este se va: «Salió, pues, Caín de delante de Jehová y habitó en tierra de Nod, al oriente de Edén» (Génesis 4:16). En todo caso, más concretamente, vive a tanta distancia de la gracia de Dios que su lugar de residencia no se diferencia del infierno. Así es como Milton describe la situación del propio Lucifer tras su caída en desgracia:

De una sola ojeada y atravesando con su mirada un espacio tan lejano como es dado a la penetración de los ángeles, vio aquel lugar triste, devastado y sombrío; aquel antro horrible y cercado, que ardía por todos lados como un gran horno. Aquellas llamas no despedían luz alguna; pero las tinieblas visibles servían tan solo para descubrir cuadros de horror, regiones de pesares, oscuridad dolorosa, en donde la paz y el reposo no pueden habitar jamás, en donde no penetra ni aun la esperanza, ¡la esperanza que dondequiera existe! Pero sí suplicios sin fin y un diluvio de fuego, alimentado por azufre, que arde sin consumirse. Tal es el sitio que la justicia eterna preparó para aquellos rebeldes, ordenando que estuviesen allí aprisionados en extrañas tinieblas y haciéndolo tres veces tan apartado de Dios y de la luz del cielo, cuanto lo está el centro de la creación del polo más elevado.[83]

En este punto, resulta de gran relevancia consignar un fragmento de *Comentario bíblico del púlpito*:

Y Caín salió de la presencia del Señor. No simplemente terminó su entrevista y se preparó para emigrar de la morada de su juventud (Kalisch); sino que, más exactamente, se retiró del vecindario de los querubines (ver Génesis 4:14). Y habitó en la tierra de Nod. La situación geográfica de Nod (¿Knobel, China?) no puede determinarse más allá de que estaba al este del Edén y su nombre, Nod o errante (ver Génesis 4:12; Génesis 4:14; Salmos 56:8), se derivó claramente de la vida fugitiva y vagabunda de Caín, «lo que demuestra, como Josefo bien conjetura, que Caín no fue modificado por su castigo, sino que se puso cada vez peor, dándose a sí mismo a la rapiña, el robo, la opresión, el engaño» (Willet).[84]

Salir «de delante de Jehová» es alcanzar una distancia tan espantosa como la que describe Milton cuando dice «tres veces tan apartado de Dios y de la luz del cielo cuanto lo está el centro de la creación del polo más elevado»; la misma terrible distancia que expone Dante en su «Infierno», en el que el ocupante último del pozo más profundo es el mismo Satanás. Se trata de un reflejo de la afirmación moral según la cual el mal es una consecuencia de la lejanía con respecto a Dios y no tanto algo en sí mismo y de sí mismo. C. G. Jung se oponía hasta cierto punto a esa caracterización e indicaba que con esa idea del mal se corre el riesgo de subestimar su naturaleza autónoma, su capacidad de poseer y la amenaza que plantea.[85] Así pues, él adoptó una visión más dualista, que tiene como ventaja la llamada a la seriedad que constituye la hipótesis de un espíritu activo y motivado del mal. La visión alternativa y cristiana más clásica (no se trata aquí de verter calumnias sobre Jung, cuya concentración en la centralidad del mal era más que pertinente, a tenor de los hechos acaecidos en la Segunda Guerra Mundial) también resulta de gran utilidad: la idea de que Dios es un centro en torno al cual gira todo el bien, el tronco mismo de los grandes árboles de la vida y el conocimiento moral, y de que el infierno aumenta en severidad proporcionalmente a los extremos de la existencia marginal, lejos de ese centro.

Ese estilo de vida de vagabundo —del nómada distanciado de la norma o el ideal social— es precisamente el que adoptan los delincuentes reincidentes, despiadados y a menudo sádicos conocidos modernamente como psicópatas,[86] esa pequeña minoría, incluso entre criminales, así como entre los que cometen los crímenes más frecuentes y a menudo peores.[87] «No apto para vivir en una sociedad decente»: no se trata de una consigna moral caduca, victoriana, sino de una muestra de sabiduría; los que se niegan a hacer los sacrificios adecuados y atacan a sus propios hermanos en acto de venganza resentida (sobre todo estos tienen un éxito merecido) también se ven condenados a vagar, pues sus hermanos, a su vez, descubren su propensión al engaño, la traición y la venganza, cortan todo vínculo con ellos y los obligan a irse al encuentro de víctimas nuevas, aún ingenuas. Ese tema de la distancia infernal resuena en la insistencia del *Comentario bíblico del púlpito* de que Caín «se retiró del vecindario de los querubines». Los querubines, como hemos visto,[88] son las fuerzas aladas que custodian la puerta oriental del jardín del Edén, junto a la espada encendida que da vueltas en todas direcciones. Esos querubines son ángeles del juicio, a cuyo ojo escrutador no se le escapa nada que no sea celestial. Son los monstruos apostados en la punta misma de las categorías mismas, donde el buen juicio es más demandado y más difícil. Son los jueces de los casos extremos.

Para aclarar este punto hace falta regresar a la exposición del hecho y a la relación entre el margen y el centro.[89] Todo elemento de orden —es decir, toda percepción y toda concepción; toda forma de organización, psicológica y social— tiene un ideal en su centro (y, ciertamente, más en general, tiene un centro) rodeado de un margen. Por abundar en ello, ese margen no es su opuesto, como podría considerarse en una conceptualización simple de tesis/antítesis. Se trata, en cambio, de la pluralidad de la diferencia u oposición que, en infinita gradación, rodea cualquier cosa identificable. Es, sí, el mundo y toda su complejidad yuxtapuesto a lo específico, lo comprensible, lo familiar, lo particular y lo útil. Así, el margen es «menos que ideal» por definición, según las presuposiciones de la definición que permiten que cualquier cosa central exista. Su existencia es inevitable, pues la pluralidad ocupa su lugar, en contraste con la unidad, y también es un lugar de libertad y experimentación necesarias. Aun así, contiene «formas monstruosas». De ese modo, puede ser una forma de infierno, sobre todo entendido como distancia respecto del ideal, o de Dios, cuyo juicio se vuelve cada vez más extremo y amenazador en proporción exacta con el grado de desviación. El pecador cada vez más impenitente puede, por tanto, aprehender poco más que la creciente ira de Dios. El hecho de esa incapacidad también puede, de manera muy perversa, justificar la perpetuación del pecado. Estamos ante una verdadera espiral descendente hacia el abismo, una espiral que se devora a sí misma.

Caín miente y lo hace habitualmente. El camino de las mentiras lo lleva por la vía del fratricidio, la destrucción de su propio ideal y el alejamiento de sí mismo, del hombre y de Dios —del centro al margen solitario, vagabundo—. El que miente se aleja claramente del bien, del verdadero Logos orientado hacia arriba, el que crea el cosmos que es bueno. Dicho quizá de manera más prosaica: quien miente se aleja de su propio buen juicio. Esto ocurre primero en los casos extremos, en los que resulta más difícil discriminar bien y en los que, por tanto, resulta más fácil implicarse en la mentira y racionalizarla. Pero es muy fácil que todo ello se convierta en hábito en todos los casos, pues la jerarquía del valor a través de la que hay que ver el mundo se vuelve patológica. Con la práctica, la mentira llega a ser no tanto la desviación del modo correcto y verdadero del ser como la lente a través de la cual, cada vez más, se ve el mundo mismo. Así pues, el mentiroso llega a habitar un relato en el que todo está mal ordenado; recibe lo que no merece. Esto retuerce el mundo, que se convierte en un lugar de enajenación del yo, de la comunidad y de Dios; que muda en un campo que no da más que espinas; en el que la divinidad misma se transforma en poco más que en el más terrible de los juicios. Los que mienten acaban valorando las cosas equivocadas y lo hacen de manera consciente, al menos en el momento en que se da la mentira.

Expresado de otro modo, más poético: los que acaban mintiendo también rinden culto a falsos ídolos (algo parecido a la disposición de Caín a ser poseído y a conspirar con el espíritu luciferino). Esa errónea atribución de valor —algo que se automatiza cuando se practica, se vuelve un hábito, llega a conformar el carácter mismo— implica que el mundo se vea sometido ahora a un orden falso, se nombre con nombres equivocados, de manera que nada acaba en el lugar que le corresponde, y a las cosas de menos valor se les conceda prioridad sobre las más valiosas. ¿Cómo podría ser de otro modo en el caso de la mentira, que por definición es la falsificación de lo real? Por supuesto que el juicio se convierte en algo profundamente mermado cuando todo ha sido mal valorado, y más cuando esa mala valoración ha llegado a ser un hábito tan profundamente enraizado a través de la práctica que se convierte en la verdad de la percepción misma. Como insiste el padre Zósimo en *Los hermanos Karamazov*, de Dostoievski:

> Empiece por no mentirse a sí mismo. El que se miente a sí mismo y escucha sus propias mentiras llega a no saber lo que hay de verdad en él ni en torno de él, o sea, que pierde el respeto a sí

mismo y a los demás. Al no respetar a nadie, deja de querer, y para distraer el tedio que produce la falta de cariño y ocuparse en algo, se entrega a las pasiones y a los placeres más bajos. Llega a la bestialidad en sus vicios. Y todo ello procede de mentirse continuamente a sí mismo y a los demás. El que se miente a sí mismo puede ser víctima de sus propias ofensas. A veces, se experimenta un placer en autoofenderse, ¿verdad? Un hombre sabe que nadie le ha ofendido, sino que la ofensa es obra de su imaginación, que se ha aferrado a una palabra sin importancia y ha hecho una montaña de un montículo; sabe que es él mismo el que se ofende y que experimenta en ello una gran satisfacción, y por esta causa llega el verdadero odio...[90]

Se trata de un verdadero descenso al abismo de Dante, el camino hacia un infierno cada vez más profundo y extenso; cuando un hombre vive según un relato falso —valorando, honrando, nombrando y sometiéndolo todo inadecuadamente—, nada puede salirle bien. Peor aún: tal como se ha comentado anteriormente,[91] todas sus aventuras se vuelven falsas también, porque las metas que persigue son ilusorias, al estar basadas en el engaño de uno mismo y del otro.

Las oportunidades que atraen no son reales; los obstáculos que emergen en la búsqueda son solo producto de la imaginación. Cuando el mundo se ve sometido a un orden impropio, no hay plan que pueda salir adelante. Las mentiras hacen que las presunciones que, de otro modo, fundamentarían planes funcionales, resulten nada fiables y nada válidas. Eso implica que el mentiroso está condenado al fracaso continuo —que sus sacrificios cada vez más falsos serán cada vez más rechazados, para siempre y de manera brutal—. Eso es exactamente lo que le ocurre, por ejemplo, al faraón en el gran relato del Éxodo, que se reafirma en su insistencia tiránica a medida que aumentan unas plagas cada vez más pavorosas (Éxodo 7-13). Cuando reina el sacrificio que es falso e insuficiente, la ansiedad aumenta, como aumenta la desesperanza. ¿Cómo va a parecer brillante el futuro cuando nada sale como se supone que debería salir o cuando incluso la meta deseada pero falsa es alcanzada y ninguna satisfacción se hace patente? ¿Cómo puede mantenerse cualquier relación cuando domina el engaño (o, peor aún, el autoengaño)? El mentiroso está impotente, le falta rumbo y está destinado al conflicto no solo con los demás, que no entienden o, directamente, se niegan a compartir sus mentiras descaradas, sino con lo que pueda quedarle de su yo verdadero; su verdadera conciencia, su verdadera llamada. Merma tu capacidad de juicio hasta que no te quede juicio. Y entonces muere, y dolorosamente, porque te has negado (continuamente) a sacrificar tu presuntuosidad, tus ideas falsas, incluso cuando sabías con certeza que lo eran.

Ya hemos abordado el relato completo de los hermanos hostiles, aunque no enteramente con todas sus consecuencias. El pecado de Caín no solo conduce al caos de la inundación, pues los efectos de la amargura y del resentimiento descienden en cascada desde lo personal hasta lo social, sino a la catástrofe autoritaria de la torre de Babel, pues aquellos que se alejan de Dios y del camino del sacrificio adecuado deben recurrir a medios alternativos para unificar y asegurarse una adaptación exitosa. Los descendientes de Caín también son los constructores, los ingenieros, los que crean las ciudades, los instrumentos musicales, las herramientas y las armas de guerra (Génesis 4:17-23). Eso no significa que construir o planificar sean cosas malas en sí mismas; pero sí que el problema fundamental de la conducta ética no se reduce a una solución tecnológica. No hay «herramientas mejores» en manos de los que se esfuerzan en la dirección equivocada. Unas herramientas mejores, cuando la meta es mala, solo conllevan un movimiento más rápido por el camino equivocado, o hacia el *arriba* equivocado.

Si se rechaza la conducta adecuada como base de la alianza necesaria con el ser y el devenir —como ocurre en el caso de Caín y sus descendientes—, el dominio tecnológico se erige en atractivo sustituto. También responde a la atracción de la llamada del orgullo luciferino que, inevitablemente, acompaña al deseo y a la voluntad de rechazar lo absoluto y lo trascendente. Es un hecho que, en cierto sentido real, el dominio de las herramientas ha evitado gran parte de la carga de la vida humana, pero también lo es que cualquier tecnología dada puede emplearse tanto para buenos como para malos propósitos (y que la ley de las consecuencias no intencionadas también acecha eternamente y complica el problema). El desarrollo tecnológico, ¿al servicio de qué Dios? Ese es el enigma eterno que halla su expresión en el tema popular y recurrente de la tecnología fuera de control: *Ex machina* (2014), *Bienvenidos al fin del mundo* (2013), *Matrix* (1999), *El show de Truman* (1998), *Jurassic Park* (1993), *Robo-Cop* (1987), *Terminator* (1984), *Blade Runner* (1982), *El abismo negro* (1979), *Las esposas de Stepford* (1975), *Almas de metal* (1973), *La amenaza de Andrómeda* (1971), *2001: una odisea del espacio* (1968), *El tiempo en sus manos* (1960), *La mosca* (1958), *La guerra de los mundos* (1953), *El hombre vestido de blanco* (1951), *Ultimátum a la Tierra* (1951), *El hombre invisible* (1933), *La isla de las almas perdidas* (1932), *Frankenstein* (1931) y *Metrópolis* (1926).

Esta lista, aunque amplia, no es ni mucho menos exhaustiva, pero sí indica, con su abundancia, hasta qué punto el problema combinado de orgullo, resentimiento y culto a lo tecnológico preocupa a la imaginación y plantea una seria amenaza a la humanidad misma. ¿Cuál es la respuesta que aportan los primeros relatos del Génesis y que resuena por todo el corpus bíblico? Ninguna solución externa a la ética correcta, universal y unificadora puede aplacar la angustia, proporcionar esperanza y equilibrar la discrepancia social, por más conceptual y técnicamente sofisticada que resulte. De hecho, en ausencia de esa ética, la tecnología, más que beneficiar, amenaza: se convierte en criada del poder, o en el medio para huir de la responsabilidad y el verdadero orden moral. Darle la espalda a Dios, no conseguir sacrificarse adecuadamente, corrompe y degenera y, a la vez, motiva el empeño del intelecto orgulloso para que construya estructuras que pasen por alto la necesidad de Dios y el duro esfuerzo moral que exige una relación con Él.

Por tanto, partiendo de aquí, ¿adónde debe conducir, irremisiblemente, la historia de los descendientes de Adán y Eva? Inevitablemente hacia abajo, al caos absoluto de la inundación; o alternativamente hacia arriba, hacia el dominio del orden totalitario y del rascacielos que se alza, demasiado triunfante, hacia lo celestial, pero que sin embargo está condenado a sucumbir. Esos son los dos caminos que vamos a encontrar a continuación. ¿Cuál es la alternativa? El camino mucho más difícil, sofisticado y complejo del sacrificio último, asumido con los brazos abiertos, el que complace definitivamente a Dios y que se extiende en el resto del corpus de la narrativa bíblica.

4

Noé: Dios como la llamada
a prepararse

4.1. Gigantes en la tierra

Tras la muerte de Abel y la partida de Caín, que sale a vagabundear por la tierra de Nod, Adán y Eva se ven bendecidos con otro hijo. Ese hijo es Set, a quien la tradición considera tanto un reemplazo de Abel como un ancestro de todos los que se comportan bien y se sacrifican adecuadamente: «Conoció de nuevo Adán a su mujer, la cual dio a luz a un hijo y llamó su nombre Set, pues dijo: "Dios me ha dado otro hijo en lugar de Abel, a quien mató Caín"» (Génesis 4:25). Varios comentaristas han concluido lo siguiente en sus siglos de estudio: «Set fue llamado el elegido porque lo eligió Dios para que fuera el padre de los justos y para que reemplazara a Abel, a quien Caín había matado»;[1] «Es bien sabido que Jesús era del linaje de David, que descendía de Set»;[2] «Ello significa, también, que la línea mesiánica se estableció a partir de Set y no a partir de Caín».[3] Entre otras cosas, esas conclusiones indican que el patrón de atención y valor establecido y tipificado por Abel no murió con él y que ese mismo patrón, de alguna manera, no fue solo restablecido de inmediato, sino que caracteriza tanto al rey David como al propio Cristo. Esa idea resuena —de esa manera tan evocadora, tan visual, típica del corpus bíblico— en una frase que, de otro modo, resulta misteriosa y opaca: «Había gigantes en la tierra en aquellos días y también después que se llegaron los hijos de Dios a las hijas de los hombres y les engendraron hijos. Estos fueron los hombres valientes que desde la antigüedad alcanzaron renombre» (Génesis 6:4).

Estos versículos han generado especulaciones mucho más allá de lo corriente. Esos *nefilim*, esos gigantes, han sido considerados como ladrones honorables «gallardos sin ley», hombres poderosos «únicos en su talla», e incluso ángeles caídos.[4] La explicación más simple, desde el punto de vista antropológico y psicológico, es que lo que se recuerda a lo largo del tiempo no son tanto los detalles empíricos concretos de una vida determinada, por más notable que fuera, como el patrón abstracto de lo que es notable en general respecto de la vida. Así, en la memoria colectiva, las proezas (incluso la esencia) de los antepasados pasan a ser una amalgama destilada de todo lo que llama la atención y lleva a la emulación (en sentido heroico o antiheroico, en cuanto un villano sirve tanto de lección como un caudillo). El empeño de los antiguos romanos de deificar a sus emperadores constituye una manifestación bien conocida de esta misma tendencia. El mismo proceso lo llevan a cabo en la actualidad autores de ficción, que a partir de los muchos personajes que brotan de su imaginación abstraen un patrón central o espíritu de personaje que resulta atractivo y memorable en grado sumo.

Cuando una persona fallece y es, digamos, elogiada, la más memorable de sus hazañas se recuerda y se comunica. En una cultura que depende de la transmisión oral de la información, multigeneracionalmente, las cualidades más memorables de un antepasado van a ser mezcladas en la memoria colectiva, sobre todo cuando aquellos que, de hecho, recuerdan a una persona determinada «ya han abandonado este despojo mortal». Sin embargo, los relatos pueden seguir viviendo, aunque en una forma comprimida y destilada, purificada, en que los personajes correspondientes viven como entidades activas en la imaginación. El patrón de los héroes ancestrales surge, inevitablemente, y con el tiempo vira hacia una deificación virtual o real. Como subraya

Mircea Eliade: «El paso del culto al antepasado al teísmo tiene lugar cuando el antepasado es divinizado, es decir, cuando es transformado en dios. Esa transformación es posible mediante el descubrimiento de lo sagrado o, más bien, a través de la identificación de una manifestación particular de lo sagrado con el antepasado».[5] De modo similar, en otro texto, afirma: «El culto al antepasado es uno de los factores que favorecen el desarrollo del monoteísmo. Con el transcurrir del tiempo, los antepasados se identifican cada vez más con el dios y finalmente el dios reemplaza por completo a los antepasados».[6]

Así, la historia se ficcionaliza, aunque en ese contexto la «ficción» se entiende más como la creación de unas metaverdades abstractas que como la antítesis del «hecho» y, por tanto, de la verdad misma. La vida de un hombre corriente, que no puede ni siquiera en principio ser recordada en su totalidad, queda de ese modo reducida a lo mejor (o lo peor) de sus hazañas —al meollo o el corazón de la cuestión— y se suma en espíritu a las proezas similares de sus iguales y ancestros, para convertirse en los verdaderos gigantes del pasado. Por tanto, con el tiempo, los reyes se convierten en lo que es soberano en sí mismo o en su antítesis; se convierten en rey de reyes o en la fuerza que se opone eternamente a ese reinado supremo. Noé es uno de esos gigantes, un héroe ancestral cuasi deificado, un descendiente de Set, el segundo Abel; un hijo de los ángeles caídos que hollaban la tierra aquellos días; un hombre favorecido por Dios, como el prelapsario Adán, un modelo de admiración y emulación que llega a resultar aún más memorable por el marcado contraste entre su actitud y su comportamiento y los de sus contemporáneos.

4.2. Pecado y regreso del caos

En el punto del relato bíblico que se va desarrollando y en el que Noé aparece en la historia, la maldad de los descendientes de Caín ha llegado a dominar la totalidad de la empresa humana.

Ese es un ejemplo especialmente negativo del gigantismo que llega a caracterizar las hazañas de los hombres del pasado. Como consecuencia de esa generalización y ese dominio absoluto de la tendencia hacia el mal, Dios decide destruir lo que estos han creado. «Vio Jehová que la maldad de los hombres era mucha en la tierra y que todo designio de los pensamientos de su corazón solo era de continuo el mal» (Génesis 6:5). Ello supone una variante de la historia tanto de la caída del hombre como del asesinato de Abel: otra manera de contar la historia de la caída inevitable y la posterior destrucción de aquellos que rechazan el orden moral fundamental, de aquellos que se revelan insuficientes en sus sacrificios, de aquellos que recurren a la venganza resentida y a la explotación de ellos mismos y de los otros: de aquellos que se vuelven contra Dios.

Ha de quedar claro que no se trata de una acción rencorosa por parte de Dios. Es, sí, la advertencia más marcada a todos aquellos tentados a desviarse: el camino a la tierra prometida es recto, angosto y duro (Mateo 7:14), mientras que el camino a la perdición es ancho e inmediatamente acogedor. No es que Dios sea vengativo, sino todo lo contrario: su insistencia en un orden moral inviolable, superior a lo meramente humano, es correcta, y ese orden es tan real que transgredirlo comporta consecuencias reales. Refleja la realidad de la condición humana: la vida es un juego cuyo precio de entrada es la muerte, que no es lo peor. La existencia humana es el asunto más serio de todos. Así, «la paga del pecado» es real y tiene consecuencias. Así, en nuestro orgullo, en nuestra rebelión, podemos hacer, y hacemos, como el Lucifer de Milton, un infierno del cielo, empeñándonos en convertir incluso lo que es bueno en algo desgraciado y espantoso.

> De una longitud tan enorme era el jefe enemigo que yacía encadenado en el lago ardiente; jamás habría podido levantarse ni sostener su cabeza si la voluntad y el supremo permiso del Regulador de todos los cielos no le hubieran dejado en libertad de llevar a cabo sus negros designios, para que, con sus reiterados

crímenes, fuera amontonando sobre sí la condenación al buscar el mal de los otros.[7]

Los descendientes de Caín caen en el pecado y el orden cósmico degenera hasta que no hay más opción que el hundimiento total. Puede parecer duro —sin duda lo es—, pero es un hecho que las civilizaciones pueden sucumbir totalmente y quedar sumidas tan completamente en el caos que hasta su memoria desaparece. Esa verdad se retrata en el texto bíblico de la historia de Noé y de hecho constituye un tema muy extendido, a causa de su verdad fundamental. Por ejemplo, en el mito mesopotámico de la creación (el *Enuma elish*), la creadora/diosa/dragona Tiamat lamenta, de modo análogo, su decisión de haber actuado como generadora. Sus primeros hijos extraviados (que en este relato son dioses, en vez de hombres como en la historia de Noé) asesinan imprudentemente a Apsu, el esposo masculino de Tiamat (que es el orden mismo), e intentan establecer su residencia en o sobre su cadáver. Ese acto de extremo descuido enfurece a la naturaleza, la madre de todas las cosas: a la mismísima Tiamat, que los amenaza entonces a todos con la destrucción. He aquí otro ejemplo, en primer lugar, de volverse en contra de o mostrar desprecio tanto a la tradición como al Padre Sagrado, por parte de los habitantes del mundo creado, y en segundo lugar de las consecuencias inevitables de hacerlo.

Ese tema narrativo indica, en parte, que las culturas que se concentran demasiado en lo que se consideran conocimientos presentes («podemos prescindir de las supersticiones absurdas del pasado») pierden la orientación vertical tradicional que las protege contra simples modas o consensos. En la humanidad se da una sabiduría acumulativa, pero esta no es la mera consecuencia del ruido y el clamor incesantes del momento presente. Es, en cambio, algo que se ha ido sumando a lo largo de un lapso de tiempo inmenso, en muchas situaciones y como consecuencia de las observaciones y reminiscencias de muchas culturas. Rechazarlo en favor de estupideces dominadas por el capricho, incluso del presente colectivo, es algo que con demasiada frecuencia anticipa el diluvio carmesí, sobre todo cuando esos caprichos tienden a ser hedonistas, sedientos de poder, revolucionarios y políticos.

El tema de la destrucción de los pecadores por los dioses también indica que quienes abandonan y traicionan el espíritu que conduce a una vida más abundante porque nadan sin merecerlo en la riqueza de las comodidades materiales que les han dejado los grandes y avanzados precursores del pasado se condenan ellos solos por más inmadura e involuntaria que sea su incursión en el caos y su destrucción final. Se trata de parricidio, o de regicidio: el acto más extremo posible de orgullo arrogante, de ceguera voluntaria, de blasfemia despreocupada. Ese asesinato desdeñoso enfurece a Tiamat, caos/madre de todas las cosas. Ella decide borrar de la faz de la tierra a su progenie descarriada y para que la ayuden engendra una hueste de temibles soldados encabezados por una deidad conocida como Kingu, un verdadero Satanás.

> *Cubiertos de serpientes monstruosas,*
> *afilados dientes, y sin faltarles las garras.*
> *Con veneno en vez de sangre llenó sus cuerpos.*
> *A feroces dragones revistió de terror,*
> *los coronó de gloria pavorosa de ver, como dioses los hizo,*
> *de modo que quien al alzar la vista los contemplara*
> *pereciera de horror.*[8]

El dios Marduk, que llega a gobernar sobre todos los dioses de Mesopotamia, es precisamente el que se enfrenta al monstruoso caos potencial de una manera directamente análoga a la del Jehová hebreo, que vence a Leviatán y a Behemot (Job 40-41) al principio de los tiempos. Más en general (arquetípicamente hablando): esa deidad superior lucha, o bien contra el representante gigante del Estado o de la sociedad actual (que ahora es un falso Dios Padre), o bien contra el caos mismo, que casi siempre se presenta como una terrible fuerza femenina de rasgos serpentinos (la Gran Madre).[9] ¿Qué se quiere dar a entender con el motivo del asesinato por descuido de Apsu, avatar del orden, en contraste con el caos de Tiamat? Los que destruyen sin pensar el espíritu viviente del pasado están invitando al regreso del caos mismo. Nietzsche advirtió exactamente de eso cuando anunció la muerte de Dios y profetizó que el nihilismo y el resentimiento surgirían espantosamente después de ese temible asesinato:

> Dios ha muerto. Dios sigue muerto. Y nosotros lo hemos matado. ¿Cómo podríamos reconfortarnos, los asesinos de todos los asesinos? El más santo y el más poderoso que el mundo ha poseído se ha desangrado bajo nuestros cuchillos: ¿quién limpiará esta sangre de nosotros? ¿Qué agua nos limpiará? ¿Qué rito expiatorio, qué juegos sagrados deberíamos inventar? ¿No es la grandeza de este hecho demasiado grande para nosotros?[10]

La intuición de ese resultado negativo perdura en nuestras almas. El temor apocalíptico que se apodera de nosotros a que la naturaleza misma se rebele, por ejemplo, ante nuestra arrogancia tecnológica es una (re)presentación moderna de este mismo tema. *Amortiguamos el pasado y nos provocamos un peligro a nosotros mismos.* El espíritu de nuestros antepasados creó la infraestructura que nos sustenta, tecnológicamente; desarrolló las habilidades que nosotros emulamos en nuestras empresas productivas; estableció las costumbres, los rituales, los hábitos y las presuposiciones que nos unen psicológica y socialmente y nos proporcionó un rumbo. Podemos, de manera irresponsable, reducir esto a un cadáver sin espíritu e intentar, parasitariamente, vivir de, o inconscientemente vivir dentro de, lo que ha sido obtenido o acumulado. Pero se trata de un juego en el que llevamos las de perder, pues lo que es devorado de esa manera inmerecida no se ve al mismo tiempo repuesto o rellenado. Una vez descubierto el almacén, este puede saquearse y agotarse; una vez que se ha creado la marca, puede rapiñarse. Aun así, una vez que la riqueza del pasado, cuidadosamente acumulada, se ha consumido, no hay duda de que lo que aguarda es el infierno. Esa es una verdad eterna. En los relatos modernos aparece el mismo tema. En *El rey león*, de Disney,[11] el reino de Pride Rock se ve reducido a escombros tras el asesinato arrogante e insensato de Mufasa, el gobernante legítimo. El agente de su destrucción es su hermano Scar, un personaje todo lo parecido a Caín que puede concebir la imaginación moderna (con algo del Lucifer de Milton para acabar de perfilarlo). El rey legítimo es asesinado por el hermano resentido. El reino, otrora abundante, se ve reducido a un desierto. Todo el mundo está esclavizado. El hambre acecha. No existe diferencia entre esto y el regreso del caos.

Subvertimos el espíritu del orden apropiado y tiramos piedras sobre nuestro propio tejado. Cuando lo hacemos, o amenazamos con hacerlo, los heraldos de la condenación emergen para anunciarse a los profundos, los sabios, los atentos..., como es el caso de Noé. Nietzsche estuvo muy alerta a ese peligro y subrayó que, en los siglos venideros, nos veríamos amenazados tanto por el espíritu del resentimiento como por el nihilismo. Nietzsche advertía nada menos que de la aparición del espíritu del resentimiento entre aquellos a los que vilipendiaba considerándolos tarántulas profundamente venenosas:

> Porque que el hombre sea redimido de la venganza es para mí el puente hacia la más alta esperanza y un arcoíris después de largas tormentas. Sin embargo, las tarántulas lo verían de otro modo. «Que sea muy justo que el mundo se llene de las tormentas de nuestra venganza» —así hablan entre ellas—. «La venganza la usaremos, y el insulto, contra todos los que no son como nosotros» —así se comprometen los corazones de tarántula—. «Y "voluntad de igualdad" será en adelante el nombre de la virtud; ¡y contra todo lo que tiene poder levantaremos un clamor!»[12]

Su «justicia», sin embargo, es siempre lo que más perjudica

a los hombres superiores. Se empeñan en crucificar a quienes idean su propia virtud. Odian a los que, entre ellos, son solitarios y siempre idean su propia virtud; odian a los presentes. Siempre hablan de los presentes y los llaman «herejes» y «malhechores»; y aun así ellos son los complacientes. Siempre hablan en términos de «igualdad de derechos» e «igualdad de obligaciones». ¡Los derechos del rebaño! Quieren ser pastoreados todos juntos, en la seguridad que proporciona el grupo frente a todo lo que halaga o provoca temor. Son un rebaño: su buena conciencia es en realidad mala conciencia, incapacidad para plantar cara solos. Siempre saben lo que es más tierno e inofensivo, como una anciana desdentada; y a eso llaman «bondad» y ellos son los «hombres buenos». La ofensa del pastor contra el hombre superior es siempre igual: lo obligan a convertirse él también en parte del rebaño. En su mayoría, ni ellos mismos se creen su ideal del rebaño y en el fondo lo desprecian; pero aun así lo quieren. Es lo que yo llamo la *revuelta de los pastores*.[13]

Dostoievski, en esencia, defendía lo mismo y exactamente en la misma época, al menos en su novela *Los poseídos*, cuyo título se tradujo también como *Los demonios*.

La posesión de la mente moderna por lo que Nietzsche caracterizó como «resentimiento» es algo que se entiende de manera más profunda y provechosa como variante moderna del eterno espíritu de Caín: «El resentimiento mismo, si para este se necesita un concepto y una palabra, indica cierta impotencia de la voluntad: uno siente que algo es injurioso, pero aun así es incapaz de impedirlo; uno es demasiado débil para vengarse o hacer la guerra, o pierde la esperanza de hacerlo. Así, uno recurre a cualquier medio de infligir daño, pues de ese modo podrá atacar indirectamente, es decir, mediante la herida a algo que no le pertenece, a algo que es amado y respetado por la persona a la que infligir el daño».[14] Tal como expone más adelante Walter Kaufmann, el gran traductor al inglés e intérprete de Nietzsche de finales del siglo XX: «Según Nietzsche, el resentimiento es una enfermedad de los débiles, que envidian y odian a los fuertes y a los que tienen éxito y buscan abatirlos atacando sus valores e ideales. El resentimiento surge de una sensación de impotencia y frustración y con frecuencia se expresa como deseo de venganza o deseo de abatir a aquellos percibidos como más poderosos o exitosos».[15]

Dostoievski, en *Los demonios*, describe el proceso por el cual el alma rusa sucumbió a «esa legión de *-ismos* que entró en Rusia desde Occidente: idealismo, racionalismo, empirismo, materialismo, utilitarismo, positivismo, socialismo, anarquismo, nihilismo y, subyacente a todos ellos, ateísmo».[16] El gran novelista y ensayista ruso detalla con precisión el peligro que veía acechar sobre Rusia y el resto del mundo de una manera que, por una parte, se equipara increíblemente con Nietzsche y, por otra, anticipa los horrores del llamado *Archipiélago Gulag*, cuyas maquinaciones pondría al descubierto Aleksandr Solzhenitsin un siglo después.[17] Yo mismo hice hincapié en ello en mi prefacio a la edición conmemorativa del cincuenta aniversario de la publicación de esta obra maestra:

> ¿Los miembros de la burguesía? ¡Imposible redimirlos! ¡Hubo que librarse de ellos, naturalmente! ¿Y sus esposas? ¿Y sus hijos? ¿E incluso sus nietos? ¡Que también les corten la cabeza! Todos estaban incorregiblemente corrompidos por su identidad de clase y su destrucción, por tanto, resultaba necesaria. ¡Qué conveniente que a las más oscuras y funestas motivaciones pueda otorgárseles la más elevada consideración moral! Fue ese un verdadero matrimonio de infierno y cielo. ¿Qué valores, qué presunciones filosóficas dominaban realmente en aquellas circunstancias? ¿Era el deseo de hermandad, dignidad y liberación de la necesidad? En absoluto [...] dado el resultado. Sí se trataba, en cambio, claramente, de la ira asesina de miles de Caínes bíblicos que buscaban torturar, destruir y sacrificar a sus propios Abeles particulares. De otro modo, simplemente, no hay manera de dar razón de los cadáveres.[18]

El mismo espíritu que inspiró a Nietzsche y a Dostoievski se le hizo patente a Noé cuando, a pesar de sí mismo, se vio poseído por la intuición de que se avecinaba una calamidad de proporciones apocalípticas. ¿Por qué? Porque el espíritu de Caín había llegado a dominar el mundo.

4.3. Salvación gracias a los sabios y restitución del mundo

El más anciano de los profetas es descrito de la siguiente manera: «Noé, hombre justo, era perfecto entre los hombres de su tiempo; caminó Noé con Dios» (Génesis 6:9). Así, Noé, que «halló gracia ante los ojos de Jehová» (Génesis 6:8), viene caracterizado como un hombre tan bueno como cabría esperar, dadas las limitaciones de su época y su lugar (de ahí lo de los «hombres de su tiempo»). No cabía esperar nada mejor, salvo en los casos humanos más excepcionales, dado que todos somos, hasta cierto punto, criaturas del medio concreto al que nos vemos arrojados. «Caminar con Dios» es habitar ese espacio edénico caracterizado por la ausencia de la autoconsciencia que es, a la vez, presuntuosa y neurótica (como Adán antes de darse cuenta de su propia desnudez). Un hombre que apunta a lo más alto y se concentra en la verdad, en lugar de centrarse y promover sus intereses egoístas, carece de autoconsciencia porque aquello a lo que aspira *no tiene que ver con él* —al menos no en cuanto ser aislado, atrapado en el ahora carnal—. No se limita a seguir los dictados instintivos e inmediatos de su interés propio impulsivo y narcisista. Esta última táctica garantiza solo la aparición de la autorreflexión involuntaria y la dolorosa autoconsciencia, tal como hemos visto:[19] «¿Estoy causando el impacto que quiero, el que necesito causar tan desesperadamente? ¿Estoy impresionando a aquellos ante los que desfilo? ¿Voy ganando esta discusión? ¿Estoy emergiendo victorioso en este concurso de estatus? ¿Estoy insistiendo con éxito en mi virtud moral exhibida públicamente?». La alternativa es «caminar (sin autoconsciencia) con Dios».

Imaginemos que nos encontramos sobre un escenario (un planteamiento que nos impone a todos). Estamos pronunciando una charla, concentrados en el mensaje que queremos transmitir, o impartiendo una clase, o participando en alguna empresa igualmente tipificada. Como consecuencia de ello, nos preocupa: «¿Está llegando mi mensaje? ¿Da la sensación de que sé de qué estoy hablando? ¿El público me encontrará interesante, lo impresionaré? ¿Qué está pensando de mí la gente?». Todo ello forma parte del razonamiento instrumental, centrado en el yo, y vendrá seguido, inevitablemente, de autoconsciencia sufriente. Nos sentiremos nerviosos e inseguros en proporción directa a nuestro grado de inadecuación con el acto que se celebra, a nuestra «ejecución». ¿Cuál es la alternativa a esa estrategia? En el escenario (y en cualquier otra parte, de hecho), la cosa es sencilla: *esfuérzate en abordar el tema en cuestión con la mayor honestidad y claridad posible.* A partir de ahí, el evento ya no tratará sobre ti, por lo que no hay razón para la autoconsciencia. Este pasa a tratar, y está bien que así sea, sobre la búsqueda de la verdad en relación con el tema que se aborda. Dicho tema también tiene que ser honesto; un tema que consideremos de vital importancia. ¿Por qué, si no, habríamos de perder nuestro tiempo y el de los asistentes? La misma lógica puede y debe aplicarse a todas las situaciones de la vida. ¿Por qué? Porque no hay planteamiento superior. ¿Cómo podría haber un planteamiento igual al de abordar lo que en realidad está ahí?

Si la presentación tiene que ver con ilustrar el tema de mayor interés actual y aportar claridad al asunto, en lugar de dedicarnos a nosotros y a nuestras preocupaciones, las razones para la autoconsciencia se desvanecen, y no en poca medida porque ese yo ya no forma parte del paisaje. Lo que podría haber en su lugar, guiando nuestra conducta, es el espíritu de la explicación sincera y el intento de revelar y generar el orden que es bueno (Génesis 1). Lo que podría haber es el intento de aclarar y explicar al servicio de lo que es más elevado, y por ninguna otra razón. Ello conlleva expresarse de una manera que se rija por la verdad y decir lo que apela, lo que llama a la conciencia o lo que pide ser dicho; no en aras de la reputación, sino porque la cruda realidad de la situación puede expresarse mejor de ese modo. Ello significa orientar públicamente (¿es que acaso no es esa la misión del auténtico líder?); sacrificar lo meramente instrumental, lo que de manera estrecha solo nos sirve a nosotros mismos y reemplazarlo por lo que es realmente superior, al tiempo que mantenemos la fe en que esa sincera revelación producirá el orden que es bueno o incluso bueno en gran medida, independientemente de todas las «evidencias» en sentido contrario. Ese es el secreto misterioso de la verdadera confianza en el escenario y, más en general, en la vida. «Todo el mundo es un escenario y todos, hombres y mujeres, son meros actores. Todos tienen sus entradas y salidas y cada hombre en su vida representa muchos papeles».[20] Todo lo demás es la imitación superficial y en último extremo absurda, engañosa, manipuladora, impulsiva y contraproducente del narcisista.

La consecuencia inmediata de la incapacidad de mentir bien puede ser el sufrimiento o, igualmente, el fracaso a la hora de obtener una ventaja que, de hecho, no es merecida. En efecto, evitar el dolor a corto plazo y un avance inadecuado son las dos grandes razones para mentir. En este sentido, ¿las mentiras funcionan? A veces sí, y durante cierto tiempo; de no ser así, la motivación para engañar no existiría. Pero esa «evidencia» no es una prueba definitiva de la superioridad de la mentira con respecto a la verdad. Las cuestiones entrelazadas del marco temporal y la validez transversal levantan, inevitablemente, sus cabezas de hidra. A medio o largo plazo, con respecto a la estabilidad y a la sostenibilidad tanto de la psique como de la comunidad, lo único que basta es la verdad, a fin de cuentas, que es lo que hay que hacer en condiciones óptimas. La fe en la verdad que establece, regenera y redime es la aceptación voluntaria o el reconocimiento del hecho, unida a la decisión de vivir de acuerdo a esa conclusión. La materialización de esa necesidad es lo que se representa como el descenso de la paloma bautismal que sirve como iniciación al reino de los cielos (Mateo 3:16-17), o como Paráclito o consolador o guía que Cristo promete dejar con sus discípulos tras su partida (Juan 14:26). Esa fe en la verdad es la alianza entre el hombre y el Verbo que se crea al principio de los tiempos y para la eternidad, y el verdadero reflejo de la imagen de Dios a cuya imagen el hombre y la mujer han sido creados (como se subraya en Génesis 1).

En la historia de Noé y el diluvio, todo el peso de la renovación del mundo reposa sobre los hombros de un solo hombre; un descendiente de Set que se comporta adecuadamente, el sustituto o recambio fraternal de Abel: un hombre verdaderamente bueno. Es este un asunto de no poca relevancia psicológica, ya que, existencialmente hablando, la situación siempre es así. Como destaca Solzhenitsin: «Y esto, planteo yo, es lo más importante de la vida: vivir y crear a partir de la propia verdad de uno, o del propio caos de uno, pues ese podría ser el caso, así sea una sola palabra o una sola visión. Pues, inevitablemente, todos y cada uno de nosotros somos héroes de nuestras propias vidas, y si no lo somos, entonces es que no hemos sabido captar el sentido de nuestra existencia».[21] He aquí una verdad que resuena constantemente en el corpus bíblico. Cada profeta (quizá destaquen Moisés, Elías y Jeremías entre todos ellos) es, paradigmáticamente, una voz solitaria que «clama en el desierto» (Marcos 1:1-4). De modo similar, cuando Dios decide destruir las ciudades de Sodoma y Gomorra (lugares perdidos, como todo el mundo de los coetáneos de Noé, en la maldad y el pecado) Abraham consigue que Dios acepte librarlas de la fuerza de su destrucción si inicialmente cincuenta, pero después, como consecuencia de un prolongado regateo, solo diez hombres justos pueden hallarse en esos lugares.

¿Qué idea se está planteando aquí? Que la verdad es una fuerza tan poderosa que ni siquiera la tiranía de una abrumadora mayoría logra vencer sobre ella. ¿Y cómo habría de vencer, a no ser que la realidad misma no existiera y todo fuera reductible a la presuntuosidad y el capricho humanos? Incluso toda una forma de gobierno erigida contra el espíritu del ser y del devenir está equivocada, y equivocada de una manera que, más que suavizar el consenso, multiplica y profundiza. No hay mayor equivocación que la que se da cuando todo el mundo coincide en estar equivocado. Esa es la definición misma de un Estado totalitario, que no es tanto una tiranía jerárquica como un acuerdo colectivo para regirse solo por la mentira.[22] Una sociedad que retenga lo bastante de la alianza correcta como para que unos pocos, o aunque sea uno solo, siga atreviéndose a hablar libremente dentro de sus límites podrá quedar protegida del cataclismo total gracias a la fe y la valentía. Esa es, en parte, la razón por la que proteger la libertad de expresión no solo es un derecho (un derecho que, sin duda, no concede el Estado de manera magnánima), sino el pilar sobre el que se asienta y se basa una sociedad estable, pero a la vez dinámicamente adaptativa. El «derecho» está ahí solo para que la responsabilidad pueda ser asumida: la responsabilidad de hablar de una manera que sea reflejo del espíritu del orden cósmico. Esa es la «libre» expresión, convenientemente ordenada, que establece, renueva y redime, tanto al individuo como al Estado. Así pues, el Estado nunca puede encontrarse en una posición en la que prescindir o negar legítimamente el derecho a la libre expresión, dado que ha dependido de ese derecho para su establecimiento mismo y sigue basándose en él para la crítica, la corrección y la resurrección.

Esta es otra horrible verdad, que indica que la propia salvación del mundo depende, de manera imposible y misteriosa, de la determinación de cada individuo soberano, tocado por el espíritu del valor divino, para habitar en el jardín de la verdad y para permitir que la voz y la voluntad del Dios con el que camina en ese jardín guíen su atención, su acción y su expresión. Como expresa Dostoievski en *Los hermanos Karamazov*, «todos nosotros somos, sin duda, responsables de todos los hombres y de todo lo que existe sobre la tierra, no meramente a través del pecado original de la creación, sino cada uno personalmente, de toda la humanidad y de cada hombre individual».[23] En un momento posterior de la novela insiste en esta misma idea: «No hay más que un medio de hallar la salvación: el de cargar con todos los pecados de los hombres. Desde el momento en que respondáis por todos y por todo, veréis que es justo que obréis así, ya que sois culpables por todos y por todo».[24] ¿Qué puede querer decir esta afirmación totalmente descabellada, pero aun así estelar, o profunda y fundamental? A primera vista, suena como una especie de locura.

Pero ¿acaso no es cierto que cada uno de nosotros sirve de ejemplo tanto a nosotros mismos como a otros y que, en este sentido, podemos hacer algún bien haciendo del mundo un lugar menos malo de lo que de otro modo podría ser? ¿Y no es cierto que no sabemos y no podemos saber el límite superior de esa influencia? Si fuéramos mejores personas —incluso, tal vez, las mejores personas posibles en nuestro caso, las personas que han hecho todo lo posible en su tránsito aventurero, en su avance—, ¿hasta qué punto serían mejores todos los demás como consecuencia directa de ello? Y si ese efecto es realmente posible, ¿acaso no es igualmente cierto, en cierta manera misteriosa, que los pecados del mundo son el resultado de nuestra propia incapacidad, de nuestro propio fracaso a la hora de asumir la suficiente responsabilidad? ¿Y acaso no es eso un corolario lógico y necesario de haber sido creados a imagen y semejanza de Dios y de nuestro estatus, supuestamente evidente,[25] de centro mismo del cosmos? ¿Y acaso no es esa, precisamente, la razón por la que en nuestras sociedades libres occidentales el individuo se diferencia, incluso, de lo social y de lo consensuado y se considera una figura de infinito valor implícito? Y si la integridad de la psique y de la comunidad dependen de esa diferenciación, ¿cómo puede juzgarse, sino como verdad? Nuestro fracaso a la hora de aportar todo que podemos para influir en las cuestiones que se presentan deja un vacío en la estructura del propio ser. Este bien puede ser el verdadero impedimento para establecer el reino de

Dios en la tierra. Ay de aquel por quien, verdadera e inevitablemente, ese pecado mancha el mundo.

Esa es exactamente la responsabilidad que Noé acepta. Se encuentra con Dios de una manera que difiere de la de Adán y Eva, que lo experimentan como fuerza creativa y establecedor de límites, o la de Caín y Abel, que se encuentran con Él como ideal y como juez. Con todo, la manifestación de Dios al primer profeta sigue siendo un reflejo de la misma unidad subyacente —de ahí el *monoteísmo:* es el mismo espíritu singular que se manifiesta, por más variada que resulte su caracterización; o al menos esa es la insistencia del texto, que yuxtapone y secuencia sus diversas historias, precisamente, para demostrar ese punto—. Dios es, para el proclamado capitán del arca, la intuición del sabio de que se avecina una tormenta; darse cuenta de que ha llegado el momento de prepararse para lo peor y construir la casa barco. En los tiempos modernos, la gente está obsesionada con la idea de «creer en» Dios, como si esa decisión tuviera que ver con plantear, o negarse a plantear, cierta existencia material (o su ausencia), o cierta simple descripción, como la descripción de un objeto. Según los dictados implícitos de ese planteamiento, Dios existe de la misma manera que existe una mesa —o de la misma manera en que una mesa imaginaria realmente no existe—. Esa conceptualización de la creencia tipifica, en el mundo moderno, tanto a los llamados creyentes, o personas de fe, como a los agnósticos y a los ateos. Hasta tal punto es profundo nuestro estado de ignorancia actual. Creer es mucho más verdaderamente, mucho más útilmente, comprometerse con, sacrificarlo todo a, dejarse poseer voluntariamente por... Por tanto, la verdadera creencia es la relación última, no la mera descripción de cierto estado de las cosas.

Imaginemos la situación de Noé, sea cual sea la metafísica de la realidad última de Dios. Consideremos las decisiones a las que se enfrenta, la naturaleza de la posibilidad que se le presenta. Puede, o bien asumir lo acertado de su intuición, asumir que se equivoca en sus sospechas, o titubear, confuso, entre esas dos presuposiciones. Esas decisiones constituyen todo el radio de sus opciones. Se trata de un estado de cosas que, una vez más, poco tiene que ver con la existencia de Dios en cuanto hecho material. Puede objetarse que existen decisiones adicionales que este análisis no tiene en cuenta. Noé podría, por ejemplo, prestar atención a una variedad potencialmente infinita de otras preocupaciones. Pero, en cualquier caso, dar la espalda no es una verdadera decisión alternativa. Se trata, en cambio, de la forma de evitación de la conciencia más sinuosa y maquiavélica, una forma de errar el tiro mediante una sustitución hipócrita. Es mentir por omisión, más que por obra: la mentira de la evitación (demasiado fácil de racionalizar), que es la forma más sutil de engañar (de engañarse a uno mismo y a los demás). Esconderse de la necesidad, incluso si es haciendo alguna otra cosa que hipotéticamente está bien, no convierte esa necesidad en menos real. Lo único que se consigue de ese modo es oscurecer el avance, confundir, asesinar la esperanza y dividir. Así pues, Noé se encuentra ante lo que, en esencia, son dos opciones: prepararse o ignorar, por un medio o por otro, las cuestiones que ahora le asaltan y le preocupan; abordar su verdadero deber o ignorar el principal dictado de esa voz, de ese «susurro de una brisa suave», que exploraremos cuando le hable, como es bien sabido, a Elías (Reyes 19:12).

Así pues, la «fe» de Noé no es la afirmación explícita de su creencia en un ser imaginario, tal como podría plantear el seguidor o el formulador de credos, sino su identidad con cierto espíritu de conceptualización, aprehensión y movimiento hacia delante. ¿Existe Dios para Noé? ¿*Cree* Noé? He aquí la situación, correctamente interpretada: Dios es para Noé, por definición, lo que lo guía, lo que se apodera de él en su avance, sin importar lo que él decida hacer. Así pues, todas sus opciones han de analizarse como decisiones y actos de fe, porque no conoce y no puede conocer realmente lo que viene. ¿Y por qué conceptualizar esto específicamente como fe en «Dios»? Porque Noé debe elevar algo al lugar más alto (algo que, por tanto, funciona como equivalente a «Dios»), de modo que toda otra elección se sacrifique y se olvide, y que lo que ahora guía se establezca como fundamental o prioritario y el movimiento hacia delante se haga posible. El hecho de que ese espíritu unitario sea «Dios» seguiría siendo cierto incluso si Noé rechazara de manera explícita cualquier creencia de las llamadas «religiosas». Creer en algo más allá de lo que es conocido es una condición previa de la atención y la acción en cualquier criatura que, como el hombre, permanece y debe permanecer fundamentalmente ignorante. Se trata de algo que es así en el caso de todos los hombres y todas las mujeres que han existido, existen y existirán. La «creencia» de Noé en Dios es, por tanto, no la fórmula recitada de una proclamación explícita de la creencia, aunque también podría serlo, sino su voluntad de actuar cuando lo convoquen las inclinaciones más profundas de su alma. Aquello que permites que te mueva: esa es tu creencia en Dios o en cualquier sustituto de segunda categoría. Es cuestión de definición y no en poca medida en el relato que estamos abordando. Lo mismo puede decirse, en general, de todas las historias que aquí estamos analizando.

Noé es un hombre sabio, del que se apodera la intuición de un diluvio inminente. Decide seguir adelante de acuerdo con esa revelación, independientemente de la dificultad o de la oposición. Es Dios —y, una vez más, por definición— el que constituye la fuente última, el cimiento o la meta de esa convicción. *Ese es el sentido mismo del texto.* La historia de Noé, como todas las historias antiguas que vamos a contemplar, no es, así, una discusión sobre la existencia de Dios, planteada contra la duda tanto del creyente como del no creyente, sino una descripción de lo que ha de tenerse, adecuadamente, en el lugar más elevado a fin de asegurar la perpetuación del hombre, de la sociedad y del mundo. ¿Cómo justifica Noé su creencia? Más específicamente: ¿cómo halla el coraje de sus convicciones? No es por nada por lo que se le describe como sabio. Un sabio es alguien que ha prestado atención de manera sostenida, que como consecuencia de ello se ha informado y ha informado a otros, que se ha dicho la verdad a sí mismo y se la ha dicho a otros, en la medida de sus capacidades, y que ha actuado de acuerdo a esa verdad.

Un hombre sabio ha estado apuntando continuamente hacia arriba y rigiéndose por la verdad. Por tanto, su jerarquía de valores no está corrompida por mentiras y, en consecuencia, su visión no está limitada. Así, su capacidad para recibir una revelación beneficiosa y precisa se iba afinando, practicando, desarrollando y perfeccionando, lo mismo que la de diferenciar entre una revelación verdadera o profunda, por así decirlo, y las meras tentaciones de un capricho momentáneo y hedonista. Es lo que podría considerarse como la capacidad de los sabios para la deliberación sagaz. Noé ha adquirido práctica en alzar la vista al cielo; en identificar los indicadores que conducen montaña arriba. Ha aprendido a colocarse en posición de recibir una revelación fiable y a seguir sus dictados. Ha retirado la viga en el ojo propio, ha abierto los oídos para oír, ha llamado a la puerta para que se abra y ha buscado para poder encontrar. Noé se ha negado a contarse a sí mismo las mentiras que tientan con los placeres de la gratificación a corto plazo y con la evitación de la responsabilidad última. Así, es capaz de ver lo que está bien y que tiene delante de sus ojos y puede tomar nota, y toma nota antes que nadie, de las nubes que crecen. Por tanto, tiene fe en sí mismo y en lo que es más elevado y puede actuar y actúa en consonancia. Esa es su relación, su alianza, con Dios. Por definición. Esto significa que mantiene la misma relación consigo mismo y con el orden cósmico que otro podría mantener con otra persona a la que admirara enormemente y en cuyo consejo se basaría en tiempos convulsos. Esas personas son aquellas cuya observación y reputación les han valido que sean consideradas sagaces, precisas, capaces de posponer la gratificación, personas que se orientan en una dirección diferente, adecuada, personas maduras.

Cuestiones de fe: cuando creemos que la tormenta se avecina, ¿cerramos las ventanas y nos preparamos o no? ¿Nos guiamos por nuestra intuición o no? ¿Nos fiamos de nosotros mismos o no? Y si es que no, ¿no es porque hayamos llegado a desconfiar de nosotros mismos de la misma manera en que otra persona puede haber manifestado su desconfianza hacia nosotros? Si no nos fiamos de nosotros mismos, ¿acaso no es porque (como ocurre en el caso de ese otro del que se desconfía) nos hemos mentido continuamente a nosotros mismos y hemos oscurecido nuestra propia visión? ¿Acaso, entonces, no hemos erosionado el terreno sobre el que de otro modo habríamos podido mantenernos en pie? ¿Es o no es sabiduría la capacidad de intuir acertadamente y reaccionar adecuadamente? Quizá nos hayamos comportado de una manera que nos permite basarnos en nuestras intuiciones más profundas: en ese caso estamos siguiendo el espíritu de esa intuición. Representamos ese espíritu o lo invitamos a poseernos. Estamos celebrando, o incluso venerando, a ese espíritu; sacrificando a ese espíritu (pues todo lo demás se considera secundario o incluso no existente); manifestando fe en ese espíritu; *creyendo* en ese espíritu. Si rechazamos la llamada, o la exigencia de la conciencia cuando esta se revela, pongamos por caso, como aviso para prepararse —o incluso si ofrecemos un «sí» poco convencido—, entonces lo que estamos haciendo, en cambio, es negar ese espíritu y manifestar fe en otra cosa. Sencillamente, no existe un camino que seguir que no dependa de la fe.

> Vio Jehová que la maldad de los hombres era mucha en la tierra y que todo designio de los pensamientos de su corazón solo era de continuo el mal. Y se arrepintió Jehová de haber hecho al hombre en la tierra y le dolió en su corazón. Por eso dijo Jehová: «Borraré de la faz de la tierra a los hombres que he creado, desde el hombre hasta la bestia, y hasta el reptil y las aves del cielo, pues me arrepiento de haberlos hecho». Pero Noé halló gracia ante los ojos de Jehová.
>
> Génesis 6:5-7

La degeneración de la que se habla en estos versículos, como consecuencia del pecado de Caín y su propagación, es algo que puede darse y se da en todas partes cuando surge; algo que ocurre a nivel micro y macro simultáneamente; algo que constituye la motivación de toda mirada y expresión personal y la meta de toda decisión ejecutiva, legislativa y judicial. Es la hidra de muchas cabezas del Estado patriarcal degenerado o la aparición de la espantosa madre dragón del caos que es la alternativa inevitable de la integridad individual, de la estructura social sostenible, voluntaria, de la armonía con el orden cósmico y del vasallaje a Dios. La propensión al pecado o a «la maldad del hombre» es la verdadera causa del caos que nos envuelve en nuestras vidas privadas, primero cuando dejamos que las cosas se desmoronen a nuestro alrededor en nuestras vidas personales y después en el ámbito familiar, comunitario, estatal o global, cuando la red de mentiras así generadas se vuelve lo suficientemente amplia. No ocurre a menudo que alguno de nosotros experimente un acontecimiento verdaderamente apocalíptico, aunque tampoco es algo precisamente insólito: solo en el siglo xx ha habido dos guerras mundiales, la catástrofe absoluta y aún sin resolver del fascismo y del comunismo, desastres económicos y desplazamientos a gran escala, el nacimiento de las eras nuclear e informática y la revolución sexual. Pero incluso dentro de los límites más acotados de nuestras vidas personales, las cosas se desintegran constantemente, apocalípticamente, y regresan al caos de la confusión y la posibilidad. Un negocio que fue boyante se corrompe a medida que sus fundadores dejan de prestarle atención y de mantener la práctica diligente que es necesaria para el mantenimiento de sus operaciones. Un matrimonio se hunde por las mismas razones. De manera parecida, las amistades que no se cultivan menguan o incluso se revierten. Todos los planes mejor trazados de toda criatura viviente pueden echarse a perder y así ocurre, en parte porque todo tiende de por sí a la descomposición entrópica y en parte porque somos capaces de acelerar ese proceso apuntando mal, o no apuntando en absoluto, tal como observa Mircea Eliade con gran agudeza y mordacidad:

> La mayoría de los mitos de inundación parecen, en cierto sentido, formar parte del ritmo cósmico: el viejo mundo, habitado por una humanidad caída, se ve sumergido bajo las aguas y un tiempo después emerge un nuevo mundo desde ese «caos» acuático. En un gran número de variaciones, la inundación es el resultado de los pecados (o errores rituales) de los seres humanos. En ocasiones surge simplemente del deseo de un ser divino de poner fin a la humanidad [...]. Las causas principales se hallan a la vez en los pecados de los hombres y en la decrepitud del mundo.[26]

Resulta inevitable que este patrón de degeneración se manifieste a todos los niveles, desde la psique a la nación, e incluso al nivel de ese teórico *medioambiente* o mundo natural, y por la misma razón fundamental.

Así pues, Noé se enfrenta (aunque a una escala que seguramente es la mayor de todas las posibles, tal como corresponde a un gigante de la antigüedad) a lo que todo el mundo se enfrenta constantemente en relación con sus propios planes y programas personales, ya estén estos bien o mal concebidos o formulados. ¿Y cómo lo hace? Construye un arca, por supuesto, para que lo proteja a él, a su familia y al mundo natural mientras dura la catástrofe. En todo caso, en último extremo, la solución que aporta Noé no es tecnológica. El primer gran profeta y salvador postlapsario presenta el carácter que le permite hacer acopio de las fuerzas y los recursos necesarios para construir el arca, para convencer a su familia de la necesidad de hacerlo y de guiar ese contenedor seguro que han construido a través de las pavorosas tormentas que se suceden. Esto significa que su integridad es lo primero y principal y que su capacidad técnica queda algo contenida de la manera adecuada, se sitúa en el lugar adecuado de la «jerarquía celestial», por debajo de aquella. Todos, a lo largo de nuestras vidas, hacemos lo que Noé es llamado a hacer, con diversos grados de compromiso y de éxito. El carácter de Noé, y el nuestro, tienden de manera proximal a la humildad, la sabiduría, la bondad y la generosidad productiva, así como a una naturaleza protectora y alentadora, pero distalmente a la imbricación del espíritu protector y de Dios, que todo lo ve. Por definición. Y era tan cierto entonces como lo es ahora que ese carácter es, en el nivel más profundo de realidad, el verdadero reflejo de la imagen de Dios. Es por esas razones por las que todas las personas verdaderamente admirables son, en primer lugar, admirables, y similares en el hecho de su «admirabilidad»: todas encarnan algo profundo, necesario, creativo, activo, sabio, verdadero y amoroso. Eso, en el lenguaje simbólico, significa que de la manera más verdadera reflejan la imagen de su creador.

¿Por qué esa insistencia, absurda a primera vista, de que Noé es responsable no solo de la supervivencia de su familia y de la raza humana, sino de la de todos los animales que habitan el mundo antediluviano? Recordemos por un momento que Adán es llamado a servir de gestor del jardín del Edén.[27] Se trata de la descripción de una inevitabilidad. La ventaja cognitiva, psicológica o espiritual que los seres humanos poseen con respecto a todas las demás criaturas hace que sea eternamente cierto que la existencia misma de otras criaturas depende cada vez más de la calidad de nuestras decisiones morales. Si no guiamos ni siquiera el mundo natural, el medioambiente cuya correcta custodia tanto nos obsesiona ahora, sus vastos recursos, cuya presencia tenía poco o nada que ver con nosotros, se agotarán rápidamente. Ya hemos eliminado una gran variedad de animales de un tamaño similar al nuestro que, o bien competían con nosotros por los escasos recursos, o bien eran depredadores feroces y en último extremo resultaban contraproducentes para nosotros, o bien constituían una fuente de alimento demasiado tentadora.

Es algo que ha ocurrido a escala continental y en los mares, y en modo alguno se trata de un fenómeno limitado a los últimos cientos de años ni de algo que sea solo, y de forma moderna, consecuencia de la extraordinaria expansión reciente de nuestra audacia tecnológica. Los seres humanos dejaron notar su presencia en el hemisferio occidental hace un máximo de veinte mil años.[28] En cuestión de pocos milenios los grandes mamíferos, otrora abundantes y que ocupaban aproximadamente el mismo nicho biológico de los seres humanos (mastodontes y mamuts, tigres dientes de sable, megaterios, gliptodontes similares a los armadillos, leones americanos y lobos gigantes) habían desaparecido.[29] Lo mismo ocurrió con varios marsupiales en Australia, aunque en una época aún más lejana del pasado, pues los seres humanos llegaron allí hace unos cincuenta mil años,[30] y hace aún más tiempo tanto con las tortugas[31] como con las aves gigantes (sobre todo en islas).[32] Estos hechos duros, presentados en toda su crudeza, se burlan de la necia y roussoniana presuposición del salvaje noble según la cual la gente tecnológicamente menos avanzada o, aún más específicamente, no europea, vivía en una especie de armonía prístina e inalterada con una naturaleza igualmente inalterada y primordial.

Las lanzas y los palos, sobre todo blandidos por un grupo que coopera para la caza, constituyen un avance tecnológico lo bastante radical para que ni siquiera unos depredadores fieros y avezados presenten demasiadas opciones de supervivencia enfrentados a sus enemigos humanos. La situación planteada en alta mar resulta, en todo caso, más lúgubre: hasta el 90 por ciento de las grandes poblaciones de peces depredadores en el Atlántico Norte, entre ellas las de bacalaos, atunes y peces espada ya habían desaparecido a finales del siglo XIX a causa de la sobrepesca y de otras actividades humanas. Desde entonces, el 90 por ciento de las poblaciones restantes han desaparecido.[33] ¿El sentido? *Sin hombres que tengan una meta ascendente última, ni siquiera hay animales.* Por tanto, la necesidad de una preocupación moral adecuada (adecuadamente sometida) en relación con las criaturas no humanas se ve subrayada no solo en el mandamiento original de Dios a Adán de que cultive, trabaje, cuide, vigile, se ocupe de él, abone y mantenga el jardín (Génesis 2:15, diversas traducciones), sino en otros varios requerimientos similares que salpican todo el Antiguo Testamento. Así, a las bestias de carga, como a los seres humanos, se les garantiza un *sabbat* (Éxodo 20:10); a los bueyes antes mencionados que «trillan» no ha de ponérseles bozal mientras lo hacen, para que puedan beneficiarse en alguna medida de su labor y comer mientras trabajan (Deuteronomio 25:4; 1 Corintios 9:9); y se considera que el hombre justo es aquel que «cuida de la vida de su ganado». En marcado contraste, «el corazón de los malvados es cruel» (Proverbios 12:10).

Así pues, los seres humanos son responsables, para bien y para mal, no solo de su propia integridad individual y del correcto gobierno del mundo social, sino de los animales, tanto de los domésticos como de los salvajes, pues la existencia de lo «correcto» depende de la capacidad de reciprocidad, pero sin duda significa que tradicionalmente se nos vincula a una elevada rectitud moral en nuestra relación con otras criaturas y que su supervivencia misma depende, como se ha dicho, incluso de la sensatez de nuestras decisiones personales. El resurgir de las restricciones dietéticas basadas en cuestiones teóricamente morales —siendo el vegetarianismo la más preeminente de ellas— es, al menos en parte, consecuencia de esa profunda necesidad ética, por peor enfocada que esté y por más que, sin duda, se quede corta como solución al problema último de una conducta moral apropiada, o incluso de una custodia adecuada. Aunque es verdad que «no lo que entra por la boca contamina al hombre; pero lo que sale de la boca, esto contamina al hombre» (Mateo 15:11), sigue siendo cierto que el sacrificio de un ser viviente para asegurar nuestra supervivencia continuada es un acto que debería consagrarse al propósito más elevado posible. De otro modo, la conciencia entra en acción, como al parecer así ha sido para un número creciente de consumidores y sacrificadores de segunda fila cada vez más invadidos por la culpa.[34] Claramente, en el mundo moderno ha llegado el momento de que confesemos nuestros pecados, nos arrepintamos, apuntemos realmente hacia arriba, digamos la verdad y realicemos las difíciles ofrendas exigidas. Pero, en cambio, insistimos en rezar en público y en pronunciar el nombre de Dios en vano, atribuyéndonos a nosotros mismos una motivación divina cuando mostramos públicamente nuestras cartas, gesticulamos mucho en nuestras protestas y cacareamos nuestros eslóganes, veganos e ideológicos en general, de los que nos jactamos, así como estereotipos de envidia y resentimiento. «Enseñar como doctrinas mandamientos de hombres» (Mateo 15:9) es, ciertamente, hipocresía y, por tanto:

> Cuando ores, no seas como los hipócritas, porque ellos aman el orar de pie en las sinagogas y en las esquinas de las calles para ser vistos por los hombres; de cierto os digo que ya tienen su recompensa. Pero tú, cuando ores, entra en tu cuarto, cierra la puerta y ora a tu Padre que está en secreto; y tu Padre, que ve en lo secreto, te recompensará en público. Y al orar no uséis vanas repeticiones, como los gentiles, que piensan que por su palabrería serán oídos. No os hagáis, pues, semejantes a ellos, porque vuestro Padre sabe de qué cosas tenéis necesidad antes que vosotros le pidáis.
>
> Mateo 6:5-8

No hay diferencia entre los modernos «protestantes» profesionales, que agitan su virtud moral como si fuera un palo, y los fariseos, que conspiraron para crucificar a Cristo. Todo forma parte de la historia eterna.

Dios, descontento con el estado pecaminoso del mundo, molesto con el ciego y voluntario alejamiento de los que deberían ser sus hijos, ordena a Noé, el hombre sabio de sus generaciones, que construya un barco gigantesco y «tú entrarás en el arca, con tus hijos, tu mujer y las mujeres de tus hijos».

> Y de todo lo que vive, de todo ser, dos de cada especie meterás en el arca, para que tengan vida contigo; macho y hembra serán. De las aves según su especie, de las bestias según su especie, de todo

reptil de la tierra según su especie, dos de cada especie entrarán contigo, para que tengan vida.

Génesis 6:19-20

Durante cuarenta días y cuarenta noches llega el diluvio, llueve y se eleva el nivel de las aguas, y sobre la faz de la tierra todo se ve arrastrado:

Las aguas subieron mucho sobre la tierra; todos los montes altos que había debajo de todos los cielos quedaron cubiertos. Quince codos más alto subieron las aguas después que quedaron cubiertos los montes. Y murieron todos los seres que se mueven sobre la tierra, así las aves como el ganado y las bestias, y todo reptil que se arrastra sobre la tierra, y todo hombre.

Génesis 7:20-22

Así pues, Noé, el hombre sabio que atiende la voz de Dios que le advierte, construye el arca que eternamente lo guía a él, a su familia, a su comunidad e incluso al orden mismo a través de las tormentas.

Las tormentas prometidas y profetizadas duran los prototípicos cuarenta días con sus noches, pero las aguas se mantienen altas cuatro veces esa extensión de tiempo. Con todo, finalmente la ira divina se ve aplacada, las cumbres de las montañas reaparecen y queda establecida la nueva alianza. Tras el resurgimiento del mundo a partir del caos acuático, Dios le repite a Noé el mandamiento expresado a Adán (Génesis 1:22): «Y vayan por la tierra, fructifiquen y multiplíquense sobre la tierra» (Génesis 8:17; Génesis 9:1). En respuesta, Noé inicia el poblamiento de ese nuevo cosmos con un sacrificio aprobado (Génesis 8:20), repitiendo los actos apropiados de Abel y renegando de las tentaciones de Caín. Eso significa que el primer profeta vuelve a consagrar el mundo a Dios, estableciendo la meta ascendente como la más importante, en contraste con la desorientación, la confusión, el hedonismo egoísta y el ansia loca de poder que caracterizaron a los descendientes del hermano fratricida, arrogante y resentido. Como consecuencia, Dios jura renunciar a esa venganza total en el futuro: «Al percibir Jehová olor grato, dijo en su corazón: "No volveré a maldecir la tierra por causa del hombre, porque el corazón del hombre se inclina al mal desde su juventud; ni volveré a destruir todo ser viviente, como he hecho. Mientras la tierra permanezca no cesarán la sementera y la siega, el frío y el calor, el verano y el invierno, el día y la noche"» (Génesis 8:21-22). De ese modo, y ahora y en el futuro: *el sacrificio honrado del hombre sabio y bueno es lo que evita para siempre el apocalipsis.* Es algo que es cierto por igual a nivel personal y social; que es igualmente cierto en cuestiones de alcance microcósmico y macrocósmico.

Dios también aprovecha la ocasión para recordar a los seres humanos su inmensa responsabilidad como gestores de ese nuevo y renovado jardín, en paralelo a la abundancia simultáneamente ofrecida. «Infundiréis temor y miedo a todo animal sobre la tierra, a toda ave de los cielos, a todo lo que se mueva sobre la tierra y a todos los peces del mar; en vuestras manos son entregados. Todo lo que se mueve y vive os servirá de alimento, lo mismo que las legumbres y las plantas verdes. Os lo he dado todo» (Génesis 9:2-3). Sin embargo, la esencia de la vida misma ha de quedar reservada a Dios y no puede transgredirse: «Pero carne con su vida, que es su sangre, no comeréis» (Génesis 9:4). Eso parece querer decir algo así como el mantenimiento del debido respeto al don o incluso a la existencia de la vida, el alma de la vida misma: «Si bien al hombre se le permite disponer del cuerpo como alimento, por ser este el mero recipiente que contiene esa vida, el don mismo debe regresar a Dios y la sangre como su símbolo ha de ser manejada con reverencia».[35] Parece tratarse de la repetición del mandato de no transgredir o de ir demasiado lejos, una prohibición que recuerda y que es análoga a la de ingerir el fruto del árbol del conocimiento del bien y del mal; un recordatorio de que hay algo que debe permanecer sagrado incluso en medio de todos los intentos de saciarse.

Dicha limitación se aplica acompañada de otras limitaciones: matar para conseguir comida (asumiendo la actitud sacrificial adecuada) es algo moralmente permitido, pero debe diferenciarse de matar de manera despreocupada y asesina, que ha de prohibirse. En Dios Habla Hoy se expresa así: «Yo pediré cuentas a cada hombre y a cada animal de la sangre de cada uno de ustedes. A cada hombre le pediré cuentas de la vida de su prójimo. Si alguien mata a un hombre, otro hombre lo matará a él, pues el hombre ha sido creado a imagen de Dios» (Génesis 9:5-6). Discutiblemente, así también establece las condiciones previas de una guerra justa: solo los conflictos que vengan realmente motivados por el intento de mantener la alianza autosacrificial con lo divino están justificados. Separar eso de la doctrina del fin justifica los medios no es cuestión sencilla, pero que se dé esa dificultad no ha de constituir una sorpresa. No existe prácticamente nada que suponga un desafío mayor que poner en orden la casa moral, sobre todo en el caso del conflicto de un grupo armado. La naturaleza de la nueva alianza también se aclara más:

> También dijo Dios a Noé y a sus hijos: «Yo establezco mi pacto con vosotros, y con vuestros descendientes después de vosotros; con todo ser viviente que está con vosotros: aves, animales y toda bestia de la tierra que está con vosotros, desde todos los que salieron del arca hasta todo animal de la tierra. Estableceré mi pacto con vosotros y no volveré a exterminar a todos los seres vivos con aguas de diluvio, ni habrá más diluvio para destruir la tierra».
>
> Génesis 9:8-11

Al final de todo este punto, Dios, como es bien sabido, sintiéndose complacido con Noé y su sacrificio, planta un arcoíris en el cielo. Ese es el símbolo perenne de que las tormentas han amainado y un signo de la permanencia de ese nuevo acuerdo:

Asimismo dijo Dios: «Esta es la señal del pacto que yo establezco a perpetuidad con vosotros y con todo ser viviente que está con vosotros: mi arco he puesto en las nubes, el cual será por señal de mi pacto con la tierra. Y sucederá que cuando haga venir nubes sobre la tierra, se dejará ver mi arco en las nubes. Y entonces me acordaré de mi pacto con vosotros y todo ser viviente de toda especie; y no habrá más diluvio de aguas para destruir todo ser vivo».

Génesis 9:12-15

El arcoíris es la totalidad del espectro implícito en la unidad trascendente y celestial de la luz blanca del sol. Representa a la comunidad idealmente sometida, que es la integración de la diversidad de aquellos que la componen en la singular armonía del presente, equilibrado con el futuro, y de lo individual equilibrado con la sociedad. Asimismo, es simultáneamente la interacción de lo celestial —esa misma luz del sol que se ofrece desde arriba— con el agua que también es caos, el *tohu va bohu* o *tehom*, y la fuente del potencial del que el mundo emerge. Es el equilibrio entre el orden, o el principio del orden —la posibilidad de la iluminación o la ilustración misma—, y el mundo natural, que indica la integración sin solución de continuidad de la voluntad divina con el mundo material. El arcoíris es, de todas esas maneras, un símbolo complejo y adecuado de la recién renovada alianza.

4.4. El hijo descreído condenado a la esclavitud

Ahora, el relato de Noé da un giro sorprendente. Después de abandonar el arca, él y sus hijos e hijas se ponen a trabajar de inmediato (lo que queda reflejado, y resuena, en el hecho de los sacrificios de Noé). Noé, que se dedica «a cultivar la tierra» (Génesis 9:20), planta una viña, fabrica un poco de vino y, algo imprudente, se embriaga —aunque, claro está, acaba de pasar por una situación extrema—. Acaba tendido, desnudo, en la intimidad de su tienda, tras esa más que intensa celebración. Cam, uno de sus hijos, aprovecha la ocasión para tratar a su padre con cierto desprecio en su momento de vulnerabilidad y debilidad. Pasa junto a la tienda de Noé, que está abierta, y lo ve sin ropa. Eso ya de por sí es una violación y no solo de la intimidad, pero Cam, al momento, agrava su error. Se recrea con envidia y arrogancia en la revelación de la imperfección de su padre, excesivamente humana, tal como queda patente cuando intenta implicar a sus hermanos en el chisme y en la destrucción narcisista de su reputación: «Cam, padre de Canaán, vio la desnudez de su padre y lo dijo a sus dos hermanos que estaban fuera» (Génesis 9:22). Lo que ve Cam se describe con la palabra hebrea הָרָע:

> *Pudenda*, de una raíz (הָרָע) que significa «desnudar», de una raíz gemela (סרע) de la que viene el término que expresa la desnudez de Adán y Eva después de comer el fruto prohibido (Génesis 3:7). El pecado de Cam, no una transgresión insignificante e «involuntaria» (Von Bohlen), evidentemente no consiste en ver lo que quizá haya encontrado inesperadamente, sino (1) en regocijo perverso en lo que vio, que, teniendo en cuenta quién era el que fue vencido por el vino, «el ministro de salvación para los hombres y el principal restaurador del mundo», la relación en la que se encontraba con Cam —la del padre—, la avanzada edad a la que había llegado ahora y los años relativamente maduros del propio Cam, que tenía «ya más de cien años», deberían haberlo llenado de sincero pesar; *sed nunquam vino victum pattern filius risisset, nisi prius eyecisset animo illam reverentiam et opinionem, quae in liberis de parentibus ex mandato Dei existere debet* («pero un hijo nunca se habría reído de un padre vencido por el vino a menos que antes hubiera alejado de su mente esa reverencia y respeto que, según mandamiento de Dios, los hijos deben a sus padres», Lutero);[36] y (2) al informar, sin duda con un propósito malicioso, a sus hermanos. [«Y lo dijo a sus dos hermanos, que estaban fuera»]. Posiblemente invitándolos a que vieran la vergüenza de su padre.[37]

Es por esas razones por las que la tradición considera a Cam como el antecesor de los cananeos, los descendientes de Caín (por abundar en ello) caracterizados en el corpus bíblico como el pueblo eternamente idólatra y moralmente corrupto, el pueblo sobre el que, y sobre cuyo territorio, Dios concede, por tanto, dominio a los israelitas. Esa subtrama narrativa y esa caracterización dejan clara una lección muy dura: los hijos (los descendientes, tanto físicos como espirituales) de aquellos que faltan al respeto a sus padres serán gobernados, inevitable y justamente, por los descendientes de aquellos que honran y reverencian como es debido a sus madres y padres, a sus antepasados y sus tradiciones. Para los modernos conceptualmente despistados es fácil confundir esa advertencia con algo así como un «prejuicio arbitrario contra los cananeos», un prejuicio que también se interpreta en el sentido moderno. Pero eso no dice nada, o muy poco, sobre los antiguos israelitas, y en cambio sí dice mucho sobre la confusión ideológica de la mente moderna.[38]

La idea de que el desprecio a la tradición, de los padres o de otra naturaleza, traerá consigo un severo castigo remite, una vez más,[39] en el *Enuma elish*, a la historia de los dioses originarios de Mesopotamia, contra los cuales Tiamat, la gran dragona femenina del caos, dirige sus terribles fuerzas. Son esos primeros hijos —podría decirse que los espíritus díscolos del propio instinto primigenio— los que con despreocupación y arrogancia matan a Apsu, espíritu del orden habitable, y los que después intentan vivir desagradecidos y sin producir nada a partir del cadáver resultante. Ese regicidio, esa inversión parasitaria de la estructura social, ese desprecio al sacrificio ancestral, lleva a que los descendientes descarriados de Tiamat reciban un castigo espantoso. Todos los horrores de la existencia se alinean contra ellos en forma de todo demonio y monstruo imaginable. Se trata, sin duda, del equivalente metafórico de un diluvio y una inundación. Observar con desprecio la desnudez de un padre es provocar al dragón eterno del caos para que salga del abismo y despertar la ira vengativa de Dios. De ese modo, la ingratitud se acerca

peligrosamente al pecado cardinal y arrogante del orgullo luciferino.

Justa y sabiamente, los hermanos de Cam se niegan a su-
marse a las burlas y optan por mostrar el debido respeto a la
tradición, que es la que los ha conducido a través del cataclismo,
y por hacerlo incluso en un momento en que la vulnerabilidad y
la propensión al error del portador de esa tradición se ha revelado de la manera más evidente y básica posible: «Entonces Sem y
Jafet tomaron la ropa, la pusieron sobre sus propios hombros y
andando hacia atrás cubrieron la desnudez de su padre. Al tener
vueltos sus rostros, no vieron la desnudez de su padre» (Génesis
9:23). Es un grave error juzgar a alguien (y peor aún, despreciar-
lo) solo a partir de su comportamiento en sus momentos de mayor debilidad. Todos y cada uno de nosotros, vivos o muertos,
así juzgados, acabaríamos condenados. Es más, toda la gratitud
por los dones que nos han transmitido quienes han vivido en el
pasado se esfumarían. Esa gratitud necesaria —necesaria para
mantener vivo el espíritu productivo del pasado— se vería sustituida despreocupadamente por una actitud totalmente inmerecida y narcisista de virtud comparada: «Nosotros, en el mundo
moderno, estamos por encima de eso». Así lo proclaman los pro-
fanadores de estatuas y monumentos[40] y, cada vez más, de obras
de arte.[41]

Ese rechazo despreocupado y esa arrogancia presuntuosa
equivalen, insistamos en ello, al asesinato de Apsu llevado a cabo
por los despreocupados viejos dioses del mundo mesopotámico
desaparecido hace mucho tiempo. El infierno que se desató entonces, según el antiguo relato mitológico, no amenaza menos
ahora, inmediatamente después de la traición de Cam. El hecho
de que este reaccione de una manera a la evidencia de la imperfección de su padre y Sem y Jafet lo hagan de otra tiene una
importancia determinante a largo plazo:

> Cuando despertó Noé de su embriaguez y supo lo que le había
> hecho su hijo más joven, dijo: «¡Maldito sea Canaán! ¡Siervo de

siervos será a sus hermanos!». Y añadió: «¡Bendiga Jehová, mi Dios, a Sem y sea Canaán su siervo! ¡Engrandezca Dios a Jafet, que habite en las tiendas de Sem y sea Canaán su siervo!».

Génesis 9:24-26

Resulta imposible que alguien que desprecia su tradición y se arroga una inmerecida versión moral comparativa de ella pueda simultáneamente encarnar esa tradición y mucho menos su mejor tradición. En la medida en que esa encarnación sea necesaria, en relación con el éxito presente o futuro (y es necesaria, en la medida en que esa tradición ha aportado de manera genuina el espíritu adecuado y la práctica de una adaptación amplia), la imposibilidad de hacerla manifiesta producirá un fracaso comparativo. Así, los herederos espirituales del hijo descreído de Noé, Cam, que se caracterizó por un desprecio insensato de la debilidad percibida en su padre, acabarán siempre e inevitablemente en segundo lugar —o, peor aún, como los verdaderos siervos o incluso esclavos de aquellos que muestran la actitud correcta, sobre todo por lo que respecta al adecuado respeto filial—. Y no es que Sem y Jafet sean ingenuos en su actitud y sus acciones en relación con su padre: aceptan el hecho de que tiene un aspecto negativo, pero aun así hacen saber que lo respetan. Se trata de algo que se asemeja a su capacidad para separar el grano de la paja, como figura en Mateo 3:12, algo similar al establecimiento de una relación filial sensata y responsable con el espíritu del Padre y el pasado. No todo lo que tiene que ver con el pasado ha de tenerse en cuenta; en el curso de la maduración del hijo, cierta apreciación de los defectos paternos puede desarrollarse; pero debe mantenerse una actitud fundamental de reverencia. Es algo que todos nosotros debemos reaprender en esta época de disculpa hipócrita y orgullosa por los pecados del pasado, tanto de los reales como de los imaginarios: «Honra a tu padre y a tu madre, para que tus días se alarguen en la tierra que Jehová, tu Dios, te da» (Éxodo 20:12).

Noé vive mucho, exactamente de ese modo (e, implícitamente, por esa razón), aunque esa longevidad también casa bien con el hecho de ser un «hombre de renombre»: «Después del diluvio, Noé vivió trescientos cincuenta años. Todos los días de Noé fueron novecientos cincuenta años y murió» (Génesis 9:28-29). Su ejemplo, como el de Abraham, el siguiente gran profeta, establece el patrón de corrección para aquellos que se rigen por el espíritu de Dios, manifestado en no poca medida a través del padre, sabio en sus generaciones. Se trata del patrón característico de los descendientes de Sem y del espíritu adecuado de sacrificio, reverencia y veneración, que se esparcieron por las tierras: «De estos se poblaron las costas, cada cual según su lengua, conforme a sus linajes y naciones» (Génesis 10:5). Las variantes en traducciones alternativas insisten en la destreza marítima de esos descendientes, por ejemplo, enfatizando de ese modo su adaptabilidad, su tendencia a diseminarse de manera efectiva: «Sus descendientes llegaron a ser los pueblos marineros que poblaron las costas, cada nación y clan en su propia tierra y con su propio idioma» (Nueva Versión Internacional); «De estos se ramificaron los pueblos de la costa por países, cada uno con su lengua, por familias y naciones» (Conferencia Episcopal Española), mientras que los hijos de Cam son considerados aquellos «que ocupan un segundo puesto».[42] Todo ello para demostrar que el patrón de éxito que caracteriza a los hijos de Set —hijos que tienen fe, apuntan hacia arriba y demuestran coraje— debe basarse en el respeto tanto a la tradición en su forma humana como al espíritu o Verbo, cuya manifestación ha dado lugar eternamente a esa tradición.

5

La torre de Babel:
Dios frente a la tiranía y el orgullo

5.1. Lucifer y los ingenieros

Resulta significativo que los primeros constructores de ciudades que aparecen en la Biblia, los primeros fabricantes de instrumentos musicales y de armas de guerra —los individuos que plantean soluciones tecnológicas— sean los hijos de Caín. Es algo que leemos de manera directa en el texto y además es cierto temáticamente, en la medida en que la búsqueda de la tecnología que emprenden esos constructores constituye tanto un sustituto del correcto empeño ético como una forma de culto al intelecto. Ellos son los ingenieros, los constructores y los habitantes de la Babilonia eterna, la ciudad de los orgullosos y los presuntuosos.

Algunos de los edificios de mayor envergadura que la gente construyó primero cuando estableció las primeras ciudades adoptaron la forma arquitectónica del zigurat, una pirámide escalonada. En Oriente Próximo, los zigurats eran comunes,[1] pero también aparecieron en otros lugares, siendo algunos de los más destacados los de Centroamérica.[2] El zigurat se eleva hacia el cielo, paso a paso, de una manera que recuerda claramente una jerarquía. De hecho, esas formas de zigurat, o piramidales, las emplean en el mundo moderno los diseñadores gráficos para representar una relación de dependencia jerárquica.[3] Los zigurats tenían funciones prácticas, servían como lugares de sacrificio o de celebración de otros rituales sagrados, a menudo asociados a los complejos de templos tan importantes para las ciudades antiguas, que albergaban diversas operaciones económicas y administrativas. En todo caso, originalmente eran monumentos dedicados a la grandeza o grandiosidad de un determinado gobernante o, en una interpretación más generosa, de su sociedad. Cuanto más alto era el zigurat, más regio era el soberano y, por inferencia, más intimidaba su forma de gobierno.

Los egipcios dedicaron inmensos recursos a la construcción de sus pirámides, similares en diseño y propósito a los zigurats, en un intento parecido de elevar el estatus de sus faraones al nivel de semidioses. En la medida en que su forma piramidal era una oda a la idea de jerarquía divina —la cúspide dorada representaba el ojo vigilante que se encuentra en lo alto de cualquier forma simbólica jerárquica adecuadamente dispuesta—, sus altísimas creaciones estaban, quizá, justificadas, en un sentido más profundo y no egoísta. Vistas bajo esa luz, las pirámides son una expresión arquitectónica temprana de la tendencia hacia Dios, una expresión que vuelve a encontrarse milenios después en las grandes catedrales de la Edad Media y del Renacimiento. Eliade escribe sobre la arquitectura como puente hacia los cielos:

> En cuanto a la asimilación de los templos a las montañas cósmicas y a su función de «vínculo» entre la tierra y el cielo, los propios nombres de las torres y de los santuarios babilonios dan testimonio: se llaman Monte de la Casa, Casa del Monte de Todas las Tierras, Monte de las Tempestades, Vínculo entre el Cielo y la Tierra, etcétera. El zigurat, propiamente hablando, era una montaña cósmica: sus siete pisos representaban los siete cielos planetarios; al escalarlos, el sacerdote llegaba a la cima del universo [...]. Pero siempre era en Babilonia donde se efectuaba la unión entre la tierra y las regiones inferiores, pues la ciudad se había edificado sobre Bab-Apsu, la «Puerta de Apsu», siendo Apsu la denominación de las Aguas del Caos antes de la creación.

La misma tradición reaparece entre los hebreos: la roca del templo de Jerusalén se hundió profundamente en el *tehom*, el equivalente hebraico de Apsu.[4]

Pero en la medida en que los esfuerzos de toda una sociedad se dedicaban, en cambio, a ensalzar el ego de un determinado gobernante o de un determinado pueblo, la construcción de un zigurat o pirámide podía degenerar patológicamente en el culto a un falso dios, al poner en lugar del ideal divino funcional y realmente integrador algo inmediato, interesado, arrogante, ebrio de poder y orgulloso.

Una construcción babilónica concreta, una torre inmensa, escalonada, dedicada al dios Marduk, suele citarse como la fuente de la idea de la torre de Babel en la Biblia, tal como explica Edward Lipiński, el estudioso belga de origen polaco: «La historia de la torre de Babel se inspiró, tal vez, en el Etemenanki de Babilonia, descrito por Heródoto y por Beroso, y también en la torre de Borsippa, la torre templo del dios Nabu».[5] Etemenanki lo mandó construir en el siglo VI a. C. el rey Nabucodonosor II,[6] un gobernante que pretendía reconstruir la ciudad de Babilonia como símbolo de su poder y autoridad. En cuanto ese zigurat se erigió para glorificar a Marduk, el rey de los dioses que salió triunfante, el símbolo de la visión y de las palabras mágicas de la verdad (pues ese era al parecer su propósito)[7] ilustraba algo parecido a una jerarquía monoteísta. En la medida en que su construcción redundaba en la gloria de Nabucodonosor II, era una expresión de narcisismo presuntuoso.

El relato de la torre de Babel también pudo verse influido por un corpus de mitos del Próximo Oriente en los que aparecen intentos fallidos de alcanzar, rasgar o invadir los cielos y resulta «asombrosamente similar» al mito mesopotámico de Enmerkar y el señor de Aratta, donde se habla de una torre a la que los dioses confunden.[8] El relato, que forma parte de *Enmerkar y el señor de Aratta*, poema épico sumerio del siglo XXIII a. C., presenta a un rey que buscaba establecer su dominio sobre otras ciudades y naciones. Lo hizo construyendo una estructura en forma de torre que llegaría a los cielos, en la creencia de que se convertiría en un símbolo de su poder y autoridad y le permitiría comunicarse con los dioses. El señor de Aratta, una localidad vecina, hizo que su pueblo construyera un edificio más alto, pues creía que ello lo acercaría más a los dioses que el rey Enmerkar. Esos dioses, enojados por el orgullo y la arrogancia demostrados por los dos reyes, hicieron ininteligibles sus lenguas y los esparcieron por la tierra, impidiéndoles completar sus torres.[9]

Asimismo, parece que el relato de la torre de Babel se vio influido por las rivalidades políticas y religiosas entre distintas ciudades Estado de Mesopotamia. El prestigioso especialista neerlandés Karel van der Toorn sugiere que «la historia podría ser reflejo de una polémica contra Babilonia y sus ambiciones en la llanura meridional de Mesopotamia».[10] Es muy posible que los hebreos antiguos hubieran tenido razones políticas para escoger la metáfora de Babilonia como emblemática del orgullo arrogante de los imperios basados en el poder, igual que la ciudad de Roma fue escogida para representar ese papel por los primeros cristianos.[11] Pero ello no excluye que la historia de la torre de Babel intente sobre todo explorar la naturaleza y los peligros de algo que es más profundo que el espíritu de una sola cultura autoritaria y no se trata solo de una crítica a Babilonia o a cualquier otro imperio. El relato no es político o, si lo es, lo es solo al servicio de un significado superior o más profundo. Lo mismo puede decirse de muchos de los relatos bíblicos en los que se mencionan sociedades específicas, o incluso pueblos específicos: deben considerarse tipos o patrones, en los que lo que aparece como específico o identificable se usa solo para caracterizar una verdad más profunda.

¿Cómo se llega a ese fin en la historia que nos ocupa? La respuesta puede abordarse provechosamente desde múltiples perspectivas. En primer lugar, los términos *Babel* y *Babilonia* están sin duda relacionados en cuanto a etimología y geografía, pues probablemente derivan de la palabra acadia *Babili(m)*, que significa «Puerta del Dios».[12] Por otra parte, el nombre de *Babel* está relacionado con la palabra *Babilonia* —*Babili(m)*—, pero además podría haber derivado o haberse visto influenciado por la raíz hebrea *balal* (לָלַב), que significa «confundir», «mezclar». La relación entre los términos *Babili(m)* y *Babel* es, al parecer, resultado de la adaptación lingüística o el préstamo, con el discurrir del tiempo. Es probable que la palabra hebrea *Babel* refleje la pronunciación semítica del término acadio *Babili(m)*. El relato bíblico conecta la ciudad de Babilonia con la torre de Babel, sugiriendo que Babilonia se construyó en el mismo lugar en el que intentó erigirse la torre. El intento de construcción de la torre fue un signo de arrogancia humana y rebelión contra Dios. Dios castigó a los constructores —como en el caso de Enmerkar y el señor de Aratta— imposibilitando que se entendieran entre ellos y destruyendo la unidad de su sociedad. A partir de esa etimología, puede verse que Babel representa muchas cosas: el imperio y lo presuntuoso del imperio; la arrogancia en combinación con la fuerza tecnológica; la confusión que reina cuando las metas de la psique y de la sociedad se han descarriado.

Aunque los primeros constructores de ciudades son los descendientes de Caín, la tradición cuenta que la ciudad de Babilonia en concreto la funda Nimrod, que lo hace en un acto de orgullo y desafío a Dios.[13] Nimrod es descendiente directo de Cam, el hijo de Noé, que se regodeó en la visión de la desnudez de su padre y cuyos descendientes, en consecuencia, recibieron la maldición del fracaso y de la esclavitud (Génesis 9:20-27). Así pues, Babilonia no solo es la ciudad del imperio arrogante, sino también el lugar de residencia prototípico del hijo que carece de respeto por su padre y que, por tanto, se coloca en una posición de superioridad moral inmerecida. En el texto bíblico, con pequeñas variaciones según las diferentes versiones, Nimrod es descrito en unos términos que recuerdan o apuntan a aquellos que buscan el poder por el poder: «Cus engendró a Nimrod, quien llegó a ser el primer poderoso en la tierra» (Génesis 10:8). Así, las ideas de orgullo presuntuoso, de poder y de ansia de conquista quedan vinculadas a través de la metáfora de su origen a la empresa tecnológica de construcción de la ciudad y más concretamente a la fundación de la ciudad de Babilonia.

La historia de la torre de Babel es, en esencia, otra reformulación de las tentaciones y los peligros de la soberbia, siempre presentes: una advertencia contra la acusada propensión humana a la arrogancia y la ambición mal enfocada. Advierte contra las tentaciones del intelecto luciferino: el deseo (que se manifiesta nada menos que en Eva, Adán y Caín) de exceder el adecuado lugar humano, de definir el bien y el mal mismos, de alcanzar las alturas y de hacerlo por unos medios que no son ni la identificación con Dios ni la subordinación al orden moral preestablecido y eterno. Al construir una torre que «llegue al cielo», los ingenieros de Babel, o de Babilonia, y los gobernantes y Estados asociados con ellos buscaban hacerse un nombre, no para Dios, sino para sí mismos. En su orgullo, se atribuían la divinidad y sobrepasaban los límites que los mantenían a buen recaudo, sin salirse del orden cósmico y metafísico. Todo ello es reflejo de la alianza eterna entre el espíritu tiránico y el impulso hacia el autobombo intelectual y técnico. Los constructores equivocados y fatalmente presuntuosos de esa torre catastróficamente inestable buscaban obtener un poder que excedía su medio —psicológico, social, natural y metafísico— y dominarlo completamente por unas razones interesadas, cortas de miras.

En este sentido resulta instructivo entender que a Caín, que invitó al espíritu luciferino a habitar con él, también se lo describe específicamente en el texto bíblico como la primera persona en construir una ciudad (Génesis 4:17), además de ser el precursor de todos los que han fabricado diversos artefactos tecnológicos, entre ellos tiendas (Jabal), instrumentos musicales (Jubal) y herramientas y armas metálicas (Tubalcaín) (Génesis 4:21-22). Así pues, los ingenieros en general, y los constructores de la torre de Babel en particular, son representados como los descendientes espirituales de Caín, que se enorgullecen de sus creaciones y de su dominio del mundo físico y que ignoran la jerarquía espiritual y las limitaciones ordenadas por la divinidad. Esa falta de consideración por el orden superior divino produce inevitablemente, como consecuencia, el desorden y el caos, tal como se aprecia en la confusión de lenguas que se produce cuando la torre de Babel se viene abajo.[14] El significado del relato va más allá de la interpretación tradicional y reduccionista según la cual se trata de una teoría primitiva sobre el origen de las diversas lenguas.[15] La creencia arrogante en el poder de la tecnología y, más profundamente, lo presuntuoso de pensar que el intelecto técnico puede y debe dominar sobre la divinidad, corrompen la psique y el Estado tan completamente que las palabras mismas, en ese Estado, pierden su significado, un significado que solo existe si es compartido; que solo existe en relación con un punto de referencia universal.

Esa desintegración surge cuando incluso la unidad implícita que les brinda la inteligibilidad queda destruida por las sucesivas consecuencias de la demolición del orden correcto de la comprensión. Eso es exactamente lo que está ocurriendo en nuestra sociedad actualmente: una sociedad cada vez más incapaz de ponerse de acuerdo sobre el significado de los referentes más fundamentales —entre ellos, sobre todo, las palabras *hombre* y *mujer*—.[16] Errar en la dirección destruye el propósito que une a la gente en una competencia y una cooperación pacíficas y productivas e imposibilita que unos entiendan lo que hacen los otros. Para su utilidad, las palabras han de alojarse en un marco de significado compartido. Deben seguir siendo herramientas usadas para las mismas tareas; piezas de ajedrez en el mismo juego (como tan pertinentemente subrayó el filósofo Ludwig Wittgenstein).[17] Eso no significa que la catástrofe potencial, siempre al acecho, de la torre de Babel *sea indicativa de la patología del intelecto y de su empeño* per se. *No se trata de una invitación idiota a un ludismo insensato y reaccionario.* En su forma no adulterada y adecuadamente humilde, la inteligencia que lleva al dominio técnico puede y debe ser un reflejo estelar del Logos, una facultad bien vista y considerada como el mayor don otorgado al hombre por el Creador.

La presuntuosa catástrofe totalitaria es, en cambio, la terrible consecuencia que surge inevitablemente cuando el espíritu de ese intelecto yerra de la peor manera. Por eso Lucifer —e incluso el propio Satanás— fue considerado tradicionalmente, entre otros por Milton, el ángel más elevado, pero también el más descarriado de la jerarquía celestial de Dios («a quien se daba este nombre porque resplandecía entre los ángeles más que la estrella así llamada entre las estrellas»).[18] Ese espíritu de iluminación es la facultad más valiosa imaginable o posible cuando se mantiene en el sitio que le corresponde —el verdadero portador de luz—, pero es el peor señor de todos los posibles cuando intenta reinar soberanamente. El desarrollo de la civilización, el intelecto y la tecnología —en una palabra, el *progreso*— no ha de verse, por tanto, como algo intrínsecamente pecaminoso o malo. Llega a serlo solo cuando se considera el camino supremo por el que avanzar o, peor aún, cuando ese camino se ofrece de una manera que eleva falsamente el estatus percibido de quienes lo ofrecen. Se trata del intento, por parte del ingeniero o el constructor, de ser venerado como el motor del progreso creativo mismo, en el intento de impresionar y dominar y, cuando ese intento falla, de buscar vengarse de los injustamente rechazados (ecos de Caín). No se diferencia en nada del intento de usurpar el trono del propio Dios y es, también, una nueva explicación del pecado central del hombre, como el de la caída de Adán. No existe mayor pecado de orgullo imaginable.

Hay aún algo más en ese patrón de la aberrante concepción babilónica y de su meta, aunque sea sutil, onírico, encajado solo en forma poética, que fácilmente pasa desapercibido y escapa a la comprensión. Para captarlo plenamente hay que tener en cuenta las descripciones más dilatadas de Babilonia y de sus habitantes, hombres y mujeres por igual. El abuso del poder tecnológico, tal como se documenta en la historia de la torre de Babel, bien puede considerarse, de manera adecuada, como una propensión masculina. Aun así, existe un equivalente femenino. Se trata de algo inevitable, pues cuando las cosas se descomponen en el lado masculino, tiene que darse un deterioro correspondiente, o perversión, en el lado femenino, dada la unión ineluctable de los dos sexos en su desarrollo, actitudes, patrones de atención y acciones. ¿Cómo podría la ciudad que coloca en el lugar más alto al peor espíritu posible, elevando la verdadera y misteriosa «abominación desoladora» (Daniel 9:27, 11:31 y 12:11; Mateo 24:15), no llegar a estar habitada, también, por las degeneradas del mundo femenino? ¿Cómo no abrirse a dejarse poseer por el espíritu mismo de esa degeneración?

La clave para entender la naturaleza del descenso femenino al caos en el texto bíblico ha de hallarse en la identificación del tema común, unificador y fijador de contexto del asentamiento en Babilonia, la ciudad degenerada que también resulta ser el lugar de residencia de la matriarca de todas las rameras: «La mujer estaba vestida de púrpura y escarlata, adornada de oro, piedras preciosas y perlas, y tenía en la mano un cáliz de oro lleno de abominaciones y de la inmundicia de su fornicación. En su frente tenía un nombre escrito, un misterio: Babilonia la grande, la madre de las rameras y de las abominaciones de la tierra» (Apocalipsis 17:4-5). Después de todo, son todas las personas que habitan el gran pero falso edificio las que se vuelven incapaces de comunicarse —los hombres y las mujeres con ellos—. ¿Qué sucede cuando lo patriarcal degenera y pierde su unidad; cuando se rebaja y se vuelve pecaminoso? Lo matriarcal pierde también sus elevados propósitos, se fractura y retrocede, se somete a las fuerzas gemelas del poder y del hedonismo, que surgen inevitablemente cuando el Dios que reina adecuadamente muere, así sea temporalmente.

La ramera de Babilonia es el espíritu que se hace presente —incluso venerado— cuando las mujeres emplean el poder de la seducción sexual como un instrumento para manipular y medrar y con el propósito de obtener una autogratificación hedonista inmediata. Eso —la degeneración de la feminidad, que pasa a convertirse en sexo mercantilizado— es una consecuencia inevitable del fracaso moral en el lado masculino, si bien no es algo que haya de atribuirse exclusivamente a los hombres. La tendencia a que ocurra así es análoga a las tentaciones del intelecto luciferino. El inmenso atractivo sexual de las mujeres sanas y hermosas es un don o un talento que, como la inteligencia, puede desviarse estrepitosamente. Se trata de algo mucho más probable cuando la comunidad masculina ha abandonado su responsabilidad, sobre todo la de regirse por los sagrados dictados de la monogamia, para sustituirla por ese placer casual y ese culto al poder que hacen que ese placer, al menos temporalmente, resulte más disponible (aunque solo para unos pocos, por más que, a fin de cuentas, hasta para ellos sea insostenible y poco fiable). No es cuestión de minimizar la complicidad de las mujeres: la tentación de presumir y aprovecharse por parte de lo que resulta atractivo, sin tener en cuenta las consecuencias, futuras y sociales, es sello distintivo de la manipulación y la inmadurez femeninas. Los rasgos de la tríada (o tétrada) oscura descritos anteriormente en relación con los hombres[19] también anticipan, por ejemplo, la propensión femenina a ofrecer sexo a cambio de los recursos deseados (dinero, sobre todo), o para evitar la responsabilidad productiva y generativa del matrimonio y la maternidad.[20]

Considerar la relación antitética que, simbólicamente hablando, se da entre la imagen de la ramera de Babilonia y el ideal tradicional de la naturaleza femenina ayuda a comprender mejor la degeneración del estado de aspiración patológica. El ideal tradicional es, cómo no, la Virgen con el Niño Jesús. Una sociedad que rinde culto a aquella y pasa por alto a esta entiende la feminidad solo en términos del innegable y puro poder sexual de las mujeres (pues la mano de obra que estas pueden proporcionar, en la medida en que pueden sustituir a los hombres, ya sea bien o mal, no las convierte exactamente en mujeres, sino en hombres honorarios). En cambio, una sociedad que venera a la Virgen eleva el estatus de las mujeres que voluntariamente prescinden del despliegue manipulador e interesado del poder de su atractivo sexual. La sociedad que amplía esa celebración al dúo sagrado de mujer y niño (una actitud verdaderamente madura) se orienta hacia el largo plazo y apunta a las relaciones comunitarias estables que más convienen a los niños y que, asimismo, satisfacen de la manera más eficaz y madura las necesidades más profundas de hombres y mujeres en conjunto.

¿Qué significa ese «en conjunto» en un contexto como este? Significa: de la manera que mejor asegure la integración y la estabilidad psicológicas, como consecuencia del diálogo y de la danza continuos que caracterizan un matrimonio implicado. Significa: de la manera que garantice y estabilice más exhaustivamente una sociedad productiva, pacífica y hospitalaria, con unas parejas implicadas que sirvan de cimientos básicos y necesarios a esa sociedad. En todos los arreglos alternativos, los hombres y las mujeres se alejan, se separan por las costuras, y de una manera terrible. La concepción de la feminidad como algo relacional (la concepción de la mujer como algo inseparable, en cierto sentido fundamental, del recién nacido y, por tanto, del marido) es un elemento crucial de una sociedad funcional. Hay muchas razones para creer que, en ausencia de esa conceptualización, tanto la psique del hombre como la de la mujer también fracasen en el intento de desarrollarse o se desintegren. ¿Significa eso que *mujer soltera* es una categoría de lo indeseable? Ni más ni menos que *hombre soltero*.

Fijémonos en los siguientes comentarios, publicados por el clérigo inglés y célebre estudioso de la Biblia Charles John Ellicott (1819-1905):

> Jeremías (Jeremías 51:7) decía que «una copa de oro que embriagó toda la tierra fue Babilonia en la mano de Jehová». La copa había embriagado la tierra entera; la copa de la embriaguez, espléndida y atractiva, estaba llena de un poder maligno, que robaba los sentidos a los hombres y los degradaba. La gran ciudad del mundo sostiene siempre esa copa reluciente que «la mayoría prueba movida por un ingenuo deseo intempestivo. En cuanto la poción hace efecto, su semblante humano —la expresa semejanza de los dioses— se torna en una forma bruta».[21]

La «forma bruta» a la que se refiere es la verdadera identidad que acecha tras la máscara del atractivo sexual superficial monetizado con tanta frecuencia en el mundo presente y en tan diversas formas —todo ello producido, distribuido y adquirido por los hijos tecnológicos de Caín—. El ámbito de ese pecado en su totalidad y todo lo que abarca su naturaleza quedan revelados también en los textos destacados, así como de otras maneras que son complejas. En primer lugar está la asociación entre Babilonia y la prostitución *per se*, algo a lo que ya hemos hecho referencia: la denigración y la explotación de las mujeres (por parte de otros y de ellas mismas), sobre todo en el terreno sexual, se vincula, en el corpus bíblico y posteriormente, de manera más explícita, por parte de comentaristas, con el auge del espíritu orgulloso y tecnocrático de Babel. Bien podría tratarse de algo necesario sobre lo que reflexionar en una época en la que la tecnología se ha aliado con la prostitución tan extensa e invasivamente que se trata de una especie de milagro perverso. Un 25 por ciento aproximado de todo el tráfico en la red tiene que ver con la propagación de material pornográfico.[22] Este es, sin duda, el sometimiento a través de la tecnología de lo femenino a lo hedonista y lo puramente económico y, en un sentido más profundo, la alianza de la prostituta (o sus equivalentes virtuales) con el terrible espíritu de la irresponsabilidad arrogante que caracteriza a los constructores de la eterna Babilonia). La posibilidad de acceder de manera amplia a material pornográfico ha sido, incluso, uno de los factores determinantes tanto para el desarrollo como para la adopción generalizada, instantánea y entusiasta de la red informática mundial.[23]

Tal como insistía Freud tan necesariamente: no hay que subestimar nunca el papel que la motivación sexual juega en la determinación del comportamiento humano, por más complejo que este parezca.[24] Se trata de algo relevante en esta cuestión y sin duda no es casualidad que precisamente sean ingenieros los que intentan con tanta desesperación construir mujeres, literalmente; esas mismas mujeres que, en realidad, no les corresponden de manera voluntaria por no resultar ellos deseables, una falta de deseabilidad que a menudo es objeto de parodias excesivamente reduccionistas, una falta de deseabilidad magnificada hasta convertirse en repulsión por su escandaloso y resentido orgullo intelectual. También son los ingenieros los que han construido los sistemas que llevan a las modernas rameras de Babilonia y a sus deliciosos pero intocables súcubos hasta los pringosos ordenadores portátiles de los *incels* tecnológicos que viven instalados en los sótanos de sus casas. Posteriormente, Ellicott comenta otro pasaje importante de Apocalipsis 18:24:

> No es solo por la seducción como se mide su culpa: sus manos están manchadas de sangre: la sangre de los profetas, que habían testificado contra ella; de los santos, cuyas vidas santas eran una protesta contra sus pecados, y tan odiosas para ella. [...] Babilonia, la ciudad mundial, se basa en esos principios, la lógica cuyo resultado es la violencia, el derramamiento de sangre y la hostilidad hacia el bien más elevado: los que mueren por sus manos, pocos o muchos, son la evidencia de que toda la tendencia de su poder está en contra de la santidad y la verdad.[25]

Aquí también se aprecian ecos de la acusación lanzada por Cristo contra quienes se dan importancia y exhiben una falsa virtud al tiempo que transgreden precisamente el espíritu que dicen encarnar:

> ¡Ay de vosotros, escribas y fariseos, hipócritas!, porque edificáis los sepulcros de los profetas y adornáis los monumentos de los justos, y decís: «Si hubiéramos vivido en los días de nuestros padres, no habríamos sido sus cómplices en la sangre de los profetas». Con esto dais testimonio contra vosotros mismos de que sois hijos de aquellos que mataron a los profetas. ¡Vosotros, pues, colmad la medida de vuestros padres!
>
> Mateo 23: 29-32

[O, alternativamente: «¡Completen de una vez por todas lo que sus antepasados comenzaron!» (Nueva Versión Internacional)].

Los pecadores a los que Cristo regaña son los que, deliberadamente, han incumplido el misterioso tercer mandamiento: «No tomarás el nombre de Jehová, tu Dios, en vano, porque no dará por inocente Jehová al que tome su nombre en vano» (Éxodo 20:7). Como ya se ha comentado antes,[26] este mandamiento prohíbe atribuirse la virtud divina del servicio a Dios cuando se hace solo en aras del interés propio; prohíbe subvertir todo lo que es elevado en lo que es astucia manipuladora e instrumental. Así como los fariseos transgreden el espíritu del Dios que han jurado respetar, «matando», por tanto, ese espíritu —o, metafóricamente, a los profetas que portaban su mensaje—, las acciones últimas de la ramera violan los principios del espíritu central unificador de manera tan profunda que la metáfora adecuada es una metáfora de la ebriedad asesina.

Se trata de una advertencia sobre el peligro de someter la sexualidad a un limitado interés económico y al placer hedonista y, en un sentido más amplio, otro aviso (destinado más a los ingenieros o a otros intelectos orgullosos): no os impliquéis en la exhibición (tan a menudo desdeñosa) de vuestro intelecto para atraer la fuente de placer sexual, sobre todo si es a corto plazo. Pista: de todos modos, casi nunca funciona. ¿Por qué, si no, los hombres serían atraídos a bots sexuales diseñados para «sustituir a las mujeres»,[27] a esas mismas mujeres reales que tienden, en su afán hiperselectivo de escoger a maridos de un estatus superior al suyo, a resultar absolutamente devastadoras para el orgullo de los hombres? ¿A esas mismas mujeres que, de ese modo, consiguen ser los agentes mismos de la aguda autoconsciencia que necesariamente caracteriza a los hombres más extraviados, desalineados y caídos? El resentimiento que nace del rechazo así engendrado puede llevar y lleva a los hombres a asesinar y a cosas mucho peores. La torre de Babel es una estructura que contiene muchas cámaras y cada una de ellas muestra a hombres y a mujeres con su peor luz: precisamente, la luz que brilla tan sombríamente como consecuencia directa de la falsa veneración.

¿Cuál es el significado pleno de esa compleja red de asociaciones? En primer lugar, que la propia empresa tecnológica/industrial puede ser impulsada por un falso orgullo en el dominio mecánico; en segundo lugar, que es probable aliarse con el espíritu del dominio, la conquista y el poder; en tercer lugar, que el sometimiento de lo femenino a ese aliado (o la alianza directa de lo corrupto femenino con él) es inevitable —y que ese sometimiento o participación voluntaria también presenta un profundo peligro psicológico y social—; en cuarto lugar, y aún más profundamente, que toda la empresa de la torre de Babel está relacionada con el tipo de orgullo luciferino que precede a la más honda y devastadora de las caídas. Por eso es por lo que, en el corpus bíblico, aparecen pistas de la rebelión de Lucifer, un espíritu caracterizado en el Libro de Job no solo como ángel, sino como un verdadero «hijo de Dios»,[28] así como de una gran batalla posterior librada en el cielo. Ese es el gran tema agazapado tras la tentación de Adán y Eva y, posteriormente, de Caín; del endurecimiento del corazón del faraón y de la tendencia de los israelitas serviles a perder la fe y a rebelarse; del tormento de Job; y del ofrecimiento de los halagos del demonio mismo en el desierto a un Cristo errante y hambriento:

> ¡Cómo caíste del cielo, Lucero, hijo de la mañana! Derribado fuiste a tierra, tú que debilitabas las naciones. Tú que decías en tu corazón: «Subiré al cielo. En lo alto, junto a las estrellas de Dios, levantaré mi trono y en el monte del testimonio me sentaré, en los extremos del norte; sobre las alturas de las nubes subiré y seré semejante al Altísimo».
>
> Isaías 14:12-14

La caída del espíritu de la orgullosa presunción intelectual/técnica genera devastadoras consecuencias psicológicas, unas consecuencias que, de manera inevitable, se derraman sobre lo social, lo universal y lo eterno. Es mucho lo que se ha producido a partir de estas pistas de cisma en el ámbito divino. El gran poeta inglés John Milton hizo de la elaboración de esas ideas el gran proyecto de su vida, empeñándose en retratar a Lucifer como el más elevado de los ángeles en el reino celestial de Dios que, tal como hemos visto,[29] se ha echado a perder de la manera más espantosa, y como autor del infierno en el que él mismo habita, junto con sus engañados seguidores, como consecuencia de su rebelión.[30] Con tales propósitos, Milton detalla la relación entre el espíritu (o incluso la identidad) de Lucifer y el portador del conocimiento mortal que condenó a Eva y Adán en el jardín del Edén, asociando ese espíritu, además, con el deseo orgulloso de suplantar a Dios:

> Dominado aquel espíritu por este ambicioso proyecto contra el trono y la monarquía de Dios, suscitó en el cielo una guerra impía y un combate temerario: más sus esfuerzos fueron vanos.[31]

¿La consecuencia? La generación del infierno como eterna morada de Lucifer y sus seguidores, definido como distancia con respecto a lo que es unificador y trascendente; definido como el lugar del terror, de la desesperanza, de la confusión, del conflicto y de la tristeza permanentes. ¿Cómo puede cualquiera leer este gran poema y no pensar en el arrogante espíritu etéreo que con tanta rotundidad se ha manifestado en las catástrofes ideológicas del siglo XX?

> La Potestad suprema lo arrojó de cabeza, envuelto en llamas, desde la bóveda etérea, repugnante y ardiendo, cayó en el abismo sin fondo de la perdición, para permanecer allí cargado de cadenas de diamante, en el fuego que castiga; él, que había osado desafiar las armas del Todopoderoso, permaneció tendido y revolcándose en el abismo ardiente, juntamente con su banda infernal, nueve veces el espacio de tiempo que miden el día y la noche entre los

mortales, conservando, empero, su inmortalidad. Su sentencia, sin embargo, le tenía reservado mayor despecho, porque el doble pensamiento de la felicidad perdida y de un dolor perpetuo lo atormentaba sin tregua. Pasea en torno suyo sus ojos funestos, en que se pintan la consternación y un inmenso dolor, juntamente con su arraigado orgullo y su odio inquebrantable.

De una sola ojeada y atravesando con su mirada un espacio tan lejano como es dado a la penetración de los ángeles, vio aquel lugar triste, devastado y sombrío; aquel antro horrible y cercado, que ardía por todos lados como un gran horno. Aquellas llamas no despedían luz alguna; pero las tinieblas visibles servían tan solo para descubrir cuadros de horror, regiones de pesares, oscuridad dolorosa, en donde la paz y el reposo no pueden habitar jamás, en donde no penetra ni aun la esperanza, ¡la esperanza que dondequiera existe! Pero sí suplicios sin fin, y un diluvio de fuego, alimentado por azufre, que arde sin consumirse.

Tal es el sitio que la justicia eterna preparó para aquellos rebeldes, ordenando que estuviesen allí aprisionados en extrañas tinieblas y haciéndolo tres veces tan apartado de Dios y de la luz del cielo cuanto lo está el centro de la creación del polo más elevado.[32]

Lucifer significa «portador de luz» en latín —ecos del prometeico portador del fuego—. Así, el intelectual luciferino entrega, o al menos promete entregar, una forma perversa de iluminación, una forma que, de hecho, es una parodia de la iluminación genuina o verdadera. Milton abunda en las consecuencias psicológicas de la actitud luciferina:

¡Adiós, campos afortunados, donde existe una felicidad eterna! ¡Salud, horrores! ¡Salud, mundo infernal! Y tú, profundo infierno, recibe a tu nuevo señor, que llega a ti con un ánimo que no podrán cambiar el tiempo ni el lugar. El espíritu lleva en sí mismo su propia morada y puede en sí mismo hacer un cielo del infierno o un infierno del cielo.[33]

El poeta también describe la motivación que semejante estado psicológico produce inevitablemente, en relación con el comportamiento social y con el mundo más amplio:

> Ten por seguro que nuestra misión no consistirá nunca en hacer el bien; nuestra única delicia será siempre hacer el mal, por ser lo contrario de la alta voluntad de Aquel a quien resistimos. Si su providencia procura sacar el bien de nuestro mal, debemos trabajar para malograr este fin y hasta para encontrar en el bien medios que conduzcan al mal.[34]

Así como el impulso resentido, fratricida, de Caín se expande para incluir y después condenar al mundo entero, el impulso luciferino, manifestado en la ciudad de Babilonia, se condena a sí mismo y a todos los que lo han abrazado a la perdición y la destrucción:

> Clamó con voz potente, diciendo: «¡Ha caído, ha caído la gran Babilonia! Se ha convertido en habitación de demonios, en guarida de todo espíritu inmundo y en albergue de toda ave inmunda y aborrecible, porque todas las naciones han bebido del vino del furor de su fornicación. Los reyes de la tierra han fornicado con ella y los mercaderes de la tierra se han enriquecido con el poder de sus lujos sensuales».
>
> Apocalipsis 18:2-3

El conocimiento incorporado a nuestros dramas indica, al menos, nuestra comprensión implícita o provisional de ese espíritu del intelecto herido y arrogante. Por ello, sin duda, cabe cuestionarse hasta qué punto nuestra incapacidad para comprenderlo plena y explícitamente es consecuencia de una ceguera voluntaria y no de mera ignorancia. Después de todo, la naturaleza de ese espíritu de lo condenado ha sido ampliamente caracterizada de manera excepcional en la literatura y el entretenimiento popular. *Fausto*, la obra del gran autor alemán Johann

Wolfgang von Goethe, proporciona quizá el más famoso de los primeros ejemplos modernos (*Fausto*, 1808; *Fausto II*, 1832). *Frankenstein o El moderno Prometeo*, de Mary Shelley (1818), que presenta a Victor Frankenstein como el avatar del intelecto luciferino, hizo su aparición más o menos en el mismo momento. *Un mundo feliz* (1932), de Aldous Huxley, que se publicó más de cien años después (y que aún parece una obra muy moderna), también aborda temas relacionados con la corrupción femenina (en el sentido de que las actitudes sexuales en el futuro distópico de Huxley son tan laxas que negarse a una promiscuidad esporádica ha llegado a ser socialmente inaceptable). *1984*, el clásico de George Orwell publicado en 1949, es quizá el ejemplo literario más famoso en el siglo xx de la pesadilla distópica luciferina/babilónica.

En ese mismo sentido, pensemos en las numerosas películas distópicas del pasado siglo: *Metropolis* (1927), *Blade Runner* (1982), *RoboCop* (1987), *Minority Report* (2002), *Ex machina* (2015) y la más explícita y famosa de todas ellas, la saga de *Terminator*, que incluye *The Terminator* (1984), *Terminator 2: el juicio final* (1991), *Terminator 3: la rebelión de las máquinas* (2003), *Terminator Salvation* (2009), *Terminator: génesis* (2015), *Terminator: Dark Fate* (2019). Es digno de mención que sea, en parte, la demanda de un retrato realista de esos escenarios y parodias apocalípticos luciferinos la que impulse al mercado a potenciar el poder informático. Los ordenadores portátiles que usamos habitualmente para llevar a cabo tareas relativamente cotidianas, como el procesado de textos, la manipulación de hojas de cálculo, la gestión *online* de vídeos, las búsquedas en internet no necesitan la inmensa capacidad de cálculo de los chips más avanzados del mundo. Pero el deseo de producir unos mundos ficticios mejor presentados —tanto en formato de juego como en películas— es el que proporciona una parte nada desdeñable del incentivo económico para mantener vivo y en plena forma ese elemento de la actual revolución tecnológica.[35] Usamos nuestras máquinas más avanzadas para que nos adviertan (mientras nos entretienen) del peligro de esas mismas máquinas avanzadas. Esa es, quizá, otra broma malvada.

Todo ello, tanto en los hechos como en la ficción, se manifiesta una vez más, tal como se ha manifestado constantemente en el pasado, en la alianza pecaminosa y excesivamente real que se da en una China todavía escandalosamente comunista entre los tiranos poseídos de ideología que gobiernan esa lúgubre tierra baldía y los ingenieros que trabajan en ella, que se empeñan «ingenuamente» en alcanzar cotas cada vez mayores de arrogancia y destreza mal dirigida, todo ello para regocijo de su propio intelecto; y todo ello en lugar de la devoción verdadera a lo que está justamente en lo más alto. Son los orcos que habitan en la torre que eleva hacia el cielo el ojo de Sauron,[36] que todo lo ve; los que están, según su propio testimonio idiota/sabio, construyendo Skynet,[37] que en su formulación original de ficción libraba una guerra contra toda la humanidad.[38] Este sistema de Skynet, que en la actualidad está constituido por unos setecientos millones de cámaras de televisión de circuito cerrado, es al parecer lo bastante rápido como para escanear a todos y cada uno de los ciudadanos de la República Popular de China en menos de un segundo y posee una tasa de precisión en cuanto a la identificación individual de más del 99 por ciento.[39] Los chinos también han desarrollado sistemas de reconocimiento de la manera de caminar, capaces de identificar a los individuos incluso cuando sus rostros están ocultos o por algún motivo no pueden visualizarse.[40]

Que para su sistema hayan recurrido al mismo nombre que usaban los famosos cíborgs destructivos de *Terminator* es, como mínimo, un chiste perverso, que recuerda a ese cartel colocado a la entrada del campo de exterminio de Auschwitz y en el que se leía «Arbeit macht frei» («El trabajo os hará libres»), o al acrónimo MAD (iniciales en inglés de *Destrucción Mutua Asegurada*),* que hacía referencia a una estrategia militar que se originó du-

---

* *Mad* significa «loco» en inglés *(N. del t.).*

rante la Guerra Fría. Los teóricos de la MAD pregonaban la doctrina de la disuasión racional, la creencia según la cual la certeza de la aniquilación mutua produciría un terror suficiente como para mantener la paz entre unos oponentes excesivamente armados[41] (en este caso, la Unión Soviética y Estados Unidos y sus aliados poseedores de armamento nuclear). ¿Quién se atrevería a contar ese chiste? Solo el más malvado de los payasos.

Esa figura oscura, paródica, estrechamente relacionada con el personaje cainita o luciferino, también aparece frecuente y significativamente en la ficción, la fantasía y la realidad misma. Pensemos, por ejemplo, en el personaje del señor Dark, de la novela *La feria de las tinieblas* (1962), de Ray Bradbury. Director de una feria ambulante que va de pueblo en pueblo, ofrece siniestras delicias a los ingenuos y a los incautos. También está el Joker de la saga *Batman*: alguien tan temible que hasta los capos de la mafia retroceden, lo que también constituye el tema, especialmente bien desarrollado, de *El caballero oscuro* (2008) —véanse también *Batman* (1980), *Escuadrón suicida* (2016) y *Joker* (2019)—. *It* (*Eso*, 1986), de Stephen King, presenta a Pennywise, un payaso malvado e inmortal. Se trata, de algún modo, de una entidad cósmica, o incluso de un dios cuyo lugar de residencia escogido —el inframundo, míticamente hablando— es nada menos que el laberíntico sistema de alcantarillado que circula bajo la pequeña ciudad de Derry, Maine (versión televisiva, partes 1 y 2: 1990; versión cinematográfica, parte 1: 2017, parte 2: 2019). El burlón maestro de ceremonias de la República de Weimar que extiende una invitación de satánica hospitalidad tanto a los hedonistas como a los nazis es el payaso mayor del desgarrador y fidedigno musical *Cabaret*,[42] quizá la reflexión más completa de la danza maligna de nuestros tiempos aportada en el último medio siglo.

Desde un lugar más ridículo, destacan dos personajes de *Los Simpson*, la brillante sátira animada de Matt Groening: Jeffrey Albertson, el vendedor de cómics de la ciudad, más conocido por sus maneras «intelectuales», cáusticas y despectivas, por su completo y absoluto fracaso personal y social, por su aporte interminable de conocimientos inútiles y, más revelador aún, por su absoluta disposición a criticar y a cargarse como si tal cosa todo lo que tiene algún valor: «El peor cómic de la historia»;[43] «La peor película de la historia»;[44] «El peor episodio de la historia»;[45] «La peor secuela de la historia»;[46] «El peor *crossover* de la historia»;[47] y en el episodio más famoso de todos, «La peor puesta de sol de la historia».[48] El Actor Secundario Bob, de apropiado nombre, completa el arquetipo. El pretencioso Bob, como Caín, representa un papel eternamente secundario, a pesar de su confianza narcisista y de su erudición exhibicionista, y se dedica amargamente a urdir tramas grandiosas, que en todos los casos fracasan estrepitosa y cómicamente cuando se intentan en el mundo real. Un papel bastante similar lo representa, por sorprendente que parezca, la figura del tirano georgiano ruso, así como cada uno de sus secuaces y parásitos, de distintos pelajes, en la gran comedia negra de Armando Iannucci titulada *La muerte de Stalin* (2017), que no cuesta imaginar como aproximación fidedigna al circo tenebroso que, sin duda, constituyó la Unión Soviética. El adversario de Dios se entiende bien como parodia de lo divino. Esto es así, quizá, porque no falta lo realmente ridículo en las mentiras que adoptan de manera rápida y autodestructiva aquellos que se decantan por el totalitarismo.

5.2. El orgullo y la caída, bis: descenso al infierno mismo

Revisar brevemente el mito griego de Dédalo y de su hijo Ícaro puede ayudarnos a comprender mejor la relación entre el orgullo arrogante (sobre todo del intelecto), la tecnología y una caída —un descenso desde las alturas; un hundimiento en el caos y la confusión; un salto de cabeza al abismo; una disolución en la muerte—. Dédalo, hábil artesano, era el artífice del laberinto de Creta. El rey Minos, gobernante de la isla, encarceló a Dédalo y a su hijo en la propia creación de aquel. Mientras se encontraban allí atrapados, Dédalo usó cera y plumas para crear unas alas para él y para Ícaro con las que elevarse al cielo y escapar. A medida que sobrevolaban Creta, Ícaro, entusiasmado con la emoción del vuelo, desoyó la advertencia de su padre de no ascender más de la cuenta. Y siguió subiendo, acercándose cada vez más al sol y a su destino. El calor funde la cera y une sus alas, por lo que se desploma, se hunde en el mar y se ahoga.[49] Resulta tentador recurrir a soluciones tecnológicas para enfrentarse a los problemas laberínticos de la vida y elevarse en el mundo como consecuencia de ello, pero la soberbia y la celebración imprudente de la tecnología pueden hacer que esas soluciones se conviertan en problemas aún peores. Un aviso a los ingenieros: no presumáis de volar tan alto que el propio Dios se vea en la necesidad de intervenir.

De un modo parecido, los relatos del corpus bíblico insisten repetidamente en que «antes del quebranto está la soberbia, y antes de la caída, la altivez de espíritu» (Proverbios 16:18). Asimismo, detallan la inevitable alianza entre la arrogancia y la propensión a usar la fuerza y a obligar. Los extensos y poéticos retratos de la relación causal entre el espíritu luciferino y el auge y la caída de Babilonia reflejan numerosos aspectos de esa alianza en último extremo maldita, tal como se apunta en Isaías 14:12: «¡Cómo caíste del cielo!». El estudioso de temas bíblicos John Gill, en el siglo XVIII, comenta, con respecto a esas desintegraciones y descensos:

Esto no debe entenderse de la caída de Satanás y los ángeles apóstatas, de su primer estado, cuando fueron arrojados del cielo al infierno, aunque puede haber una alusión a ella,[50] sino que las palabras son una continuación del discurso de los muertos al rey de Babilonia, asombrándose, como si de algo casi increíble se tratara, de que él, que parecía estar tan asentado en el trono de su reino, que era su cielo, hubiera de ser depuesto o caer de él. Así, la destrucción de los emperadores paganos romanos se indica en la expulsión de los cielos del dragón y de sus ángeles (Apocalipsis

12:7) y de la misma manera la Roma papal, o la Roma del anti-
cristo, caerá de su cielo de esplendor externo y de felicidad, de
honor y autoridad, ahora poseída por él.

¡Oh, Lucifer, hijo de la mañana!, en alusión a la estrella
Venus, que es el fósforo o lucero de la mañana, que anuncia la
luz de la mañana y muestra que el día está cerca; con lo cual se
entiende no a Satanás, que nunca en las Escrituras es llamado
Lucifer, aunque una vez fue un ángel de luz, y a veces se transforma en ángel, y los buenos ángeles se llaman estrellas de la mañana (Job 38:7), pues eso fueron una vez él y sus ángeles; sino que
se quiere referir al rey de Babilonia, cuya gloria regia y majestad,
que superan a las del resto de los monarcas de la tierra, se expresan con esos nombres; y que tal vez fueron los que se dio a sí
mismo, o le dieron sus cortesanos.[51]

La muerte violenta es, a menudo y previsiblemente, el fin
natural del tirano; la consecuencia personal última del hundimiento del Estado de la torre de Babel. Se trata de algo tan fundamental y básicamente cierto que parece aplicarse incluso en el
caso de los chimpancés, que son nuestros parientes naturales
más próximos.[52] Los chimpancés se caracterizan por regirse por
algo que se aproxima a un verdadero patriarcado; aunque las
hembras pueden ocupar y ocupan posiciones de considerable
autoridad, todos los grupos de chimpancés cuentan con un macho en la cúspide.

En su obra *La política de los chimpancés*, el influyente primatólogo neerlandés Frans de Waal, intelectual de largo alcance, describe que los líderes chimpancés que se basan en la agresión y la
intimidación para mantener su poder se enfrentan inevitablemente a desafíos peligrosos por parte de unos subordinados que acaban viendo con malos ojos sus tácticas. Ilustra este principio con
la historia del derrocamiento violento de un chimpancé macho
dominante llamado Yeroen, que gobernó durante varios años la
comunidad del zoo Real Burgers, en la localidad neerlandesa de
Arnhem. Cuando Yeroen pasó a mostrarse cada vez más agresivo

e inestable, sus subordinados empezaron a unirse contra él. «Ye-roen fue atacado por sus socios de coalición, que claramente pre-tendían matarlo. La lucha que siguió fue intensa y brutal, con sangre y pelos arrancados, hasta que al fin Yeroen quedó inmóvil en el suelo. Había recibido una herida fatal en el cuello y ya no recobró la consciencia.»[53] En otro caso, «un individuo llamado Luit que había sido macho alfa fue atacado por el nuevo alfa, Amos, y su grupo. Luit se vio totalmente superado y nunca se re-cuperó de las heridas. Murió poco después. En otros casos, los machos depuestos son castrados o ahuyentados».[54]

De Waal destaca que, entre los chimpancés, los líderes que, en cambio, se basan en estrategias de reciprocidad mutua-mente beneficiosas reinan durante más tiempo y sobre grupos sociales más estables, pacíficos y productivos. «Los individuos más exitosos no son necesariamente los más fuertes ni los más agresivos, sino más bien aquellos a los que se les da mejor ges-tionar relaciones.»[55] En otros textos subraya que «la capacidad humana para la empatía y la cooperación bien puede haber evolucionado a partir de las tendencias cooperativas de nues-tros ancestros primates, chimpancés y bonobos».[56] Se trata de la afirmación notable de un hecho biológico, dada la preemi-nencia contemporánea de la creencia de que incluso las estruc-turas sociales humanas se entienden mejor, a todos los niveles, solo como manifestaciones de un condicionamiento social, en primer lugar, y en segundo lugar, solo como voluntad y capa-cidad de usar el poder, la fuerza y la imposición.[57] Considerar el terrible destino que aguarda a los chimpancés dictadores po-dría dar que pensar a aquellos que defienden lo deseable y lo útil del poder en cuanto fuerza unificadora: pero por si no bas-tara, también están los convenientes ejemplos de dirigentes en otro tiempo poderosos como Benito Mussolini y Nicolae Ceaucescu.

En los días finales de la Segunda Guerra Mundial en Euro-pa, Mussolini y su amante, Claretta Petacci, huyeron de Milán, donde se habían instalado, y se dirigieron a la frontera con Suiza. Fueron capturados en la pequeña aldea de Giulino di Mezze-gra, situada al norte del país, el 27 de abril de 1945, y unos partisanos italianos los abatieron a tiros la tarde siguiente, dos días antes de que Hitler se suicidara en Berlín. Sus cadáveres fueron devueltos a Milán, donde se expusieron en el Piazzale Loreto, una plaza de las afueras, para que una muchedumbre airada los insultara y los profanara. Posteriormente, los colga-ron boca abajo de la viga metálica de una gasolinera.[58] Un des-tino similar recayó sobre Nicolae Ceaucescu, el dictador comu-nista de Rumanía, que en sus casi veinticinco años de mandato fue volviéndose cada vez más represor e impuso estrictos con-troles económicos que condujeron a una escasez generalizada de alimentos y otros bienes, además de perseguir a disidentes y encarcelar y matar a miles de sus opositores. En diciembre de 1989, en la ciudad de Timisoara estallaron protestas contra el régimen, que se extendieron rápidamente a otras zonas de Ru-manía. Ceaucescu, obligado a huir de la capital, Bucarest, fue capturado pocos días después, llevado a juicio por un tribunal militar convocado a toda prisa y declarado culpable de genoci-dio y otros crímenes contra la humanidad. Su esposa, Elena, y él fueron ejecutados en una base militar a las afueras de Bucarest el día de Navidad. La ejecución fue transmitida en directo por televisión y la vieron millones de personas en todo el mundo.[59] ¿Cuál es la moraleja de estas historias? Que es probable que la caída desde las alturas totalitarias sea tan total como la arrogan-cia inicial del Estado fallido. Es más, el desplome de la torre de Babel es algo tan personal y psicológico como social.

Resuenan ecos del conflicto entre el macho más pacífico y, por tanto, más exitoso (y, por ello, más verdaderamente «alfa») y su oponente obsesionado con el poder y, por tanto, más ge-nuinamente (aunque no de manera obvia) débil en el corpus bíblico. En el relato de David y Goliat, por ejemplo, es David, el joven pastor, el que derrota al gigante guerrero filisteo Goliat con una simple pedrada de su honda. En el contexto de la his-toria, el ejército filisteo se lanza contra el israelita. Se propone un combate único, de un solo hombre contra otro —el ganador filisteo contra el de los antiguos hebreos—, como medio para dirimir el conflicto. Los pobladores del país derrotado deberán servir como esclavos en el país vencedor. Goliat era un espécimen físico que infundía terror:

> Llevaba un casco de bronce en su cabeza y vestía una coraza de malla; la coraza pesaba cinco mil siclos de bronce. En sus piernas tenía canilleras de bronce y una jabalina de bronce a la espalda. El asta de su lanza era como un rodillo de telar y la punta de su lanza pesaba seiscientos siclos de hierro. Delante de él iba su escudero.
>
> 1 Samuel 17:5-7

Ningún israelita estaba dispuesto a enfrentarse a ese gigante hasta que David —muchísimo menos impresionante que su antiguo contrincante— hace su aparición:

> El filisteo fue avanzando y acercándose a David, precedido de su escudero. Cuando el filisteo miró y vio a David, no lo tomó en serio, porque era apenas un muchacho, rubio y de hermoso parecer. El filisteo dijo a David: «¿Soy yo un perro, para que vengas contra mí con palos?». Y maldijo a David invocando a sus dioses.
>
> 1 Samuel 17:41-43

Pero David —que por su trabajo se ocupaba de los vulnerables— se había acostumbrado plenamente a tratar con depredadores feroces, tal como informa a Saúl, el rey, que aun así duda de la capacidad de su campeón:

> Dijo Saúl a David: «Tú no podrás ir contra aquel filisteo y pelear con él, porque eres un muchacho, mientras que él es un hombre de guerra desde su juventud». David respondió a Saúl: «Tu siervo era pastor de las ovejas de su padre. Cuando venía un león o

un oso y se llevaba algún cordero de la manada, salía yo tras él, lo hería y se lo arrancaba de la boca; y si se revolvía contra mí, le echaba mano a la quijada, lo hería y lo mataba. Ya fuera león o fuera oso, tu siervo lo mataba; y este filisteo incircunciso será como uno de ellos, porque ha provocado al ejército del Dios viviente».

1 Samuel 17:33-36

El conocido relato se cierra con la derrota del engreído gigante, el sometimiento de los filisteos y la victoria de las fuerzas de Israel:

Aconteció que cuando el filisteo se levantó y echó a andar para ir al encuentro de David, David se dio prisa y corrió a la línea de batalla contra el filisteo. Metió David su mano en la bolsa, tomó de allí una piedra, la tiró con la honda e hirió al filisteo en la frente. La piedra se le clavó en la frente y cayó a tierra sobre su rostro. Así venció David al filisteo con honda y piedra. Hirió al filisteo y lo mató, sin tener David una espada en sus manos. Entonces corrió David y se puso sobre el filisteo; tomó su espada, la sacó de la vaina, lo acabó de matar y le cortó con ella la cabeza. Cuando los filisteos vieron muerto a su paladín, huyeron.

1 Samuel 17:48-51

¿Cuál es la moraleja de este relato? El verdadero héroe es aquel que derrota al gigante tirano del Estado. Historias similares de héroes y tiranos están universalmente presentes en el folclore de la humanidad. En *La epopeya de Gilgamesh*, por ejemplo, el héroe Gilgamesh y su amigo Enkidu derrotan a Humbaba, un gigante guardián del bosque de los Cedros. Tras asesinar a Humbaba, Gilgamesh usa su cuerpo para construir las puertas de la ciudad de Uruk.[60] De manera similar, el dios nórdico Thor guerrea contra varios gigantes, entre ellos Thrym, el rey de Jotunheim, que le roba el martillo a Thor. En consecuencia, este lo mata y recupera su herramienta mágica.[61] En la novela china clásica titulada *Viaje al oeste*, Sun Wukong, el rey mono, guerrea contra el rey demonio toro, que está sembrando el caos en el inframundo. Sun Wukong mata al demonio y salva la situación.[62] Se trata de una historia que presenta un gran paralelismo con el mito griego clásico de Teseo y el minotauro: Teseo, el rey fundador legendario de Atenas, derrota al monstruo minotauro, que es mitad hombre y mitad toro, y después usa un ovillo de cuerda para encontrar la salida del laberinto en el que la criatura vivía prisionera.[63]

Esos relatos retratan la batalla entre dos espíritus: el espíritu que se caracteriza por tender hacia arriba, dedicado a todo lo bueno, que se esfuerza por acercarse al lado de la verdad; y el espíritu del intelecto y del orgullo luciferino, tendente al culto a la tecnología, dispuesto a usar la imposición, la fuerza y el poder, proclive a degenerar en una promiscuidad hedonista, que se manifiesta, inevitablemente, en forma de parodia siniestra y de la comedia más negra imaginable. Este espíritu sirve al caos; es el precursor o el agente del caos; desea, en cierto sentido fundamental, gobernar sobre el caos. Puede entenderse a la vez como el Estado tiránico —el Estado en el que todo el mundo miente— y como el patrón del culto, de la atención y de la acción que son resentidos y engañosos y que traen consigo el Estado tiránico. Ese Estado —ese reino convertido en piedra— es el hermano malo del otrora gran rey, cuya ceguera voluntaria hace posible al eterno usurpador. La personalidad de Caín es la fuerza que anima a ese hermano malvado, de la misma manera que los descendientes de Caín son los que erigen la torre maldita. El gigante vencido por el héroe es el Estado degenerado. Ese patrón de derrocamiento es una variante de la batalla entre el orden y el caos que constituye la creación misma, entre otras cosas en el sentido de que la aparición del Estado malvado precede al retorno de esa potencialidad precosmogónica. Dios se retrata a sí mismo exactamente como esa fuerza victoriosa cuando se presenta a Job, que lleva tanto tiempo sufriendo:

Ahí está el Behemot: yo lo creé, lo mismo que a ti. Come hierba, como el buey. Su fuerza está en sus lomos; su vigor, en los músculos de su vientre. Mueve su cola semejante al cedro y los nervios de sus muslos están entretejidos. Sus huesos son fuertes como el bronce y sus miembros como barras de hierro. Él es el primero entre las obras de Dios y solo el que lo hizo puede acercar a él la espada.

Job 40:15-19

Decir a los autoritarios la verdad que redime; y luchar con la posibilidad para que el orden que es bueno o incluso bueno en gran medida pueda establecerse, o restablecerse: esa es la obra —el sacrificio— de Dios y la responsabilidad, la obligación y la aventura de todos los que están hechos a su imagen.

Dios, en la historia de la torre de Babel, es el ser trascendente que es la antítesis absoluta de la autoridad presuntuosa (igual que lo era cuando advirtió a Adán y a Eva de que no comieran el fruto del árbol del conocimiento del bien y del mal). Él es el Ser que advierte eternamente: «No me sustituyáis por el culto a vuestro propio orgullo y poder, porque todo el infierno habrá de desatarse si lo hacéis». Por tanto, Dios se representa de manera fidedigna como lo que debe situarse justamente en lo alto tanto de la jerarquía psicológica como social; lo que se indica correctamente con la punta de oro en la cúspide de la pirámide; lo que sirve como el ojo correcto que todo lo ve en la cima de la montaña, porque, en caso contrario, todo se desintegra, incluidas, nada menos, la capacidad de ver y la de hablar. Se trata del Dios que se manifiesta en la disposición humana a implicarse en el diálogo productivo que apunta hacia arriba, en la negociación y la comunicación que proveen y estabilizan por igual la psique y la comunidad. De ese modo reflejamos la imagen de Nuestro Hacedor, trayendo orden al mundo, o restableciendo ese orden cuando ha sido violado y corrompido.

¿Cuál es la alternativa? La aparición del orgullo arrogante y de la presuntuosidad, la construcción de monumentos grandiosos a los más falsos de los dioses, la invocación a la ramera, la desaparición de presuposiciones compartidas sobre las que se asienta la comprensión misma y el desmoronamiento de todo en un estado indistinguible de infierno. Eso dice la sabiduría desde tiempos inmemoriales.

5.3. La incapacidad para entendernos los unos a los otros

Nuestra capacidad para comunicarnos es misteriosa. ¿Por qué no podemos entendernos los unos a los otros en absoluto, incluso en principio, dado que somos criaturas separadas, autónomas e independientes? Esto es así porque somos muy similares en nuestra naturaleza material, desde un punto de vista biológico y del desarrollo. Nuestras estructuras psicofisiológicas fundamentales o básicas son prácticamente idénticas entre una persona y otra. Esa similitud se extiende más allá en la jerarquía filogenética, o evolutiva. También tenemos mucho en común con las criaturas no humanas con las que compartimos el jardín. Que Dios no permita a los seres humanos cuestionar los axiomas mismos, cuando les prohíbe asimilar el «conocimiento» último representado por el fruto prohibido, es conscuencia, entre otras cosas, de esa identidad psicofisiológica compartida.

Es eso que tenemos en común lo que nos permite la comprensión no solo de otros seres humanos, sino también de los animales, en mayor o menor medida en función de que un animal sea genéticamente y, por tanto, psicológica y físicamente similar a nosotros. La cultura compartida (y ello significa procedimientos compartidos, imaginación compartida y conocimiento explícito compartido, servido semánticamente, tanto en la ficción como en los hechos) lleva, claro está, a un aumento de esa similitud, por lo que es más fácil para nosotros entender a otras personas que comparten la misma tradición, que tienen sueños similares y que hablan el mismo idioma. Todas esas similitudes nos permiten iniciar nuestros esfuerzos conversacionales o comunicativos con las mismas presuposiciones: hundir las palabras que intercambiamos en el mismo trasfondo de imaginación y en la misma práctica de atención y acción. Ello nos proporciona un terreno sobre el que alzarnos mientras hablamos. Si tuviéramos que hablar sobre todo, ese terreno se convertiría en arena rápidamente. En ese caso, caeríamos en la desesperante regresión infinita en la que hay que explicarlo todo... e interminablemente. Ese es el estado (o su ausencia) retratado en la «multiplicación de lenguas» que surge paralelamente al hundimiento de la torre de Babel. Nuestras palabras tienen sentido solo en cuanto se refieren a experiencias que son autoevidentes en ausencia de palabras: experiencias que están asentadas en los ámbitos de la materia, el comportamiento y la imaginación.

Cuando estamos discutiendo con alguien y decimos: «Estoy enfadado contigo», por lo general nos preguntan: «¿Por qué estás enfadado?», y no: «¿Qué quieres decir con *enfadado*?». El interlocutor ya sabe lo que significa *enfadado* y no solo semánticamente —no solo como palabra engarzada en una red de palabras, sino también en un nivel corpóreo, emocional, motivacional y experiencial—. No nos hace falta preguntarle a otro ser humano qué significa estar enfadado y puede incluso entender el enfado cuando se manifiesta en un animal no humano, porque nosotros mismos hemos estado enfadados, porque compartimos una plataforma biológica con la persona con la que nos comunicamos; podemos experimentar nosotros mismos el estado de ira; podemos inferir y presuponer una similitud no semántica de la experiencia del enfado. Esa encarnación compartida, y no la comprensión abstracta, proporciona los cimientos que permiten la comunicación misma. Eso no significa que todo lo humano sea traducible a lo animal o viceversa. «Si un león pudiera hablar, nosotros no podríamos entenderlo», afirmó el filósofo Ludwig Wittgenstein, en esencia.[64] Sería más preciso afirmar: «Aunque un león pudiera hablar, seguiría costándonos entender lo que quiere decir».

Esto es así, en parte, porque *entender*, de hecho, significa traducir de lo semántico a lo imaginativo y, después, a lo encarnado:[65] cambiar la manera de percibir, conceptualizar y actuar como consecuencia de la comunicación. Indica de manera profunda que la plena «comprensión» exige una encarnación compartida: una emoción, una motivación y una posibilidad de percepción y de acción similares. Si no fuera así, no habría límites en la necesidad de traducción. Necesitamos una roca de certeza común bajo nuestros pies para poder, todos nosotros, plantarnos sobre ella mientras hablamos. Ese es el centro que necesariamente ancla incluso lo marginal y que le proporciona su posibilidad de existencia, su lugar sometido y su propósito. El rechazo orgulloso de ese espacio común subyacente imposibilita toda comunicación. Se trata de algo obvio una vez que las condiciones previas para la comprensión misma se entienden adecuadamente.

Hay que asumir como axiomáticos algunos elementos básicos antes de que pueda iniciarse incluso la indagación de otras ideas. Ha de haber al menos algo que se dé por sentado; algo tiene que servir como punto de orientación, como bandera clavada en el suelo alrededor de la cual todo lo demás pueda dar vueltas incuestionablemente.[66] Ese es el milagro que la creación debe otorgar para existir siquiera. Es la razón no solo de la necesidad de la fe, sino de su verdadera inevitabilidad. La propia cuestión de fe queda así mejor conceptualizada no como «¿es necesaria la fe?», sino como «¿de qué manera se llega mejor a la fe, que es necesaria?». Sin ese centro compartido, el dominio del desacuerdo se vuelve tan grande tan rápidamente que, o bien reina el caos mismo, o el conflicto se vuelve inevitable. Ya es lo bastante difícil discrepar civilizadamente sobre una cosa detrás de otra. Cuando todo queda en el aire, no hay nada a lo que referirse en común ni siquiera como punto de partida para la negociación o para alcanzar una meta mutua potencialmente compartida.

Así pues, el camino hacia la paz siempre se inicia con algo

que se aproxima un poco a «¿en qué estamos de acuerdo, si es que estamos de acuerdo en algo (qué consideramos constante, qué vemos como sagrado, qué tenemos por mutuamente indiscutible), incluso en medio de nuestro desacuerdo? ¿Podemos, por tanto, ampliar el dominio del territorio compartido que ya habitamos conjuntamente?». Más les vale a las personas casadas, cuando discuten, coincidir al menos en que el matrimonio debería continuar y en que el amor que al menos en otro tiempo se tuvieron podría, si bien hipotéticamente, volver a manifestarse una vez más, o al menos que ese renacimiento y esa regeneración de una relación continuada y deseable deberían ser sus metas. También ocurre que es mejor que el palo de la bandera, el mástil de la tradición o la vara de la certeza patriarcal se haya plantado en el lugar adecuado, porque, en caso contrario, la tierra con él marcada no podrá ser habitada y no podrá jugarse el juego. El tema narrativo común del mago, el brujo o incluso Dios blandiendo sobre la tierra su varita mágica, o su mazo, con oleadas invisibles de poder que irradian de Él, refleja o indica algo que se parece a esa verdad. ¿Qué significa todo esto en el contexto de la historia de la torre de Babel? *Si la empresa tecnológica apunta a algo que se desvía mucho del ideal psicológico y social necesario, del eje central unificador, hasta la posibilidad de comunicación se esfuma.* Y, entonces, nos confundimos en nuestro lenguaje.

Actualmente, nos hallamos inmersos en una guerra por la cuestión más básica: la del sexo. ¿Qué motiva nuestra confusión? Es sin duda posible que el axioma conceptual básico, o incluso perceptivo (la categoría más básica de la realidad misma, sea lo que sea lo que la realidad pueda ser, y ciertamente es más que el mero mundo «objetivo»), sea el del *varón* y la *hembra* tal como se sugiere en Génesis 1:27: «Y creó Dios al hombre a su imagen, a imagen de Dios lo creó; varón y hembra los creó». La incapacidad para diferenciar sobre la base del sexo implica incapacidad de procrear y la incapacidad de procrear implica algo más que la mera muerte: implica verdadera extinción. Así, la capacidad de diferenciar hombre de mujer equivale a la capacidad y a la voluntad de esquivar nada menos que el no ser. Quizá pueda existir una capacidad de categorización más fundamental: la de distinguir lo comestible de lo no comestible, el arriba y el abajo, el día de la noche, o incluso la vida de la muerte. Aun así, la distinción sexual resulta tan básica que, en su ausencia, cesa la vida misma. ¿Cómo no va aguardar esa misma muerte a la propia comunicación cuando las definiciones más básicas se difuminan?

La diferenciación sexual tuvo lugar hace entre mil doscientos y mil quinientos millones de años. Los sistemas nerviosos no se desarrollaron hasta aproximadamente mil millones de años después. Eso implica que la diferenciación sexual fue un puro hecho de vida mil millones de años (¡!) antes de que incluso los rudimentos de la percepción consciente fueran posibles. Es por esa razón, entre muchas otras, por la que *la diferenciación sexual es usada con absoluta universalidad como metáfora de la relación binaria entre muchos otros fenómenos*, o incluso entre las clases más básicas de los fenómenos mismos.[67] Así, por ejemplo, los taoístas dividen el mundo mismo de la experiencia en yin y yang y presumen que la realidad como tal se conforma a partir de la interacción eterna entre esas dos categorías permanentes (cada una de las cuales está asociada a un sexo: el yin es lo femenino, relacionado con el caos, la noche, la oscuridad, la posibilidad y el cambio; el yang es lo masculino, asociado con el orden, el día, la luz, la facticidad y la permanencia).[68]

¿Por qué en la actualidad estamos cuestionando este axioma? ¿Por qué esa confusión se relaciona con el orgullo, el resentimiento, la corrupción, el culto a lo tecnológico y el hedonismo de la torre de Babel? Porque hemos decidido usurpar el derecho a la autodefinición absoluta en lugar de dejarlo como un elemento de lo trascendente o de lo axiomático —como un elemento de la fe que es necesaria e inevitable—. En el fondo, la persona que insiste en la primacía incuestionable de la autodefinición está manifestando: «Soy lo que soy» o «Soy quien soy», intentando así elevar el yo al nivel de axioma último, precisamente como hace el Dios del Antiguo Testamento cuando habla con Moisés de su Ser: «Respondió Dios a Moisés: "Yo soy el que soy". Y añadió: "Así dirás a los hijos de Israel: '*Yo soy* me envió a vosotros'"» (Éxodo 3:14). Ello implica una negación no solo de lo trascendente en el ámbito espiritual, sino también en el material, en el biológico y en el social. No es casual que Narciso, que se enamora de su propio reflejo, acabe ahogándose, y no cabe plantear ni imaginar nada más narcisista que la defensa absoluta de la identidad propia. Además, ¿qué «yo» exactamente es el que se está identificando así? No es en absoluto obvio qué constituye en realidad el «yo», en última instancia. El capricho del momento (sobre todo en el ámbito exclusivamente sexual) no parece un candidato digno de ser elevado a esa posición eminente y central. Dicho sometimiento al dominio y la inmediatez del instinto no es más que el impulso del bebé o, en el caso del adulto, de un hombre o una mujer claramente inmaduros y centrados en sí mismos de manera contraproducente.

Así, pues, ¿por qué se anuncia el «yo» como señor del dominio de la llamada identificación subjetiva, que según se presupone axiomáticamente no se diferencia en nada del último capricho ensalzado por la cultura popular? La distancia entre «soy cualquier cosa que desee sexualmente» y «tengo derecho a cualquier cosa que quiera, y ahora», es peligrosamente corta en relación con cualquier deseo de consumación a corto plazo. Así, puedo exigir que todas mis necesidades económicas sean satisfechas por otros, puedo insistir en que no se planteen ideas que me causen ansiedad y puedo rechazar cualquier estándar de belleza, mérito o valor (cuya existencia podría llevarme a cuestionar mi valor trascendente y mi derecho absoluto a la gratificación inmediata). No existe, simplemente, ninguna razón *a priori* —más allá del deseo abrumadoramente narcisista de todo lo que quiero aquí y ahora, y al infierno con todo y con todos— para identificar la totalidad del yo con algún elemento de ese surtido siempre cambiante de deseos. Y aun así, nos vemos cada vez más conminados a actuar, hablar y creer como si sí la hubiera. Esa compulsión es idéntica al culto a la confusión, la desunión y la inmediatez idiota del momento.

Esto significa, claro está, que el denominado «verdadero yo» o «yo auténtico», esa incuestionable voz de la «experiencia vivida», no solo debe priorizarse por encima de las necesidades y los deseos de otras personas, sino por encima de la estabilidad, la esperanza y la funcionalidad productiva a medio y largo plazo del individuo en cuestión. Sin embargo, ese yo es poco más (o incluso no es más que) el deseo que actualmente domina. La gratificación de su deseo equivale al sacrificio del otro al «yo» y del futuro —incluso de la persona concernida— al presente. Cuesta imaginar una forma más baja y más contraproducente de autodefinición. Ninguna comunidad, en absoluto, y sin duda ninguna civilización pueden cimentarse sobre esas arenas infinitamente movedizas. Obviamente. Por eso no vemos a tribus unidas de niños de dos años que se las arreglan por sí solos con éxito.

La insistencia en la primacía de la autodefinición subjetiva no es solo, por tanto, el sometimiento de todos y de todo a las exigencias tiránicas del presente —un movimiento que no proporciona base alguna para una sociedad estable y productiva—, sino también la supresión de todo lo que se aproxime a un «yo superior», capaz de actuar en relación con un contexto social más amplio y con el futuro. Se trata de algo que quizá resulta más evidente en la tendencia bien documentada en aquellos que se caracterizan por tener rasgos de personalidad de la tétrada oscura (narcisismo, maquiavelismo, psicopatía y sadismo) a preferir las denominadas «estrategias de apareamiento a corto plazo», es decir, a buscar el placer sexual personal en ausencia de cualquier compromiso, práctico o emocional (y ello significa sin ninguna relación genuina de ninguna clase).[69] Los narcisistas tienen un sentido exagerado de la importancia propia, el deseo de ser admirados y una falta de empatía por los demás que se expresa en su rechazo a la reciprocidad. Buscan encuentros sexuales de corto plazo como medio para obtener validación, potenciar su posición social comparativa (su ego) y satisfacer sus limitados deseos. Los maquiavélicos, los manipuladores, los explotadores y los hábiles en desenvolverse socialmente de manera estratégica despliegan tácticas engañosas para conseguir sus metas —entre ellas las que implican satisfacción sexual—. Usan a los demás para su beneficio personal, implicándose en encuentros sexuales esporádicos de infidelidad manifiesta, sin vínculo emocional. Los psicópatas se caracterizan por la ausencia de empatía y remordimientos, por la desconsideración o el verdadero desprecio por las normas sociales, por una impulsividad general y la incapacidad para posponer la gratificación (precisamente esa actitud de «quiero lo que quiero ahora mismo y al infierno tú y el futuro»), así como por su capacidad limitada o nula para aprender a partir de la experiencia.

También son —algo nada sorprendente, dado que no se preocupan siquiera de sí mismos— totalmente explotadores en el ámbito sexual, dispuestos a prescindir de detalles como un consentimiento verdadero, y emplean la manipulación emocional y recurren a tácticas más coercitivas si les falla la mera manipulación. Por último, los individuos sádicos obtienen placer humillando e infligiendo dolor y sufrimiento a otros. Las estrategias de apareamiento a corto plazo les permiten ejercer control, dominio o poder sobre sus parejas sexuales.[70] Dicha propensión parece formar parte de un patrón de valoración más amplio: la preferencia por un apareamiento a corto plazo se da junto al deseo de poder y a la voluntad o incluso el afán de ejercerlo, así como junto a un acusado y omnipresente consumismo, con el materialismo que este lleva asociado.[71] Ecos de la celebración orgiástica del becerro de oro.

La defensa de que las exigencias inmediatas del yo del corto plazo tienen prioridad sobre toda otra consideración, social y futura, es consecuencia de una inmadurez en extremo contraproducente, que resulta personal y socialmente peligrosa. Por negativo que esto sea, que lo es, la cosa no se queda ahí: esa inmadurez viene acompañada de un rechazo a llevar la carga y la responsabilidad de la aventura genuina de la vida, así como de la atracción resultante por unas variantes falsas (y teóricamente fáciles de conseguir) del sentido, el valor, el entusiasmo y la identidad. Es la Isla del Placer que el delincuente Polilla (un nombre que evoca a Lucifer) convence a Pinocho para que visite, después de que los falsos médicos le insistan a la marioneta en que es una víctima enferma necesitada de unas vacaciones para el descanso y la diversión, y también el País de Nunca Jamás que Peter Pan escoge como dominio en el que habitar y que gobernar (con su compañera imaginaria, Campanilla, el hada porno). Esa aventura falsa puede incluir, y a menudo incluye, los placeres inmediatos del mal uso de las drogas y el alcohol (prácticas que también se asocian integralmente tanto con los atributos de la tétrada oscura como con los de la personalidad antisocial),[72] así como la aceptación y la promoción de las justificaciones morales e interesadas de un resentimiento deliberadamente insensato y, si conviene, de la ideología correspondiente.[73]

¿Por qué, si no, habríamos de encontrarnos actualmente confundidos, luciferinos y propensos a erigir interminables torres de Babel? Quizá porque nuestros mismos yoes han llegado a desorientarse ante la extensión de nuestra identidad al mundo virtual. Podemos ser quienes queramos ser en nuestras formas *online*, o eso creemos. Cuanto más tiempo pasamos ahí, menos certeza tenemos sobre quiénes somos; más tiempo podemos liberarnos —de maneras que, en muchos casos, son en último extremo destructivas— de las limitaciones que nos atan en el mundo «real», no virtual. Las fronteras entre ficción, fantasía y hecho se difuminan en el mundo *online*, algo que está hecho a propósito: se trata de un lugar apto para la experimentación. Pero una cosa es jugar con yoes alternativos para poder llegar a una manera de ser o de llegar a ser más efectiva, y otra muy distinta mantener la inmadurez o adoptar un yo engañoso con el propósito de una gratificación inmediata y una evitación de la responsabilidad. La abstracción permite que la idea muera en lugar de nosotros: también da origen a la posibilidad de poseer a través del engaño, cuando lo que es impropio crece, como un cáncer, en lugar de ser podado por el juicio. Ese es otro peligro de la arrogancia orgullosa e insensata de los tecnólogos.

Quizá también sea porque hemos interferido en el juego de «hacer ver que…», en el que deben implicarse los niños para establecer sus identidades adultas, sexuales y de otro tipo, y lo hemos reemplazado por tiempo pasado delante de pantallas.[74] Quizá sea porque nos han seducido para que soñemos de manera imprudente en exceso, incluso «transhumanamente», con escapar de las limitaciones de este despojo mortal y no mostramos la gratitud apropiada ante las oportunidades, los retos y las aventuras que esas mismas limitaciones proporcionan. Quizá, finalmente, sea porque hemos abandonado el respeto por la tradición, los ancestros y la autoridad paterna o materna del que depende necesariamente el deseo de madurar, así como la madurez misma. Se trata de un complejo cuyo resultado es que violamos constantemente otro mandamiento fundamental, precisamente el mandamiento del que dependen la experiencia infantil y la paternidad optimizada, además de un envejecimiento digno; en pocas palabras, la cooperación intergeneracional: «Honra a tu padre y a tu madre» (Éxodo 20:12). Si no se hace así, se esfuman todas las restricciones necesarias de la tradición; peor aún, si es que hay algo peor, el futuro mismo degenera, pues la ausencia de respeto por padre y madre simultáneamente significa ausencia de respeto por el futuro mismo. Contemplamos sin la vergüenza[75] que correspondería la desnudez de nuestros padres. ¿Cómo puede ello indicar otra cosa que no sea una degeneración inevitable? ¿Por qué no asumir esa eventualidad con ansiedad y con una disposición angustiada y nihilista?

Todas estas actitudes son variantes del espíritu que construyó la torre de Babel, una torre en la que actualmente habitamos y a la que cada vez añadimos más alturas, al tiempo que abandonamos los principios sobre los que reposan el civismo, la paz y la productividad generosa. Como consecuencia de ello, nuestra integridad psicológica degenera[76] a la par que nuestra capacidad de comunicarnos los unos con los otros en paz, o de comunicarnos a secas:

> Tenía entonces toda la tierra una sola lengua y unas mismas palabras. Aconteció que cuando salieron de Oriente hallaron una llanura en la tierra de Sinar y se establecieron allí. Un día se dijeron unos a otros: «Vamos, hagamos ladrillo y cozámoslo con fuego». Así, el ladrillo les sirvió en lugar de piedra y el asfalto en lugar de mezcla. Después dijeron: «Vamos, edifiquémonos una ciudad y una torre cuya cúspide llegue al cielo; y hagámonos un nombre, por si fuéramos esparcidos sobre la faz de toda la tierra». Jehová descendió para ver la ciudad y la torre que edificaban los hijos de los hombres. Y dijo Jehová: «El pueblo es uno y todos estos tienen un solo lenguaje; han comenzado la obra y nada los hará desistir ahora de lo que han pensado hacer. Ahora, pues, descendamos y confundamos allí su lengua, para que ninguno entienda el habla de su compañero». Así los esparció Jehová desde allí sobre la faz de toda la tierra y dejaron de edificar la ciudad. Por eso se la llamó Babel, porque allí confundió Jehová el lenguaje de toda la tierra y desde allí los esparció sobre la faz de toda la tierra.
>
> Génesis 11:1-9

Los hombres deciden elevar sus obras hacia arriba, hacia un ideal, para «hacerse un nombre», para establecer una notoriedad orgullosa y un estatus y para unirse en torno a esa falsedad («por si fuéramos esparcidos por la faz de toda la tierra»; es decir, por si se dividieran y se desunieran). Existe un aspecto realmente admirable en todas esas cosas, meta, ambición y comunidad, pero no cuando son de un egoísmo corto de miras; no cuando sirven al yo o a un potentado local. Entenderlo así también clarifica lo que viene a continuación —un suceso, un hecho, que de otro modo podría atribuirse a unos celos aparentes por parte de Dios— («Nada los hará desistir ahora de lo que han pensado hacer»). ¿Acaso se trata de que Dios se opone a cualquier cosa que pueda apropiarse de su territorio, revelando unos celos censurables? ¿O es que la imaginación humana es tal que ninguna forma de infierno resulta tan rastrera que no pueda ser creada por aquellos con la suficiente pretensión y que Dios, justamente, se opone a esa eventualidad y, providencial, intenta interferir? Los nacionalsocialistas eran, ciertamente, tanto imaginativos como capaces, aunque elevaron su torre de Babel hacia la estrella matutina y no hacia Dios mismo. Entonces, ¿un buen Dios no sería precisamente la fuerza que sembrara la confusión y la discordia en medio de una falsa unidad? ¿No es eso entonces? ¿No envidia divina, sino más bien el intento de cerrar el paso al espíritu luciferino? ¿No es entonces otro aspecto revelado del bien unificado? ¿Por definición? Es en esto en lo que insiste el autor del relato de la torre de Babel.

5.4. O Dios, o si no...

En los versículos iniciales del Génesis, Dios se representa como el espíritu, guiado por el amor y la verdad, que genera eternamente a partir del potencial del caos primordial el orden habitable que es bueno. Pronto se dice que ese mismo espíritu gobierna la relación entre opuestos, las tinieblas y la luz. «Vio Dios que la luz era buena y separó la luz de las tinieblas. Llamó a la luz "día" y a las tinieblas llamó "noche". Y fue la tarde y la mañana del primer día» (Génesis 1:4-5). Ese es el espíritu que caracteriza por igual a hombres y mujeres en su esencia más profunda y proporciona a los seres humanos la importante responsabilidad y oportunidad del gobierno terrenal (Génesis 1:26-27). Ese espíritu creativo, trascendente, unificador, también se considera radicalmente provida y proniños en su orientación (como aparece en Génesis 1:28: «Los bendijo Dios y les dijo: "Fructificad y multiplicaos; llenad la tierra"»). Presenta delante de hombres y mujeres el paraíso inicial del ser, con todas sus manifiestas posibilidades: «Después dijo Dios: "Mirad, os he dado toda planta que da semilla, que está sobre toda la tierra, así como todo árbol en que hay fruto y da semilla. De todo esto podréis comer. Pero a toda bestia de la tierra, a todas las aves de los cielos y a todo lo que tiene vida y se arrastra sobre la tierra, les doy toda planta verde para comer". Y fue así» (Génesis 1:29-30). El espíritu unificador insiste en que esa caracterización divina de hombres y mujeres y la atribución de una responsabilidad proporcionada es deseable en grado sumo y moralmente adecuada (de ahí el «en gran manera» que solo se aplica a las obras del sexto día, que cierra con esta proclamación: «Y vio Dios todo cuanto había hecho, y era bueno en gran manera. Y fue la tarde y la mañana del sexto día» (Génesis 1:31). También establece los límites de la acción y las presuposiciones o condiciones axiomáticas previas que hacen posible el ser paradisíaco:

> Tomó, pues, Jehová Dios al hombre y lo puso en el huerto de Edén, para que lo labrara y lo cuidara. Y mandó Jehová Dios al hombre, diciendo: «De todo árbol del huerto podrás comer; pero del árbol del conocimiento del bien y del mal no comerás, porque el día que de él comas, ciertamente morirás».
>
> Génesis 2:15-17

Es el mismo espíritu trascendente, unificado, monoteísta el que asigna a Adán la capacidad aún incompleta (pues todavía le falta la mujer) y la obligación de categorizar y ordenar el mundo (el aspecto crucial y responsable de «someter»):

> Después dijo Jehová Dios: «No es bueno que el hombre esté solo: le haré ayuda idónea para él». Jehová Dios formó, pues, de la tierra toda bestia del campo y toda ave de los cielos, y las trajo a Adán para que viera cómo las había de llamar; y el nombre que Adán dio a los seres vivientes, ese es su nombre. Y puso Adán

nombre a toda bestia, a toda ave de los cielos y a todo ganado del campo; pero no se halló ayuda idónea para él.

Génesis 2:18-20

Ese espíritu también divide al hombre original (simbólicamente hermafrodita) en la oposición emparejada y conflictiva que aun así está llamada a convertirse en unidad armoniosa:

Entonces Jehová Dios hizo caer un sueño profundo sobre Adán y, mientras este dormía, tomó una de sus costillas y cerró la carne en su lugar. De la costilla que Jehová Dios tomó del hombre hizo una mujer y la trajo al hombre. Dijo entonces Adán: «¡Esta sí que es hueso de mis huesos y carne de mi carne! Será llamada "mujer", porque del hombre fue tomada». Por tanto dejará el hombre a su padre y a su madre, se unirá a su mujer y serán una sola carne. Estaban ambos desnudos, Adán y su mujer, pero no se avergonzaban.

Génesis 2:21-25

Más aspectos de ese espíritu superior o «celestial» se dan a conocer en las siguientes historias que se despliegan, mientras que la importancia fundamental de ciertos aspectos, ya revelada, se reitera, se enfatiza y se caracteriza más extensamente. Todo ello forma parte del proceso por el que todo lo que es bueno va integrándose. Ello significa que los conflictos entre deberes morales pueden minimizarse y todo se coloca en el sitio que corresponde, en la relación de unas cosas con otras. Se trata del proceso por el que la suma de todo lo bueno llega a ser definida y comprendida.

En Génesis 2:15-17, por ejemplo, se establece el mandato que disuade de presumir para uno mismo el derecho a cuestionar o establecer las verdades morales más básicas. Esa verdad más básica es algo así como la definición axiomática del bien y del mal mismo, o incluso la proclamación o la presuposición de que tal distinción existe, lo que a su vez es una presuposición fundamental y definitoria sobre la naturaleza de la realidad misma. Génesis 3 (el relato de la serpiente del jardín) es una exploración profunda de ese tema, que tiene como conclusión, si bien implícita, que el enemigo fundamental del ser estable, armonioso, y del devenir productivo es precisamente lo que nos tienta a presuponer ese derecho, apelando al deseo más orgulloso de todos: el deseo de reemplazar al propio Dios o de convertirse en Dios. Tal como hemos visto, a ello le siguen unas consecuencias catastróficas.[77]

¿Cuál es la enseñanza moral del relato, una vez más? No te atribuyas a ti mismo el derecho a cuestionar las condiciones mínimas necesarias para que lo verdaderamente trascendente establezca un ser armonioso, o todo estará perdido. Ciertos axiomas deben tenerse por sagrados para que el juego mismo pueda proceder sin degenerar en un infierno caído, consciente de sí mismo, orgulloso. De ahí nuestra eterna enemistad con la serpiente, nuestro concebir con dolor, el involuntario sometimiento de la mujer al hombre, las condiciones malditas del trabajo de los caídos, la expulsión del paraíso y el cierre del camino hacia el cielo. Alternativamente, quizá: no te arrogues a ti mismo el derecho a convertirte en Dios sin dedicar los sacrificios adecuados —precisamente aquellos que, por apuntar a la cúspide más elevada posible, deben ser de la naturaleza más completa, general y dramática—. Esas ofrendas son, incluso por necesidad lógica, las que se asocian con el proceso en último término más difícil, pongamos por caso, de aceptar la responsabilidad por los pecados del mundo y pagar el precio por ellos. ¿Cuál es el precio? Convertirse en Dios en ausencia de orgullo —o, quizá más sutilmente, pero más exactamente, ser uno con Dios— es renunciar a todo lo que no es Dios: felicidad, seguridad, riqueza, amor, amistad, identidad nacional, pues nada de todo ello es o debería ser Dios. Para ello hace falta nada menos que el sacrificio que es definitivo.

¿Y qué preguntas presuntuosas son exactamente las que no

deben formularse, o a qué voces no habría que atender? ¿Qué lugares no deberían ser considerados aceptables para habitar en ellos? ¿Qué o quién (si es que hay algo o alguien) queda fuera de los límites? ¿Existe alguna diferencia entre estas preguntas y la idea de que hay algún consejo que no debe seguirse, o algún forastero que no debe ser traído al redil, o algunas identidades que no pueden adoptarse, o ciertos alimentos que, a causa de su toxicidad manifiesta e irremediable, no pueden ingerirse? ¿No hay ideas que son realmente mortíferas y cuya prohibición, por tanto, es adecuada? ¿No es todo esto lo mismo que preguntar si algo es realmente malo y, por tanto, si algo es bueno; y, por tanto, si hay alguna distinción entre el bien y el mal? Por ejemplo, ¿estuvo mal o no lo que ocurrió en Auschwitz, en la Alemania nazi? Y los responsables de la Unidad 731, en China bajo la ocupación japonesa,[78] con sus acciones, ¿se dedicaban solamente a cumplir órdenes? ¿Se limitaban a adherirse como era debido a la ética relativista de su tiempo y a su situación específica? ¿Existe alguna diferencia real entre hombre y mujer, entre arriba y abajo, entre Caín y Abel, entre Cristo y Satanás?

Hay un precio que hay que pagar, sea cual sea la respuesta. Si la moral es relativa, entonces Auschwitz no fue malo, sino desafortunado —y esto último solo desde la perspectiva de las víctimas, en absoluto universal—. De manera similar, para los sádicos absolutos de la Unidad 731, las víctimas eran solo el medio justificable hacia los fines más deseables puramente narcisistas. ¿Quién es quién para decir, y por qué ha de decirlo, que la definición nazi o japonesa de *propósito adecuado* estaba mal? Sobre todo cuando se hacía en nombre de la «experimentación científica» y se publicitaba incluso bajo esa apariencia. Si la moral es relativa, los experimentos médicos de inimaginable horror (desde la perspectiva arbitraria del espectador moderno) pueden llevarse a cabo sin vacilar sobre aquellas personas lo bastante faltas de poder como para ser sometidas a ellos. Si la moral es relativa, no puede establecerse una verdadera distinción entre Stalin y Churchill; entre Mao y Lincoln; entre el asesino en serie y sádico Carl Panzram[79] y Oskar Schindler, el héroe que se dedicó a rescatar a judíos; entre Simon Legree, de *La cabaña del tío Tom*, y Aliosha Karamazov, de *Los hermanos Karamazov* —y, si no puede establecerse una verdadera distinción, entre los racionalistas de la Revolución francesa y las delicias subjetivas del marqués de Sade—. Si no es posible emitir un juicio verdadero (esto es, trascendental y eternamente verdadero) sobre el valor relativo, ni siquiera en principio, ¿por qué seguir el camino estrecho, difícil y recto, que lleva hacia arriba, en vez del amplio, fácil e inmediatamente placentero (incluso intensamente placentero que lleva hacia abajo?

En este sentido debería destacarse, entre otras cosas en aras de una investigación lo bastante exhaustiva, que no es solo el escepticismo racional, que puede ser admirable en ciertas situaciones, el que impulsa el empeño relativista. Todo tiene un lado oscuro. De la misma manera que la creencia religiosa, en sus formas ingenuas, puede, de hecho, servir a los que ocupan el poder como «opio del pueblo»,[80] puede proporcionar, según la visión freudiana, una defensa inmadura y simple contra la ansiedad de la muerte,[81] puede, de manera más general, servir, mantener y justificar una dependencia infantil, así también el escepticismo de un relativismo moral «ilustrado» puede permitir camuflar e incluso justificar recrearse en el rechazo de toda responsabilidad y cosas mucho peores. Es algo que se da sobre todo cuando el escéptico insiste simultáneamente en que a fin de cuentas nada importa de veras. Se trata de sacudirse toda obligación moral, lo que resulta de lo más conveniente; del rechazo a toda carga existencial trascendente; de la eliminación de todo lo que tenga una importancia crucial y del mantenimiento de una inmadurez y un egocentrismo cada vez más tóxicos. Es el deseo de una completa ausencia de cualquier tipo de obligación. También implica, de un modo más lúgubre aún, la presunción, como mínimo, de la igualdad (con tintes de una superioridad subyacente, escéptica) ante todo lo que sea grande, en el pasado o el presente, pues nada puede ser considerado realmente grande en ausencia de una ética no relativista. Así pues, no hay distinción cualitativa entre el garabato de un niño hecho con barro sobre un lienzo y la obra de Rembrandt, conclusión muy beneficiosa e inmerecida para aquel, si bien algo dura para este (e incluso esa dureza puede resultar deseable, si el verdadero juego es el de la venganza por parte del usurpador). Si el precio pagado por ese beneficio tan abrumador para el orgulloso, el impulsivo, el poco fiable y el hedonista es la ausencia de todo propósito y sentido profundos, que así sea. O al menos en ello insiste siempre el demonio que aguarda eternamente en las encrucijadas de la elección.

Pero si aceptamos la proposición según la cual, en realidad, no hay abajo, no hay infierno, no hay transgresión moral real y definitiva, entonces también debemos aceptar la proposición según la cual, en realidad, no hay arriba, ni cielo, ni meta ni esperanza —y en esa aceptación misma no faltan la confusión, la desorientación, la renuncia en el desierto, la falta de fe y la desesperación—. Los afectos que llenan la vida de entusiasmo, curiosidad, emoción, compromiso, diversión e interés solo se manifiestan en relación con una meta.[82] ¿No hay meta? No hay esperanza. Y peor. La vida no solo se vuelve un sinsentido en ausencia de esa emoción positiva, porque el sentido no es algo meramente positivo. La vida también es sufrimiento y el sufrimiento es una forma de sentido. Así, en el lugar en el que no hay arriba, el abajo permanece inalterado en su realidad esencial, siendo algo que es mucho más que una mera concepción y, por tanto, algo mucho más ineludible, independientemente del engaño reinante. En el reino del nihilista, el sufrimiento se mantiene con el mismo vigor; mejora con el mero escepticismo. Y eso significa que un relativismo sin límites —la insistencia en que todo es susceptible de ser cuestionado— destruye tanto la fe como la esperanza, pero deja absolutamente intactos el terror y el dolor. Hay poca diferencia entre esa salida horrible y la caída más prolongada en el abismo más profundo. ¿Qué es la vida sin esperanza sino infierno? Y ese es el resultado final del relativismo moral, no cierta «racionalidad» neutral.

Pero si rechazamos las lisonjas de un relativismo despreocupado, ¿qué celebramos, veneramos y mantenemos sin cuestionar? ¿Qué es lo verdaderamente sagrado? ¿Cuál es el arca de la alianza misma? ¿Qué es lo que, si se toca, siquiera accidentalmente, se incurre en el mayor de los peligros?

David volvió a reunir a todos los escogidos de Israel, treinta mil hombres. Se levantó David y partió de Baala de Judá con todo el pueblo que lo acompañaba para trasladar de allí el arca de Dios, sobre la cual era invocado el nombre de Jehová de los ejércitos, que tiene su trono entre los querubines. Pusieron el arca de Dios sobre un carro nuevo y se la llevaron de la casa de Abinadab, que estaba en la colina. Uza y Ahío, hijos de Abinadab, guiaban el carro nuevo. Mientras se llevaban de la casa de Abinadab, que estaba en la colina, el arca de Dios, Ahío iba delante del arca. David y toda la casa de Israel danzaban delante de Jehová con toda clase de instrumentos de madera de haya, con arpas, salterios, panderos, flautas y címbalos. Cuando llegaron a la era de Nacón, Uza extendió su mano hacia el arca de Dios y la sostuvo, pues los bueyes tropezaban. Entonces el furor de Jehová se encendió contra Uza: allí mismo lo hirió Dios por aquella temeridad y cayó allí muerto junto al arca de Dios.

2 Samuel 6:1-7

Por decirlo de otro modo (de varios modos diferentes), ¿cuál es el voto inalterable, el objeto inamovible, el axioma incuestionable, la alianza inviolable, la roca de las eras, la piedra angular, aunque rechazada por el constructor (Lucas 20:17; Mateo 21:42; Marcos 12:10)? Es el establecimiento en el lugar más elevado, o en el cimiento definitivo del ser y el devenir del espíritu que en las historias del corpus bíblico se caracteriza diversamente. Es la determinación a imitar o encarnar ese espíritu. Es el Dios con el que estamos luchando eternamente. Por definición.

A medida que avanza Génesis 3, Dios es revelado como el que camina con hombres y mujeres en ausencia de autoconsciencia orgullosa y dolorosa (Génesis 3:8-13); el que se fija y castiga las desviaciones presuntuosas e imprudentes del camino recto y estrecho (3:16-24). En la historia de Caín y Abel, Dios es también el bien más elevado al que hay que dedicar sacrificios (Génesis 4:3-4) y el espíritu que reprende cuando no se ofrece lo mejor (Génesis 4:4-7). En el relato del diluvio, Dios es el espíritu que llama al sabio a prepararse cuando las tormentas se avecinan (Génesis 6:13-18). En la historia de la torre de Babel, Dios se caracteriza como el espíritu que debe ser dispuesto en la cúspide, porque si no, todo se desintegra catastróficamente, incluso la capacidad de pronunciar el Verbo redentor y de regirse por él (Génesis 11:7-9). Quienes dudan de la veracidad de estas historias podrían preguntarse qué nos enseña la historia. ¿Qué ocurre, en el mundo real, cuando emulamos el modelo equivocado; cuando rendimos culto a un falso dios; cuando socavamos los cimientos; cuando colocamos en lo más alto al espíritu equivocado? ¿Qué les ocurre, más específicamente, a las torres de Babel que constantemente creamos y recreamos cuando se vuelven pesadas y arrogantes; cuando se arrogan los atributos de la omnisciencia, la omnipresencia y la omnipotencia? ¿No es esa la definición misma del Estado totalitario?

Los dirigentes de ese tipo de sociedades se elevan a sí mismos (o lo que dicen creer, algo que avala su defensa de que elevarse a sí mismos a lo más alto es una necesidad moral). ¿Acaso no fue esa tendencia, precisamente, característica de los peores monstruos del siglo XX, de Stalin, Hitler y Mao? ¿Y cuál fue la consecuencia? Un completo malentendido; una incapacidad total para comunicarse; una ausencia absoluta de la capacidad para plantear un diálogo productivo, entre otras cosas porque el principio del Logos mismo, del que obviamente depende el diálogo, no solo se había abandonado, sino que se había invertido;

entre otras cosas porque todos y cada uno de los habitantes de esos Estados se mentían sobre absolutamente todo a sí mismos y a todos los demás, continuamente; entre otras cosas porque la participación en esa interminable letanía de mentiras significaba que lo que era una verdad más evidente por sí misma tenía que ser constantemente negado.

Uno de los temas más terribles del aterrador relato sobre la tiranía soviética divulgado por Aleksandr Solzhenitsin fue precisamente este: si un ciudadano soviético en tiempos de Stalin osaba quejarse incluso de su propio dolor, era inmediata e irrevocablemente considerado enemigo del Estado y se hacía merecedor de un castigo brutal (junto con su familia y, quizá, todos aquellos que lo conocían y lo apoyaban). Uno sabe que está realmente en el infierno cuando no puede ni siquiera admitir la realidad de su propio sufrimiento. Se trata del nihilismo y del relativismo moral llevados a sus extremos máximos: incluso tu terror y tu dolor —y, peor aún, los de aquellos a los que amas— deben ser negados. ¿Significa eso que nadie que esté realmente en el infierno admite la existencia del lugar mismo en el que habita? Muy probablemente sea así, con lo que el horror aumenta.

Y ahí está Solzhenitsin, una vez más, después de la cárcel, reflexionando sobre su orgullo y su arrogancia de juventud: «En la embriaguez de los éxitos juveniles, había llegado a sentirme infalible y era, por tanto, cruel. Con el exceso de poder, fui un asesino y un opresor. En mis momentos más malvados, estaba convencido de que hacía el bien y vivía pertrechado con argumentos sistemáticos. Y fue solo estando ahí, tendido sobre la paja podrida de la cárcel, cuando capté en mi interior los primeros atisbos del bien».[83] Y el mismo autor, un tiempo después, en referencia a la disposición de los orgullosos ideólogos a mentir incluso sobre sus propias desgracias al tiempo que se negaban a aceptar la evidencia del sufrimiento de otros, escribe:

Mi amigo Panin y yo estamos tendidos en la litera intermedia de un vagón Stolipin y nos hemos instalado cómodamente, nos hemos metido en el bolsillo nuestro arenque salado para no necesitar agua y poder irnos a dormir. Pero en alguna estación meten en nuestro compartimento [...] ¡a un académico marxista! Eso lo notamos ya por la perilla y las gafitas. Él no lo oculta: había sido profesor en la Academia Comunista. Asomamos la cabeza y desde sus primeras palabras vemos que es impenetrable. Pero llevamos encerrados bastante tiempo y todavía nos queda bastante condena, y apreciamos la diversión. ¡Tenemos que bajarnos para pasarlo bien! Queda mucho espacio libre en el compartimento, así que le cambiamos el sitio a alguien y nos metemos como podemos:

—Hola.

—Hola.

—¿No vais demasiado apretados?

—No, está bien.

—¿Lleváis mucho tiempo encerrados?

—Lo bastante.

—¿Ya habéis cumplido la mitad?

—Apenas.

—Mirad ahí: cuánta pobreza hay en nuestras aldeas [...], techos de paja, chozas destartaladas.

—Una herencia del régimen zarista.

—Bueno, pero ya hemos tenido treinta años soviéticos.

—Históricamente, eso es un periodo insignificante.

—Es horrible que los granjeros colectivizados se mueran de hambre.

—¿Pero habéis mirado en todos sus hornos?

—Todos en la cárcel están llenos de amargura y prejuicios.

—Pero es que yo he visto las granjas colectivas con mis propios ojos.

—Eso significa que no son representativas.

(El de la perilla no había estado nunca en ninguna de ellas; así era más fácil).

—Pregunta a los ancianos; con el zar estaban bien alimentados, bien vestidos, y tenían muchas vacaciones.

—Ni siquiera voy a preguntar. Es un rasgo subjetivo de la memoria humana ensalzar todo lo que pertenece al pasado. La vaca que ha muerto daba el doble de leche (¡a veces, incluso soltaba refranes!). Y a nuestro pueblo no le gustan las vacaciones. Le gusta trabajar.

—¿Pero por qué hay escasez de pan en muchas ciudades?

—¿Cuándo?

—Justo antes de la guerra, por ejemplo.

—¡Eso no es cierto! De hecho, antes de la guerra todo se había solucionado.

—A ver, antes de la guerra en todas las ciudades del Volga había colas de miles de personas [...].

—Algunos fallos locales de suministro. Pero es más probable que sea tu memoria lo que falle.

—¡Pero si ahora hay escasez!

—Cuentos de viejas. Tenemos entre siete y ocho mil millones de *puds* de grano.

—Y ese grano está podrido.

—En absoluto. Hemos desarrollado con éxito nuevas variedades de grano...

Y así sucesivamente. Es imperturbable. Se expresa en un lenguaje que no exige esfuerzo a la mente. Y discutir con él es como caminar por un desierto.

Es sobre personas como él que se dice: «Pasó por todas las herrerías y volvió a casa sin herrar».[84]

¿Por qué se sienten tentados los descendientes de Caín a rendir culto al dominio tecnológico? Entre otras cosas porque están marcados y excluidos de la presencia de Dios. En su ausencia, alguna otra cosa, inevitablemente, intenta manifestarse como una unidad, porque de otro modo una pluralidad excesiva o una legión de temores se manifiestan. Así, ese algo más, en su intento por dominar, acechará y a la vez tentará. Caín ya se ha erigido él mismo como juez absoluto del ser, tal como se evidencia en la temeridad que manifiesta cuando le reclama a

Dios los defectos de la creación y, de manera simultánea, asume, si bien implícitamente, que él podría hacerlo mejor. Ese es el núcleo de su resentimiento, que lo lleva a acoger de buen grado el dominio del espíritu del orgullo o de la arrogancia. De ahí se sigue el camino que va de Caín a la torre de Babel a través de sus descendientes y su propensión imparable a admirar el espíritu totalizador. No hay diferencia entre esa progresión y esa tendencia y el culto al intelecto luciferino. La tentación de proporcionar unas soluciones puramente tecnológicas a unos problemas existenciales eternos es, en sí misma, eterna, y los trabajos de los hombres de tipo intelectual y mecánico ocupan, de hecho, un lugar destacado y necesario, al menos cuando están adecuadamente sometidos. Aun así, constituyen una espada de doble filo y potencialmente presentan tanto peligros como beneficios. Las grandes ciudades y una abundancia material mayor también suponen un armamento más pesado, una complacencia y una arrogancia cada vez más lujosas y peligrosas, algo particularmente cierto en ausencia de una alianza o ética verdadera, que es el motor y la fuente fundamental de la paz, la abundancia y la oportunidad.

He aquí algo que debe tenerse en cuenta cuando surge la tentación de dejarse poseer por el espíritu que atrajo y sedujo a Caín: si uno no muere en el diluvio, aún puede morir en las ruinas de la torre de Babel. Los malvados y los orgullosos se ahogan eternamente en un exceso de caos, o se ven aplastados por las fuerzas de la tiranía.

6

Abraham: Dios como vigorosa llamada a la aventura

6.1. En marcha

Cuando nos encontramos a Abraham (antes, Abram), ya nos hemos encontrado con Dios de varias maneras. Todas ellas son, tal como se ha dado a entender, las múltiples y diversas caracterizaciones de un espíritu unitario trascendente. Dios es, de manera diversa, el creador del orden que es bueno a partir del caos de la posibilidad; el espíritu de la existencia inconsciente de sí misma en el jardín celestial; el objeto adecuado del sacrificio; la voz que llama al sabio a prepararse ante la tormenta; y el enemigo de los tiranos engreídos y presuntuosos. En Génesis 12 el foco cambia. Ahora, el Dios Supremo se da a conocer como la voz de la aventura inspirada:

> Jehová había dicho a Abram: «Vete de tu tierra, de tu parentela y de la casa de tu padre, a la tierra que te mostraré. Haré de ti una nación grande, te bendeciré, engrandeceré tu nombre y serás bendición. Bendeciré a los que te bendigan y a los que te maldigan maldeciré; y serán benditas en ti todas las familias de la tierra».
>
> Génesis 12:1-3

Es mucho lo que se condensa en estos pocos versículos. Primero está la idea de que la unidad divina también incluye la voz que llama incluso a los acomodados, a los infantiles y a los reacios a la tarea y al reto de su vida. Se trata del mismo espíritu que empuja al bebé a convertirse en niño, al niño en adolescente y al adolescente en adulto que toma sus propias decisiones. Es también el mismo espíritu que se manifiesta en el alma del hijo o de la hija a quien se ceden cada vez más responsabilidad y oportunidades con cada paso voluntario hacia la madurez. En segundo lugar, en estos breves versículos se halla una promesa abrumadoramente optimista: Dios les dice a aquellos que van en busca de la verdadera aventura al servicio de lo que es superior que su búsqueda no solo satisfará el anhelo más profundo del alma que avanza, sino que también constituirá la estrategia más eficaz posible para el éxito.

Ese éxito adopta numerosas formas: la oportunidad de encontrar algo de valor duradero (como el Abram dinástico, o la línea sucesoria nacional); hacerlo de manera que resulte profundamente significativa y satisfactoria a nivel personal (la prometida bendición a uno mismo); y, simultáneamente, ganarse una reputación rutilante y bien merecida (una grandeza de nombre válida). Y esa alianza ofrece algo más: Abram establecerá su dinastía, será una bendición para sí mismo y se labrará un nombre, y lo hará como fuente de inspiración, aliento y provisión sincera para los demás («serás bendición»). Es más, quienes se alíen con sus aventuradas empresas también tendrán éxito, mientras que los que se opongan a ellas fracasarán. Ciertamente, resulta difícil imaginar una oferta mejor. Pero ¿qué significa eso en relación con la caracterización ampliada de lo divino? Que la fuente del impulso para desarrollarse personalmente ha de considerarse idéntica al Dios hebreo y que la manifestación del espíritu divino es lo que nos inspira a admirar e imitar el éxito verdadero y genuino. Es el espíritu que establece el legado que perdura; el mismo espíritu que aporta el verdadero beneficio tanto a uno mismo como a la comunidad; y que se mostrará más resiliente ante la hostilidad. Es la inspiración divina que se realiza en la llamada a luchar con uno mismo, con el mundo, con la naturaleza y con Dios. ¿Qué podría ser más maravilloso que la existencia de una verdadera armonía entre el instinto de integrar, compartir, dominar y madurar y la operación del proceso según el cual se establece un orden social productivo, generoso, estable y acogedor?

Se trata del espíritu que es a la vez Dios, entendido como la voz alentadora que llama a Abram y a lo que Abram podría ser y posteriormente es: el padre de las naciones. ¿Qué significa eso? Significa que la esencia de la paternidad misma, ya sea esta concebida como algo divino o humano, es precisamente la voz que anima, que alienta, que recompensa el impulso o, posiblemente, el instinto en un niño, en un adolescente e incluso en un adulto de asumir voluntariamente el desafío; de desarrollarse más; de madurar; de ampliar el yo de manera ascendente y crecer hacia la luz: de lidiar con serpientes y enfrentarse a dragones más que de buscar la seguridad, la autogratificación hedonista o el poder.

Así, la Palabra de Dios en el relato de Abram se considera idéntica a la tendencia innata (aunque no a la necesidad determinista) de un bebé a dar sus primeros pasos; a ampliar la mano amiga y a jugar valerosa y hospitalariamente con desconocidos en un patio infantil; a rechazar la falsa amistad de los que se llevan su pelota y se van a casa si no se salen con la suya a la hora del recreo; a plantarse ante los matones de pasillo y de callejón en defensa de los que son más jóvenes, más débiles y más vulnerables; y a desear y a arriesgarse a establecer relaciones con un miembro del sexo opuesto y a convertirse, ellos mismos, en maridos y mujeres fiables y en verdaderos padres y madres adultos. Eso es lo que más profundamente le gratifica ver a todo verdadero padre cuando se materializa en los pensamientos y las obras de sus hijos; lo que satisface más profundamente al hombre que se ha resuelto a ocuparse de su familia. Es algo que habla de la unidad definitiva de padre, hijo y trayectoria del desarrollo, que es tanto hacia delante como hacia arriba. ¿Se trata de un instinto

—el instinto tanto del hijo que se empeña como del padre que está atento— o de la voz o la llamada de lo divino? Si existe una unidad última detrás de todas las cosas y hacia la que tiende toda vida, no puede haber una verdadera diferencia entre ambas cosas.

Quizá no exista nada más optimista que la idea de que el camino al que apunta el espíritu de la aventura, tanto en la infancia como en la edad adulta, es el que resulta más agradable de transitar y, a la vez, el que el buen padre anima a emprender. Se trata de algo particularmente cierto, junto con la defensa que acompaña y que constituye el alma de la alianza que Dios ofrece a Abram: la insistencia y la seguridad de que transitar por ese camino significará vida se convierte en una bendición subjetiva, de un modo que, simultáneamente, asegura prestigio social bien merecido y autoridad, establece algo de valor permanente (incluso una dinastía de alcance mundial) y todo eso lo hace, a la vez, de una manera que no aporta sino beneficios a todos los demás. ¿Y quién se atrevería a cuestionar una oferta semejante y a defender el planteamiento contrario, que necesariamente tendría que ser que el impulso mismo que nos mueve hacia delante, en dirección a una verdadera madurez y responsabilidad en nuestras vidas, de alguna manera se manifiesta en oposición al empeño personal, la respetabilidad comunitaria, el logro profundo y el bienestar de los demás? Esto implicaría que la esencia misma de nuestro empeño en la vida existe de una manera que es antitética a nuestro propio bien o incluso al bien mismo, ya se conciba este en el ámbito de lo individual, de lo social o del futuro. Resulta mucho más sencillo presuponer (mucho más en consonancia con el principio de la navaja de Ockham, científicamente hablando, incluso evolutivamente hablando) que nuestra manera natural o implícita de ser y devenir nos une con nuestro entorno, social y natural, del modo más armonioso y productivo posible, en conjunto. Y que esa llamada surge en nosotros como el instinto más profundo de desarrollo (incluida la aparición adulta del espíritu de una paternidad alentadora).

Ya nos hemos encontrado a Dios como Verbo de verdad, que apunta hacia arriba, que establece y restablece el orden de lo que es bueno. Ese retrato forma parte de la insistencia monoteísta de que la aventura que llama a Abram es otra caracterización del espíritu de la verdad. También implica, nada menos (un «nada menos» magnífico y, una vez más, optimista, en el sentido más elevado posible), que la verdad es la aventura definitiva. Planteemos primero la naturaleza de la mentira, que es lo contrario a la verdad, en nuestro intento por comprender esta identidad. El mentiroso miente, o bien para obtener algo que no merece («di que estas piedras se conviertan en pan»; véase Mateo 4:1-4), o para eludir alguna responsabilidad o consecuencia que le es justamente atribuible (Mateo, 4:5-7). Al hacerlo, renuncia a los cambios que le habrían llegado si hubiera dicho la verdad: consciencia de la insuficiencia que subyace a su deseo de ganancia; exposición a las oportunidades que quizá se le habrían presentado si hubiera asumido su obligación y a la vez los cambios necesarios en su vida y su personalidad para cargar con ese peso. Todo ello lo sustituye por toda la falsa aventura de la mentira —falsa, porque pase lo que pase como consecuencia de una mentira no es, por definición, ni real ni genuinamente suyo, pues no constituye una manifestación de su verdadero carácter, sino de la mentira—. Así, el hombre que vive por la mentira no vive su propia vida, sino la vida de la mentira y la vida del mentiroso, e incluso la vida del espíritu de la mentira, que es una vida luciferina y ciertamente espantosa. Pues es la verdadera aventura, y no la falsedad de la mentira, lo que constituye el verdadero sentido en la vida, un sentido que es sostén necesario.

Al establecer una alianza con el Único Dios Verdadero, Abram jura, en esencia, vivir por la verdad. Al principio, él no es, en modo alguno, perfectamente capaz de hacerlo así. En el mejor de los casos, es un hombre corriente, lo que es una muy buena noticia para los demás, que nos empeñamos en apuntar hacia arriba y en ir armando nuestra vida como hombres también corrientes. A pesar de serlo, Abram decide asumir el riesgo. Jura alterar su meta y aceptar, e incluso dar la bienvenida, a lo que se le presente por la senda de la verdad. Hay que entender que esa es la aceptación de la aventura misma. ¿Por qué? Porque vivir en la verdad —actuar verdaderamente, hablar verdaderamente— significa aceptar todo lo que ocurra como consecuencia de ello, en lugar de apuntar al blanco del engaño motivado por el espíritu de la mentira. Ese hecho en último extremo impredecible (¿qué diantres va a ocurrir ahora?) que deriva de la verdad es exactamente la aventura de la vida. Es a la luz de esa conexión entre verdad y aventura que Cristo dice: «El viento sopla de donde quiere y oyes su sonido, pero no sabes de dónde viene ni adónde va. Así es todo aquel que nace del Espíritu» (Juan 3:8). Soltar amarras del todo (de la connivencia y de la manipulación estrechamente centradas en uno mismo) implica abrirse radicalmente a las posibilidades de la vida, pero solo a aquellas que surgen de manejar lo que es verdad: «Y conoceréis la verdad y la verdad os hará libres» (Juan 8:32). Para aceptar la llamada, Abram debe renunciar a sus propios deseos de corto alcance, centrados en él mismo; debe cesar en todas sus maquinaciones, ya sea por seguridad o para obtener unas ganancias y privilegios que no se ha ganado, y debe dejar que el viento lo lleve donde quiera.

Como muchos de nosotros, no parece que Abram vaya a ser profeta: se trata de un candidato poco probable para ese paso por la verdad y la aventura. De acuerdo a la terminología moderna, es un «privilegiado». Desde el inicio mismo de su relato, sabemos que ha vivido con unas comodidades que no se ha ganado, bajo el ala protectora de sus padres, durante más de siete décadas. Abram empieza con un fracaso bastante grave. En el relato se da a entender de manera clara que ese estado de comodidad es insuficiente, incluso infantil. A Dios, claramente, le resulta inaceptable. De otro modo, su llamada a Abram jamás se habría producido. Al parecer, la relación propiamente dicha con Dios no se establece de manera fácil mientras nos encontramos cómodamente instalados en el regazo del lujo. ¿Cómo, entonces, puede constituirse más realmente la buena vida? A este respecto, Dostoievski tenía muchas cosas sensatas que aportar:

> Siendo así, díganme ustedes qué se puede esperar del hombre, de ese ser dotado de cualidades tan extrañas. Prueben a volcar sobre él todos los bienes de la tierra; sumérjanlo en la felicidad tan profundamente que solo se perciban en la superficie algunas burbujas; satisfagan sus necesidades económicas hasta el punto de que sus únicas ocupaciones sean dormir, comer pan de especias y pensar en el modo de prolongar la historia universal...; hagan todo esto y verán como el hombre, por pura ingratitud, por necesidad de envilecerse, les corresponde cometiendo alguna villanía. Incluso correrá el riesgo de perder sus panes de especias y volverá a caer en las necedades más peligrosas, en los absurdos menos ventajosos, solo por mezclar esa sensatez positiva con un elemento fantástico, pernicioso.[1]

Creemos, y se nos promete constantemente (se nos seduce para que creamos, sobre todo en el frente político), que tendríamos el verdadero paraíso a nuestro alcance si nuestras necesidades estuvieran cubiertas; si nuestros deseos resultaran fácilmente satisfechos. Sin embargo, siendo del todo serios, cuando todos sus deseos se ven satisfechos, ¿acaso el recién nacido no se limita a dormir? ¿Para qué sirve entonces la consciencia o, incluso, qué es lo que quiere más verdaderamente, por encima, o hasta en lugar, de la mera gratificación física? Por paradójico que resulte, quizá anhela problemas: de ahí el primer pecado en el jardín del Edén. O quizá, más positivamente, dejarlo todo atrás y seguir avanzando lo más esforzadamente posible. Quizá desea que lo pongan en un lugar de máxima responsabilidad y acepta voluntariamente el sacrificio y el trabajo duro, incluso si son extremos. ¿No es eso lo que se muestra en todos los dramas de aventuras románticas, en todas las películas de agentes secretos o superhéroes, cuando todo se pone en peligro para conseguir el mejor resultado posible por parte del hombre que todo hombre desearía ser? ¿Somos recién nacidos que dependemos de otros para que aplaquen nuestro malestar, para que nos proporcionen lo que necesitamos en la vida mientras permanecemos tendidos, como meros receptáculos pasivos, o somos los hombres y las mujeres que pueden y deben enfrentarse al mundo y luchar para alcanzar el orden celestial? Cristo dice:

> Si alguno quiere venir en pos de Mí, niéguese a sí mismo, tome su cruz y sígame. Todo el que quiera salvar su vida, la perderá; y todo el que pierda su vida por causa de Mí y del Evangelio, la salvará. Porque, ¿de qué le aprovechará al hombre ganar todo el mundo, si pierde su alma? ¿O qué recompensa dará el hombre por su alma?
>
> Marcos 8:34-37

Negarse a uno mismo significa prescindir de las lisonjas de la gratificación inmediata, instintiva, autocomplaciente. *Tomar la propia cruz* significa enfrentarse voluntariamente a la realidad de la mortalidad y la maldad y, aun así, esforzarse pendiente arriba. *¿Ganar el mundo y perder el alma?* Esa es la sustitución de la mentira y de lo que esta ofrece por una participación genuina en el proceso creativo —el Logos— que engendra todo lo que es verdaderamente deseable de la mejor manera posible. Esa negación, ese cargar con el peso máximo, es la senda de la responsabilidad más deseable y del sentido último. También es el camino hacia el reino de los cielos, verdaderamente; el camino que tiene sentido como viaje y el mismo sentido como destino.

¿Quién habría podido imaginar que la responsabilidad voluntariamente aceptada de soportar la más pesada de las cargas es precisamente lo que da a la vida el propósito que la sustenta, lo que crea el mundo y lo mantiene derecho cuando se ha desviado de su órbita? Es por eso por lo que el Cristo que redime es también el espíritu que asume como suyos los pecados del mundo (Juan 1:29; 2 Corintios 5:21). La esencia del hombre y de Dios es la voluntad de asumir la más pesada carga posible de la vida. ¿Cómo podría ser de otro modo? ¿Cómo podría resolverse cualquier problema difícil, cómo podría siquiera admitirse? ¿Y no ocurre que aquellos que deciden admitir y resolver esos problemas difíciles —apuntando hacia arriba, aliándose con el espíritu del amor y la verdad— aparecen como bendiciones para sí mismos, como fundadores de dinastías, como bendiciones para otros y como co-fundadores de sus enemigos? ¿No son las personas que viven las vidas que nosotros desearíamos vivir en nuestros momentos más valerosos? ¿No son aquellos a los que las personas sabias se esfuerzan por imitar, atraídos por quienes llegan adecuadamente al orden a partir del caos? ¿No son, por tanto, los emisarios o los avatares del espíritu que se mueve eternamente sobre las aguas y decide aguardar, y pronunciar palabras productivas, y actuar?

Todo eso parece obvio, una vez considerado de manera explícita, y las conclusiones que se alcanzan inevitablemente pueden apuntalarse en su certeza fundacional a partir de la consecuencia de sopesar la hipótesis alternativa y contraria: que el éxito en el mundo les llega a aquellos que se arredran, se ocultan, vacilan, dan rodeos y evitan. Eso no se lo cree nadie, ni siquiera si lo hace. Nadie ofrece eso a nadie a quien ama verdaderamente y a quien, por tanto, desea alentar como la estrategia de vida más deseable. Nadie cree, y ni siquiera dice creer, que huir y mentir sea equiparable a lo que es admirable y bueno.

Lo que en el relato abrahámico se caracteriza como Dios es el espíritu que dice eternamente, en esencia, incluso a los reacios: «Debes abandonar las comodidades de tu tienda —tu hogar y tu familia— y viajar hasta el mundo horrible». Dios es lo que nos empuja a salir. ¿Es ese un espíritu *en el que creer*? Eso depende por completo de lo que se entienda por *creer*. La decisión pragmática es clara: cuando la voz de la aventura hace su aparición, puede escucharse y seguirse (que es lo que *creer en...* significa realmente en ese contexto) o puede ignorarse. Es revelador que, en esa situación, las dos decisiones constituyan un acto de fe, pues ninguna de las consecuencias, en ambos casos, está especificada. Es más (y es un verdadero indicativo de lo que realmente significa *creer*), la fe en uno y otro caso no viene señalada tanto por una afirmación declarativa *(creo que)* como por una acción. El hombre que cree en el espíritu de la aventura es el que emprende el camino. En este sentido, la creencia se revela mejor por el compromiso: un compromiso sin reservas; la determinación de hollar el camino para conseguir máximos encuentros y una maduración amplia. El hombre que no consigue hacerlo solamente indica, mediante su inacción o evitación, su creencia, igualmente basada en la fe, pero en el espíritu diametralmente opuesto al progreso: una fe que llama a la dependencia infantil prolongada. En la decisión de avanzar o no avanzar no existe ninguna opción que no se base en la fe. Aquella es el camino sacrificial de un horizonte siempre en expansión. Esta es una inmovilidad del espíritu que aletarga y estanca. Así era la vida de Abram antes de la llamada de Dios, el aviso de la gran oportunidad, incluso la apelación a la consciencia.

¿Y qué ocurre cuando comienza la aventura prometida? Abram es el primer llamado a desplazarse a la tierra de los cananeos. J. Benson, comentarista de la Biblia del siglo xx, describe Canaán como «un país dado a la idolatría más repugnante, cruel y bárbara, por la que sacrificaban incluso a sus propios hijos».[2] Los cananeos son, por tradición, los hijos de Caín. La tierra que habitan es un dominio falso, porque su residencia se ha establecido y sigue establecida en el espíritu equivocado: el espíritu del falso sacrificio, el resentimiento y el deseo de engañar y usurpar. ¿Qué significa que Dios llame a Abram a viajar hasta allí? Significa que todo visitante llamado por el espíritu de la aventura se expondrá a toda la panoplia de la crueldad y del pecado humanos y que esa exposición debe gestionarse de alguna manera, convertirse, incluso, en parte de la aventura. Ese punto se repite cuando el héroe de esta historia viaja a las profundidades absolutas de la depravación, que caracterizan las ciudades condenadas de Sodoma y Gomorra. ¿Por qué todo ello es necesario? Porque el mundo ha caído. Porque el mundo es real. Porque el hombre tiene algo genuino que hacer. Donde no hay desafío ni límites, no hay impulso ascendente, no hay crecimiento, no hay desarrollo..., ni siquiera nada real. La falta de sentido de esas situaciones indica exactamente eso. Los obstáculos aportan realidad a las cosas. Los límites, las restricciones y los peligros aportan realidad a las cosas. Quizá la muerte misma sea necesaria para dar realidad a las cosas. Entonces, surge la pregunta: si el precio de la realidad es la muerte, ¿cómo podría manifestarse la realidad, justificar ese precio? Se trata de la pregunta última y el sueño paradisíaco proporciona la respuesta imposible. Dios lo insinúa con la llamada inicial. Si se acepta la petición de avanzar en el mundo, la recompensa es ilimitada: una vida bien vivida, el establecimiento de una reputación genuina y estelar, la fundación de una nación y una bendición para el mundo entero. ¿Es suficiente como pago por la muerte? No existe una respuesta *a priori*. Esa es la maldición del verdadero dilema existencial. ¿Vale la pena? Estamos condenados a averiguarlo a medida que hacemos el camino.

¿Qué camino?

Esa es la eterna pregunta.

Abram viaja en compañía. Van con él no solo su leal y amorosa mujer, Sarai, y Lot, el hijo de su hermano, sino el propio Dios. Es más, cada vez que el profeta se detiene, consagra su morada a lo que es más alto. Lo hace para perfeccionar y mantener su objetivo, para afianzar el espíritu de aventura, para recordarse a sí mismo su compromiso y para fortificar su fe. Dios, inevitablemente, responde insistiendo en la integridad de su alianza y con su realidad:

> Y se apareció Jehová a Abram y le dijo: «A tu descendencia daré esta tierra». Y edificó allí un altar a Jehová, quien se le había aparecido. De allí pasó a un monte al oriente de Betel y plantó su tienda entre Betel al occidente y Hai al oriente; edificó en ese lugar un altar a Jehová e invocó el nombre de Jehová.
>
> Génesis 12:7-8

Esa es la llamada del Dios interior, por así decirlo, que ayuda a Abram en sus luchas con las manifestaciones del Dios exterior. Algo se despliega dentro del valeroso residente que lo iguala a sus desafíos mientras él se esfuerza por avanzar en la fe, con la determinación de encarar su destino honesta y completamente. Ese sacrificio continuo, que marca el establecimiento de un nuevo capítulo en la historia de la aventura que continúa, es también algo parecido a «la consagración del primogénito a Dios», como se ha expuesto antes.[3] Cada vez que se concibe una nueva empresa —cada vez que se empieza algo nuevo— es necesario reconsiderar tanto la meta como la intención. ¿Con qué espíritu hay que emprender la siguiente oportunidad? ¿No es necesario restablecer la meta ascendente ni jurar realizar los sacrificios adecuados para asegurar que todo se halla bien alineado; que ni la amargura, ni el resentimiento, ni la falsedad ni el espíritu del orgullo están sustituyendo el propósito más elevado posible? Un rumbo similar lo asumen todos los verdaderos profetas y hombres sagrados: todas sus acciones y manifestaciones las consagran a Dios. Es lo mismo que un recordatorio de la verdad que es verdadera aventura. ¿Llevamos a cabo algún ritual similar hoy? ¿Consultamos con regularidad el espíritu más elevado que hay en nosotros? ¿Intentamos dirigir todas las miradas y todas las acciones hacia fines que, según hemos determinado, deben reinar supremamente? ¿Y acaso la alternativa no es debilidad espantosa, confusión angustiada, indecisión, falta cobarde de esperanza y un cinismo vengativo, invasivo?

Nos encontramos ante un detalle de gran importancia. El riesgo de la aventura es absoluto, dada la realidad innegable y siempre presente de la muerte y del mal. Ese riesgo pide a gritos el acompañamiento de un aliado infinito. ¿Existe ese aliado? La pregunta está mal planteada. La pregunta correcta es la siguiente: «¿En qué espíritu del esfuerzo podemos confiar en tiempos de las mayores crisis?». «En ninguno» es una respuesta absolutamente inaceptable. En ese caso, no habría meta ni motivación, algo nada deseable cuando acecha la catástrofe. Es más, la ausencia de alineamiento consciente con el espíritu que integra la psique y aporta armonía al mundo social nos deja sin defensas contra los espíritus de la tentación que, en ese caso, lucharán por imponerse. Cuando hay que dar prioridad a la atención y hay que pasar a la acción, el ateísmo no es posible. Hay que elevar algo y sacrificar todo lo demás.

Abram, al construir sus altares a Dios, se esfuerza por asegurar de la mejor manera posible que mantiene su alineación con la llamada divina que lo ha sacado de su escondite y lo guía adecuadamente hacia delante. ¿Se trata, meramente, de una variante más de la búsqueda supersticiosa de una seguridad ilusoria que hipotéticamente resulta clave para el empeño religioso (el «opio del pueblo»)? En absoluto. Es precisamente la voluntad fiel de transitar hacia otro lugar la que cataliza el proceso de desarrollo interno y, al asumir voluntariamente el nuevo desafío, convierte al héroe aventurero en algo más de lo que de otro modo habría sido. ¿Dónde está el límite superior? Este solo viene definido por la unidad inefable y siempre en retroceso que ocupa el peldaño más elevado de la escalera de Jacob, que asciende infinitamente. El sometimiento a ese proceso de desarrollo exigente, fortalecedor y ennoblecedor no es ni superstición falsa ni consuelo infantil. Todo lo contrario. Se trata, eso sí, de la consecuencia cierta de la vida más valerosa posible; del resultado de la aceptación radical —de la verdadera acogida con los brazos abiertos— de la amplia variedad de destinos, incluso del más extremo.

¿Qué ocurre cuando Abram sigue abriéndose a la llamada? Se encuentra con una visión interminable de oportunidades en expansión, con una aventura tras otra, todas ellas desafiantes. Cada una de esas nuevas correrías, sin embargo, exige un sacrificio: de la comodidad anterior, del compromiso o la meta de antes, de la identidad previa. Ese es el patrón del desarrollo humano. Cada oportunidad exige un aumento correspondiente de la madurez, un sacrificio de algo que ahora resulta insuficiente para el desafío que se presenta. Cada sacrificio, a su vez, deja sitio para una nueva identidad, siempre mejorada. Se trata de un proceso de sucesión idéntico a la maduración y ampliación de competencia, psique y comunidad. Cada una de esas nuevas y ampliadas identidades debe reafirmar su compromiso con el espíritu que se coloca apropiadamente en el lugar más elevado. De ahí los actos repetitivos de la construcción de altares y de aportación de ofrendas en los que se implica el floreciente profeta y padre de la humanidad. Abram se esfuerza por hacer lo que es correcto en el momento adecuado, en el lugar adecuado, para que cielo y tierra se alineen de la manera que todos experimentamos, si bien pocas veces y con dificultad, cuando la vida se desarrolla de un modo que, en su desplegarse, es musical, incluso parecido a una danza.

Así pues, la vida de Abram se retrata como una secuencia de sacrificios, a cuál más exigente, en consonancia con el hecho existencial de que cada visión de oportunidad y responsabilidad aumentadas exige un habitante cuya meta sea cada vez más precisa y que culmine en una transformación tan completa que requiera un nombre nuevo que le dé su significado correcto. Así es como podría desplegarse la vida de cada individuo si se desplegara del todo. A medida que nuestros ámbitos de dominio crecen, debemos, cada vez más, dejar atrás lo que fuimos para poder convertirnos en lo que, de manera más completa, podríamos ser. El apóstol Pablo escribe: «Cuando yo era niño, hablaba como niño, pensaba como niño, juzgaba como niño; pero cuando ya fui hombre, dejé lo que era de niño» (1 Corintios 13:11).

Aunque sea Dios el que llama a Abram, los resultados son, en cierto sentido, catastróficos, al menos según los estándares de la personalidad original. Los esfuerzos de Abram se topan en un principio, simplemente, con la degeneración y la animadversión de Canaán, que, de manera nada sorprendente, se ve invadida por la hambruna. ¿Y por qué no sorprende? Porque los descendientes de Caín no son capaces de aportar fertilidad a la tierra ni de establecer correctamente los medios de distribución. ¿Por qué? Porque el sistema político que establecieron no se cimienta en el Logos divino ni en la alianza con Dios, sino en el resentimiento, el orgullo, el engaño y el deseo de usurpar. La llanura o el huerto más fértiles que imaginarse puedan no tardarán en convertirse en eriales habitados por personas hambrientas si la más elevada moral concebible no gobierna a quienes los habitan. Abram se ve forzado por las espantosas circunstancias que caracterizan el Estado fallido de Canaán a ponerse en marcha una vez más, esta vez hasta Egipto, donde la belleza de su esposa plantea una nueva y mortífera amenaza y, quizá, una oportunidad, por más que esta sea perversa.

> Y aconteció que cuando estaba próximo a entrar en Egipto, dijo a Sarai, su mujer: «Sé que eres mujer de hermoso aspecto; en cuanto te vean los egipcios, dirán: "Es su mujer". Entonces me matarán a mí y a ti te dejarán con vida. Di, pues, que eres mi hermana, para que me vaya bien por causa tuya; así, gracias a ti, salvaré mi vida». Aconteció que cuando entró Abram en Egipto, los egipcios vieron que la mujer era muy hermosa.
>
> Génesis 12:10-14

Llevamos leídos apenas unos párrafos del relato y Abram y su familia ya se han encontrado con un impresionante despliegue de horrores: corrupción, hambruna, tiranía autoritaria y las exigencias codiciosas de una aristocracia narcisista. «También la vieron los príncipes del faraón, quienes la alabaron delante de él; y fue llevada la mujer a casa del faraón» (Génesis 12:15). ¿Qué problemas pueden abatirse sobre cualquier hombre con una mujer hermosa, sobre todo cuando viaja con ella a través de una tierra extraña? El interés que muestran por ella los ricos y los poderosos. ¿Quiénes son esos príncipes? ¿Qué caos son capaces de sembrar? ¿Qué podrían tener que ofrecer? ¿Qué clase de interés, de hecho, están manifestando? Quizá el faraón de la época en la que llegó Sarai era un hombre casto, a pesar de su harén. Pero hay ciertos hechos que no pueden pasarse por alto: en primer lugar, que el faraón tenía un interés que era esencialmente carnal, aunque al parecer planeaba casarse con Sarai, en la medida en que una incorporación al harén constituye un matrimonio; en segundo lugar, que incluso si Abram no ofreció a su esposa para obtener una ganancia que en cualquier caso se le presionaba para que aceptara, no lo hizo por miedo, lo que resulta igualmente censurable; en tercer lugar, posteriormente insistió en ese mismo pecado, la traición a su esposa, en una secuencia de engaño casi idéntica. La totalidad de Génesis 20, que es posterior, presenta el relato de una secuencia de hechos muy similar en relación con un rey, Abimelec, que, como el faraón, es advertido por Dios para que no peque como consecuencia de las mentiras de Abram.[4] Está claro en este segundo caso que Sarai escapa de las garras del rey que la desea, pero no resulta para nada obvio en el primer caso y sin duda se trataba de un riesgo.

El faraón toma a Sarai y recompensa a Abram materialmente: «Este trató bien por causa de ella a Abram, que tuvo ovejas, vacas, asnos, siervos, criadas, asnas y camellos». Al parecer, las mentiras de Abram funcionan. Sobrevive, aunque quizá habría sobrevivido de todos modos, y se beneficia económicamente. Pero las mentiras solo funcionan durante un tiempo y entrañan riesgos propios, que es lo que ocurre siempre con ellas, sea quien sea quien las diga y sea quien sea el que se vea enredado en ellas.

> Pero Jehová hirió al faraón y a su casa con grandes plagas, por causa de Sarai, mujer de Abram. Entonces el faraón llamó a Abram y le dijo: «¿Qué es esto que has hecho conmigo? ¿Por qué no me declaraste que era tu mujer? ¿Por qué dijiste: "Es mi hermana", poniéndome en ocasión de tomarla para mí por mujer? Ahora, pues, aquí está tu mujer; tómala y vete».

> Génesis 12:17-19

La llegada de las plagas que se describe en estos breves versículos anticipa, por supuesto, la visita de las diez plagas de Egipto durante la época de Moisés y su significado es el mismo: existe un patrón divino que estabiliza y alienta a individuo y comunidad por igual. Desviarse de ese patrón entraña consecuencias mortales. Nadie está exento de esa ley de hierro y mucho menos los tiranos engreídos. Y todos los tiranos lo son. Es algo consustancial a la naturaleza de la tiranía. Así, Abram es instado a abandonar Egipto: «Y el faraón ordenó a su gente que escoltara a Abram y a su mujer, con todo lo que tenía» (Génesis, 12:20). Resulta algo sorprendente que el faraón al que Abram tanto temía no lo mande matar por sus mentiras y el peligro que han supuesto para el dirigente de Egipto y para su casa. Quizá ese jefe de Estado en apariencia algo prudente llega a la conclusión de que ni Abram ni Sarai merecen que se tome tantas molestias.

Abram no sale muy bien parado en este episodio. ¿Qué conclusiones debemos extraer nosotros de ello? La explicación más simple es que, al iniciarse el relato, no es un hombre totalmente bondadoso y quizá ni siquiera particularmente bondadoso. ¿Hace eso que la historia resulte menos o más creíble? ¿Quién es lo bastante sabio cuando emprende su aventura? Abraham es un hombre corriente, en un sentido profundo: posee todos los defectos de una persona real y todas las oportunidades de alguien que todavía puede convertirse en algo más de lo que es. ¿Qué habría ocurrido si Abram se hubiera atrevido a decir la verdad —es más, toda la verdad y nada más que la verdad—? Sin duda, tenía motivos para creer que lo habrían asesinado. Cuando el monarca absoluto te pide que entregues a tu «hermana», responder «no, gracias, señor» no es una opción que entre dentro de las decisiones consideradas fáciles. Los más grandes profetas de todos los tiempos, en efecto, acaban atreviéndose a decir a sus reyes lo que estos no desean oír; a veces, para salvar y redimir a esos mismos reyes y a sus pueblos. Pero el riesgo que representan esos soberanos es real, como lo es, por tanto, el beneficio potencial de mentirles, y hay gente que traiciona a sus seres queridos por razones menos importantes que la riqueza y la vida.

No se trata de excusar que Abram actúe movido por el miedo, o por algo peor, sino de indicar su naturaleza del todo humana y el realismo del retrato que de él se hace en el relato bíblico. En ese punto de su viaje, Abram, sencillamente, carece de la sofisticación para negociar su avance sin recurrir al engaño cuando se encuentra en un atolladero. Ello no convierte lo que hace en un acto moralmente aceptable, pero sí comprensible: ¿quién se atreve a proclamar la virtud de plantar cara a la tiranía ante el dolor de la muerte? Se trata, sin duda, de una aptitud muy poco habitual, que desde luego no es característica del hombre corriente. Esa combinación compleja de fortaleza y debilidad por parte de los protagonistas bíblicos tiene que ver con lo que hace que esos relatos antiguos resulten a la vez sofisticados y relevantes: los convierte en verdadera literatura y no solo en pasatiempo propagandístico y en engaño. ¿Puede un hombre capaz de grandes cosas ser capaz también de grandes fallos? Si no fuera así, ningún hombre sería grande.

En este caso también ocurre algo que es más profundo y que puede pasarnos desapercibido cuando captamos los defectos aparentes de ese Abram algo mentiroso, cobarde y oportunista. Aunque el interés del faraón por la esposa de Abram (que de hecho también es su medio hermana, por extraño que parezca, tal como se indica en Génesis 20:12) le supone una amenaza considerable, la consecuencia última de la exposición a ese peligro es un aumento tangible de la riqueza de Abram. ¿Qué puede significar esto? En primer lugar, y de manera más general, la verdad eterna: donde acechan los dragones siempre se esconde un tesoro. En el ámbito de la concreción práctica, ello quiere decir que el hombre que jura apuntar alto y se muestra diligente en su empeño se halla en la mejor posición para convertir el desafío, incluso si es peligroso, en una oportunidad positiva. Y es útil saberlo cuando la adversidad llama a la puerta, algo que, inevitablemente, acabará sucediendo. Así pues, será útil que la siguiente pregunta aflore a la mente y potencialmente altere la manera de ver el hecho y modifique todas las emociones relacionadas con él: «¿Qué posible ventaja podría haber en esta dificultad que ha surgido de manera tan repentina, inesperada e incluso injusta?». Job consigue algo parecido y experimenta un cambio dramático de su suerte (de su mala suerte) hacia el final del relato de sus penurias (Job 42:10-17). Esa transformación se presenta, en su forma arquetípica última, en la pasión de Cristo. La recompensa ofrecida a Jesús por aceptar la traición, el dolor, la mortalidad y el infierno es el reino de los cielos y el triunfo sobre la muerte y el mal. Es Dios mismo (y tomemos nota de que esa es otra descripción o caracterización), tal como señala Milton, el que puede tomar incluso lo que apunta hacia el mal y convertirlo en un bien positivo, mientras Satanás se esfuerza por hacer lo contrario:

> Ten por seguro que nuestra misión no consistirá nunca en hacer el bien; nuestra única delicia será siempre hacer el mal, por ser lo contrario de la alta voluntad de Aquel a quien resistimos. Si su providencia procura sacar el bien de nuestro mal, debemos trabajar para malograr este fin y hasta para encontrar en el bien medios que conduzcan al mal.[5]

Dios es la voz que nos llama al mundo terrible y guía nuestro camino, si mantenemos nuestra alianza con Él: esa es la hipótesis que se plantea aquí. ¿No se habría revelado Abram como hombre aún más débil de lo que es, con sus engaños a medias —quizá, incluso, más débil hasta extremos fatales—, si hubiera rechazado del todo la llamada a salir al mundo al inicio del relato? Sí, es cierto, es algo temeroso y avaricioso al principio, cuando se encuentra con el deseoso príncipe egipcio, pero es que acaba de empezar. ¿Puede ser perdonado por no ser todo lo que podría ser antes de adquirir la experiencia exacta que lo ayudaría a convertirse en eso? ¿A quién de nosotros no le falta coraje? Además, ¿quién no es inmaduro y materialista cuando empieza a habitar en otros lugares? Y, una vez más, pensemos en la llamada a abandonar la seguridad y perseguir la aventura, identificada con el espíritu mismo de Dios, al inicio del relato. ¿Acaso no recompensamos, precisamente, la tendencia a atender esa llamada en nuestros hijos, al menos en la medida en que los queremos de verdad? ¿Acaso no alentamos su independencia, su disposición a asumir riesgos, aunque entendamos que, por el camino, van a cometer errores a causa del miedo y de la avaricia? ¿Por qué no mantenerlos a salvo, simplemente? Actualmente lo hacemos mucho,[6] y no es evidente que las consecuencias sean un aumento de la verdadera seguridad, ni siquiera de la percepción de seguridad.[7]

Admiramos los hogares gobernados por el espíritu que llama por igual a padres e hijos al mundo con una confianza intrépida y ambiciosa. Esa admiración es una especie de celebración: una forma de veneración. La admiración llama a la imitación y no existe forma más elevada de creencia que la imitación. Animar abiertamente a realizar una estancia en otro lugar es algo que está en consonancia con este hecho, tanto como hacerlo personalmente. Ambas son virtudes morales superiores: superiores porque están por encima de la seguridad, la dependencia y la gratificación hedonista; superiores porque subordinan lo que se exige en el presente (el deseo de seguridad, por ejemplo) a una estrategia a largo plazo de independencia funcional y a la productividad generosa que la acompaña. ¿No es mejor hacer que alguien acabe siendo autosuficiente que proporcionarle eternamente lo que necesita? Si la aventura es el sentido de la vida, aprovisionar a alguien sin fin no es hacerle un bien compasivo y no es algo que permita alcanzar la utopía prometida. En cambio, sí constituye un robo inadmisible del destino y una invitación inconsciente a esa tiranía general que resulta inevitable cuando se abdica de la responsabilidad.

De vez en cuando, si somos afortunados, nos encontramos con alguien que ha vivido una verdadera aventura y nos descubrimos pensando: «Dios mío, me encantaría haber vivido algo así». Y, si hubiéramos atendido la llamada, quizá podríamos haberlo hecho. Mi única hermana, Bonnie Keller, es un ejemplo interesante de ello. Es la única persona que conozco que ha vivido altercados físicos con representantes de cuatro de los grupos de primates mayores: humanos (más concretamente, con el autor del presente libro), bonobos, gorilas y babuinos. Bonnie se fue de casa cuando tenía dieciocho años. Salió de Fairview, nuestro pequeño lugar de origen, situado en el norte de la provincia de Alberta, en Canadá, y se trasladó a mil kilómetros de allí, a la universidad, en Saskatchewan, en la provincia canadiense situada inmediatamente al este. Todos, incluida ella, creíamos que estaba preparada, que era lo bastante madura para asumir la tarea. Sin duda, en cualquier caso, había planteado muchos menos problemas que su hermano mayor durante su adolescencia y como consecuencia de ello parecía una mujer adulta.

Pero Bonnie no estaba tan preparada para abandonar el hogar como todos creíamos. Partió en pos de su aventura y no pudo soportarla. Sola, lejos de casa y de la familiaridad que la cobijaba, se sintió angustiada, insegura y deprimida, y regresó junto a sus padres. Aquello no gustó a mi padre, que primero se mostró muy sorprendido (pues no lo había visto venir, como tampoco lo vio venir mi madre); después, preocupado por que se estuviera rindiendo prematuramente; y, por último, más que dispuesto a hacer patente su disgusto. Cabe destacar que permitir la dependencia no es una forma admirable de misericordia. Todo lo contrario: es traicionar el verdadero espíritu del propio patriarcado benevolente. Quizá la respuesta de mi padre fuera más dura de lo necesario, quizá no. Pero hay algo cierto: Bonnie sí acabó fortaleciéndose una vez más y se fue de casa para siempre, y mi padre tuvo algo que ver en ello. Aunque también mi madre, que hizo saber a su hija, cuando esta regresó a casa, que aunque siempre sería bienvenida y querida, el mejor resultado concebible era, de todos modos, que volviera a partir de manera madura lo antes posible. Es evidente que en una bienvenida de este tipo se ofrece una seguridad que es loable y en ocasiones es la clase exacta de seguridad capaz de sentar los cimientos para emprender un segundo intento, así que bien por mamá, sobre todo dado su deseo simultáneo de que ese segundo intento culminara con éxito. Y, en efecto, Bonnie volvió a irse, después de esforzarse de verdad por aclararse mientras estaba en casa, donde encontró trabajo y se matriculó en unos cursos a distancia, a pesar del malestar real que sufría. Poco después volvió a la universidad, en esa ocasión en el centro de Alberta —algo más cerca, pero lo bastante lejos— y no en Saskatchewan. Allí, mientras asistía a clases de una lengua extranjera, se le presentó otra oportunidad, más espectacular: la posibilidad de trabajar en verano en Noruega, en una plantación de fresas. Resulta que nuestra familia, por parte de padre, es de origen noruego, por lo que ese país ejercía en ella cierta atracción personal. Mi padre, cuando era muy joven, hablaba sobre todo noruego en casa, en su cabaña de madera de las gélidas llanuras de Saskatchewan, donde su abuelo se había asentado, arado la tierra y fundado una familia; en la misma comunidad de agricultores en la que mi abuela paterna era bien conocida por el *lefse* (pan de patata) que horneaba y por los *uff das* que solía pronunciar.

Mi padre apostó con Bonnie doscientos dólares (una cantidad nada despreciable a principios de la década de 1980) a que no podría llegar hasta el final en sus planes de verano. ¿Fue un acto de crueldad o de aliento? En cualquier caso, sí suponía un desafío y ella se enfadó. Dicho sea de paso: la ira inhibe el miedo.[8] Pensó algo así como «que te den, viejo» y aceptó la apuesta. Tal como había prometido, se fue de casa y ya no volvió. En esa ocasión rompió las cadenas de la dependencia en una sola y poderosa acometida. Bonnie regresó a Fairview de visita, transcurridos unos meses, mucho más experimentada, más dura, más sabia, mucho más madura y adulta. Después se formó con éxito como enfermera. Aquella carrera profesional le permitiría encontrar trabajo en cualquier parte, algo que, con su nueva confianza, que tanto le había costado adquirir, se le hizo fácil. A partir de entonces, consiguió todos los empleos que solicitó, entre otras cosas porque a sus potenciales jefes les decía, y era verdad, que sabía lo que hacía y que no lamentarían nunca haberla contratado. Eso es música para los oídos de cualquier empleador y parte del resultado de hacer caso al espíritu de la aventura, además de a la verdad sincera de Dios, en el caso de Bonnie.

La enfermería es un trabajo difícil, y trabajo de verdad, y mi hermana aprendió mucho ejerciéndola. Después de graduarse, se trasladó a África y empezó a trabajar con un exoficial del Ejército británico con el que acabó casándose. Pasaron casi cinco años organizando safaris en la sabana, ocupándose de turistas norteamericanos y europeos —muchas veces malcriados e ingenuos—, lidiando con las exigencias inesperadas tanto de animales como de seres humanos mientras se adentraban por caminos secundarios o entre matorrales. Fue en esa época cuando tuvo un altercado con un babuino que había conseguido entrar en la habitación del chamizo que era su hotel, al que echó, si no recuerdo mal, propinándole un puñetazo en el hocico. Cuando aquellas aventuras de safari tocaron a su fin, su marido y ella compraron unos camiones Mercedes en Francia y los trasladaron de contrabando por el desierto del Sahara hasta Níger, en convoyes, para venderlos, hasta que los tuaregs que vivían en el territorio intermedio hicieron que la travesía se convirtiera en algo demasiado peligroso. Después, solicitó empleo de enfermera de bebés de gorila huérfanos en el Congo. Fue allí donde libró sus otras dos batallas con primates. La primera fue con un bonobo malcarado puesto a su cuidado en una clínica. La segunda, más grave, tuvo lugar en campo abierto, cuando Bonnie, junto con una colega, fue atacada en el momento en que intentaban devolver a tres gorilas adultos a su hábitat. Cuando regresaban al campamento, volvieron a encontrarse con los animales y uno de ellos decidió pasar al ataque. En esos casos, lo mejor es reaccionar sentándose y manteniendo una actitud pasiva. Eso fue exactamente lo que hicieron las dos jóvenes, pero aun así se vieron sometidas al ataque de un macho iracundo y desagradecido. Cabe señalar que su actitud estaba en parte justificada, porque ya lo habían soltado hacía un tiempo, cuando era más joven, y poco después había sido objeto de agresiones por parte de humanos. En cualquier caso, se abalanzó contra las dos y las atacó, mordiendo a mi hermana con bastante fuerza mientras ella intentaba quitárselo de encima a su colega.

El altercado con el gorila causó en mi hermana Bonnie un ligero trastorno de estrés postraumático. Pero lo superó casi de inmediato y regresó a sus aventuras: volvió a Londres cuando estalló la guerra civil en el Congo. Una vez allí, con su marido, se dedicó a comprar y a vender, tras reformarlas, una sucesión de casas y sacar un beneficio de ello. Sin embargo, cerca ya de la cuarentena, acabó admitiendo o descubriendo que deseaba profundamente tener hijos. Su marido, no. Se trataba de una diferencia irreconciliable y se divorciaron, aunque mantuvieron una buena relación y siguen siendo amigos. Ella se fue y, a su debido tiempo (un periodo conveniente), encontró otro marido que, a su manera, es un aventurero brillante. No tardaron en fundar una familia. Bonnie se transformó entonces, pasando de ser comparativamente dura y masculina en esencia (sin dejar de ser encantadora y atractiva) a mostrarse casi por completo maternal y doméstica. Justo a tiempo.

Una vez me contó que había vuelto a Fairview y les había contado sus aventuras a los amigos que había dejado allí. «Qué suerte tienes», le decían todos. Y en cierto sentido tenían razón. A la gente le ocurren cosas espantosas de manera inesperada y desgraciada, que la apartan de un camino que de otro modo habría podido ser emocionante y pleno. Bonnie habría podido ser víctima de alguna enfermedad grave, por ejemplo, que le hubiera impedido seguir viviendo aventuras. De hecho, sí sufrió, al principio, ciertos problemas digestivos graves que la obligaron a pasar por quirófano. Aquello podría haberla dejado fuera de juego. Son cosas que le ocurren a la gente y muchas veces no es porque sea culpa suya, al menos no de manera evidente. En la vida existe cierto elemento azaroso y la providencia, en cierto sentido, actúa en todo momento cuando la catástrofe absoluta no hace acto de presencia. Así pues, tal como insistían sus amigos envidiosos, la suerte estuvo de su parte, en efecto.

Pero en otro sentido, quizá más fundamental, lo que estuvo de parte de Bonnie no fue la suerte, en absoluto (o quizá es que es más probable que la suerte les llegue a los preparados, a los atrevidos). Sus aventuras fueron consecuencia, claramente, de su disposición a decir «sí», a arrojarse a la pira y a dejar que se quemara lo que no era adecuado, apropiado y bueno. Así fue como ella atendió a su conciencia y a la llamada. Sacrificó tanto su infancia y a sus padres cuando se fue de casa por segunda vez —algo de lo que ella, después, fue consciente, no sin un dolor auténtico— y mis padres fueron lo bastante sabios como para entusiasmarse cuando lo hizo. Eso significa que estaban dispuestos, como Abram (que para entonces ya era Abraham) en el episodio de Isaac, que vamos a abordar pronto, a consagrar a su hijo a Dios. Pero, como Abraham, la disposición de mis padres a sacrificar a su hija también implicó que esta les fue devuelta. Cuando Bonnie se fue de casa, mantuvo unas excelentes relaciones con mis padres y los llevó a vivir muchas aventuras, en África y en otros lugares, cuando ellos ya eran mayores. Y todo fue para bien.

Dios, en la historia de Abram, es el espíritu que llama a los privilegiados y los protegidos para que abandonen las comodidades de su hogar y emprendan la aventura de su vida. ¿Nos regimos nosotros por ese espíritu? Nosotros también hemos sido privilegiados, hemos vivido protegidos, al menos hasta cierto punto, de niños (como mi hermana), porque un mínimo de protección es imprescindible para la vida.[9] Sin embargo, o incluso a causa de ello, algo nos llamó a salir al mundo, por poco que fuera. Nos regimos por algún conjunto de principios, hagamos lo que hagamos. Ese regirse es nuestra creencia. Somos animales imitativos. Hemos emulado algo. Quizá no sepamos qué es. Bien podría tratarse de una amalgama confusa de algo o de «algos». Quizá no lo (o los) hayamos escogido conscientemente, no al nivel más elevado de conceptualización. Pero ello no implica que no estuviéramos emulando. Y esa ha sido nuestra vida. ¿Ha sido suficiente? ¿Hemos sido motivo de orgullo para nosotros mismos o nuestros padres? ¿Hemos sido una bendición o una maldición para el mundo? ¿Hemos sido padres de naciones? ¿O hemos metido la luz bajo la vasija? ¿Qué abismo en la estructura de la realidad ha producido nuestra incapacidad para aportar al mundo todo lo que teníamos? ¿Y es cierto que se nos considerará eternamente responsables por esa negativa?

Estas son, ciertamente, preguntas duras de la consciencia.

6.2. El diablo en la encrucijada

Después de abandonar Egipto, Abram y Lot, su sobrino, que viaja con él, consideran necesario separar sus caminos. A los dos les va bien, pero ya no pueden gestionar sus asuntos conjuntamente. ¿Qué significa eso? Que la gente nos acompaña mientras nos abrimos paso en la vida y que estrecha lazos con nosotros, pero que separarnos de ellos es algo inevitable que debe gestionarse, preferentemente con buena voluntad, ya se trate de amigos, socios creativos o empresariales, o miembros de la familia. Por tanto, somos llamados a prepararnos y a preparar a nuestros hijos para esa eventualidad, a acostumbrarnos y acostumbrarlos a ellos a la pérdida y a desarrollar la capacidad de extraer de esa pérdida los siguientes pasos del camino, afianzando y fortaleciendo lo que perdura, saliendo en busca de nuevas conexiones, manteniendo nuestro equilibrio o incluso mejorando nuestras situaciones.

Abram viaja hacia el oeste; Lot, hacia el este. La decisión de Lot lo lleva hacia oriente, hacia Sodoma y, por tanto, en una dirección pecaminosa.

Alzó Lot sus ojos y vio toda la llanura del Jordán, toda ella era de riego, como el huerto de Jehová, como la tierra de Egipto en la dirección de Zoar, antes que Jehová destruyera Sodoma y Gomorra. Entonces Lot escogió para sí toda la llanura del Jordán; se fue, pues, Lot hacia el oriente y se apartaron el uno del otro.

Abram acampó en la tierra de Canaán, en tanto que Lot habitó en las ciudades de la llanura y fue poniendo sus tiendas hasta Sodoma. Pero los habitantes de Sodoma eran malos y cometían horribles pecados contra Jehová.

Génesis 13:10-13

Abram se queda en las inmediaciones de Betel, renovando una vez más su alianza con Dios, que repite y amplía su promesa anterior. ¿Por qué se amplía esa promesa? Se trata de algo que guarda relación con el llamado principio de Pareto o de distribución del poder; y también con el principio de Mateo, bien conocido por los economistas: el principio que gobierna la distribución inevitable y radicalmente desigual que caracteriza gran parte del aprovisionamiento del mundo en lo social, lo natural y lo divino.[10] «Porque al que tiene, le será dado y tendrá más; y al que no tiene, aun lo que tiene le será quitado» (Mateo 25:29). El éxito engendra éxito, como con tanta frecuencia ocurre, y la fe de Abram se ve recompensada.

Jehová dijo a Abram, después de que Lot se apartó de él: «Alza ahora tus ojos y, desde el lugar donde estás, mira al norte y al sur, al oriente y al occidente. Toda la tierra que ves te la daré a ti y a tu descendencia para siempre. Haré tu descendencia como el polvo de la tierra: que si alguno puede contar el polvo de la tierra, también tu descendencia será contada. Levántate y recorre la tierra a lo largo y a lo ancho, porque a ti te la daré». Así pues, Abram levantó su tienda, se fue y habitó en el encinar de Mamre, que está en Hebrón, donde edificó un altar a Jehová.

Génesis 13:14-18

La abundancia depende de una acción moral realmente valerosa; de una fe y una decisión genuinas. Esa es eternamente la más profunda de las verdades. Lo contrario también es cierto: Satanás mismo aparece eternamente en todas las encrucijadas, como se ha visto antes, pues una encrucijada es un punto de decisión, al ser una separación de caminos. Aquellos que, en esos momentos, toman una decisión ascendente, se encaminan hacia arriba, si Dios quiere, mientras que aquellos que toman una decisión descendente (por más que no se den cuenta de ello), se encaminan hacia abajo. Al hacerlo, escogen el desierto, o la tiranía, renunciando a una tierra de abundancia —y eso independientemente de la fertilidad intrínseca de la tierra, como se verá más adelante—.

Los grandes reyes de las tierras vecinas entran en guerra (la primera del relato bíblico) y Lot es hecho prisionero, junto con todas sus posesiones y su gente. Tradicionalmente, se considera que ello sucede porque se ha vuelto («ha puesto sus tiendas») hacia Sodoma, tenida por ciudad malvada, materialista, mundana y corrupta.[11] Eso significa, en primer lugar, que Lot se desvió del verdadero camino de la aventura cuando se vio tentado hacia lo que resulta atractivo inmediata e insensatamente. En segundo lugar, significa que aquellos que se apartan de Dios (que es lo que hace Lot cuando rompe con Abram) son presa inmediata de la guerra de los grandes reyes: la batalla entre principados, muchos de ellos oscuros, que surge de manera inevitable en ausencia de lo que justamente debería estar en lo más alto.

> El valle del Sidim estaba lleno de pozos de asfalto; y cuando huyeron el rey de Sodoma y el de Gomorra, cayeron allí; los demás huyeron al monte.
>
> Los vencedores tomaron toda la riqueza de Sodoma y de Gomorra, y todas sus provisiones, y se fueron. Tomaron también a Lot, hijo del hermano de Abram, que habitaba en Sodoma, y sus bienes, y se fueron.
>
> Génesis 14:10-12

Esos reyes bien pueden verse como fuerzas unificadoras menores (destacando entre ellas, sobre todo, el poder y el placer hedonista; el resentimiento, el odio, la envidia y otros vicios que también contienden por la supremacía). La guerra estalla cuando la estructura superior que mantiene las cosas juntas en paz, o en una sola pieza, se desmorona, o es abandonada y traicionada. Es algo que equivale a la muerte de Dios. Las facciones que atacan el corazón de una cultura son reinos. Esa guerra entre facciones siempre se libra y la gente siempre cae presa de ella. Abram la encara directamente, transformándose en un guerrero cuando es necesario. Cuando Lot se vuelve esclavo de esas fuerzas menores —un destino que se busca él mismo al alejarse del camino dorado—, su tío está a la altura y se transforma radicalmente, una vez más. Abram arma a sus siervos adiestrados, unos trescientos, y acude al rescate de su sobrino. ¿Es esa disposición, esa capacidad para participar en un conflicto así, una parte válida de seguir la llamada de Dios?

La paz bien puede ser la meta adecuada de aquellos que apuntan verdaderamente hacia arriba y son sabios —la paz productiva de un huerto bien cuidado—, pero la sumisión a la tiranía o la participación en el caos hedonista es algo que no tiene por qué tolerarse. A veces, confiar en Dios significa prepararse para la batalla y entrar en ella. ¿Acaso no nos vemos moralmente obligados en algunas circunstancias a rescatar a nuestros hermanos perdidos, por ejemplo, cuando los tiranos han venido a por ellos? ¿Incluso si es resultado de algún error cometido por nuestro familiar? Si esa responsabilidad no se asume, ¿no es cierto que esos mismos tiranos acabarán amenazando a todo el mundo? Y eso es algo que puede ocurrir más deprisa de lo que por comodidad cabría imaginar. Así pues, en esas situaciones no existe diferencia entre rescatar a nuestros hermanos y acudir en ayuda de nuestro yo futuro, o entre ese rescate y la estabilización de la sociedad misma. Se trata de la ley de la reciprocidad repetitiva, un componente significativo de la amistad y de la comunidad mismas.

Abram «recobró así todos los bienes y también a su pariente Lot, los bienes de este, las mujeres y demás gente» (Génesis 14:16). Posteriormente, se reúne con el propio rey de Sodoma, el dirigente de un principado ciertamente siniestro, que le ofrece la oportunidad de aprovecharse del botín de guerra.

> Respondió Abram al rey de Sodoma: «He jurado a Jehová, Dios altísimo, creador de los cielos y de la tierra, que ni un hilo ni una correa de calzado tomaré de todo lo que es tuyo, para que no digas: "Yo enriquecí a Abram"; excepto solamente lo que comieron los jóvenes. Pero los hombres que fueron conmigo, Aner, Escol y Mamre, sí tomarán su parte».
>
> Génesis 14:22-24

Abram no quiere saber nada de unas ganancias que podrían haberse obtenido por medios reprensibles. Él no se aprovecha de la guerra. Es más: no tiene el menor interés en estar en deuda, ni en lo material ni en su reputación, con el rey de un Estado corrupto. Aceptar aunque fuera una donación sin teóricas contraprestaciones de alguien trae consigo tener que rendir cuentas al donante, o directamente que este pase a poseer a quien la acepta, así como una racionalización posterior interesada del acto y una marcada tendencia en dirección al líder corrupto: «Ha de ser un buen hombre, si he aceptado dinero de él». Se trata de un gran peligro moral. «Podría dar un buen uso al dinero sucio» plantea un peligro aún mayor: una vez que nos convencemos de que hemos tenido buenos motivos para hacer algo moralmente injustificable, hemos caído presas de la tentación de pronunciar el nombre de Dios en vano (Éxodo 20:7) o de orar en público, ufanos y narcisistas (Mateo 6:5-6). Pocas cosas hay peores que un pecado justificado en aras de la virtud moral (una advertencia que parece hecha exprofeso para estos tiempos nuestros calamitosos y extraviados). Por abundar en ello,[12] esa es la razón por la que Dios pone a querubines y una terrible espada encendida y giratoria a la entrada del paraíso para proteger el camino hacia el árbol de la vida. Por definición, a nada que no sea edénico puede permitírsele el acceso al verdadero reino celestial. Si fuera de otro modo, el cielo mismo sería inferior por admitirlo.

6.3. La vida como una secesión sacrificial

Dios amplifica su premio prometido una vez más como consecuencia del último triunfo de Abram sobre la tentación y el sacrificio preceptivo que ha ofrecido voluntariamente (Génesis 15:1-17). A lo largo de todo el texto, se da una progresión en la calidad de los sacrificios (y en las recompensas resultantes). Las opciones que se le presentan a Abram mejoran a medida que su aventura avanza. Su capacidad de juicio mejora a medida que su experiencia se acumula. Ello hace que se le dé cada vez mejor discriminar, juzgar y evaluar: separar el grano de la paja (Mateo 13:24-30) o apartar las ovejas de los cabritos (Mateo 25:31-32). Eso significa que, a medida que se desarrolla, se convierte en un reflejo eternamente pulido del Logos. Es algo que bien podría entenderse como definición de lo que es el propio desarrollo ascendente; como representación de su esencia, que en principio no difiere de la unión con Dios mismo, o de la posesión por Dios; como una de las razones principales de la realidad del principio de Mateo recientemente expuesto.[13]

Es algo que se indica, ritualiza y solemniza en los acontecimientos que tienen lugar inmediatamente después de la guerra de la que Abram ha rechazado aprovecharse. Dios, al principio, dice: «No temas, Abram, yo soy tu escudo y tu recompensa será muy grande» (Génesis 15:1). Son unas palabras muy concretas, que indican algo igualmente específico: que recorrer el camino correcto es, a la vez, la mejor estrategia de defensa, la que mantiene a raya, de la manera más eficaz, los terrores de la vida y las emociones negativas asociadas a la catástrofe, pero también el camino dorado mismo que conduce a la tierra eterna de leche y miel.

Abram respondió: «Señor Jehová, ¿en qué conoceré que la he de heredar?». Jehová le dijo: «Tráeme una becerra de tres años, una cabra de tres años y un carnero de tres años; y una tórtola y un palomino». Tomó Abram todos estos animales, los partió por la mitad y puso cada mitad enfrente de la otra; pero no partió las aves. Y descendían aves de rapiña sobre los cuerpos muertos, pero Abram las ahuyentaba. A la caída del sol, cayó sobre Abram un profundo sopor y el temor de una gran oscuridad cayó sobre él. Entonces Jehová le dijo: «Ten por cierto que tu descendencia habitará en tierra ajena, será esclava allí y será oprimida cuatrocientos años. Pero también a la nación a la cual servirán juzgaré yo; y después de esto saldrán con gran riqueza. Tú, en tanto, te reunirás en paz con tus padres y serás sepultado en buena vejez. Y tus descendientes volverán acá en la cuarta generación, porque hasta entonces no habrá llegado a su colmo la maldad del amorreo». Cuando se puso el sol y todo estaba oscuro, apareció un horno humeante y una antorcha de fuego que pasaba por entre los animales divididos. Aquel día hizo Jehová un pacto con Abram, diciendo: «A tu descendencia daré esta tierra, desde el río de Egipto hasta el río grande, el Éufrates: la tierra de los ceneos, los cenezeos, los cadmoneos, los heteos, los ferezeos, los refaítas, los amorreos, los cananeos, los gergeseos y los jebuseos.

Génesis 15:8-21

En este caso, el sacrificio se ritualiza y se solemniza mediante la ofrenda de tres animales terrestres y dos aves, sobre los que el espíritu de Dios desciende en forma de llama y humo, pasando a través de los cadáveres divididos, lo que indica la aprobación divina de la alianza. ¿Qué es exactamente una alianza? Un contrato entre dos partes que acuerdan llevar a cabo o renunciar a llevar a cabo ciertos actos: un contrato, convenio, acuerdo o trato. ¿Por qué la relación con la fuente del ser mismo se conceptualiza como contractual? La respuesta se encuentra en la naturaleza del trabajo mismo, tal como se ha apuntado con anterioridad:[14] las acciones del presente (sacrificiales) saldrán a cuenta en el futuro. El trabajo es, por tanto, un trato con el futuro: una nota de promesa ofrecida por Dios. «Si hicieras lo bueno, ¿no serías enaltecido?; pero si no lo haces, el pecado está a la puerta»

(Génesis 4:7). También está en la naturaleza de la relación: la conciencia que habla desde dentro no obliga ni fuerza. Lo que hace es dar consejos, pero hay que escucharla.

La historia de Caín y Abel relata el rechazo de Dios a los sacrificios del primero, por ser de segunda clase, hecho que da a Caín la posibilidad de elegir: puede cambiar, calzarse las botas y ponerse en marcha para hacer las cosas bien, o puede volverse hacia Sodoma, por decirlo de alguna manera, iniciar una deriva descendente hacia el resentimiento y la amargura, blandir el puño hacia Dios y su injusticia y preparar el terreno para el caos sangriento. El hermano descarriado, tiránico y envidioso de Abel decide seguir ofreciendo los sacrificios incorrectos, tal como hemos visto, negándose a ofrecer lo mejor que tiene en el presente, poniendo en riesgo no solo su propio futuro, sino el de sus descendientes y el de su comunidad en sentido amplio. Al hacerlo, Caín no solo abandona a Dios, sino que hace algo peor: establece una relación de enemistad con Él. En el relato de esos dos primeros hermanos hostiles está de manera implícita la insistencia de que la relación con lo divino resulta inevitable; lo que importa es cuál es su naturaleza. Ello es así, en parte, porque el ser humano es una personalidad y las personalidades, por naturaleza, existen en una relación de «contrato, acuerdo, negociación o alianza» con lo que se encuentran.

¿Acaso el hecho de que cada uno de nosotros seamos una personalidad no es indicativo de que la *personalidad* es lo que de hecho se enfrenta al mundo, y en relación con él? Y si eso es cierto (¿y qué parte de ello no lo es?), entonces especificar y aclarar la naturaleza de esa relación debe ser la meta principal de nuestros empeños más profundos para comprender y adaptar. Caín podría tratar al espíritu eterno del ser y el devenir como a un padre, un aliado y un espíritu de guía, ofreciéndole, como a un líder admirado, lo mejor que tiene. Podría aceptar la plena responsabilidad de sus problemas, por más graves que sean, incluso por más evidentemente injustos que sean, cargar con su cruz sangrienta y empezar a subir monte arriba a trompicones, por más mal, por más erróneamente que lo haga. Pero también podría seguir adelante, desconfiado, guardándose lo mejor que tiene para su yo estrecho del presente y tratando como a un enemigo a Dios, a quien no impresionará con esa reserva suya, eternamente. Caín es el que opta entonces y para siempre por esta segunda ruta, invitando al mismo demonio y encarnando el patrón mismo del adversario eterno. Todos nos enfrentamos a esa misma elección cada vez que decidimos algo. El mundo se extiende como consecuencia directa de esa elección.

Abram, descendiente de Set y no de Caín, ofrece los sacrificios correctos, establece una relación productiva con esa voz interior (con ese susurro de una brisa suave) y vive la aventura redentora de su vida. No es casual que su historia sea la primera tras las catástrofes del diluvio, tras el caos y el surgimiento del Estado totalitario. Él es un individuo cuya manera de ser y devenir arregla eternamente las cosas. En ese *arreglar* se incluye asegurar el éxito (un éxito que es a la vez radical y duradero) de su progenie. ¿Por qué esa insistencia en el texto por el destino de sus descendientes? Se trata, sin duda, de una pregunta extraña, en un tiempo tan poderosamente influenciado por Darwin y Freud (por no hablar del posmoderno francés Michel Foucault, que en ciertas mediciones aparece como el intelectual más citado del mundo[15] —qué escalofrío—); en una época en que la primacía del impulso sexual, el impulso de procrear, se considera primordial en el ámbito de la motivación privada, así como del propósito que determina la vida como tal. Incluso los biólogos, que deberían tenerlo más claro, suelen secundarlo: el famoso «gen egoísta», por ejemplo, solo se preocupa de la replicación a cualquier precio, o eso se cuenta.[16] Pero ¿no podría ser, en cambio, que los intereses del individuo que persigue realmente su gran aventura se alineen y deban alinearse perfectamente con las exigencias de la procreación, consideradas en conjunto y de manera sensata? Ello implicaría armonía desde el instinto hasta el cielo, por expresarlo de algún modo, en lugar de cualquier inevitable y necesaria oposición entre el impulso, la motivación o el deseo biológico (todas ellas conceptualizaciones inadecuadas) y el orden social; se acabarían la caótica guerra hobbesiana de todos contra todos y la antítesis roussoniana entre la sociedad y el buen salvaje.

La senda que Dios ha ofrecido a Abram es la que lo lleva por el camino de convertirse, con mayor probabilidad, en padre, incluso en unas condiciones excepcionalmente difíciles, tal como indica el nacimiento de Isaac de su esposa, ya anciana, y, en segundo lugar, en progenitor de una nación en sentido literal, si bien con algo de demora entre una cosa y otra. ¿Cómo hay que entender ese destino de una manera más general y cómo se manifiesta en los detalles de la vida de Abram? Para comprenderlo bien hace falta abordar el tema del sexo, pero en el sentido más amplio posible; el sexo y el lugar que ocupa en la vida como bendición, como descendencia, en lo privado, en lo inmediato, a lo largo del transcurso de generaciones.

6.4. Sexo y parasitismo

Las mujeres escogen a hombres que son aventureros y capaces. Se sienten atraídas, en primer lugar y sobre todo, por la competencia y la confianza.[17] La competencia queda mejor señalada por dos rasgos, o consiste en esos dos rasgos:[18] en primer lugar, la inteligencia que es generadora y sacrificial, en el sentido de que produce variables, posiblemente adaptativas, y después las sacrifica; en segundo lugar, la disposición a regirse por una obligación contractual o alianza, a establecer una relación con la tradición y a posponer la gratificación, todos ellos rasgos que se asocian con el sacrificio del yo corto de miras en aras del futuro, de la comunidad y del ideal. Se trata de algo que bien podría considerarse como la capacidad de aprender con éxito. La confianza, por su parte, parece mostrarse sobre todo a través de unos rasgos distintivos estrechamente asociados con la masculinidad, interculturalmente:[19] al menos, una neurosis baja o una emocionalidad negativa (estar libre de angustia y dolor) y quizá un grado bajo de simpatía, que incluye la capacidad de discrepar de la convención social y de defender las propias posturas. En el caso de las mujeres, un mínimo atractivo inmediato de la personalidad de los hombres es, sin duda, la condición previa mínima para engendrar hijos. Ello significa que, incluso de la manera más directa, la capacidad para mantener una relación es condición imprescindible para la reproducción (y, por tanto, para la adaptación, en el sentido que típicamente da al término la biología evolutiva).

Pero la supervivencia misma, en un aspecto multigeneracional que resulta más relevante, pongamos por caso, a los darwinistas, no es en absoluto una simple cuestión de atractivo sexual cercano o de destreza. Si fuera así, las llamadas estrategias de apareamiento de corto plazo serían la norma y el ideal humano y es evidente que no es así.[20] En cualquier caso, resultan mucho más eficaces que la ausencia de toda estrategia. Esto puede hacer que quienes recurren a ellas —por lo general, personas con un tipo de personalidad cuasi psicopática, de la tétrada oscura— resulten carismáticamente atractivos a aquellos que son demasiado tímidos, inmaduros o dependientes para probar, entre otras cosas porque, en su inmadurez, esos individuos no son capaces de distinguir entre la falsa confianza del narcisista o del psicópata y la verdadera confianza del auténticamente competente y capaz. En todo caso, esto no indica que existan planteamientos manipuladores, depredadores o parasitarios de los problemas y las oportunidades de la búsqueda de pareja ni que aquellos que recurren a ellos puedan o deban considerarse fundamentalmente óptimos en modo alguno, ni en lo individual, ni en lo social ni en lo natural. Así pues, las estrategias monógamas a largo plazo son no solo la norma humana, interculturalmente hablando,[21] sino también el ideal correcto.

Así, la aventura sacrificial y expansiva de Abram se entiende mejor no solo como conducta que lo convierte en pareja atractiva, sino como el patrón que él encarna y transmite a sus hijos en forma de tradición mimética continuada que lleva a sus descendientes a tener éxito a lo largo de las siguientes generaciones. Se trata del patrón del padre sabio, no del patrón del psicópata manipulador que consigue engañar a las mujeres y a sí mismo en una sucesión de encuentros. El mismísimo Dios lo señala cuando le insiste a Abram que los dos están jugando un juego muy prolongado. Dios le indica incluso que los descendientes de Abram sufrirán durante cuatro generaciones antes de salir triunfantes: «Entonces Jehová le dijo: "Ten por cierto que tu descendencia habitará en tierra ajena, será esclava allí y será oprimida cuatrocientos años. Pero también a la nación a la cual servirán juzgaré yo; y después de esto saldrán con gran riqueza"» (Génesis 15:13-14).

Para las mujeres, existe una relación muy poderosa entre el atractivo masculino —sobre todo para la búsqueda de un compañero a largo plazo— y la habilidad auténtica (es decir, la habilidad para reconocer el mundo, para adquirir los «recursos» necesarios, que pueden ser tanto materiales como «espirituales», y para compartirlos de manera sensata y eficiente con otros).[22] Los hombres buenos optan por estrategias de apareamiento a largo plazo y no a corto plazo; los mejores hombres, siguiendo el ejemplo de Abram, recurren a las estrategias más a largo plazo y más generales posibles. ¿Qué significa todo esto? Pues nada menos que el camino hacia el éxito reproductivo último en hombres es el mismo camino de fe que recorren quienes permanecen leales, totalmente entregados, a los dictados del espíritu animador que establece el orden que es bueno, que llama a la aventura y que une y fortalece psicológica y socialmente. Es todo lo mismo. Se trata, claro está, de la insistencia monoteísta, si bien de forma implícita. Aunque el sexo es, obviamente, una condición previa para la reproducción, sexo y reproducción no son en modo alguno idénticos —en particular, entre los seres humanos, que viven vidas largas, que se cuidan unos a otros, intergeneracionalmente, que invierten mucho en la búsqueda de pareja y en los cuidados—.[23] Así, la estrategia reproductiva más eficaz no es precisamente la del «gen egoísta».[24]

¿Y qué ocurre en el caso de las mujeres? Es notorio que Sarai, la mujer de Abram, es estéril hasta la vejez y que entonces, algo milagrosamente, concibe, como veremos (Génesis 17:15-17). ¿Qué significa eso? En primer lugar, la concepción siempre entraña cierto milagro y así es como se experimenta, al menos cuando es deseada y apropiada. En segundo lugar, también en el caso de las mujeres, ocurre que el camino de la divinidad es la mejor estrategia, en conjunto, para conseguir una buena asociación y para el éxito reproductivo. En esta vida nada es seguro, tampoco el resultado deseado en relación con los hijos; pero las mujeres que retienen su virtud (por recurrir a una terminología anticuada) y se orientan en dirección a las llamadas «estrategias de emparejamiento a largo plazo») tienen muchas más probabilidades de ser escogidas como parejas por hombres que aspiran a lo mismo. Los hombres que buscan sinceramente a las clásicas mujeres virtuosas («buscar sinceramente» significa lo opuesto a «asediar») también son los que, típicamente, quieren que la mujer en concreto que están buscando halle y adopte su papel deseado como pareja genuina y madre consciente y voluntaria. Y esos hombres se inclinan a aceptar la responsabilidad que garantice mejor la felicidad, la seguridad, la prosperidad e incluso la supervivencia de todos aquellos de los que son padres.[25]

Las tremendas y constantes sacudidas en nuestra cultura actual (la beligerancia en torno al consentimiento; la indignación de las mujeres dirigida a los hombres por los que se sienten explotadas) es consecuencia de nuestra insensata exigencia de obtener dos resultados que resultan simultáneamente imposibles: una «libertad» sexual total y una predictibilidad y seguridad completas en el transcurso de unas aventuras sexuales a corto plazo. Se trata de metas que no pueden satisfacerse conjuntamente, porque las mujeres que se muestran fácilmente disponibles para un acceso sexual a corto plazo serán, de manera inevitable, presas de la peor clase de hombres.[26] No hay manera de salir de este atolladero: los «mejores hombres» que se comportarían de las maneras consideradas correctas en esas situaciones no van a ser los que se vean atraídos por encuentros de una noche, sucesivos, oportunistas. Existen todos los motivos para creer que aumentar la facilidad de acceso secuencial a las mujeres entrena a hombres que de otro modo podrían ser buenos a adoptar hábitos de manipuladores psicópatas y explotadores —sobre todo, dado que tendemos notablemente a convertirnos en aquello que practicamos—. Las mujeres que desean que se les permita el libertinaje, aunque este sea hipotético, también se enfrentan a otro atolladero tremendo: es muy posible que se sientan atraídas exactamente por la clase de hombres que se aprovecharán en todo momento, porque los parásitos depredadores que adoptan esa estrategia son expertos en emular el carisma de los que son auténticamente capaces y seguros de sí mismos. Lo irónico del caso es que esta táctica los hace especialmente atractivos a mujeres más jóvenes que, a causa de su inexperiencia, tienden a ser menos capaces de distinguir entre lo que es falso y lo que es real en el mundo masculino.[27]

Nunca se subrayará bastante la importancia de esta constatación y la magnitud del peligro que plantea. *El sexo mismo, literalmente, evolucionó para proteger la vida contra los parásitos.*[28] Cuesta imaginar un testimonio más convincente de la gravedad del peligro. Los parásitos, en general, se reproducen más deprisa que sus anfitriones y, por tanto, son capaces de evolucionar con mayor rapidez. Con el tiempo, esa capacidad puede suponer una amenaza mortal para aquellos cuyos recursos están siendo consumidos. Inmerso en esa escalada competitiva, el parásito no deja de intentar modificar su asalto para resultar más eficaz a la hora de superar los mecanismos defensivos producidos para entorpecer su avance. Pero como son capaces de reproducirse más rápidamente, por lo general ganan la batalla a medio y largo plazo. Así pues, los organismos que no hacen más que producir clones genéticos exactos de sí mismos se arriesgan permanentemente a una derrota final en el frente biológico. Pero la reproducción sexual es una estrategia que permite una mezcla continua de genes y, en consecuencia, un entorno biológico impredecible y en constante transformación para el parásito. El precio pagado es el sacrificio de la transmisión del 50 por ciento del material genético que no se replica en ningún acto de reproducción sexual. Pensemos por un momento en lo importante que debe de ser la amenaza evitada para que casi todos los organismos (los que se reproducen sexualmente) estén dispuestos a asumir ese coste.

Por insistir en ello: el parasitismo es un problema tan severo que el sexo mismo evolucionó, y no en pequeña medida, para resolverlo —y la explotación sexual de las mujeres por parte de hombres psicopáticos, narcisistas, maquiavélicos y sádicos es el equivalente humano del parasitismo—.[29] Esto es así en relación con la reproducción misma, lo que no es poca cosa, pero es que eso no es todo, pues el «estilo de vida parasitario» es uno de los indicadores reconocidos para el diagnóstico de la psicopatía[30] y está firmemente relacionado con las múltiples parejas y la tendencia a recurrir a estrategias de emparejamiento a corto plazo.[31] *A corto plazo* significa no invertir en la pareja sexual ni en los hijos subsiguientes ni demostrar el más mínimo deseo de realizar esa inversión, por más que se presente de manera encantadora, por mejor que se empaquete y se venda. No nos confundamos: la tierra prometida de la revolución sexual no la ocupan tanto los hijos *hippies*, pacifistas, encantadoramente despreocupados y surgidos de la imaginación progresista de la década de 1960 como unos monstruos puros y duros que solo se preocupan por la gratificación de sus propios caprichos (independientemente de cómo puedan procurársela).

Por tanto, el «mercado sexual» tan largamente prometido es demasiadas veces, en lugar de la utopía anunciada, un lugar de amenaza para mujeres e hijos (muchas veces mortal para estos últimos), así como un gran impedimento para la seguridad y la felicidad de ambos.[32] Además, se trata de algo que va en contra del interés de los hombres verdaderamente buenos. ¿Por qué? Para empezar, por la naturaleza relativamente común de la agresión scxual,[33] la prevalencia extendida del aborto (en modo alguno «seguro, legal y excepcional», tal como tan ampliamente se publicitaba antes de su liberalización,[34] con cerca de un millón de intervenciones realizadas cada año solo en Estados Unidos),[35] y el aumento de la tensión entre hombres solteros y mujeres. No es casual que los campus universitarios sean, a la vez, caldo de cultivo del libertinaje sexual,[36] a menudo alimentado por el alcohol,[37] y lugares que de manera creciente insisten en que todas y cada una de las interacciones entre hombres y mujeres jóvenes adopten explícitamente forma contractual.[38] Por cierto, el establecimiento de esa alianza segura ha sido el propósito eterno del matrimonio. El recurso a lo que descarnada y fácilmente puede describirse como «estrategias de apareamiento a corto plazo», su facilitación idiota e incluso su celebración, son cosas que se transmiten de generación en generación para destruir una confianza que resulta vital entre sexos.[39] Las mujeres que han sido utilizadas sin miramientos —como sin duda van a serlo a medida que el paisaje se vuelve cada vez más libertino— tenderán en lo sucesivo a adoptar un escepticismo hipotéticamente protector, desconfianza e incluso odio hacia los hombres. Los depredadores parasitarios y las estrategias interesadas de corto alcance, tontamente hedonistas, que adoptan y publicitan suponen una amenaza mortal para la integridad de la cultura y la comunidad mismas. Los verdaderos depredadores parasitarios son capaces de reducirlo todo a cenizas con tal de tener la ocasión de fornicar en esas cenizas.

Actualmente, corremos el grave peligro de empoderar a esos actores y sus estrategias retorcidas, camufladas. Esto es así en parte a causa de la compasión ingenua o hasta deliberadamente ciega que convierte en víctima incluso al delincuente recalcitrante y convencido (una manifestación o, si se quiere, una variante patológicamente ampliada de la inexperiencia juvenil antes mencionada, o de la inmadurez pura y dura que hace de las jóvenes los blancos principales de hombres antisociales, manipuladores y explotadores). Y también porque nuestros nuevos métodos de comunicación —nuestras torres de Babel— no nos permiten aplicar nuestros mecanismos de defensa tradicionales contra los narcisistas psicopáticos o, peor aún, promueven activamente y posibilitan las maquinaciones de los psicópatas.[40] Tal como expresó el boxeador de pesos pesados Mike Tyson (un hombre perfectamente capaz de deshacerse de verdaderos monstruos), en frase célebre: «Las redes sociales han hecho que sea demasiado fácil faltarle el respeto a la gente sin que tengas que recibir un buen guantazo por ello».[41]

¿Cuál es la alternativa que realmente funciona? Adoptar, promover y celebrar las «estrategias» monógamas, a largo plazo, de emparejamiento, que redundan por igual en el interés de niños, mujeres, hombres y sociedad; oponerse a la celebración y la expansión de la moral de los hedonistas, sobre todo los de tipo sexual; apuntar hacia arriba, decir la verdad y a partir de ahí encontrar la aventura romántica y redentora de la vida: dicho en pocas palabras: caminar y señalar la senda recta y estrecha. ¿Por qué? Entre otras cosas, porque si nos comportamos de ese modo, la historia de nuestra vida no solo será aventura, sino también aventura romántica, dado que, al actuar así, será probable que atraigamos a la mejor pareja posible. Eso llevará a un gran aumento de la probabilidad de tener hijos, si Dios quiere, y de que la relación que mantengamos con ellos (que requiere una elevada inversión), junto con la que mantengamos con nuestra mujer o nuestro marido, sea el bien más profundo que hayamos encontrado.

En este sentido, es una suerte que Dios parezca ver el sexo con buenos ojos, así sea en el contexto de las relaciones consagradas, surgidas de una alianza; pero es que, claro está, ¿por qué habría de ser de otro modo? ¿Cómo podría ser que la continuidad misma de la especie hubiera de perseguirse de un modo que no estuviera de acuerdo o, más aún, que entrara en oposición con los deseos de lo más elevado (o, por expresarlo desde lo biológico, que no estuviera de acuerdo con la armonía del desarrollo individual, la estabilidad futura y las necesidades de la familia y la comunidad)? En consonancia con ello está el hecho teóricamente improbable (desde la perspectiva de los hedonistas utópicos) de que no son los miembros de la minoría marginal, desviada, los que por lo general tienen más éxito a la hora de perseguir los placeres que se hallan en los momentos físicos más privados e íntimos. Según parece, son las parejas religiosas casadas las que gozan de unas vidas sexuales más activas.[42] Cuesta imaginar observación empírica más irónica aun desde el punto de vista psicológico o sociológico, tan adentrados ya como estamos en esta revolución sexual inspirada en la década de 1960.

También resulta que la búsqueda de gratificación sexual en ausencia de compromiso y relación es una empresa que tarda poco en frustrar incluso sus propios propósitos, al tiempo que pone en riesgo todo lo que es estable sobre la psique y la sociedad. La extendida aceptación de lo sexualmente licencioso en nuestra cultura —o, por expresarlo con mayor precisión, su ávida promoción, a menudo comercial— ha convertido a los hombres jóvenes en adictos sexuales *online*, que se aparean patéticamente con Campanilla, el hada del porno, y se muestran muy a menudo incapaces de consumar con mujeres reales.[43] El suministro de una verdadera abundancia de pornografía en sus formas cada vez más diversas, inclusivas y equitativas parece ser uno de los principales factores responsables del descenso radical de contactos sexuales reales entre hombres y mujeres jóvenes.[44] Su producción y distribución, combinadas con el auge de la ética que permite tales cosas, ha desestabilizado la familia tradicional, al cargar cada vez más la responsabilidad de los hijos en unas mujeres que emprenden el camino de la maternidad en solitario o sin casarse, o que llegan a esta de manera accidental.[45] ¿Qué es una consecuencia de ello? El aumento radical de la desconfianza entre hombres y mujeres descrito antes como inevitable.[46] ¿Y otra? La desmoralización, la devastación y, con demasiada frecuencia, la criminalización de una generación de hijos sin padre.[47] Por último, si bien este no es un análisis de consecuencias exhaustivo, ha permitido la aparición del orgullo (¡y en la identidad sexual!) como primera virtud exhibida públicamente, dejando así de considerarse el pecado absolutamente mortal y eterno que sin duda es.

¿Y por qué alguien con un mínimo de sensatez no habría de querer que sus relaciones sexuales fueran consagradas? ¿Por qué no desearía uno fervientemente elevar el acto de intimidad física con una pareja amorosa, dispuesta y divertida al nivel más elevado posible? ¿Por qué no habría de estar uno dispuesto a proclamar su intención de hacerlo en presencia de la familia, la comunidad y el Estado, para que la seriedad de la intención quede señalada y subrayada y, por tanto, la sociedad quede informada y al corriente, y todo el mundo en sintonía? ¿Y por qué, si uno ama verdaderamente al hombre o a la mujer que ha escogido como pareja y ambos están buscando a la vez un futuro a largo plazo (que incluye la vejez), habría de escoger algo que no fuera el camino de la paternidad, que con el tiempo podrá llevarle a ser abuelo o abuela? ¿Qué diantres si no hará uno en las dos décadas que van de los setenta a los noventa años? El hedonismo idiota que tan empáticamente caracteriza nuestra época es algo que solo puede funcionar (y solo en principio) para aquellas personas lo suficientemente deseables (jóvenes, saludables, capaces y físicamente atractivas... y lo bastante ricas como para permitirse el tiempo libre que, con el paso del tiempo, requiere ineludiblemente el mantenimiento de todas esas cualidades).

La alternativa que supone la participación en el orden maduro de las relaciones y el sexo no exige una frigidez puritana, victoriana, inspirada en el terror al embarazo, a la sífilis o al sexo en general, disfrazada de virtud moral, como critican paródicamente los hedonistas (a veces con razón), sino colocar donde corresponde el elemento sexual de la vida, dentro de una jerarquía de prioridades completamente desarrollada y sofisticada en relación con la atención. Ello implica estar pendiente de la pareja en imaginación y en obra. Implica crecer y, por el hecho de hacerlo, convertir la reciprocidad generosa, sincera, sacrificial, en base verdadera de nuestra relación más fundamental. Si el sexo se consagra a Dios, entonces toda la vergüenza y el miedo que suscita desaparecen y el auténtico espíritu del juego puede surgir con un disfrute pleno y entusiasta. Esto puede ser verdaderamente una aproximación al paraíso, como señala el hecho de que la aventura romántica resulte tan atractiva como principal género dramático y literario. También se trata de la senda que garantiza mejor la continuidad de las generaciones; del camino que mejor aúna las exigencias del deseo individual con los deseos y las necesidades que caracterizan no solo la vida individual en su totalidad, sino también el equilibrio entre los que viven hoy y aquellos que aún están por llegar en el futuro. Dios promete que los descendientes de Abram se esparcirán por todas partes y derrotarán a todos aquellos que los desafíen. ¿Por qué? Porque los que van por la senda dorada lo ganan todo en el transcurso de la partida interminable, tal como promete Dios y se ha señalado más arriba, después del sacrificio más total de Su Profeta (Génesis 15:17-21).

Llegados a este punto, nos encontramos a Sarai, que sigue luchando con su imposibilidad de concebir. Tras muchos años de decepciones, anima a Abraham a tomar otra esposa, concretamente a Agar, su sierva. Estamos ante una representación fiel de un dilema al que se enfrentan muchas parejas y que a menudo entristece profundamente a las mujeres. En la mayoría de los casos, sobre todo a partir de ciertas edades, es la mujer la que experimenta la infertilidad.[48] Dado que el peso de la carga reproductiva inmediata e incluso posterior (así como todas las notables transformaciones que se dan durante el embarazo, el periodo de lactancia y los cuidados al recién nacido dependiente) recae sobre las mujeres, hay algo especialmente trágico en este hecho.[49] En este sentido, es importante entender también que a las mujeres se les concede un considerable estatus en función de su capacidad reproductiva —su fertilidad— aparente, tal como registran los indicadores que típicamente se asocian a la belleza femenina.[50] La preferencia por mujeres con rasgos que señalan esa capacidad se da asimismo en todas las culturas y se mantiene estable en el tiempo, a pesar del «mito de la belleza».[51] Así, la esterilidad de Sarai ha de entenderse como una durísima cruz que debe soportar, el sino terrible que todavía puede ser y a menudo es en el mundo moderno.[52] El equivalente masculino podría ser el dolor que experimentan los hombres que parecen condenados al destino ineludible de un bajo estatus comparativo (dado que ese es el principal indicador de atractivo de cara al emparejamiento en el caso de los hombres).[53]

Agar, una vez encinta, se vanagloria de ello ante Sarai, su antigua señora, a cuenta de su supuesta superioridad femenina, que exhibe con orgullo: «Entonces Sarai dijo a Abram: "¡Mi agravio sea sobre ti! Yo te di a mi sierva por mujer, pero al verse encinta me mira con desprecio. ¡Juzgue Jehová entre tú y yo!"» (Génesis 16:5). Están ciegos o ciegas quienes realmente no ven que esto mismo se da en el mundo moderno en patrones de competición por el dominio basados en el poder, en los ataques a la reputación y directamente en el maltrato.[54] Sin duda, Sarai tuvo que pasarlo mal: en primer lugar, al luchar contra la decepción por no poder concebir; en segundo lugar, porque ello le sucediera a pesar de plegarse de buena gana, aparentemente, a los deseos de Dios; en tercer lugar, al tener que entregar a su esposo a una mujer de un estatus inferior al suyo; y, por último, al sufrir los insultos de esa misma mujer cuando esta sí logra el resultado deseado. Se trata de algo que refleja, además, una tragedia existencial particularmente femenina. La falta de hijos involuntaria a pesar del deseo, la oportunidad y el esfuerzo moral adecuado es un sacrificio rechazado que con mucha probabilidad causará a esas mujeres una profunda crisis de fe, una desesperanza e incluso un resentimiento de tipo cainita, todo ello comprensible, aunque no de gran ayuda.

6.5. Sacrificio y transformación de la identidad: Abram, Sarai y Jacob

Es en este punto del relato cuando Abram se convierte en el mucho más conocido Abraham. La alianza que ha establecido con Dios se renueva y se amplía una vez más y, según se infiere, en esta ocasión de una forma tan revolucionaria que llega a producirse un cambio de identidad.

> Abram tenía noventa y nueve años de edad cuando se le apareció Jehová y le dijo: «Yo soy el Dios Todopoderoso. Anda delante de mí y sé perfecto. Yo haré un pacto contigo y te multiplicaré en gran manera». Entonces Abram se postró sobre su rostro y Dios habló con él, diciendo: «Este es mi pacto contigo: serás padre de muchedumbre de gentes. No te llamarás más Abram, sino que tu nombre será Abraham, porque te he puesto por padre de muchedumbre de gentes. Te multiplicaré en gran manera y de ti saldrán naciones y reyes».
>
> Génesis 17:1-6

Con el tiempo y el esfuerzo cambiamos, poco y mucho. Los pequeños cambios no nos convierten en personas diferentes, pero los cambios de la magnitud suficiente pueden estallar en nosotros como un renacimiento (en efecto, el tema simbólico del renacimiento —del bautismo, en lo ritual— representa o está diseñado para catalizar exactamente eso, como ocurre en la práctica común de la iniciación adolescente).[55] Si nuestro esfuerzo moral ha sido lo suficientemente diligente, es posible que nos veamos conmovidos hasta lo más profundo, reformados en nuestra totalidad; que nuestras prioridades sean otras, que ordenemos la secuencia de nuestras acciones de maneras nuevas, sorprendentes. Ocurre así cuando las presuposiciones de valor fundamentales que guían nuestras percepciones viran y cambian. Eso es lo que al parecer le ocurre a Abram, que ahora anda delante de Dios y se esfuerza por ser perfecto (Génesis 17:1). El hecho de que Abram se postre «sobre su rostro» (Génesis 17:1) mientras recibe la revelación de las alturas es algo que subraya este punto: ese postrarse absolutamente sobre el rostro ante lo que es eternamente correcto significa una subordinación voluntaria, general, de lo que es interesado, instrumental y estrecho de miras —impulsivo, hedonista, engañoso— a lo que es justamente más elevado; a lo que unifica, marca dirección, aplaca la angustia y proporciona el manantial eterno de la esperanza. Ese cambio es tan completo (análogo al caso de Jacob, que se convierte en Israel) que exige señalarlo con un nombre nuevo.

Todo ello forma parte de la continua renovación, mediante la aventura, del que ahora ya es Abraham. Su tránsito no es tanto sisífico como progresivo: aquí no se trata de cargar con la misma condenada piedra montaña arriba, sino de un continuo atravesar, arriba y abajo, hacia cumbres cada vez más altas; algo que, quizá, sea también una prueba muy dura, pero con una dirección. Es el arquetipo mismo del individuo que apunta hacia arriba con éxito, del hombre que restablece el patrón correcto del ser personal después de la catástrofe del caos, que es el diluvio, y del orden, que es la torre de Babel maldita. El que quizá sea el aforismo más célebre de Nietzsche es de aplicación en ese contexto: «Quien tiene un porqué para vivir encontrará casi siempre el cómo».[56] El nombre original de Abram significa «alto padre»; su nueva y transformada identidad, «padre de una muchedumbre de gentes». La perfección a la que está llamado a aspirar, a medida que sus sacrificios aumentan y su identidad, por tanto, se transforma, es, en su caso más extremo, lo que Cristo, mucho después, llama a sus seguidores a emular, evocando la idea implícita en el cierre de las puertas del paraíso: la espada encendida que gira en todas las direcciones niega la entrada al jardín eterno o destruye todo lo que no es perfecto antes de permitir el acceso: «Sed, pues, vosotros perfectos, como Vuestro Padre que está en los cielos es perfecto» (Mateo 5:48). En la medida en que Abraham apunta hacia arriba —hacia lo bueno o lo bueno en gran manera—, trae el cielo a la tierra y se transforma en un nuevo Adán.

Esa es la idea planteada en la secuencia siguiente, en la que se suceden unos hechos extraños. Los descendientes de Abraham deben rubricar su alianza o contrato con Dios con... ¿qué? ¿El sacrificio de todo lo que es superfluo? Quizá:

Este es mi pacto, que guardaréis entre mí y tú y tu descendencia después de ti: todo varón de entre vosotros será circuncidado. Circuncidaréis la carne de vuestro prepucio y será por señal del pacto entre mí y vosotros. A los ocho días de edad será circuncidado todo varón entre vosotros, de generación en generación, tanto el nacido en casa como el comprado por dinero a cualquier extranjero que no sea de tu linaje. Debe ser circuncidado el nacido en tu casa y el comprado por tu dinero, de modo que mi pacto esté en vuestra carne por pacto perpetuo. El incircunciso, aquel a quien no se le haya cortado la carne del prepucio, será eliminado de su pueblo por haber violado mi pacto.

Génesis 17:10-14

La operación designada, y al parecer imprescindible, se ejecuta en la parte más vulnerable del cuerpo y la deja, si cabe, más vulnerable aún. Así pues, quizá no se trata solo de un gesto de erradicar lo que es superfluo, incluso una parte del cuerpo —«por tanto, si tu ojo derecho te induce a pecar, sácalo y échalo de ti, pues mejor es que se pierda uno de tus miembros y no que todo tu cuerpo sea arrojado al infierno» (Mateo 5:29-30)—, sino también, quizá, una alusión a la plena desnudez expuesta y a la aceptación de la fragilidad mortal, a un desco de volver a caminar sin consciencia de uno mismo, valerosamente, al descubierto (sin ropa, sin engaños) con Dios en el jardín. Se trata de misterios que son como ensoñaciones, que aún son de procedimiento, que aún están encarnados, y no tanto abstractos y plenamente comprendidos. Su significado trasciende incluso el ámbito de la imaginación y se mantiene como algo que debe representarse (y, quizá, en el seno de una comunidad) para ser «entendido». Aquí también se da un elemento del sacrificio de sangre de Abel, en contraste con la ofrenda sin sangre de Caín.

La ampliación de esta exigencia a todo el que es pariente, asociado o subordinado de los verdaderos devotos de Dios señala la organización jerárquica de toda la estructura social bajo un solo espíritu animado, monoteísta. El hecho mismo de que esta práctica llegue a instituirse indica la necesidad de relaciones armoniosas, con una verdadera coincidencia en la meta, en el interés, y en la identidad más fundamental como condición previa para una psique y una organización política productiva, generosa y estable. Sin esa unidad trascendente, hay falta de dirección (no hay camino por el que avanzar), caos (exceso de posibilidad y elección), desesperanza (falta del ideal que llama), desunión y conflicto (pues todos tiran en diferentes direcciones). Conviene no subestimar el peligro de esa desunión: la diversidad, en ciertas condiciones, puede ser fortaleza, pero también, y de manera más primordial, resultar en confusión, desorientación y guerra de todos contra todos. ¿Significa eso que la circuncisión es una necesidad existencial? Significa, ciertamente, que es necesario realizar algún sacrificio importante, un sacrificio que sea colectivo en cierto sentido vital, para que cualquier comunidad se establezca, se integre y prospere.

Sarai («mi princesa») también adopta una nueva identidad y se convierte en Sara, que significa «princesa» como tal.[57] También se le promete que su progenie será tan numerosa que no se podrá contar. Esa transformación en su condición esencial como persona se indica por la promesa de Dios de bendecirla con un hijo, a pesar de su avanzada edad, como recompensa por su esfuerzo moral y su empeño ascendente, iguales en intensidad y fe a los de su esposo. Así, deja de ser la mera compañera de Abram, el alto padre, por más que eso ya fuera un honor, y pasa a ser la madre misma de reyes y de una nación. Su estatus ya no es el de cabeza de una familia, sino el de jefa de muchedumbres de personas: por tanto, ahora es madre, madre como tal, de la misma manera en que Abraham es ahora padre. Una transformación de identidad análoga se da en el caso de Jacob, el nieto de Abram (ahora Abraham). Rebeca, la madre de Jacob, era estéril como Sarai (ahora Sara). Rezaba para engendrar y concibió gemelos, Jacob y Esaú. Desde el principio, su relación recuerda a la de Caín y Abel —la lucha entre hermanos hostiles—. Ya pelean en el seno materno y Jacob nace agarrándose literalmente al talón de Esaú (Génesis 25:26), hecho que es, a la vez, el origen de su nombre, pues Ya'akov en hebreo está relacionado con el verbo *akev*, que significa, además de «talón», «apropiarse», «superar en ingenio» o «suplantar».[58] Así, el que se apodera del talón bien puede interpretarse como engañoso o usurpador, como ese Lucifer que tienta a Eva, a Adán y a Caín. Se trata de una designación que le encaja perfectamente a Jacob, que conspira con su madre para privar a Esaú de los derechos que le corresponden como primogénito.

Esaú es un hombre asilvestrado, masculino hasta el estereotipo, hirsuto, que vive siempre al aire libre; es cazador y el favorito de su padre, Isaac (hijo de Abraham). Jacob, en cambio, vive en una tienda, lee más, es más intelectual en el sentido de «taimado»; es más civilizado, con todas las virtudes y los vicios que acompañan a esa característica, y el favorito de su madre; es decir, que es el clásico «niño mimado de mamá». En su primer acto de falsedad, lo vemos aprovechándose de la naturaleza impulsiva de Esaú y de su indómita despreocupación por el futuro:

Guisó Jacob un potaje; y volviendo Esaú del campo, cansado, dijo a Jacob: «Te ruego que me des a comer de ese guiso rojo, pues estoy muy cansado». (Por eso fue llamado Edom.) Jacob respondió: «Véndeme en este día tu primogenitura». Entonces dijo Esaú: «Me estoy muriendo, ¿para qué, pues, me servirá la primogenitura?». Dijo Jacob: «Júramelo en este día». Él se lo juró y vendió a Jacob su primogenitura. Entonces Jacob dio a Esaú pan y del guisado de las lentejas; él comió y bebió, se levantó y se fue. Así menospreció Esaú la primogenitura.

Génesis 25:29-34

Este episodio se inicia con Jacob preparando la comida. Esaú está hambriento y le pide algo de comer. Jacob le proporciona alimento, pero a un precio muy elevado: convence a su hermano mayor para que le ceda sus derechos de primogenitura. En la cultura hebrea antigua, ese derecho era un honor especial concedido al primer hijo varón. El beneficiario, designado heredero principal, tenía derecho a recibir el doble de la herencia que cualquier otro heredero. El primogénito también recibía la responsabilidad de perpetuar el nombre de la familia y podía ejercer una autoridad considerable sobre los hermanos menores. Es todo eso lo que Esaú cede insensatamente a cambio de un potaje. En todo caso, al hermano mayor no puede echársele toda la culpa: su ofrecimiento de «intercambiar» es un acto conspiratorio por parte de Jacob, una trampa, y el texto da a entender que lleva tiempo urdiéndose. Es como si los vicios de los dos hermanos se encontrasen en esta ocasión para establecer esa desastrosa alianza mutua.

Algo parecido, aunque peor, vuelve a ocurrir más adelante. Isaac, anciano, ciego y acercándose al momento de su muerte, desea que su hijo favorito, Esaú, el cazador, le prepare una comida que quizá sea la última. «Toma, pues, ahora tus armas, tu aljaba y tu arco, y sal al campo a cazarme algo. Hazme un guisado como a mí me gusta; tráemelo y comeré, para que yo te bendiga antes de que muera» (Génesis 27:3-4). Isaac realiza esta petición como paso previo a otorgar una vez más a Esaú la bendición que por derecho le corresponde, a pesar de los intentos anteriores de Jacob de usurparlos y apropiárselos. Pero Rebeca urde un plan para que Jacob se haga pasar por Esaú, de manera que el gran regalo pueda ser suyo, de manera injusta. Jacob, vestido con la ropa de Esaú y con pieles de cabrito para parecer tan velludo como su hermano, le lleva a Isaac un guisado y consigue convencer a su padre de que él es Esaú:

> Jacob se acercó y lo besó. Olió Isaac el olor de sus vestidos y lo bendijo, diciendo: «Mira, el olor de mi hijo, como el olor del campo que Jehová ha bendecido. Dios, pues, te dé del rocío del cielo y de los frutos de la tierra, y abundancia de trigo y de mosto. Sírvante pueblos y las naciones se inclinen delante

de ti. Sé señor de tus hermanos y ante ti se inclinen los hijos de tu madre. Malditos sean los que te maldigan y benditos los que te bendigan».

Génesis 27:27-29

Cuando Esaú regresa y se da cuenta de que Jacob ha recibido la bendición que era para él, se dirige a gritos a Isaac: «¿No has guardado bendición para mí?» (Génesis, 27:36). No cuesta imaginar al padre de los hijos antagónicos alterado y enfurecido ante este segundo engaño. Pero, según los usos de su época, se ve moralmente obligado a cumplir las palabras que ha pronunciado. Así, la gran bendición a Jacob se mantiene y a Esaú se le concede la menor. Sea como fuere, Jacob paga un precio muy alto por su engaño. Esaú, furioso por el giro de los acontecimientos, planea matar a su taimado hermano tras la muerte de Isaac. Por eso a Jacob le resulta imprescindible huir a toda prisa de su familia —lo que, afortunadamente, lo lleva a separarse de su madre— y a ofrecerse como aprendiz de su tío Labán. Entonces es cuando se inicia su aventura como hombre de verdad y no como hombre de falsedad. Es entonces cuando empieza a parecerse a su abuelo, Abraham, y a convertirse en un hombre que encarna el Logos.

Al llegar a Harán, hogar de Labán, Jacob se encuentra con Raquel, la hija menor de este, junto a un pozo, y queda prendado de su belleza (Génesis 29:10-11). Cabe destacar que Harán es una encrucijada de caminos, o de decisiones. Harán es también el lugar en el que Abraham se instaló temporalmente y donde Lot se separó de su tío para dirigirse a Sodoma (Génesis 11:31). Los primeros acontecimientos de los que tenemos noticia en Harán o en sus inmediaciones referidos a Jacob están en consonancia, precisamente, con la cuestión de la toma de decisiones:

Jacob, pues, salió de Berseba y fue a Harán. Llegó a un cierto lugar y durmió allí, porque ya el sol se había puesto. De las piedras de aquel paraje tomó una para su cabecera y se acostó en aquel lugar. Y tuvo un sueño: vio una escalera que estaba apoyada en tierra y su extremo tocaba en el cielo. Ángeles de Dios subían y descendían por ella. Jehová estaba en lo alto de ella y dijo: «Yo soy Jehová, el Dios de Abraham, tu padre, y el Dios de Isaac; la tierra en que estás acostado te la daré a ti y a tu descendencia. Será tu descendencia como el polvo de la tierra y te extenderás al occidente, al oriente, al norte y al sur; y todas las familias de la tierra serán benditas en ti y en tu simiente, pues yo estoy contigo, te guardaré dondequiera que vayas y volveré a traerte a esta tierra, porque no te dejaré hasta que haya hecho lo que te he dicho».

Génesis 28:10-15

Jacob sueña en Harán con la meta ascendente, espiral, que conecta la tierra con lo divino: en el lugar de las decisiones fundamentales. Así, la idea de la oportunidad ampliada y el progreso sacrificial se le revela en forma de su visión celestial, que presenta una imagen arquetípica de la sucesión de la elección ascendente. En lugar de vivir una vida de engaño y traición, en connivencia con su madre, podría apuntar hacia arriba, dirigirse con esfuerzo hacia el bien que, en su cúspide, es idéntico a Dios, el espíritu de sus antepasados proféticos.

Esa es la decisión que toma todo aquel que decide cambiar y mejorar, por más mínimo que sea el primer paso que da cuando decide ascender y por menos clara que sea su visión del «arriba» último. Esto es así, en parte, porque cada decisión de avanzar realmente hacia delante lleva a un aumento de la capacidad para ver dónde se encuentra el arriba; y en parte porque toda decisión de ascender hace más probable una decisión siguiente en el mismo sentido. Así, el punto de partida es eternamente menos importante que la intención. Se trata, sin duda, de una buena noticia para el hombre que, como Jacob, tiene numerosos defectos, y de una buena noticia para todos, porque todos los tenemos, sobre todo cuando iniciamos nuestro camino ascendente, esforzado, aventurado.

Cuando se da cuenta de que es realmente posible apuntar hacia el cielo —es decir, después de tener ese sueño—, Jacob jura que lo intentará. Decide sacrificar su anterior manera de ser y establecer una nueva alianza con Dios. Es algo que se indica mediante los actos siguientes, que reproducen el patrón de Abram consistente en construir un altar y realizar una ofrenda:

> Se levantó Jacob de mañana y tomando la piedra que había puesto de cabecera, la alzó por señal y derramó aceite encima de ella. Y a aquel lugar le puso por nombre Betel, aunque Luz era el nombre anterior de la ciudad. Allí hizo voto Jacob, diciendo: «Si va Dios conmigo y me guarda en este viaje en que estoy, si me da pan para comer y vestido para vestir, y si vuelvo en paz a casa de mi padre, Jehová será mi Dios».

Génesis 28:18-21

Jacob se enfrenta a decisiones difíciles más adelante, después de salir de casa, aunque ahora ya está decidido a apuntar hacia arriba. Por ejemplo, acuerda con su tío que trabajará durante siete años para ganarse la mano de Raquel y ofrece ese sacrificio alegremente. «Así sirvió Jacob siete años por Raquel; y le parecieron como pocos días, porque la amaba» (Génesis 29:20). Esa es la primera aventura de verdadero servicio en la que Jacob se embarca con buena fe, de servicio a una meta más elevada. Indica cierta madurez sincera; cierto movimiento hacia la integridad; cierta transformación de carácter ascendente.

Una vez que Jacob ofrece siete años de trabajo fiable, celebra su boda con Raquel, tal como le había sido prometido. Pero Labán conspira para colar a Lea, su hija mayor, en la tienda de Jacob durante la noche de bodas en lugar de Raquel y la unión matrimonial se consuma con la hija «sustituta». Tiene sus razones: en cuanto padre, la responsabilidad de Labán pasa por que su hija mayor afiance antes su posición. Eso no lo exculpa plenamente, o quizá no lo exculpe en absoluto. Podría haber cumplido su parte del trato. O, si no, podría haber intentado abordar la situación de manera sincera con Jacob, exponerle la situación a la que se enfrenta como padre (y a la que se enfrenta su hija mayor) en lugar de recurrir al engaño. Quizá más sorprendente aún sea que Jacob caiga en el engaño. El texto no deja del todo claro por qué. Parece evidente que el camino se ve allanado por ciertos factores situacionales propios de esa cultura concreta. En esa época, las novias se presentaban totalmente cubiertas por velos tanto durante la celebración diurna como cuando, de noche, eran conducidas a la tienda del novio. Más allá de los detalles concretos, Labán consigue lo que pretendía con su engaño, del que Jacob solo se percata al alba del día siguiente: «Cuando llegó la mañana, Jacob vio que era Lea» (Génesis 29:25). Dadas las trampas que él mismo le hizo a su hermano Esaú, con ayuda de su madre, quizá el lector perspicaz no considere que Jacob sea merecedor de compasión. Lo que le ocurre al sobrino de Labán parece acercarse más a la justicia poética, o al karma, a pesar de que Raquel, realmente, parece recibir la peor parte sin merecerlo.

La moraleja de este fragmento del relato puede interpretarse, en términos bíblicos, en sus dos caras: en primer lugar, que ningún pecado queda sin reconocimiento ni castigo («porque nada hay encubierto que no haya de ser descubierto; ni oculto que no haya de saberse» [Mateo 10:26]); en segundo lugar, que aquellos que viven por la espada, probablemente morirán por la espada (variante coloquial de Mateo 26:52). Quizá si Jacob no hubiera vivido, él mismo, por la mentira durante tanto tiempo y, por tanto, su visión no se hubiera visto tan nublada, habría sido lo bastante sensato como para descubrir los manejos de Labán (quizá enseguida) o incluso para comportarse de una manera que ya de entrada habría hecho improbable ser blanco de ese engaño. «Telaraña enredada entretejemos cuando engaños practicamos y emprendemos», como lamenta el poeta escocés sir Walter Scott.[59] ¿Hasta qué punto la gente se expone a ser traicionada al anunciar, por más que inconscientemente, su aptitud para cargar con ese destino? Sin duda, es excepcional el hombre que no anhela, al menos en los resquicios más profundos de su alma, el castigo que restaure el orden moral después de cometer un crimen.[60] ¿Por qué? Porque un mundo que parece carecer por completo de un arriba y un abajo es a la vez aterrador y sin esperanza.

Sea como fuere, Jacob acepta a Lea como esposa. Al hacerlo, repite el patrón de su padre, Isaac, que fielmente se atuvo a sus palabras tras conceder a Jacob la bendición que debería haber correspondido a Esaú. Lo hecho, hecho está, aunque sea mal, y el sobrino de Labán, que ahora es un hombre de principios morales, acepta la responsabilidad del resultado. Quizá como consecuencia de ello, Labán ofrece otro pacto a Jacob. Podrá trabajar durante otros siete años y, al término de ese periodo, obtendrá la mano de Raquel: «Así lo hizo Jacob. Cumplió aquella semana y él le dio a su hija Raquel por mujer» (Génesis 29:28). Podemos imaginar a Jacob mucho más sabio al final de ese segundo periodo de aprendizaje y sacrificio. Ha trabajado catorce años. Por el camino, ha ido sumando una gran familia y una riqueza considerable y ha demostrado ser un buen padre y un administrador productivo. Ha experimentado una serie de transformaciones que recuerdan a las que caracterizaron a Abram. Es más, resulta quizá razonable que Dios y el destino hayan exigido a Jacob catorce años de sacrificio para poder redimirse tras sus tropelías con Esaú.

Los paralelismos entre Jacob y Abram no se detienen aquí. Raquel es estéril, como Sarai, y le pide a su esposo que tome a Bilha, su sierva, para que lleguen los hijos, igual que hizo Sarai con su sierva y su esposo. El plan culmina con éxito y Raquel parece agradecida. Se trata del primer indicio, en este relato, de las grandes dificultades derivadas de negociar con el destino. Después de que Bilha dé a luz a un segundo hijo varón, Raquel proclama: «En contienda de Dios he luchado con mi hermana y he vencido» (Génesis 30:8). Ha tenido que emprender el camino largo hacia los hijos mediante otra mujer, pero se considera bendecida por el resultado y parece aceptar a esos hijos como propios. Evidentemente, no se trata de una situación exenta de complejidades —sobre todo teniendo en cuenta la fecundidad de Lea, en comparación con la suya—, pero es una solución mucho mejor que otras y al conseguir reconciliarse con el destino, con su gratitud, Raquel muestra una fuerza de carácter que explica, quizá, parte de la atracción que Jacob siente por ella. Para ella, las cosas también dan un giro, como lo hicieron en el caso de Sara: «Pero se acordó Dios de Raquel, la oyó Dios y le concedió hijos. Concibió ella y dio a luz un hijo. Y exclamó: "Dios ha quitado mi afrenta", y le puso por nombre José, diciendo: "Añádame Jehová otro hijo"» (Génesis 30:22-24). Quizá ella hizo todo lo que estaba en su mano para asegurarse ese resultado. En cualquier caso, Raquel se ve realmente bendecida: es una madre real, arquetípica. Por tanto, es adecuado que su hijo José se convierta en una especie de Jesús mismo y que haga grandes cosas.

Llegados a este punto, Jacob empieza a añorar su casa. Hay varios motivos que lo explican. En primer lugar, lleva los rebaños y los negocios de su tío con gran éxito y ha acordado quedarse una parte para sí, por lo que lo hace aún mejor. Así se transforma en algo así como un competidor a ojos de Labán y la tensión crece entre ellos. En segundo lugar, en el texto se da a entender que la conciencia de Jacob lo llama a regresar al lugar en el que cometió su traición juvenil, a reencontrarse con su familia y, sobre todo, a reconciliarse con su hermano. El momento de separarse de Labán, que parece un personaje algo complicado, presenta sus dificultades, pero es algo que al final se resuelve en paz (Génesis 31). El héroe de la historia, acompañado de sus esposas y concubinas, y de sus ahora nada desdeñables pertenencias, ya está en disposición de regresar a la tierra de su nacimiento. Le envía mensajeros a Esaú para anunciar su aproximación y transmitirle su esperanza de que su hermano mayor lo perdone. Pero cuando esos mensajeros regresan, le indican que Esaú ha dispuesto que lo recibirá en compañía de nada menos que cuatrocientos hombres, algo que preocupa sobremanera a Jacob, pues teme encontrarse con una fuerza armada. A través de la oración, reafirma su relación con Dios y se pone en marcha a pesar de las noticias, decidido como está a ofrecer un regalo a su hermano distanciado. Se trata, cómo no, de otro sacrificio de penitencia, en esta ocasión, al servicio tanto de la disculpa como de la paz. Aparta una cantidad considerable de sus cabras, camellos, vacas y burros, crea con ellos muchos rebaños distintos y se los hace llegar a Esaú con sus pastores, a los que pide que informen a su hermano de que se trata de ofrendas distintas para él y que Jacob mismo se presentará cerrando la procesión. Después hace que sus esposas crucen el río que marca el límite del territorio de su hermano y pasa una noche solo antes de cruzarlo él. Es ahí, en el borde mismo de su posible reconciliación o de su muerte a manos de su hermano, donde tiene otra experiencia transformadora:

> Así se quedó Jacob solo; y luchó con él un varón hasta que rayaba el alba. Cuando el hombre vio que no podía con él, tocó en el sitio del encaje de su muslo y se descoyuntó el muslo de Jacob mientras con él luchaba. Y dijo: «Déjame, porque raya el alba». Jacob le respondió: «No te dejaré si no me bendices». «¿Cuál es tu nombre?», le preguntó el hombre. «Jacob», respondió él. Entonces el hombre dijo: «Ya no te llamarás Jacob, sino Israel, porque has luchado con Dios y con los hombres y has vencido». «Declárame ahora tu nombre», le preguntó Jacob. «¿Por qué me preguntas por mi nombre?», respondió el hombre. Y lo bendijo allí mismo. Jacob llamó Peniel a aquel lugar, porque dijo: «Vi a Dios cara a cara y fue librada mi alma».
>
> Génesis 32:24-30

En el límite de su tierra natal, y en la linde misma entre lo que es ahora y lo que fue, a punto de enfrentarse a todas las consecuencias duraderas de lo que fue..., Jacob, claro está, lucha con Dios, como hacemos todos cuando nos enfrentamos a la más difícil de las decisiones. ¿Qué camino escogeremos? ¿Qué permitiremos que nos guíe, o a qué invocaremos para que lo haga? ¿Qué espíritu se apoderará de nosotros en nuestra decisión? El compañero de lucha que pelea con Jacob es presentado, primero, como un hombre, pero después se revela como Dios —el mismo Dios con el que luchamos nosotros cuando intentamos avanzar con dificultad—. ¿Y quiénes son las personas verdaderamente escogidas, según este relato? Todas las que luchan con Dios honesta y directamente y vencen. Jacob sufre ciertos daños genuinos durante el combate, como es probable que nos ocurra a todos cuando en nuestra vida se presentan las decisiones más difíciles, pero sale de la batalla firme en su convicción de obrar bien. Vadea el río, va al encuentro de su hermano distanciado, expía su pasado y alcanza una paz productiva y unitaria estableciendo, como el Dios al que ahora adora, el orden que es bueno. Esa decisión agónica lo transforma tan por completo que, como Abram, adquiere una nueva identidad, un nuevo nombre: ahora es Israel, «el que lucha con Dios». En un momento posterior del relato se insiste en esa transformación, cuando Dios amplía su alianza con Jacob y le promete un destino que se parece mucho al de su abuelo, igualmente transformado:

> Le dijo Dios: «Tu nombre es Jacob; pero ya no te llamarás Jacob, sino que tu nombre será Israel»; y lo llamó Israel. También le dijo Dios: «Yo soy el Dios omnipotente: crece y multiplícate; una nación y un conjunto de naciones saldrán de ti y reyes saldrán de tus entrañas. La tierra que he dado a Abraham y a Isaac te la daré a ti, y a tu descendencia después de ti».
>
> Génesis 35:10-12

Jacob, como Abraham, empezó su aventura con mal pie. Ambos decidieron enderezarse, a pesar de sus considerables defectos, y sellaron una alianza con Dios para lograrlo. Eso es una decisión, una decisión moral, y es la decisión de iniciar el viaje ascendente, de subir por la espiral de la escalera de Jacob hacia el bien más alto. Después se enfrentan a un horizonte de crecientes oportunidades, que exigen, cada una de ellas, en una secuencia, un sacrificio de magnitud cada vez mayor —una maduración y una transformación del carácter—. En el caso de los dos protagonistas, esa transformación alcanza un punto tan revolucionario que los hombres que la experimentan renacen de alguna manera y se convierten en personas nuevas. De ahí sus nuevos nombres: Abraham, que significa «padre de las naciones», e Israel, «el que lucha con Dios». Si esa lucha se encara con el espíritu adecuado, no existe diferencia alguna entre esas dos identidades recién asignadas, plenamente integradas y justamente sacrificiales.

6.6. Con los ángeles al abismo

Cuando dejamos a Abram y a Sarai, acababan de transformarse en Abraham y Sara; a él, tras renunciar a grandes ganancias para hacer lo correcto y asumir su papel de guerrero, que con el tiempo lo llevará al éxito; a ella, tras enfrentarse directamente a su esterilidad, manteniendo su fe incólume a pesar de su destino algo amargo, incluso ante el engreimiento de su sierva, Agar, que en ese momento es la madre del primer hijo de su esposo. Ahora, a la pareja la visitan unos desconocidos, tres concretamente, a los que acogen e invitan cortésmente:

«Haré traer ahora un poco de agua para que lavéis vuestros pies y luego os recostaréis debajo de un árbol. Traeré también un bocado de pan para que repongáis vuestras fuerzas antes de seguir, pues por eso habéis pasado cerca de vuestro siervo». Ellos dijeron: «Haz como has dicho». Entonces Abraham fue deprisa a la tienda donde estaba Sara y le dijo: «Toma enseguida tres medidas de flor de harina, amásala y haz panes cocidos debajo del rescoldo». Corrió luego Abraham a donde estaban las vacas, tomó un becerro tierno y bueno, lo dio al criado y este se dio prisa en prepararlo. Después tomó mantequilla y leche, y el becerro que había preparado, y lo puso delante de ellos. Él se quedó con ellos debajo del árbol y comieron.

Génesis 18:4-8

Los que se esfuerzan por ser perfectos dan la bienvenida a todos los encuentros, que consideran oportunidades divinas y llamadas a proseguir la aventura. En el caso que nos ocupa, eso resulta de lo más afortunado, pues los tres visitantes no tardan en revelarse como emisarios de lo divino, si no ángeles o Dios mismo.

¿Qué puede significar? A un determinado nivel, que todas y cada una de las personas con las que nos encontramos están hechas a imagen de Dios y son, por tanto, ángeles agazapados, avatares de la unidad animante trascendente. Eso hace que todo encuentro, incluso entre desconocidos, sea una oportunidad y una llamada: una oportunidad para lo que pueda surgir a partir de ese intercambio recíproco (que puede ser mucho); y un recordatorio de que hay que hacer el bien con todo el mundo y no aprovecharse de nadie, y menos de las personas que, como esos forasteros, son vulnerables como consecuencia de su desplazamiento, por estar sin casa. Es muy fácil subestimar a los recién conocidos, o peor aún, dominarlos, sobre todo si estos se encuentran, aunque sea temporalmente, en circunstancias difíciles. Solo Dios sabe qué oportunidades de trabajo conjunto productivo y de desarrollo de carácter se pierden como consecuencia de esa muestra de orgullo. La respuesta adecuada a esa oportunidad, a esa llamada, pasa precisamente por lo que expresan Abraham y su esposa: por la gratitud ante el encuentro, por la humildad en la recepción (y, por tanto, por una apertura a las posibilidades de la interacción) y por la hospitalidad; por compartir generosamente, sin guardarse nada, sin resentimientos. Los dos miembros de la pareja parecen considerar la visita como un verdadero privilegio, a pesar de su naturaleza inesperada. Imaginemos lo que implicaría para el estado del mundo que todos asumiéramos de la misma manera cualquier encuentro. Resulta instructivo contemplar, también, el caso contrario. La gente que no tiene fe, que es egoísta y cerrada, que se queja, que desconfía, que se muestra reacia a ofrecer (algo que, evidentemente, incluye su hospitalidad, o la ausencia de esta), se verá rechazada por otros, por sí misma y por Dios. En la epístola de san Pablo 2 Corintios 9:6-8 se expresa del siguiente modo:

> Pero esto digo: el que siembra escasamente, también segará escasamente; y el que siembra generosamente, generosamente también segará. Cada uno dé como propuso en su corazón: no con tristeza ni por obligación, porque Dios ama al dador alegre. Y poderoso es Dios para hacer que abunde en vosotros toda gracia, a fin de que, teniendo siempre en todas las cosas todo lo necesario, abundéis para toda buena obra.

Es, por supuesto, Jesús el que fija el nivel último para sus seguidores, en relación con esas ideas: la llamada antes mencionada a la perfección, en el nombre del Padre (Mateo 5:48).[61]

Los desconocidos reafirman a Sara que la promesa de Dios de hacerla fértil se cumplirá. Fijémonos, en este punto, en la curiosa conjunción de hospitalidad y fertilidad. Es la cálida y adecuada bienvenida que Sara ofrece, en consonancia con su carácter de mujer de fe, o como reflejo de este, la que inspira a Dios a sonreírle, incluso a concederle sus deseos más imposibles. Es importante entenderlo en este punto, para que los acontecimientos posteriores que tienen lugar en la propia Sodoma —paradigma de ciudad nada hospitalaria— puedan captarse en todos los detalles de su complejidad. Pero la esposa de Abraham, aún estéril, ha entrado en la menopausia, cree que es imposible que pueda engendrar a un hijo, y se echa a reír, sin duda algo triste, «para sus adentros» (Génesis 18:12). Su esposo, inspirado por Dios, la reprende por su momentánea falta de fe y le dice: «¿Acaso hay alguna cosa difícil para Dios?» (Génesis, 18:14).

A la mente moderna le resulta fácil apoyar a Sara en un momento como ese, pero es la fe aparentemente poco razonable de Abraham la que, con el tiempo, se revela justificada. Quizá Dios la perdona a ella por su escepticismo, pues la falsa esperanza, en ese sentido, es una cruz especialmente dura de cargar. En cualquier caso, la pareja aparca la cuestión, al menos temporalmente, y se concentra en una Sodoma ahora amenazada, mientras se desespera ante su falta de fe y su pecado. Los dos expresan sus intenciones de investigar algo más la situación de la ciudad, pero, temiéndose lo peor, destacan que esta se encuentra, sin duda, en grave peligro de destrucción. «Entonces Jehová le dijo: "Por cuanto el clamor contra Sodoma y Gomorra aumenta más y más y su pecado se ha agravado en extremo, descenderé ahora y veré si han consumado su obra según el clamor que ha llegado hasta mí; y si no, lo sabré"» (Génesis 18:20-21). «Han consumado su obra» significa que «han llevado su iniquidad a cotas de perfección, a un nivel elevado de maldad».[62] Al parecer, si no lo hubieran hecho, aún quedaría espacio para la misericordia.

Abraham intercede, expresa su objeción a la posible injusticia de destruir lo valioso de esas ciudades junto con lo pecaminoso. Y entonces es cuando negocia, o lucha, con Dios de manera bastante directa, sugiriendo primero que la ciudad se salve si pueden hallarse en ella cincuenta hombres justos, negociando de manera osada, forzando el límite de los detalles de la alianza, consiguiendo que Dios acepte salvar la ciudad si pueden hallarse solo cuarenta y cinco, y después solo treinta, y después solo veinte, y después solo diez, y decidiendo entonces viajar a la peligrosa metrópolis para encontrar a esos hombres buenos (Génesis 18:22-33). ¿Qué significa eso? Que si una comunidad se desvía del camino y viaja hacia una locura totalitaria, hacia un hedonismo impulsivo colectivo, hacia un orgullo luciferino o hacia un acuerdo de mentiras y silencio conspirativo, aún podría salvarse si la catástrofe moral no hubiera engullido a todos los que aún fueran capaces de pensar y hablar. La verdad, quizá, es tan poderosa que incluso unas pocas voces no silenciadas pueden redimir al resto; quizá una sola «clamando en el desierto» (Juan 1:23). Así pues, nos incumbe a todos nosotros, reflejando la imagen de Dios respetuosamente, encontrarnos entre esos diez, o incluso ser los únicos. Eso es precisamente lo que se exige del reticente Jonás, como veremos más adelante.

Dos de los ángeles acompañan a Abraham hasta Sodoma y allí se reúnen con Lot. Él hace extensiva a los visitantes la hospitalidad que ha caracterizado a sus tíos, aunque ellos en un principio expresan su intención de quedarse en la calle. Pero él insiste en que acepten su invitación. Ellos acceden, entran en su casa y cenan allí pan sin levadura. ¿Por qué esto último? Porque en esa ciudad corrupta y licenciosa conviene aceptar el alimento y la fortificación solo de lo que no está adulterado. A partir de ahí, el relato da un giro terrible y perverso: «Pero, antes de que se acostaran, rodearon la casa los hombres de la ciudad, los varones de Sodoma, todo el pueblo, desde el más joven hasta el más viejo. Y llamaron a Lot, gritando: "¿Dónde están los hombres que vinieron a ti esta noche? Sácalos, para que los conozcamos"» (Génesis 19:4-5).

Conocer aquí se usa en «sentido bíblico». Se trata del término exacto para el contacto íntimo, pues la exploración que hace posible que el acto se lleve a cabo adecuadamente es, sin duda, una forma muy profunda de conocimiento. Pero en este contexto significa «violación grupal agresiva» y de la manera más antihospitalaria e improductiva posible, exactamente la manera que ha acabado identificándose con el nombre de la ciudad. Los sodomitas dan la bienvenida a sus huéspedes de la peor manera posible, violando su integridad y haciéndolo de manera que nada creativo ni productivo pueda surgir como consecuencia de sus actos. Esa esterilidad en la relación entra en contraste, al menos implícitamente, con la cálida y adecuada acogida de Sara, conjuntamente con Abraham, que con el tiempo garantiza la fertilidad de ella. Las acciones de los hombres de Sodoma son a la vez hostiles y estériles y esa conjunción es emblemática de la caída de la ciudad.[63]

Ante esa amenaza, Lot, entonces, hace algo absolutamente contrario a los usos del mundo moderno. Su respuesta se detalla en uno de esos pasajes bíblicos que aquellos que tienen el conocimiento apenas suficiente para resultar peligrosos señalan con frecuencia cuando hacen lo posible por echarlo todo por la borda. El sobrino de Abraham ofrece a la turba a sus dos hijas vírgenes, insistiendo en que su deber de hospitalidad (que ellos, en teoría, comparten como obligación sagrada) implica que ha de proteger a sus invitados por encima de todo. Pero con ello solo consigue tentar y enfurecer más a los congregados:

> Entonces Lot salió a ellos a la puerta, cerró la puerta tras de sí y dijo: «Os ruego, hermanos míos, que no hagáis tal maldad. Mirad, yo tengo dos hijas que no han conocido varón; os las traeré y podréis hacer con ellas lo que bien os parezca; solamente que a estos varones no les hagáis nada, ya que han venido al amparo de mi tejado». Ellos respondieron: «¡Quítate de ahí!». Y añadieron: «Vino este extraño para habitar entre nosotros, ¿y habrá de erigirse en juez? Ahora te trataremos peor que a ellos». Enseguida comenzaron a forcejear con Lot y se acercaron para romper la puerta.
>
> Génesis 19:6-9

Cuando a los sodomitas que se agolpan, amenazadores, frente a la puerta, se les recuerda que, como Lot, tienen una responsabilidad moral intrínseca —que entre otras cosas los obliga a ofrecer hospitalidad; entre otras cosas, a servir a los dioses que en teoría los guían—, ellos se niegan a hacer lo que deberían hacer, que es examinarse a sí mismos, renuncian a darse cuenta de sus actos y a confesarlos y redoblan su apuesta, como es característico de los ebrios de poder y los tiranos hedonistas. Llegan a expresar incluso una indignación resentida, no en relación con sus propios actos, sino con la osadía de Lot en su pretensión de erigirse en juez, sobre todo dada su condición de forastero, y al hacerlo así se ponen en evidencia como hijos de Caín. En consecuencia, en lugar de escuchar y regodeándose aún más en su rabia, que ahora nace de creerse moralmente superiores, amenazan a Lot con cosas peores que las que desean infligir a sus huéspedes. Desde el punto de vista psicológico, todo en la descripción de esa respuesta es correcto. Siempre sucede que aquellos a quienes se pide explicaciones por su maldad dirigen toda su furia contra el mensajero, en lugar de fijarse en su propia ceguera voluntaria, su hedonismo idiota (aunque esta expresión resulte suave en exceso para señalar la magnitud de tal error) y su maldad. También es muy probable que esa furia se vea amplificada si el que pretende señalar el pecado es extranjero.

Resulta imprescindible entender exactamente por qué la hospitalidad se consideraba sagrada en la época del relato de Sodoma y Gomorra a fin de captar del todo el sentido de esta parte de la historia (además de contemplar debidamente su elemento sexual). Antes de que existiera un sistema policial fiable, alguien que estuviera de paso en una tierra hostil dependía para su seguridad y su vida de la sinceridad y fiabilidad de sus anfitriones. Se trata de algo que podía ser más cierto aún en el caso de Oriente Próximo, con su clima árido y sus vastas extensiones desérticas entre las ciudades. Las rutas comerciales que florecieron y las caravanas que viajaban por ellas no habrían sido posibles sin la certeza de que los viajeros podían confiar en sus anfitriones extranjeros. La entera arquitectura de las casas y los patios en las antiguas ciudades de esa región estaba diseñada con el fin de ofrecer acomodo a los viajeros. Esto era así incluso en el caso de las infraestructuras, los sistemas de canalización de aguas, las numerosas iglesias para visitantes de paso y el trazado general de los espacios, todo ello diseñado teniendo en cuenta la hospitalidad.[64]

Ese ideal de hospitalidad también era una expresión temprana de la doctrina según la cual el extranjero presenta un valor intrínseco y es mejor tratarlo con amabilidad. Después de todo, no hay nadie que se haya expuesto tanto a la vulnerabilidad como la persona que se encuentra bajo el techo de otro hombre, sobre todo en un lugar extraño. La exigencia moral de hacer extensibles la amabilidad, la consideración y los cuidados es ya explícita en la época del Levítico: «Cuando el extranjero habite con vosotros en vuestra tierra, no lo oprimiréis. Como a uno de vosotros trataréis al extranjero que habite entre vosotros y lo amaréis como a vosotros mismos, porque extranjeros fuisteis en la tierra de Egipto. Yo, Jehová, vuestro Dios» (Levítico 19:33-34). La destrucción de Sodoma y Gomorra se da porque cuando Dios indaga en la conducta de las gentes de la ciudad aflora su falta de hospitalidad extrema, una señal inequívoca de su completo hundimiento moral. Violan el principio que obliga a proveer graciosamente a los extranjeros y a proporcionarles seguridad, lo que se suma a su enfoque nada hospitalario y estéril de la sexualidad misma.

Una de las claras ventajas de tratar con personas nuevas es que quizá estas sepan hacer cosas que nosotros no sabemos hacer y que posean unos conocimientos que nosotros aún no hayamos adquirido. Por eso formamos parte de una especie inherentemente comercial:[65] intrínsecamente interesada en el intercambio mutuamente beneficioso de bienes y servicios, además de profundamente comunicativa; en otras palabras, proclive a ofrecer al mundo el fruto de nuestros pensamientos. Eso significa que establecer una relación recíproca, de confianza, con un extranjero honesto puede implicar el acceso a todos los recursos de un pueblo extranjero y proporcionar el inmenso enriquecimiento mutuo que ese contacto es capaz de engendrar. De todos modos, se trata de algo que trae consigo un peligro asociado: el hombre desconocido, aparentemente aislado y desvalido en nuestro entorno, podría ser muy importante para otras personas desconocidas que lo valoran y lo aman y solo Dios sabe cuántos pueden ser o qué poderosas son sus fuerzas. Así, si cuando se intenta cerrar un trato (o durante cualquier otra interacción) se le pone en peligro, es probable que indignadas hordas, o incluso un ejército, ataquen al que ha obrado mal y a sus seres queridos, destino que recayó sobre los reyes que se llevaron a Lot y a los suyos y provocaron que Abram congregara a sus hombres, los rescatara y derrotara a los raptores.

En 2023 organicé un seminario sobre el Libro del Éxodo de diecisiete sesiones.[66] Invité a unas diez personas a participar directamente, aunque otro grupo de entre diez y veinte más se implicaron también en la filmación, el alojamiento y la producción. Reservamos un Airbnb local bien equipado, en Miami, para acoger a todas las personas implicadas, cada noche organizábamos cenas con mucha comida y bebida y alquilamos dos motos de agua para proporcionar algo de diversión durante el día. Eso facilitó que pudiéramos conocernos unos a otros, pasarlo bien, analizar nuestros temperamentos y comportamientos en diversas situaciones (los temas de conversación son otra situación), comprobar el sentido del humor de los demás, provocar, bromear, compartir, compadecernos y hablar libremente todos juntos. El resultado fue que llegamos a confiar mucho más los unos en los otros; a hallar un placer sincero en nuestra compañía mutua; y que aumentara mucho la probabilidad de proseguir con nuestra conversación, incluso en un plano formal, si la oportunidad de hacerlo se diera en el futuro (que fue lo que ocurrió con un seminario sobre los Evangelios que se emitirá pronto).[67] Esa manera de construir la relación resultó ser clave para el éxito del proyecto.

De manera inesperada, tuvimos que duplicar la duración planificada a causa de la profundidad de nuestras conversaciones, pero todas las personas implicadas aceptaron esa necesidad, la recibieron incluso de buen grado, y no en pequeña medida porque la hospitalidad se había ampliado y propiciado. Dado que aumentó nuestra confianza mutua como consecuencia de aquella socialización, nos mostramos más dispuestos a forzar algo más los límites en nuestras conversaciones grabadas, más formales; fuimos más capaces de escuchar profundamente y de arriesgar, tanto desafiando a los otros como exponiendo las cosas de una manera que habría sido bastante menos probable en ausencia de ese intercambio social. La verdadera hospitalidad permite esa experiencia compartida, fundamental y básica, que realmente nos une. Todos debemos comer, beber y hablar, por más informalmente que sea, por más superficiales y entretenidas que sean las conversaciones. Si nos desenvolvemos bien en un espíritu de buena voluntad, camaradería y diversión, quizá podamos arriesgarnos a compartir empresas más difíciles.

También he sido testigo de lo que ocurre en ausencia de esa hospitalidad. Se trata de algo que se da particular y peligrosamente en la situación actual de los círculos políticos de Washington D. C., donde he pasado algún tiempo bastante intenso. Por diversas razones, los cargos electos que ejercen allí sus funciones tienden a vivir cada vez menos en la ciudad. Cuatro de cada diez congresistas duermen en sus oficinas. Pensemos un poco en ello. Esa realidad ha llevado a que la probabilidad de que se manifiesten la familiaridad y la cordialidad necesarias para una gestión pacífica haya disminuido radicalmente. Además, la introducción de cámaras en las instituciones de gobierno claves ha hecho que unos lugares en los que antes se producían debates se hayan convertido en teatros públicos, en lugar de en foros de comprensión mutua y de negociación. Por último, los altos cargos de las organizaciones políticas, de ambos bandos, desaconsejan la colaboración y la interacción entre partidos, porque creen que su gente será más imprevisible y menos controlable si se relaciona con el enemigo. Y así, dado que los congresistas y senadores no salen a cenar juntos o a tomar copas, dado que sus hijos no van juntos a la escuela ni juegan juntos al béisbol, dado que no se enfrentan juntos a la misma comunidad local..., la desconfianza entre facciones políticas no cuenta con ocasiones para suavizarse, pero sí, y muchas, para agravarse (sobre todo cuando la alimentan aquellos que han decidido recurrir al miedo, el distanciamiento, el desprecio y la fuerza como armas preferentes).

Hace unos años, organicé un almuerzo para congresistas jóvenes, demócratas y republicanos, en un intento de abordar la creciente hostilidad entre partidos. Para romper el hielo, cada uno de los participantes (eran unos veinte) debía presentarse y compartir un resumen de tres minutos sobre su motivación para instalarse en Washington. Fue una iniciativa antropológica interesante. Como canadiense que soy, siempre me han impresionado la teatralidad y el patriotismo puros y duros de los estadounidenses, tanto implícitos como explícitos. Ese almuerzo fue un paseo por entre una secuencia de cortometrajes: diversas versiones de la película *Mr. Smith Goes to Washington** y resultaba imposible distinguir de qué partido eran todos aquellos conmovedores patriotas. Cada uno de ellos, por turnos, describía la decisión que había tomado, junto con sus respectivas familias, para ofrecer sus servicios al país, en gratitud por lo que este le había proporcionado. Sin excepción, aquello indicaba una sincera voluntad de sacrificio. Después de abrirse de aquel modo ante los demás, los asistentes salieron de aquel almuerzo sintiendo que se encontraban, si no entre amigos (porque para eso hace falta algo más que una sola interacción social), al menos sí entre compatriotas estadounidenses con los que compartían gran parte de las cosas importantes, por no decir casi todas. Si eso no funciona a un nivel superior (que es la unidad más elevada de la identidad nacional), lo único que con gran probabilidad se manifestará serán las diferencias políticas y la percepción exclusiva de la diferencia resulta peligrosamente similar a un estado de auténtica enemistad. Así, la falta de oportunidad para las interacciones sociales —la falta de un foro para la hospitalidad— puede suponer una amenaza para la sostenibilidad misma del Estado. No se trata de un problema menor y no se le está prestando para nada la suficiente atención.

En cualquier caso, es a causa de la importancia sagrada de la hospitalidad para los habitantes de Oriente Próximo por lo que Lot actúa de ese modo que tanta extrañeza causa a la sensibilidad moderna y ofrece a sus hijas a la turba. Por cierto, también ese ofrecimiento señala la relación entre la hospitalidad, que es fértil, y la falta de hospitalidad (o, peor, la hospitalidad perversa), que es estéril. Pero los hombres de Sodoma están tan plenamente entregados al caos y la destrucción que rechazan incluso esa

---

* Estrenada en España con el título de *Caballero sin espada*. Dir.: Frank Capra, 1939 *(N. del t.)*.

oferta e intentan irrumpir en la casa. Es en ese momento cuando descubren exactamente a qué o a quién se enfrentan. Los ángeles que Lot ha acogido sin saberlo demuestran ser cualquier cosa menos seres indefensos. «Pero los huéspedes alargaron la mano, metieron a Lot en la casa con ellos y cerraron la puerta. Y a los hombres que estaban a la puerta de la casa los hirieron con ceguera, desde el menor hasta el mayor, de manera que se fatigaban buscando la puerta» (Génesis 19:10-11). ¿Por qué precisamente la ceguera? «Porque todo aquel que pide, recibe; y el que busca, halla; y al que llama, se le abrirá» (Mateo 7:8). ¿Qué hay entonces de aquellos que exigen en vez de pedir; que insisten en vez de buscar; que echan abajo la puerta en vez de llamar? Que pronto se descubrirán incapaces de seguir adelante e incapaces de saciar siquiera sus deseos más insignificantes y contraproducentes.

Los que han rechazado ese pedir, ese buscar, ese llamar verdaderos, basados en la humildad, y se ven cegados por una lujuria y una rabia de corto alcance, serán incapaces siquiera de encontrar el camino para seguir avanzando y satisfacer sus propios deseos contraproducentes. ¿Qué significa eso? La gente solo puede transitar por la senda que ni es derecha ni es estrecha un tiempo limitado, antes de encontrarse con un obstáculo que no podrá esquivarse, con una dificultad realmente mortífera o con un dragón invencible. Existe un orden moral intrínseco, como en los relatos bíblicos no deja de insistirse, y violarlo acaba en castigo, por más que se evite o se posponga —un castigo que llega en la proporción exacta a la magnitud del pecado del que se trate—. Ese hecho descarnado, si es que lo es, debería llevar a cualquier persona tentada de desviarse para servir a sus deseos más inmediatos a detenerse muy en serio. ¿Es posible quedar impune de absolutamente todo? Nadie en su sano juicio lo cree así.

Los intentos de esos hombres por sembrar el caos en los huéspedes de Lot indican que Sodoma se ha deteriorado hasta tal punto que la redención resulta imposible y la destrucción es segura. Así pues, los ángeles advierten a Lot para que huya con los suyos. Sus hijos y sus yernos no le hacen caso y poco después son consumidos por las llamas. En cambio, Lot es lo bastante sensato como para prestarles atención. Él huye con su esposa y sus dos hijas, a las que, en un pasaje muy conocido, se les advierte que no se queden rezagadas en su huida y que no miren atrás. ¿Qué significa mirar atrás? Cuando se produce el hundimiento de un Estado tiránico, surge invariablemente una falsa nostalgia por las teóricas certidumbres de aquella anterior condición totalitaria. Incluso hoy, un número significativo de rusos sigue viendo a Stalin de manera positiva, por ejemplo. Según encuestas del Pew Research Center, casi el 60 por ciento de los adultos del país ven al hombre cuyas políticas condujeron a la muerte de varias decenas de millones de compatriotas suyos con mejores ojos que a Gorbachov, el presidente de la Unión Soviética durante sus últimos años y que encabezó una transición milagrosamente pacífica para sacar al país de la catástrofe comunista.[68] Se trata de algo que se da particularmente en la gente mayor, a la que sin duda las exigencias de la adaptación le resultan más perturbadoras y difíciles, aunque ello no sea excusa, dado lo extremo y generalizado de la barbarie estalinista. Lo mismo ocurre en el caso de China en relación con el aún más maligno Mao Zedong. El Partido Comunista Chino ha manejado con mucha cautela la imagen y el legado de Mao y presenta al temible asesino como un héroe nacional y artífice de la Revolución china por siempre gloriosa.[69]

Algo muy similar a la aparición de esta nostalgia contraproducente y ciega se presenta en la historia de Moisés, que se inicia en el Libro del Éxodo y prosigue en Levítico y en Números. A los israelitas, al principio, liberados ya de la tiranía de Egipto, les parece difícil prosperar. Eso se ve reflejado en el hecho de su famoso y por lo demás misterioso errar por el desierto y se trata de un problema engendrado, entre otras cosas, por su propio servilismo desagradecido, resentido, victimista. ¿Por qué los israelitas tardan tres generaciones en atravesar la pequeña porción de tierra que los separa de la tierra prometida? Porque quienes están muy confundidos y carecen de meta pueden tardar toda la vida en llegar a ninguna parte. Mientras avanzan hacia la tierra prometida, los que han huido de Egipto y son serviles se quejan y se lamentan más o menos continuamente. Un elemento de ello es su añoranza, que expresan continuamente, por las comodidades, muy magnificadas en su perversa memoria, derivadas de su sumisión al faraón y sus capataces. La falsa nostalgia como vía de escape de las realidades y responsabilidades del presente es una tentación que aparece eternamente.

C. G. Jung advirtió de un peligro similar en el ámbito psicológico. Describió el fenómeno como *restauración regresiva de la persona*. Esa falsa recuperación es el intento de una persona, una vez escaldada y en teoría doblemente acobardada, de ignorar el aprendizaje de la experiencia dolorosa y regresar al estado feliz de ignorancia que dominaba con anterioridad. Cristo también advertía, según lo relatado en los Evangelios, del peligro de esa necedad insensata, sobre todo entre personas que, a partir de una experiencia amarga, deberían saber, y de hecho saben, cómo son las cosas: «Pero el que sin conocerla hizo cosas dignas de azotes, será azotado poco» (Lucas, 12:48). En cambio, «aquel siervo que, conociendo la voluntad de su señor, no se preparó ni hizo conforme a su voluntad, recibirá muchos azotes» (12:47). El párrafo concluye con esta dura advertencia: «Porque a todo aquel a quien se haya dado mucho, mucho se le demandará, y al que mucho se le haya confiado, más se le pedirá» (también Lucas 12:48). En ese sentido, Jung afirma:

> Pensemos, por ejemplo, en un hombre de negocios que hubiera corrido demasiados riesgos y que a resultas de ellos se hubiera visto obligado a declararse en bancarrota. Si nuestro hombre no se deja desanimar por esta deprimente experiencia y sigue conservando intacto su espíritu emprendedor, acaso saludablemente amortiguado, su herida habrá sanado sin mutilarlo. Pero si se derrumba, renuncia a seguir arriesgándose y

se esfuerza trabajosamente por volver a reconstruir su reputación social en el marco de una personalidad mucho más limitada, desempeñando labores subalternas con la mentalidad de un niño asustado en un pequeño puestecillo, habrá *reconstruido regresivamente su persona* [...]. Si bien es cierto que antes había pretendido cosas que tal vez no estaba en su poder realizar, el hecho es que ahora ni siquiera se atreve a intentar lo que en realidad no tendría dificultad alguna en llevar a cabo.[70]

¿Cuál es la enseñanza moral del relato? No hay que mirar atrás, a lo que uno ha dejado por el camino después de haber aprendido a mirar hacia delante en una dirección mejor. No hay que regresar a un camino que ya se ha hollado cuando ya se ha descubierto que va en una dirección descendente. No hay que anhelar lo que uno ya reconoce como malo. Si no, se paga un precio:

> Entonces Jehová hizo llover desde los cielos azufre y fuego sobre Sodoma y sobre Gomorra; y destruyó las ciudades y toda aquella llanura, con todos los habitantes de aquellas ciudades y el fruto de la tierra. Entonces la mujer de Lot miró atrás, a espaldas de él, y se volvió estatua de sal. Subió Abraham por la mañana al lugar donde había estado delante de Jehová. Miró hacia Sodoma y Gomorra, y hacia toda la tierra de aquella llanura, y vio que el humo subía de la tierra como el humo de un horno. Así, cuando Dios destruyó las ciudades de la llanura, se acordó de Abraham y sacó a Lot de en medio de la destrucción con que asoló las ciudades donde Lot estaba.
>
> Génesis 19:24-29

De hecho, en las inmediaciones del mar Muerto, en el monte Sodoma de Israel, se alza un pilar de sal fosilizada conocido como la Esposa de Lot.[71] Quizá fuera la fusión del conocimiento de ese hito geográfico con la imaginación creativa la que dio lugar a la historia. Esa posibilidad no altera un ápice su significado.

A continuación pasan a exponerse dos relatos de mala conducta sexual. Las hijas de Lot primero emborrachan a su padre y después «yacen» con él una noche tras otra, alternándose. Esa historia, combinada con la descripción del final de la esposa de Lot, indica que la maldad de Sodoma era tal que sus repercusiones seguían reverberando, a pesar de la destrucción de la ciudad misma, incluso entre la esposa y las hijas de un hombre teóricamente bueno (aunque no hay que olvidar que Lot había sido tentado en un momento anterior de su vida a «plantar su tienda» [Génesis 13:12] hacia Sodoma). Al parecer, a la gente le resulta muy difícil aprender incluso de una lección personal dolorosa, aunque haya dado pasos concretos para ello. ¿No resulta revelador, además, que las hijas de Lot ofrezcan una forma más de falsa hospitalidad?

La historia del pecado duradero, o de la contaminación que este produce, no concluye ahí. Cuando Abraham viaja hasta Gerar, vuelve a fingir que Sara es su hermana y ella vuelve a ser tomada por el rey de la región, de nombre Abimelec. Esa repetición del acto engañoso indica algo así como una regresión por parte de Abraham al mismo patrón de conducta que lo caracterizaba al inicio de su aventura. ¿También era consecuencia de su proximidad a los males de Sodoma y Gomorra? La secuencia de los acontecimientos así parece sugerirlo. En cualquier caso, Dios se opone a esa usurpación de la esposa de Abraham, se aparece a Abimelec en un sueño y le advierte de las graves consecuencias que se avecinan. El rey, ahora cauto y que afortunadamente todavía no ha tocado a Sara, proclama su inocencia, reprende a Abraham y le devuelve a su esposa, que acompaña de generosos regalos en forma de ganado y siervos. Se restablecen las buenas relaciones entre el profeta, Dios y el gobernante terrenal que ha estado a punto de errar. Es más, las mujeres del reino de Abimelec recuperan la fertilidad, que les había sido retirada porque Sara había sido usurpada.

Todo eso parece querer indicar al menos dos cosas: en primer lugar, incluso el nuevo Abraham parece todavía perseguido por los fantasmas de su yo anterior; por las tentaciones de su mala conducta habitual; por su tendencia a mentir cuando se siente amenazado, sobre todo a través de su esposa. Todo hombre tiene sus debilidades concretas que lo caracterizan, que suelen ser el lado oscuro de sus fortalezas. Veremos algo muy similar cuando lleguemos al caso de Moisés, el líder arquetípico (así como Abram/Abraham es el ejemplo del individuo arquetípico). Moisés se siente constantemente tentado por el poder; ese es su verdadero talón de Aquiles, toda una advertencia a los aspirantes a líder en cualquier parte, y la causa de la insuficiencia final de su misión cuasi mesiánica. La esterilidad de las mujeres del reino de Abimelec y su posterior vuelta a la fertilidad (el segundo significado) refleja el hecho de que el ejemplo que plantea el jefe de la comunidad será seguido por la gente corriente. Así, si el rey se extravía en su conducta sexual, se extraviarán todos, y si el error es lo bastante grave, la reproducción cesará hasta que se restablezca, por así decirlo, el orden que es verdadero reflejo de la voluntad divina.

También podríamos preguntarnos por qué incluso Abimelec, un gran rey, es amenazado con el castigo: primero, si se salta una regla (dado su estatus de gobernante indiscutido), y segundo, si se trata de una regla que ni siquiera sabe que se está saltando (de la misma manera que fue amenazado el faraón egipcio que antes intentó lo mismo). Recordemos el destino que tuvo Uza, que fue destruido tras posar una mano inocente sobre el arca de la alianza para evitar que se torciera.[72] Pues el mismo principio rige aquí. Algunas reglas son tan fundamentales que incluso los teóricamente poderosos corren un grave peligro si las transgreden. Quizá ello sea especialmente cierto con respecto a la conducta sexual, dada su cimentación en las motivaciones más profundas y la importancia vital de su regulación para la integridad tanto de la psique como de la sociedad. Transgredir las reglas apropiadas de la intimidad física, incluso cuando es de forma accidental o por desconocimiento, puede desestabilizar y destruir todo en una persona o en un gobierno. Entre esas reglas, según la tradición bíblica, destacan las que van contra la fornicación (el sexo sin previo matrimonio), el adulterio, la prostitución, el incesto, la bestialidad y la unión entre personas del mismo sexo. No hay motivos para presuponer que esa advertencia sea arbitraria y mucho menos cuestión de prejuicios implícitos o explícitos.

No existen relaciones interpersonales más delicadas, más proclives a causar conflicto, más necesarias para el mantenimiento y la ampliación del contrato intergeneracional, que las relaciones sexuales. Así, tiene sentido que el sexo deba regularse mediante costumbre y contrato para que todos sepan qué suelo pisan y por qué. Todo el mundo tiene que poder entender de manera inequívoca cómo ha de limitarse el deseo más intenso de gratificación inmediata para que la salud psicológica a medio y largo plazo pueda mantenerse y se garantice de la mejor manera posible una interacción social pacífica, productiva, generosa tanto para la pareja como para la comunidad; pero no solo para eso: también para que el sexo mismo crezca, para que la fertilidad se manifieste, para que los individuos encuentren el amor y para que la sociedad se estabilice y florezca.

6.7. La cúspide del sacrificio

Llegados a este punto del relato, Sara concibe, tal como Dios ha prometido. Dios informa a Abraham de que su hijo, Isaac, será el padre de sus descendientes de nombre, aunque el hijo de Agar también gobernará sobre multitudes. Es inmediatamente después cuando la historia da su giro más infame. Dios acompaña esa noticia feliz con un anuncio inimaginable, pues comunica a Abraham que deberá tomar a su hijo tardío y largamente deseado, consuelo de vejez de la pareja —el mismo hijo que el propio Dios les ha enviado como recompensa por la fe continuada de Abraham y Sara—, llevarlo al altar e inmolarlo, ofreciéndolo en el sacrificio a Dios más espantoso posible. «Aconteció después de estas cosas que Dios probó a Abraham. Le dijo: "Abraham". Este respondió: "Aquí estoy". Y Dios le dijo: "Toma ahora a tu hijo, tu único, Isaac, a quien amas, vete a tierra de Moriah y ofrécelo allí en holocausto sobre uno de los montes que yo te diré"» (Génesis 22:1-2).

¿Cómo puede un Dios que pretende erigirse como lo que es más elevado —o, más exactamente, *ser* lo que es más elevado— exigir algo aparentemente tan perverso? Pues la razón es la siguiente y una vez explicada tiene todo el sentido: *todas las cosas, por más valiosas que sean, deben ofrecerse a Dios.* Cristo reitera y amplía este principio mucho más adelante, cuando afirma: «Si alguno viene a mí y no aborrece a su padre, madre, mujer, hijos, hermanos, hermanas y hasta su propia vida, no puede ser mi discípulo. El que no lleva su cruz y viene en pos de mí, no puede ser mi discípulo» (Lucas 14:26-27), y también esto: «Y cualquiera que haya dejado casas, o hermanos, o hermanas, o padre, o madre, o mujer, o hijos, o tierras, por mi nombre, recibirá cien veces más y heredará la vida eterna» (Mateo 19:29).

La famosa *Pietà* de Miguel Ángel dramatiza esa idea en la forma visual de lo que bien podría considerarse el equivalente femenino del crucifijo. El escultor talló esa obra maestra, que actualmente ocupa un lugar de honor en la basílica de San Pedro de Roma, a partir de un solo bloque de mármol cuando tenía veintitrés años. Representa a María, la Madre eterna del Salvador, contemplando en paz y con humildad el cuerpo destrozado de su hijo adulto, crucificado. ¿Cuál es el significado de esta obra inolvidable? Este: *la buena madre ofrece a su hijo para que sea destrozado por el espantoso mundo.* El papel del buen padre sacrificial es animar al hijo o a la hija para que represente su destino, sin importar el coste —y el coste es siempre el sufrimiento y la muerte, remediados, quizá, al menos en potencia, por la verdadera aventura de la vida—. ¿Acaso para una madre no es tan doloroso entregar a su hijo al mundo como lo es ofrecerse ella misma al destino, si no más, quizá? ¿Existe un amor más grande que el amor dispuesto a sacrificar a un niño a lo que es realmente más elevado? Se trata de algo que es tan verdad para un padre como lo es para una madre, claro está. Y con esa pregunta y su respuesta también podemos ver, en la historia de Abraham e Isaac, el presagio de la idea de la muerte del Hijo de Dios. Todos somos hijos e hijas de Dios, o en eso insisten los relatos que conforman el corpus bíblico. Y si esas historias no tratan sobre nosotros (nos hallamos ante una pregunta seria tanto para los ateos como para los creyentes), entonces, ¿sobre quién o sobre qué podrían tratar? ¿Y cómo no habría de ser que la disposición a sacrificar incluso lo que es más querido a lo que es mejor sirva de antítesis al resentimiento que amarga y corrompe, dado que, necesariamente, no existe ninguna expresión más extrema de gratitud?

Es una obviedad psicoanalítica, atribuida a Melanie Klein, psicoanalista británica nacida en Austria,[73] que «la buena madre fracasa necesariamente». El «fracaso» es el polo opuesto de la actitud de la madre devoradora, cuyo «éxito» perverso al hacer todo por su amado hijo puede convertirse fácilmente en el enemigo más peligroso y destructivo. La buena madre está dispuesta a sacrificar a su hijo a Dios, en parte porque su servicio a lo que es más elevado tiene que ser necesariamente prioritario (y eso es así precisamente porque lo inferior nunca debe estar por encima de lo superior) y en parte porque es también siguiendo a Dios (por definición) como su hijo (o su hija) podrá hallar su redención. Dios mismo hace lo propio con su Hijo, un sacrificio que se desarrolla en la pasión de Cristo: una ofrenda y una transformación que traen consigo el fin del dominio de la muerte, que ahuyentan el infierno y reconcilian a la progenie pecadora de Adán con su Padre celestial. Habría que recordar también que Abraham recupera a su hijo como consecuencia de ofrecérselo a Dios. ¿Qué significa eso? La mejor manera de obtener de verdad y de mantener al hijo amado, largamente prometido por Dios, es ofrecérselo al espíritu que llama a la aventura de la vida, que es consejo eterno a los sabios, que es el Logos que incuba eternamente el potencial que es infinitamente profundo.

Los versículos del Evangelio que abordan la necesidad de

renunciar incluso a la familia por Dios aparecen muy poco después de que lo haga una historia con una moraleja muy similar: la parábola del hombre rico, que tiene todo lo terrenal que puede necesitar, pero que aun así siente un anhelo insatisfecho en su alma: «Y cualquiera que haya dejado casas, o hermanos, o hermanas, o padre, o madre, o mujer, o hijos, o tierras, por mi nombre, recibirá cien veces más y heredará la vida eterna» (Mateo 19:29). No se trata de una diatriba contra la riqueza, como suele presuponerse. Es por eso por lo que quienes siguen los mandamientos de Abraham, desde Abel en adelante, son bendecidos, por lo general, con prosperidad material y abundancia, en consonancia con la idea de que la morada adecuada para el hombre y la mujer es un jardín fructífero. Es el amor al dinero, y no el dinero mismo, lo que constituye un impedimento para ascender por la escalera de Jacob: «Vivid sin ansia de dinero, contentándoos con lo que tengáis, pues Él mismo dijo: "Nunca te dejaré ni te abandonaré"» (Hebreos 13:5 [Biblia de la Conferencia Episcopal Española]).

El dinero es en sí mismo una moneda de intercambio y promesa y, cuando se usa honradamente, constituye un bien positivo. Elevar el deseo de riqueza material a la posición de bien más elevado (que es precisamente lo que hacen los israelitas en el relato del Éxodo cuando deciden venerar al becerro de oro) es otra cosa muy distinta. El intelecto en su justo lugar, el sexo en su justo lugar y la riqueza y la prosperidad material en su justo lugar. Pero cuando salen de su sitio, sobre todo cuando se elevan falsamente al lugar más elevado, lo que podría ser bueno se vuelve un señor terrible. Eso es algo que se da en una proporción exacta pero inversa a su potencial de bien, cuando se somete y se acota adecuadamente.

En esos versículos aparece también una promesa fundamental: que la recompensa final es directamente proporcional al sacrificio. Si fuera de otro modo, claro está, ningún sacrificio excepcional sería nunca aconsejable. Si se rechazara toda aspiración ascendente, dolorosa, no tendría sentido esforzarse conscientemente, empeñarse en avanzar. Yo, personalmente, he visto manifestarse esas recompensas en las vidas de muchas personas a las que he tenido el privilegio de observar. Por ejemplo, vi de primera mano lo que le ocurría a gente que expresaba lo que consideraba verdadero y al hacerlo ponía en peligro su reputación y su carrera profesional. La turba se abalanzaba sobre ellos, sin duda, y ellos pagaron el precio a corto plazo, en absoluto trivial, que evitan quienes permanecen en silencio o mienten descaradamente. Pero los que mantenían la fe en la verdad triunfaban sin excepciones; no de inmediato, y ahí está el problema, pero sí al final. A veces la recompensa llegaba en forma de oportunidades proporcionadas por personas impresionadas por los sacrificios muy reales que observaban, y que las empujaban a pasar a la acción. En otras ocasiones era consecuencia de una reorientación psicológica profunda, relacionada con haber vivido y soportado la tormenta de fuego de la controversia que siguió a su renuncia a la seguridad en aras de la verdad. En otros casos, era una combinación de ambas cosas. Se trata de algo parecido a la abundancia material de la que gozaron Abraham y Sara y a la renovación de su identidad, representada por su cambio de nombre —un destino beneficioso compartido por Jacob, que se convirtió en Israel—. No existe, literalmente, nada más práctico que dedicar los sacrificios adecuados a lo que es más elevado y, a la vez, no hay límite para la exigencia de ese sacrificio. De ahí la ofrenda de Isaac y, posteriormente, de Jesús de Nazaret.

Esa afirmación pragmática puede verse como una simple cuestión de prioridades; lo que es primero debe ir primero, sea lo que sea o el que sea. Esto es así y no en pequeña medida, porque surgirán situaciones en la vida, con frecuencia trascendentales, trágicas, en que la presencia de la riqueza material no resultará de utilidad. En esos casos, solo la orientación ascendente adecuada, lejos de la desesperación y la amargura, puede jugar un papel salvífico necesario. Los divorcios son frecuentes entre los ricos (así como entre los pobres, pues la pobreza suma estrés al problema complejo de mantener una relación conyugal adecuada) y la riqueza ofrece solo una protección limitada tanto contra el envejecimiento como contra la enfermedad. Asimismo, el dinero puede incitar directamente al pecado. En mi práctica clínica he tratado a muchos clientes que, al recibir su paga mensual de desempleo o de discapacidad, se veían asaltados por sus amigos parásitos nunca bien intencionados, encantados de poder gastar todo ese dinero caído del cielo; muchas veces, dejaban a mis clientes tirados boca abajo en una zanja, o en situaciones equivalentes, tras pasar tres días de gasto compulsivo.

Por esas razones, Cristo insiste de manera muy directa: «No os hagáis tesoros en la tierra, donde la polilla y el moho destruyen y donde ladrones entran y hurtan; sino haceos tesoros en el cielo, donde ni la polilla ni el moho destruyen y donde ladrones no entran ni hurtan» (Mateo 6:19-20). Los tesoros terrenales son palpables, materiales, incluyendo necesidades como alimentos y agua. Pero Cristo compara el pan celestial con su equivalente material insuficiente y describe el patrón de prioridad de la atención y la acción que representa como la fuente del alimento eterno: «Yo soy el pan vivo que descendió del cielo; si alguien come de este pan, vivirá para siempre; y el pan que yo daré es mi carne, la cual yo daré por la vida del mundo» (Juan 6:51).

¿Cuál es la mejor manera de almacenar recursos? La respuesta correcta a esta pregunta es «en reputación genuina», porque entonces todos acudirán en nuestra ayuda cuando se avecinen tormentas, incluidos nosotros: «Porque donde esté vuestro tesoro, allí estará también vuestro corazón» (Mateo 6:21). Se trata de la reiteración de la segunda promesa que hace a Abram el espíritu de la aventura que es Dios cuando se formula la alianza inicial que los vincula a los dos, cuando Abram decide dejar de ser un cobarde dependiente y quejica y apuntar hacia arriba: «Te bendeciré, engrandeceré tu nombre» (Génesis 12:2). Este almacén de valor celestial es algo más abstracto e intangible que la riqueza material *per se:* algo que es más consecuencia de un empeño espiritual superior (aunque el dinero, en esencia, no sea más que un significante de esa realidad celestial, pues su valor, a fin de cuentas, no es nada más que promesa mutua). Si nos esforzamos sobre todo en tratar al prójimo como a nosotros mismos, por ejemplo (Mateo, 22:29), o incluso en amar a nuestros enemigos (Mateo 5:44), ese compromiso se manifestará en aquello a lo que prestamos atención y en nuestra manera de actuar, y otras personas lo verán así y responderán de la misma manera. Es la acumulación de esa forma abstracta, trascendente o «celestial» de tesoro la que, por supuesto, constituye la meta de los grandes profetas —y de todos los que viven según los valores más elevados— y el oro verdaderamente imperecedero e incorruptible.

La historia de Abraham e Isaac lleva consigo una promesa paradójica: si un padre o una madre están dispuestos a sacrificar a su hijo a Dios y representan esa disposición en cada micromirada y en cada acción, entonces el niño no será sacrificado ni destruido de ninguna otra manera por la mano misma de ese padre o esa madre (que, de otro modo, podría verse tentado a hacerlo, si ello redundara de alguna manera patológica en su mérito moral). No es algo tan excepcional que haya padres que mutilen a sus hijos para propiciar un espectáculo público con su martirio y su virtud compasiva: «Sí, por supuesto, he sido maldecido con un monstruo, pero fijaos en lo bien que me manejo con esta carga; fijaos en todo el amor que aun así soy capaz de verter y estoy dispuesto a verter». Es la espantosa meta de la bruja del bosque, demasiado buena para ser verdad, en su casita de caramelo, que conspira para devorar a Hansel y a Gretel cuando son abandonados por su padre. Quiere engordarlos y comérselos: la pesadilla edípica entera en toda su espantosa realidad. Es la catástrofe del instinto maternal que se pervierte de manera espantosa, el horror de la compasión cuando se coloca inadecuadamente en el lugar más elevado, la manifestación plena del pecado de orgullo de Eva.

La exageración resulta prácticamente imposible cuando se trata de representar los dos aspectos de este relato: ofrecer un hijo o una hija a Dios es algo terrible, pero no ser capaz de hacerlo es algo ciertamente infernal, es una ofrenda al abismo más oscuro. El padre que, por ejemplo, protege a su hijo o hija a cualquier precio —prolongando así mucho más allá del momento que correspondería un infantilismo corrupto y contraproducente— está poniendo en peligro el alma de ese niño (muchas veces a propósito) y, a la vez, condenándolo a una inseguridad, una ansiedad y una desesperanza eternas, así como a un resentimiento y un autoodio llenos de amargura.[74] Si alguien, como progenitor, está dispuesto en cambio a ofrecer a su hijo o hija a Dios —al destino que es a la vez verdadero y terrible—, entonces quizá sea lo bastante afortunado para no ser cómplice de su muerte, corporal o espiritual. «Entonces el ángel de Jehová lo llamó desde el cielo: "¡Abraham, Abraham!". Él respondió: "Aquí estoy". El ángel le dijo: "No extiendas tu mano sobre el muchacho ni le hagas nada, pues ya sé que temes a Dios, por cuanto no me rehusaste a tu hijo, tu único hijo"» (Génesis 22:11-12).

El espíritu que es Dios en la historia de Abraham no es solo ese susurro de una brisa suave, esa voz que llama a la aventura. También es el mismo espíritu unitario que exige que aquellos que acogen su presencia lleguen hasta el final, lo arriesguen todo. La adaptación óptima requiere que no se deje ninguna luz extinguiéndose bajo una vasija; que nada de lo que hay dentro quede a la espera; que toda la fuerza potencial se concentre en la lucha; que todos los recursos se aúnen para abordar los problemas que se presenten. ¿Puede sorprender eso, dadas la seriedad y la dificultad últimas de la vida? Cuando la vida misma está en entredicho, hay que darlo todo. ¿Qué piedra puede quedar sin voltear cuando la tarea a la que nos enfrentamos es el dragón del caos: la carga de la muerte, la eterna realidad del mal? Así pues, es por necesidad por lo que Dios es el Padre que incluso, y eternamente, sacrificará a su propio Hijo a aquello que es verdaderamente sagrado. Y lo paradójico del caso es que mediante ese sacrificio último, asumido con determinación por ese mismo Hijo, se da la salvación y la redención para siempre, eternamente. El hijo se salva por la disposición del padre a hacer lo correcto pase lo que pase, incluso a expensas de todo lo que ama. El hijo se salva (y salva a todo lo demás, entre otras cosas mediante el ejemplo) al mostrarse dispuesto a regirse por los dictados del padre que lo ama y que por tanto está dispuesto a enfrentarse incluso a aquello que lo destruirá y lo arrastrará al infierno. Así, el Dios de la acción y la aventura es también aquel que exige el sacrificio último, pero que, paradójicamente, será el que con menos probabilidad exigirá lo que se ofrece sinceramente.

Abraham y Sara son ancianos y ricos. Isaac es su único hijo, prometido por Dios y concedido tras muchas dificultades y en un momento muy tardío de su vida. Así pues, tienen muchas razones para mimar de manera contraproducente al vástago que tanto les ha costado engendrar y, haciéndolo así, devorarlo. Podrían muy fácilmente haber justificado ante sí mismos la necesidad de cuidados «con todos los excesos del mundo» (en realidad, con un deseo corto de miras, centrado en ellos mismos), que habría hecho de su hijo, privilegiado y afortunado, una obra ciertamente narcisista, un descendiente espiritual de Caín, del espíritu luciferino. Pero no: Abraham y Sara siguen actuando con franqueza, subordinando todo lo que es menor a lo que es superior. Viven sus vidas de esa manera entregada y completa que les permite la aventura que quizá justifica su sufrimiento —que quizá expía el gran crimen de su existencia—. Los dos llegan a vivir muchos años:

> Fueron ciento veintisiete los años de la vida de Sara; tantos fueron los años de la vida de Sara. Sara murió en Quiriat-arba (que es Hebrón), en la tierra de Canaán; y vino Abraham a hacer duelo por Sara y a llorarla.
>
> Génesis 23:1-2

> Los días que vivió Abraham fueron ciento setenta y cinco años. Exhaló, pues, el espíritu y murió Abraham en buena vejez, anciano y lleno de años; y fue reunido su pueblo.
>
> Génesis 25:7-8

¿Justificaron sus vidas las tremendas limitaciones del ser mortal? Esa es la promesa de regirse por el verdadero espíritu animado, unitario, cuyo carácter se traza en el gran corpus bíblico de esas historias dramáticas. Su aventura no es la mera vida en el paraíso ni la saciedad infantil. Tampoco es la carga absurda de la misma maldición que se repite una y otra vez. Es, sí, una tierra prometida muy sofisticada —una secuencia de viajes a lugares cada vez mejores, viajes que conllevan aventuras cada vez más cautivadoras y que traen consigo las vidas más plenas posibles, y que consiguen que el eco de esa plenitud resuene de generación en generación, hacia un futuro lejano—. Es la vida que todos nosotros podríamos y deberíamos vivir si tuviéramos la valentía, y la aventura que quizá justificaría el hecho de nuestra fragilidad y nuestra limitación mortal.

7

Moisés I: Dios como el temible espíritu de la libertad

7.1. Los judíos como transeúntes rechazados y esclavos

Nos encontramos con los israelitas en el Libro del Éxodo cuando están en Egipto, pero ya no protegidos por José, el hijo de Raquel y Jacob, que había salvado al país entero de la hambruna. Tras ese triunfo y con la benevolencia que trajo consigo, a los paisanos de José les había ido muy bien: «Pero los hijos de Israel fructificaron y se multiplicaron, llegaron a ser numerosos y fuertes en extremo y se llenó de ellos la tierra» (Éxodo 1:7). En lugar de mostrarse justamente agradecido por esa ayuda y por contar con esa mano de obra de los israelitas, el faraón que sucede al soberano aliado de José empieza a considerarlos una amenaza: «Ahora, pues, seamos sabios para con él, para que no se multiplique y acontezca que, en caso de guerra, él también se una a nuestros enemigos para pelear contra nosotros y se vaya de esta tierra» (Éxodo 1:10). ¿Qué cabe destacar sobre este punto? En primer lugar, los antiguos judíos muestran la temeridad de tener éxito, a pesar de ser extranjeros en una tierra extraña; en segundo lugar, los que maquinan contra los israelitas alimentan el odio contra ellos como una quinta columna potencial y justifican esa agresión como un acto de autoprotección preventiva.

Realmente, hay cosas que no cambian nunca. Los judíos llevan milenios existiendo como minoría exitosa prototípica.

¿Por qué? Quizá a causa de su cultura escrita, su escolarización, sus empeños ambiciosos y disciplinados, todo ello combinado con una verdadera admiración por ese esfuerzo;[1] quizá por algo parecido a una selección intragrupal sexual y cultural que desembocaría en una elevada inteligencia.[2] Se trata de unas ideas que resultan siempre impopulares. ¿Cuál es la explicación alternativa? ¿Las acusaciones de que el éxito comparativo se debe a la perfidia, o a la conspiración, en forma de un favoritismo intragrupal perjudicial y a una manipulación injusta? Esa es una acusación antiquísima, tal como se pone en evidencia nada menos que en los versículos iniciales del Éxodo. Los egipcios, envidiosos, someten a la esclavitud a quienes en otro tiempo fueron sus benefactores. Se trata de una manifestación más del espíritu de Caín: «Los egipcios hicieron servir a los hijos de Israel con dureza y amargaron su vida con dura servidumbre en la fabricación de barro y ladrillo, en toda labor del campo y en todo su servicio, al cual los obligaban con rigor» (Éxodo 1:13-14). Cuando esa opresión se revela insuficiente para quebrar su espíritu, el faraón ordena a las comadronas hebreas matar a todos los niños en el momento del parto.

Una amenaza temática similar resuena mucho después en época de Cristo: «Herodes entonces, cuando se vio burlado por los sabios, se enojó mucho y mandó matar a todos los niños menores de dos años que había en Belén y en todos sus alrededores, conforme al tiempo indicado por los sabios» (Mateo 2:16). A Herodes le habían advertido de que nacería un rey de los judíos que amenazaría su reino y emprendió acciones para evitar dicha amenaza. Algo análogo se explica en la historia del rey Arturo.[3] El rey Vortigern, tío de Arturo, es el hermano malvado del padre de este —el Caín de su Abel—. A ese rey se le advirtió, como a Herodes, de que un niño que acababa de nacer se alzaría algún día para destronarlo. Los tres relatos se basan en el recurso argumental del «héroe en peligro desde su nacimiento», un tema narrativo común.[4]

¿Por qué habría de representarse al héroe redentor como vulnerable en el momento de su nacimiento y al tirano como infanticida? Entre otras cosas porque todos los seres humanos, incluso los que están destinados al triunfo, están comparativamente indefensos al nacer y durante su primera infancia, pues se ven expuestos a la depredación de la naturaleza y la sociedad. La tasa de mortalidad de recién nacidos hasta el año de vida antes de la era industrial era de uno de cada cuatro; la tasa de mortalidad infantil, del 50 por ciento.[5] Es más, el infanticidio directo no era en absoluto excepcional, teniendo en cuenta las cifras absolutas, y además se daba en diferentes culturas. El antropólogo Joseph Birdsell estima que entre una sexta parte y la mitad de los niños, en la época prehistórica, acababan sus días de ese modo.[6] ¿Y a qué peligro se exponen ahora los que han de nacer, si no fuera por el aborto, vendido de manera tan engañosa cuando empezó a ser accesible como «seguro, legal y excepcional»?[7] Esas eran —y esas son— las amenazas directas. Más indirectamente, y quizá de manera más generalizada: todos los viajes se inician con los primeros pasos, a menudo tentativos, y todos los grandes hombres empiezan desde abajo. ¿A quién habría de matar el tirano sino al héroe que ha de redimir el mundo y cuya misión intrínseca es, en parte, derrocar al sediento de poder? Y todos esos héroes dan sus primeros pasos como niños divinos.

Moisés nace de una madre hebrea durante el periodo de peligro decretado por el faraón egipcio. Ella se lo oculta a las autoridades asesinas durante tres meses. Después, incapaz de mantener más tiempo el engaño, fabrica una pequeña canasta de juncos y la deposita en el río (Éxodo 2:1-10). Ese es el primero de muchos episodios en los que se relaciona al que será líder de los israelitas con el agua, tanto en sus manifestaciones portadoras de vida como en las destructivas (en contraste con la piedra inflexible y rígida que representa Egipto). El propio nombre de Moisés denota su afinidad con el líquido que da vida (Éxodo 1:10). Como Dios mismo, el que será profeta es un señor del caos, de la posibilidad, del *tohu va bohu*, el agua primigenia sobre la que la Palabra de Dios se mueve al principio de los tiempos y siempre. El agua que encuentra su curso, inevitablemente, a medida que desciende monte abajo; el agua cuya persistencia puede desgastar incluso la roca más dura. Ese tema de la piedra en oposición al agua se amplía, también, en la posterior travesía por el desierto, donde Moisés exhibe su capacidad de transformar incluso las piedras del erial en manantiales portadores de vida (Éxodo 17:6; Números 20:7-12). Representa el hecho de que el liderazgo, con el espíritu adecuado, puede hacer incluso que florezca el desierto.

La hija del faraón ve a Moisés en el agua y lo identifica como uno de los niños amenazados, pero decide rescatarlo y criarlo como a su propio hijo (Éxodo 2:1-10). Contrata a una nodriza para que le proporcione sustento y cuidados. Sin que ella lo sepa, la que se ofrece a hacerlo es la verdadera madre de Moisés. Se trata de otro tema mitológico: la línea genealógica dual del héroe. Unos padres del protagonista divino o semidivino son corrientes, terrenales; los otros son regios, mágicos o divinos. Harry Potter, de J. K. Rowling, proviene de los Dursley, por ejemplo, y sus padres reales son una bruja y un brujo de renombre.[8] Superman, el héroe de DC Comics, tiene en la Tierra a los Kent, pero también a sus verdaderos padres en el planeta en que nació (y, por tanto, «en el cielo»). La Bella Durmiente, de Disney, es criada en el bosque, lejos del reino que le corresponde,[9] lo mismo que el joven rey Arturo, que pasa su infancia custodiado por Merlín, entre personas corrientes.[10] Una fantasía habitual de los niños que en su infancia se sienten desgraciados es, de manera similar, que en realidad son huérfanos, o que fueron abandonados por sus padres, que algún día regresarán y los rescatarán.[11] El recurso a estos temas es de una frecuencia abrumadora en el ámbito de la ficción.[12]

¿Qué implican estos temas literarios? Que todo ser humano es un hijo de la naturaleza y la cultura, de la naturaleza y de Dios, más aún que de sus propios padres; que todo niño crece alejado del reino que le corresponde, protegido durante un tiempo entre personas demasiado corrientes como para ser conscientes de su verdadero destino o genealogía; que todo niño será tentado por el miedo para que oculte su luz debajo de una vasija y disimular así sus mejores aspectos, y evitar así atraer la atención de los tiranos que, de otro modo, podrían verse provocados por la envidia; y que el único y verdadero rey debe darse cuenta de esa paternidad trascendente y crecer, en consecuencia, hasta asumir el lugar que le corresponde de responsabilidad y destino último (tal como hace Simba en *El rey león* de Disney, por ejemplo).[13] El motivo de la dualidad paternal también dramatiza el hecho de que, llegados a la madurez, debemos dejar de atribuir a nuestros padres la responsabilidad por las condiciones existenciales de la vida y asignársela a unas fuerzas biológicas y sociales más amplias.

Darse cuenta de ello facilita que los individuos puedan retirar de sus padres la carga de la culpa por las injusticias de la vida, en la medida en que ello sea posible, asignándoles una porción justa de atribución causal. Eso implica transferir tanto la dependencia como la lealtad desde el padre terrenal —por decirlo de algún modo— al padre celestial y hacer lo mismo con respecto a la madre y a la naturaleza. ¿Cuál es la ventaja de hacerlo así en términos de madurez? Una vez que un hombre es responsable ante Dios, ya no se sentirá obligado a obrar según los dictados (o, de hecho, los pecados) dc su padrc ni a buscar rcfugio bajo cl ala de su madre. Evidentemente, lo mismo cabe decir de las mujeres.

Un día, cuando Moisés ya ha alcanzado la madurez, encuentra a un egipcio golpeando a un hebreo esclavizado (Éxodo 2:11-14). Ese acto lo ofende sobremanera: lo ve como algo injusto e inmerecido y mata a quien lo comete. Esa decisión de ponerse del lado de los oprimidos es la manifestación de una visión concreta del liderazgo, cuyo significado pleno solo se revela en el Nuevo Testamento: que lo que es verdaderamente soberano sirve a la misericordia y a la justicia, apoya a quienes se encuentran en peligro y reniega de las ventajas del poder arbitrario e inmerecido y del linaje, sobre todo cuando estos se han vuelto tiránicos. Se trata de una verdadera transformación de la comprensión: es mucho más sencillo asumir que tanto la posición como el poder constituyen un privilegio justificable y un verdadero derecho. Pero esa acción, que en todo caso constituye un asesinato, es algo que a la vez anuncia y señala directamente el defecto fatal de Moisés: la tendencia a recurrir a la fuerza cuando no es estrictamente necesario y a hacerlo de manera impulsiva. ¿Qué significa eso? Pues nada menos que esa tentación de poder acompaña, inevitablemente, a la responsabilidad del liderazgo, incluso entre los más grandes hombres. Y en último término demuestra que se trata del verdadero talón de Aquiles del gran profeta (Números 20:7:12).

Como consecuencia de ese acto, a Moisés le parece que debe huir de Egipto, una vez enterado de que se ha corrido la voz de lo que ha hecho y temiendo (con razón) la venganza del faraón (Éxodo 2:15). Se traslada a una tierra extranjera, Madián, y al llegar decide descansar junto a un pozo. He aquí otro ejemplo de su relación con el agua que transforma, renueva y rellena. Allí conoce a las hijas de un sacerdote local, a las que molestan un grupo de pastores cuando intentan sacar agua. Moisés echa a los malhechores y acto seguido extrae agua del pozo para las jóvenes y su rebaño (Éxodo 2:16-17). Así, Moisés hace por las hijas de Madián, a pequeña escala, lo que al final hará por todo su pueblo. Se trata de un presagio genial y sutil. Las hijas de Madián regresan a casa y cuentan a su padre lo que ha ocurrido en el pozo. Él las anima a ir a buscarlo para que comparta mesa con ellos. El acto de hospitalidad surte efecto en Moisés, que todavía no puede regresar a Egipto. Se queda con Jetro, el sacerdote de Madián, y se casa con Séfora, una de sus hijas. Jetro jugará más adelante un papel clave en la obra de Moisés, enfatizando de alguna manera su naturaleza sabia y cuidadora. En el corpus bíblico, y en la literatura en general, suele ocurrir que el extranjero puede representar la sabiduría que queda en el mundo cuando su Estado natal se ha corrompido.

7.2. El árbol fiero como revelación del ser y el devenir

En Egipto, el faraón muere, aunque los israelitas siguen sometidos a servidumbre y, en su desgracia, claman a Dios. Este oye su
clamor y recuerda la alianza que selló con Abraham, Isaac y Jacob, señalando al hacerlo que los israelitas no han perdido la fe.
Entretanto, Moisés sigue en el exilio, ocupado en sus asuntos.
Podríamos considerar que el antiguo profeta vive conformado,
al menos por el momento: alejado de Egipto y de su tiranía y
esclavitud. Se ha librado de las limitaciones de su propio pasado,
de la complejidad de su herencia dual y de sus infortunios de
juventud. Está libre de todo peligro de persecución o venganza,
felizmente enamorado y rodeado de personas que admiran su
valentía y que han decidido compartir con él sus vidas. Dicho en
pocas palabras, se ha establecido con éxito como adulto, con
todas las responsabilidades y ventajas que ello conlleva. Más
concretamente (lo que resulta revelador), Moisés se ha hecho
pastor y se ocupa de los rebaños de Jetro. El pastor bíblico es un
tipo de héroe, como ya hemos visto en el capítulo 3: debe enfrentarse a circunstancias difíciles, solo con su rebaño, avanzar,
mantener a raya a lobos y leones y, en general, proporcionar
cuidados a «estos hermanos más pequeños» (véase Mateo 25:31-
46), lo que constituye el distintivo de la autoridad verdaderamente legítima. Moisés se ha convertido en hombre, a la manera
clásica, que gestiona con éxito la transición entre la juventud
impulsiva y la vida adulta responsable, si bien algo corriente. Se
trata, sin duda, de un paso adelante y de un verdadero logro,
pero resulta insuficiente.

Un día, Moisés está apacentando sus ovejas por el desierto
cuando «llega hasta Horeb, monte de Dios» (Éxodo 3:1). Ese
Horeb es también el monte Sinaí,[14] que es el lugar eterno de la
escalera de Jacob, el lugar en el que el cielo desciende y la tierra
asciende para ir a su encuentro; el lugar en el que se tocan los
mundos narrativo y material; el lugar de coincidencia significativa, o sincronicidad, en que los acontecimientos entran en un

NOSOTROS QUE LUCHAMOS CON DIOS

patrón con sentido;[15] el lugar en que lo mágico, lo milagroso o lo trascendente se revelan en lo inmanente a la manera en que se insiste en Mateo 7:7-8:

> Pedid y se os dará; buscad y hallaréis; llamad y se os abrirá. Porque todo aquel que pide recibe; y el que busca halla; y al que llama, se le abrirá.

Y también:

> Yo estoy a la puerta y llamo; si alguno oye mi voz y abre la puerta, entraré a él y cenaré con él y él conmigo.

> Apocalipsis 3:20

La relación entre la escalera de Jacob y el monte Sinaí se hizo explícita en cierto *midrash* medieval (los comentarios judíos tradicionales sobre la Torá) de dos maneras: primero, conceptualmente, pues la escalera es, de hecho, la estructura que conecta el mundo espiritual, o cielo, con el mundo material, o tierra (y de ese modo el equivalente a la liana o al árbol que une dos ámbitos, según la comprensión chamánica neolítica mucho más arcaica y antigua);[16] segundo, desde la perspectiva de la numerología, pues el número de letras de la palabra *escalera* en hebreo es equivalente al de *Sinaí* (o sus equivalentes hebreos), por lo que se consideraban parejos también en su significado.[17]

Podemos imaginar a Moisés solo en contemplación, fijándose en algo anómalo; algo que apela a su curiosidad, a su espíritu aventurero. Lo atrae a los márgenes de su atención. Decide investigar —salirse del camino hollado y ver lo que hay más allá del día a día, de lo predecible— lo que aún perdura fuera de la bondad normal de su vida bien establecida del momento. ¿Qué indica eso? Nada menos que Moisés —y por tanto el líder, pues Moisés es el líder arquetípico— *es el que acude voluntariamente a su llamada.* Una llamada se entiende mejor, quizá, como una manifestación, a la vez cercana y tangible, de la alianza eterna entre Dios y su pueblo. ¿Por qué formularlo de ese modo? Entre otras cosas, porque el fenómeno (del griego *phainesthai*, que significa «brillar») se manifiesta. Todos tenemos problemas que nos abruman, que nos obsesionan, que no nos dejan en paz, que nos llaman a que nos ocupemos de ellos y los investiguemos. Misterios insolubles y obstáculos insalvables pueblan el paisaje. ¿Por qué nos atrapan ciertas preocupaciones y en cambio otras no? ¿Es porque resulta que algunos problemas son *nuestros* problemas —nuestras responsabilidades— y el instinto ineluctable nos llama, o bien a abordarlos, o bien a vernos mortificados por ellos sin fin? ¿Quién sabe? Sin duda es acertado, existencial o fenomenológicamente, destacar que nuestros problemas nos escogen a nosotros tanto como viceversa. No solo nos escogen, sino que muchas veces, literalmente, no nos dejan en paz.

> Apacentando Moisés las ovejas de su suegro Jetro, sacerdote de Madián, llevó las ovejas a través del desierto y llegó hasta Horeb, monte de Dios. Allí se le apareció el ángel de Jehová en una llama de fuego, en medio de una zarza. Al fijarse, vio que la zarza ardía en fuego, pero la zarza no se consumía. Entonces Moisés se dijo: «Iré ahora para contemplar esta gran visión, por qué causa la zarza no se quema». Cuando Jehová vio que él iba a mirar, lo llamó de en medio de la zarza: «¡Moisés, Moisés!». «Aquí estoy», respondió él.
>
> Éxodo 3:1-4

Las ramas de los arbustos o los árboles son símbolos de vida[18] (de ahí el más famoso de todos, el árbol de la vida).[19] El fuego, por su parte (dado que el arbusto está ardiendo), es una manifestación de transformación. También es algo permanentemente numinoso[20] e intrínsecamente atractivo, pues danza constantemente en el límite de la predictibilidad, a su manera musical, llamando la atención tanto del consciente como del inconsciente e invitando a una interacción que ha hecho de los seres humanos señores del fuego, en lugar de víctimas de su poder. Una zarza ardiendo es, por tanto, una amalgama de tres cosas: del ser, particularmente del ser que está vivo; del devenir vinculado a la transformación; y del fenómeno que solo puede ignorarse con gran peligro y haciendo un gran esfuerzo. Todo lo que está vivo se quema. Eso es el metabolismo mismo. Así pues, la zarza ardiente es vida, con el espíritu en su interior: el espíritu del ser y del devenir; la estabilidad y la transformación en la forma auténtica última que caracteriza todo lo que está vivo; el espíritu que acecha detrás o se da a conocer parcialmente en prácticamente cada encuentro que despierta nuestro interés y nos mueve a avanzar. La zarza ardiendo es lo mismo que la vara viviente de Moisés, que se transforma en la serpiente de posibilidad y caos cuando se le pide que lo haga (Éxodo 4:2-4 y 7:10-12), y la de Aarón, que rebrota de vida en el momento propicio (Números 17:8).

Moisés se vuelve y se acerca. Se aleja de la predictibilidad, se aleja de sus preocupaciones y metas del momento y entra en el dominio de la posibilidad o del potencial mismo. Al hacerlo, los niveles más profundos de la realidad empiezan a manifestársele. Eso es lo que siempre ocurre, en mayor o menor medida, a quienes de manera sincera y seria prestan atención a lo que les llama. Se trata del acto mismo de hacerse consciente de algo. Tomemos por ejemplo al científico genuinamente implicado. Ese individuo se encuentra con frecuencia irresistiblemente fascinado por algún ámbito de la investigación, por algún conjunto de fenómenos que lo llaman; y eso es algo que a menudo le sucede desde un momento temprano de la vida. Se inicia la búsqueda, investigación a investigación, conversación a conversación, libro a libro. Por lo general, ese interés converge en un solo punto, una especialización, a medida que el investigador, ya cautivado, empieza legítimamente a formarse en la iniciativa científica. El doctorado que indica dominio de un campo dado —un dominio de calidad suficiente como para considerarse a la vez válido y original— es el indicador convencional de ese estudio, alcanzado con éxito, y el principio de la búsqueda acotada pero profunda que caracterizará la vida del buscador persistente.

En mi caso concreto, escribí mi tesis doctoral y sus artículos asociados sobre el problema del alcoholismo masculino y, más específicamente, sobre la respuesta a una dosis de alcohol aguda y tóxica. Más específicamente aún: mi equipo de investigación indagó en el efecto de una dosis de esas características en la respuesta emocional, tanto negativa como positiva, tanto como punto de referencia (elevación del estado de ánimo en reposo) como provocada (reducción de la ansiedad ante una amenaza menor). Se trataba de una investigación muy acotada: una inmensa cantidad de atención dirigida a un problema muy específico. El equipo de investigación con el que estaba asociado (dirigido por mi director de tesis, el doctor Robert O. Pihl) estudiaba exclusivamente a varones de edades comprendidas entre los dieciocho y los veinticuatro años. Esos sujetos debían ser bebedores sociales, ni abstemios ni alcohólicos. Sus madres no podían ser alcohólicas (las madres que beben mucho suelen tener hijos con síndrome alcohólico fetal, sutil o plenamente manifiesto, lo que complica el análisis causal de los mecanismos de la transmisión familiar). Además, nuestros sujetos, exclusivamente varones, tenían que tener padres biológicos, abuelos biológicos y al menos algún otro pariente en primer grado que hubieran sido alcohólicos por parte de padre. Como suele decirse jocosamente, el especialista estudia cada vez menos hasta que acaba sabiéndolo absolutamente todo de absolutamente nada. Aunque hay algo de verdad cínica en esa crítica, lo que de verdad es cierto es lo contrario, siempre que la restricción del foco sea algo a lo que se llega en búsqueda sincera de la verdad.

En consonancia con ello, no tardé en averiguar que mi conocimiento se ampliaba enormemente a medida que acotaba mi preocupación hasta hacerla más precisa y específica. Esto responde a la relación entre meta, atención y aumento del saber. Para estudiar el alcoholismo, tuve que estudiar la propensión mucho más general al consumo de drogas y a la dependencia. Eso me llevó a familiarizarme, además, con el ámbito de la emoción y la motivación, incluyendo sus bases neurobiológicas, dado que son los sistemas emocional y motivacional primarios los que se ven afectados por el consumo de drogas típico. Esa investigación, con el tiempo, se amplió a un análisis de los propios mecanismos de la percepción. Así pues, a medida que me acercaba al objeto de mi investigación —qué tiene la respuesta al alcohol de alguien con una línea genealógica paterna caracterizada por un alcoholismo extensivo y severo que puede diferir de la norma y motivar el desarrollo de ese trastorno—, mi conocimiento se ensanchaba, hasta que la única cosa a la que prestaba atención con gran detalle empezó a establecer sus conexiones con todo el mundo conocido.

¿Qué aprendí sobre el aprendizaje mismo, además del conocimiento específico que obtuve durante mi exploración? Que quienes hacen caso asiduamente a aquello que les preocupa y se focalizan «limitadamente» en ello viajarán primero cada vez más profundamente en lo desconocido, definido de manera estrecha, y aprenderán primero los detalles que tienen que ver directamente con esas preocupaciones, pero poco después llegarán a comprender las redes más amplias de asociaciones y caminos causales que forman parte inevitable del fenómeno en cuestión. Nada existe aisladamente. Así, todo lo que se estudia con suficiente profundidad acaba hablando de todo. Es precisamente esa profundización y ese ensanchamiento lo que Moisés experimenta a partir de su encuentro con la zarza ardiente. Prosigue su investigación con la humildad apropiada, haciendo caso, diligente, a lo que de manera tan misteriosa le está siendo revelado. Y no es casual que se descalce. «Dios le dijo: "No te acerques; quita el calzado de tus pies, porque el lugar en que tú estás, tierra santa es"» (Éxodo 3:5). ¿Qué significa acercarse y plantarse sobre tierra santa y, además, hacerlo descalzo? Significa, en primer lugar, acercarse al fondo de las cosas; empezar a aprehender o entender los cimientos de las cosas; acercarse a las profundidades (o a las alturas). Significa, en segundo lugar, hacerlo permitiendo en todo momento la transformación de propósito e identidad.

Los zapatos significan clase, ocupación, propósito, papel y destino. Pensemos, por ejemplo, en los zapatos de cristal de Cenicienta,[21] o en el papel que juegan los zapatos de rubí de Dorothy en *El mago de Oz*,[22] o en las botas de siete leguas de la tradición popular europea, que permiten a quien las calza recorrer grandes distancias de un solo paso.[23] Quitarse el calzado que uno lleva es abandonar el papel presente, volver a entrar en contacto con la tierra del ser y prepararse para dar el siguiente paso. Perseguir lo que nos llama más profundamente, alejándonos del presente, hacia ese siguiente paso, es transformarse con la llamada. La transformación secuencial relacionada con esa llamada es la aventura de la vida, tal como hemos visto en los casos de Abram, Sarai y Jacob. La llamada también es la invitación al liderazgo, pues un hombre transformado de ese modo se vuelve carismático en su compromiso y su profundidad; se convierte en el hombre cuyas acciones serán atendidas y sus palabras, escuchadas. Moisés se toma en serio, incluso devotamente, aquello que brilla, reluce y capta su atención. Eso lo pone en contacto con las manifestaciones más profundas del espíritu de cuyo manejo, ciertamente, depende el mundo.

El espíritu de Dios llama a Moisés desde las profundidades. ¿Qué indica la idea de *profundidad* usada de este modo? La existencia de una jerarquía intrínseca de relevancia. Hay cosas que significan más que otras. Hay cosas que son de una importancia más profunda que otras. Se trata de algo que entendemos de manera intrínseca en los ámbitos conversacional, relacional y literario. Podemos relacionarnos con alguien de manera superficial o profunda. Podemos mantener una conversación que sea trivial y otra que nos resulte memorable, conmovedora. Alguien con quien mantenemos conversaciones conmovedoras, o algún otro tipo de interacción comunicativa profunda, es alguien con quien mantenemos una relación profunda. Lo mismo vemos reflejado en la idea de profundidad literaria. Algunas historias (novelas, películas, relatos biográficos) son ligeras y triviales, un mero entretenimiento que no exige el menor esfuerzo, satisfactorias a corto plazo y sin un efecto duradero. Otras, en cambio, llegan al corazón y provocan un cambio en los lectores o los espectadores sobre bases permanentes, incluso revolucionarias. Se da una jerarquía de dependencia en la presunción de la creencia, tal como indicamos en nuestro análisis de la historia de la torre de Babel.[24] Algunas ideas son superficiales. Pueden moverse, desplazarse o incluso ignorarse sin que apenas ocurra nada. Otras (a menudo las que «damos por sentadas») son muy profundas, lo que significa que muchas otras ideas dependen de ellas para el mantenimiento de su validez.

Planteemos la cuestión de la profundidad en alguna situación prosaica. Imaginemos a un matrimonio que plantea el tema de quién friega los platos y quién pone la mesa un sábado concreto, por la noche, cuando tienen invitados a cenar. Cabe esperar que esa negociación sea relativamente trivial. ¿Por qué? Porque no es mucho lo que depende del resultado. Porque es probable que la variación de ese resultado (tanto si es el marido como la mujer quien asume una tarea o la otra) tenga poco efecto en el matrimonio considerado en conjunto, pasado, presente y futuro. Planteemos, en cambio, la decisión por parte de uno de los miembros de la pareja de retirarse con alguno de los invitados a la cena para mantener un encuentro sexual repentino y salvaje —o, más profundamente aún, para iniciar una aventura duradera, que consista en una serie de encuentros—. Cuando se descubra, es prácticamente seguro que esa iniciativa sacudirá la relación hasta sus cimientos, cuestionará el sentido de todo el pasado («¿con quién exactamente me casé?»), desestabilizará el presente («¿qué es exactamente lo que está pasando aquí?») y hará del futuro un caos indeterminado, amenazador («¿y qué diablos hacemos ahora el uno con la otra?»).

La integridad del contrato matrimonial, con todas sus funciones reductoras de la ansiedad y generadoras de esperanza, no se ve por lo general puesta en cuestión por un breve conflicto sobre quién asume la responsabilidad de una tarea doméstica concreta. Pero en cambio la fidelidad de la pareja es un axioma con un grado de profundidad equiparable a «sostenemos que estas verdades son evidentes»:[25] un matrimonio y todo lo que conlleva se define por ciertos absolutos contractuales y la falta de implicación sexual y emocional fuera del matrimonio es, casi inevitablemente, uno de ellos. En muchos aspectos, se trata, de hecho, del rasgo definitorio, o central, del emparejamiento íntimo, permanente, que constituye el matrimonio como tal —o al menos una de sus pocas características fundamentales—. Es el valor nuclear del que dependen todos los demás valores que caracterizan el matrimonio. Si la fidelidad se esfuma, todo se tambalea. Eso es precisamente lo que define la profundidad en sentido psicológico y práctico: cuanto más profunda es una idea, más ideas dependen de ella. Dicho de otro modo, cuanto más profundo es un axioma de contrato o comprensión, más recuerdos del pasado, percepciones del presente y planes de futuro se ven modelados por él. Así, cuanto más profundo es el elemento del contrato, más se desata la ansiedad y más se elimina la esperanza cuando se da una traición.[26] Ese es el regreso de la entropía de los teóricos psicofisiológicos[27] y el gran dragón del caos del universo mitológico.[28]

Así pues, todos nosotros nos acercamos a territorio sagrado cuando descendemos profundamente (o ascendemos profundamente) a aquello que nos llama. Lo sagrado es lo que nos conmueve cuando lo encontramos: lo que produce respeto reverencial cuando se aprehende; lo que ilumina, lo que se corta y se quema, lo que se transforma. El poder transformador de las profundidades es idéntico al Logos que se mueve sobre lo profundo, que separa el grano de la paja y las ovejas de las cabras y que se revuelve por todos lados como custodio del Edén. A Moisés se le conmina a mostrarse más humilde a medida que se aproxima más a la verdad; a medida que se acerca más al contacto con la tierra del ser y del devenir; y él obedece. El lugar hacia el que avanza Moisés, que sigue en su búsqueda de aquello que lo llama, se vuelve más santo a medida que se vuelve más profundo —por definición—. Al final, en la culminación de esta parte de la aventura, descubre el mismo espíritu unificado que anteriormente había llamado a sus antepasados: «Y añadió: "Yo soy el Dios de tu padre, el Dios de Abraham, el Dios de Isaac y el Dios de Jacob". Entonces Moisés cubrió su rostro, porque tuvo miedo de mirar a Dios» (Éxodo 3:6). Esa humildad mantenida en busca de las profundidades también es el sello del verdadero investigador y aventurero: la disposición a abandonar toda pretensión de conocimiento y sabiduría moral en busca de la verdad es la condición previa para una mayor iluminación. Es el equivalente, en la abstracción, del acto de descalzarse, que indica aceptación de la transformación de la identidad. Moisés ha inmolado a su yo anterior en el altar de la renovación. Lo divino mismo le habla desde las cenizas. Es el ave fénix, renacida, cuyas lágrimas son el medicamento contra la mirada del basilisco que paraliza.[29]

Son precisamente los que han perseguido con sinceridad aquello que les llama los que llegan al fondo de las cosas. Son los que llegan a entender cada vez más profundamente lo que se les pone delante. Son esas personas las que son aptas para convertirse en auténticos líderes, para convertirse en aquellos a quienes voluntariamente recurrirán otros, sobre todo en tiempos de crisis. Esto es así porque han descubierto, en su búsqueda verdadera, lo que hay que saber, pero que otros rechazan conocer o simplemente no conocen aún. La capacidad para poner en palabras los caprichos del ahora e indicar una dirección atractiva hacia el futuro es lo que constituye el liderazgo y ese es el producto auténtico, no esa falsificación que recurre al miedo y a la obligación. Los que se han fijado profundamente en las cosas llegan a ser los que hablan con esa extraña y acusada autoridad que con tanta frecuencia se atribuye a Cristo mismo, como en el siguiente pasaje, que viene a continuación del sermón de la montaña: «Cuando terminó Jesús estas palabras, la gente estaba admirada de su doctrina, porque les enseñaba como quien tiene autoridad y no como los escribas» (Mateo 7:28-29). Se trata de un sentimiento que resuena por todas partes: «Entraron en Cafarnaún y el sábado entró Jesús en la sinagoga y comenzó a enseñar. Y se admiraban de su doctrina, porque les enseñaba como quien tiene autoridad, y no como los escribas» (Marcos 1:21-22). Jesús exhibe la autoridad del que ha hecho lo que tenía que hacer y sabe realmente. Por tanto, habla con la confianza firme y sin ornamentos que confiere una investigación del todo seria y su consiguiente transformación de idea y carácter: «Pero sea vuestro hablar: "Sí, sí" o "No, no", porque lo que es más de esto, de mal procede» (Mateo 5:37). Por esas razones, el destino de Moisés como líder se vuelve cada vez más inexorablemente manifiesto a medida que prosigue su encuentro con la zarza ardiente:

> Dijo luego Jehová: «Bien he visto la aflicción de mi pueblo que está en Egipto y he oído su clamor a causa de sus opresores, pues he conocido sus angustias. Por eso he descendido para librarlos de manos de los egipcios y sacarlos de aquella tierra a una tierra buena y ancha, a una tierra en la que fluyen la leche y la miel, a los lugares del cananeo, del heteo, del amorreo, del ferezeo, del heveo y del jebuseo. El clamor, pues, de los hijos de Israel ha llegado ante mí y también he visto la opresión con que los egipcios los oprimen. Ven, por tanto, ahora y te enviaré al faraón para que saques de Egipto a mi pueblo, a los hijos de Israel».
>
> Éxodo 3:7-10

El líder es eternamente el individuo con la fortaleza para plantar cara al tirano, para pronunciar las palabras que no pueden resistirse, para guiar a los esclavos por el desierto de la incertidumbre hasta la tierra prometida. Moisés, que muestra cierta humildad real, no cree que él sea la persona indicada para llevar a cabo la misión. Suele ocurrir que aquellos espectacularmente poco dotados para el «poder» aspiran a él por razones de un egoísmo estrecho, para darse importancia. Algo muy distinto se da cuando el liderazgo de alguien nace de la petición de aquellos que sienten que este les convendría; y algo completamente distinto tiene lugar cuando la transformación que se da tras una búsqueda intensa produce un carácter tan cautivador que el liderazgo parece destinado o predeterminado. Con todo, en el fondo, las insuficiencias en la capacidad y los defectos de carácter que singularizan incluso a quienes son escogidos como portavoces de lo divino no son aceptados por Dios como excusas para renunciar a actuar. ¿Qué debemos pensar de ello? Pues ni más ni menos que esto: todos debemos obrar lo mejor posible con los talentos que se nos han dado y a pesar de nuestros muchos defectos, reales e imaginarios. Así pues, Moisés es conminado por Dios para que asuma su linaje; para que se proclame descendiente de Abraham, Isaac y Jacob; y para que asuma su lugar en la serie ininterrumpida de grandes profetas:

> Respondió Dios a Moisés: «Yo soy el que soy». Y añadió: «Así dirás a los hijos de Israel: "*Yo soy* me envió a vosotros"». Además, Dios dijo a Moisés: «Así dirás a los hijos de Israel: "Jehová, el Dios de vuestros padres, el Dios de Abraham, el Dios de Isaac y el Dios de Jacob, me ha enviado a vosotros". Este es mi nombre para siempre; con él se me recordará por todos los siglos. Ve, reúne a los ancianos de Israel y diles: "Jehová, el Dios de vuestros padres, el Dios de Abraham, de Isaac y de Jacob, se me apareció y me dijo: 'En verdad os he visitado y he visto lo que se os hace en Egipto'"».
>
> Éxodo 3:14-16

El verdadero líder debe aliarse con los espíritus dirigentes del pasado. Debe llegar a encarnar —a defender, a hablar en nombre de— los mismos principios que guiaron a aquellos que hicieron el mundo, en el principio, ya sean dioses u hombres. De otro modo, se convierte en el títere idiota de sus propios deseos o debilidades o, como le ocurre a Aarón, hermano de Moisés, de los caprichos insensatos del pueblo (Éxodo 32:1-35). Ese alinearse con el pasado es el tema de «rescatar al padre del vientre de la bestia»; el equivalente que se ha mostrado en tiempos recientes en el largometraje de Disney *Pinocho,* cuando la marioneta libera al bueno de Geppetto del vientre de la ballena —de las profundidades—;[30] también en *El rey león,* donde se recurre a la metáfora de lo que se sitúa justamente en la cúspide, en lugar de lo que es fundacional.[31] Simba, el héroe de esta película, tiene una visión de su padre en el cielo, confundida con el sol. Entonces Mufasa, resucitado, le habla a su hijo de su identidad y de su destino: abandonar su estado presente de sometimiento esclavo, sus caprichos despreocupados de adolescente, centrados en el presente, y adoptar la responsabilidad para enfrentarse a Scar, el tirano usurpador y hermano resentido y malvado del rey. Esa visión y esa voz le llegan en el punto más profundo de su viaje inicial descendente, algo que desencadena y a la vez guía el chamán Rafiki, que recurre a su vara de mando viviente para golpear con ella la cabeza de Simba y llamar así su atención.

De ese modo, el joven león llega a encarnar el espíritu del padre como tal, que es la fuente clemente de todo lo que es bueno concretado en las particularidades de cada padre específico. Simba decide no dejar entrar en él al espíritu del resentimiento amargo y asesino que está relacionado con Caín, como claramente sí hace su tío Scar. Decide, eso sí, abrirse a que el Espíritu Santo habite en él. Por definición. En consecuencia, deja atrás el pasado, apunta hacia arriba, ordena su casa y se dirige voluntariamente a la tierra del tirano para librar la última confrontación. Eso es exactamente lo que le ocurre a Moisés —o a aquel al que Él invita y permite— en el transcurso de su encuentro con la zarza ardiente, fuera del camino hollado. Esas historias indican, asimismo, que el verdadero líder tampoco es un revolucionario, e insisten en ello. Sí es alguien que restablece la alianza genuina, o contrato, que siempre ha guiado a la humanidad. Sí es alguien que alinea su espíritu con lo que siempre ha sido grande. Por tanto, es alguien que renueva y no alguien que destroza y después vuelve a dar forma de una manera radical en exceso, soberbia en exceso; alguien que puede identificar y reservar lo que es verdaderamente nutritivo y volver a ofrecerlo para el consumo masivo. Esa figura solo tiene una actitud revolucionaria cuando la sociedad a la que se enfrenta ha olvidado tanto y se ha vuelto tan corrupta que, ahora, el bien se manifiesta como una revelación asombrosa.

De todas esas maneras, el auténtico líder llega a hablar con la voz eterna del gran Padre y a ofrecer el pan que sacia toda hambre y el agua que aplaca toda sed. También es el hombre que guía a su pueblo desde la tiranía y la esclavitud —aunque sea a través del desierto— hasta la tierra prometida. Esa tiranía y esa esclavitud pueden existir, y existen, en todos los niveles de la jerarquía psicológica y social: nosotros mismos nos tiranizamos y somos los siervos cobardes de nuestros propios deseos; nos humillamos ante/tiranizamos a nuestras esposas, esposos, hijos, hermanos y amigos. Creamos empresas para poder ejercer el poder sobre los esclavos a los que contratamos y explotamos; aspiramos a cargos políticos para que la influencia que ansiamos llegue a servir al egoísmo estrecho que nos posee. El verdadero liderazgo —el verdadero carácter, más profundamente— siempre y en todas partes significa oposición al tirano y al esclavo y, más hondamente, a los espíritus que los animan a los dos. Ese movimiento para alejarse de la seducción del poder y el sometimiento es, eternamente, el viaje hacia la tierra prometida: «Y he dicho: "Yo os sacaré de la aflicción de Egipto a la tierra del cananeo, del heteo, del amorreo, del ferezeo, del heveo y del jebuseo, a una tierra en la que fluyen la leche y la miel"» (Éxodo 3:17).

Dios se define a sí mismo en su pronunciamiento a Moisés como el principio del ser y del devenir. Existe considerable discrepancia sobre el significado de la expresión hebrea contenida en esta parte del relato, parcialmente a causa de su indeterminación con respecto al tiempo. Aun así, todas sus diversas interpretaciones potencialmente válidas sirven para enriquecer el carácter en cuestión; el que dice: «Yo soy el que soy», «Me convertiré en lo que decida convertirme», «Yo soy quien existe», «Yo soy el Ser», «Me convertiré en cualquier cosa que me plazca», «Crearé lo que cree» o «Seré lo que seré». Incluso el «quien» resulta más complejo de lo que una simple traducción podría indicar: el significado de la palabra hebrea *ăšer* depende del contexto y puede leerse como «que», «lo que» y «dónde».[32] Toda esta variación puede entenderse bien, quizá, como una caracterización adecuadamente multidimensional del cimiento último de la realidad. Ese cimiento no puede ser «mero ser», pues *lo que es* cambia constantemente y se transmuta. Tampoco puede ser mero devenir aleatorio, pues el futuro está lo bastante constreñido por el pasado como para que, inevitablemente y por suerte, domine cierto grado de predictibilidad (a veces, y con algunas cosas más que con otras).

Discutiblemente, Dios se presenta como el espíritu que hay detrás tanto del ser como del devenir; como el espíritu de la creatividad divina misma; como el cimiento último de la realidad; como lo que hay detrás de la mera apariencia (ya sea del pasado, del presente o del futuro); como lo que es inmutable a lo largo del flujo del tiempo. Esa descripción o revelación se acompaña de la insistencia en que los que no acatan ese principio último sufrirán o serán destruidos (o algo peor), independientemente de cuál sea su estatus terrenal, y que el buen Estado es el que se rige por el respeto y la fidelidad a lo que es más real. En consonancia con esta formulación, Tomás de Aquino concebía el universo como una serie de peldaños dispuestos en orden ascendente, desde el más bajo al más alto —ecos de la escalera de Jacob—, a la vez coronados y creados por Dios. La materia se manifiesta en la forma; la existencia —esto es, la experiencia humana— despliega la posibilidad de la esencia. Dios, por definición (y por autodefinición en el Libro del Éxodo), es la unión subyacente de ambas. Dios, el *Actus Purus*,[33] es el patrón de acción que se refleja necesariamente en cualquier acto dado (que hace que un acto sea un acto); la perfección que hace posibles todas las cosas que reflejan la perfección (entre otras, todo lo bello): el ser y el devenir que son comunes a todo lo que existe y emerge.

Quizá en este punto resulte útil recurrir a una analogía musical. Toda pieza de música tiene algo en común con las demás, que puede considerarse el principio, o el espíritu, de la música. Toda manifestación de ese espíritu se da a conocer en una obra musical determinada que, cuando se toca, despliega una cierta predictibilidad y constancia, así como cierto elemento de sorpresa. Así, toda composición es una manifestación del equilibrio entre ser, u orden, y devenir, o caos, y simultáneamente es una manifestación del principio más profundo que permite que esos dos ámbitos interactúen eternamente. Además, toda pieza musical enriquece, o da forma, a un elemento del universo de las formas musicales potenciales. Ese universo es también una especie de realidad; una especie de realidad «celestial» o implícita; la realidad de las formas posibles, que reflejan todo el espectro de variación que define la música misma. De manera análoga, el cosmos se despliega según un conjunto de principios que, si no son en último término contradictorios, son mutuamente proporcionales y se apoyan unos a otros, reflejan un principio último. La intuición de esta idea impulsa la constante búsqueda científica de una gran teoría unificada, exenta de contradicciones externas. Si hablamos en general, podemos decir que ese fin también define el empeño cultural: ese «aunar» que es condición necesaria previa para cualquier organización social, a cualquier nivel —familia, comunidad, ciudad, Estado—. Es algo que se parece mucho al impulso hacia la ideología patológicamente integradora (en el peor de los casos), el metarrelato o un monoteísmo unificador cada vez más válido y productivo.

¿Cómo podría ser el mundo de alguna otra manera? ¿Cómo podría ser la realidad una pluralidad sin disolverse continuamente en un imposible caos en conflicto? ¿Cómo podría avanzar ningún camino en presencia de una desintegración fundamental? Es más, e igualmente: ¿cómo podría la adaptación a la realidad exigir cualquier cosa que no fuera el alineamiento más profundo, o incluso la encarnación, del principio unificador más profundo de la realidad? Si lo que es eterno e inmutable y, por tanto, más fiable, es el cimiento apropiado —y lo es, por

MOISÉS I: DIOS COMO EL TEMIBLE ESPÍRITU DE LA LIBERTAD

definición—, entonces lo que se transmuta en el tiempo o en el lugar no puede verse justamente como lo que es más real. Así, también será necesario, en momentos de problemas, regresar a los cimientos. Sí, es cierto que no resulta fácil determinar qué se mantiene constante a través de las transformaciones interminables de la vida, pero no hay duda de que una cierta constancia básica permite tanto el mantenimiento de la dirección (hacia esa constancia) y la restricción de la ansiedad, que es una condición que se manifiesta como consecuencia de un cambio imprevisto. Deseamos constancia en lo que es crucial de nuestras esposas o nuestros esposos, nuestros hijos, nuestras amistades, del mundo mismo. No podemos orientarnos sin esa constancia crucial. En consonancia con esto, la primera de las tres respuestas dadas por Dios a Moisés también implica una afirmación de incomparabilidad («no tengo igual») y de alianza («estaré contigo»).[34]

7.3. El regreso al reino tiránico

Dios advierte a Moisés de que el faraón no accederá fácilmente a la demanda de libertad. Hará todo lo contrario y redoblará la apuesta, como es costumbre en los tiranos. Dios también le explica que la recompensa de superar las pruebas del rey malvado se verá magnificada por el hecho mismo de la inevitable intransigencia de este. En este punto, se aporta algo más que una pista de que la resistencia franca ante una oposición severa bien podría hacer cambiar las tornas. Cabe incluso imaginar que el hecho mismo de la resistencia del faraón constituya un gran beneficio para Moisés y que la oposición a la que se enfrenta el profeta, a la larga (o en conjunto) solo redunde en su beneficio y en el de su pueblo.

> Yo haré que este pueblo halle gracia a los ojos de los egipcios, para que cuando salgáis no vayáis con las manos vacías, sino que

cada mujer pedirá a su vecina, y a la que se hospeda en su casa, alhajas de plata, alhajas de oro y vestidos, los cuales pondréis sobre vuestros hijos y vuestras hijas. Así despojaréis a los egipcios.

Éxodo 3:21-22

Por supuesto, es una idea de lo más antigua que el tesoro que el héroe busca eternamente sea custodiado por un dragón temible. A veces, quizá, el tesoro es evidente y el dragón acecha. Pero lo contario también debería darse: cuando aparece un dragón, es que en alguna parte hay un tesoro a la espera de ser encontrado, si uno presta la suficiente atención para observar y manifiesta la suficiente fe como para hacer posible esa búsqueda. En épocas de problemas, conviene comprenderlo.

El texto que describe el «saqueo» a los egipcios plantea una cuestión análoga: cuando una sociedad se vuelve tiránica y recurre al mal, dejará todos sus verdaderos tesoros sobre la mesa, disponibles para que se los queden aquellos que deciden dejar de ser esclavos. Así, cuando el Estado tiránico se aparta de la meta más elevada y adecuada, los que habitan en él ya no pueden distinguir la verdad de la falsedad, la justicia de la traición, lo bello de lo desagradable o lo valioso de lo que no vale absolutamente nada. Cuando el Estado se ha entregado por completo a la mentira, lo que le queda a quien conserva la fe es, evidentemente para él, todo lo que es verdadero y bueno. Eso significa que el gran valor constituido por esas virtudes puede recogerlo quien desee avanzar y ser libre, esto es: libre en el sentido de que, necesariamente, toda verdadera libertad tiene que poder conceptualizarse. No es la anarquía hedonista de la inmadurez, sino la libertad ordenada de los que se sacrifican justamente y son maduros —la celebración, o el culto, a Dios en el desierto— lo que Moisés ofrece a los israelitas cautivos como alternativa a la tiranía de Egipto y a la esclavitud misma.

Dios advierte a su profeta en ciernes de que el faraón será un hueso duro de roer, dados su poder y su arrogancia. Por tanto, otorga a Moisés la capacidad de obrar magia, sobre todo con el cayado, bastón o vara que hasta ese momento su sirviente ha usado para guiar a sus rebaños. Enseña a Moisés a echar ese palo al suelo, donde «se convirtió en una culebra; y Moisés huía de ella. Entonces Jehová dijo a Moisés: "Extiende tu mano y tómala por la cola". Él extendió su mano y la tomó, y volvió a ser vara en su mano» (Éxodo 4:3-4). Ese acto coloca a Moisés en el papel de árbitro del orden, representado por la vara, que es algo en lo que apoyarse, de lo que fiarse, algo que guía la conducta o que lleva a seguir adecuadamente (como cuando se usa para corregir las acciones de un cordero extraviado). Asimismo, su vara muta en el agente de la transformación y la renovación. Así, Moisés puede tomar aquello en lo que uno puede apoyarse, lo que es sólido —lo que puede usarse como guía y apoyo— y convertirlo en lo que es caótico, sutil, oculto, peligroso, fluido, en lo que se transmuta. Así se convierte en el señor de la dinámica serpiente/ árbol que es equivalente a la zarza ardiente (transformación en medio del orden viviente) y de la esencia de los árboles que se alzan en medio del jardín eterno. Resulta revelador que Dios enseñe a Moisés a engendrar el proceso de transformación de una manera que es muy peligrosa y que por tanto exige el grado más elevado de fe: se le ordena que sujete la culebra no por la cabeza, que sin duda es la manera más segura de hacerlo (si es que hay alguna manera segura de agarrar una serpiente potencialmente venenosa), sino por la cola. Es una muestra más de algo en lo que se insiste a lo largo de todo el Éxodo: que la redención se encuentra mediante la continua exposición voluntaria a lo que resulta amenazador.

Esta vara o cayado de Moisés representa una continuidad de la idea extremadamente antigua y fundacional del centro cósmico. Mircea Eliade expone la importancia del palo que señala el centro para un grupo tribal de habitantes originarios de Australia:

Según las tradiciones de una tribu arunta, los achilpas, el ser divino Numbakula «cosmizó», en los tiempos míticos, su futuro territorio, creó a su Antepasado y estableció sus instituciones. Con el tronco de un árbol gomífero, Numbakula hizo el poste sagrado *(Kauwa-auwa)* y, después de haberlo untado de sangre, trepó por él y desapareció en el Cielo. Este poste representa un eje cósmico, pues es en torno suyo donde el territorio se hace habitable, se transforma en «mundo». De ahí el considerable papel ritual del poste sagrado: durante sus peregrinaciones, los achilpas lo transportan con ellos y eligen qué dirección seguir según su inclinación. Esto les permite desplazarse continuamente sin dejar de «estar» en su «mundo» y, al propio tiempo, en comunicación con el Cielo donde desapareció Numbakula. Si se rompe el poste, sobreviene la catástrofe; se asiste en cierto modo al «fin del mundo», a la regresión, al Caos. Spencer y Gillen refieren que, según un mito, habiéndose roto una vez el poste sagrado, la tribu entera quedó presa de la angustia; sus miembros anduvieron errantes por algún tiempo y finalmente se sentaron en el suelo y se dejaron morir.[35]

Esa vara o cayado que define el centro es otra representación de la escalera de Jacob o de la montaña sagrada que une el cielo con la tierra. Es el árbol por el que trepaban los antiguos chamanes en sus intentos rituales de alcanzar la sabiduría de los dioses. Es el eje cósmico que se alarga, ascendente, hasta la Estrella Polar, alrededor de la cual gira todo el cosmos visible y que se ha usado desde tiempo inmemorial como medio de orientación y navegación. Es el tallo de habichuela del cuento *Jack y las habichuelas mágicas,* un pilar que se eleva hasta la tierra del gigante, donde se encuentra el mayor de todos los tesoros posibles. Es el ideal en torno al cual se organiza toda percepción de todas las cosas; del que incluso los márgenes dependen para su existencia, protegidos como están por ese centro —ese ideal—, aunque sea de manera invisible, del caos que arrambla con todo.[36] Es el centro de la ciudad, la cúspide de un zigurat o pirámide, la cúpula de una catedral, la aguja de una iglesia. Es el efecto estabilizador del espíritu de los antiguos sobre lo que demasiado rápidamente podría convertirse en el consenso enloquecido del presente. Nunca se hará suficiente hincapié en su importancia: es el indicador y la representación tradicionales del orden cósmico mismo.[37]

Hasta su cristianización, los celtas y los germanos conservaban todavía el culto a tales pilares sagrados [...]. La misma imagen cosmológica reaparece en Roma, en la India antigua con el Skambha, pilar cósmico, y también entre los habitantes de las islas Canarias y en culturas tan remotas como las de los kwakiutl (Columbia británica) y los nad'a de Flores (Indonesia).

Los kwakiutl creen que un poste de cobre atraviesa los tres niveles cósmicos (el mundo subterráneo, la tierra y el cielo): allí donde penetra en el cielo se encuentra la «Puerta del Mundo de Arriba». La imagen visible de este pilar cósmico es, en el cielo, la Vía Láctea. Pero esta obra de los dioses que es el Universo la recogen e imitan los hombres a su escala. El *axis mundi* que se ve en el cielo, bajo la forma de la Vía Láctea, se hace presente en la casa cultual bajo la forma de un poste sagrado. Es este un tronco de cedro de diez a doce metros de longitud, más de cuya mitad sobresale de la casa cultual. El papel que desempeña en las ceremonias es capital: el de conferir una estructura cósmica a la casa. En los cánticos rituales se la llama «nuestro mundo» y los candidatos a la iniciación que habitan en ella proclaman: «Estoy en el Centro del Mundo [...], estoy junto al Pilar del Mundo, etcétera». La misma asimilación del pilar cósmico al poste sagrado y de la casa cultual al Universo se da entre los nad'a de Flores. El poste de sacrificio se llama «Poste del Cielo», y se estima que sostiene el cielo.[38]

En consonancia con esa provisión de palabra y de juego creativo, Dios dota a Moisés de la capacidad para obrar otros milagros: «Le dijo además Jehová: "Mete ahora tu mano en el seno". Él metió la mano en su seno y, cuando la sacó, vio que su mano estaba leprosa como la nieve. Le dijo Jehová: "Vuelve a meter la mano en tu seno". Él volvió a meter la mano en su seno y, al sacarla de nuevo del seno, vio que estaba como el resto de su carne» (Éxodo 4:6-7). A Moisés se le concede la capacidad de actuar en el punto de contacto entre la enfermedad y la salud. Es algo relacionado con el simbolismo de la vara y la serpiente. El báculo de Asclepio (un ejemplo griego) es el símbolo prácticamente universal de la profesión médica. Galeno, uno de los investigadores médicos más completos de la antigüedad, relacionaba específicamente el báculo de Asclepio con la vara/serpiente de Moisés:

> La serpiente se sitúa en el báculo porque es una criatura muy longeva y sana y porque de ella se dice que tiene el poder de rejuvenecerse mudando de piel. El báculo representa el apoyo que Asclepio ofrece a los que están enfermos y la serpiente representa el poder de sanación que él posee [...].
>
> El báculo de Asclepio surge de la serpiente de bronce que Moisés creó y que puso sobre un asta en el desierto. Los israelitas que miraban a aquella serpiente de bronce se curaban de las mordeduras de las serpientes que Dios había enviado para castigarlos.[39]

Regresaremos más adelante al tema de la serpiente/vara.[40] Baste añadir, por el momento, que, finalmente, a Moisés se le otorga la capacidad de transformar el agua en sangre, la materia misma de la vida. «Y si aún no creen a estas dos señales ni oyen tu voz, tomarás de las aguas del río y las derramarás en tierra; y las aguas que saques del río se convertirán en sangre sobre la tierra» (Éxodo 4:9). Ese tercer milagro fija el patrón: uno es casualidad, dos ya indican algo y tres resultan retóricamente convincentes (memorables), quizá porque una tercera ocasión saca al observador del ámbito de lo aleatorio y azaroso que aún es posible ignorar.[41] Eso significa que a Moisés se le ha ofrecido una prueba convincente de la magia que puede obrar si opta por transitar la senda del líder. Aun así, a pesar de su experiencia directa de la profundidad y de la magia que tiene delante, se mantiene indeciso, invadido por la duda. Se trata, otra vez, de una reacción que debería despertar comprensión y no el juicio que castiga en la imaginación del lector atento y perspicaz. A todos nos gustaría creer que, si nos encontráramos directamente ante un milagro o dos, o tres, nos volveríamos al momento decididos e implacables en todo; apuntaríamos hacia arriba y nos convertiríamos en devotos seguidores de Dios. Pero, simplemente, no somos tan creyentes, porque somos igual de tercos y duros de corazón que el faraón; igual de propensos a aferrarnos a nuestra tiranía, sea cual sea el ámbito de poder que hayamos logrado establecer, por más trivial e insignificante que sea. Si con todo nuestro empeño corrupto no hemos conseguido hacer caer en nuestra trampa a ningún inocente, al menos podemos tiranizar a nuestro yo subjetivo, ruin, rechazando una información inconveniente de asimilar, por más necesaria que esta resultara para devolver la cordura a quienes nos rodean y proteger nuestro yo futuro, igualmente vulnerable. Así pues, no debería resultar difícil sentir algo de comprensión por Moisés y su duda.

El futuro profeta sigue preocupado; cree que ni a los egipcios ni a los israelitas les parecerá creíble nada de lo que les diga y mucho menos lo bastante convincente como para suscitar una transformación social. Expresa su duda, empezando, con toda humildad (o quizá sea temor) por manifestar sus reservas sobre sí mismo: «Entonces dijo Moisés a Jehová: "¡Ay, Señor! Nunca he sido hombre de fácil palabra, ni antes ni desde que Tú hablas con tu siervo, porque soy tardo en el habla y torpe de lengua» (Éxodo 4:10). No puede sorprender que un hombre de dones retóricos limitados albergue recelos sobre su potencial como líder. ¿Cómo vas a dirigir cuando tu capacidad de comunicarte es cuestionable? En todo caso, podría objetarse (como hace Dios de manera casi inmediata) que el profeta escogido da demasiada importancia a la necesidad de elocuencia hueca para el liderazgo y en cambio subestima el impacto de la verdad divina, aunque esta se pronuncie de manera vacilante. Esto se suma al hecho ya mencionado[42] de que no hay excusa válida para dejar de avanzar cuando somos llamados, independientemente de nuestras carencias o defectos personales. Por tanto, Dios reprende a Moisés por su falta de fe —o lo alienta, dependiendo de cuál sea nuestro punto de vista—: «Jehová le respondió: "¿Quién dio la boca al hombre? ¿O quién hizo al mudo y al sordo, al que ve y al ciego? ¿No soy yo, Jehová? Ahora, pues, ve, que yo estaré en tu boca y te enseñaré lo que has de hablar"» (Éxodo 4:11-12). ¿Qué significa hablar con las palabras de Dios? ¿Acaso no conocemos todos a personas que quizá no hablan mucho, pero cuya seriedad, profundidad y sinceridad son tales que quienes las oyen prestan atención y tienen en cuenta sus palabras?

Lo divino revela a Moisés otra verdad: nadie podría ni debería hacer sin compañía de otros lo que tiene intención de hacer quien está siendo señalado como líder de los israelitas: emprender la gran aventura de su vida. Aunque él ha sido escogido por Dios para dirigir, hay muchas más cosas que hacer, de la misma manera que ocurrió, por ejemplo, con Lot, Sarai y los otros aliados y compatriotas de Abram. Por tanto, Dios indica a Moisés que se alíe con su hermano Aarón, que tiene un pico de oro:

> Entonces Jehová se enojó contra Moisés y dijo: «¿No conozco yo a tu hermano Aarón, el levita, y que él habla bien? Él saldrá a recibirte y al verte se alegrará en su corazón. Tú le hablarás y pondrás en su boca las palabras, y yo estaré en tu boca y en la suya y os enseñaré lo que habéis de hacer. Él hablará por ti al pueblo; será como tu boca y tú ocuparás para él el lugar de Dios».
>
> Éxodo 4:14-16

Aarón, que se convierte en el brazo político de Moisés y de su misión, tiene su lugar, tanto como su hermano, más conectado con lo divino, y un lugar que, si se ocupara al máximo, llegaría a ser tan importante como el papel representado por el propio Moisés. Al parecer, el mundo está constituido de tal manera que cada uno de sus participantes podría y debería desempeñar un papel central. Así, todos los posibles salvadores (incluidos los auténticos) deben ser conscientes de que todos los demás también tienen una cruz que llevar y un mundo que redimir. Todos llevamos en nosotros la necesidad de hacerlo lo mejor posible, pase lo que pase, con todos los talentos que nos han sido dados, a pesar de nuestra gran cantidad de defectos, ya sean estos reales o imaginarios. Asimismo, debemos aliarnos con personas en las que podamos confiar y que nos aporten lo que nosotros sabemos que nos falta, y de esa manera cargar adecuadamente con nuestra responsabilidad plena en conjunto con todos los que también apuntan hacia arriba.

Así pues, hay mucho que hacer y es más que suficiente para todos mientras viajan hacia la tierra prometida. Por expresarlo de otro modo: la gran aventura de cualquier persona no interfiere con la aventura potencial de todos los demás, que es igualmente importante. Todo lo contrario: una acción ejemplar por parte de uno no hace sino aumentar las oportunidades de los otros. El mundo en el que habitamos no es meramente un juego en el que unas acciones contrarrestan otras. El *tohu va bohu* que nos rodea y del que emerge constantemente el orden es lo bastante grande como para que haya mucho espacio para todos y para que todos se desenvuelvan: «En la casa de mi Padre muchas moradas hay; si así no fuera, yo os lo hubiera dicho; voy, pues, a preparar lugar para vosotros», les dice Cristo a sus discípulos (Juan 14:2), señalando con mortífera precisión la calidad inextinguible del orden celestial correctamente establecido. Así pues, Dios ordena a Moisés que recoja su manto; lo conmina a asumir su linaje —a aceptar su parentesco con Abraham, Isaac y Jacob— y a ocupar su sitio en la sucesión ininterrumpida de los grandes profetas:

Respondió Dios a Moisés: «Yo soy el que soy». Y añadió: «Así dirás a los hijos de Israel: "*Yo soy* me envió a vosotros"». Además, Dios dijo a Moisés: «Así dirás a los hijos de Israel: "Jehová, el Dios de vuestros padres, el Dios de Abraham, el Dios de Isaac y el Dios de Jacob, me ha enviado a vosotros". Este es mi nombre para siempre; con él se me recordará por todos los siglos. Ve, reúne a los ancianos de Israel y diles: "Jehová, el Dios de vuestros padres, el Dios de Abraham, de Isaac y de Jacob, se me apareció y me dijo: 'En verdad os he visitado y he visto lo que se os hace en Egipto'"».

Éxodo 3:14-16

El hecho de que Aarón comparta la carga de Moisés es un primer indicativo del principio de subsidiariedad. Se trata de la distribución de responsabilidad de manera descendente en la jerarquía social a todos los niveles de la comunidad —matrimonio, familia, ciudad, Estado y nación—, que es la única alternativa auténticamente viable a la pétrea prisión de la tiranía, o caos carmesí, y al desierto; el único recambio verdadero al rey constantemente reclamado por el irresponsable pueblo de Israel (1 Samuel 8), pero que también plantea los peligros más serios para su madurez e integridad psicológica y social.

7.4. De regreso a la tierra de las apuestas redobladas

Una vez aclarados y dispuestos los detalles, con la vara de apoyo en la mano (tanto en forma de varita mágica como de Aarón), Moisés acepta regresar a Egipto. Dios le advierte de la dificultad que lo aguarda: «Y Jehová le dijo: "Cuando hayas vuelto a Egipto, ocúpate de hacer delante del faraón todas las maravillas que he puesto en tus manos; pero yo endureceré su corazón, de modo que no dejará ir al pueblo"» (Éxodo 4:21). Es más, esa resistencia real será severa: «Entonces dirás al faraón: "Jehová ha dicho así: 'Israel es mi hijo, mi primogénito. Ya te he dicho que dejes ir a mi hijo, para que me sirva; pero si te niegas a dejarlo ir, yo mataré a tu hijo, a tu primogénito'"»

(Éxodo 4:22-23). Resulta paradójico, claro está, que el mismo Dios que ordena a Moisés enfrentarse al faraón y conducir a su pueblo esclavizado hasta la libertad sea la misma fuerza que, simultáneamente, endurezca el corazón del tirano. Los autores de este relato no se arredraron y se negaron a pasar por alto los opuestos inherentes a la vida: un Dios monoteísta y todopoderoso está detrás de todo lo que ocurre. El mero hecho de que su omnipresencia no sea siempre comprensible a los seres humanos, dado el limitado alcance de su aprehensión, no elimina la necesidad de atribuir a Dios toda responsabilidad, incluida la que parece ir en contra de su personaje tal como se entiende en el momento.

La tendencia del corazón del tirano a endurecerse cuando se ve desafiado parece formar parte de la naturaleza intrínseca del ser (y, por tanto, es algo que, en último término, es atribuible a Dios), dada la elevada probabilidad de que ocurra y la persistencia de ese rasgo a lo largo del tiempo. Por qué es así constituye una pregunta importante que formular; pero admitir que eso es así resulta igualmente importante (e incluso podría ser el antecedente para poder responder a ese porqué). Cabría especular, poética o metafóricamente: ¿dicta la justicia poética que el castigo se corresponda con el crimen? Si es así, aquellos que han persistido en sus fechorías (y, por tanto, se han expuesto a merecer una recriminación más dura) también son, por voluntad propia, más proclives a mantenerse tercamente en su mal comportamiento cuando se les reclama, o incluso a dar más ejemplos de esa misma terquedad ante ese desafío, en vez de admitir el error y cambiar. ¿Acaso no está en la naturaleza misma del tirano reaccionar a la corrección con una negativa aún más insistente? Esa es la razón por la que el tirano redobla la apuesta; por ello, se alía simbólicamente con el reino de piedra —y, en cambio, el salvador que redime y transforma se relaciona con el agua viviente—. Se dice en el *Tao Te Ching*:

Nada en el mundo es más blando y débil que el agua;
mas ¡no hay nada como el agua
para erosionar lo duro y lo fuerte!,
pues nada puede reemplazarla.
Que lo débil venza a lo fuerte y lo blando venza a lo duro
es algo que todos conocen, pero que nadie practica.
Por ello, el Sabio dice:
«Recibir la suciedad de un país es ser el señor de sus templos.
Cargar con las desgracias de un país es ser el príncipe del
mundo».
Ciertamente, ¡la verdad parece su opuesto![43]

Tras su encuentro con la zarza ardiente —después de recibir la revelación así impartida—, Moisés informa a su suegro, Jetro, de su intención de regresar a Egipto con su esposa y sus hijos varones y parte con la bendición de este. Todos ellos se desplazan, acompañados del hermano de Moisés, hasta el reino del faraón, donde Aarón relata a los israelitas lo que ha ocurrido. La fuerza de sus palabras, las señales que las acompañan, y que ejecuta Moisés, y el deseo fundamental de salvación de los israelitas oprimidos se combinan para convencer al pueblo de que ha llegado el momento de su liberación. Moisés se encuentra con el faraón y por primera vez pronuncia su frase célebre: «Deja ir a mi pueblo» (Éxodo 5:1). Pero eso no es todo lo que dice. El resto no solo es igualmente relevante: el significado mismo de la primera parte depende de ello; el versículo completo dice así: «Después Moisés y Aarón entraron a la presencia del faraón y le dijeron: "Jehová, el Dios de Israel, dice así: 'Deja ir a mi pueblo para que me celebre una fiesta en el desierto'"» (Éxodo 5:1). Eso significa, en primer lugar, que no es una petición de Moisés, que podría ser fácilmente ignorada (dado que procede de un hombre relativamente poco poderoso), sino de la fuente misma del ser y del devenir; en segundo lugar, que la libertad y el cese de la tiranía son intrínsecamente deseados, al menos por aquellos que luchan con Dios; y en tercer lugar (aspecto que se pasa por alto con mayor facilidad, por conveniencia), que esa libertad no ha de concederse siquiera por las virtudes de la libertad en y por sí misma, sino para que el pueblo así liberado «pueda celebrarle una fiesta —a Dios— en el desierto».

En otras versiones alternativas de la Biblia se expresa así: «Deja ir a mi pueblo a celebrarme fiesta en el desierto» (Reina Valera, 1960); «Deja ir a mi pueblo para que celebre en el desierto una fiesta cn mi honor» (Nueva Versión Internacional); «Deja ir a mi pueblo para que pueda peregrinar por mí en el desierto» (Versión Estándar Internacional); «Deja salir a mi pueblo, para que celebre una fiesta en mi honor en el desierto» (Conferencia Episcopal Española). Vale la pena prestar atención a las similitudes y las diferencias de estas interpretaciones para entender bien la historia. Y la historia es esta: Dios pide al faraón, a través de Moisés, que libere a los israelitas —y a los israelitas que exijan el derecho y la responsabilidad de esa libertad— no para que puedan ser libres en un sentido absoluto, sino para que puedan viajar desde la tiranía al desierto y organizarse para emprender un peregrinaje de celebración dedicado a Dios.

Se trata de una libertad organizada bajo los auspicios del bien más elevado posible —una peregrinación continua al lugar más alto posible—, una celebración de sacrificio, verdad, aventura, precaución sensata, valentía: todas las virtudes que ya se han considerado características de Dios mismo y que se han exigido a sus verdaderos seguidores. La orden o mandato se repite nada menos que siete veces en el texto —una repetición pensada, claramente, para asegurar que ese punto no se pase por alto (Éxodo 5:1, 7:16, 8:1, 8:20, 9:1, 9:13, 10:3). Se trata de algo que no difiere del sacrificio ascendente de Abraham que acompaña el movimiento por el camino de la aventura, ni de la ofrenda que se le exige a Jacob, después Israel, a medida que asciende por la escalera hacia lo divino. Es lo mismo, en el sentido más amplio, que la madurez que convierte en verdaderos hombres de Dios a aquellos que de otro modo habrían seguido siendo Peter Pan, o cosas peores.

Siempre resulta tentador dar por sentado que la caída de una tiranía arbitraria vendrá seguida del establecimiento de un paraíso de libertad ilimitada y es muy conveniente ignorar la insistencia de Dios de que el tránsito hasta la libertad ha de ser una celebración de lo que justamente se ubica en el lugar más elevado. Pero en todo caso ese es el mandato y Moisés lo repite en los numerosos encuentros posteriores que mantiene con un rey de Egipto cada vez más intransigente, para asegurarse de que no hay ningún malentendido. El toque a rebato de Moisés hacia la libertad —a mantenerse eternamente alejados de la tiranía y la esclavitud— es, decididamente, no una llamada a la anarquía y el hedonismo, sino una invitación al empeño voluntario, disciplinado, ascendente, que resonó en quienes redactaron la Declaración de Independencia de Estados Unidos cuando insistieron en que los individuos soberanos que componen un Estado libre tienen derecho a perseguir la felicidad. Para un pueblo maduro y bien constituido, esa no es una llamada a la autogratificación... ¡y al cuerno con el futuro y con lo demás! Es la búsqueda de una armonía superior del yo y del otro, del ahora y del después, que constituye la celebración adecuada en lo que de otro modo sería un erial. La inspirada reiteración de Moisés en relación con este punto indica la dificultad de la lección, así como la profundidad del deseo inmaduro de llegar a una falsa libertad ilimitada, o de la anarquía de la gratificación inmediata de un deseo igualmente inmediato.

La llamada al pueblo de Israel a organizarse de manera madura en una celebración apropiada es otra pista temprana que apunta en dirección a la idea de la subsidiariedad, que permite la libertad ordenada que existe cuando la psique individual y la sociedad, por igual, se organizan en una jerarquía armoniosa (con todo y todos en el lugar adecuado, más arriba o más abajo en el escalafón). Se trata, en primer lugar, de una jerarquía de responsabilidad y más concretamente de una responsabilidad asumida de manera voluntaria; y en segundo lugar de una estructura con algo en su cúspide que la une (de otro modo no existe armonía).

Esa cúspide unificadora última es, por definición, el espíritu de Dios. El nombre mismo de Yavé deriva de la descripción del principio del ser mismo, *hayah*, y presenta en su núcleo la misma ambivalencia o amplitud que la descripción que surge del centro de la zarza ardiente: *Yo soy lo que soy* o *Seré lo que seré*. La subsidiariedad funciona cuando cada individuo, cada matrimonio, cada familia, cada comunidad local, cada Estado y cada nación asume los deberes, o vive la aventura significativa, según es apropiado a su posición.

Si esa responsabilidad se distribuye adecuada y voluntariamente y es asumida de manera eficaz, quienes la asumen se liberan de las cadenas de los hábitos que los esclavizan y pasan a custodiar ellos la autoridad y la libertad de elección de las que, de otro modo, el tirano se apropiará. Las personas que se gobiernan a sí mismas no necesitan rey. Dicho de otro modo: toda responsabilidad a la que se renuncia será asumida por los que están ebrios de poder y usada contra aquellos lo suficientemente esclavos como para ignorar su llamada y su conciencia. Cabe destacar también, con respecto a la idea tanto de «último» como de «inefable», que estas están intrínsecamente asociadas a la cúspide divina: de la misma manera que las columnas de luz y oscuridad que guían a los israelitas mantienen su distancia a medida que el pueblo elegido avanza, lo que se encuentra en la cúspide del esfuerzo ascendente de aquellos que apuntan hacia Dios retrocede a medida que estos se le aproximan. Eso significa, nada menos, que la bondad de Dios es inagotable y que nuevas panorámicas de promesa y perfección siguen llamando en la distancia, incluso a medida que la tierra prometida se acerca, incluso cuando ya ha sido establecida, al menos en la medida en que eso es posible en la tierra.

El faraón rechaza la súplica de Moisés y expresa su incredulidad ante la existencia del Señor y la dependencia de sus súbditos de la mano de obra de los israelitas. Para acabar de rematarlo (y porque puede) carga sobre ellos, vengativamente, varias arduas tareas más:

> Aquel mismo día el faraón dio esta orden a los cuadrilleros encargados de las labores del pueblo y a sus capataces: «De aquí en adelante no daréis paja al pueblo para hacer ladrillo, como hasta ahora; que vayan ellos y recojan por sí mismos la paja. Les impondréis la misma tarea de ladrillo que hacían antes y no les disminuiréis nada, pues están ociosos. Por eso claman diciendo: "Vamos y ofrezcamos sacrificios a nuestro Dios". Que se les aumente el trabajo para que estén ocupados y no atiendan a palabras mentirosas».
>
> Éxodo 5:6-9

Esa respuesta desmoraliza a Moisés. Consulta la situación con Dios, al que señala que sus esfuerzos para transmitir la llamada a la libertad de las alturas no han servido más que para aumentar la carga soportada por sus compatriotas israelitas. He aquí una alusión al coste de la verdad: de la misma manera que la gente miente para que la comodidad, por más falsa que sea, se mantenga en el presente, o para obtener algo que no merece, la revelación de la verdad a menudo empeora las cosas, aunque sea temporalmente, cuando se percibe lo que no está bien, pero hasta ese momento ha escapado a la atención, y cuando los poderes vigentes, psicológicos y sociales, se niegan a plegarse, castigan al mensajero y redoblan la apuesta. Dios tranquiliza al profeta diciéndole que las cosas saldrán aún mejor a causa de la terca resistencia del faraón y le ordena que organice a su pueblo en grupos ancestrales como condición previa para su nueva organización como Estado libre.

Si la acción ética y el discurso honrado produjeran beneficios inmediatos, nadie se sentiría tentado de eludir responsabilidades ni de mentir. Si la gente siente la tentación de alejarse del camino recto, por así decirlo, es precisamente porque hacerlo produce las consecuencias inmediatas deseadas. Pero que algo funcione bien en un momento determinado no significa que sea suficiente a largo plazo. De manera similar, que algo funcione una vez, o que le funcione a una persona (ahora), no implica que funcione al repetirse ni que resulte beneficioso para la comunidad. Es, de hecho, el sacrificio de lo que es mejor para el medio y largo plazo, y para la paz de la comunidad, a los beneficios inmediatos del individuo (y, en general, a los caprichos de ese individuo) lo que constituye la motivación para engañar y para rechazar las responsabilidades y esa es la definición misma de la inmadurez. En marcado contraste con ese infantilismo mantenido de manera patológica está el sacrificio adulto que es trabajo productivo para la consecución del fin más elevado concebible. Siempre, la renuncia a la gratificación inmediata —la ofrenda del ahora al mañana, del yo estrecho al yo futuro y del individuo a la comunidad— es el sacrificio del que dependen una psique y un Estado estables. La alternativa (la adhesión terca a un principio superior contraproducente —la insistencia del faraón en su soberanía absoluta, por ejemplo—, que refleja la insistencia orgullosa de cualquier individuo en que su subjetividad es la reina suprema) producirá inevitablemente una cascada de consecuencias siempre funestas.

El faraón quiere salirse con la suya. Eleva su interés propio, poco definido, a la posición más alta. En consecuencia, acaba no solo adorándose a sí mismo, sino a su yo más inmaduro e impulsivo, una tendencia que con gran facilidad deriva en la exigencia de que todos los demás agachen la cabeza y lo obedezcan. Es esa danza la que constituye la dinámica eterna del hedonista y el tirano. El hedonista solo quiere la gratificación del deseo y debe recurrir al poder si consigue obtener los medios que se lo permitan, dado que nadie remotamente cuerdo quiere ser reducido a medio de gratificación de su deseo. Las razones de esa danza son más profundas aún. Gobernar la psique o la sociedad a través del capricho significa enfrentarse a disturbios en el presente y abandonar la responsabilidad del yo futuro, de los demás y del futuro mismo. Cuando la fiesta sube de tono y se vuelve un disturbio insostenible, o bien se manifiesta la fuerza externa que reprime y limita, o se producirá una inundación. Cualquier realidad que intente orientarse en torno a ese eje de capricho estrecho, poco fiable y transitorio —tanto si es ciudadano como si es gobernante—, no podrá sobrevivir y mucho menos prosperar. ¿Por qué habría el mundo de cambiar para presentar lo que exige el deseo egoísta, inmediato? ¿Qué hay que hacer con las exigencias antagónicas de todos y cada uno de los seres animados? ¿Qué va a ser del futuro, que se sacrificará a los caprichos del presente? Hasta el soberano ha de mostrarse humilde ante lo que es realmente definitivo: el adecuado primer y último principio o espíritu. El auténtico poder es el que fluye desde la fuente última del ser y del devenir y pobre de aquel (independientemente del arrojo terrenal) que se niegue a reconocer ese hecho primigenio, que es exactamente lo que hace el faraón y no solo una vez, sino diez, empeorando cada vez más la situación.

La segunda vez que Moisés aparece ante el faraón, le lanza su vara de mando. Esta vuelve a transformarse en serpiente. Los hechiceros de Egipto reproducen (más concisamente: emulan; más precisamente: parodian) la demostración, pero la serpiente de la vara de Moisés devora las serpientes de estos, de menor tamaño. Ello indica que el principio del ser y del devenir por cuya intercesión habla Moisés es el verdadero principio superior, incluso de la soberanía misma. Los embaucadores, los psicópatas y los narcisistas pueden imitar la autoridad de Dios —de hecho, como usurpadores que son, esa es su especialidad—. Pero en último término eso no es más que un espectáculo de cara a la galería, el intento narcisista de obtener una reputación falsa, un numerito vacío que no significa nada. La victoria de la vara de Moisés forma parte del proceso mediante el cual se da a conocer la verdadera fuente de la armonía productiva que debería constituir la base del Estado: Dios es aquello ante lo que han de agachar la cabeza incluso los hechiceros de las cortes más espléndidas, aquello ante lo que incluso el comandante de esos hechiceros debe bajar la cabeza. Por definición.

No es, en absoluto, que los israelitas insistan, con el fervor de creyentes autoritarios, en que el Dios al que veneran debe ser el Único Dios Verdadero; es que los verdaderos seguidores de

Yavé —los que luchan con Dios— son siempre los que buscan descubrir lo que constituye el principio más elevado y unificador y a partir de ahí vivir de acuerdo con esa revelación. Es algo que no tiene nada que ver con la insistencia, nacida de la sed de poder, de que una ideología o principio de poder dados son los que deben regir; en este caso se trata, en cambio, de la sumisión al orden divino, acompañada de la disposición a realizar los sacrificios dolorosos, auténticos y personalmente costosos que son los indicadores eternamente válidos de la verdadera creencia. Ese comportamiento sacrificial es el sometimiento voluntario de los israelitas al orden divino; su negativa a quedarse para sí el fruto del árbol del conocimiento del bien y del mal; su negativa a aliarse con la arrogancia luciferina y a postrarse ante ella, su negativa a caer en la tentación de usurpar. Los seguidores legítimos del Dios de Abraham no crean sus propios valores, como Nietzsche insistía tan erróneamente que debemos hacer, después de la supuesta muerte de lo divino.[44] Todo lo contrario: ellos buscan descubrir el orden moral implícito, denotado en particular por su tradición, y a partir de ahí alinearse en armonía con ese orden. Ese deber y esa invitación es su sometimiento a Dios y aquello que los libera de la tiranía y la esclavitud incluso de sus propios deseos egoístas.

El faraón mantiene su oposición a las peticiones de Moisés y de Dios mismo, que habla a través del profeta. Por tanto, los ríos de Egipto se vuelven de sangre por el poder que le ha sido concedido al líder israelita (esa es la primera de las plagas que se detallan en Éxodo 7-12). El Nilo, la principal fuente de agua para los egipcios, era fundamental, incluso sagrado para ellos; su transmutación o contaminación es, así, un golpe propinado a los cimientos mismos de la cultura del país. También constituye un aviso de que vendrán cosas peores: cuesta interpretar la aparición de ríos literales de sangre si no es como aviso funesto.

Ese hecho también anuncia la destrucción absoluta que tiene lugar más adelante en el mar Rojo: otra inundación de sangre. La segunda plaga lo es de ranas. La rana es un ser que habita en el límite, en el confín de las profundidades. Simbólicamente, la rana es un psicopompo: un mediador entre lo divino que se refugia en las profundidades y el mundo superior o aéreo. En el cuento infantil titulado *El príncipe rana*, de los hermanos Grimm, es el anfibio verde el que rescata la bola dorada (el sol, la imagen de la perfección, la que gobierna la conciencia, el héroe que mata al dragón de noche) que desaparece cuando la princesa, sin darse cuenta, la deja caer en las profundidades. Es algo que indica el alejamiento de la hija del rey de aquello que más vida otorga, que es más necesario y que más rejuvenece. Es la rana, como psicopompo, como ser que existe en la frontera entre dos ámbitos, la que rescata y devuelve el orden divino. Una plaga de ranas indica nada menos que el Dios que es el juez terrible y eterno está a punto de manifestarse. Pobre de aquel que, en esas condiciones, se haya alejado de la senda recta y estrecha.

Las siguientes plagas lo son de piojos y moscas. Se trata del inevitable sometimiento de los tiranos a los parásitos: la exposición infinitamente predecible de quienes, de manera arbitraria, se consideran a sí mismos superiores en grado sumo, a la invasión de lo más bajo de lo más bajo. Cuando gobierna la insistencia en el orden inapropiado —cuando el verdadero mérito deja de valorarse— el cielo se vuelve de hierro (Levítico 26:19) y el mundo se pone boca abajo. Los usurpadores resultantes también son, siempre, precisamente aquellos que encabezan las críticas y cuestionan los logros y las capacidades verdaderos (en una palabra: el mérito) y siempre lo hacen en nombre de los teóricamente oprimidos, aunque en realidad sea para que su aspiración a un estatus y un privilegio inmerecidos puedan camuflarse bajo la capa de la pureza moral. Si el tirano no insistiera continua y falsamente en devaluar lo que es auténticamente prioritario, su dominio dejaría de mantenerse sin contestación. Esa insistencia impuesta desestabiliza cada vez más la capacidad de juicio y de discriminación tanto del individuo como del Estado, hasta que lo que es productivo y bueno se considera usura y engaño; hasta que el éxito es definido como latrocinio; hasta que quienes aseguran ser víctimas de los meritorios pueden plantear, sin resistencia, sus demandas depredadoras y parasitarias. Los tiranos tiranizan para conseguir sus propios propósitos, pero se exponen a ser reducidos a desecho por los parásitos. A medida que se despliega ese proceso de invasión, los autócratas injustos se vuelven cada vez más paranoicos, y con razón. ¿Por qué con razón? Porque los que están dispuestos a esforzarse en esas condiciones invertidas se multiplican sin control, como hacen los parásitos, en su continuada y enloquecida devastación de todo lo que es decente y verdadero.

A pesar de las crecientes calamidades, el faraón se muestra tercamente reacio al cambio. Su inflexibilidad es el sello del totalitario, con su certeza de que todo lo que debe saberse ya se sabe. Es algo que se da especialmente en los ideólogos comprometidos; en aquellos que convierten, con gran superioridad moral, las doctrinas de los hombres en sus dogmas infalibles (Mateo 15:8-9; Marcos 7:6-7). La resistencia del verdadero tirano a corregir el error es exactamente proporcional a su arrogante certeza. Esto significa que los individuos o las sociedades que han descendido más por el camino de la perdición tienen que sufrir los mayores tormentos antes de abandonar su falso culto, renunciar a su orgullo e hincarse de rodillas en reconocimiento de los obstáculos insuperables que la propia realidad les pone delante.

Después, desaparece el ganado. En este caso, se trata de un indicio parcial de la destrucción no solo del presente, sino también del futuro, pues esos animales son, literalmente, comida no solo para ahora, sino para después, y para un después indefinido, si se gestionan adecuadamente. Después de la muerte del ganado llega la enfermedad en forma de plaga de úlceras. Se trata de una enfermedad que es a la vez dolorosa, desagradable y vergonzante, por lo que combina por igual lo peor de las venganzas natural y social. Devastados, los hechiceros del faraón ya no son capaces de emular las acciones de Moisés. Este es el punto en que la mafia o el falso Estado deja de funcionar; en que las grietas en los cimientos empiezan a verse de verdad. También es este el punto de inflexión entre las plagas que indican el hundimiento del ámbito terrenal o material, simbólicamente hablando, y la rebelión de los cielos (primero, cenizas y polvo en el aire, que les traen enfermedades de la piel; después, una plaga de rayos, truenos y granizo; después, langostas abriéndose paso vorazmente hasta que todo lo que es verde desaparece de la tierra; después, oscuridad, que significa la desaparición del propio sol, el verdadero rey del cielo).

Ahora reina el desorden. Primero protesta la tierra; después, los cielos, hasta que el caos se adueña de todo. El faraón no tiene más remedio que ceder un poco: «Entonces el faraón hizo llamar a Moisés y dijo: "Id, servid a Jehová; que solamente queden vuestras ovejas y vuestras vacas. Vayan también vuestros niños con vosotros"» (Éxodo 10:24). Moisés, que llegado a este punto parece bastante impaciente, se niega y le dice al rey que también debe permitir que el ganado participe en el sacrificio a la divinidad en el desierto. Por cierto, que esto denota la extensión de la gracia divina incluso a los animales del campo —señal de la buena gestión del jardín y del sometimiento del orden natural—. El faraón se niega a la exigencia y responde a Moisés que ordenará su muerte si se atreve a volver a pisar su corte.

Queda una plaga final y terrorífica. Dios conmina a Moisés, primero, a que pida a los egipcios sus tesoros, y en segundo lugar le informa de que todos los primogénitos de la tierra de Egipto morirán, tanto los descendientes de las bestias como los del rey. Los egipcios, que ya han sufrido suficientes plagas, parecen claramente contentos de poder satisfacer esa primera demanda. Dios también pide a los israelitas que marquen la entrada de sus casas, en los postes y en los dinteles, con la sangre de un cordero perfecto, para que el ángel de la muerte de Dios pase de largo de esas moradas y deje intactos a los niños que las habitan. Al mismo tiempo, Dios informa a Moisés de que el mes en que se celebra el sacrificio de la Pascua será considerado el primer mes del año. ¿Cómo hay que entender eso? Existe una relación necesaria y estrecha entre el final de un acontecimiento, de un tiempo o de una época y el inicio de otra cosa —en este caso, el movimiento de los israelitas esclavizados hasta su libertad final—. Por razones como esas, el cordero del sacrificio es asado y después comido (acompañado de lo que es amargo) por personas vestidas para la acción. Los israelitas comen pan sin levadura porque no hay tiempo para que leude. Comen con las cinturas ceñidas, calzados, con las varas en la mano y con prisa. Ante el amanecer de algo nuevo, siempre es momento de actuar. Se están preparando para responder a la llamada, una petición que resonará mucho después en la advertencia de Cristo de que vendrá como un ladrón en plena noche:

> Velad, pues, porque no sabéis a qué hora ha de venir vuestro Señor. Pero sabed esto, que si el padre de familia supiera a qué hora el ladrón habría de venir, velaría y no lo dejaría entrar en su casa. Por tanto, también vosotros estad preparados, porque el Hijo del Hombre vendrá a la hora que no pensáis.

Mateo 24:42-44

Cuando llega la llamada —cuando habla la conciencia— es ya hora de partir. No importa qué sea, cuándo sea. El prudente se prepara para estar siempre listo (Mateo 25:1-13).

El presente ya ha sido destruido por las nueve plagas anteriores. La muerte de los primogénitos significa la erradicación del futuro, o al menos de lo mejor del futuro, para los egipcios. El verdadero tirano no se irá hasta que tanto lo que es como lo que aún tiene que ser sean destruidos. El sacrificio que protege eternamente —la sangre del cordero, en este caso— es la voluntad de ofrecerlo todo a lo superior para que el tirano sea derrotado. Es exactamente esta exigencia la que rechazan quienes se atribuyen falsamente la corona. Una relación saludablemente dinámica —la que, por ejemplo, constituye un matrimonio sólido— es la consecuencia de la miríada de pequeños sacrificios de los deseos particulares del esposo y de la esposa en aras a un bien superior y más inclusivo de la pareja y la familia. Cada pequeño sacrificio mantiene en marcha la relación, guiada por el espíritu de una comunicación significativa y sincera. Cada muestra de comunicación sincera exige al menos la pequeña muerte de algún compromiso o creencia anterior, por más inocente (o culpable) que sea. Cada muestra de comunicación sincera debe iniciarse con una actitud de humildad («tengo algo que aprender»), la disposición a apuntar hacia una meta más alta («estoy comprometido en cuerpo y alma con la integridad de este matrimonio») y, lo más importante de todo, la disposición a renunciar a algo («estoy dispuesto a sacrificar cualquier cosa que demuestre ser un impedimento para el mantenimiento de la relación»).

He aquí las preguntas eternas a las que se enfrenta cada miembro de cada pareja que aspira a la unión permanente: «¿Prefieres establecer una paz productiva y generosa o demostrar que tienes razón?». En otras palabras, «¿renunciarías a los encantos de la victoria para liberar a tu esposa o esposo de la carga de la derrota?». En este caso, se trata de una pregunta especialmente relevante que tener en cuenta cuando se contempla el hecho de que es probable que surjan muchas disputas en el transcurso de un matrimonio. Si siempre ganas tú, ¿qué le deja eso a la persona con la que compartes el hogar? ¿Qué estás dispuesto o dispuesta a ofrecer en el aspecto personal, limitado, para que el matrimonio o la familia salgan fortalecidos? Bien podría tratarse, de hecho, de una pregunta más, camuflada: visto lo visto, ¿qué sería para ti mejor incluso que lo bueno que quieres o valoras en este momento? El mismo principio de negociación sensata y madura se aplica a la familia y a la comunidad en un sentido más amplio: el autosacrificio continuado, creciente, facilita las oportunidades y a la vez evita el desastre. El tirano, en cambio, se aferra a sus armas a pesar de cualquier prueba que le indique que debe hacer lo contrario. Él, o ella, nunca resuelve los problemas cuando son de poca entidad. Así, como consecuencia de esa evitación, las serpientes, inevitablemente, se van congregando, hasta que acechan debajo de todo y además crecen. Cuando alcanzan el número suficiente, y cuando son lo bastante grandes, se funden unas con otras. Y entonces reaparece el dragón del caos, listo y dispuesto para devorarlo todo. Esta es, literalmente, la más antigua de las historias.[45]

La muerte de los primogénitos basta para convencer incluso al faraón de que es impotente ante Dios. Los egipcios llenan a los israelitas de joyas, oro, plata y ropas y los echan. Los que se rigen por la fe apropiada acaban teniéndolo todo, incluso aquello que los tiranos han intentado quedarse. Moisés le dice al pueblo que se ha puesto en marcha, segregado en tribus familiares, que la tierra prometida de leche y miel lo llama. Esto puede leerse, convenientemente, como el futuro mejor *como tal:* todo individuo y toda sociedad se ven motivados en sentido positivo por la visión de unas condiciones mejoradas. Siempre estamos transitando entre un lugar que aún no es lo bastante bueno hasta un lugar que es mejor. Esa es la estructura misma del viaje humano; la base misma de la emoción positiva. Podemos huir de aquello que nos aterra y eso también es motivación; pero nos sentimos eternamente atraídos, inspirados por la divinidad o llevados al entusiasmo (del latín *enthusiasmus*, y este del griego ἐνθουσιασμός *[enthousiasmós]*, «inspiración divina, entusiasmo, producido por ciertos tipos de música», etcétera; de *enthousiazein*, «estar inspirado o poseído por un dios», «estar en rapto», «estar en éxtasis», de *entheos*, «divinamente inspirado, poseído por un dios», de *en* [«en»] y *theos* [«dios»]).[46] El verdadero líder es, precisamente, la persona que ofrece un punto de llegada tan atractivo que su pueblo se sentirá motivado para trasladarse voluntariamente, que se verá entusiasmado —esto es, inspirado por Dios— por la revelación visionaria de la posibilidad y la promesa.

7.5. El inevitable interregno del caos y el espíritu que guía

¿Por qué se sale de la tiranía para entrar en el desierto y no se sale de la tiranía para entrar en la tierra prometida? El marco narrativo expuesto en el Éxodo refleja el modo arquetípico en que se transforman los marcos humanos de percepción, atención y acción.[47] En primer lugar, está el estado actual insuficiente (la tiranía del presente); en segundo lugar, el caos que se manifiesta cuando ese estado se ve alterado; y por último, la meta del traslado, el futuro deseado. Entre la alteración de la tiranía y la llegada a la tierra prometida, inevitablemente, atravesamos el desierto. Imaginemos que nosotros (o nuestra familia, o nuestra comunidad) hemos existido en un paisaje de ideas preconcebidas estériles y obsoletas. Imaginemos también que nosotros y los nuestros, como consecuencia de ello, nos hemos empequeñecido cada vez más para poder encajar, aunque sea cómodamente, con esa morada cada vez más restringida. Las personas se hacen eso las unas a las otras continuamente y luego mueren de la consiguiente previsibilidad, monotonía y aburrimiento. Imaginemos entonces que decidimos librarnos de todo eso: abandonar aquello en lo que creíamos; o en lugar de ello, como en el caso del faraón, que nos han obligado a hacerlo, porque todo se ha desmoronado. Eso no significa que todos los problemas que habíamos evitado al negarnos a enfrentarnos a ellos hayan desaparecido. Todo lo contrario: se habrán multiplicado en fuerza y en número, en consonancia con la ineludible ley de la entropía.[48]

Esto implica que lo que sustituye a la tiranía es el caos —la incertidumbre y la falta de dirección— y eso es el desierto. En ese lugar reinan la ansiedad y la desesperanza.[49] Un gran líder, un verdadero visionario, es capaz de inspirar con posibilidades y aportar esperanza al viaje. Si no, solo existirán la confusión y el conflicto. Alguien que se encuentre bajo el dominio de un tirano (incluso si ese tirano es él mismo o ella misma) tiene dirección y orden, por más falsos y patológicos que resulten. En cuanto eso desaparece, todas las direcciones (o ninguna) llaman a la vez, lo que es excesivo. Esa ausencia emergente de meta y estructura es ansiedad, porque es demasiado, y también desesperanza, porque ahora nada llama a seguirlo, nada pide ser conseguido y no se puede avanzar de manera productiva hacia nada. Materialmente, no se trata de una situación mejor que la de la tiranía; es, simplemente, su compañera de baile, tal como se ha apuntado más arriba.[50] Es simplemente el caos que es el contrario igualmente terrible de la tiranía. Si uno se ha tiranizado y debilitado a sí mismo y decide salir de eso, es improbable que su vida mejore de inmediato. Es muy posible que empeore, aunque sea temporalmente. Los hábitos que lo han convertido en esclavo aún no han sido modificados. Es probable que perduren las consecuencias de esa abdicación de la responsabilidad. A todo ello se suma la falta de dirección que paraliza y destruye la esperanza. ¿Por qué la gente se niega tan tercamente a cambiar, incluso en presencia de las evidencias más abrumadoras; incluso como reacción a su propio dolor y sufrimiento? Porque a un periodo de sometimiento al tirano le sigue, inevitablemente, una travesía por el desierto. Porque algo vital —algo que ha sido venerado, así sea falsamente; algo amado, así sea patológicamente— habrá de ser sacrificado, con el coste correspondiente, antes de poder alcanzar la verdadera libertad. ¿Cuál es el eterno toque a rebato del hombre que duplica la apuesta de su propia desgracia? «Mejor el tirano que el desierto.»

Los israelitas hacen acopio de fe y de coraje para emprender la travesía por el desolado desierto. Pero llevan consigo los hábitos de los dependientes y no tienen idea de qué hacer una vez que quedan solos. ¿Por qué? El tirano ejerce el poder, claro está, pero no se manifiesta en un solo golpe nefasto. El aspirante a autoritario avanza gradualmente, paso a paso, erosionando. El esclavizado en ciernes retrocede de la misma manera, en un silencio inconcebible, abdicando de la responsabilidad que, si se ejerciera adecuadamente, lo convertiría en un ser noble y no en una bestia de carga voluntariamente sin voz. Eso es exactamente lo que le ocurre al Pinocho de Disney, por ejemplo, cuando deja que el falso diagnóstico de victimización neurótica lo exponga a las lisonjas de los delincuentes de la Isla del Placer. Al poco tiempo se ve reducido al estatus de burro que rebuzna, todo ello como antesala de su servicio en las minas de sal de los tiranos.

Generaciones enteras renunciando y abjurando de la responsabilidad dejan su huella. Los hábitos de los hombres libres desaparecen y emergen los del esclavo.

Moisés ha ofrecido la tierra prometida misma a sus compatriotas israelíes y futuros ciudadanos. El destino mismo puede parecer claro en un sentido puramente práctico. Moisés y su pueblo se disponen a ocupar la tierra de Canaán, que geográficamente no queda lejos. Pero espiritualmente se encuentra muy distante. En primer lugar, no hay nada paradisíaco, ni siquiera en una tierra frondosa y productiva, si la gente que la ocupa insiste en centrarse en sí misma, sin meta, dividida. En segundo lugar, a aquellos que muestran una actitud esclava y sin dirección puede llevarles una eternidad no llegar a ninguna parte. Vagar sin rumbo puede hacer interminable cualquier viaje, por breve que sea, si se emprende de manera práctica. Eso explica que, misteriosamente, los israelitas tarden tres generaciones en hacer un viaje que, en términos absolutos, es breve.

¿Qué es lo que debería guiar a aquellos que están perdidos tras sus desgracias? Dios se presenta ante los israelitas como lo que debería guiar adecuadamente a aquellos que van a la deriva y se encuentran justo al borde del desierto; a aquellos que se hallan en la frontera entre el orden que se ha vuelto rígido hasta convertirse en la tiranía y el caos del erial; a aquellos que están atrapados entre los ejércitos asesinos del Estado totalitario y la sangrienta incertidumbre del mar Rojo. ¿Cómo se da a conocer lo divino en esas circunstancias? Como columna de fuego en la negrura de la noche y como columna de oscuridad (nube) a la luz del día. Es una manera de presentarse que evoca el eterno juego de opuestos del que emerge el mundo mismo en el relato del Génesis;[51] una forma de representación que es análoga en todas partes y en todas las épocas.[52] Es lo divino que no es menos la interacción entre llamada y conciencia, el baile entre lo que nos llama y nos lleva hacia delante cuando las cosas son más oscuras y lo que nos advierte del peligro y de la oscuridad que aún amenazan cuando estamos expuestos a la luz y en el camino recto y estrecho. Esa es la función orientadora de la emoción misma, que nos guía a medida que nos abrimos paso hacia el futuro; la invitación que es emoción positiva ella misma (añoranza del hogar, excitación, curiosidad, el entusiasmo antes mencionado) y la precaución que es su equivalente negativo y su opuesto independiente (terror, pesar y dolor). Así pues, los que están perdidos y no pueden encontrar al Dios que guía han olvidado dónde mirar —a lo que llama eternamente a avanzar y avisa sensatamente—. Se trata de una manera fundamental, incluso instintiva, de conceptualizar la fuente del significado que nos guía. No está de más resaltar que se trata de una visión que los taoístas tradicionalistas del Lejano Oriente también exponen, en su lucha con los mismos problemas, y cabe resaltarlo porque el patrón de caracterización parece idéntico, a pesar de tratarse de una manifestación independiente. Y hay que verlo, como mínimo, como un caso profundo y revelador de evolución paralela, tanto natural como cultural.

El espíritu de la realidad misma, para los taoístas, se compone de la interacción eterna entre el caos y el orden, cada uno de ellos opuesto al otro y cada uno de ellos engarzado profundamente en el otro —y esa es la realidad de la experiencia, como tal, y no la realidad reduccionista del mundo material—. La imagen cósmica de los taoístas es la de dos serpientes invertidas la una con respecto a la otra, la una negra, que indica caos, oscuridad, confusión, posibilidad y noche; la otra blanca, que indica orden, luz, claridad, realidad y día. Sin embargo, encajada en la cabeza de cada serpiente figura un marcador de su opuesta: la serpiente blanca tiene un ojo negro y viceversa. Esa es la interacción eterna entre luz y oscuridad; y, más sutilmente, la aparición eterna de la luz incluso en la oscuridad y viceversa, un indicativo o representación del surgimiento de lo real y significativo a partir del ámbito de lo potencial, o posibilidad, en unión creativa con el principio o el espíritu que lucha con ese *tohu va bohu* y establece el orden que es bueno. Es precisamente en esa interacción y surgimiento donde Dios se manifiesta a los israelitas en el momento álgido de su problema, cuando más necesitados están de la guía de lo divino. Se requiere cierto grado de sofisticación conceptual para entender y representar esta dinámica, algo que no puede sorprender, dado que se trata de una representación de la realidad misma. El orden se entiende mejor no solo como orden mismo, ya establecido (como en la vara de Moisés), sino como el principio que da origen a ese orden y lo establece. El caos, por su parte (la serpiente de la vara), debe considerarse, de la misma manera, en su elemento dual: como potencial o posibilidad misma, así como el espíritu que desafía, alimenta, renueva o usurpa.

¿Qué más puede entenderse sobre el juego eterno del yin y el yang? Que la alfombra puede retirarse en cualquier momento; que el orden beneficioso y estable puede transformarse repentina y accidentalmente (o como consecuencia de una ceguera voluntaria) en absoluto caos y catástrofe. Existe cierto elemento arbitrario y aleatorio en la existencia, claro está, que es simplemente un hecho del potencial y de la posibilidad, pero el papel de la decisión consciente de hombres y mujeres en el surgimiento del caos nunca debe subestimarse ni minimizarse. Ese hundimiento suelen precipitarlo, directa o indirectamente, los «pecados del hombre», tal como hemos visto,[53] tanto si estos derivan del orgullo presuntuoso de Adán y Eva como de la incapacidad para ofrendar adecuadamente y la caída en el resentimiento características de Caín y sus descendientes, la deslealtad de Cam o las falsas celebraciones y metas de los ingenieros de Babel. Sin embargo, del lado positivo, ocurre que un nuevo orden puede surgir incluso en medio de una confusión y una incertidumbre extremas, de manera que todo lo que previamente se había establecido pueda restaurarse y añadirse algo adicional. Esa es la naturaleza del progreso que tiene lugar como resultado de la interacción del yin y el yang, la continua espiral ascendente en torno al tronco del árbol de la vida, el ascenso por la escalera de Jacob hacia las alturas mismas de los cielos, siempre en recesión.

Es la dinámica eterna de orden y caos la que construye el

mundo. Es la interacción entre lo que hemos llegado a entender y lo que aún no entendemos y quizá no entendamos nunca. Es la unión incomprensible del territorio que hemos dominado con aquel que aún no nos hemos encontrado y que no hemos explorado, o de lo que ya hemos conceptualizado con lo que por el momento se mantiene más allá de nuestra comprensión (e incluso lo que ya hemos llegado a dominar y a conceptualizar puede disolverse y se disuelve en lo desconocido cuando las cosas se desmoronan a nuestro alrededor). Ese es el mundo taoísta y bíblico, simultáneamente, y constituye una representación acertada de la realidad que realmente ha modelado nuestra adaptación —incluso si se considera en un sentido puramente biológico y evolucionista—. El hecho de que la realidad se estructure de esa manera es algo que, entre otras cosas, tiene un reflejo neurológico, indicativo profundo de su verdad. Ahondar en este hecho nos ayuda a establecer la validez de las representaciones simbólicas sometidas aquí a consideración y les proporciona un físico o cimiento análogos (en oposición a su descenso desde las alturas, por así decirlo).

El hemisferio izquierdo del cerebro no está especializado en lo lingüístico ni el derecho en lo no verbal, tal como suele sostenerse, sino en ocuparse de lo conocido y lo desconocido, respectivamente (siendo la división del trabajo dentro de lo lingüístico/no lingüístico un subconjunto de esa otra distinción más fundamental).[54] Esto implica de manera muy marcada, incluso desde una perspectiva materialista ascendente (en la medida en que se refleja en las consecuencias de la selección natural), que el cosmos es, de hecho, también una metáfora de lo desconocido y ajeno como tal, entrelazado en un baile musical con lo conocido y familiar. Lo que a su vez implica algo aún más fundamental: que el sentido no es un mero epifenómeno, una capa transitoria y mutable superpuesta a un sustrato material intrínsecamente carente de sentido, sino una manifestación de lo que es más real, instintiva y fácticamente (en la medida en que lo que es real y fáctico se ve reflejado en la organización de los confines más elevados de nuestros sistemas nerviosos). Nuestra propia fisiología lleva insertada la imagen implícita del mundo y nuestras psiques o almas, también. Somos verdaderos microcosmos, que reflejamos no solo el orden más profundo de las cosas, sino también el orden del espíritu mismo de las cosas.

Incluso el biólogo evolucionista Richard Dawkins, ateo, ha defendido exactamente esto mismo, manifestando de manera explícita no solo que «un organismo vivo es un modelo del mundo en el que vive»,[55] sino también todas las cosas siguientes:

> Pero empecé diciendo no que el cerebro de un animal contenga un modelo simulado de su mundo [...], sino que un animal es un modelo de su mundo. ¿Cuál es el sentido de tal afirmación? Una manera de abordarlo es darse cuenta de que un buen zoólogo, frente a un animal, si se le permite examinar y diseccionar su cuerpo con suficiente detalle, debería ser capaz de reconstruir casi todo aquello del mundo en que ese animal vivía. Más precisamente, reconstruiría los mundos en que vivían los antepasados de ese animal. Esa afirmación, claro está, se basa en la suposición darwiniana de que los cuerpos de los animales se ven en gran medida modelados por la selección natural.[56]
>
> La zoología del futuro [...] perfeccionará técnicas de combinación de fuentes de información y de análisis de sus interacciones, lo que dará como resultado inferencias de enorme poder. El ordenador, al incorporar todo lo que se conoce sobre el cuerpo del extraño animal, construirá un modelo del mundo de ese animal que rivalizará con cualquier modelo del tiempo meteorológico de la Tierra. A mí me parece que eso equivale a decir que el animal, cualquier animal, es un modelo de su propio mundo, o del mundo de sus antepasados.[57]

Si todo eso es verdad, ¿cómo puede el instinto que impulsa y guía el desarrollo —la intuición de una estructura y un avance con sentido— no ser un reflejo verdadero de la estructura del ser y del devenir; cómo va a ser menos que la imagen de Dios tanto en un hombre como en una mujer? En el mundo de la aprehensión existencial, en el mundo de la experiencia misma —y cómo puede haber siquiera, en principio, una realidad más fundamental—, es, eternamente, primero el sentido y después la materia. Y ese es el mundo mismo de la percepción, por más que digan los empiristas. Existen una gran cantidad de hechos, un exceso caótico de hechos, una abundancia incomprensible de hechos. La conciencia otorga valor a ese caos, lo somete, lo pone todo en su justo lugar y establece para siempre el orden de lo que es bueno.

En consonancia con esa conceptualización, Dawkins también destaca lo siguiente: «Podríamos decir que el sistema nervioso recurre a palabras breves, económicas, para transmitir mensajes que se dan con frecuencia y son esperados; palabras largas, menos económicas, para mensajes que se dan raramente y que no son esperados».[58] Esa eficiencia es una parte crucial del proceso de ordenamiento: parte de la manera en que nuestra capacidad lingüística establece las tradiciones y las presuposiciones fundamentales de sus patrones de representación. Lo que se manifiesta como evidente a lo largo del tiempo acaba codificado de manera cada vez más profunda, eficiente e inmutable. Esa es la vara misma de la tradición —la vara que hace brotar la vida cuando se planta en tierra; la vara en torno a la cual se retuerce la serpiente que cambia y varía eternamente—. Eso mismo parece ser cierto en el caso del código genético, que puede mutar aleatoriamente, pero que conserva lo que es fundamental y vital a pesar de esa aleatoriedad, reparando lo que es crucial con una precisión del cien por cien cuando se ve dañado por el proceso que impulsa la mutación, al tiempo que permite la necesaria experimentación en los márgenes.[59] La importancia de este descubrimiento relativamente reciente es inmensa, pues cambia nuestra manera de entender el desarrollo de la vida, la conservación de lo que es crucial y la variación que permite un cambio que es vital; por tanto, se trata de algo sobre cuya exposición regresaremos más adelante.[60]

Además, Dawkins —en la misma línea— señala que podemos simular el futuro, abstraer a partir de regularidades pasadas, y que lo hacemos en relatos, recurriendo a la imaginación.[61] Así, según este biólogo evolucionista y ateo, la estructura de la realidad se refleja en la imaginación y se presenta en forma narrativa. ¿Y por qué esa sentencia, de alguna manera, no afecta a las historias mismas sobre las que se asienta la totalidad de la civilización occidental? Abundando en la misma fuente: «La selección natural incorporó la capacidad de simular el mundo como es, porque era necesario para percibir el mundo».[62] ¿Sus conclusiones?

> Y una vez que la selección natural hubo construido unos cerebros capaces de simular ligeros alejamientos de la realidad en un futuro imaginado, floreció de manera automática otra capacidad emergente. Ya solo faltaba un pequeño paso para alcanzar los límites más desbocados de la imaginación revelados en sueños y en el arte, una vía de escape de la realidad mundana que no tiene límites obvios.[63]

Quizá, doctor Dawkins, no sea una vía de escape, sino que lo que se retrata y describe es la adaptación misma. ¿No se tratará, quizá, de un viaje que reproduce con precisión el de Abraham siguiendo la llamada del espíritu de la aventura, o el de Jacob, trepando por la escalera camino del cielo, o el de Moisés, contemplando las profundidades definitivas de la realidad? No es una vía de escape, en absoluto, salvo cuando es inmadura o patológica. Sí es un uso del poder de la imaginación —un uso del drama; un uso de la abstracción en las realidades trascendentes de la «ficción»— que permite una simulación que reemplaza cualquier cosa considerada imposible que la mera «percepción directa» (así llamada, aunque imposible en cualquier caso) pudiera ser capaz de manejar. ¿Son las abstracciones más o menos reales que los datos a partir de los cuales se extraen? Entonces, ¿qué hay de las matemáticas, señor, o del mundo eterno de las formas platónicas, o del hecho vital, necesario e irreemplazable del ideal[64] funcional[65] que es condición previa para toda percepción de los «datos sensoriales empíricos»?

Según esa misma lógica, el hecho de que la estructura psicológica y fisiológica subyacente de un ser humano sea la de una personalidad (esencialmente, una jerarquía de priorización de atención y acción, que en cada caso conlleva un carácter determinado) implica que el «entorno» al que esa personalidad se adapta —dicho de manera más precisa, de la cual es un «modelo»— sea también, en cierto sentido, real, una personalidad. Cabría objetar que eso no puede ser verdad de ninguna manera en el caso del mundo material, incluso si lo es en el caso del mundo social agregado al que toda persona está adaptada necesariamente y a partir del cual está modelada (esto sería la adaptación a la sociedad, como si hubiera una persona con la que debiera establecerse una relación). Quizá sea cierto, lo que significaría que el espíritu del corpus bíblico y, más en general, del ámbito mitológico «no es más que» el reflejo del ámbito de la interacción humana, pasada y presente. Sin embargo, dado que el ámbito social es, él mismo, necesariamente, una adaptación al mundo material subyacente, y por tanto un modelo de este, no estamos precisamente ante una reducción y mucho menos una reducción que, de manera fundamental, prescinda de la cuestión más profunda que aquí se aborda.

¿Por qué habríamos de presumir que el espíritu que da origen al ser y al devenir es algo muerto, inconsciente, sin meta y carente de identidad, cuando la adaptación a esa realidad ha requerido consciencia, teleología y propósito, así como personalidad? ¿Es el mero azar, o más aún, son las exigencias arbitrarias de la sociedad humana las que han organizado el mundo, de modo que algunos patrones de empeño moral propicien la vida (individual y comunal) y en cambio otros no? ¿O por el contrario ese no es, inevitablemente, un reflejo de las realidades subyacentes más profundas? Si el concepto de Dios como Personalidad opera, por así decirlo, con eficacia demostrada a lo largo del tiempo (de manera pragmática),[66] ¿por qué, entonces, no se contempla ese modelo como el más preciso? Todo ello teniendo en cuenta el hecho de que el Dios del corpus bíblico es, tal como se insiste constantemente en el texto y en la tradición, inefable y, en último término, ininteligible, que está fuera incluso de la naturaleza, incluso del tiempo y del espacio (Éxodo 3:4; Job 38-41; Isaías 55:8-9). Por eso, incluso los grandes profetas, incluido Moisés, no pueden ver de Dios más que su espalda, de pasada (Éxodo 33:17-23). Este misterio fundamental de lo divino no reduce significativamente la posibilidad de caracterización, pues de otro modo la adaptación misma, así como la comprensión, serían imposibles. Lo que, en cambio, sí parece ser verdad es algo mucho más parecido, o incluso idéntico, a la suposición axiomática judeocristiana, y la subsiguiente insistencia derivada, de que el orden cósmico está caracterizado por su Logos —su inteligibilidad— y que la mente y el alma humanas pueden y deben investigar, comprender y aliarse con ese orden intrínseco.

También es cierto que se puede negociar con el futuro (a través del sacrificio) y que los sacrificios adecuados (por lo general, de lo más estrecho a lo más amplio y del presente al futuro) pueden asegurar abundancia, seguridad y oportunidad en ese mismo futuro. La realidad se conceptualiza mejor como algo en relación con lo que los seres humanos existen y puede y debe conceptualizarse asemejándola o comparándola con una personalidad. En los textos bíblicos, nosotros estamos caracterizados como «imágenes» de Dios. Eso implica o señala que, sea lo que sea Dios, es más grande que una mera personalidad humana, pero a la vez algo que es al menos lo bastante similar como para que la idea de que nosotros somos reflejos de lo divino resulte válida. Y de ahí la «personalidad» de Dios.

El hecho de esa representación o conceptualización puede, una vez más, atribuirse al intento humano de caracterizar el metaespíritu de la humanidad misma (la necesidad de representar la exigencia existencial de negociar honrada y productivamente con otras personas, la necesidad de representar las consecuencias de esa negociación, tanto cuando son éxitos como fracasos).

Cabe insistir en que esa atribución no resuelve el problema. La humanidad misma en cuestión surgió del polvo del mundo, por así decirlo. Por tanto, parece razonable asumir que ese mismo polvo tenía, en su estructura y organización implícitas, el patrón que se refleja en el mundo social. ¿Por qué se insiste tanto en el hecho de que la realidad misma está muerta y es ciega, en cierto sentido definitivo, cuando los organismos que la habitan están vivos y ven? ¿No se trata más probablemente de una consecuencia de nuestra ignorancia con respecto a la naturaleza final de lo material y no tanto de una limitación impuesta por lo material sobre la naturaleza del ser? No es que entendamos de qué está hecho el mundo, materialmente, en ningún sentido «científico», ni de un reduccionismo simple. El polvo del que todos surgimos es inimaginable en su aspecto central. Los misterios del mundo cuántico lo han asegurado: lo que sea que se halla en el fondo de las cosas parece no menos incomprensible que cualquier espíritu, hipotético o no, que pueda caracterizar el cosmos. Y, quizá, nuestro materialismo reduccionista sea un reflejo de algo peor que la mera ignorancia: quizá insistimos en que el mundo está muerto e intrínsecamente carece de sentido para racionalizar nuestra nula disposición a aceptar la inmensa carga de oportunidad y obligación que exigiría una verdadera comprensión de nuestro lugar en un mundo realmente con sentido. Quizá el opio del pueblo no sea la religión; quizá, en cambio, el ateísmo racionalista y materialista sea el camuflaje de los irresponsables.

Regresemos a las inmediaciones de la historia que nos ocupa. Habíamos dejado a los israelitas justo en el momento en que habían partido con los tesoros abandonados por los despreocupados y moralmente invertidos egipcios, a punto de vivir su siguiente aventura, suspendidos entre la tiranía rígida, pétrea del faraón y su travesía desorientada, pero ascendente, por el desierto. Habían decidido arriesgarse a vivir la aventura del viaje hasta la tierra prometida bajo la guía proximal de Moisés y la distal de Dios; con todas sus pertenencias, sus familias y su ganado intactos (a pesar de la prohibición inicial del faraón, que les había denegado precisamente irse de ese modo). Quizá sienten que ya ha pasado lo peor. Pero cuesta mucho luchar contra la realidad del ayer y del hábito, como señaló en frase célebre el novelista estadounidense William Faulkner: «El pasado nunca muere. No es ni siquiera pasado».[67] El desesperado rey de Egipto, humillado por sus derrotas consecutivas, indignado por la pérdida de sus siervos y consternado por la muerte de su hijo, jura perseguir a «los hijos de Israel» (Éxodo 14:8) y despliega toda la fuerza de su ejército —«toda la caballería y los carros del faraón»— para hacerlo. Los israelitas se enteran. Aterrados, empiezan a dudar de la sensatez de su decisión:

> Cuando el faraón se hubo acercado, los hijos de Israel alzaron sus ojos y vieron que los egipcios venían tras ellos, por lo que los hijos de Israel clamaron a Jehová llenos de temor y dijeron a Moisés: «¿No había sepulcros en Egipto, que nos has sacado para que muramos en el desierto? ¿Por qué nos has hecho esto? ¿Por qué nos has sacado de Egipto? Ya te lo decíamos cuando estábamos en Egipto: "Déjanos servir a los egipcios, porque mejor nos es servir a los egipcios que morir en el desierto"».
>
> Éxodo, 14:10-12

Moisés reprende a sus timoratos seguidores, instándolos a tener fe en el espíritu que los ha arrancado de las manos de sus opresores. La columna de luz y oscuridad que guía al pueblo elegido cambia de posición y pasa a convertirse en un obstáculo para los egipcios que se aproximan. En ese punto, Moisés amplía su dominio sobre el agua:

> Pero Jehová dijo a Moisés: «Extiende tu mano sobre el mar, para que las aguas se vuelvan contra los egipcios, sus carros y su caballería». Moisés extendió su mano sobre el mar y, cuando amanecía, el mar se volvió con toda su fuerza; al huir, los egipcios se encontraban con el mar. Así derribó Jehová a los egip-

cios en medio del mar, pues al volver las aguas, cubrieron los carros, la caballería y todo el ejército del faraón que había entrado tras ellos en el mar; no quedó ni uno de ellos. En cambio, los hijos de Israel fueron por en medio del mar, en seco, y las aguas eran como un muro a su derecha y a su izquierda.

Éxodo 14:26-29

Los israelitas se encuentran entre la espada y la pared. El mar Rojo al que se enfrentan —y al que de igual modo se enfrentan los egipcios— es la eterna inundación de sangre, la confusión y el pandemonio engendrados por el peor de los Estados tiránicos. Pero ya no hay marcha atrás: los ejércitos del Estado egipcio se han desplegado de tal manera que la retirada resulta imposible. Solo cabe la decisión de orientarse a través de la sangre, la incertidumbre y la posibilidad que es el caos carmesí mismo; el intermediario temible y potencialmente mortal entre piedra y desierto. Moisés es el que encuentra tierra firme, paso a paso, cuidadosamente, guiado como está (como, en esa ocasión, lo están todos los israelitas) por el instinto mismo que nos orienta ante las incertidumbres de la vida. Su descubrimiento de una vía de salida es lo que todos buscamos cuando nos encontramos con lo desconocido después de haber abandonado la zona de confort, la familiaridad y la seguridad, por más falsos y tiránicos que fueran.

Nosotros no percibimos los objetos materiales muertos y sin sentido del mundo en su interminable multiplicidad, sino el camino que sigue hacia delante.[68] Si apuntamos hacia la verdad, el camino nos lo despeja precisamente el espíritu de lo que es más elevado, pues nuestras percepciones, patrones de atención y acciones vienen especificados por nuestras metas. El espíritu al que invocamos más verdaderamente es, inevitablemente, el espíritu que emerge para guiarnos. Se trata de algo que, además de metafísicamente, es verdad desde un punto de vista técnico. La percepción misma es algo motivado. El verdadero líder llama al espíritu eterno del ser y del devenir para que le especifique el destino. El camino a través de las aguas que de otro modo nos destruiría, se da así a conocer. Aparece la tierra firme mágicamente bajo nuestros pies a medida que avanzamos valerosamente, con fe —los ojos hacia el cielo—, hacia el destino prometido y correcto. Quienes, en cambio, están poseídos por el espíritu de sus propias maquinaciones se verán inundados, ahogados y destruidos.

Después, Moisés demuestra una vez más su dominio del elemento caótico (así como su capacidad para imponerse a la tiranía). Los israelitas se detienen a continuación junto a un pozo en Mara, después de tres días sin agua, pero resulta que el agua que brota de él es amarga. Dios, entonces, le muestra a su profeta un árbol, que este arroja al agua y le quita el amargor. ¿Qué significa eso? Que el auxilio brindado por el líder designado por Dios provee siempre de agua dulce. En el Evangelio de Juan (4:10) se cuenta, de manera similar, la historia del encuentro de Cristo con una samaritana (o extranjera) junto a un pozo. Ella le pide que le dé de beber. «Respondió Jesús y le dijo: "Si conocieras el don de Dios, y quién es el que te dice: 'Dame de beber', tú le pedirías y Él te daría agua viva"»». De manera similar, pero más extensa, en Apocalipsis 21:5-6 se anuncia un nuevo cielo y una nueva tierra (esto es, la recreación del orden cósmico):

> El que estaba sentado en el trono dijo: «Yo hago nuevas todas las cosas». Me dijo: «Escribe, porque estas palabras son fieles y verdaderas». Y me dijo: «Hecho está. Yo soy el Alfa y la Omega, el principio y el fin. Al que tiene sed, le daré gratuitamente de la fuente del agua de vida».

El agua proporcionada por aquellos que se rigen por los dictados del Dios de Abraham e Isaac es el agua siempre asegurada y que sacia a aquellos que tienen «sed de justicia» (Mateo 5:6). El individuo que se sacrifica voluntariamente, en quien se basa más realmente la comunidad —la estabilidad del presente y la promesa de futuro—, también es la fuente del agua que no se agota y que fluye incluso en el desierto. Se trata de una *metaagua*, de un reflejo del proceso ético o modo de ser por el cual el líquido que nutre tanto concreta como espiritualmente es arrancada eternamente de la matriz material intransigente. Es mejor excavar un pozo que beber. Es mejor saber cómo cooperar y competir productiva y generosamente que excavar un pozo. Es incluso mejor apuntar hacia arriba y decir la verdad que planear cooperar y competir productiva y generosamente, entre otras cosas porque para planificar con éxito hace falta un resultado concreto y definido y no una fe elevada en que el amor y la conducta honrada darán como resultado lo que es mejor, independientemente de la consecuencia evidente.

Cuando llevan dos meses y medio en el desierto, los israelitas, una vez más, pierden la fe y se cuestionan, se quejan y critican burlones, resentidos:

> En el desierto, toda la congregación de los hijos de Israel murmuró contra Moisés y Aarón. Los hijos de Israel les decían: «Ojalá hubiéramos muerto a manos de Jehová en la tierra de Egipto, cuando nos sentábamos ante las ollas de carne, cuando comíamos pan hasta saciarnos, pues nos habéis sacado a este desierto para matar de hambre a toda esta multitud».

> Éxodo 16:2-3

Triste, sí; pero habían adquirido los hábitos de los esclavos. Sacudirse las responsabilidades forma parte de la esclavitud voluntaria y constituye una condición previa para dominar mediante la tiranía. Eso significa abandonar el deber de reflejar la imagen de Dios, de enfrentarse al caos y al orden patológico y de renunciar a la aventura y al sentido que sostiene durante las crisis. Por así decirlo, el precio pagado por no ser capaz de cargar con la cruz es el sacrificio de la relación con lo que es verdaderamente más elevado y la debilidad consiguiente ante las crisis de la vida.

Dios informa a Moisés de que proporcionará maná del cielo y carne de la tierra. Así, los israelitas se ven provistos tanto de alimento espiritual (el pan que viene de las alturas) como material (en forma de las codornices que se congregan en torno al campo por la tarde). En términos imaginativos, es indicativo del hecho de que la provisión, en el erial, depende tanto de lo que importa (que es el patrón celestial del sentido) como de la materia misma (que es la abundancia de la tierra en el sentido más concreto). A los israelitas se les ordena que no recojan más sustento del que necesitan cada día y que confíen enteramente en Dios mientras avanzan por el desierto. Se trata de una indicación que antecede, o que es una variante, del mandato posterior que figura en el Evangelio: «Así que no os angustiéis por el día de mañana, porque el día de mañana traerá su propia preocupación. Basta a cada día su propio mal» (Mateo 6:34). Al mismo tiempo, Dios pide a los israelitas que tomen una vasija y que almacenen parte del maná en él para que generaciones futuras puedan verlo (Éxodo 16:32). Es una indicación poética de que para el mantenimiento de la sociedad misma hace falta que esta recuerde el «alimento espiritual» que la nutrió; que lo guarde, que lo preserve y que lo transmita; que lo coloque en un cofre del tesoro para que todo el mundo lo sepa y recuerde su existencia, de manera que la tradición misma se convierta en el almacén del valor eternamente nutritivo que desciende del cielo.

Es en este punto cuando se nos informa de que los israelitas están destinados a vagar durante cuarenta años —tres generaciones—, alimentándose de maná y codornices, antes de entrar en la tierra prometida (Éxodo 16:35). ¿Se tarda tanto en erradicar los hábitos de la esclavitud? Una transformación tan completa bien podría ser una empresa multigeneracional. Y aún un misterio más: la propia tierra, Canaán, ya está habitada. Eso plantea la siguiente pregunta: un Dios justo y misericordioso, ¿ofrecería una tierra ya ocupada a un pueblo nuevo? La respuesta, quizá, es esta: los que se organizan ellos mismos, psicológica y comunalmente, en una jerarquía de orden adecuadamente divino, triunfarán inevitable y finalmente sobre quienes no lo hacen. Hay que tener en cuenta que los cananeos son los descendientes de Caín, el pueblo resentido, adorador rencoroso de falsos ídolos, hedonista y sediento de poder. La entrega de Canaán a quienes verdaderamente luchan con Dios es el triunfo inevitable y prometido de todos los que emprenden la senda aventurera y realizan los sacrificios adecuados que constituyen la auténtica madurez, la orientación hacia el futuro y el ser social productivo.

Cuando los israelitas se quedan sin agua, vuelven a mirar hacia atrás una vez más —hacia Sodoma, por así decirlo—, añorando las comodidades de la tiranía egipcia y sumando a esa hipocresía otra letanía de quejas. Dios ordena a Moisés que golpee la peña de Horeb con su vara, cosa que hace, y de ella fluye agua. Se trata de algo que evoca momentos anteriores, en varios planos: Moisés, anteriormente, ha vencido el rígido y pétreo reino de Egipto con su vara de transformación, que es a la vez árbol de la vida y serpiente. Ahora, en el desierto, hace lo mismo en unas condiciones diferentes, invocando lo que es necesario para la vida a partir de unos elementos estériles y faltos de vida. Esa nota narrativa también sirve para reafirmar su identidad y estatus como señor del agua eterna. Horeb también es el Sinaí, como se ha indicado anteriormente —la montaña sagrada que conecta la tierra con el cielo; el *axis mundi* en torno al cual giran todas las concepciones y el mundo entero; la vara de la tradición que ancla y establece; el centro de todo el orden que es bueno o bueno en gran manera. Es siempre ahí donde el cielo desciende para besar la tierra donde brota el agua que aplaca la sed. Eso es exactamente lo que ocurre cuando la llamada se da a conocer, cuando se materializa una nueva revelación y cuando ocurre algo verdaderamente significativo. Todo ello, materialmente hablando, es una manifestación del instinto que nos llama a transformarnos ascendiendo y a desarrollarnos de una manera que es la auténtica aventura redentora de la vida.

Poco después, los israelitas se enfrentan a una amenaza seria. Son atacados por los amalecitas, una tribu nómada. Moisés se sube a un monte cercano y blande la vara mágica de su autoridad divina —la varita mágica de Gandalf y de Dumbledore, el cayado de pastor de David, el sable de luz de Obi-wan Kenobi, la lanza de Odín que nunca falla el blanco, la bandera que convoca a las tropas, la rama que convierte en dulce el agua amarga, el árbol mismo de la vida—. Mientras el profeta sostenga en alto la vara, los israelitas vencerán. Esto refleja la necesidad del centro como estándar unificador y motivador, sobre todo para los que están en crisis. Se trata del ideal platónico que otorga forma necesaria y celestial incluso en medio del caos carmesí. Cuando Moisés se cansa y, sin querer, baja la vara, los saqueadores, los amalecitas ganan terreno.

Por suerte, el profeta había escuchado a Dios y se había aliado con compatriotas fuertes y fiables. Cuando es incapaz de mantener en alto sus propias armas y su vara mágica, Aarón, su hermano y brazo político, así como Hur, un nuevo aliado, lo ayudan para que mantenga su postura alentadora y fiel. Hur aparece como representante del hombre normal que es de fiar: el buen ciudadano que asume su responsabilidad de esa manera corriente pero absolutamente necesaria que milagrosamente demuestra la inmensa mayoría de la gente que cumple bien con su trabajo, a pesar de las dificultades de su vida. Su nieto, Bezaleel, manteniendo su admirable linaje, será ensalzado más tarde por sus aptitudes y por su inspiración divina cuando se construya el tabernáculo (Éxodo 31-5, Éxodo 35:30-35). Ese tema de la ayuda al líder es otro indicador del principio de subsidiariedad: ni siquiera el líder más capaz puede sostener él solo la tradición y las prácticas que protegen y guían. Los tres mantienen alta y ondeando la bandera, por así decirlo, del alba al ocaso y los israelitas vencen.

7.6. El Estado subsidiario como alternativa a la tiranía y la esclavitud

Poco después de la batalla contra los amalecitas, Jetro, el suegro de Moisés, vuelve a entrar en escena (Éxodo 18). Primero, los dos se encuentran y se saludan con afecto; Jetro percibe y comenta todos los progresos positivos conseguidos por los que habían sido siervos de los egipcios y por el yerno, que es su líder. A continuación, los dos juntos rinden culto a Dios —toda una transformación para Jetro, que era sacerdote en Madián—. Al parecer, ver todos los cambios milagrosos obrados en el destino de Moisés y su pueblo lo lleva a unir su meta a la de la familia y el pueblo que está visitando. A continuación, Jetro observa a Moisés en su recién adquirido papel de juez de los israelitas. Se trata de algo que ellos mismos le han pedido, en principio, a causa de su capacidad profética. El pueblo de Moisés sigue siendo un grupo desunido, centrado en sí mismo, sin fe, dado a las disputas, incapaz y, lo que es más significativo, reacio a mediar en sus propias disputas, esto es, reacio a asumir la responsabilidad de gobernarse a sí mismo. En su inmadurez, ha prescindido de la obligación de profundizar en la estructura de la moral y ha desaprovechado la oportunidad de aprender por sí mismo lo que constituye la conducta apropiada.

Cuando dos personas mantienen una disputa, cada una de ellas puede aprovechar la ocasión para adivinar qué opción futura —qué equilibrio entre justicia y misericordia— podría ser considerada por las dos partes como solución satisfactoria. La disputa aparece cuando la estructura de sentido que una persona usa para orientarse y avanzar entra en conflicto con los dictados de la estructura usada por otra. Ello genera un choque entre dos jerarquías de valores o principios. De ese choque puede surgir un principio o un valor unificador más profundo, pero solo si el conflicto se aborda de manera directa y posteriormente se juzga limpiamente. Existir de acuerdo con ese principio unificador emergente implica sacrificar el interés propio, corto de miras, para posibilitar tanto la comunidad como el trabajo que integra el presente y el futuro cuando se lleva a cabo de manera óptima.

La justicia de un juicio dado, aportado como consecuencia de un conflicto, puede determinarse por el grado de aceptación de la solución para las partes implicadas. El juicio suplantará el conflicto si se considera justo —preferible a las complejidades y problemas del atolladero del momento—. En consecuencia, se restablecerán la paz y la posibilidad de cooperación. Un mal juicio (que incluye aquel que es impuesto por la fuerza o por decreto) solo asegura que el conflicto continuará, incluso (y a menudo) con diferente apariencia. El verdadero juez debe llegar a entender profundamente la naturaleza de la moral que lleva la paz, la armonía y la productividad a su pueblo. Los israelitas entregan a Moisés la autoridad para abordar sus propios problemas y este se queja del peso de la tarea encomendada. Toda esa responsabilidad delegada le parece sencillamente excesiva. Jetro lo observa desde su posición de extranjero benevolente y objeta:

> Aconteció que al día siguiente se sentó Moisés a juzgar al pueblo; y el pueblo estuvo delante de Moisés desde la mañana hasta la tarde. Al ver el suegro de Moisés todo lo que él hacía por el pueblo, le preguntó: «¿Qué es esto que haces tú con el pueblo? ¿Por qué te sientas tú solo, mientras todo el pueblo permanece delante de ti desde la mañana hasta la tarde?». Moisés respondió a su suegro: «Porque el pueblo viene a mí para consultar a Dios. Cuando tienen algún pleito, vienen a mí; yo juzgo entre el uno y el otro y declaro los preceptos de Dios y sus leyes». Entonces el suegro de Moisés le dijo: «No está bien lo que haces. Desfallecerás del todo, tú y también este pueblo que está contigo, porque el trabajo es demasiado pesado para ti y no podrás hacerlo tú solo».

> Éxodo 18:13-18

Tres grupos de peligros acechan en esta situación, cada uno de ellos materializado a un nivel diferente de la jerarquía psicológica y social. En primer lugar está el peligro planteado a los israelitas, tanto cultural como individualmente, por la decisión de abandonar la responsabilidad de mantener en orden sus propios asuntos personales. Esperan sacudirse esa carga hipotética (que, en realidad, es una oportunidad en sí misma), pero al hacerlo se condenan a sí mismos a una dependencia despreciable y contraproducente y renuncian a los beneficios de la madurez. Coquetean con el rechazo de su destino y prefieren trasladar esa obligación a un elemento superior de la jerarquía social y seguir siendo inmaduros, infantiles, estrechamente centrados en ellos mismos, resentidos, burlones, incoherentes, perdidos y divididos. El segundo peligro es el del restablecimiento de la tiranía. La elevación de su profeta a estatus de juez lo deja a un paso de su coronación como rey, de sustituir al faraón y de exponer a los israelitas a todos los peligros de los que acaban de escapar.

Resulta muy fácil que un rey se convierta en monarca absoluto y en un monarca absoluto a la cabeza de un régimen autoritario, dinástico, degenerado. Es así como los irresponsables y propensos a la esclavitud invocan a los tiranos sedientos de poder. En tercer lugar está la amenaza psicológica relacionada que acecha a Moisés; la tentación de la egolatría y el orgullo. Elevado sobre sus compatriotas por su misma falta de disposición a asumir su responsabilidad, Moisés, henchido de orgullo, muy bien podría empezar a tenerse en muy alta consideración y sentirse en la tentación de ejercer su autoridad en forma de imposición y poder. De hecho, esa es su mayor tentación, tal como se representa en el texto bíblico una y otra vez. Moisés muestra la propensión del líder a emplear la fuerza más allá de lo necesario, cuando en realidad la invitación y la persuasión bastarían. Es algo que le ocurre, por ejemplo, cuando mata al egipcio que golpea al esclavo hebreo (Éxodo 2:11-12); cuando permite la muerte de los tres mil tras los excesos del becerro de oro (Éxodo 32:27-28); y después de la rebelión de Coré, cuando la tierra se abre y se traga a los usurpadores (Números 16). Esa tendencia está tan marcada que se pone en evidencia incluso cuando Dios le indica explícitamente lo contra-

469

rio, como ocurre en Números 20:1-13 con el incidente en las aguas de Meriba, donde Moisés recurre a la fuerza de su autoridad para ordenar a las rocas que den agua, cuando había sido instado a recurrir a sus palabras mágicas.

Así pues, la invitación a convertirse en juez le plantea a Moisés el riesgo de hinchar mucho su ego, de limitarse a sí mismo[69] —amenaza la integridad de su alma, porque le permite atribuirse a sí mismo los logros o los talentos de una autoridad que en realidad le ha sido delegada como profeta de Dios—. Estamos ante el espantoso camino de los hipócritas religiosos, de los que usan el nombre de Dios en vano (Éxodo 20:7) y de los que rezan en público (Mateo 6:5-6) por el beneficio social que supone que los vean haciéndolo: la manera de ser de los fariseos. No hay duda de que ese ofrecimiento de convertirse en tirano resultaría tentador, en líneas generales, a la muchedumbre problemática a la que Moisés intenta guiar hasta la tierra prometida. De hecho, los israelitas manifiestan reiteradamente su nostalgia de los viejos tiempos, de la vara de hierro del faraón, al tiempo que lamentan su terrible libertad (Éxodo 16:2-3; Números 11:4-6). Convertirían a Moisés en un nuevo tirano en un abrir y cerrar de ojos si al hacerlo consiguieran aliviar la carga de su destino independiente. Asimismo, rara es la persona que puede negarse, y se niega, a aceptar la ovación que las masas le ofrecen por iniciativa propia —«¿quién soy yo para objetar cuando todos me aclaman para que sea el salvador?»—, incluso cuando esa oferta se hace como soborno planteado por aquellos que desean renunciar a su propia soberanía y responsabilidad personal.

Jetro discrepa y lo hace de manera nada ambigua, una manera cuyo eco resuena a lo largo de los siglos. Recomienda a Moisés que devuelva la responsabilidad cedida, que enseñe a su pueblo a resolver sus propios problemas, que medie en sus propias disputas y que se gobierne a sí mismo:

Oye ahora mi voz: yo te aconsejaré y Dios estará contigo. Preséntate tú por el pueblo delante de Dios y somete tú los asuntos a

Dios. Enséñales los preceptos y las leyes, muéstrales el camino por donde deben andar y lo que han de hacer.

Éxodo 18:19-20

Se trata de un consejo saludable, desde el punto de vista psicológico, para los propios israelitas, además de algo que alivia la carga de Moisés y reduce la tentación de poder que se le pone delante. Jetro insta a su yerno a que enseñe a su pueblo para que este se convierta en portador de su propio destino y autor de su propia suerte. Sus palabras son extremadamente prácticas y pueden aplicarse de inmediato:

Además, escoge tú de entre todo el pueblo a hombres virtuosos, temerosos de Dios, hombres veraces, que aborrezcan la avaricia, y ponlos sobre el pueblo como jefes de mil, de cien, de cincuenta y de diez. Ellos juzgarán al pueblo en todo tiempo; todo asunto grave lo traerán a ti y ellos juzgarán todo asunto pequeño. Así se aliviará tu carga, pues ellos la llevarán contigo. Si esto haces y Dios te lo manda, tú podrás sostenerte y también todo este pueblo irá en paz a su lugar.

Éxodo 18:21-23

Esta idea de una jerarquía necesaria de orden y responsabilidad ha inspirado a las instituciones comunitarias más operativas del presente, donde es bien visible. Por ejemplo, en Occidente contamos con la estructura subsidiaria de los tribunales de justicia, en que los juzgados de primera instancia dictan sentencias sobre cuestiones de importancia local y específica y los tribunales superiores intervienen cuando hacen su aparición disputas más fundamentales o cuando las decisiones de la primera instancia son consideradas injustas por las víctimas, los acusados o las acusaciones. Las acciones posteriores emprendidas por Moisés constituyen el prototipo de esas disposiciones.

Oyó Moisés la voz de su suegro e hizo todo lo que él le dijo. Escogió Moisés hombres de virtud de entre todo Israel y los puso sobre el pueblo como jefes sobre mil, sobre cien, sobre cincuenta y sobre diez, los cuales juzgaban al pueblo en todo tiempo. Los asuntos difíciles los traían a Moisés y ellos juzgaban todo asunto pequeño.

Éxodo 18:24-26

Una vez cumplida su misión, Jetro regresa a su casa: «Luego Moisés despidió a su suegro y este se fue a su tierra» (Éxodo 18:27).

La importancia de estos dos microrrelatos es mucha. El primero se concentra en cuestiones más psicológicas y tiene que ver con dos suposiciones entrelazadas según las cuales un pueblo capaz de gobernarse a sí mismo debe estar lo suficientemente educado como para poder abordar la tarea y que es el deber del líder justo y soberano asegurar la provisión de esa educación. El segundo se centra en lo social y describe la creación de una jerarquía de responsabilidad distribuida. Esa nueva organización es la alternativa eterna tanto al erial anárquico habitado por esclavos en el desierto como a la tiranía del miedo, la fuerza, la obligación y el poder duro, arbitrario y regido por el capricho. Un pueblo auténticamente responsable no necesita —y no soportará— a ningún autócrata. Un pueblo verdaderamente responsable asumirá su propio liderazgo y así se protegerá del sometimiento esclavista, y de la desesperanza y el nihilismo del caos del desierto. Una ciudadanía educada, responsable, prescinde de hábitos esclavos, adopta el marco mental de la verdadera madurez, se fija en lo mejor del pasado para guiarse en el futuro y se olvida de su propio sino.

Asimismo, constituye una verdad paradójica que cargar voluntariamente con esa precisa responsabilidad de autogobierno confiera a la vida el sentido que también mantiene viva la esperanza y la desesperación a raya, incluso durante épocas de conflicto, cuando la mera felicidad queda fuera de alcance. Ese cargar con la responsabilidad es, una vez más, la aventura transformadora de Abraham (de Jacob; de los israelitas mismos, de los futuros seguidores de Cristo). No hay nada «moralmente relativo» en todo ello: la adopción de la responsabilidad por uno mismo y por la gobernanza común equivale a ser adulto, equivale incluso a la integración neurofisiológica o madurez que, en su grado más elevado, incluye una individualidad que es previsora, sacrificial, autónoma, hospitalaria, productiva, generosa y apropiadamente comunitaria.

Las dos innovaciones sugeridas por Jetro y aplicadas por Moisés se refuerzan mutuamente y además constituyen una alternativa a la tiranía y la esclavitud. Las personas educadas y responsables serán jueces más capaces, mientras que la jerarquía capacita a aquellos dispuestos a educarse cada vez más profundamente y asumir más responsabilidades en su ascenso, progresivamente, hacia la cúspide de Moisés; hacia Dios mismo, más arriba. Es una jerarquía de competencia y capacidad, y no tanto de poder y fuerza; de esa competencia, en el caso del juicio, adjudicada por los iguales de los aspirantes a jueces —así como por los beneficiarios de las decisiones de los jueces—, que escogen de entre los rangos inferiores a aquellos que deben ascender. Las decisiones de una autoridad competente serán aceptadas voluntariamente (incluso con alivio) por aquellos directamente concernidos, que a su vez no solo se someterán a los autores de esas decisiones, sino que trabajarán activamente para apoyarlas y respetarlas. Es esa autoridad competente la que hace innecesaria la tiranía; es esa autoridad competente la que, con sus características definitorias y sus principios, es criticada despectiva y duramente en épocas de incertidumbre cultural («la muerte de Dios») precisamente por aquellos que gobernarían tiránicamente si pudieran aprovechar la ocasión. Es también la autoridad competente la que elimina la esclavitud misma, al exigir el desarrollo de actitudes y hábitos de autogobierno a todos los niveles de la inevitable jerarquía social.

El principio de subsidiariedad que se desarrolla en este relato —un principio de responsabilidad descentralizada, distribuida, jerárquica, como alternativa al orden patológico de la tiranía o el caos del desierto— afirma que debe delegarse tanta libertad y responsabilidad como sea posible a través de la cadena de mando, en sentido descendente, del que está más arriba al que está más abajo, de manera que aquel no presuma ni abarque demasiado y este no abdique de la responsabilidad que genera un sentido que sostiene y una madurez que sacrifica. Los niveles superiores de una jerarquía dada deberían tomar decisiones o, incluso, proporcionar guía, solo cuando a los individuos y los grupos más locales a los que pertenecen (parejas, familias, empresas, pueblos y ciudades, e incluso Estados más localizados) les resulte imposible hacerlo en sus entornos más locales, particularizados y que, por lo general, cuentan con informaciones más específicas. Cuando los individuos consultan sinceramente su conciencia y formulan sus propias metas, unifican lo que de otro modo podría ser una multiplicidad intrapsíquica inconexa. Cuando lo hacen así, se abren a recibir una revelación de motivación. También acaban de decidirse sobre aquello que están dispuestos a priorizar, celebrar o venerar y aquello a lo que están dispuestos a renunciar en su búsqueda. Esa determinación unida es la base misma de una estabilidad emocional deseable (libre de dolor, de culpa, de tristeza y de angustia) y de la resiliencia que, como consecuencia de ella, la acompaña.[70]

Los individuos verdaderamente motivados a los que se permite la oportunidad de organizar su destino —o, mejor aún, a los que se anima para que lo hagan— pueden negociar de buena fe con aquellos con quienes tratan de manera más directa (sus cónyuges, hijos, socios de empresa y vecinos), a fin de generar las alianzas o los acuerdos contractuales cada vez más elevados que, con mayor eficacia, establecen una sociedad productiva, generosa, segura y llena de sentido. Los individuos que se responsabilizan de sus propias vidas pueden negociar con eficacia y honradez para llegar a acuerdos que unifiquen su visión de futuro y su propósito. Eso lleva a quienes lo hacen a resultar predecibles y comprensibles los unos para los otros, además de generar las relaciones útiles y positivas que se definen a partir de una meta mutua. La gente que comparte realmente una visión, que se siente motivada para cargar con la responsabilidad necesaria para materializarla, podrá cooperar después y competir pacíficamente dentro de un marco de desarrollo cercano[71] establecido por dicha visión y de tal manera que facilite la ganancia mutua posibilitada por la división voluntaria del trabajo (o, por conceptualizarlo mejor, por el intercambio de habilidades especializadas), así como por el comercio voluntario, lo cual significa que a los que actúan en instancias superiores y niveles más abstractos de gobernanza les quedará lo menos posible por hacer. Los árbitros son apenas necesarios en partidos en los que nadie siente la motivación de hacer trampas.

Por esas razones, quienes se rigen por el principio de subsidiariedad en asuntos políticos insisten en que los Gobiernos deben abstenerse de usurpar funciones psicológicas o sociales que podrían ser gestionadas por personas, parejas, familias, empresas o cualquier otra institución local. Otra razón es que la información necesaria para actuar con eficacia se atenúa a medida que aumenta la distancia con respecto a las personas encargadas de resolver un problema. Los informes de primera mano son más fiables que los de segunda mano y estos más fiables que los de tercera mano. A medida que la información se propaga de manera ascendente por la jerarquía de la responsabilidad, la cantidad de ruido de fondo aumenta de manera casi inevitable y la capacidad de los niveles superiores para asegurar la forma deseada de atención o acción en los inferiores disminuye. Los ejecutivos de las empresas de la torre de Babel pierden de vista lo que saben de sus clientes, los ingenieros que crean sus productos, y los comerciales y técnicos de *marketing*. Si existen demasiados niveles intermedios de comunicación, cada uno de ellos aportará su propio sesgo al proceso de información-propagación, por lo que la cabeza podrá perder por completo la pista de lo que las manos y los pies hacen en realidad. Ese es uno de los problemas fundamentales del gigantismo. Por tanto, el poder (no: la autoridad) debería traspasarse a los actores inferiores y más locales posibles de un juego que es complejo.

Por paradójico que parezca, esta devolución y esta distribución de la responsabilidad son precisamente las que permiten a todos los que son realmente capaces de generar una visión colectiva unificadora, extrapolando y generando estrategias a largo plazo, hacerlo así: si los líderes de una empresa dada exigen a quienes trabajan para ellos requisitos y responsabilidades que les planteen desafíos, aquellos, a su vez, quedarán liberados para operar a los niveles más elevados de abstracción y desarrollo que sean capaces de gestionar personalmente. Se trata de un buen trato para todos, cuando es algo que se hace bien; cuando se hace en un estado lúdico.[72] Las fórmulas más explícitamente políticas de la subsidiariedad (que bebían de lo que aún queda implícito en el relato de Éxodo, o que se representan de manera teatral en este) las desarrolló Tomás de Aquino, el teólogo católico que insistía en que la función adecuada de cualquier poder superior era ayudar al inferior, no suplantarlo.[73]

El desarrollo de la idea de subsidiariedad como dogma del pensamiento social católico se inspiró en la obra de Wilhelm Emmanuel von Ketteler, obispo de Maguncia, a mediados o finales del siglo XIX. La idea la presentaron de manera más elaborada otros pensadores de tradición católica, como Luigi Taparelli d'Azeglio, que acuñó el término *subsidiariedad* en el siglo XIX.[74] La Iglesia católica adoptó formalmente el principio de subsidiariedad durante el papado de León XIII, en la encíclica *Rerum novarum* (1891), y lo propagó y lo desarrolló más ampliamente en la encíclica *Quadragesimo anno* el pontífice Pío XI, que lo formuló así: «Como no se puede quitar a los individuos y dar a la comunidad lo que ellos pueden realizar con su propio esfuerzo e industria, así tampoco es justo, constituyendo un grave perjuicio y perturbación del recto orden, quitar a las comunidades menores e inferiores lo que ellas pueden hacer».[75] El principio de subsidiariedad sirve como una de las tres piedras angulares de las enseñanzas sociales católicas, junto con el énfasis en la dignidad y la solidaridad humanas.[76]

Posteriormente, pensadores más seculares y puramente políticos, como el economista alemán Wilhelm Röpke, han defendido que ese mismo principio podía y debía usarse para conceptualizar y dar forma a estructuras gubernamentales y económicas.[77] Asimismo, fue fervientemente defendido por el economista angloaustríaco Friedrich Hayek.[78] De manera similar, los fundadores de Estados Unidos consideraban que la autoridad residía principalmente en el individuo, después en la familia, la ciudad, el condado, el estado y, después y solo entonces, en el Gobierno federal. Esa actitud moral queda reflejada en la décima enmienda a la Carta de Derechos de Estados Unidos, que declara explícitamente: «Los poderes que la Constitución no delega en los Estados Unidos ni prohíbe a los estados quedan reservados a los estados respectivamente o al pueblo».[79] La idea de responsabilidad y organización subsidiaria también quedó incorporada a los tratados fundacionales de la Unión Europea,[80] aunque un escéptico podría plantear que la tendencia centralizadora de esa organización ha llegado a ser tan fuerte que se infringe con más frecuencia que honor. Estos conceptos han ejercido y siguen ejerciendo una poderosa influencia en pensadores políticos, principalmente en el campo conservador.[81]

Inmediatamente después del establecimiento de esta estructura de subsidiariedad, los israelitas viajan hasta la ladera del monte Sinaí, el lugar eterno en que la tierra asciende hasta el cielo y lo celestial entra en contacto con lo terrenal y lo material. Dios ordena a Moisés que informe a los hijos de Israel de lo siguiente:

Vosotros visteis lo que hice con los egipcios y cómo os tomé sobre alas de águila y os he traído a mí. Ahora, pues, si dais oído a mi voz y guardáis mi pacto, vosotros seréis mi especial tesoro sobre todos los pueblos, porque mía es toda la tierra. Vosotros me seréis un reino de sacerdotes y gente santa.

Éxodo 19:4-6

477

Los israelitas han seguido al líder apropiado, han manifestado la fe apropiada en los principios más elevados y se han organizado en una jerarquía responsable. Así pues, ya están preparados para algo más profundo: la revelación de los principios explícitos mismos del orden sostenible. Resulta apropiado que sea Moisés el que reciba la revelación. Él ha seguido con fe el camino de la zarza ardiente, ha hecho caso de aquello que se resiste a la tiranía y da el sustento en los eriales desérticos y ha meditado profundamente sobre la naturaleza de la justicia y su interacción con la misericordia. Así pues, el gran profeta de Dios se ha preparado para adquirir el conocimiento de la ley misma.

7.7. Los mandamientos como revelación explícita de la costumbre

Dios ordena a Moisés que pida a su pueblo que se lave la ropa y se santifique en preparación para la aparición de lo divino en los confines superiores de la montaña sagrada:

> Moisés sacó del campamento al pueblo para recibir a Dios y ellos se detuvieron al pie del monte. Todo el monte Sinaí humeaba, porque Jehová había descendido sobre él en medio del fuego. El humo subía como el humo de un horno y todo el monte se estremecía violentamente. El sonido de la bocina se hacía cada vez más fuerte. Moisés hablaba y Dios le respondía con voz de trueno. Descendió Jehová sobre el monte Sinaí, sobre la cumbre del monte. Llamó Jehová a Moisés a la cumbre del monte y Moisés subió. Jehová dijo a Moisés: «Desciende y ordena al pueblo que no traspase los límites para ver a Jehová, porque caerán multitud de ellos».

Éxodo 19:17-21

¿Por qué habría de resultar mortal un encuentro directo con Dios? Bíblicamente hablando, es algo que puede entenderse por referencia, por ejemplo, al querubín con la espada encendida que, como ya hemos visto y comprendido, «se revuelve por todos los lados» (Génesis 3:24) para poder cortar y quemar todo lo que no es aceptable en el reino de los cielos.[82] Nada que sea imperfecto puede existir en los confines más elevados del camino recto y estrecho. Se trata de una máxima que resulta muy difícil para los pecadores y los descarriados. Si las criaturas tristes que desean aproximarse a lo más elevado han practicado el engaño y, en consecuencia, han encarnado mucho de lo que no está bien, de lo que no es bueno, es posible que no quede gran cosa de ellas una vez que la espada haya hecho su trabajo. ¿Es la intensidad del fuego del infierno proporcional a la distancia que se ha establecido voluntariamente entre el pecado y Dios? ¿Es la temible y rápida espada de lo divino algo que experimentan como las llamas de la perdición misma aquellos que se han dedicado a rechinar los dientes en la oscuridad exterior? Algo por el estilo parecen deducir tanto Dante como Milton, de los que deriva gran parte de nuestra concepción del infierno como lugar del que, en los textos bíblicos, no se dice prácticamente nada.

¿Cómo podría entenderse concretamente —material, psicológica y biológicamente— este daño relacionado con el contacto con lo que es correctivo? Ya hemos establecido que existe muy poca o ninguna diferencia entre lo que es profundo —entre aquello de lo que tanto depende— y lo que es sagrado o santo.[83] En muchos aspectos, se trata de una mera cuestión de definición: existe una categoría que afecta a las presuposiciones más fundamentales de la jerarquía de las presuposiciones y que confiere prioridad a nuestra atención y secuencia y organiza nuestras acciones. Existe una emoción proporcional asociada a la alteración, el movimiento y el cambio en esas profundidades —que va del entusiasmo insoportable al peor de los terrores—. Algunas cosas nos afectan muy poco, en un sentido u otro, mientras que otras nos golpean profundamente. Si recibimos un impacto lo suficientemente fuerte en el corazón —si lo que es profundamente importante y fundamental se manifiesta en nosotros— no está claro que podamos soportar el malestar. Las formas más graves de estrés pueden causar daños psicofisiológicos permanentes,[84] incluso la muerte. A corto plazo, la respuesta al estrés inducida por lo que es anómalo, correctivo, inesperado e indeseado es beneficiosa y útil, pues nos prepara para hacer acopio de nuestros recursos en caso de emergencia. En cambio, la activación crónica de los sistemas de respuesta al estrés —esto es, su funcionamiento constante a medio y largo plazo— trae consigo una sucesión de efectos perjudiciales, relacionados con lo que se conoce como *carga alostática*:[85]

> Los principales mediadores hormonales de la respuesta al estrés, los glucocorticoides y las catecolaminas, tienen efectos tanto protectores como perjudiciales para el organismo. A corto plazo, son esenciales para la adaptación, el mantenimiento de la homeostasis y la supervivencia (alostasis). Sin embargo, a más largo plazo, suponen un coste (carga alostática) que puede acelerar los procesos patológicos. Los conceptos de *alostasis* y *carga alostática* se centran en el cerebro como intérprete y responsable de la respuesta a los retos ambientales y como blanco de esos retos. En los trastornos de ansiedad, enfermedades depresivas, estados hostiles y agresivos, abuso de sustancias y trastorno de estrés postraumático (TEPT), la carga alostática adopta la forma de desequilibrios químicos y alteraciones del ritmo diurno y, en algunos casos, atrofia de las estructuras cerebrales. Además, cada vez hay más pruebas de que la enfermedad depresiva y la hostilidad se asocian a enfermedades cardiovasculares y otros trastornos sistémicos.[86]

Quienes se han visto expuestos a una violación de sus presuposiciones de la suficiente entidad como para producir un sufrimiento posterior severo[87] —aquellos que experimentan trastorno de estrés postraumático— sufren, después del hecho, un crecimiento de la amígdala, un área del cerebro especializada en la producción de las emociones negativas, así como una reducción del hipocampo,[88] una zona del cerebro que inhibe las emociones negativas al ubicar acontecimientos que de otra manera resultarían ininteligibles en un contexto comprensible y familiar. Cuando las cosas se producen con excesiva rapidez en las profundidades, también tienen lugar otros cambios. Por ejemplo, el tálamo —una estructura clave en la intensidad de la consciencia— se vuelve más sensible a los estímulos sensoriales, transformación que lleva a un aumento general de temor relacionado prácticamente con cada experiencia.[89] Como dice el refrán, el gato escaldado, del agua fría huye; y eso se da más aún si la herida ha sido profunda. Por lo general (con tratamientos o con una recuperación natural, a menudo a través de la exposición voluntaria),[90] se trata de un daño que puede revertirse. Por ejemplo, el hipocampo puede volver a crecer y su función inhibidora se restaura.[91] Cuando lo que se experimenta, como consecuencia del enfoque voluntario, es predecible y ordenado —cuando lo que se experimenta puede percibirse, conceptualizarse y contextualizarse como familiar, inofensivo o útil, al menos cuando es abordado con la aptitud o la habilidad exigidas—, entonces la ansiedad se hace innecesaria y se limita.[92]

Los ritos de purificación y santificación que llevan a cabo los israelitas son prácticas para protegerse ellos mismos contra un encuentro demasiado intenso con lo divino. Nosotros podemos llevar a cabo, y lo hacemos, acciones y erigimos estructuras de interpretación para filtrar el mundo. Esta idea podría ampliarse para que abarque el conocimiento mismo: las representaciones que desarrollamos como consecuencia de una experiencia repetida con un fenómeno dado contextualizan dicho fenómeno[93] y, o bien lo despojan completamente de su significado, o lo limitan a los pormenores de la función concreta de la aptitud que hemos desarrollado mientras, anteriormente, interactuábamos con él, dominando o, para el caso, ritualizando dicho fenómeno. Así, la memoria inhibe la intensidad de lo milagroso.[94] C. G. Jung vino a decir lo mismo cuando apuntó que la religión organizada proporciona una defensa contra la experiencia religiosa, señalando, además, que ese proceso defensivo, esa estrategia o tradición, pueden fácilmente acompañarse de un estrechamiento contraproducente:[95]

> Lo que corrientemente y por lo general se acostumbra a denominar *religión* representa en tal asombroso grado un sustituto, que me pregunto con toda seriedad si tal religión —a la que yo prefería denominar *confesión*— no desempeñará una importante función en la sociedad humana. El sustituto persigue la finalidad evidente de reemplazar la experiencia inmediata por una selección de símbolos adecuados envueltos en un dogma y un ritual firmemente organizados. La Iglesia católica los sostiene en virtud de su autoridad absoluta; la «Iglesia» protestante (si es permisible emplear aquí el concepto de *Iglesia*), por su acentuación de la fe en el mensaje de los Evangelios. En tanto ambos principios sean eficaces, los hombres se ven adecuadamente protegidos contra la experiencia religiosa inmediata. Y es más; si no obstante les ocurre algo inmediato, pueden acudir a la Iglesia, que está en condiciones de decidir si la experiencia provino de Dios o del diablo, si hay que aceptarla o rechazarla.[96]

Y de ese modo, sustituimos la eterna zarza ardiente por una percepción meramente genérica, vaciándola de lo que de otro modo podría ser abrumadora significación eterna:

> *Pero hay un árbol, entre muchos, uno,*
> *un cierto campo que he mirado tanto,*
> *y ambos me dicen de algo que se fue:*
> *ante mis pies, la flor del pensamiento*
> *repite un cuento siempre:*
> *¿adónde huyó aquel brillo visionario?*
> *¿Dónde están hoy las glorias y los sueños?*[97]

No es en absoluto evidente que nuestro cuerpo mortal sea capaz de resistir una confrontación directa con el Absoluto y el mayor o menor daño que un encuentro de esas características pudiera causarnos podría depender, también, del volumen de superficialidad espiritual que hubiéramos ido acumulando. El fuego purificador de la espada encendida de Dios bien podría parecerse al infierno para aquellos que se caracterizan fundamentalmente por la insistencia en el pecado.

En la cima de la montaña —esto es, en lo alto de la jerarquía, en la cúspide del sistema de valores—, Moisés recibe del propio Dios la revelación explícita de las reglas que guían la sociedad. Desde una perspectiva psicológica, experimenta un momento de comprensión profundo, incluso revolucionario,[98] que puede entenderse como ejemplo de traslación de una forma de conocimiento a otra. Imaginemos por un momento una manada de lobos o un grupo de chimpancés. Sus interacciones constantes, competitivas y cooperativas acaban cristalizando en un patrón predecible[99] e incluso estable[100] a través de las generaciones. Este patrón es la estructura jerárquica de la sociedad en cuestión: el estatus relativamente permanente de cada individuo, en comparación y en contraste con todos los demás. Cada miembro de la manada o grupo «conoce» su estatus. Es como si la pequeña sociedad se organizara de acuerdo a un conjunto de reglas sociales, pero no es así, porque la «reglas» son enunciables. En cambio, la disposición jerárquica es un patrón que caracteriza y estabiliza las interacciones de los miembros del grupo.

Supongamos, a continuación, que los miembros de la manada o del grupo desarrollan la capacidad no solo de gobernar su atención y sus acciones de acuerdo con ese patrón, sino que también representan ese mismo patrón en forma de imagen: *imaginar* el patrón del hábito y de la costumbre. Se trata del desarrollo de la capacidad de traducir un conocimiento puramente procedimental —aptitud encarnada— a abstracción gráfica; a algo que es como una ensoñación, que puede estar presente en ausencia de los actores en cuestión; que incluso puede manipularse y experimentarse cuando la habilidad se desarrolla más. Eso implica, ahora, que el mundo puede transformarse en la imaginación sin que ello tenga consecuencias prácticas directas. Es algo que constituye un gran salto adelante en la capacidad de abstraer; un hito de gran importancia en el desarrollo del pensamiento, una verdadera transformación cualitativa. Una vez que la imagen de la acción ha quedado establecida —o, más en general, una imagen del patrón de la acción—, a las criaturas que han establecido la capacidad de comunicarse y aprehender semántica o lingüísticamente se les presenta otra posibilidad: *la traslación subsiguiente o consecuente de la imagen al mundo*. De ese modo, los hábitos que acaban gobernando las interacciones de una sociedad pueden representarse antes de manera teatral; y después, a partir de ese retrato teatral, representarse explícitamente en lenguaje. Eso es la aparición de la ley, pero de una ley que es reflejo, a la vez, del sueño o de la imagen subyacente y de las prácticas conductuales que conforman la tradición del grupo, sus expectativas, normas, ideales y tabúes. Esa traducción de la forma —ese destello de intuición— impacta a Moisés con la fuerza de una revelación divina y es normal que así sea. La comprensión explícita de la estructura que es por igual integración psicológica y unidad social supone un avance profundamente revolucionario; un hito genuino y cualitativamente transformador en el desarrollo de una cultura superior, consciente; algo parangonable a una mutación biológica fundamental.

La codificación en imágenes del patrón de conducta otorga a la imagen la profundidad de ese patrón de conducta, que a su vez es algo que ha surgido de una manera interactiva, iterativa y, en último extremo, evolutiva. El patrón de conducta como tal es a la vez algo personificado y repartido, no explícitamente entendido, ni algo que sea característico de un individuo en concreto. Es la consecuencia de todas las interacciones de todos los individuos pasados y presentes que establecieron las «tradiciones» (en gran parte, la estructura jerárquica de las interacciones) del grupo. Los matices de esa estructura son, sin duda, demasiado complejos como para ser representados por completo, y mucho menos plenamente comprendidos, por cualquier miembro dado del grupo. Eso significa que el patrón de interacciones que caracteriza al grupo contiene más información de la que es consciente cualquiera de sus miembros individuales, independientemente de lo completa que haya sido su adaptación conductual a ese patrón o de lo bien que lo tenga cartografiado en imágenes o palabras. Esa reserva de información implícita llega a servir como un almacén de comportamiento e imaginación que permite revelaciones futuras. ¿Cómo? El patrón conductual del grupo es un modelo del medio en el que surgió el grupo, incluido el medio constituido por el grupo, tal como se ha indicado con anterioridad.[101] Dado que ese patrón de comportamiento supera en su complejidad y sutileza la comprensión de cualquier individuo del grupo, la sociedad en su totalidad es, por tanto, incomprensible, lo que nos obliga a ser antropólogos incluso en nuestra propia tribu. Las estructuras y los procesos de la imaginación que describen ese patrón en forma teatral y onírica re-representan esa información, pero de una manera más completa de lo que es capaz de gestionar cualquier codificación semántica explícita, emergente. Así, el sueño es el lugar de nacimiento de lo que acaba codificado verbalmente, así como el contenedor en el que reposa y el intermediario entre lo explícito y el comportamiento mismo (el comportamiento que comprende tanto el patrón de la atención como el patrón de la acción). Por ello, un sueño puede presentar a quien lo tiene una información que este aún no conoce. El sueño codifica la profundidad de la cultura de una manera que trasciende lo que es meramente enunciable.

Por esa razón, Shakespeare y Dostoievski podían ver más allá de lo que captaba un pensador con la genialidad de Nietzsche, por poner un ejemplo concreto de los mundos paralelos que son los de los autores de ficción y los filósofos. Por esa razón, el mundo de los grandes maestros de la literatura es a la vez inagotable y certero de una manera que no está al alcance siquiera de quienes operan de manera más brillante en el ámbito más puramente verbal y explícito. Por esa razón, la crítica literaria, así como su hermana gemela, el análisis de los sueños, no son solo posibles y necesarios, sino de una importancia crucial. Por esa razón, la filosofía se engarza necesariamente en la narrativa y la narrativa en la tradición ritual y cultural. Así es como las reglas, una vez explicitadas, conservan su vínculo con la imaginación subyacente, con las prácticas e incluso con el entorno (o cosmos) de personas ya conscientes, de una manera comunicable, de las reglas que gobiernan su existencia individual y colectiva. No puede sorprender que todo ello lo representen en el encuentro con Dios en el monte Sinaí los imaginativos autores del gran Libro del Éxodo.

La montaña misma se dispone de tal manera que Dios se encuentra en su cúspide. Moisés, profeta de Dios, es el siguiente. Los terceros de la cola son los sacerdotes («que también se santifiquen los sacerdotes que se acercan a Jehová, para que Jehová no haga entre ellos estrago», Éxodo 19:22) y la gente corriente ocupa la base. He aquí otra representación de la escalera de Jacob, así como una analogía de la estructura de subsidiariedad:

> Todo el pueblo observaba el estruendo, los relámpagos, el sonido de la bocina y el monte que humeaba. Al ver esto, el pueblo tuvo miedo y se mantuvo alejado. Entonces dijeron a Moisés: «Habla tú con nosotros y nosotros oiremos; pero no hable Dios con nosotros, para que no muramos». Moisés respondió al pueblo: «No temáis, pues Dios vino para probaros, para que su temor esté ante vosotros y no pequéis». Y mientras el pueblo se mantenía alejado, Moisés se acercó a la oscuridad en la cual estaba Dios.
>
> Éxodo 20:18-21

¿Por qué tanto humo y tanto fuego? Porque no es asunto menor para un pueblo volverse explícitamente consciente, así sea de manera superficial, del orden divino que lo gobierna. Se trata nada menos que del principio de la ley. ¿Acaso algo tan revolucionario —algo que marca una época— no habría de ser señalado por algún espectacular portento?

Las reglas son mucho más detalladas en sus connotaciones y al mismo tiempo más profundas en su esencia de lo que indica la familiaridad informal con los diez mandamientos mismos. Hasta cierto punto, existen como los llamados axiomas de presuposición, «evidentes por sí mismos»,[102] en los que se basan todas las afirmaciones morales más señaladas para fundamentar su validez aparente, siendo los diez más conocidos para la mayoría los que constituyen su núcleo. Ese sentido de lo evidente es, en sí mismo, un reflejo de la concordancia entre los mandamientos y una práctica conductual y unas costumbres culturales largamente establecidas, así como con las estructuras de la imaginación que, secundariamente, llegan a representar y contener esa práctica y esa costumbre. Es esa concordancia la que cuestiona toda defensa de la equivalencia o del relativismo moral: existe un número muy limitado de juegos sociales complejos, sostenibles, productivos, generosos y voluntarios; existe un patrón claro de su representación en los dramas de la imaginación; y existen un conjunto de reglas o principios claramente identificables y estables que pueden derivarse de ese patrón y de esa representación subyacentes. Los diez mandamientos reflejan los patrones de atención y acción sobre los que se basan muchos otros patrones —o, dicho de otro modo, son las reglas en las que se basan muchas otras reglas—. Y por eso son profundas o fundamentales; por definición.

Bajo esos diez mandamientos, según una revelación posterior, acecha algo más profundo aún, el llamado gran mandamiento, que cuenta con dos elementos separados que, a su vez, están unidos en su esencia: «Amarás al Señor tu Dios con todo tu corazón, con toda tu alma y con toda tu mente» (Mateo 22:37) y «Amarás al prójimo como a ti mismo» (Mateo 22:39). ¿Por qué van unidos? Porque no hay diferencia (y esa, una vez más, es la insistencia monoteísta) entre el espíritu de Dios y el espíritu que nos llama a cada uno de nosotros a tratar a todos los miembros de la comunidad como si fueran extensiones del yo último. El gran mandamiento es una metarregla que describe el principio fundador, o aspiración de pináculo, de las diez reglas explícitas separadas.

El gran mandamiento también caracteriza la naturaleza del

espíritu y de la relación que da origen a esas reglas, o que surge como consecuencia de su seguimiento devoto. Como conclusión, y con respecto a esa unión, Cristo pronuncia unas palabras inesperadas y brillantes: «Y de estos dos mandamientos dependen toda la ley y los profetas» (Mateo 22:40). ¿Qué significa? En primer lugar, fija tu mirada en la meta más elevada posible. Después, entiende que no existe ninguna diferencia real entre la estima por el yo —al menos tal como este se conceptualiza de la manera más sofisticada— y el trato dispensado a los demás (entre otras cosas a causa de las consecuencias recíprocas inevitables de las interacciones sociales repetidas). Date cuenta, también, de que no existe diferencia entre esa estima y el trato, la creencia o incluso la personificación o encarnación del espíritu de Dios. Como consecuencia de esa unidad subyacente, surgen los dos elementos del gran mandamiento; como consecuencia de este, surgen los diez mandamientos, que son la variedad de reglas diferenciadas que componen la representación semántica explícita que tradicionalmente estabiliza, regula y permite las prácticas de la cultura.

Un corolario de esta estructura jerárquica es que las leyes más periféricas tienden a ser más específicamente culturales y los principios más profundos, más universales. Darse cuenta de ello permite cierto relativismo en algunas cuestiones morales (algunas reglas van a ser muy específicas de las vaguedades de un tiempo y un lugar concretos) y en cambio, un absolutismo necesario en otras (hay reglas que son tan fundamentales que ningún juego humano puede desarrollarse en su ausencia). Es algo que se observa en la relación entre el primero de los diez mandamientos y las reglas mucho más específicas que lo siguen, y que dependen mucho más de la situación.

I. No tendrás dioses ajenos delante de mí (Éxodo 20:3).
II. No te harás imagen ni ninguna semejanza de lo que esté arriba en el cielo, ni abajo en la tierra, ni en las aguas debajo de la tierra (Éxodo 20:4).
III. No tomarás el nombre de Jehová, tu Dios, en vano, porque

no dará por inocente Jehová al que tome su nombre en vano (Éxodo 20:7).

IV. Acuérdate del sábado para santificarlo (Éxodo 20:8).

V. Honra a tu padre y a tu madre, para que tus días se alarguen en la tierra que Jehová, tu Dios, te da (Éxodo 20:12).

VI. No matarás (Éxodo 20:13).

VII. No cometerás adulterio (Éxodo 20:14).

VIII. No hurtarás (Éxodo 20:15).

IX. No dirás contra tu prójimo falso testimonio (Éxodo 20:16).

X. No codiciarás la casa de tu prójimo, no codiciarás la mujer de tu prójimo, ni su siervo, ni su criada, ni su buey, ni su asno, ni cosa alguna de tu prójimo (Éxodo 20:17).

Comparemos estos mandamientos con las reglas que figuran en los capítulos siguientes y que sobre todo tienen que ver con la atribución de la propiedad, con elementos de responsabilidad social y con detalles de la administración de justicia matizados por la misericordia (Éxodo 21-23):

> Si alguien abre un pozo o cava una cisterna y no la tapa, y cae allí un buey o un asno, el dueño de la cisterna pagará el daño, resarciendo a su dueño, y el animal muerto será suyo.
>
> Éxodo 21:33-34

> Cuando se prenda fuego y al quemar espinos se quemen también mieses amontonadas o en pie, o un campo, el que encendió el fuego pagará lo quemado.
>
> Éxodo 22:6

> Y al extranjero no engañarás ni angustiarás, porque extranjeros fuisteis vosotros en la tierra de Egipto.
>
> Éxodo 22:21

A ninguna viuda ni huérfano afligiréis.

Éxodo 22:22

Si tomas en prenda el vestido de tu prójimo, a la puesta del sol se lo devolverás, porque solo eso es su abrigo, el vestido para cubrir su cuerpo.

Éxodo 22:26-27

No seguirás a la mayoría para hacer mal ni responderás en un litigio inclinándote a la mayoría para hacer agravios.

Éxodo 23:2

Tampoco favorecerás al pobre en su causa.

Éxodo 23:3

La ubicación precisa de cada regla en la jerarquía de la práctica deseable está sujeta a continuo debate, algo inherente a la empresa teológica, narrativa y filosófica constante de la humanidad; y que forma parte de la construcción de la pirámide eterna que se alza hacia el cielo y se ve modelada por el calor y la presión; y que forma parte del proceso de nombrar y someter el mundo que Dios otorgó a Adán como misión sin fin. La existencia de esa variabilidad justamente debatible no implica que no haya nada que sea central; que todo sea igualmente periférico: nihilística, anárquica o hedonísticamente periférico.

La regla de oro —«y como queréis que hagan los hombres con vosotros, así también haced vosotros con ellos», Lucas 6:31— es una variante de la segunda parte del gran mandamiento (que se expone con mayor claridad en Mateo 7:12): «Así que todas las cosas que queráis que los hombres hagan con vosotros, así también haced vosotros con ellos, pues esto es la ley y los profetas». Esta regla es un ejemplo de la afirmación explícita de una reciprocidad indirecta evolucionada: «Yo te ayudo y otro me ayuda a mí».[103] Ha habido teóricos de los juegos que han modelizado o visto surgir ese mismo patrón; estos han modelizado de manera formal interacciones repetitivas y las han resumido de la siguiente manera:

> En primer lugar, los individuos tienden a adoptar estrategias de cooperación en el proceso a largo plazo de creación de redes interpersonales. En segundo lugar, unos cimientos de confianza más profundos entre los individuos conducen a una mayor cohesión en el marco de estrategias de cooperación. Por último, para mantener las redes interpersonales en una estrategia de traición, resulta esencial añadir continuamente nuevos nodos a la red.[104]

Este último comentario señala lo que a los traidores (los psicópatas, los parásitos depredadores) les hace falta para seguir aplicando con éxito su estrategia no recíproca o limitada a su interés propio: un caudal continuo de nuevas víctimas, ingenuas, voluntariamente ciegas o ignorantes por algún otro motivo. Por cierto, esa táctica es idéntica al vagar necesario, inevitable e inconsciente de Caín. ¿Por qué? Porque todos los que dependen de un patrón de sacrificio no óptimo, amargados por el rechazo que suscitan, apuntando a la venganza, se ven obligados a desplazarse de un sitio a otro, buscando nuevas víctimas. Aquellos a los que traicionan una vez, dos veces, incluso tres veces, se acuerdan y, en consecuencia, se niegan a seguir en su papel de peones, peleles, lacayos o cosas peores. La prevalencia de una concepción o de un principio de conducta moral similar a la regla de oro, que se observa en todas las culturas, ha sido resaltada por numerosos autores y se considera fundamental por los practicantes y formuladores de muchas de las religiones del mundo.[105] Como mandamiento divino, se trata de una adaptación muy evolucionada.

A continuación, Dios reitera a los israelitas su promesa de victoria universal final si se rigen por los dictados que acaba de entregarles:

> Pero servirás a Jehová, tu Dios, y él bendecirá tu pan y tus aguas. Yo apartaré de ti toda enfermedad. En tu tierra no habrá mujer

que aborte ni que sea estéril y alargaré el número de tus días. Yo
enviaré mi terror delante de ti; turbaré a todos los pueblos donde
entres y haré que todos tus enemigos huyan delante de ti. Enviaré delante de ti a la avispa, que eche de tu presencia al heveo, al
cananeo y al heteo.

Éxodo 23:25-28

Los que sigan al ángel del Señor triunfarán. Se trata de un
caso más en la continua insistencia que se observa en el Antiguo
Testamento (y en el Nuevo) según la cual triunfarán aquellos
que se alineen con el orden moral implícito.

Moisés se reúne con Dios en la cima del monte Sinaí durante cuarenta días con sus noches en lo que parece ser, «a los ojos
de los hijos de Israel, un fuego abrasador en la cumbre del monte» (Éxodo 24:17) y como consecuencia de ello recibe las tablas de piedra con los diez mandamientos grabados en ellas. La
piedra grabada representa (en el caso de los grabadores de lápi-
das funerarias) permanencia, memoria, respeto y atención, pues
hace falta tiempo y dedicación para tallar la piedra. Después de
recibir las reglas, al profeta se le dan unas instrucciones detalladas para la construcción del arca de la alianza, diseñada para que
contenga las tablas de piedra, así como del tabernáculo móvil, o
iglesia, que rodeará y albergará el arca. A Moisés se le dan la ley
y los medios para transmitirla a lo largo del tiempo: la iglesia o
templo que, en los milenios que habían de venir, llegaría a ocupar una posición central, o principal, en los asentamientos cada
vez más permanentes establecidos por todas partes. Así pues, la
ley se establece en la forma explícita de los mandamientos y sus
reglas de acompañamiento, a la vez que se establece lo inefable-
mente divino en el centro de la comunidad. Eso permite tanto
un lugar como un recordatorio del adecuado sacrificio ascendente en el que se basan necesariamente tanto la estabilidad psicológica como el ser social.

Así pues, Dios se sitúa en la posición central de la comunidad, acompañado de las reglas básicas que Él ha establecido, ro-

deado por los velos sucesivos del tabernáculo (otro indicativo de jerarquía y subsidiariedad), rodeado, a su vez, por la comunidad. El patrón se establece no solo para todo acuerdo social, sino también para la psique que está unificada y tanto para la percepción como para la concepción, incluso en sus elementos individuales o particulares. Todo lo conscientemente aprehensible es una idea divina o celestial, rodeada por una periferia de creciente distancia y multiplicidad. Es algo que es tan cierto para los «objetos» de nuestra percepción como lo es para nuestras ideas sobre estos objetos. La comunidad dentro de la cual, por tanto, se sitúa, es conminada a ofrecer algo de valor (oro, plata, bronce, tintes y pieles, aceites e incienso y piedras preciosas) para que ese santuario sagrado pueda llegar a ser posible. Se trata de uno de los actos sacrificiales ya mencionados que permiten la existencia misma del mundo social productivo.

Evidentemente, cada individuo debe renunciar a algo para que puedan obtenerse los beneficios. La alternativa es un mundo de todos contra todos, de guerra interminable y privaciones, no el paraíso del hedonismo anárquico imaginado por los cananeos, los habitantes de Sodoma y Gomorra y los adoradores del becerro de oro. Esta práctica de ofrecer el establecimiento de un lugar de belleza divina es, a la vez, tanto el fundamento como la santificación explícita de la práctica del mecenazgo de las artes, que son, en imaginación y en representación, la manifestación del espíritu que existe en el centro y que une. La belleza y el relato profundo son aventuras de lo divino, formas de acompañamiento y de veneración alternativas, por más implícita que pueda ser esa veneración.

La tapa del arca —el propiciatorio o asiento de la misericordia— se consideraba lugar o símbolo de expiación; lugar de reconciliación entre el pecador fragmentado, ansioso y desesperanzado y Dios; y, en consonancia con ese papel fundamental, está realizada de oro puro, el más noble de los metales, reacio, incluso como hecho empírico, a «aparearse promiscuamente» con otros metales y capaz de mantener eternamente su pureza.[106]

Este trono estaba rematado por dos querubines, reminiscencias de los ángeles que custodiaban las puertas del paraíso. ¿Es esa combinación de la idea de la expiación con la más aguda capacidad de discriminación y juicio un reflejo de la idea de recoger el grano y rechazar la paja (Mateo 3:12)? ¿Equivale arrepentirse de los pecados a desprenderse de la madera seca y librarse de lo que sería inadecuado en el cielo mismo? ¿Es todo ello algo que se consigue como consecuencia de la forma de sacrificio más elevada que pueda concebirse, de la forma de sacrificio última?

El asiento de la misericordia se ubicaba en el interior del tabernáculo, en su centro, en el sanctasanctórum, una sala a la que solo podía accederse una vez al año, el Día de la Expiación, y a la que solo podía entrar el sumo sacerdote. Ese día, rociaba sobre él la sangre de un cordero sacrificado. Se trata de la entrega festiva y voluntaria de todo lo que es inferior a lo que es superior y, en último término, máximamente superior. También es expiación, la producción de lo único a partir de «lo mucho», porque todo se une bajo lo que es más elevado, en proporción exacta al grado de sacrificio. Es algo externo, perfecto e inocente; la ofrenda de alguna propiedad o algún otro artículo de valor genuino. Pero eso resulta insuficiente, de la misma manera que la exteriorización del mal es insuficiente: existen, ciertamente, depredadores —serpientes literales y animales de presa—. Sin embargo, también hay serpientes en el corazón de nuestros enemigos, metafóricamente hablando, y estas pueden suponer un peligro aún mayor. Darse cuenta de ello y representarlo es la primera etapa para transformar la idea del mal depredador en algo más profundo y psicológico. Pero ni así se llega a una abstracción suficiente. También, con demasiada frecuencia, existe el mal que acecha incluso en los corazones de familiares y amigos. La traición es algo común. Cuanto más estrecha es la relación en la que esta aparece, más hondo llega y más dolorosa resulta. Pero la peor serpiente de todas es la que habita en nuestro interior: nunca somos más gravemente traicionados que cuando nos traicionamos a nosotros mismos.

La misma lógica inexorable, psicologizadora, puede aplicarse en el caso del bien: a un rico le costará entrar en el reino de los cielos (Mateo 19:23-26) porque es muy posible que escoja lo que es cómodo o próximo, o potenciador de su estatus, y no lo que genera equilibrio o produce armonía entre el ahora y el después, entre el individuo y la comunidad. Por tanto, sentimos constantemente la tentación de llevar a cabo sacrificios para revertirlo; de invertir el adecuado orden cósmico. Lo hacemos cuando ponemos la gratificación de nuestras necesidades y apetencias inmediatas o el deseo de escapar engañosamente de las consecuencias del error por delante de lo que es bueno para nosotros, *tomado en su conjunto*; de priorizar nuestros deseos de más corto alcance y de evitar las responsabilidades en lugar de hacer un bien más general a la comunidad por la que nosotros y todos los demás nos sostenemos.

Algo es inevitablemente imitado, celebrado e incluso venerado nos volvamos hacia donde nos volvamos, tanto si nos implicamos en un egoísmo en último extremo contraproducente como si nos entregamos a una generosidad recíproca y productiva. Una u otra cosa está siendo elevada al lugar más alto, lo que constituye un acto siempre necesario antes de que los recursos de nuestra atención puedan ser asignados y se inicie el movimiento de avance. Prestar atención a algo, hacer algo, es sacrificar todo lo demás que, de otro modo, podría ser registrado o hecho. Priorizar es sacrificar y sacrificar adecuadamente es expiar. Así pues, por definición, no hay diferencia entre expiar y dedicar diligentemente todo lo que es inferior a lo que es superior. Esa es la eterna alternativa a la torre de Babel luciferina, la liana que une la tierra con los cielos. Es la escalera de Jacob, el monte Sinaí y la pirámide subsidiaria.

En realidad, la necesidad de sacrificio —de sacrificio de sangre, además— debería resultar evidente. La relación entre renunciar a algo de valor en el intento de establecer una alianza tanto con un amigo o con un vecino como con el yo futuro no difiere del trabajo honrado, productivo y generoso que claramente redime. En el mismo sentido, los sacrificios que hacemos en la vida no son distintos del mantenimiento y de la continuidad de la vida. Se trata de una verdad que lo es a todos los niveles de la experiencia, simultáneamente. La comunidad tiene que sacrificar su deseo de beneficio ilimitado a los límites presentes del entorno natural. Si no lo hace así, el resultado es un desastre para los bienes comunales y el hundimiento de lo que de otro modo podría ser una relación sostenible («un recurso»). El individuo debe sacrificar su deseo de gratificación inmediata, de corto alcance, al avance y al mantenimiento de su yo futuro —a la comunidad jerárquica de matrimonio, familia, comunidad y medioambiente—. No hay diferencia entre la armonía que se establece cuando se lleva a cabo ese sacrificio en su grado más elevado y la construcción de una estructura subsidiaria de vasallaje, derechos y responsabilidad. Una nación sometida a Dios.

8

Moisés II: hedonismo y tentación infantil

8.1. Materialismo y celebración orgiástica

Mientras Moisés se encuentra en la cima de la montaña, con Dios —en una experiencia aterradora pero iluminadora—, estableciendo las reglas y los rituales explícitos por los que el pueblo de Israel habrá de vivir, ese mismo pueblo recurre, con asombrosa rapidez, al culto a los falsos ídolos (Éxodo 32:1-6). Al parecer, Moisés se retrasa un poco en su regreso. Impaciente, su pueblo esclavo y pendenciero exige que Aarón les fabrique un becerro de oro, para lo cual ofrecen todos los pendientes de ese metal que llevan las mujeres israelitas. He aquí otro ejemplo del sacrificio en el que se basa la comunidad; sin embargo, en esta ocasión se trata de un sacrificio a los dioses de gratificación inmediata y veneración del yo de corto alcance. Eso no es libertad; los israelitas han experimentado una regresión al paganismo de la posesión por el instinto:

> Él los recibió de sus manos, les dio forma con un buril e hizo de ello un becerro de fundición. Entonces ellos dijeron: «¡Israel, estos son tus dioses, que te sacaron de la tierra de Egipto!». Cuando Aarón vio esto, edificó un altar delante del becerro y proclamó: «¡Mañana será un día de fiesta dedicado a Jehová!». Al día siguiente madrugaron, ofrecieron holocaustos y presentaron ofren-

499

das de paz. Luego se sentó el pueblo a comer y a beber y se levantó a regocijarse.

Éxodo 32:4-6

¿Dónde está el materialismo *per se*? Un becerro es un depósito de valor para un ganadero; un becerro de oro es una etapa intermedia entre la posesión concreta —algo directamente
comestible, o bien capaz de producir, con el tiempo, lo que es comestible— y el dinero mismo, que es un patrón enteramente
abstracto, un depósito de valor. Venerar al becerro de oro es sucumbir a algo que se parece al amor al dinero, muy posteriormente considerado la raíz de todo mal (1 Timoteo 6:10). Existe muy
poca diferencia entre una adoración basada en la gratificación
materialista y la posesión a través del capricho impulsivo y destructivo.[1]

Aarón, como líder político, sucumbe a la tentación y accede
a las exigencias impulsivas de su pueblo tan pronto como la voz
misma de lo divino (en la forma de Moisés) queda en silencio.
En cualquier caso, Dios hace saber lo que está ocurriendo al
Moisés ausente (Éxodo 32:7) de manera directa: le informa de
que esa traición le ha disgustado tanto que se plantea la destrucción de los israelitas. Entonces le ofrece a Moisés la posibilidad
de ser el único progenitor, como Noé y Abraham, del pueblo
escogido de Dios en el futuro. Moisés rechaza el ofrecimiento y
opta por enderezar a su hermano y reprender a su pueblo. El
profeta regresa a toda prisa al campamento, disgustado, arroja al
suelo las tablas que acaba de recibir y estas se rompen. A continuación incinera el becerro de oro y reduce los restos a polvo,
que echa al agua, de vuelta al caos del que ha surgido. Acto seguido ordena a los hijos de Israel que beban esa mezcla de polvo
y agua; que se traguen y digieran lo que acaban de hacer (Éxodo
32:19-22).

La voluntad diplomática de Aarón, que lo lleva a ceder a los
malos impulsos de su pueblo, lo ha convertido en alguien débil,
vulnerable e incluso despreciable para sus enemigos: «Al ver

Moisés que el pueblo estaba desenfrenado y que Aarón les había permitido desmandarse y convertirse en el hazmerreír de sus enemigos» (Éxodo 32:25, Nueva Versión Internacional); «Al ver Moisés que el pueblo estaba desenfrenado, pues Aarón lo había permitido, para vergüenza en medio de sus enemigos» (Reina Valera, 1995); «Y viendo Moisés que el pueblo estaba despojado, porque Aarón lo había despojado para vergüenza entre sus enemigos» (Reina Valera Antigua); «Y viendo Moisés al pueblo desenfrenado, porque Aarón les había permitido el desenfreno para ser burla de sus enemigos» (Biblia de las Américas); «Moisés vio que el pueblo estaba desenfrenado, pues Aarón le había quitado el freno, exponiéndolo a la burla de sus enemigos» (Conferencia Episcopal Española).

Aquí, el relato que describe la aparición de un populismo corrosivo señala el problema fundamental de la verdad, o incluso del acuerdo social que surge a partir del mero consenso, en ausencia de una verdadera correspondencia con una realidad global intrínsecamente estructurada[2] u orden cósmico *a priori*. La vara de la tradición, clavada en la tierra, en torno a la cual todo gira necesariamente, ha sido arrancada de su posición central y reemplazada por el infierno inmaduro de la anarquía hedonista:

> *Dando vueltas y vueltas en la espiral creciente*
> *no puede ya el halcón oír al halconero;*
> *todo se desmorona; el centro cede;*
> *la anarquía se abate sobre el mundo,*
> *se suelta la marea de la sangre y por doquier*
> *se anega el ritual de la inocencia;*
> *los mejores no tienen convicción y los peores*
> *rebosan de febril intensidad.*[3]

En ausencia de las palabras de Moisés y de la vara unificadora de la tradición viva, los israelitas deciden priorizar la celebración y la adoración de algo que los lleva casi de inmediato a comportarse con tal irresponsabilidad y debilidad que se convierten en objeto de burla de unos enemigos potencialmente mortales. También aparece un claro indicativo de celebración hedonista —de fiesta irreverente, ebria— en la adoración del becerro de oro por parte de los israelitas: «No son voces de vencedores ni alaridos de vencidos; oigo cánticos de coros» (Éxodo 32:18). Este pasaje del Libro del Éxodo también se ha traducido como sigue:*

> Y Moisés dice: «No es la voz de quienes inician la batalla ni la voz de quienes lamentan la derrota, sino que lo que oigo es la voz de quienes dan inicio al banquete de vino».
>
> Septuaginta de Brenton

> Pero Moisés replicó: «No parece que griten porque hayan ganado o perdido una batalla. ¡Parece más una fiesta descontrolada!».
>
> Versión Inglesa Contemporánea

> Moisés replicó: «No son gritos de vencedores. No es llanto de perdedores. Lo que oigo es el sonido de una celebración desbocada».
>
> Palabra de Dios

> Pero dijo: «No es el sonido de vencedores ni el de perdedores; lo que oigo es el sonido de juerguistas».
>
> Nueva Versión Estándar Revisada

---

* Se trata de traducciones al inglés que a su vez, para el propósito del presente capítulo, se han traducido al español. En la versión de la Conferencia Episcopal Española, estos versículos son: «No es grito de victoria, no es grito de derrota, que son cantos lo que oigo» *(N. del t.)*.

Ese súbito descenso decadente de los israelitas se presenta como un peligro para su supervivencia misma. Lo puramente político escindido de lo tradicional no solo es susceptible de ser dominado por el capricho momentáneo, despreocupado, del pueblo, sino también, según se ve, por el capricho momentáneo, despreocupado, de lo peor que hay en una pequeña minoría de personas. Esto implica de manera muy marcada que en ausencia de una voz que verdaderamente apunte hacia arriba, hacia lo difícil, los más inmaduros y descontrolados clamarán para hacerse con el control con éxito. ¿Y por qué habría de ser de otra manera? La regresión es más fácil y más probable que la progresión, precisamente porque el movimiento hacia la entropía es más fácil que su contrario, aunque sea este último el que define la vida misma.[4]

Moisés llama a quienes se mantienen fieles a Dios a unirse a él junto a la entrada del campamento (Éxodo 32:26). Los levitas lo hacen bajo la guía de Fineas, un nieto de Aarón, y su líder. La fuerza reunida decide asesinar a tres mil israelitas descreídos (Éxodo 32:28). No queda claro qué proporción con respecto a la población total representaban. Cuando Jetro aconseja a Moisés que divida a su pueblo según una jerarquía de responsabilidades, son dispuestos en grupos de diez, cincuenta, cien y mil, por lo que parece claro que hay los suficientes israelitas como para formar múltiples grupos de mil personas. En Éxodo 12:37 se habla de seiscientos mil hombres —y, por tanto, quizá, la población total sería aproximadamente de unos dos millones; esa cifra se repite básicamente en Números 1:46 y 11:21—. Hay quien cree que se trata de una exageración considerable y sugiere una cantidad más próxima a treinta mil.[5] En todo caso, incluso si se acepta esta última cifra, los tres mil asesinados siguen suponiendo un pequeño porcentaje de la población.

Así pues, se abunda más en la idea de que el ámbito político puede quedar rápidamente corrompido por una minoría empeñada en ello, proclive a gratificar sus deseos egoístas y cortos de miras, cuando se aleja de su encaje en el ámbito profético o tradicional. Se trata de un final muy duro para esta parte del viaje, que indica dos cosas: en primer lugar, el peligro del descenso de un pueblo descarriado a la inmadurez colectiva de la turba hedonista y centrada en sí misma; y en segundo lugar —e igualmente peligroso— la invocación del espíritu tiránico por parte de esa turba, en este caso en forma de represalia mortífera de Moisés, cuyo pecado cardinal es su tendencia a usar la imposición y la fuerza (el poder, en una palabra) cuando quizá bastaran la persuasión y el debate. Ninguna de estas tendencias es separable de la otras. Un pueblo que abandona toda responsabilidad y madurez en pos de lo que es carnal y hedonísticamente deseable en el presente es el mismo pueblo que no puede hacer el sacrificio necesario para asegurar mejor la supervivencia futura o la vida comunitaria pacífica; y también el mismo pueblo cuyas actitudes, en su totalidad, piden la presencia del autoritario de mano dura. ¿Qué significa todo esto para entender qué constituye la acción necesaria ante las crisis y la degeneración? ¿Destaca el texto tanto los peligros de una tolerancia idiotizada (en el sentido de que los israelitas se ven sobrepasados por un pequeño número de malos actores) como los del Estado represor (en forma del recurso de un Estado más tradicional a una fuerza mortífera)? Tengamos presente que en el Apocalipsis, que es el tiempo final arquetípico, la bestia escarlata mata a la madre de todas las rameras, servidora del placer. Se trata de una visión sobre la manera en que las personas y las sociedades pueden encontrarse con un final espantoso.[6]

Tras la purga, Moisés intercede una vez más por el pueblo descarriado de Israel e informa a Dios de que no desea participar de la determinación del futuro si su pueblo no es perdonado. En el versículo 32:10, Dios amenaza con consumirlos por completo. Por intercesión de Moisés (Éxodo 32:35), esa sentencia es conmutada por un castigo no especificado, pero menor (porque el verbo usado, *herir*, puede leerse como *golpear*, pero también como *enviar enfermedades*).[7] Inmediatamente después, Dios reitera su deseo de que los israelitas se trasladen a la tierra prometida, pero retira su liderazgo directo y lo sustituye por la forma mucho menor de un ángel:

Jehová dijo a Moisés: «Anda, vete de aquí, tú y el pueblo que sacaste de la tierra de Egipto, a la tierra que juré a Abraham, Isaac y Jacob diciendo: "A tu descendencia la daré". Yo enviaré delante de ti al ángel y echaré fuera al cananeo, al amorreo, al heteo, al ferezeo, al heveo y al jebuseo. Subirás a la tierra en la que fluyen la leche y la miel, pero yo no subiré contigo, no sea que te destruya en el camino, pues eres un pueblo muy terco».

Éxodo 33:1-3

¿Qué indica este abandono como mínimo parcial de Dios? Que la gente que pierde la fe en aquello que debería ser tenido en el lugar más elevado se arriesga a dañar de manera permanente su relación con la conciencia y la llamada que de otro modo la orientaría tanto en los momentos malos como en los buenos. Se trata de un sentimiento que resuena en Jeremías 5:21: «Oíd ahora esto, pueblo necio y sin corazón, que tiene ojos y no ve, que tiene oídos y no oye», y que se enfatiza en Mateo 13:14: «De manera que se cumple en ellos la profecía de Isaías, que dijo: "De oído oiréis y no entenderéis; y viendo veréis y no percibiréis"». La gente se convierte en aquello que practica. Nuestras percepciones mismas quedan moldeadas por nuestras intenciones y nuestras metas, que cuando son habituales, criban de la consciencia todo lo que no resulta pertinente para los valores vigentes. Cuando se practica el pecado, el bien retrocede. La visión se ve oscurecida. A nivel individual, conlleva una alienación de la consciencia y el rechazo de la llamada; a nivel colectivo, la muerte misma de Dios. Dependiendo del volumen de pecado, lo divino mismo desaparece en la oscuridad y el caos. ¿Es siquiera el arrepentimiento lo único capaz de generar una sombra de lo que de otro modo podría haber estado presente?

8.2. El restablecimiento desesperado de la alianza

Los israelitas, tremendamente disgustados ante este giro de los acontecimientos, y con razón, se despojan de sus ornamentos y se lamentan. Moisés levanta un tabernáculo temporal fuera del campamento para que todo el que lo desee pueda adorar a Dios en él. Esto significa que, ahora, el centro sagrado se ha vuelto marginal —una reelaboración de la idea de que Dios ha sido sustituido por un ángel menor—. Los israelitas han tenido mucha suerte, sin duda, de que lo divino no se haya ausentado por completo, que es el estado que anteriormente caracterizó a Sodoma y Gomorra. El profeta aprovecha la oportunidad para hablar directamente con Dios (oculto en la columna de nube), luchando una vez más con lo divino,[8] mientras su pueblo permanece a salvo, en silencio, cerca de sus tiendas. Moisés expresa sus dudas en relación con su liderazgo en el viaje que tienen por delante, entre otras cosas porque Dios ha indicado que va a retirarles su favor, al menos en cierta medida.

Así pues, Moisés le pide a Dios que aclare la situación, que le muestre el camino y apuntale su creencia en que Israel sigue siendo la nación favorecida por Él: «Pues, ¿en qué se conocerá aquí que hemos hallado gracia a tus ojos, yo y tu pueblo, sino en que Tú andas con nosotros y que yo y tu pueblo hemos sido apartados de entre todos los pueblos que están sobre la faz de la tierra?» (Éxodo 33:16). Cuando Dios se retira de la gente, son solo los profetas de los márgenes los que aún ven y oyen la verdad. Esas son precisamente las voces que «claman en el desierto», como la de Juan Bautista en el Evangelio, que afirma tanto «arrepentíos, porque el reino de los cielos se ha acercado» como «¡preparad el camino del Señor, enderezad sus sendas!» (Mateo 3:1-3).

Y así, Dios acepta mostrarse a Moisés. Se trata tanto de una recompensa a su fiel servidor como una indicación de que Moisés se ha mantenido cerca de Dios, a pesar de su marginalización. De ese modo, al menos un israelita sigue estando en contacto suficiente y directo con lo divino —y uno solo podría bastar, como en el caso del Elías con el que Moisés, como es bien sabido, posteriormente habría de asociarse—.[9] Dios oculta a su fiel servidor en el resquicio de una peña y pasa por delante, ocultándole el rostro, pero permitiendo que le vea la espalda (Éxodo 33:12-23). Por tanto, Moisés puede ver el lugar en el que Dios ha estado; puede verle la espalda: las consecuencias de esta presencia, algo que es más que suficiente para apuntalar su fe. Como se expresa en el *Comentario bíblico del púlpito*: «Los antropomorfismos del pasaje son numerosos y fuertes: deben, por supuesto, considerarse como acomodaciones a las ideas humanas. Después de que la Divina Presencia hubiera pasado, se le permitiría a Moisés mirar hacia fuera y vería tanta gloria divina como pudiera soportar».[10]

Incluso para alguien de la talla moral y de la valía ante Dios de Moisés, la experiencia plena de la divinidad resulta excesiva, pero una visión parcial parece suficiente para volver a conectarlo con lo que está en las profundidades, para acallar sus dudas y avivar su esperanza. Esas concepciones de Dios se mofan de cualquier intento ridiculizador que pase por reducir a la divinidad caracterizada en el relato bíblico a algo finalmente comprensible, y mucho menos material («¿es Dios real?») o simplemente personal, tal como podría dar a entender la metáfora del anciano en el cielo, tan denostada, pero más sofisticada de lo que cabría suponer. ¿Por qué «más sofisticada»? Porque no hay nada más complejo en toda la existencia que la psique humana, en la medida en que esta puede determinarse; porque un ser humano es un microcosmos o un modelo del orden cósmico. Así, por lo que respecta a metáforas o caracterizaciones, el «Padre Celestial» es mejor que la mayoría. Pero en los relatos antiguos que estamos estudiando no existe ni una sola indicación que nos diga que esa representación debe considerarse en absoluto como completa o definitiva. Dawkins, una vez más:

A menudo se dice que hay un vacío en forma de Dios en el cerebro que hay que llenar: tenemos una necesidad psicológica de

Dios —un amigo imaginario, un padre, un hermano mayor, un confesor, un confidente— y esa necesidad debe satisfacerse, exista o no Dios. Pero ¿no será que Dios llena un vacío que sería mejor llenar con otra cosa? ¿Quizá la ciencia? ¿El arte? ¿La amistad humana? ¿El humanismo? ¿El amor a esta vida en el mundo real, sin dar crédito a otras vidas más allá de la tumba? ¿El amor a la naturaleza, o lo que el gran entomólogo E. O. Wilson ha llamado *biofilia*?[11]

Qué optimismo más ingenuo, en consonancia con la tendencia eterna hacia el becerro de oro... ¿Y por qué no la adoración al poder para llenar ese vacío en forma de Dios? ¿O las lisonjas envidiosas del gran espejismo comunista? ¿O la furibunda exaltación de la identidad racial que caracterizó a los nacionalsocialistas? ¿Qué tal recurrir a los cantos malignos y desmoralizadores del nihilismo? ¿O a los placeres inmediatos del hedonismo, o incluso al sadismo puro y duro, aplaudido, del marqués de Sade, hermano gemelo de la Revolución francesa y de la Ilustración? Ecos de Michel Foucault.[12]

¿Y qué hay de la vena asesina del Raskólnikov de *Crimen y castigo*, tan plena, detallada y racionalmente justificada? ¿Y de las chifladas incoherencias y brujerías de la llamada nueva era? ¿Acaso no son también esas manifestaciones de un racionalismo sin fundamento? Todo fluye lógicamente, pero los axiomas subyacentes son erróneos. Esa es la situación de alguien gravemente paranoico pero todavía racional, salvo en sus percepciones mismas. Para el racionalista, ahí está el problema: ¿qué hay que colocar en la base de las cosas, o en la cúspide de la aspiración? Y, con respecto a esa «biofilia»: no olvidemos que el amor al planeta a menudo significa odio hacia quienes lo habitan. El culto a Baal, dios de la naturaleza, se asociaba típicamente al sacrificio de niños (Jeremías 19:5). Y si alguien cree que en el mundo moderno no somos capaces de algo así, que se lo replantee: ¿qué proporción del sentimiento profundamente «antiniños» que invade nuestra cultura es consecuencia inevitable de elevar a lo más alto a la terrible diosa Gaya? Todo ello combinado, claro está, con la búsqueda del placer propia de la revolución sexual, búsqueda irresponsable, egoísta, estrecha de miras y en último término ingenua, que atrae a la perdición a quienes de otro modo podrían llegar a convertirse en padres y madres maduros.[13] Realmente, hay que estar ciego para no ver el impresionante antihumanismo que surge de inmediato cuando el culto a la naturaleza, teóricamente loable y tan insensatamente promovido por el doctor Dawkins, pasa a ocupar una posición central. *¡Hay demasiada gente en el planeta!*[14] ¿Ha habido alguna vez algún eslogan más intrínsecamente asesino y hasta genocida? ¿Entonces? ¿Quién es el que tiene que irse? ¿Quién decide? ¿Son solo los pobres, que se multiplican tan inconscientemente? ¿O quizá sus hijos no deseados?[15] ¿Sobre todo los que viven en países en vías de desarrollo, a los que de ninguna manera ha de autorizarse el uso de los combustibles fósiles que han sacado de la pobreza a los occidentales?[16]

Después de la destrucción de las inscripciones originales de los mandamientos, Dios ordena a Moisés que talle dos nuevas tablas de piedra y que grabe en ellas las leyes una vez más. Estas parecen ser de menor tamaño, pues tanto las originales como las inscripciones eran «obra de Dios» (Éxodo 32:16). Necesaria ante la falta de fe de los israelitas y por la posterior demolición del contrato por parte de Moisés, la nueva alianza parece ser una variante comparativamente degenerada, lo que apunta una vez más a cierto deterioro permanente de la relación entre lo divino y el pueblo elegido, tal como sugiere el destacado intérprete de la Biblia: «Algo se pierde siempre con el pecado, incluso cuando este se perdona».[17] Para recibir la palabra divina renovada, Moisés, obediente, vuelve a ascender al monte Sinaí, cargando con las nuevas tablas en blanco. He aquí una representación de su aventura, parecida a la de Abraham, en un microcosmos; otro ascenso por la escalera de Jacob.

Por el camino, Dios le recuerda al profeta, una vez más, el coste de la maldad y se describe a sí mismo como el que «guarda misericordia a millares, que perdona la iniquidad, la rebelión y el pecado, pero que de ningún modo tendrá por inocente al malvado; que castiga la maldad de los padres en los hijos y en los hijos de los hijos, hasta la tercera y cuarta generación» (Éxodo 34:7). No existe deformación de la estructura de la realidad causada por una meta mal enfocada que desaparezca por sus propios medios. El error debe corregirse y si no lo hace el propio pecador, lo harán los que vengan detrás. Esa es una verdad terrible. Pero difícilmente podría ser de otro modo si los seres humanos mismos tienen algo importante que hacer y si la realidad que habitamos es verdaderamente real. Por eso Cristo, mucho después, pronuncia estas temibles palabras: «No penséis que he venido a abolir la ley o los profetas; no he venido a abolir, sino a cumplir, porque de cierto os digo que antes que pasen el cielo y la tierra, ni una jota ni una tilde pasará de la ley, hasta que todo se haya cumplido» (Mateo 5:17-18). Con estas palabras Jesús señalaba que ni el más mínimo detalle de la ley mosaica quedará sin cumplir, sin aplicar. Dicho de otro modo: nada de lo que se hace por mal desaparece solo. Por eso, también, los pecados de los hombres llaman eternamente a la venganza de la madre de todos los dragones, como el *Enuma elish* enuncia de manera tan directa[18] y como los habitantes de Mesopotamia tan dolorosamente aprendieron. Pagamos por todos y cada uno de nuestros pecados, o pagarán nuestros hijos.

Moisés queda tan afectado por ese encuentro con Dios que cuando desciende de la montaña y regresa con su pueblo su rostro, impregnado de gloria reflejada, resulta intolerable por la absoluta intensidad de su mirada. Debe cubrirse para reducir el terror sagrado que inspira en su pueblo. Eso es reflejo de dos hechos: primero, la genuina cercanía a lo divino del profeta, que permanece en fiel comunión con Dios; segundo, el estado opuesto de los israelitas, que siguen sumidos en el pecado. Cuanto mayor es la distancia con respecto a Dios, o a su profeta, más aterrador e insoportable es el acto de contemplar el rostro de la divinidad. Quien es puro tiene poco que temer de lo que es perfecto; pero el impuro, al enfrentarse al ideal, debe enfrentarse también al hecho puro y duro de su impureza. Si esta es consecuencia de una ceguera voluntaria —si se ha debido a una negativa gradual a expiar y a mejorar cuando la conciencia señalaba esa necesidad—, ¿cómo habría de ser posible para esa persona o personas que han actuado así resistir la exposición directa al juicio implícito del ideal mismo? Algo similar se apunta en otros pasajes del corpus bíblico, cuando Cristo se transfigura en el monte, delante de sus discípulos, en milagrosa compañía de Moisés y del profeta Elías (Mateo 17:1-9), en las visiones de Ezequiel (Ezequiel 1) y en el Apocalipsis de San Juan:

Me volví para ver la voz que hablaba conmigo. Y vuelto, vi siete candelabros de oro y en medio de los siete candelabros como un Hijo del Hombre, vestido de una ropa que llegaba hasta los pies, y tenía el pecho ceñido con un cinto de oro. Su cabeza y sus cabellos eran blancos como blanca lana, como nieve; sus ojos, como llama de fuego. Sus pies eran semejantes al bronce pulido, refulgente como en un horno, y su voz como el estruendo de muchas aguas. En su diestra tenía siete estrellas; de su boca salía una espada aguda de dos filos y su rostro era como el sol cuando resplandece con toda su fuerza. Cuando lo vi, caí a sus pies como muerto. Y él puso su diestra sobre mí, diciéndome: «No temas. Yo soy el primero y el último, el que vive. Estuve muerto, pero vivo por los siglos de los siglos, amén. Y tengo las llaves de la muerte y del Hades».

Apocalipsis 1:12-18

El significado de este texto tiene dos caras; la primera es que todo ideal es también, ineludiblemente, un juicio; la segunda, que toda desviación con respecto al ideal endurece el juicio inevitable. Ese es el patrón de las plagas que asolan a los egipcios, invocadas por Moisés, que actúa por intercesión de Dios. La creciente dificultad de la expiación es la consecuencia inevitable del pecado reiterado. Es algo que también remite, de alguna manera, a las experiencias de Moisés cuando se encuentra a Dios en forma de zarza ardiente y mientras se cobija en una peña y es protegido por la mano de lo divino, y de la espantosa limpieza y la espada encendida de Génesis 3:23-34,[19] que también aparece en Isaías 34:5-6: «Porque en los cielos se embriagará mi espada; descenderá sobre Edom para juicio y sobre el pueblo de mi maldición». ¿Por qué brilla el rostro de Moisés cuando está lleno de la gloria de lo divino? Porque Dios, sea lo que sea, es tanto que incluso aquellos que simplemente reflejan su majestad pasan a intimidar e incluso a resultar insoportables en su ilustración y su iluminación; se vuelven espantosamente amenazadores para aquellos empapados en pecado.

A esto le sigue un recordatorio de respetar el *sabbat* y de construir el tabernáculo. En su defensa hay que decir que los israelitas se implican con gran entusiasmo, quizá porque, al menos durante un tiempo, han aprendido la lección. Se muestran tan entusiasmados en sus ofrendas para la construcción del santuario sagrado que tienen que refrenarlos, pero culminan el proyecto con éxito (Éxodo 36-40). Como consecuencia de su sacrificio, «una nube cubrió el tabernáculo de reunión y la gloria de Jehová [lo] llenó» (Éxodo 40:34). Se trata de lo que de día es una nube, como anteriormente, y de noche columna de fuego y que, o bien se mantiene inmóvil en la nueva estructura (en cuyo caso los israelitas permanecen en el campamento), o bien avanza (en cuyo caso, ellos la siguen). Parece tratarse de un pacto mejor que el de la sustitución de Dios por un simple ángel, como se amenazaba. Parece que la intercesión de Moisés, la negociación exitosa de la segunda alianza y la disposición de los israelitas a sacrificarse por el tabernáculo han convencido a Dios para que se restablezca su liderazgo directo.

Así acaba el Libro del Éxodo, dando un paso crucial en el desarrollo de algo que se aproxima a la civilización asentada: el tabernáculo de los israelitas es el precursor de la sinagoga, la catedral y la iglesia. Es lo que se convierte en el centro de la ciudad, el lugar de encuentro para la ofrenda sacrificial de la comunidad unida, la construcción dentro de la cual pueden darse la confesión, el arrepentimiento y la expiación que estabilizan y recalibran la psique mal alineada, de manera que, una vez más, apunte en la dirección ascendente que armoniza lo individual con la jerarquía de la sociedad y el presente con el futuro. Ese edificio central y sus variantes posteriores son réplicas del monte sagrado, el Sinaí u Horeb, representaciones arquitectónicas de la vara transformadora o viva de Moisés, el centro del ideal platónico en torno al cual se disponen necesariamente todas las formas perceptuales. Son el lugar del sacrificio sobre el que la comunidad misma debe cimentarse, pues el individuo siempre ofrece o renuncia a algo para ocupar su lugar en el mundo social. Eso es algo que puede hacerse sin necesidad de imposición o fuerza, cuando la invitación divina es aceptada con gracia. Alternativamente, también puede gestionarse con gritos y pataleos cuando la inmadurez se prolonga, la consciencia se ignora y la llamada a la aventura y la verdad se rechazan.

El viaje de los israelitas sigue con Levítico, Números y Deuteronomio. El primero de los tres libros se inicia con instrucciones sobre el uso adecuado del tabernáculo y detalla más reglas explícitas, dividiendo lo que es puro y apto de lo que es impuro y tabú y estableciendo el código de santidad (Levítico 17-26). En él, Dios aprovecha la oportunidad para recordar a los israelitas los dos caminos que se presentan eternamente ante ellos. El primero es consecuencia de poner lo que es apropiadamente sagrado en lo más alto:

> Si andáis en mis preceptos y guardáis mis mandamientos, y los ponéis por obra, Yo os enviaré las lluvias a su tiempo y la tierra y el árbol del campo darán su fruto. Vuestra trilla alcanzará hasta la vendimia y la vendimia alcanzará hasta la siembra; comeréis vuestro pan hasta saciaros y habitaréis seguros en vuestra tierra. Yo daré paz en la tierra y dormiréis sin que haya quien os espante; haré desaparecer de vuestra tierra las malas bestias y la espada no pasará por vuestro país. Perseguiréis a vuestros enemigos, que

caerán a espada delante de vosotros. Cinco de vosotros perseguirán a cien y cien de vosotros perseguirán a diez mil y vuestros
enemigos caerán a filo de espada delante de vosotros, porque yo
me volveré a vosotros, os haré crecer, os multiplicaré y afirmaré
mi pacto con vosotros.

Levítico 26:3-9

Lo que es tabú e impuro es lo que está prohibido por la
conciencia, lo que contamina, lo que plantea una amenaza para
la integridad armoniosa del individuo y la comunidad. Existe
cierta arbitrariedad o variación en lo que se prohíbe de una sociedad a otra, en consonancia con el tema de la autorización para
explorar en los márgenes.[20] Los veganos, vegetarianos, carnívo-
ros y omnívoros del mundo actual discrepan, por ejemplo, sobre
lo que puede consumirse éticamente y por razones de salud. Pero
en lo que no discrepan es en el hecho de que hay límites que
bordean el dominio de la conducta aceptable en esas cuestiones
—de que existe cierta línea divisoria entre lo que es aceptable y
lo que está prohibido—. Y es precisamente en la aceptación comunitaria de esos límites en lo que se basa gran parte de la estabilidad social.

Así, siempre que hay sociedad hay algo que es sagrado y
algo que es tabú, porque el acuerdo sobre lo que puede y no
puede hacerse es la propia esencia del ser comunitario. Se trata
de la división entre caos y orden que constituye la creación viviente misma. La disposición a regirse por esos mandamientos
o tradiciones algo arbitrarios (que es una forma de sacrificio del
mero interés propio) es, aun así, un indicativo importante de la
capacidad para posponer la gratificación, tener en cuenta a los
demás, participar respetando las reglas y arrimar el hombro voluntaria y cooperativamente. La aceptación de esas limitaciones
«arbitrarias» por parte de los miembros de una comunidad indica la voluntad mutua de todos los implicados de perseguir la
misma meta unificadora, ascendente, y de pagar el precio individual y colectivo que es condición indispensable. Así, el respe-

to a los pormenores del tabú es, cuando menos, una señal de aceptación individual del sacrificio en el que se fundamenta necesariamente la sociedad y, por tanto, de quién es de fiar y quién no.

Las promesas de victoria de Dios a quienes son del linaje de Moisés recuerdan al ofrecimiento hecho a Abraham cuando es convocado a la aventura:[21] un elemento más que indica la conjunción del camino divino y los instintos más profundos de la humanidad. Incluso los biólogos más ateos y evolucionistas admiten el poder motivador del impulso reproductivo, tanto si se limita al deseo sexual como si se amplía a la propensión al emparejamiento permanente y al ejercicio de la paternidad. Con todo, la oferta hecha a Abraham y a Moisés abarca mucho más, es más profunda y más importante que la mera inmediatez sexual: es la garantía de que apuntar hacia arriba, madurar y transformarse mediante el sacrificio necesario también es la manera de ser que mejor asegura el éxito dinástico a largo plazo. Se trata de integrar armónicamente los instintos de supervivencia y reproducción que forman parte integral de la que incluso es la definición darwiniana del propósito de la vida.

Dios acaba de ofrecer una descripción de las consecuencias de seguir su invitación o llamada. Y añade una advertencia de conciencia última, la consecuencia infernal de desviarse del camino, ya sea deliberadamente o no:

> Pero si no me escucháis ni cumplís todos estos mandamientos, si despreciáis mis preceptos y vuestra alma menosprecia mis estatutos, si no ponéis en práctica todos mis mandamientos e invalidáis mi pacto, yo también haré con vosotros esto: enviaré sobre vosotros terror, extenuación y calentura, que consuman los ojos y atormenten el alma. Sembraréis en vano vuestra semilla, pues vuestros enemigos la comerán.

Levítico 26:14-16

Y eso no es todo: Dios promete que los enemigos y las bestias salvajes los dominarán, que habrá una hambruna interminable (incluso con plena abundancia), que las cosechas y el ganado se perderán, que morirán los niños, que las casas y los lugares de culto serán destruidos, que la diáspora será eterna y cosas aún peores:

A los que queden de vosotros, les infundiré tal cobardía en sus corazones, en la tierra de sus enemigos, que el sonido de una hoja que se mueva los hará huir como se huye ante la espada y caerán sin que nadie los persiga. Tropezarán los unos con los otros como si huyeran ante la espada, aunque nadie los persiga, y no podréis resistir en presencia de vuestros enemigos.

Levítico 26:36-37

Llegados a este punto, la eterna pregunta del ateo escéptico bien podría volver a hacer acto de presencia: ¿cómo es posible tener fe o creer en un Dios como este, con todos esos celos aparentes, esa ira, esa rabia y esa crueldad? Estos fragmentos presentan una decisión muy marcada con respecto a lo divino, pero en todo caso se trata de una decisión que debe contemplarse como terrible y del todo realista. Si lo que es más elevado no se imita ni se adora, las cosas, o bien se desmoronan, pues todo compite por el dominio y la confusión reina, o bien algo que no es apto es elevado a estatus de Dios. En cualquiera de los dos casos, es muy posible que se desate el infierno. Cualquiera que esté mínimamente familiarizado con la literatura de los horrores del siglo xx y que entienda el precio catastrófico pagado por el sometimiento a las tiranías del fascismo y del comunismo (y hasta del nihilismo que podría resultar atractivo como alternativa desesperanzada) sabe muy bien que el castigo profetizado en la última parte de Levítico 26 es, en todo caso, menos severo de lo que pudo ser aquello. La conciencia, en sentido divino, es lo que realmente nos advierte contra el dominio del infierno.

¿Cómo podría ser eso más que una funesta advertencia? Y si esa advertencia refleja la realidad, en el sentido de que los pecados de orgullo, resentimiento, rebelión, usurpación y engaño conllevan las más duras consecuencias, entonces, ¿por qué ha de considerarse cruel advertir contra ellos? Lo realmente cruel para quienes se enfrentan a un destino peor que la muerte sería la ausencia de una guía estricta. Cuando no se erigen barreras, no se hieren sentimientos (cuando nunca se dice «no»), pero la anarquía impulsiva y la competencia ebria de poder que surge enseguida como consecuencia de ello resulta devastadora y todo el dolor evitado por la ausencia de una disciplina necesaria regresa corregido y aumentado. Ese es el sino de quienes sufren el diluvio de Noé, el fuego y la destrucción de Sodoma y Gomorra y el caos absolutamente devastador del mar Rojo. No hay nada compasivo en la incapacidad para actuar que conduce a esas catástrofes: se trata de una mera abdicación de la responsabilidad patriarcal más esencial.

Cuando degenera el orden social que es verdadero —cuando se esfuma la fe en Dios, que realmente es compromiso con la meta sacrificial ascendente—, se inicia, inevitablemente, la espantosa danza del esclavo y del tirano. Se abandona la responsabilidad subsidiaria, sustituida por la concentración en los placeres del momento. Entonces, la pesada mano del autoritario ha de ser invitada a reemplazar el orden de una cooperación genuinamente productiva y a la orientación en el futuro le sucederán los límites de la imposición y la fuerza. El gobernante absoluto —el faraón mismo— es elevado al lugar más alto, donde sin remedio se ve tentado por el poder (en proporción exacta con el descarrío del pueblo). La anarquía hedonista exige que el padre terrible ponga reglas. Los que se ven esclavizados bajo el yugo de una verdadera tiranía no conocen fraternidad, cooperación, competencia sana ni amor. La generosidad productiva cesa y se ve reemplazada por la custodia y el saqueo envidioso y resentido de los recursos disponibles, cada vez más menguados. Ese es el Estado que muy bien podría ser el infierno mismo e, incluso si no dura una eternidad, sin duda lo parecerá. Cuando domina una gran desesperanza, hasta la muerte resulta preferible a la vida. En esas condiciones espantosas, el pasado es un pozo de desgracia, el presente, un erial interminable, y el futuro, más de lo mismo y peor. Cada paso adelante es involuntario y forzado y cualquier dirección se ve como igualmente absurda. La esterilidad de la imposición autoritaria, y la esclavitud en ella, alimenta un empequeñecimiento, un resentimiento y un sadismo que no conocen ningún límite.

Un solo ejemplo: cuando los japoneses invadieron la ciudad de Nankín, China, en 1937, iniciaron un programa de brutalidad sistemática y de ejecuciones que condujo a la muerte de más de trescientos mil civiles en seis semanas:

Los japoneses no solo destripaban, decapitaban y desmembraban a sus víctimas, sino que también practicaron formas de tortura aún más atroces. Por toda la ciudad clavaron a prisioneros a tablas de madera y los aplastaron con tanques, los crucificaron en árboles o postes eléctricos, les extrajeron largas tiras de piel y los usaron como diana para practicar con la bayoneta. Según las fuentes, al menos a un centenar de hombres les arrancaron los ojos, les cortaron la nariz y las orejas y los quemaron vivos. Otro grupo de doscientos soldados y civiles chinos fueron desnudados, atados a las columnas y puertas de una escuela y después acuchillados con *zhuizi* (unas agujas especiales con asas) en cientos de puntos por todo el cuerpo, incluyendo la boca, la garganta y los ojos.[22]

Los soldados desnudaron a las niñas y se turnaron para violarlas: la de dieciséis años, por dos o tres hombres; la de catorce años, por tres. Tras violar a la niña mayor, los japoneses la mataron a puñaladas y después le clavaron una caña de bambú en la vagina. A la más joven se limitaron a clavarle la bayoneta, «ahorrándole el horrible trato que dispensaron a su hermana y a su madre», según palabras del extranjero que describió la escena por escrito. Los soldados también le clavaron la bayoneta a otra hermana, de ocho años, que se había escondido con su hermana de cuatro años bajo las mantas de una cama. La de cuatro años se quedó bajo las mantas durante tanto tiempo que casi se asfixió. La falta de oxígeno le provocó daños cerebrales que le durarían de por vida.[23]

Todo el que escoge avanzar por el camino tiene un demonio sentado en un hombro y un ángel en el otro: o eso se representa en el tópico humorístico. Pero en realidad se trata de una idea —de la representación de una realidad profunda— que dista mucho de la diversión infantilizada. El camino hacia el infierno se inicia con un solo paso, al que sigue otro, y cada paso del descenso puede racionalizarse muy fácilmente, incluso aplaudirse por considerarse moralmente adecuado.[24] Pero la velocidad y el ángulo del descenso aumentan con la persistencia y este puede ser espantosamente largo. Por eso el infierno es un pozo sin fondo, arquetípicamente hablando. Eso significa que Dios actúa misericordiosamente cuando advierte a los israelitas, de manera inequívoca, que no se desvíen. Así, la «crueldad» de Dios se entiende como consecuencia inevitable del pecado, cometido de manera voluntaria. Se trata, además, de la actitud troncal de Caín, que adopta una posición eternamente destructiva de victimización resentida.

Números es un libro en el que se detallan las penas, los trabajos y el tránsito de los israelitas una vez que estos ya han recibido las tablas de la ley y han renovado la alianza en el monte Sinaí, si bien con concesiones. Se los llama a tomar posesión de la tierra prometida. Se cuentan las personas y los detalles del Estado (de ahí el título de Números), se toman en consideración y se disponen geográfica y jerárquicamente de manera comprensible y acordada. Puede resultar fácil subestimar la importancia de este texto, de trama y caracterización sencillas, y concentrarse, en cambio, en cuestiones técnicas. Pero lo que se hace en él es, ni más ni menos, establecer las cifras en las que se basa el Estado moderno, teniendo en cuenta grupos sociales sofisticados, así como la distribución técnica y el análisis de la sociedad misma.

Esos son, en todos los casos, avances en el proceso de permitir la aparición de una civilización a gran escala altamente organizada, pues posibilitan el proceso de abstracción y el cálculo numérico que han de aplicarse al problema de organizar y entender los detalles de la vida en común. De ese modo se ponen las bases incluso del trabajo preparatorio para la actitud empírica como tal, sobre todo en relación con las ciencias sociales, estableciendo la idea profunda de que el conteo y la categorización y división cuantitativas y formales son a la vez necesarios y útiles en nuestros intentos de comprender el mundo y abordar sus necesidades prácticas. De ese modo, el Libro de los Números supone una continuación del viaje transformador de lo que en una ocasión fue una panda desordenada de esclavos libertos hacia una sociedad estructurada, que funciona bien, una progresión posible gracias a abstracciones numéricas, con su resultante orden social.

En Números también se representa de manera sutil la división del trabajo, que es una condición previa adicional y fundamental para la consecución de la abundancia comunitaria. A varios hijos de las tribus, por ejemplo, se los asigna al ejército (Números 1:20-42); los levitas, eximidos de ese deber en concreto, reciben el encargo de cuidar del tabernáculo (Números 1:47) de una manera detallada y específica, en consonancia con el espíritu de Números. A los diferentes subclanes de los levitas se les asignan papeles y misiones muy concretos. A los gersonitas, por ejemplo, se los hace responsables del «tabernáculo de reunión, de la tienda y su cubierta, la cortina de la puerta del tabernáculo de reunión, las cortinas del atrio y la cortina de la puerta del atrio que rodea el tabernáculo y el altar; así como de las cuerdas necesarias para todo el servicio», mientras que los meraritas deben hacerse cargo de «las tablas del tabernáculo, sus barras, sus columnas, sus basas y todos sus enseres, con todo su servicio, así como las columnas alrededor del atrio, sus basas, sus estacas y sus cuerdas» (Números 3:36-37). A cada hombre, familia y clan se le otorga un lugar de sometimiento apropiado en la organización general del Estado emergente (Números 2:34). Esa atención concienzuda a lo que, en esencia, son detalles administrativos es una condición previa necesaria para la organización subsidiaria de la responsabilidad en una entidad política cada vez mayor, productiva y cooperativa. De esa manera, se hace bajar a la tierra el reino de Dios al que aspiran los israelitas.

Toda esta organización posibilita la renovada marcha hacia delante. Sin embargo, en la travesía continua, una vez más, los que carecen de fe empiezan a «quejarse de sus penalidades» (Números 11:1, Nueva Versión Internacional). Se trata, una vez más, de una muestra de la tendencia del antiguo pueblo elegido a adoptar el papel de víctima, como hizo Caín. Se ve a sí mismo como oprimido por Dios y por Moisés; por el mundo natural y por sus iguales; incluso por su propia tendencia a retroceder. El peligro de adoptar esa actitud nunca podrá exagerarse: esta tendencia a considerarse víctima es muy acusada en la peor clase de personas: los maquiavélicos, manipuladores, narcisistas, psicópatas, parásitos y sádicos estudiados por los analistas modernos de las psicopatologías más profundas y destructivas. Una vez que se han definido a sí mismos como situados injustamente y maldecidos, nada les está prohibido y esa es la verdadera motivación para denunciar la opresión de que dicen ser víctimas. A medida que degeneran, los israelitas chismorrean, murmuran y critican. Recurren al lenguaje con el espíritu del enemigo; lo usan de la manera oculta, clandestina y cobarde tan bien descrita posteriormente por David, el rey pastor: «En la boca de ellos no hay sinceridad; su interior está lleno de maldad, sepulcro abierto es su garganta, su lengua es mentirosa» (Salmos 5:9); «Maquinan males en el corazón» (Salmos 140:2); «Aguzan su lengua como una serpiente y veneno de víbora hay debajo de sus labios» (Salmos 140:3); tienden lazos y cuerdas y «han tendido red junto a la senda» (Salmos 140:5). Se trata de una estrategia a la que recurren aquellos que invierten el Logos y usan las palabras no para comunicarse, sino para subvertir y destruir; aquellos que...

... afilan como espada su lengua; lanzan como una saeta suya la palabra amarga, para disparar a escondidas contra el íntegro; de repente la disparan y no temen. Obstinados en su perverso designio, tratan de esconder los lazos y dicen: «¿Quién los ha de ver?». Planean maldades, hacen una investigación exacta; el íntimo pensamiento de cada uno de ellos, así como su corazón, es profundo.

Salmos 64:3-6

En su viraje hacia la autocompasión, los israelitas exhiben los rasgos de los cobardes, de los que no tienen fe. Recaen, tergiversan, engañan y recurren al resentimiento. Una vez más, cantan las excelencias de Egipto, añorando, hipócritas, los viejos tiempos. En lugar de adoptar una actitud de humildad, pidiendo una revelación, pensando críticamente, explorando, aclarando y negociando, se dedican a subvertir, a camuflar y a sembrar la discordia. Traman venganza, fingen una virtud inmerecida, excluyen, evitan, delatan, echan, hacen escarnio. Y después, aún empeoran más: «Y la gente extranjera que se mezcló con ellos tuvo un vivo deseo y los hijos de Israel también volvieron a llorar y dijeron: "¡Quién nos diera a comer carne!"» (Números 11:4). Nótese que no se trata solo de deseo, sino de un «vivo deseo» (Reina Valera, 1960). ¿Qué significa eso? Que los israelitas, en su nuevo estado de relativa predictibilidad, estabilidad, calma y paz cultivan innecesaria e insensatamente sus deseos, en lugar de mostrarse agradecidos por lo que les han dado y por lo que han hecho.

El pueblo elegido, en esa época, no se encuentra precisamente en un estado de privación, pues se le ha concedido maná en abundancia; ha establecido, en su diáspora, un Estado productivo y funcional. Pero, desagradecido, alimenta voluntariamente un deseo resentido, añora los días de Egipto en los que (al menos en su recuerdo) gozaban de provisiones infinitas de pescado, pepinos, melones, puerros, cebollas y ajos, y rechazan el alimento perfecto, proporcionado por los cielos, que se les concede: «Y ahora nuestra alma se seca; pues nada sino este maná ven nuestros ojos» (Números 11:6). Claman tanto en su descontento que Moisés vuelve a acudir a Dios para tratar con Él su decisión de nombrarlo el líder de los israelitas: «¿Concebí yo a todo este pueblo? ¿Lo engendré yo, para que me digas: "Llévalo en tu seno, como lleva la que cría al que mama, a la tierra que juraste dar a sus padres"?» (Números 11:12). Los constantes gritos y llantos lo alteran tanto que llega a desear la muerte: «Y si así vas a hacer Tú conmigo, te ruego que me des muerte, si he hallado gracia a tus ojos, para que yo no vea mi mal» (Números 11:15).

Dios aligera la carga de Moisés —una vez más, de manera subsidiaria— distribuyendo parte de la responsabilidad y autoridad a un grupo de setenta ancianos. Y entonces ordena a su profeta que emita una advertencia: «Pero al pueblo dirás: "Santificaos para mañana y comeréis carne, porque habéis llorado a oídos de Jehová, diciendo: '¡Quién nos diera a comer carne! ¡Ciertamente mejor nos iba en Egipto!' Jehová, pues, os dará carne y comeréis"» (Números 11:18). Dios viene a decir, en esencia: «¿No quieres caldo? Toma dos tazas».

> No comeréis un día, ni dos días, ni cinco días, ni diez días, ni veinte días, sino hasta un mes entero, hasta que os salga por las narices y la aborrezcáis, por cuanto menospreciasteis a Jehová que está en medio de vosotros y llorasteis delante de él, diciendo: «¿Para qué salimos acá de Egipto?».
>
> Números 11:19-20

La divinidad, disgustada, envía hordas de codornices a los israelitas, hasta que las aves ocupan dos codos de altura y una extensión de un día entero de camino en dos direcciones. A punto de saciar su despreciable apetito, los israelitas se ven golpeados por la plaga. Los que mueren y son enterrados ahí son «el pueblo codicioso» (Números 11:34). Es una advertencia lúgubre contra la ingratitud y, más concretamente, contra la provocación innecesaria del hedonismo compulsivo que no desea más que la gratificación inmediata.

A medida que los israelitas se aproximan a Canaán, la tierra prometida, Dios le pide a Moisés que envíe a un hombre de cada tribu para que «reconozca la tierra de Canaán» (Números 13:17). Geográficamente hablando, es un hecho que los israelitas se encuentran cerca de su destino tan devotamente deseado. Pero metafísicamente han llegado hasta ahí a causa de sus continuos sacrificios, de su obediencia disciplinada, de su fe, de su valor y de su voluntad de regirse por la verdad (a pesar de las recaídas tan frecuentemente expuestas). ¿Cuáles son las condiciones previas aparentes para una vida más abundante? No la provisión del pasado, carente de esfuerzo, ni del mundo natural, ni siquiera del propio Dios, si no es en alianza. Es la orientación moral la que proporciona dirección, alejando de la tiranía a través del desierto; la meta ascendente que une al individuo consigo mismo y a todos los individuos con todos los demás. Eso es el establecimiento de una jerarquía productiva, que se basa en el sacrificio mutuo y que establece una confianza también mutua. En general, no existe diferencia alguna en el relato bíblico entre conducta moral y éxito, y a lo largo del mayor margen de tiempo imaginable.

¿Cómo hay que entender este éxito, o incluso el éxito mismo, en el nivel más profundo de significado existencial? ¿Cómo ha de conceptualizarse y apreciarse este éxito, que se basa en el establecimiento de una moralidad madura, dado el sufrimiento que aun así parece asociado incluso a las vidas más afortunadas? ¿Cómo hemos de aceptar el miedo y el dolor de la vida, limitada como está por la lúgubre realidad de nuestra propia existencia truncada; de nuestra propia moralidad? Un axioma raro y misterioso de la creencia judeocristiana (y de otras) es que «la paga del pecado es muerte» (Romanos 6:23), una idea ya apuntada en los primeros pasajes del Génesis (3:1-7; 3:14-19), donde se detalla la pérdida del paraíso y el paso a la mortalidad del hombre y de la mujer a causa del orgullo; y expuesta explícitamente en Romanos 5:12: «Por tanto, como el pecado entró en el mundo por un hombre, y por el pecado, la muerte, así la muerte pasó a todos los hombres, por cuanto todos pecaron». Se trata de una idea que plantea un verdadero enigma para los creyentes —dado que todo lo que vive muere, incluidos los animales, que aparentemente no «pecan»— y que fácilmente puede convertirse en objeto de ridiculización. Todo lo que vive muere y en este sentido el hombre es algo que vive entre todos los demás. La tensión que genera darse cuenta de ello —de esta realidad— se vio, en todo caso, potenciada por la atribución de la existencia del ser humano a los mismos procesos biológicos evolucionistas y a las mismas limitaciones que caracterizan a todos los demás seres vivos. Parece fuera de toda discusión que la muerte es algo incrustado en la estructura misma del ser y no la consecuencia del error moral, por más extremo que este sea.

Pero, quizá, la cuestión no esté tan clara. ¿Es la muerte una inevitabilidad biológicamente preprogramada, que forma parte del orden natural de las cosas, o es consecuencia del resultado de numerosos fallos de sistema acumulados: de la acumulación de daños a nivel molecular y celular, del fallo final de los órganos y de la incapacidad del cuerpo para repararse él mismo? La muerte no es, en absoluto, «una cosa». Igualmente obvio es el hecho de que, a algunos, la muerte les llega pronto y a otros tarde —y que, sin duda, las vías de acción, insensatas o prudentes, pueden implicar un fallecimiento precoz o un alargamiento no solo de la vida misma, sino de la salud, de la productividad, de una vida deseable—. Desde los inicios de la Revolución Industrial, la duración media de la vida ha aumentado, entre otras cosas a partir de una reducción drástica de la mortalidad infantil. Esa mejora suele atribuirse exclusivamente al progreso tecnológico, explicación que no tiene en cuenta la mejora de la conducta moral que hizo posible dicho progreso tecnológico.[25] No se habría producido milagro tecnológico sin un desarrollo anterior de la verdadera humildad y de un espíritu genuino de indagación, que hicieron posibles los descubrimientos científicos en los que se basaba la tecnología. Estos, a su vez, dependían de la fe: en primer lugar, fe en que el mundo era comprensible; en segundo lugar, fe en que los hombres de buena voluntad y valor podían aprovechar su comprensión para lograr un beneficio positivo; y en tercer lugar, fe en que el intercambio libre y generoso de esa comprensión resultaría en un beneficio mutuo, sostenido.

Tampoco habría podido darse una generación o acumulación de la riqueza que con el tiempo haría que todos fueran comparativamente ricos sin una generalizada y en cierta medida milagrosa aceptación de la desigualdad en la distribución de los recursos y el talento, condición previa para la creación inicial de la riqueza y su posterior diseminación. Ello implicaba confianza: confianza en quienes se estaban beneficiando no de su abuso de los demás, sino de su mano de obra productiva. Implicaba admiración ante el éxito, en lugar de resentimiento y envidia, y también implicaba que, en general, aquellos que se esforzaban y conseguían el éxito habían actuado de buena fe. Ese planteamiento es el que posiblemente caracteriza la actitud del ciudadano individual de Estados Unidos, principalmente, aunque en mayor o menor medida también puede verse en todos los países económicamente exitosos del mundo. Así, nuestra derrota parcial colectiva de la muerte es consecuencia, sobre todo, de un empeño moral sostenido y exitoso, un resultado secundario de los milagros tecnológicos que esa reorientación (u orientación adecuada) permite.

Todo esto llama a plantearse una cuestión: si todos actuáramos de la manera que mejor nos permitiera optimizar nuestra exploración, nuestro intercambio de información; que mejor nos permitiera apoyarnos los unos en los otros y, por tanto, cooperar sin dudarlo, sin ningún obstáculo innecesario ni tropiezo, ¿qué ocurriría si algunos problemas siguieran quedando más allá de nuestra capacidad de resolverlos? Así, las preguntas siguen estando ahí: ¿cuánto del sufrimiento mortal e incluso de la muerte misma es consecuencia de los efectos inexorables de la entropía y del desorden, digamos, intrínsecos a la situación existencial del hombre considerado como organismo material; y cuánto se debe a los fallos morales que desestabilizan y corrompen nuestras empresas colectivas y nos convierten en mucho menos de lo que de otro modo podríamos ser? Y si nada de eso hace cambiar fundamentalmente el hecho en sí de la muerte, ¿no es cierto, como se ha comentado anteriormente,[26] que el compromiso pleno con la meta ascendente que es la aventura alivia las limitaciones dolorosas y la mortalidad? Eso también es una forma de triunfo sobre la muerte y el infierno. Lo que significa todo esto es que los terrores y los límites de la vida pueden vencerse en un grado finalmente indeterminado: en la práctica, en el sentido de que la degeneración física, e incluso la muerte misma, pueden limitarse y la abundancia de vida promoverse y ampliarse; psicológicamente, en el sentido de que la búsqueda responsable y con sentido de la aventura genuina puede sostener y motivar incluso en medio de las peores privaciones concebibles.[27]

Así pues, la tierra prometida no debería conceptualizarse tanto como un lugar al que se viaja geográficamente (aunque también lo sea), sino como una meta establecida a través de un empeño moral sostenido, individual y colectivamente. Después de que los israelitas se hayan organizado ellos mismos psicológicamente —librándose, al menos en parte, de su falta de disposición para responsabilizarse, su tendencia a la pelea y a la división, su falta de fe y su falsa nostalgia de los días de la tiranía—; después de que se hayan organizado bien socialmente, de acuerdo al principio de subsidiariedad, ya están lo bastante avanzados como para ver la tierra prometida en el horizonte. Por tanto, envían exploradores para que inspeccionen detalladamente el territorio: «Jehová habló a Moisés y le dijo: "Envía a unos hombres que reconozcan la tierra de Canaán, la cual yo doy a los hijos de Israel; enviaréis a un hombre por cada tribu paterna, todos ellos príncipes"» (Números 13:1-2). Los verdaderos líderes de los hombres son visionarios. Es inevitable que ellos sean exploradores de un nuevo territorio, dado que ese es el papel del profeta que puede ver el correcto camino con visión despejada y claridad moral. Los exploradores regresan informando del gran potencial que aguarda allí, al tiempo que advierten de que los problemas que siguen sin resolverse (entre ellos, los habitantes que en ese momento viven allí) son significativos:

> Al cabo de cuarenta días regresaron de reconocer la tierra. Fueron y se presentaron ante Moisés, Aarón y toda la congregación de los hijos de Israel, en el desierto de Parán, en Cades. Les dieron la información a ellos y a toda la congregación y les mostraron los frutos de la tierra. También les contaron: «Nosotros llegamos a la tierra a la cual nos enviaste, en la que ciertamente fluyen la leche y la miel; estos son sus frutos. Pero el pueblo que habita aquella tierra es fuerte y las ciudades muy grandes y fortificadas».
>
> Números 13:25-28

A medida que nos adentramos en el futuro, nos encontramos a los infinitos espíritus de oposición que habitan allí. Muchas veces se trata de los descendientes de Caín: las presuposiciones y los hábitos orgullosos y resentidos de uno mismo y de los demás que harán del futuro solo repetición de los pecados y de los errores del pasado. Esos son los habitantes a los que hay que vencer. Todo lo que se demuestra contraproducente o no apunta lo bastante hacia arriba debe ser eliminado o convertido para que la promesa llegue a materializarse de verdad. He aquí un ejemplo más de la separación del grano de la paja, o del funcionamiento de la rápida espada que corta y quema, y que conforma la eterna batalla entre el bien y el mal, o incluso entre lo bueno y lo mejor. El avance hacia el futuro mejor es una tarea abrumadora. Son muchas tierras prometidas potenciales como esa las que ya están ocupadas por los cananeos, que han fracasado en la misión —algo que, por una parte, indica la dificultad de esta y que, por otra, forma parte de ella—. Por esas razones, la mayoría de los exploradores se muestran faltos de fe y pesimistas ante los desafíos que aún hay por delante:

Entonces Caleb hizo callar al pueblo delante de Moisés y dijo: «Subamos luego y tomemos posesión de ella, porque más podremos nosotros que ellos». Pero los hombres que subieron con él dijeron: «No podemos subir contra aquel pueblo, porque es más fuerte que nosotros». Y hablaron mal entre los hijos de Israel de la tierra que habían reconocido, diciendo: «La tierra que recorrimos y exploramos es tierra que se traga a sus habitantes. Todo el pueblo que vimos en medio de ella es gente de gran estatura. También vimos allí gigantes, hijos de Anac, raza de los gigantes. Nosotros éramos, a nuestro parecer, como langostas, y así les parecíamos a ellos».

Números 33:30-33

Esa cautela conviene interpretarla más como una incapacidad de los líderes y no tanto como un relato sincero de las penalidades y tribulaciones a las que aún se enfrentan los israelitas. El pueblo elegido de Dios ha sido instado constantemente a manifestar fe en el hecho de que lo verdaderamente moral habrá de vencer. Dios ha dejado claro que su pueblo, si mantiene la alianza verdadera, se impondrá incluso cuando parece imposible. Aun así, los líderes más temerosos exageran el peligro que ha de venir y, manipuladores, retratan falsamente a sus oponentes como a gigantes y al compararse con ellos se pintan a sí mismos como insectos. No parece precisamente la actitud de unos hombres capaces de dar los siguientes pasos ni de motivar a otros para que lo hagan. Sí son las acciones de quienes han renunciado a la responsabilidad y a la carga (y han prescindido del sentido redentor asociado a ellas) de la auténtica exploración. Pronuncian las palabras que aterran y desmoralizan en lugar de fortalecer y renovar. Cuesta no albergar la sospecha, además, de que lo hacen por razones ocultas. Es posible atemorizar a la gente para que se mantenga sometida y siga siendo esclava, lo que permite la aparición de aspirantes a tiranos: los exploradores agoreros.

¿Qué podemos extraer de este relato para nuestra época moderna; ante las precauciones constantes, lúgubres y peligrosamente autoritarias sobre el futuro que inundan tanto los medios de comunicación como nuestras consciencias? Hay demasiada gente en el planeta; el apocalipsis está cerca. Quizá deberíamos desconfiar de esas personas sin fe que constantemente gritan que el cielo está a punto de desplomarse mientras nosotros, de buena fe, intentamos seguir avanzando. Es más que evidente que el usurpador eterno siembra la duda y el terror en su intento de desmoralizar, seducir y obtener poder. ¿Por qué *desmoralizar*? Porque la duda sobre el futuro genera ansiedad y destruye la esperanza. ¿Por qué *seducir* —una estrategia que funciona tan bien en combinación con la desmoralización—? Entre otras cosas, porque el terror y la consiguiente ansiedad y desesperanza que provoca son, simultáneamente, una invitación a abandonar la responsabilidad y a volver a los placeres infantiles de la gratificación inmediata. «¿Qué sentido tiene?» es una pregunta que, lógicamente, precede a cierta conclusión interesada: «No hay esperanza en nada; ha llegado la hora de vivir como si no hubiera un mañana»: ecos del culto orgiástico, exento de fe, al becerro de oro. Esa incitación al hedonismo esclavo forma parte inextricable de la degeneración de la sociedad voluntariamente subsidiaria en la polaridad autoritaria de esclavo y tirano.

Los rumores desmoralizadores se propagan como la pólvora. La gente, una vez más, llora con gran patetismo y murmura «contra Moisés y contra Aarón» (Números 14:1-2), quejándose incluso del hecho de seguir con vida; lamentándose de que han llegado tan lejos solo para enfrentarse a la derrota: «¡Ojalá hubiéramos muerto en la tierra de Egipto! ¡Ojalá muriéramos en este desierto! ¿Por qué nos trae Jehová a esta tierra para morir a espada, para que nuestras mujeres y nuestros niños se conviertan en botín de guerra? ¿No nos sería mejor regresar a Egipto?» (Números 14:2-3). Caleb y otros más intentan devolverles el buen ánimo, pero los israelitas se han sumido hasta tal punto en el pánico que se revuelven contra los que mantienen la fe, contra los optimistas empedernidos —los negacionistas del inminente apocalipsis—, y proponen lapidarlos. Cuando un pueblo ha caído presa de la mentira que produce el error, quienes dicen la verdad —la verdad optimista— pasan a ser vistos como auténticos enemigos. Es un estado que convierte la esperanza misma en delito; un estado que se acerca mucho al infierno.

Llegados a este punto, no puede sorprender que nada de lo expuesto complazca a Dios. Este informa a Moisés de que ya ha tenido suficiente, que está cansado de ser convocado para que demuestre su poder redentor. Y por tanto determina desheredar a los israelitas; aniquilarlos con una buena dosis de mortandad y empezar de nuevo solo con Moisés, como ya había amenazado con hacer anteriormente y como ya hizo, de hecho, en el caso de Noé. Moisés, que no es más que sufrimiento prolongado, negocia con Dios, le suplica una vez más que perdone a sus seguidores pecadores y que siga suministrándoles lo que se les ha prometido, a pesar de su falta de fe, comentando que si no lo hace, será su reputación sagrada la que se verá perjudicada (Números 14:15) y recordándole, quizá, que había prometido, como es bien conocido, dejar de aplicar esas medidas tan extremas (con la presentación del arcoíris, por ejemplo, en Génesis 9:8-17). Dios acuerda ser bueno, por así decirlo, aunque no renunciar completamente a su venganza. Todos los que han decidido mirar para otro lado, dar media vuelta y salir corriendo tendrán prohibida la entrada a la tierra prometida. Los que hayan mantenido la fe, incluso ante la duda tan insistentemente sembrada por los cobardes y los intrigantes, sí serán invitados a entrar:

> Entonces Jehová dijo: «Yo lo he perdonado, conforme a tu dicho, pero tan ciertamente como vivo yo y mi gloria llena toda la tierra, que ninguno de los que vieron mi gloria y las señales que he hecho en Egipto y en el desierto, que me han tentado ya diez veces y no han oído mi voz, verá la tierra que juré dar a sus padres; no, ninguno de los que me han irritado la verá. Pero a mi siervo Caleb, por cuanto lo ha animado otro espíritu y decidió ir

detrás de mí, yo lo haré entrar en la tierra donde estuvo y su descendencia la tendrá en posesión».

Números 14:20-24

Es más, los exploradores sin fe en el futuro son atacados por una devastadora plaga (Números 14:36-37) tras la que solo quedan vivos Caleb y Josué, que mantuvieron su optimismo mientras exploraban y también cuando informaban.

Se trata de un ejemplo más de la acción del Logos, de la separación del grano de la paja y de las ovejas de las cabras; de la acción de la terrible espada rápida y encendida. Los hipotéticos gigantes de Canaán equivalen al querubín monstruoso que blande el arma. La presencia de esos imponentes enemigos, incluso si es imaginaria, sirve para diferenciar el grano de la mala hierba o de la paja y los corderos de las cabras. De ese modo, los obstáculos y los enemigos que surgen por el camino, los cardos y los espinos del mundo caído (Génesis 3:18), se encargan de separar lo que tiene valor de lo que no. Solo lo que es verdaderamente fiel y valeroso entrará en la tierra prometida, como ya se ha indicado.[28] ¿Cómo podría ser de otro modo y seguir siendo esa tierra perfecta? «En este desierto caerán vuestros cuerpos, todo el número de los que fueron contados de entre vosotros, de veinte años para arriba, los cuales han murmurado contra mí. A excepción de Caleb, hijo de Jefone, y Josué, hijo de Nun, ninguno de vosotros entrará en la tierra por la cual alcé mi mano y juré que os haría habitar en ella» (Números 14:29-30). Su reducción a cadáveres empieza por los propios líderes sin fe y los propagadores de rumores desmoralizadores: «Aquellos hombres que habían hablado mal de la tierra murieron de plaga delante de Jehová» (Números 14:37). La desesperanza y el terror pueden convertirse precisamente en esa plaga.

Esa prohibición de avanzar y esa asignación de la muerte viene seguida inmediatamente de una espantosa derrota militar, infligida por aquellos mismos amalecitas que los israelitas imaginaban como gigantes. Moisés les advierte explícitamente de que no están en forma para presentar batalla: «Porque el amalecita y el cananeo están allí delante de vosotros y caeréis bajo su espada, pues Jehová no estará con vosotros, por cuanto os habéis negado a seguirlo» (Números 14:43). Insistir en que el avance hacia el futuro es imposible —insistir en que la tierra prometida es inhabitable y está envenenada, independientemente de cualquier empeño moral que pueda ponerse—; desmoralizar con la propagación de una visión tan negativa; castigar a quienes se atreven a decir algo alentador, optimista, que exige una conducta responsable y valerosa; nada de eso es aceptable para el espíritu que habita los grandes relatos del Antiguo Testamento. El castigo de Dios a esa traición es duro, pero realista: no hay vía posible para el pueblo que ha perdido la fe de alcanzar su correcto destino. Antes de la plaga, del cierre del camino hacia delante y de la derrota en la batalla, solo cuatro hombres se mantuvieron fieles de entre toda la muchedumbre de Israel: Moisés, Aarón, Caleb y Josué. Es más, ellos cuatro eran los que habían soportado la ira de la turba (reminiscencias de Sodoma, antes de que Dios destruyera esa ciudad, Génesis 19). Es una verdad eterna que quienes practican la fe sincera ante la cobardía y el fatalismo burlón de la turba serán perseguidos por su temeridad y no simplemente ignorados. Eso es algo que forma parte del patrón de destrucción del ideal que es característico de los descendientes de Caín. Nada justifica la renuncia a plantar cara y presentarse cuando llega la hora.

Después de ese rechazo masivo de la alianza, así como de la advertencia y el castigo de Dios, y de la intercesión de Moisés, que culmina con éxito, las leyes vuelven a revisarse —sobre todo aquellas que tienen que ver con el sacrificio y el respeto al *sabbat* (Números 15)—. Esa no es la única manera en que se abordan la patética insatisfacción y las murmuraciones de los israelitas. Dios, al mismo tiempo, transmite una instrucción en apariencia menor: «Jehová habló a Moisés y le dijo: "Habla a los hijos de Israel y diles que se hagan unos flecos en los bordes de sus vestidos, por sus generaciones; y pongan en cada fleco de los bordes un cordón de azul"» (Números 15:37-38). Como tantas de las (aparentemente arbitrarias) reglas que aparecen en el relato bíblico, la orden de Dios sigue un patrón más amplio de mandato, que a su vez refleja algo muy profundo sobre la estructura de la realidad misma, al menos en la medida en que la realidad es una realidad *percibida* o *experimentada*. Ese mandamiento que tiene que ver con la vestimenta es una proclamación[29] más sobre la dinámica necesaria y la relación estabilizadora del centro o ideal, hacia los márgenes, o experimental. El patrón del mandato —tiene que haber un centro y un borde y los dos han de ser reconocidos y señalados— también resulta evidente en las órdenes que tienen que ver con la propiedad de la tierra y con las cosechas:

> Cuando siegues la mies de tu tierra, no segarás hasta el último rincón de ella ni espigarás tu tierra segada. No rebuscarás tu viña ni recogerás el fruto caído de tu viña; para el pobre y para el extranjero lo dejarás. Yo, Jehová, vuestro Dios.

Levítico 19:9-10

La ley que precede inmediatamente a esta tiene que ver con la naturaleza del buen sacrificio; la que viene después prohíbe el robo, la mentira y el engaño. Así, se da a entender que permitir el margen o borde es equivalente a la adecuada ofrenda sacrificial y antitético en su espíritu con el latrocinio. Si poseemos algo (lo que significa que nosotros lo tenemos y otros no), quizá resulte necesario (para aliviar adecuadamente nuestra conciencia, para aplacar la ira potencial de la comunidad, para practicar una productividad generosa) ser liberal en los márgenes. Esto es, no mostrarnos excesivamente exigentes ni tacaños allí donde los límites no están claros para dar más cabida a lo que todavía no ha sido integrado en el orden social y no puede prosperar fácilmente en su lugar. Si proporcionamos esa generosidad, lo marginal podrá existir sin un sufrimiento improcedente y, quizá, sin generar un resentimiento contraproducente contra lo que es inevitable y a veces necesariamente central. Eso significa que el éxito podría ser posible sin que sea equiparado (tanto justa como falsamente) al robo; significa que un individuo puede elevarse y a la vez ser aclamado en esa elevación, en vez de ser visto como el que explota o medra a hombros de otros. Así se protege tanto al individuo que se esfuerza como a la sociedad de sucumbir a la dinámica patológica de víctima/victimario representada arquetípicamente en el relato de Caín y Abel. Por último, proporcionar cierta asignación generosa pero sensata a los excluidos o marginados podría ayudar a incorporarlos de manera válida, o a promover su ascenso hacia el centro. Eso implica que una parte mayor de las competencias que caracterizan a cada individuo podría usarse de manera productiva y significa que la comunidad se expande y estabiliza.

La necesidad de ese equilibrio entre ideal y margen se ilustra una vez más en el Libro de Ruth. Ruth es una mujer moabita —y, por tanto, forastera— que inicialmente se casa con un israelita llamado Majlón. Su esposo muere, lo mismo que el hermano de este, lo que deja a Ruth viuda y sola. Noemí, su suegra, sugiere a Ruth que regrese con su pueblo y que rehaga su vida. Pero ella proclama su lealtad y su voluntad de servir y viaja con Noemí para iniciar y aceptar una vida de pobreza en Belén. «Ruth respondió: "No me ruegues que te deje y me aparte de ti, porque adondequiera que tú vayas, iré yo, y dondequiera que vivas, viviré. Tu pueblo será mi pueblo y tu Dios, mi Dios. Donde tú mueras, moriré yo, y allí seré sepultada. Traiga Jehová sobre mí el peor de los castigos si no es solo la muerte lo que hará separación entre nosotras dos"» (Ruth 1:16-17). Una vez allí, se dedica a espigar en los campos de Booz, un terrateniente rico. Impresionado por su lealtad y bondad, se casa con ella. La pareja tiene un hijo, Obed, que se convertirá en abuelo del rey David. De esa manera, Ruth, recogida de los márgenes y llevada al centro, o incluso al ideal, llega a jugar un papel crucial en el destino de los israelitas.

El margen tiene valor, lo mismo que el centro. Sin un centro, nada se mantiene. Pero sin los márgenes, no hay posibilidad de experimentación. No hay lugar para que se manifiesten las nuevas ideas que en algún momento podrían revelarse como centrales o cruciales para el mantenimiento de lo que ahora es central. El equilibrio entre ambos —estabilidad o ideal, la estaca plantada en la tierra que establece el territorio habitable e incluso la concepción; mutabilidad o experimento, la variación que permite la exploración y el cambio necesarios— es evidente incluso en los niveles más profundos y fundamentales de la existencia biológica, tal como se ha expuesto antes.[30] Es un lugar común que la mutación es aleatoria y que la variación, de la que depende la transformación adaptativa (en combinación, claro está, con la selección tanto natural como sexual), es una consecuencia de esa mutación aleatoria. Ese lugar común resulta ser mucho menos común de lo que parece y la verdad que encierra, mucho menos verdad.

Lo que ocurre es que el proceso de mutación es genuinamente aleatorio, al menos en algunos de sus aspectos, al depender como depende, por ejemplo, de los efectos absolutamente impredecibles de los denominados rayos cósmicos sobre el propio ADN. Pero al ADN se le da muy bien repararse a sí mismo. Algo que sucede especialmente cuando los genes que se han visto sometidos a un daño transformador son cruciales para la producción de formas y funciones que, en mal estado, pondrían en riesgo la supervivencia o la aptitud reproductiva. En esos casos, los procesos de reparación funcionan con una precisión esencialmente perfecta. En cambio, la variación se permite en los márgenes con respecto a funciones que no son cruciales. Así, incluso en el ámbito molecular, del que depende la vida, se da la conservación del centro y se permite la experimentación del margen o el borde.[31] Se trata de un hallazgo ciertamente revolucionario, pues transforma nuestra comprensión de la naturaleza teóricamente aleatoria de la evolución. Si el centro se conserva a lo largo de la transformación mutante, el progreso evolutivo apenas es aleatorio, ni siquiera al nivel de la mutación misma. Es algo particularmente cierto dado que la selección misma es cualquier cosa menos aleatoria (sobre todo cuando se trata de la variedad sexual, altamente selectiva, que permite aplicar el efecto discriminatorio de la elección consciente en el progreso evolutivo).

Es en el dinamismo entre centro y borde donde se negocia siempre la verdadera estabilidad —la metaestabilidad capaz de adaptarse al cambio con la menor alteración posible—. Esa metaestabilidad queda garantizada por el respeto al Logos que transforma (pensamiento creativo, libertad de expresión, exploración y juego) y su cristalización en la tradición paternal que estabiliza (algo parecido a la ley de los profetas). Puede parecer una curiosa paradoja que a los israelitas se les pida específicamente que contemplen el borde exterior para que recuerden a Dios:

> Llevaréis esos flecos para que cuando los veáis os acordéis de todos los mandamientos de Jehová. Así los pondréis por obra y no seguiréis los apetitos de vuestro corazón y de vuestros ojos, que han hecho que os prostituyáis. Así os acordaréis y cumpliréis todos mis mandamientos, para que seáis santos ante vuestro Dios. Yo soy Jehová, vuestro Dios, que os saqué de la tierra de Egipto para ser vuestro Dios. Yo, Jehová, vuestro Dios.
>
> Números 15:39-41

¿Es llevar las cosas demasiado lejos suponer que es en el acto mismo de tener en cuenta el borde como se recuerda la sabiduría del centro? Cuando, por mi profesión, trato a clientes que son desgraciados en su matrimonio y se ven tentados de portarse mal, teniendo, por ejemplo, una aventura (quizá ya se les haya presentado la ocasión), yo siempre les aconsejo que lo piensen bien. «¿Le estás prestando a tu amante toda la atención que adecuadamente le dedicas a tu esposa sin pedirle que comparta ninguna de las verdaderas responsabilidades de tu vida (y, quizá, de la suya)?

¿Haces ver que todo será beneficioso y que no habrá ningún coste? ¿Estás obviando las conversaciones que llegarán, terribles, lacrimógenas, la traición, el efecto sobre vuestros hijos, las inevitables confrontaciones en los tribunales, los costes? ¿Estás dando por sentado que esa nueva amante, de alguna manera, como por arte de magia, pasará por alto todos tus defectos personales, que son los que han puesto en peligro tu matrimonio? Dicho de otro modo, ¿te estás negando a mirar el borde y, por tanto, te estás olvidando de la importancia vital del centro?»

¿No podría ser, entonces, que sea precisamente en la más profunda consideración de la verdadera naturaleza del borde (incluidas sus genuinas atracciones y posibilidades, además de sus ineludibles peligros) donde lo que es más importante se conceptualiza, aclara y recuerda más profundamente? El necio está donde está, en parte, para recordarnos al sabio; el portador de la tragedia, para subrayar la comedia del vencedor; el villano, para aclarar el papel del héroe. El margen en su justo lugar señala la necesidad y el valor del centro. Fuera de sitio —intentando usurpar el centro— es un agente del caos; el caos mismo que destruye, primero, lo marginal, a causa de su inestabilidad y su fragilidad comparativas. Lo monstruoso y lo marginal tienen su sitio, pero no es y no puede ser el centro. Ubicarlos ahí —incluso a instancias suyas— les plantea más un riesgo a ellos que a aquellos que ocupan el ideal o la tradición que hipotéticamente se ven cuestionados, pero que fundamentalmente son más estables.

Poco después, Moisés se enfrenta a otro cuestionamiento de su liderazgo (Números 16). En esta ocasión, la rebelión aparece en forma de populismo igualitario. Coré, miembro de la casta sacerdotal levítica, se erige como retador y les dice a Moisés y a Aarón: «¡Basta ya de vosotros! Toda la congregación, todos ellos son santos y en medio de ellos está Jehová. ¿Por qué, pues, os encumbráis vosotros sobre la congregación de Jehová?» (Números 16:3). Esa objeción se reitera más adelante, cuando Moisés recrimina a Coré y le señala que el propio Dios le ha asignado una responsabilidad de liderazgo diferenciada:

¿Os es poco que el Dios de Israel os haya apartado de la congregación de Israel, acercándoos a Él para que ministréis en el servicio del tabernáculo de Jehová y estéis delante de la congregación para ministrarla? Hizo que te acercaras, junto con todos tus hermanos, los hijos de Leví, ¿y ahora procuráis también el sacerdocio? Por tanto, tú y todo tu séquito sois los que os juntáis contra Jehová; porque ¿quién es Aarón para que contra él murmuréis?

Números 16:9-11

Esta secuencia narrativa tiene todo el sentido del mundo, pues sigue a la dinámica de la presentación borde-centro. El impulso revolucionario de Coré es exactamente el intento marginal de usurpar el centro. Los aspirantes a rebeldes afirman que la estructura de autoridad de ese momento no es más que la serie de maquinaciones de la voluntad de poder y autogratificación y aseguran que toda la labor de Moisés y Aarón ha sido interés propio puro y duro. Estamos, también, ante una variante del relato víctima/victimario, o ante una (re)presentación de la historia de los hermanos hostiles, en que la acusación de la opresión la usan los denunciantes para justificar su acceso al poder.

El sincero intento de Moisés de pacificar es rechazado de plano. ¿Por qué? Los rebeldes no quieren paz. Quieren invertir un orden que atribuyen exclusivamente al poder y asumir ellos todas las posiciones de hipotético dominio y fuerza. Raro es el revolucionario que tiene otra motivación, por más que se diga lo contrario:

No iremos allá. ¿Es poco que nos hayas hecho venir de una tierra que destila leche y miel para hacernos morir en el desierto, sino que también te quieres enseñorear de nosotros imperiosamente? Tampoco nos has metido tú en una tierra en que fluya leche y miel ni nos has dado heredades de tierras y viñas. ¿Sacarás los ojos de estos hombres? ¡No subiremos!

Números 16:12-14

Moisés se enfrenta a unos enemigos que aseguran ser moralmente superiores, que dicen actuar en nombre del pueblo y cuyos intentos de usurpar están, por tanto, justificados, pues lo que hacen lo hacen por los demás, que son víctimas. Así pues, Moisés debe enfrentarse a una serie de acusaciones que son, a primera vista, potencialmente válidas: ¿cómo puede él (o cualquier dirigente) estar seguro de que su liderazgo no es meramente el resultado de su propia megalomanía, de su narcisismo, de su deseo de poder y privilegio (no en vano ha sido hijo del faraón) y su corrupción? En gran medida, porque mantiene clara su propia conciencia sobre la cuestión. Los intentos de manipularlo fracasan estrepitosamente: «Entonces Moisés se enojó mucho y dijo a Jehová: "¡No aceptes su ofrenda! Ni aun un asno he tomado de ellos ni a ninguno de ellos he hecho mal"» (Números 16:15).

El verdadero líder, que encarna el espíritu de Dios, la ley y la tradición, que habla con voz profética, puede mantenerse optimista incluso ante las acusaciones más vehementes y esto es así como resultado directo de esa fidelidad y aceptación humilde de la revelación. El hombre bueno no tiene nada que ocultar; ya ha sacrificado genuinamente su interés propio, hedonista y de corto alcance, al bien trascendente. Se ha sometido a los dictados de su conciencia y ha seguido fielmente la voz de su llamada y puede confiar en sí mismo, de la misma manera en que cualquiera puede confiar en otro que actúa honradamente y de manera coherente, sea cual sea la situación o la tentación. En consecuencia, es inmune a la acusación de obrar mal, pero no porque sea ciego a su propio defecto o pecado; de hecho, como creyente en la conducta sacrificial y en el progreso transformador, no deja nunca de fijarse en sus propias faltas. Eso implica que el hombre que, como Noé, es «sabio en sus generaciones» y «camina con Dios» (Génesis 6:9) puede plantarse, desnudo, con la cabeza bien alta y sin vergüenza delante mismo de la turba moralizante y conseguir que baje la mirada. Es también esa capacidad para mantener una atención, una conducta y un discurso exentos de autoconsciencia y, por tanto, exentos de vergüenza, la que lo lleva a tener credibilidad y carisma como líder.

Moisés y los que le dan su apoyo se separan de Coré y del resto de los rebeldes y expresan su tristeza por lo que ya creen que es inevitable. Las terribles consecuencias de la rebelión engañosa de Coré no tardan nada en manifestarse:

> Aconteció que cuando terminó de decir todas estas palabras se abrió la tierra que estaba debajo de ellos. Abrió la tierra su boca y se los tragó a ellos, a sus casas, a todos los hombres de Coré y a todos sus bienes. Ellos, con todo lo que tenían, descendieron vivos al abismo; los cubrió la tierra y desaparecieron de en medio de la congregación.
>
> Números 16:31-33

Cuando lo marginal exige el derecho a ser central, no es el centro lo que por lo general se hunde en la destrucción, sino los propios usurpadores ilegítimos. Por eso la excesiva y a menudo falsa conmiseración por aquellos que habitan las tinieblas de afuera del mundo (que, no lo olvidemos, es el eterno pecado de Eva)[32] resulta tan inexcusable. Los receptores mismos de ese juicio indiscriminado y en teoría amable serán los primeros en resultar destruidos por sus consecuencias. El mundo no queda destruido en su totalidad cuando al niño pequeño se lo anima, mediante un exceso de cuidados, a mantenerse en la primera infancia (aunque el bebé sagrado que es el redentor del mundo disfrazado sí pueda verse amenazado). Asimismo, es muy poco probable que el mundo se reorganice para adaptarse a los caprichos del niño que ha empezado a portarse mal y que después se convierte en adolescente o adulto. No; es el individuo así malcriado y mal animado el que resulta duramente amenazado y dañado. Son la integridad, la madurez de la psique, la ocasión de vivir una verdadera aventura y la esperanza de un desarrollo ascendente, que de otro modo caracterizarían al niño, las que la madre devoradora pone en peligro.

En la historia de la revolución, el fracaso y la destrucción de Coré hay algo más: la muestra de que la adecuada estructura de responsabilidad subsidiaria establecida por Dios a través de Moisés no ha de ser derrocada por un falso igualitarismo. Moisés y Aarón —y, en menor grado, los líderes de las tribus específicas de Israel y la propia gente corriente— se han encargado del trabajo genuino y, por tanto, han adquirido la autoridad y la competencia necesarias para mantener el orden y especificar el avance. Han mantenido satisfactoriamente su alianza con lo que es más elevado y han mantenido su empeño ascendente alejándose de la tiranía y la esclavitud, a través de las pruebas del desierto y encaminándose hacia la tierra prometida. No se trata de un patrón que puedan deshacer como si tal cosa unos usurpadores que defienden una revolución justa en nombre de la turba marginal, fácilmente manipulable y resentida.

Son cosas que nunca cambian.

Incluso después de que los rebeldes hayan recibido el castigo (y aunque este venga después de la peste, la muerte y la derrota militar que no hace tanto se cebaron con quienes tuvieron la temeridad de perder la fe y quejarse), los israelitas siguen proclamando sus agravios contra Dios, Moisés y Aarón. Así, la travesía de su pueblo, una vez más descontento, prosigue por el desierto de Zin (un desierto más que aparece después de un arrebato de descreimiento y rebelión), donde se quedan sin agua y donde vuelven a lamentarse y a murmurar, esta vez con más vehemencia. Y aun así, sus dos líderes, el profeta y la voz política, le plantean a Dios las quejas de su pueblo desesperado. A su vez, la voz divina ordena a Moisés muy específicamente que hable, en presencia de su pueblo, a las piedras duras de la tierra desértica y las invite a ofrecerles el líquido dador de vida. Moisés y Aarón parten y congregan a los israelitas delante de la peña, tal como se les ha ordenado (Números 20:10).

Pero Moisés no recurre a las palabras a modo de invitación, tal como se le ha pedido explícitamente que haga. Lo que hace el gran y anteriormente devoto de Dios es propinar a la peña dos fuertes golpes de vara. Ese uso de la fuerza y la imposición (su innecesario despliegue de poder) desagrada inmensamente a Dios, tanto que resulta fácil considerar que lo que sigue es un acto de una dureza incomprensible. Dios le niega a su desobediente profeta la entrada a la propia tierra prometida, a pesar de las décadas que ha pasado al servicio del pueblo y de lo divino: «Pero Jehová dijo a Moisés y a Aarón: "Por cuanto no creísteis en mí, para santificarme delante de los hijos de Israel, por tanto, no entraréis con esta congregación en la tierra que les he dado"» (Números 20-12). A Aarón también se le prohíbe la entrada, quizá porque estaba presente cuando se emitieron las órdenes iniciales y no actuó para asegurarse de que fueran cumplidas con el espíritu adecuado. ¿Al hermano del profeta le pesó en la conciencia la información (si es que la tuvo) de las intenciones de Moisés? ¿O acaso Aarón creía (porque le convenía, y a su manera política) que una pequeña exhibición de poder podría venir muy bien para mantener a raya a su belicoso pueblo?

La vara de Moisés es la estaca de la tradición y del orden. Si se le da un mal uso, no tarda en convertirse en el garrote de la imposición y del poder. Un palo grueso puede invitar a seguir una dirección, pero también golpear a un viajero reacio o involuntario para que este se someta. Depende de la meta, la voluntad o la tentación de quien la empuña. Moisés blande su vara con una fuerza que no es adecuada, recurre al palo cuando haría falta zanahoria, cuando se lo pide Dios mismo. Además, lo hace en dos ocasiones, por lo que no hay duda de cuál es su intención. Es más, tanto él como Aarón señalan directamente que son ellos dos los que ejecutan el acto redentor, en lugar de atribuirle el mérito a Dios, de manera humilde y explícita. Moisés dice exactamente: «¡Oíd ahora, rebeldes! ¿Haremos salir agua de esta peña para vosotros?» (Números 20:10). Llegados a este punto, ambos cuentan con mucha experiencia y se hallan a las puertas mismas de su meta final. Es en momentos como ese cuando la tentación de volverse arrogantes acecha más, seguramente, y cuando ello bien podría desembocar en las consecuencias más perjudiciales y degradantes. En ese instante crucial —justo en la cúspide de su más alto éxito potencial, justo cuando más oportunidades reales tiene de llegar a ser el hombre nuevo en el mundo nuevo al que continuamente ha sido llamado—, Moisés sucumbe, lo mismo que su hermano, al espíritu del usurpador orgulloso, atribuyéndose, a la manera luciferina, el derecho a establecer el orden moral. Al gran líder se le suben los humos y Aarón no se queda atrás. Se trata de una catástrofe psicológica y social, dado lo mucho que hay en juego en ese momento.

Aun así, cabría objetar: pero está claro que Moisés y su hermano se han ganado, más que cualesquiera otros, que les perdonen un momento de debilidad en su fe y su razón. Pero parece que no es así, al menos según el juicio de lo que es verdadera y eternamente soberano. ¿Resulta tan poco razonable asumir que el privilegio del liderazgo ha de venir necesariamente acompañado del requisito del máximo cuidado en la conducta moral, sobre todo en cuestiones lo bastante serias como para llamar a la intercesión divina? ¿Acaso no es esto especialmente cierto cuando el fin es evitar el asentamiento de una nueva tiranía y establecerse en la eterna tierra prometida? Estamos ante una empresa moral de primer orden, que conlleva un nivel igualmente elevado de exigencia en relación con la conducta. Al parecer, habría sido necesario que Moisés hubiera sacrificado por completo su tentación de recurrir a la fuerza para manejar el siguiente paso de su transformación como líder de su pueblo. Y como no lo ha conseguido, no puede avanzar y cae presa de la espada del juicio, por así decirlo. Parece que la desobediencia en cualquier cuestión que tenga con ver con el agua misma de la vida, sumada a un recurso insensato y altivo a la fuerza y el temor, constituye un pecado conjunto de una magnitud suficiente como para impedir, incluso a líderes que, más allá de eso, han sido los mejores hombres, el privilegio de emprender la incursión final en el restablecido jardín del Edén o reino de los cielos. El castigo para Aarón, que es el brazo político, es la prohibición definitiva de seguir avanzando. Aarón es despojado de los atributos de su autoridad, de su identidad misma como líder terrenal, y fallece:

> Jehová habló a Moisés y a Aarón en el monte Hor, en la frontera de la tierra de Edom, diciendo: «Aarón va a ser reunido a su pueblo, pues no entrará en la tierra que yo di a los hijos de Israel, por cuanto fuisteis rebeldes a mi mandamiento en las aguas de la rencilla. Toma a Aarón y a Eleazar, su hijo, y hazlos subir al monte Hor; desnuda a Aarón de sus vestiduras y viste con ellas a Eleazar, su hijo, porque Aarón será reunido a su pueblo y allí morirá». Moisés hizo como Jehová le mandó. Subieron al monte Hor a la vista de toda la congregación. Luego Moisés desnudó a Aarón de sus vestiduras y se las puso a Eleazar, su hijo. Aarón murió allí, en la cumbre del monte, y Moisés y Eleazar descendieron del monte. Al saber toda la congregación que Aarón había muerto, le hicieron duelo por treinta días todas las familias de Israel.
>
> Números 20:23-29

Estamos, realmente, ante un relato con moraleja: si hombres como Moisés y Aarón no son dignos de dar el último paso, ¿quién podrá salvarse?

Son solo Josué y Caleb los que mantienen la fe, junto con Moisés y Aarón, a pesar del peligro de Canaán, real o imaginario, y de las informaciones cobardes e inspiradoras de temor de los exploradores enviados a la tierra prometida (Números 13-14). Josué lleva un nombre estrechamente relacionado con el propio salvador cristiano. Tanto Josué como Jesús son variantes de Yeshua, que significa «salvación»; la variante más larga, Yehoshua, significa «Yavé salva». Es ese Josué el que le coge a Moisés las riendas del liderazgo y guía a los israelitas en el último tramo del camino. Tradicionalmente, los cristianos han interpretado este relato en un grado superior de abstracción y han supuesto que la propia redención depende de lo que Cristo personifica, encarna o representa, desbancando el patrón ejemplar del espíritu incluso de alguien que exhibe el liderazgo de Moisés (además de suponer que esa necesidad se ve anticipada en la manera en que concluye la travesía de los israelitas). Aarón muere, tal como Dios ha señalado, fuera de la tierra que Él mismo dio «a los hijos de Israel» (Números 20:24). El político, el corrompido por el orgullo y el poder, no puede ser, en modo alguno, el espíritu que encabece el camino hasta el paraíso, independientemente de su historia de guía y triunfo.

Números prosigue con otra ronda de falta de fe, propagación de rumores y rebelión irresponsable por parte de los israelitas —un relato que también anticipa la historia de Cristo de una manera que resulta casi milagrosamente profunda—. Resulta imposible imaginar de qué modo se elaboraron las capas de concordancia y referencias cruzadas características de este relato de cierre. El significado de la historia es casi evidente en sí mismo una vez revelado, pero extraordinariamente sutil, sofisticado e implícito antes de esa revelación. ¿Cómo fue posible algo así, sobre todo teniendo en cuenta los milenios que transcurren entre el planteamiento narrativo, por así decirlo, y el desenlace de la historia. ¿Quién pudo conseguir semejante hazaña de genialidad narrativa?

Lo único que, desde lo laico, explica que se lograra la caracterización y la representación profunda que vamos a desvelar pronto es la operación de algo equivalente al inconsciente colectivo de la humanidad, tal como formularon C. G. Jung y los pensadores de su escuela:[33] la imaginación de la raza ampliada —en primer lugar, desentrañando la naturaleza central de la adaptación en un proceso de prueba y error; después, representando los resultados de ese doloroso proceso en un relato abstracto; por último, entretejiendo y corrigiendo ese relato a lo largo de los siglos—; la supresión de las contradicciones internas; la elaboración de la metahistoria más convincente concebible. Separar ese proceso de la propia revelación divina parece prácticamente inconcebible. Ninguna de las dos explicaciones resulta plausible ni probable. Sería mejor contemplar ambas como variaciones de lo mismo: la una vista, en el caso del inconsciente, de abajo arriba; y la otra, en el caso de la revelación divina, de arriba abajo. En cualquiera de los dos casos, el milagro perdura.

Después de lo acontecido en el desierto de Zin, los israelitas prosiguen lo que, para entonces, ya debía de parecerles un viaje interminable. Parten «del monte Hor, camino del mar Rojo, para rodear la tierra de Edom» (Números 21:4). Una vez más, «se desanimó el pueblo por el camino» (Números 21:4). Petulantes, irritados, como tantas otras veces, lamentan las privaciones que sufren y expresan su insatisfacción por el alimento celestial que constituye su sustento. «Y comenzó a hablar contra Dios y contra Moisés: "¿Por qué nos hiciste subir de Egipto para que muramos en este desierto? Pues no hay pan ni agua y estamos cansados de este pan tan liviano"» (Números 21:5). Resulta, quizá, comprensible que los israelitas se sientan frustrados con lo liviano de su sustento: llevan décadas vagando con poco más que fe y esperanza para que los guíe y ese es, sin duda, el alimento más liviano. Aun así, ese regreso al victimismo por parte de su pueblo no place a Dios. Pero en esa ocasión adopta un enfoque diferente en respuesta a su inconstancia: «Entonces Jehová envió contra el pueblo unas serpientes venenosas que mordían al pueblo y así murió mucha gente de Israel» (Números 21:6).

Parece una reacción excesiva —como también, seguramente, es excesivo el castigo infligido a Moisés y a Aarón, por no hablar de la destrucción de los israelitas sin fe, así como de sus enemigos—. Los pobres israelitas, con razón, piensan que «primero tiranía y esclavitud, luego décadas de vagar perdidos, de desierto y de caos... Ya es demasiado. Y ahora tenemos que aguantar que nos piquen unas serpientes venenosas porque, al parecer, el erial que es este desierto no es carga suficiente». Resulta fácil empatizar con su situación y quizá justamente. Escapan de la tiranía y entran en un erial sin fin: no es cosa de broma. ¿Existe alguna otra manera de interpretarlo que sea más favorable a Dios? Pues sí, sin duda, y se trata de otra de esas verdades insoportables: por más profundo que sea el más profundo pozo del infierno, algo aún más hondo puede revelarse y aflorar a causa de un acto o una omisión traidores, cobardes y exentos de fe.

Se trata de algo que es verdad tanto en el caso del individuo como en el de la sociedad: el abismo, ciertamente, no tiene fondo. Si nos visita la desgracia, ya sea esta justa o injusta, y mantenemos la fe, al menos nos queda el consuelo de nuestra valentía y nuestra fe, que acompañará a la desgracia que ha recaído sobre nosotros. Si perdemos la esperanza y recurrimos a la vía que señala el espíritu del resentimiento, la arrogancia y el engaño, el infierno que ya hemos sufrido —por malo que sea— no será nada comparado con el infierno que nos traerá. Así llegan las serpientes, fieras y venenosas, incluso en medio del desierto más reseco, vasto y árido. No es tanto un castigo como una inevitabilidad; no existe situación tan espantosa que un tonto hijo de puta no sea capaz de empeorar. Y esos somos tú... y yo.

Tras sufrir las suficientes picaduras como para recapacitar, o al menos como para desear que se vayan las serpientes, los israelitas se arrepienten y acuden a Moisés, diciéndole: «"Hemos pecado por haber hablado contra Jehová y contra ti; ruega a Jehová para que aleje de nosotros estas serpientes". Y Moisés oró por el pueblo» (Números 21:7). Parece probable que se dé uno de dos resultados, muy predecibles y claros. Dios podría negarse y atacar a los rebeldes descarriados. O bien, por el contrario, podría demostrar cierta piedad y librarlos de las serpientes —que después de todo son creación suya—. Pero no ocurre ninguna de las dos cosas. Lo que hace Dios es dar la siguiente orden a Moisés: «Hazte una serpiente ardiente y ponla sobre un asta» (Números 21:8). La interacción entre asta (estaca, vara) y serpiente ya se ha señalado en múltiples ocasiones y de diversas maneras. Está la serpiente en el árbol del conocimiento del bien y del mal (Génesis 3). Está la vara de Moisés, que puede transformarse en serpiente; y en la serpiente capaz de devorar todas las otras varas y serpientes. Ese fiero reptil es el caos mismo, lo desconocido mismo, en todas sus manifestaciones depredadoras; en todas sus combinaciones fantásticas de gato, serpiente, ave y fuego (los antiguos enemigos de los hombres y otros primates);[34] en toda su capacidad para mudar de piel y renacer.

Quizá cabría imaginar que el paraíso es el lugar en el que todas las serpientes han sido vencidas; el lugar que es eternamente seguro. Pero ¿qué hay del desafío? ¿O de la aventura? ¿O de la promesa de algo nuevo? Quizá sea mejor aprender a manejar serpientes que librar al mundo de las serpientes. Quienes aman a sus hijos, ¿los protegen de todo peligro o los animan a convertirse en contrincantes, en verdaderos aniquiladores de dragones? Cada vez que apoyamos los pasos que un niño diligente y centrado da hacia la competencia y la madurez, en lugar de hacia el mantenimiento de la dependencia infantil, tomamos el segundo camino y no el primero.

Esta es la misión que, cómo no, se representa en la que bien podría ser la más fundamental de todas las historias de la humanidad: la de la lucha contra el dragón. Puesta por escrito, por primera vez, en el relato épico mesopotámico titulado *Enuma elish*,[35] la batalla con la serpiente inmortal se representa una y otra vez en la literatura, tanto antigua como moderna.[36] Su hipótesis básica, por así decirlo —la enseñanza moral que presenta— es que la confrontación voluntaria con lo que resulta más temible y repulsivo proporciona las riquezas que nunca cesan (el oro saqueado por el dragón, las vírgenes agradecidas y ahora dispuestas, liberadas de la guarida del dragón y profundamente impresionadas, con razón, con su rescatador). Es precisamente para subrayar y alentar esa valiente reacción por lo que Dios no destierra a las serpientes. En lugar de ello, decide fortificar y fortalecer a los propios israelitas, como tendería a hacer un buen padre. Una vez que la serpiente es creada y se coloca sobre la estaca, o vara, de la tradición, llama a su pueblo descarriado para que contemple esa presencia conjunta de orden y caos y para que lo haga voluntariamente, de buena fe: «Hazte una serpiente ardiente y ponla sobre un asta; cualquiera que sea mordido y la mire, vivirá». Hizo Moisés una serpiente de bronce y la puso sobre un asta.

Y cuando alguna serpiente mordía a alguien, este miraba a la serpiente de bronce y vivía» (Números 21:8-9).

Cuando incluso individuos que son neuróticos, dependientes y con tendencia a la evitación ponen en práctica la estrategia compensatoria de acercarse y observarse a sí mismos haciendo algo con éxito, llegan a dominar la entidad o la situación a la cual se han aproximado. Al hacerlo, también actualizan y amplían las conceptualizaciones que tienen de sí mismos y de manera gradual se ven como personas que «pueden» y no como personas que «no pueden».[37] Llegar a esa conclusión generalizada les cambia el comportamiento y no solo su comportamiento en relación con un estímulo particular, sino con todas las clases de estímulos que les inspiran temor.[38] Eso significa que les cambia el carácter. Existe poca diferencia entre ese cambio y el aprendizaje mismo. La experiencia que nos transforma, incluso en sus manifestaciones más pequeñas, siempre se da en los bordes, en los márgenes, ante lo desconocido, en la zona de desarrollo proximal: en el ámbito del significado profundo que sostiene y motiva y que existe en la frontera entre el yin y el yang.[39]

Como consecuencia de practicar el enfoque voluntario y la exploración que transforma, quien antes era tímido se vuelve, al menos, una encarnación parcial del que mata al dragón. Se trata de una respuesta mucho más adecuada y saludable (teniendo en cuenta los límites más lejanos de la naturaleza humana) que acobardarse timoratamente y permanecer avergonzado en las bodegas subterráneas de la aldea mientras la serpiente alada siembra el fuego y la destrucción. Quienes practican ese planteamiento se convierten en los que dan pasos activos, conceptualizados de otro modo, para liberarse del vientre de la bestia que los devoró cuando salieron corriendo e intentaron ocultarse —se convierten en los que, en otra variante más del relato, se enfrentan realmente a la tiranía y huyen de la esclavitud—. Los israelitas contemplan la serpiente para recobrar su fe, para volverse más valientes, para tener menos miedo y estar más dispuestos a seguir adentrándose en el desierto, a pesar de las serpientes, porque ahora se ven a sí mismos como capaces de plantar cara a lo venenoso y paralizador y de vencer. Así, alentados por Dios (origen paradójico tanto de las serpientes como del valor que las priva de su veneno), los esclavos y los temerosos prosiguen su avance ascendente hacia su destino.

¿Cuál es el ejemplo definitivo de ese tema que es la exposición a la serpiente colgada de un árbol? ¿Y dónde se manifiesta de manera nítida el absoluto genio del inefable autor? Pues en el siguiente detalle, que es cualquier cosa menos un detalle: milenios después, en el Evangelio de Juan, Jesús establece una extraña comparación entre Él mismo y esa serpiente de bronce: «Y como Moisés levantó la serpiente en el desierto, así es necesario que el Hijo del Hombre sea levantado» (Juan 3:14-15). ¿Cómo hay que interpretar esta comparación tan peculiar e inesperada? ¿De qué manera podría el benévolo Salvador parecerse a la más tremenda y venenosa de las serpientes? He aquí la primera de las herramientas conceptuales necesarias para resolver el misterio a este problema: el maná milagroso y el agua que brota y que Dios proporciona a los israelitas, y los panes y los peces que distribuye Jesús más adelante, son metaalimentos, como ya se ha dado a entender antes.[40] Son emblemáticos de la moral celestial, del espíritu de la integridad psicológica y de la meta comunitaria que asegura una vida futura más abundante y no tanto ejemplos concretos de alimento y agua. De manera similar, Cristo se presenta —más concretamente, el espectáculo de su ejemplo— como una metaserpiente; como la suma, o más precisamente la esencia, o el espíritu, de todas las cosas terribles sobre la existencia humana que deben ser contempladas voluntariamente —incluso aceptadas de buen grado, acogidas— para que pueda consumarse plenamente la ofrenda sacrificial última que más complace a Dios.

El espíritu de la llamada divina y de la conciencia, que busca redimir a las ovejas perdidas de Israel, insiste en que afronten sus temores, en que se enfrenten voluntariamente a la serpiente venenosa que su falta de fe y su cobardía han alumbrado. ¿Son esas serpientes, por más tóxicas que resulten, la suma total o la esencia de todo mal real y posible? No, de ninguna manera. La serpiente del jardín del Edén es una mera representante del propio Lucifer; y los reptiles mortíferos del erial desértico que inspiran terror son, de manera análoga, una mera ejemplificación de la esencia de lo que es aterrador y mortífero. ¿Cuál es el peor resultado posible de todos los resultados trágicos y malévolos? Que el destino más funesto e injusto recaiga sobre el individuo menos merecedor de él de todos los individuos imaginables. Por eso la pasión de Cristo constituye la catástrofe redentora definitiva, el absoluto terror que acecha tras todos los terrores cercanos; el patrón de la confrontación con la mortalidad y el mal como tales. La cruz es el dragón último; la cruz es la unión del Leviatán del caos y el Behemot del orden patológico que el Logos venció en el principio mismo y que continúa venciendo siempre y en todas partes.

El peligro se inicia justo con el nacimiento de Cristo; de origen humilde, amenazado por los poderes del Estado, que fuerza la obediencia de sus súbditos (Mateo 2:1; Lucas 2:1-7) y después apunta directamente a la muerte de los recién nacidos hebreos del momento (Mateo 2:16). Jesús se enfrenta al propio Satanás y a sus tentaciones en el desierto (Mateo 4:1-11; Marcos 1:12-13; Lucas 4:1-13) y es rechazado por su comunidad en Nazaret (Mateo 13:53-58; Marcos 6:1-6; Lucas 4:16-30). Es sometido a la entrañable misericordia de los hipócritas religiosos, académicos y legales: los fariseos, los escribas y los intérpretes de la ley (Mateo 21-23; Marcos 12; Lucas 20). Es traicionado por el más íntimo de sus compatriotas, Judas (Mateo 26:14-16; Marcos 14:10-11; Lucas 22:3-6), y negado por Pedro, la roca sobre la que Él funda su Iglesia (Mateo 26:69-75; Marcos 14:66-72; Lucas 22:54-62; Juan 18:15-27). Todo ese horror, voluntariamente aceptado, por más duro que resultase, se revela insuficiente. Así pues, debe pasar por un juicio injusto y por una crucifixión, por exponerse a la turba vengativa, por los azotes y la sentencia que dicta el tirano extranjero (todos ellos saben de su fundamental inocencia), por que lo escojan a él para ser torturado y condenado a muerte, en lugar de a un conocido criminal, y posteriormente por ser sometido a una ejecución pensada específicamente por lo que tiene de humillante y dolorosa. Y todo mientras aún es joven y soltero y en presencia de su Madre, que lo ama, mientras Él es testigo de su angustia (Mateo 26:57 a 27:66; Marcos 14:53 a 15:47; Lucas 22:54 a 23:56; Juan 18:12 a 19:42). Y entonces, para acabar de agravarlo todo, es convocado a descender al infierno mismo, lo que significa que viaja al propio corazón de la oscuridad maligna.

Esa es la catástrofe existencial a la que todos, en Occidente, llevamos los dos mil años de dominio cristiano intentando enfrentarnos voluntariamente, con la que todos intentamos luchar, como los israelitas envenenados en el desierto. Simplemente, no existe un destino peor, y después mejor, que el de Cristo. Hemos escogido colocar el crucifijo, el tremendo símbolo de todo ello, en el centro mismo del lugar central de nuestras catedrales e iglesias —el lugar en que se ofrece eternamente el santo sacrificio que une psique y comunidad—. Asimismo, colocamos esos tabernáculos en el centro de nuestras ciudades, con esa cruz que sirve como estaca de tradición y transformación plantada firmemente para señalar el ideal y establecer el orden psicológico y social que es bueno o bueno en gran manera. Así, duplicamos el ritual redentor de exposición que Dios ofreció a los israelitas en su desgracia y elevamos al Hijo del Hombre de manera que nosotros no perezcamos de desesperación mientras soportamos las cargas de nuestras vidas. ¿Quién pudo imaginar una concordancia tan osada entre la idea y la caracterización? ¿Y cómo es posible que ese patrón de identidad haya permanecido esencialmente implícito durante todos los siglos que nos separan del pueblo del desierto del antiguo Israel y haya seguido jugando un papel tan central? Sea lo que sea que haya conseguido semejante hazaña de representación y caracterización imaginativa, bien merece el lugar de honor que corresponde a lo trascendente y lo inefable.

Las aventuras de los israelitas continúan, cada vez más duras, después de su bautismo de serpiente y Dios, con su constante implicación en las batallas que se relatan en el último tercio de Números. En Números 21 se detalla la derrota inicial de algunas tribus cananeas. Los habitantes originales de la tierra prometida constituían, en todo caso, un pueblo bastante extenso, emparentado con los amorreos, los moabitas y los madianitas, que en todos los casos guerrean con los invasores israelitas y en todos los casos resultan derrotados (junto con los amalecitas, los sihonitas y los ogitas, cuyas relaciones con los cananeos, o su linaje a partir de ellos, siguen siendo desconocidos). Esas múltiples victorias militares afianzan la creencia de los israelitas de que podrían obtener el triunfo final sobre quienes se interponen en su camino y ocupan la tierra prometida. Los acontecimientos que se revelan sobre Balac, rey de Moab, también los llevan a tener más confianza, al tiempo que desmoralizan a sus enemigos. Balac pregunta si Balaam, un profeta de Mesopotamia, podría maldecir a los israelitas en su avance. Parece bastante claro que Balaam es considerado un verdadero hombre de Dios por su reputación moral y es convocado por el rey precisamente por ese motivo. Como cabría esperar de un hombre como él, Balaam advierte al rey de que dirá la verdad, por más que le paguen y sin importar quién pague por sus servicios. Aun así, propone desplazarse con los príncipes de Moab para valorar la situación y el rey acepta su oferta.

De camino, al profeta de Mesopotamia se le aparece un ángel que le dice que puede seguir —y que le recuerda una vez más que solo debe pronunciar la palabra de Dios, a pesar de haber sido contratado por el rey—. En cuatro ocasiones el profeta observa a los israelitas. En cuatro ocasiones los bendice en lugar de maldecirlos, señalando, al hacerlo, el favor que han hallado en Dios, destacando su gran número, su falta de iniquidad y perversidad (Números 23:21), la abundancia de sus tabernáculos (Números 24:5) y su futura victoria:

Dice el que oyó los dichos de Jehová, el que sabe la ciencia del Altísimo, el que vio la visión del Omnipotente; caído, pero abiertos los ojos: «Lo veo, mas no ahora; lo contemplo, mas no de cerca: saldrá estrella de Jacob, se levantará cetro de Israel y herirá las sienes de Moab y destruirá a todos los hijos de Set. Será tomada Edom, será también tomada Seir por sus enemigos, Israel realizará grandes prodigios. De Jacob saldrá el vencedor y destruirá lo que quede de la ciudad».

Números 24:16-19

La bendición de los israelitas tiene lugar a pesar de los intentos de Balac de tentar a Balaam con más dinero y seduciéndolo con el ofrecimiento de sus propias hijas. Los israelitas no abandonan la costumbre de extraviarse por el camino y se detienen en Sitim, que formaba parte del reino moabita de Balac, para «fornicar con las hijas de Moab» (Números 25:1), que los tientan para que veneren a Baal. Esa deslealtad desemboca en el predecible descontento de Dios y en la consiguiente plaga, un castigo más enviado por las fuerzas divinas a las que con tanta despreocupación se opone el pueblo elegido.

Después viene Números 26, donde figura el segundo censo del libro (el primero se describe en Números 1). El texto sigue y amplía la sociología[41] y la evaluación técnica del Estado,[42] detallando la división de la mano de obra y la organización social entre los israelitas, describiendo su segregación, su diferenciación y especialización en esclavos, granjeros y pastores, soldados, mercaderes, artesanos, músicos, jueces y sacerdotes, que conforman el Estado. Esa identificación y tamizado forma parte de una autoconsciencia en desarrollo, que avanza: es el inicio de una tipología formal y un análisis tanto del individuo como de la sociedad —tal como se ha indicado antes,[43] los albores de un modo formalmente analítico de observación, descripción, pensamiento y registro que actualmente damos por sentado—. Todo ello también forma parte del desarrollo continuo de la estructura subsidiaria de la nueva nación, incluida su capacidad para representarse y monitorizarse a sí misma.

En Números 27, Dios proporciona a Moisés una recompensa final por su servicio fiel, a pesar de haberle sido vetada la entrada en la tierra prometida. Dicha recompensa parece concedida en respuesta a una petición directa de Moisés, según se explica más adelante, en Deuteronomio 3:25: «Pase yo, te ruego, y vea aquella tierra buena que está más allá del Jordán, aquel buen monte y el Líbano». Dios ordena al profeta que suba al monte Abarim, la última de las sucesivas cimas que debe superar Moisés a lo largo de su vida: «Verás la tierra que he dado a los hijos de Israel» (Números 27:12). Esa aventura se ve algo diluida en su aspecto positivo, pues Dios, simultáneamente, informa a su profeta de su inminente fallecimiento. ¿Cabe imaginar que Moisés se siente satisfecho con todo lo que ha hecho? Ha destruido a un tirano; ha proporcionado a su pueblo una visión de libertad y responsabilidad; lo ha conducido a través del desierto; ha castigado, protegido e intercedido por él cuando ha sido presa de la tentación; y lo ha ayudado a establecer un Estado ciertamente funcional y victorioso. ¿Se trata de un ejemplo de la posibilidad antes mencionada de que una vida plenamente vivida se justifique por sí misma, por más plagada que esté de tragedia y de error y por más que acabe, inevitablemente, con la muerte?[44]

Moisés nombra al fiel y valeroso Josué como su sucesor después de que Dios le muestre la tierra prometida y lo hace delante de Eleazar, el sacerdote, y de toda la congregación (Números 27). Así es como el gran profeta nombra y distingue a su sucesor, asegurándose una transferencia de poder exitosa. Después, como procede, se renuevan los detalles de la ley de la alianza (Números 28-30). Así se especifican la adecuada continuidad de la tradición y el contrato que ha de regir durante el mandato del nuevo dirigente, como ya se hizo en tiempo de Moisés. Inmediatamente después se libra una guerra terrible, difícil de justificar por lo despiadada, contra los madianitas (Números 30). Los israelitas se llevan consigo el producto del saqueo, que incluye a las mujeres de Madián. Moisés, indignado, reprende a sus soldados: «¿Por qué habéis dejado con vida a todas las mujeres? Ellas, por consejo de Balaam, fueron causa de que los hijos de Israel pecaran contra Jehová en lo tocante a Baal-Peor y por eso hubo mortandad en la congregación de Jehová» (Números 31:15-16). Les ordena que pasen por la espada a todas esas mujeres cautivas, salvo a las vírgenes, y manda lo mismo en el caso de los niños varones de Madián. Son capítulos como este, que llega poco después de la muerte de tres mil personas, de que la tierra se abra y se trague a Coré, de las plagas que asolan a quienes fornican con las rameras de Moab, los que suscitan grandes dudas en el lector moderno, convencido de su superioridad moral comparativa. ¿No será toda esa violencia nada más que una demostración clara de que estamos ante el Dios vengativo y celoso de un pueblo arcaico y ciegamente supersticioso? El doctor Richard Dawkins tiene claro que así es:

> El Dios del Antiguo Testamento es, seguramente, el personaje ficticio más desagradable de todos los que existen: envidioso y orgulloso de serlo; enfermo de control, mezquino, injusto; vengativo, partidario de la limpieza étnica, sediento de sangre; maltratador malévolo porque sí, misógino, homófobo, racista, infanticida, genocida, filicida, pestífero, megalomaníaco, sadomasoquista.[45]

Se trata, claramente, de una mala interpretación interesada por parte del biólogo evolucionista, al menos en cuanto a que las interpretaciones del presente texto son a la vez compasivas y precisas (por no hablar de la historia entera de los apologetas judíos y cristianos). En cualquier caso, las dificultades morales que plantea este texto seguramente se mantienen.

¿Basta asegurar que el peligro que plantea la incorporación de muchas mujeres extranjeras, cuya capacidad de atraer, seducir y convertir a los israelitas ya ha quedado demostrada, era demasiado grande como para asumirlo y que Moisés fue capaz de verlo con claridad? ¿Puede afirmarse lo mismo del peligro planteado por los niños varones madianitas? ¿Representaban esos cautivos una potencial quinta columna y fuente de desestabilización? No está claro en qué condiciones podemos aplicar correctamente nuestra hipotética superioridad moral a las sociedades del pasado, que operaban en unas condiciones de privación, amenaza y dificultad que (por suerte) a nosotros nos resultan prácticamente inconcebibles. Nos es muy fácil percibirnos como mejores que nuestros antepasados, maldecirlos por sus tendencias malignas y dar por sentado que habríamos actuado mejor en su misma situación. Pero también es demasiado fácil rechazar racionalmente acciones como las acometidas en la guerra contra los madianitas y presuponer que los hechos así descritos no deben tomarse literalmente; insistir acríticamente y solo como una cuestión de «fe» ciega y autojustificadora en que hay que obedecer la Palabra de Dios, incluso si sus órdenes parecen crueles e injustas, esquivando así el problema eterno de probar los espíritus, para determinar —en presencia de mucho falsos profetas y profecías— si son de Dios (1 Juan 4:1). Pero nosotros estamos intentando tirar de un hilo universal de oro moral caminando a través de estas historias antiguas y los pasajes amargos del corpus bíblico deben tragarse junto con los dulces.

¿En qué condiciones es justificable matar, es necesario hacerlo, o incluso es moralmente obligatorio? ¿Cómo abordamos el hecho de que la guerra y todo lo brutal que inevitablemente la acompaña sean rasgos universales de nuestro empeño pasado y presente por avanzar? ¿Cómo podemos conceptualizarnos a nosotros mismos como agentes morales esencialmente admirables —como seres intrínsecamente bondadosos—, dada nuestra tendencia universal al conflicto intertribal; dada la existencia de poderosas motivaciones que operan en nosotros, que nos arrastran hacia el arma y la espada cuando nuestros límites, nuestros axiomas —nuestras familias, nuestras tribus—, se ven amenazados o al menos, de manera convincente, consideramos que lo están? Prácticamente todo el mundo entiende, acepta y promueve el derecho a la defensa propia, así como el derecho análogo y ampliado, y la responsabilidad, de proteger a los seres queridos. ¿En qué circunstancias la obligación de lo local, lo familiar y lo tribal supera lo que debemos a un desconocido —a un enemigo, a un hombre o a un pueblo que en otro tiempo fue enemigo—? Lo que prohíbe el sexto mandamiento es asesinar *per se*, no guerrear,[46] y desde tiempos inmemoriales se ha considerado que la guerra y el asesinato son cosas diferentes. Nos hallamos ante preguntas que son de las más difíciles a las que nos enfrentamos en nuestra lucha con lo divino.

Las justificaciones clásicas de la matanza de los madianitas adoptan dos formas tradicionales. La primera es que esos actos eran típicos de la época,[47] en que la absoluta destrucción de un enemigo conquistado se consideraba necesaria para protegerse de la influencia que, de otro modo, podría mantener y ejercer. Esas acciones (y su comprensión o racionalización) se basan en la presuposición de que la presencia de extranjeros y las ideas que estos traen consigo pueden suponer una amenaza para la integridad de la psique y del Estado. ¿Por qué? Porque el conflicto entre sus presuposiciones fundamentales y las de los conquistadores es la guerra misma de los dioses capaz de socavar y acabar con un Estado. Por tanto, se trata de algo muy común y quizá programado biológicamente ver las ideas extranjeras como patógenos capaces de invadir, propagarse y matar.[48] Por ejemplo, es probable que se manifieste un fuerte conservadurismo en zonas caracterizadas por una marcada presencia de enfermedades contagiosas[49] —hecho que señala la identificación psicológica esencial entre la idea extraña y el depredador y el parásito—.[50] La segunda justificación es más sutil:[51] se considera que los madianitas están aliados con los moabitas, que en Números 25 se han presentado invitando a los hombres israelitas a «fornicar con las hijas de Moab» (Números 25:1) y «a los sacrificios de sus dioses», incluido Baal, doble ofrecimiento al que los invitados se entregan de buen grado (Números 25:2). Las consecuencias son que «el furor de Jehová se encendió contra Israel» (Números 25:3).

Existen motivos para preocuparse por lo que es extranjero,

unos motivos tan profundos que nos hemos adaptado biológicamente a su presencia. Sin embargo, también es cierto que lo que es extraño y nuevo —como en el caso del extranjero beneficioso que hemos expuesto con anterioridad— puede ser una gracia salvadora, tanto en lo práctico como en lo metafísico.[52] No es asunto menor que Jetro —el admirado y amado suegro de Moisés, que lo salvó de convertirse en tirano y salvó a los israelitas de volver a la esclavitud— también fuera madianita y, por tanto, de la misma tribu extranjera que ahora se presenta como una amenaza mortífera.[53] Estamos ante un caso más de la realidad paradójica última del tesoro, que se suma a la del dragón. ¿De qué manera, entonces, abordamos el hecho —reprimido con demasiada frecuencia y del que no se habla— de que la presencia de amenazas, muchas veces extranjeras, reales o imaginarias, puede despertar en nosotros unas poderosas ansias de destrucción, un gusto por la batalla, una sed de sangre ensoberbecida y asesina, que se acompaña de la demonización entusiasta de cualquiera que, en esas circunstancias, se atreva a defender la paz?

¿Cómo diferenciamos nuestro derecho a la defensa propia, en su sentido estricto y más amplio, de nuestro deseo cainita de encontrar un blanco sobre el que liberar toda nuestra frustración existencial acumulada, el resentimiento, la amargura, la arrogancia y el ánimo cruel de venganza? ¿Cómo entendemos y expiamos las atrocidades de la historia, las expansiones territoriales que forman parte del registro histórico de prácticamente todos los pueblos y la participación de nuestros antepasados, y de nosotros mismos, en las guerras que han manchado nuestro presente y a la vez lo han convertido en lo que es hoy? ¿Cómo expiamos el privilegio que ha recaído sobre nosotros, entre otras cosas como resultado, si bien parcial, de la sangre derramada —tanto de culpables como de inocentes— en otros tiempos? ¿Cómo nos sacrificamos de manera correcta, tanto individual como colectivamente, por los pecados de quienes vivieron antes que nosotros y que, más que probablemente, volverán a manifestarse con temible rapidez cuando las condiciones sean propicias? Esforzarse por responder esas preguntas es la temible necesidad de la lucha con Dios.

Existe una opinión alternativa a la caracterización moderna, condenatoria, del Dios del Antiguo Testamento o de la Torá, de la tradición judeocristiana. Resulta directa y simple en su retrato de la realidad, aunque, de todos modos, innegablemente amarga. Quizá sea más creíble precisamente por ello. Consideremos que existen millones de caminos para desviarse, para extraviarse y desertar, y muy pocos (tal vez solo uno) que permite un avance eficaz, eficiente, productivo, generoso y unificado. Consideremos, además, que el castigo, o incluso las «consecuencias naturales»,[54] de ese desvío pueden ser y muy a menudo son el sufrimiento catastrófico y la muerte masiva. Por decirlo de manera pragmática, no teológica: ¿por qué, entonces, la captación de esa verdad brutal en la caracterización de Dios ha de interpretarse como la voluntad de algo que tiene una intención malévola? El camino escogido por los nacionalsocialistas, los soviéticos y los maoístas suponía una grave desviación, por decir poco, con respecto a los mandatos de la tradición judeocristiana. El destino que recayó sobre las personas de esas culturas como resultado directo de ello fue tan terrible como todo lo que, en el Antiguo Testamento, se representa como venganza de un Dios airado. Los juegos que no hay que jugar degeneran primero en el caos y después en el infierno. Refleja algo similar a las consecuencias de transgredir el orden moral subyacente del cosmos.

¿Resulta tan sorprendente, y tan moralmente inaceptable, que los resultados inevitables[55] que forman parte del patrón de causa y efecto que más caracteriza al mundo, sobre todo desde la perspectiva científica, puedan llegar a entenderse y retratarse como «los celos» de Dios? ¿Podría llegar a representarse, además, o alternativamente, como su insistencia en que nada ni nadie, salvo Él, debe elevarse al estatus de lugar más alto? Si todo, necesaria e ineludiblemente, se precipita al abismo cuando se violan ciertas limitaciones, ¿acaso no es un acto de misericordia, y no de maldad, señalarlo explícitamente con antelación? ¿Cómo habría de concebirse que fuera de otro modo, en un mundo caracterizado por la existencia del libre albedrío, de la realidad genuina y de la verdadera e irreductible relevancia de la acción humana? Si tenemos cosas importantes que hacer y la capacidad ilimitada de escoger hacerlas o no —y si esas elecciones determinan la manera en que la realidad se despliega y si el orden que es bueno o incluso bueno en gran manera se manifiesta—, entonces, nuestras malas decisiones también tendrán sus consecuencias, que serán tan espantosas en el error como buenas son cuando se sirve con fe.

Moisés toma la tremenda decisión de que los cautivos madianitas no pueden incorporarse a la sociedad israelí sin correr un riesgo excesivo. Por tanto, los pasan por la espada y los israelitas proceden a culminar su largo y extenuante viaje, lleno de avatares. Que sea culpa de los que realizan la travesía por el desierto, de sus enemigos madianitas, del pecado o de Dios mismo es algo sobre lo que, aún hoy, seguimos confundidos. Quizá lo que ocurre es que la solución permanente a este enigma de amenaza frente a oportunidad, o de protección frente a opresión, es el requisito que permite la práctica de una meta ascendente eficaz. Que el agente extranjero se considere bienvenido y portador necesario, o enemigo definitivo, siempre será cuestión de juicio, cuestión que se dilucidará mejor a partir de un consejo de asesores. La eterna esperanza del luchador religioso es que aquellos que formulan una alianza con lo que es más elevado y divino sean también los sabios, los más capaces de separar, una vez más, el grano de la paja y las ovejas de las cabras. Esto puede significar que lo máximo a lo que podemos aspirar cuando nos llaman a determinar lo que es adecuado en nuestra relación con lo extranjero es haber desarrollado la sagacidad y el buen juicio de los que caminan con Dios y que, en consecuencia, la decisión adecuada se tome en el momento adecuado.

De ese modo, esencialmente, finaliza Números. El libro del Deuteronomio se inicia con un repaso a la historia del Éxodo y de Números. Moisés, cansado tras todo el trasiego y viendo ya cercano el final del camino, dedica un largo y atronador discurso a su pueblo, resumen de su tiempo y de sus enseñanzas (Deuteronomio 1-30). Concluye con un anuncio del fin de sus días: «Ya tengo ciento veinte años de edad y no puedo salir ni entrar. Además de esto, Jehová me ha dicho: "No pasarás este Jordán"» (Deuteronomio 31 a 32:3). Informa a los israelitas de que proseguirán su viaje en compañía de Dios bajo la guía de su nuevo líder. «Jehová, tu Dios, Él pasa delante de ti; Él destruirá a estas naciones delante de ti y las heredarás. Josué será el que pasará delante de ti, como Jehová ha dicho» (Deuteronomio 31:3). Moisés los anima a mantener su fe a pesar del cambio de líder: «¡Esforzaos y cobrad ánimo! No temas ni tengas miedo de ellos, porque Jehová, tu Dios, es el que va contigo; no te dejará ni te desamparará» (Deuteronomio 31:6). A continuación se dirige directamente a su sucesor y le entrega las riendas de la autoridad, y lo alienta también a él: «Después llamó Moisés a Josué y le dijo en presencia de todo Israel: "¡Esfuérzate y anímate!, porque tú entrarás con este pueblo a la tierra que juró Jehová a sus padres que le daría y tú se la harás heredar. Jehová va delante de ti; Él estará contigo, no te dejará ni te desamparará. No temas ni te intimides"» (Deuteronomio 31:7-8). Se trata de otro indicador de la excelencia del liderazgo del que ahora ya es profeta viejo: se toma la molestia de asegurarse de que el hombre que asuma su puesto sea digno de él, esté dispuesto a ocuparlo y haya recibido la bendición de su predecesor.

Dios informa a Moisés de que los israelitas volverán a perder la fe en el futuro, incumplirán la alianza divina y, como consecuencia de ello, sufrirán espantosamente. Pide a su profeta que escriba una canción que habrá de cantarse en el futuro para que su pueblo elegido, tan proclive a descarriarse, recuerde su fe y la existencia eterna de la tierra prometida. «"Y cuando les vengan muchos males y angustias, entonces este cántico servirá de testigo contra él, pues será recordado por boca de sus descendientes; porque yo conozco lo que se proponen de antemano, antes que los introduzca en la tierra que juré darles." Moisés escribió este cántico aquel día y lo enseñó a los

hijos de Israel» (Deuteronomio 31:21-22). Ese cántico contiene las
últimas palabras de Moisés al pueblo al que durante tanto tiempo
ha guiado. Se inicia con los siguientes versos de recuerdo:

> Escuchad, cielos, y hablaré; oiga la tierra los dichos de mi boca.
> Goteará como la lluvia mi enseñanza; destilará como el rocío mi
> razonamiento, como la llovizna sobre la grama, como las gotas
> sobre la hierba. Proclamaré el nombre de Jehová: ¡engrandeced a
> nuestro Dios! Él es la Roca cuya obra es perfecta, porque todos
> sus caminos son rectos. Es un Dios de verdad y no hay maldad
> en Él; es justo y recto. La corrupción no es suya; de sus hijos es la
> mancha, generación torcida y perversa. ¿Así pagas a Jehová, pue-
> blo loco e ignorante? ¿No es Él tu padre, que te creó? Él te hizo
> y te estableció. Acuérdate de los tiempos antiguos, considera los
> años de muchas generaciones; pregunta a tu padre y él te lo con-
> tará; a tus ancianos, y ellos te lo dirán.

> Deuteronomio 32:1-7

Y, con esto, el mayor de los profetas del Antiguo Testamento
contempla, una vez más, el destino de su pueblo, muy por encima
de las llanuras de Moab, y acude al encuentro de su Hacedor:

> Subió Moisés de los campos de Moab al monte Nebo, a la cumbre
> del Pisga, que está enfrente de Jericó, y le mostró Jehová toda la
> tierra de Galaad hasta Dan, todo Neftalí, la tierra de Efraín y de
> Manasés, toda la tierra de Judá hasta el mar occidental, el Neguev,
> el valle y la llanura de Jericó, ciudad de las palmeras, hasta Zoar. Y
> le dijo Jehová: «Esta es la tierra que prometí a Abraham, a Isaac y
> a Jacob, diciendo: "A tu descendencia la daré". Te he permitido
> verla con tus ojos, pero no pasarás allá». Allí murió Moisés, siervo
> de Jehová, en la tierra de Moab, conforme al dicho de Jehová. Y lo
> enterró en el valle, en la tierra de Moab, enfrente de Bet-Peor, y
> ninguno conoce el lugar de su sepultura hasta hoy. Tenía Moisés
> ciento veinte años de edad cuando murió; sus ojos nunca se oscu-

recieron ni perdió su vigor. Lloraron los hijos de Israel a Moisés en los campos de Moab treinta días; así se cumplieron los días de llanto y de luto por Moisés. Josué, hijo de Nun, estaba lleno del espíritu de sabiduría, porque Moisés había puesto sus manos sobre él, y los hijos de Israel lo obedecieron haciendo como Jehová mandó a Moisés. Nunca más se levantó un profeta en Israel como Moisés, a quien Jehová conoció cara a cara; nadie como él por todas las señales y prodigios que Jehová le envió a hacer en tierra de Egipto, contra el faraón y todos sus siervos, y contra toda su tierra, y por el gran poder y los hechos grandiosos y terribles que Moisés hizo a la vista de todo Israel.

Deuteronomio 34:1-12

9

Jonás y el abismo eterno

No sabemos nada de Jonás cuando nos lo presentan. Podemos deducir que no hay nada destacable en él, que es tan corriente y desconocido como cualquier otro hombre... hasta que oye la voz de Dios: «El Señor dirigió su palabra a Jonás, hijo de Amitai, y le dijo: "Levántate y ve a Nínive, aquella gran ciudad, y clama contra ella, porque su maldad ha subido hasta mí"» (Jonás 1:1-2). ¿Por qué Jonás? Se trata de una pregunta que resuena en cualquiera a quien las circunstancias exigen asumir un deber concreto o soportar una carga existencial excepcional. «¿Por qué a mí, Señor? ¿Qué he hecho yo para merecer semejante destino?». Pero nuestros destinos nos llaman a todos, entre otras cosas en forma de aquello que nos interesa o nos obsesiona, a pesar de que deseemos que las cosas fueran de otro modo.

¿Por qué Nínive? Se trata, asimismo, de una cuestión compleja. Está claro que es una ciudad que Jonás conoce. De no ser así, no tendría mucho sentido que Dios dirigiera a ella la atención de su servidor potencial. Nínive está habitada por los enemigos declarados de Israel y no es, en absoluto, un lugar que Jonás se inclinaría a ver con benevolencia. El reino de Israel fue conquistado por los monarcas neoasirios Tiglath-Pileser III y Salmanasar V, y posteriormente por Sargón II y su hijo Senaquerib. Los propios asirios llevaron a cabo una política de realojamientos forzosos (aquellos desplazados acabarían conociéndose como las diez tribus perdidas; 2 Reyes 17:3-6). Nínive era la capital del Imperio asirio. Así pues, el relato deja bastante claro que al antiguo profeta le habría encantado ver a la gente de Nínive irse al infierno, más concretamente en una cesta hecha por ellos mismos. Así pues, Dios no solo llamó a Jonás para que se enfrentara, él solo, a una ciudad entera —una ciudad, además, degenerada y de pésimo comportamiento—; le pidió que predicara a los enemigos declarados de su propio pueblo e intentara salvarlos de una destrucción que, en opinión de su profeta, tenían bien merecida.

El mismo susurro de una brisa suave que le habló a Elías[1] es el que llama a Jonás, sugiriéndole que viaje solo hasta una ciudad extranjera, odiada, para enfrentarse a sus decenas de miles de habitantes, que en ningún caso tienen motivos para sentir por él nada que no sea animadversión. Dicho en pocas palabras, lo divino lo llama para que se dedique —corriendo un grave peligro— a salvar a aquellos a quienes odia del castigo que va a infligirles el propio Dios de Jonás, un castigo que él considera que debería recaer sobre ellos lo antes posible y con la mayor intensidad posible. ¿Puede sorprender, pues, que Jonás haga lo que podría hacer cualquier persona sensata al oír la propuesta no precisamente sensata de Dios, es decir, salir disparado, a toda prisa, en dirección contraria? «Pero Jonás se levantó para huir de la presencia de Jehová a Tarsis y descendió a Jope, donde encontró una nave que partía para Tarsis; pagó su pasaje y se embarcó para irse con ellos a Tarsis, lejos de la presencia de Jehová» (Jonás 1:3). En aquella época, literalmente, no era posible desplazarse a un lugar más alejado de Nínive que yendo a Tarsis.

El dilema de Jonás recuerda a otro al que hubo de enfrentarse un gran hombre perteneciente a una cultura por completo diferente, el filósofo griego Sócrates, en su trance final. Sócrates lleva un tiempo enseñando a pensar con diligencia a las gentes de su ciudad, Atenas (¿no fue, de hecho, el primer pensador experto del mundo?, ¿no fue esa misma capacidad para el pensamiento lo mismo que el surgimiento de la voz interior?). Había muchas personas poderosas en Atenas descontentas con aquella empresa y con sus frutos. Esas mismas personas lo acusaron de no reconocer a los dioses oficiales de la ciudad y también de corromper a los jóvenes, dos delitos que se castigaban con la muerte. Así pues, amenazaron a Sócrates con un juicio público. En honor a la verdad, sus enemigos le advierten de sus intenciones. Un hombre sensato lo habría considerado un mensaje claro: «Lárgate de aquí si no quieres que te pase nada». Sin duda, el popular filósofo había molestado a algunas personas poderosas. No les apetecía asesinarlo en plena calle ni en la cama (a menos que no hubiera más remedio), pero estaban más que dispuestas a hacerle saber que le sucedería algo malo si no se iba. Sócrates le da muchas vueltas al asunto, lo consulta intensamente con su *daimonion*, su musa o voz interior. Según su propio testimonio, llevaba desde la infancia escuchando aquella voz, que lo había alejado del mal y lo había acercado a la inmensa virtud que encarnaba y promovía. Por terrible que parezca, cuando se enfrenta a la amenaza del juicio, el *daimonion* le dice a Sócrates que no huya: le aconseja que se quede, que presente batalla y que, si es necesario, asuma las consecuencias. El filósofo informa de su decisión a sus amigos y admiradores. Como es de suponer, estos no se muestran precisamente contentos.[2]

En *Critón*, el diálogo platónico que hace referencia a este asunto, se detalla una conversación entre un hombre que responde a ese nombre y Sócrates. Aquel ha llevado a cabo los preparativos pertinentes para sacar al filósofo de la cárcel y llevarlo al exilio, donde estará a salvo. Considerando las cosas en conjunto, sería lo mejor para Sócrates, así como para sus hijos y amigos, que de otro modo podrían sentir que no han hecho nada para ayudarlo. Es más, esos mismos amigos lo han organizado todo para que el gran maestro viva un retiro cómodo. Pero Sócrates rechaza todos esos planes y súplicas y manifiesta que un ciudadano debe lealtad a las leyes de su Estado, por más injusta que pueda resultar la aplicación concreta de estas, fiel a una lógica que coincide con las manifestaciones de su voz interior. Como es bien sabido, permanece en Atenas, se somete al juicio que le prometieron sus enemigos y, cuando sube al estrado, deja por los suelos la reputación de estos. Por lo que cuenta la teórica acusación, queda claro por qué la élite no aprecia mucho al filósofo. Indigna a los presentes diciendo a esas personas que quieren acabar con él lo que piensa de ellos y por qué, y de la manera más pública posible. A diferencia de Jonás, Sócrates sigue devotamente los dictados de su conciencia y expresa ante sus enemigos lo que ha sido llamado a expresar. Desde entonces siempre se lo ha recordado, al menos en parte, por su extraordinaria valentía, cuya expresión le costó la vida. ¿Es razonable hacer lo que hizo? ¿Es el camino que el buen Dios pediría emprender a sus seguidores?

Resulta fácil, al inicio del relato, empatizar con Jonás, el profeta reacio, que no está dispuesto a tomar la misma decisión que Sócrates. No sorprende que no esté dispuesto a seguir siquiera una llamada divina, dada la imposibilidad de su situación. ¿Cómo debemos interpretar esa orden en apariencia ignorante, y más teniendo en cuenta la omnisciencia, la omnipotencia y la omnipresencia de Dios? ¿Qué indica exactamente el problema de Jonás? En primer lugar, quizá, lo siguiente: todos nosotros, por más normales y corrientes que seamos en teoría, nos enfrentamos a retos, obstáculos y llamadas al deber en nuestras vidas que parecen más de lo que podemos soportar. Así, la idea de que Dios, a veces, nos plantea exigencias ridículas parece algo existencialmente sensato (incluso si se trata de algo secularizado; incluso si se conceptualiza como «a veces, la vida, sencillamente, es demasiado»). En segundo lugar, quizá, lo siguiente: todo el mundo conoce, al menos a un nivel que se corresponde con su grado de desarrollo de cada momento, lo que está bien y lo que está mal. Todo el mundo sabe cuándo le corresponde enderezar las cosas si ve que están yendo mal y cuándo arriesgarse en ese empeño (entre otras cosas, porque dejar que las situaciones se deterioren también supone un riesgo claro; entre otras cosas, por sus obligaciones para con el futuro y con los demás). En todo caso, ese «enderezar las cosas» —ese enfrentarse a las crisis— puede ser una tarea peligrosa a corto plazo; puede plantear un desafío práctico y psicológico; puede someter al posible orador al juicio descarnado e inmediato de la multitud.

Hay algo de eterna competición en el hecho de sacudirse la responsabilidad, por más necesaria que esta sea; en dejar que sea otra persona la que se erija en voz sacrificial en el desierto; en ocultar las cosas que no queremos para no verlas; en fingir que lo que está mal no es importante; en racionalizar y tergiversar; en apelar a la virtud moral de la falsa compasión; en hacer la vista gorda ante la maldad creciente; en esconderse de la realidad y el destino (aunque ese esconderse también implique renunciar a la aventura misma). Todo ello forma parte de lo atractivo de la mentira, que con mucha frecuencia puede ser silencio y no tanto el pecado por acción que es manipulación o engaño puro y duro. Mantenerse en silencio cuando la amenaza está cerca presenta la ventaja a corto plazo de la seguridad. Pero hay trampa: muchas de las cosas que de momento van bien para el egoísta corto de miras ponen en peligro el futuro y la comunidad. Quizá la voz de la conciencia forme parte del espíritu que lo ve todo: que es capaz de maniobrar simultáneamente en pasado, presente y futuro y que une al individuo con el grupo. En eso, al menos, insisten el texto y la tradición: «Yo soy el Alfa y la Omega, principio y fin —dice el Señor—, el que es y que era y que ha de venir, el Todopoderoso».

Dios le ha dicho a Jonás, de manera inequívoca, que la gente de Nínive se ha desviado gravemente del camino correcto y que como consecuencia de ello pende sobre sus cabezas la amenaza del apocalipsis divino. El viejo profeta sabe bien que eso es verdad, que ese se ha convertido en su problema personal y que su destino justo y señalado pasa por decir lo que tiene que decir y que cada cual se apañe con lo suyo. Pero, como podría hacer una persona sensata, pero no lo bastante temerosa de Dios, él rechaza la llamada. ¿Y qué ocurre cuando uno abdica de una responsabilidad así? Que sopla el viento y se alzan las olas y el eterno barco mismo del alma y el estado se ve amenazado:

Pero Jehová hizo soplar un gran viento en el mar y hubo en el mar una tempestad tan grande que se pensó que se partiría la nave. Los marineros tuvieron miedo y cada uno clamaba a su dios. Luego echaron al mar los enseres que había en la nave, para descargarla de ellos. Mientras tanto, Jonás había bajado al interior de la nave y se había echado a dormir. Entonces el patrón de la nave se le acercó y le dijo: «¿Qué tienes, dormilón? Levántate y clama a tu Dios. Quizá tenga compasión de nosotros y no perezcamos».

Jonás 1:4-6

Que Jonás se quede dormido durante esta crisis es una nueva representación del tema de su huida, aunque en esta ocasión se retira de las realidades y las exigencias de la situación presente huyendo a la inconsciencia, como antes que él hizo Caín, cuando es desterrado a la tierra de Nod después de asesinar a Abel; como mucho después harán Pedro y los demás discípulos (Mateo 26:36-46) cuando se les pide que se mantengan despiertos y acompañen a Cristo durante su intenso sufrimiento en el huerto de Getsemaní. No es de extrañar que el patrón se muestre descontento, lo mismo que Jesús en el huerto: ¿qué hombre cabal se duerme cuando se desata una catástrofe? A menudo es nuestra propia conciencia la que nos llama —nuestro yo más elevado, por recurrir a la terminología psicologizada, pero, de alguna manera, secularmente aceptable— para que hablemos o actuemos cuando las partes más cobardes de nosotros preferirían permanecer en silencio; a menudo se nos llama para que nos mantengamos alerta, en vigilia, cuando ansiaríamos desesperadamente la dicha de no ser, de manera temporal o permanente.

La situación de la tormenta, del peligro y del inconsciente presenta un paralelismo más con otro momento de la vida de Cristo, que desemboca en un resultado inmediato muy diferente:

Entró Él en la barca y sus discípulos lo siguieron. Y se levantó en el mar una tempestad tan grande que las olas cubrían la barca;

pero Él dormía. Se acercaron sus discípulos y lo despertaron, diciendo: «¡Señor, sálvanos, que perecemos!». Él les dijo: «¿Por qué teméis, hombres de poca fe?». Entonces, levantándose, reprendió a los vientos y al mar y sobrevino una gran calma. Los hombres, maravillados, decían: «¿Qué hombre es este, que aun los vientos y el mar lo obedecen?».

Mateo 8:23-27

En lugar de ser arrojado al mar como consecuencia de la tormenta (y, más lejanamente, como resultado de rechazar la Palabra de Dios), el Hombre que es el Verbo mismo no tiene necesidad de ser llevado involuntariamente a las profundidades. Pronuncia su Palabra conjunta de amor y verdad y las aguas que amenazan el barco (eterno) se calman.

Los marineros que trasladan a Jonás tienen la intuición de que han subido a bordo a alguien que no está a bien con lo divino. Deciden, en esencia, jugar a los dados para comprobar su hipótesis, con la idea de que el que pierda demostrará estar a malas con el justo orden del ser mismo. Jonás es el desgraciado y merecedor depositario de ese honor: «Entre tanto, cada uno decía a su compañero: "Venid y echemos suertes, para que sepamos quién es el culpable de que nos haya venido este mal". Echaron, pues, suertes y la suerte cayó sobre Jonás» (Jonás 1:7). Entonces, el cautivo a la fuga empeora las cosas, si eso es posible, al recalcar el poder del Dios al que dice adorar, describiéndolo en los términos más elevados que encuentra, como creador último del cosmos. Eso es algo que atemoriza aún más a esos marineros ya asustados, entre otras cosas porque Jonás había hecho pública su disputa con ese mismo Dios. Cargado, quizá, con el peso de su conciencia, explica lo que le ocurre, haciendo saber a sus compatriotas del mar que va huyendo de una orden emitida desde el lugar más elevado posible, dando a entender, al hacerlo, la credibilidad de la fuente y su falta de disposición para asumir el riesgo que entrañaría cumplir el mandato:

Entonces ellos le dijeron: «Explícanos ahora por qué nos ha venido este mal. ¿Qué oficio tienes y de dónde vienes? ¿Cuál es tu tierra y de qué pueblo eres?». Él les respondió: «Soy hebreo y temo a Jehová, Dios de los cielos, que hizo el mar y la tierra». Aquellos hombres sintieron un gran temor y le dijeron: «¿Por qué has hecho esto?». Pues ellos supieron que huía de la presencia de Jehová por lo que él les había contado.

Jonás 1:8-10

Sin embargo, y en su honor, cabe decir que en medio de esa situación tan complicada Jonás recupera la honradez y se ofrece a sí mismo como sacrificio para salvar la embarcación y a los marineros, pues les suplica que lo arrojen por la borda de manera que él se ahogue y ellos puedan sobrevivir:

Como el mar se embravecía cada vez más, le preguntaron: «¿Qué haremos contigo para que el mar se nos aquiete?». Él les respondió: «Tomadme y echadme al mar y el mar se os aquietará, pues sé que por mi causa os ha sobrevenido esta gran tempestad». Aquellos hombres se esforzaron por hacer volver la nave a tierra, pero no pudieron, porque el mar se embravecía cada vez más contra ellos.

Jonás 1:11-13

De esa sinceridad y de esa incipiente disposición a sacrificarse en la agonía de una verdadera crisis podemos deducir que Jonás era, básicamente, un buen hombre a pesar de su (comprensible) cobardía del momento. Quizá es por eso por lo que, de entrada, la voz de la conciencia descendió sobre él.

Al fracasar en su intento de llegar sanos y salvos a puerto, los marineros ceden, si bien a regañadientes, y deciden llevar a cabo el sacrificio necesario. «Entonces clamaron a Jehová y dijeron: "Te rogamos ahora, Jehová, que no perezcamos nosotros por la vida de este hombre ni nos hagas responsables de la sangre de un inocente; porque tú, Jehová, has obrado como has querido". Tomaron luego a Jonás y lo echaron al mar; y se aquietó el furor del mar» (Jonás 1:14-15). En efecto, el mar se calma al momento. Su barco se salva. Eso convence a los hombres del dominio definitivo de Dios y pasan a adorarlo a Él, prometiendo mantener esa actitud de manera permanente. «Sintieron aquellos hombres gran temor por Jehová, le ofrecieron un sacrificio y le hicieron votos» (Jonás 1:16). ¿Acaso no indica la amenaza planteada al barco que quienes se niegan a su divina llamada amenazan al Estado mismo? ¿Acaso no señala eso que quienes corren y se ocultan han de ser reprendidos, por ellos mismos y por la comunidad, incluso que el dominio del pecado será tan completo y espantoso como consecuencia de esa negativa que aun aquellos que inicialmente se niegan a discriminar, juzgar y rechazar se verán obligados por la necesidad emergente a hacerlo, pues todo cruje y se tambalea a su alrededor? ¿Cuál es la alternativa? ¿Cómo puede vencer la cordura, mantenerse la estabilidad y proseguir la adaptación si los individuos que conforman el Estado rechazan la responsabilidad que, en el fondo, saben muy bien que les corresponde asumir? ¿Si se niegan a hacer lo que saben, sin sombra alguna de duda, que es del dominio público? ¿Si se muerden la lengua cuando hay algo necesario y vital que debe decirse?

¿Cuál es, por el momento, la enseñanza moral del relato de Jonás? Dile la verdad a la turba enloquecida, aun a expensas de correr un gran peligro, pero teme aún más a Dios, que te pide que hables cuando tengas algo que decir. Mantén el silencio cuando te llamen a testificar y paga el precio. La tempestad se alzará y las olas se harán aún más altas, hasta que el arca misma que te protege del caos quede expuesta al peligro. Entonces, tus compatriotas, desesperados, te abandonarán a merced de las aguas más oscuras y más profundas y tú nadarás o perecerás. Y eso no es todo: cuando te encuentres en peligro de ahogarte, un monstruo espantoso surgirá del propio abismo y te arrastrará al fondo del mundo. No es casualidad que los tres días que Jonás pasa en el vientre de la ballena se correspondan simbólicamente con el infierno al que el propio Jesús desciende después de su crucifixión. La degeneración, la destrucción y la muerte amenazarán después de la negativa a atender la llamada divina y a hablar. Pero eso no es todo. Esa amenaza vendrá seguida de un destino tan espantoso que la propia muerte se verá como una alternativa más deseable. Ahogarse es una cosa, por mala que sea; el infierno es otra cosa muy distinta. ¿Y qué significa eso?

A quien ha vivido de verdad rara vez se le escapa que hay cosas peores que el mero cese del ser. Colaborar con las autoridades de Auschwitz era peor que la muerte. La vida como administrador en el gulag soviético era peor que la muerte. Actuar como agente encarnizado en la destrucción de inocentes es peor que la muerte. El infierno es mucho peor que la muerte y quienes insisten en que el infierno no existe saben poco de historia y carecen absolutamente de imaginación informada. El espíritu que crea el infierno es el de la maldad misma, esa combinación amarga de envidia, rencor, arrogancia, engaño, desdén y resentimiento; ese anhelo interminable del intelecto luciferino por usurpar, reemplazar y ocupar el asiento más alto. Resulta mucho más fácil «creer en» la realidad de ese espíritu que profesar lealtad a Dios, algo que exige valor, a pesar del sufrimiento; humildad, a pesar del orgullo; gratitud en lugar de resentimiento; disciplina en lugar de narcisismo inmaduro, multiplicado, en su patología, por un hedonismo ciego, interesado, de corto alcance; y, por supuesto, el sacrificio de uno mismo exigido, pongamos por caso, por los verdaderos seguidores de Cristo.

¿Por qué la terrible verdad que Jonás es instado a pronunciar lo coloca en una situación de peligro? Bien, en primer lugar, no es eso. Es algo que temporalmente lo pone en peligro, pero que lo redime, y a todos los demás, cuando viene «el cumplimiento del tiempo» (Gálatas 4:4). ¿Por qué deberíamos presuponer que no son los instintos más profundos los que nos orientan a hablar, teniendo en cuenta cuál es nuestro mejor interés en conjunto, y a lo largo del mayor periodo de tiempo posible, y teniendo en cuenta la comunidad, incluso si hay que pagar algún precio por ello (un sacrificio que hacer) en el presente? En segundo lugar, es evidente que habrá algún peligro en enfrentarse a las consecuencias acumuladas de una meta mal alineada —del pecado—, dado que ha habido al menos microrrazones para los actos de evitación (omisión) y engaño puro y duro (acción) que se han sumado al problema inicial. Si a un edificio no se le dedica mantenimiento, la obra exigida se multiplica exponencialmente, pues una cosa no solo lleva a otra, sino a muchísimas otras que se suman:

> Vinieron al otro lado del mar, a la región de los gadarenos. Cuando salió Él de la barca, en seguida vino a su encuentro, desde los sepulcros, un hombre con un espíritu impuro que habitaba en los sepulcros y nadie podía atarlo, ni aun con cadenas. Muchas veces había sido atado con grillos y cadenas, pero las cadenas habían sido hechas pedazos por él y desmenuzados los grillos. Nadie lo podía dominar. Y siempre, de día y de noche, andaba gritando en los montes y en los sepulcros e hiriéndose con piedras. Cuando vio, pues, a Jesús de lejos, corrió y se arrodilló ante Él. Y clamando a gran voz, dijo: «¿Qué tienes conmigo, Jesús, Hijo del Dios altísimo? ¡Te conjuro por Dios que no me atormentes!», porque le decía: «Sal de este hombre, espíritu impuro». Jesús le preguntó: «¿Cómo te llamas?». Y respondió diciendo: «Legión me llamo, porque somos muchos».
>
> Marcos 5:1-9

Eso significa que Jonás y todos los que son llamados a proclamar la verdad al poder, por emplear la frase tantas veces repetida por los fariseos del mundo moderno, se verán obligados, inevitablemente, a enfrentarse a todos los peligros que se han ido acumulando a través del pecado. Por supuesto, se trata de algo peligroso y lo es ineluctablemente: por abundar en ello, era de los peligros menores que existían originalmente de los que todos los pecadores que contribuyeron a ese peligro intentaban huir en un principio. Esto les supuso perder la oportunidad de participar en la gran, la verdadera, la romántica aventura de sus vidas tristes, pero ¿de qué se trataba? ¿Mejor malo conocido que bueno por conocer?

Esa es la maldad misma, en cada una de las microacciones o inacciones que han creado el infierno acumulativo, en ese infierno mismo y en la forma del espíritu cobarde, resentido y arrogante que motivó cada uno de esos actos pecaminosos o fracasos a la hora de actuar y resulta mucho más fácil creer en eso que en Dios, dados los terrores autoimpuestos de la historia humana. Los que insisten en que el infierno no existe, o bien están ciegos por voluntad propia, o bien son tan afortunados y están tan protegidos por un destino benévolo que no han visitado ese ámbito lúgubre el tiempo suficiente como para aprender las espantosas lecciones que en él se aprenden. A la luz por las tinieblas. Eso es también lo que aprende Jonás. Hasta que desciende al infierno que caracteriza tanto la situación de los habitantes de Nínive como el espíritu que lo ha conducido hasta allí, no se enfrenta realmente a la realidad de Dios. ¿Qué significa eso? ¿Que la realidad pura y dura del mal es, quizá, la evidencia más convincente de Dios? ¿Podría ser que fuera así?

Si es verdad que el mal existe y si la realidad de esa verdad llega a ser evidente en sí misma, una vez que el mal ha sido encontrado y visto por lo que es, entonces lo contrario al mal es algo igualmente real, incluso en la «mera» forma de la dirección contraria; incluso en la forma inefable de la alternativa al viaje al infierno. Si hay un camino hacia el abismo, nuestra dirección en ese camino puede revertirse. ¿Por qué deberíamos dar por sentado que existe alguna diferencia entre alejarse de Satanás todo lo posible y subir por la escalera de Jacob? ¿O de algún modo estamos dispuestos a admitir que solo existe de verdad el infierno, una vez más, pongamos por caso, en forma de encargado en Auschwitz o en el gulag soviético que disfruta con las delicias de su poder; en forma del verdadero diablo que disfruta clavando las puntas de su tridente en los demás, aun cuando eso implique que él tenga que someterse, a su vez, a los tridentes aún más grandes de unos diablos aún más grandes que, inevitablemente, mandan sobre él? Así pues, solo el infierno y cierta neutralidad idiota —una tierra en la que no viven ni el bien ni el mal, la tierra igualmente condenada del que no toma partido— son los destinos finales del que, sin reservas, se aleja de las lisonjas de Satanás en el desierto.

Ha sido nada menos que el propio Cristo el que nos ha advertido específicamente contra esa presuposición, en la forma terrible del juez, al final de los tiempos: «Yo conozco tus obras, que ni eres frío ni caliente. ¡Ojalá fueras frío o caliente! Pero por cuanto eres tibio y no frío ni caliente te vomitaré de mi boca» (Apocalipsis 3:15-16). ¿O, por el contrario, sucede que, como daba a entender Tolstói,[3] la infinita extensión que se alza sobre nosotros se eleva tanto como se hunde el tremendo abismo bajo nosotros? ¿Acaso no ocurre que la realidad de Dios y la necesidad de la más estricta de las obediencias se nos revelan como consecuencia del endurecimiento de nuestros corazones, no en lo que nos atrae en forma de llamada y ni siquiera en lo que nos advierte en forma de conciencia, sino en los momentos más difíciles de nuestra vida, difíciles como consecuencia de nuestros intentos de actuar como Jonás y huir y escondernos?

También en el monstruo devorador del abismo hay algo más que mera bestia e inframundo: algo individual y social que se suma a lo natural y lo abismal o infernal. Ese «algo más» forma parte de la extraña yuxtaposición de imagen e idea que es tan característica del pensamiento de ensueño de los relatos completamente destilados. El terrible Leviatán de las profundidades es como las fauces del Hades, pero a la vez algo vivo e inmensamente valioso. Una criatura de ese tamaño constituye, intrínsecamente, un bien útil. Es precisamente por eso por lo que los hombres llevan miles de años cazando ballenas. En el momento álgido, a mediados del siglo XIX, la industria ballenera era el quinto sector comercial por volumen de Estados Unidos[4] y fue un importante contribuyente a la pujante Revolución Industrial, que necesitaba el combustible, los huesos, la carne y la queratina que se obtenían a partir de esos grandes habitantes de las profundidades. Que ese cuerpo ya cazado tenga valor forma parte del complejo de significados que rodea la idea de la ballena. Los pastores calculan su riqueza por el tamaño de sus rebaños y sus manadas —por el peso de los animales que cuidan y de los que viven— y no hay cuerpo de mayor tamaño que el de un cetáceo gigante. Así, una ballena es tanto un almacén de inmenso valor como uno de los símbolos más potentes de ese almacén.

Por sorprendente que parezca (al menos en el primer encuentro), eso significa que existe una equivalencia entre los cuerpos sin vida de las ballenas y las tradiciones e instituciones que nos han legado nuestros antepasados —una similitud que queda subrayada en expresiones como *cuerpo legal, cuerpo de conocimiento* y *cuerpo de doctrina*—. Se trata, también, de cámaras acorazadas —lugares en los que se depositan y se custodian valores acumulados—. Esos grandes cuerpos, ya sean vivientes o institucionales, también son similares en el sentido de que el valor almacenado es producto de unas fuerzas que quedan más allá del control inmediato de quienes viven en el presente. En el caso de los institucionales (pensemos en el capital social), esas fuerzas son las actividades productivas, cooperativas, de las personas que dejaron más de lo que consumieron, para que sus hijos —y los hijos de otros— pudieran beneficiarse. En el caso de los vivientes (pensemos en los recursos naturales), el agente que otorga es la naturaleza, más que la cultura, aunque la naturaleza siempre está agazapada detrás de lo cultural y de lo social y puede considerarse, justamente, como una fuente más alejada de lo que es, incluso, económico y comunitario. Independientemente de cuál sea la fuente, se llega al mismo punto de destino: queda algo por usar, por preservar y enriquecer o simplemente por tomar. Las sociedades sensatas, conformadas por personas agradecidas y despiertas, aprecian conscientemente lo que les ha sido dado e intentan devolver el favor de cara al futuro.

Un cuerpo del tamaño de una ballena es, sin duda, la encarnación y la representación más llamativa posible del valor acumulado que es, en su forma más fundamental, un almacén de alimento y energía. El hombre lo bastante afortunado como para tener una ballena en su despensa, si es capaz de conservarla y mantenerla, estará tan bien aprovisionado como es posible contra todas las hambrunas, salvo las más extremas que puedan concebirse. ¿Y si la ballena ha llegado ella sola hasta la orilla, por así decirlo; esto es, si los caprichos del destino han hecho que esté disponible sin ningún esfuerzo de quienes ahora podrán beneficiarse de ella, sin necesidad de hacer nada para aprovecharla; sin la menor comprensión de la conjunción milagrosa de fuerzas inconcebibles que deben de haber tenido lugar para que esa criatura llegara a existir y se presentara ella sola para su consumo? Que exista esa posibilidad —o, de hecho, esa realidad última— es exactamente lo que Dios mismo intenta hacer entender a Job cuando este se ve tentado, por lo que parece ser una suerte bastante funesta, a cuestionarse lo adecuado del orden cósmico:

¿Pescarás tú al Leviatán con un anzuelo o sujetándole la lengua con una cuerda? ¿Le pondrás una soga en las narices? ¿Perforarás con un garfio su quijada? ¿Multiplicará ruegos él delante de ti? ¿Te hablará con palabras lisonjeras? ¿Hará un pacto contigo para que lo tomes por esclavo para siempre? ¿Jugarás con él como con un pájaro? ¿Lo atarás para tus niñas? ¿Harán banquete con él los compañeros? ¿Lo repartirán entre los mercaderes? ¿Cortarás tú con cuchillo su piel o con arpón de pescadores su cabeza? Pon tu mano sobre él: recordarás luego la lucha y no volverás a hacerlo. En cuanto a él, toda esperanza queda burlada, porque aun a su sola vista la gente se desmaya. Y nadie hay tan osado que lo despierte; ¿quién podrá permanecer delante de mí?

Job 41:1-10

Las sociedades insensatas (pensemos en Nínive) dan por sentadas sus tradiciones y sus recursos acumulados. Viven inconscientemente de las riquezas del pasado, consumiendo de manera narcisista y destructiva más de lo que ganan; llegan incluso a destruir el espíritu mismo cuya actividad dio origen a la riqueza de la que disfrutan. Podemos considerar que la riqueza que nos ofrecen el pasado y la naturaleza es algo a lo que tenemos derecho, o incluso que nos hemos ganado y nos corresponde, y actuar con despreocupación, sin darle importancia, despreciando nuestro derecho por nacimiento y su fuente: el privilegio. Eso es exactamente lo que se retrata en el *Enuma elish*, la cosmogonía de la antigua Mesopotamia: los despreocupados habitantes de la primera creación matan a su padre, Apsu, e intentan vivir sobre su cadáver, o dentro de él.[5] Algo parecido aparece en *Pinocho*, la película de Disney. A medio largometraje, Geppetto, el padre bondadoso del héroe marioneta, se encuentra atrapado en el vientre de una ballena sin que los creadores del filme aporten ninguna explicación real del trance en el que se halla —salvo, indirectamente, que el patriarca desesperado está dispuesto a buscar en todas partes a su hijo desaparecido—. La pérdida del hijo que sufre el padre carpintero es equivalente en significado a la pérdida que sufre Jonás de su voz viva, pues el hijo es, tradicionalmente, el agente activo del padre, sus ojos o su voz; el espíritu de lo que de otro modo podría convertirse en tradición inoperante o estática. La pérdida del hijo por parte del padre carpintero y su pena subsiguiente son representaciones del anhelo de Dios de una verdadera alianza o relación con el hombre. ¿Acaso no somos los cocreadores de ese reino y, quizá, del cielo mismo? Sin duda, el infierno podemos crearlo nosotros solos. ¿Qué seríamos capaces de hacer si, en cambio, nos alineáramos con lo más elevado que pudiéramos imaginar?

¿Acaso la travesía del (voluntariamente) inconsciente en el vientre de la ballena no indica que aquellos a quienes se han concedido unos beneficios culturales y naturales que no se han ganado ellos mismos pueden existir, ciega y neciamente, como consecuencia de esa prodigalidad, despojando de carne los cuerpos proporcionados, viviendo incluso dentro de sus confines protectores y abundantes: por así decirlo, en sus vientres? ¿No es eso lo mismo que una profunda ignorancia, ingratitud, arrogancia, inmadurez y ceguera voluntaria? ¿No es ese el mismo lugar que la tienda paterna en cuyo interior habitó Abraham durante tantas décadas de dependencia e infantilismo antes de embarcarse en la verdadera aventura de su vida? ¿Acaso eso no significa que, en las sociedades desarrolladas, e incluso en microsociedades de éxito (empresas y otras subculturas) es probable que la adquisición de la riqueza a lo largo del tiempo conlleve un hundimiento de los valores —la verdadera muerte de Dios— como consecuencia de la irresponsabilidad que esa riqueza permite, aunque sea temporal?

A su vez, ¿significa todo eso que los cuerpos sin vida de las ballenas, ya sean naturales o institucionales, se ven inevitablemente desbordados por los ciegos voluntarios, los dolorosamente inconscientes, los irremediablemente desagradecidos, los carroñeros devoradores que no producen nada, pero que pueden despojarlo todo hasta dejarlo en los huesos y que lo hacen llegando incluso, en su desesperación, a reducir a cenizas lo poco que queda? Así pues, ¿no ocurre (por expresarlo de una manera ligeramente distinta) que el depósito de riqueza bien representado por la idea del cuerpo de un cetáceo gigantesco es una incitación tanto para la inconsciencia del privilegio inmerecido como para la proliferación de los carroñeros, movidos por su propio narcisismo y por su psicopatía a no hacer más que despojar de su valor almacenado a esa carcasa? El peligro moral de la riqueza y del privilegio es un señuelo para el narcisismo hedonista inmaduro. Eso implica que las limitaciones de la pura necesidad natural también pueden considerarse reguladoras y saludables, por más terribles y potencialmente mortíferas que puedan ser. Los ricos tienen todo lo que necesitan, salvo privaciones. Peor aún: lo mismo puede decirse de sus hijos. Solo Dios sabe qué entraña esa amenaza en el ámbito existencial y social.

En todo esto también hay un significado más profundo: cuando la sabiduría del pasado se olvida o se traiciona (algo que equivale a la muerte de Dios), el valor perdido empieza a acechar, inconscientemente, en las instituciones y las tradiciones del pasado que perduran. Se trata de la regresión a lo implícito de lo que en otro tiempo fue explícito, o al menos más explícito. Es la transformación que tan bien se representa narrativamente en el descenso del padre al vientre de la ballena. También tiene implicaciones para el héroe, como se ve, asimismo, en la historia de Pinocho. El hijo extraviado, incluso pródigo, del padre ahora desaparecido bien puede verse llamado o impelido por la conciencia a viajar al abismo, a las entrañas del habitante más aterrador de las profundidades, para encontrar y rescatar al espíritu ahora implícito o inconsciente del patriarca. Estamos ante una analogía del descenso a los infiernos de Cristo:

> Pero a cada uno de nosotros fue dada la gracia conforme a la medida del don de Cristo. Por lo cual dice: «Subiendo a lo alto, llevó cautiva la cautividad y dio dones a los hombres». Y eso de que «subió», ¿qué es, sino que también había descendido primero a las partes más bajas de la tierra? El que descendió es el mismo que también subió por encima de todos los cielos para llenarlo todo.
>
> Efesios 4:7-10

Se trata, según la tradición, del rescate de Adán y Eva del abismo,[6] así como de una variante del tema primigenio y fundamental del dragón y su tesoro. Con respecto a esta equivalencia, tengamos presente que el monstruo de Pinocho se transforma, literalmente, en un dragón que escupe fuego por la boca cuando se manifiesta con su apariencia más peligrosa. Por cierto, que no es ese un truco fácil para un animal acuático, pero para el espectador de la historia mantiene todo el sentido. ¿Acaso no significa eso que el Dios que muere es, por necesidad, enterrado en el cadáver de una ballena, simbólicamente hablando? ¿Acaso no significa que el héroe que ahora busca corre el peligro de quedar atrapado, él también, hasta que reviva a su padre, liberando así tanto a Dios como al hombre? Todo esto también forma parte de encontrar lo que hay que encontrar más desesperadamente en el lugar más peligroso e improbable de todos. *In sterquiliniis invenitur*,[7] como decían los antiguos alquimistas: «En la mugre se hallará».

«Pero Jehová tenía dispuesto un gran pez para que se tragara a Jonás y Jonás estuvo en el vientre del pez tres días y tres noches» (Jonás 1:17). Esto es algo que proporciona exactamente la clase de detalle narrativo que los racionalistas reduccionistas citan cuando intentan demostrar la falta de veracidad que, según ellos, caracteriza los relatos bíblicos. Aunque sea técnicamente posible que una ballena lo bastante grande engulla a un hombre adulto, e incluso se lo trague, no existe espacio suficiente en el interior de esas criaturas (como en el caso del monstruo de *Pinocho*) que pueda ser habitado, aunque sea temporalmente, y mucho menos por un periodo de tres días. Es más, la idea de que alguien que mantiene una mala relación con Dios pueda ser desenmascarado a través de una partida de dados indica la clase de marco mental supersticioso que nosotros, en la época moderna, hemos superado, afortunadamente (o eso creemos, tan arrogantes, en tiempos de la nueva era). Así, es una necedad creer esas cosas cuando la claridad y la verdad objetiva de la racionalidad y la ciencia nos llaman para ser alternativas, o eso explican los argumentos de Marx, de Freud, de Darwin, al menos implícitamente; de Dawkins, de manera explícita. Lo que se dice es que la biblioteca arcaica en su totalidad debería ser, si no desechada del todo, sí relegada al ámbito que queda reservado a niños, adultos ingenuos y alumnos de mitologías anacrónicas (preferiblemente los que disponen de mucho tiempo libre) y sustituida. ¿Por qué otra cosa? Ahí está la cuestión: ¿por la insistencia de que el sexo (Freud, Darwin, Dawkins y, muchísimo peor, el marqués de Sade) o el poder (Nietzsche, Foucault) son los que dominan? ¿Por el espantoso y devorador nihilismo que Nietzsche, a pesar de todos sus defectos, tan bien predijo? ¿Por la madurez idiota propiciada por la madre edípica, devoradora? ¿Por los halagos falsos de los hedonistas, que veneran ese mismo sexo que se postula como fundamento y a la vez cúspide por aquellos que confunden el placer momentáneo, si bien altamente valioso, de la alcoba y del tocador con la continuidad de la especie?

La existencia de temas como el del cetáceo devorador de la

historia de Jonás pone las cosas difíciles a los científicos necios en exceso y demasiado pagados de sí mismos como para aprender nada de literatura y, de la misma manera, a esos creyentes que insisten en una literalidad ingenua. En todo caso, ese es un problema que no debería ni preocupar ni concernir a nadie que lleve a cabo una investigación seria sobre la significación narrativa, entre otras cosas porque quienes defienden esas cosas, por lo general, no entienden lo que quieren decir cuando recurren a un término como *literal*. Ellos quieren decir *verdadero* e identifican *verdadero* con *literal*, pero ello no indica gran cosa, más allá de una ingenuidad filosófica de las más profundas. La historia de Jonás es una advertencia: levanta tu maldita cruz y carga con ella o enfréntate a las consecuencias. ¿Y qué hay peor que la cruz? El infierno: el infierno para ti, para tus seres queridos y para todos los demás —y un infierno que está sobre ti, que has creado tú por permanecer en silencio cuando tienes algo que decir; por salir corriendo o huir a la inconsciencia cuando la voz de Dios, como ineluctable llamada de la conciencia, se da a conocer—. Coge el infierno de creación humana y levántalo también. Cuando se te pida que digas la verdad para poder crear, mantener o reconstituir el orden que es bueno y tú rechazas la llamada, invitas a jugar al mismo demonio. Realmente. Verdaderamente. ¿O es que no hemos aprendido nada de las grandes catástrofes morales del siglo XX? La respuesta es que muy poco.

Y cuidémonos mucho de dar por sentado que, en la situación a la que se enfrenta Jonás, nosotros habríamos actuado de otro modo. Jonás es el hombre normal y corriente..., incluso mejor que la mayoría. A la hora de la verdad, después de todo, ese profeta reacio tuvo al menos la decencia de admitir su error para salvar a aquellos que viajaban con él. ¿Qué nos asegura a nosotros que haríamos lo mismo? ¿Qué nos lleva a estar tan seguros de que el silencio que casi inevitablemente mantenemos ahora en nuestras vidas sobre cosas de vital importancia —de importancia para nosotros, según nuestros propios baremos— no nos está condenando a nosotros y a nuestros seres queridos a la perdición absoluta? ¿Cómo creemos que se asientan los Estados totalitarios? No es la obediencia de los gloriosos aspirantes a hombres libres al único tirano dominante la que crea el Estado totalitario. Es la lealtad de todas las almas condenadas al dominio de la mentira —y el silencio— cuando hay una verdad que decir, es la mentira más sutil y quizá, incluso, la más inexcusable. Como hemos aprendido de Solzhenitsin,[8] todos, en una tiranía, mienten sobre absolutamente todo, a ellos mismos y a todos aquellos a los que dicen querer, constantemente. Es el clásico chiste soviético: «Nosotros hacemos ver que trabajamos y ellos hacen ver que nos pagan». Y vale la pena reflexionar un poco sobre quién formularía y contaría un chiste así el resto de su vida. *Arbeit macht frei*. Destrucción Mutua Asegurada (MAD). El propio Satanás es un payaso maligno, dirigente de la parodia amarga de la creación de Dios que surge inevitablemente cuando quienes saben algo se muerden la lengua o se la entregan por completo al mismísimo gran impostor.

Rara es la persona, ciertamente, que cuando llega la hora de la verdad no esconde la cabeza debajo del ala. ¿Somos todo lo que podríamos ser? ¿O hemos escondido la vela debajo de una vasija y, por tanto, nos hemos negado a iluminar el mundo (Mateo 14-15)? ¿No es el mundo, por tanto, un lugar marcadamente menor por nuestra reticencia y nuestra negativa? ¿Cuánta mella ha hecho en el mundo nuestro fracaso a la hora de materializar lo mejor que tenemos dentro? ¿Y cuánto cuesta esa mella, esa herida, incluso; esa herida abierta, incluso, porque así es sin duda como nosotros y los que nos rodean experimentamos las consecuencias, incluso si esa experiencia se ha mantenido inconsciente de las mismas puertas del infierno? El que se muestra dispuesto a dar expresión a la conciencia —el profeta del Antiguo Testamento— es la excepción, no la norma. Él es el que está dispuesto a decir «pase lo que pase» y «que se haga la terrible voluntad de Dios»; el que sabe que, por más terrible que sea esa voluntad (y estamos ante una advertencia muy seria, mortífera), la alternativa puede ser y ha sido casi inimaginablemente peor; el que con pocas palabras dice lo que habría podido salvar incluso a Sodoma y Gomorra (Génesis 18-19).

¿Qué es lo que sabemos sobre cómo deben ser las cosas que permita a nuestras predicciones una certeza que está por encima de las consecuencias de la verdad? ¿Por qué estamos tan convencidos de que nuestro deseo, nuestra voluntad y nuestro capricho deben anteponerse a lo que simplemente queda en evidencia, con una fuerza definitiva, irresistible, cuando se dice la verdad? También se dan consecuencias que ensordecen el alma, además de resultar mortales en la práctica, por el hecho de ocultarnos la luz a nosotros mismos y a nuestros congéneres; por el hecho de rechazar la llamada del destino, por insignificante que pueda parecer en un principio; por el hecho de fingir que somos menos buenos (o menos malos) de lo que en realidad somos. ¿Cómo llegaron al poder los nazis? Por el silencio de los «buenos». ¿Cómo consiguieron los soviéticos mantenerse en el poder durante siete décadas? Por el silencio de los «buenos». ¿Cómo pudieron los monstruos brutales de la China maoísta asesinar a decenas de millones con alegre impunidad? Por el silencio de los «buenos». Mosquitas muertas que no habían roto nunca un plato.

Si ignoramos nuestra conciencia, nos exponemos al infierno. Realmente. Verdaderamente.

Como suele decirse: «Si llevamos a cabo lo que tenemos dentro, lo que llevamos a cabo nos salvará. Si no llevamos a cabo lo que tenemos dentro, lo que no llevamos a cabo nos destruirá».[9] ¿Acaso no es así como Dios equilibra el cosmos moralmente? También se dice: «Porque a todo aquel a quien se haya dado mucho, mucho se le demandará, y al que mucho se le haya confiado, más se le pedirá» (Lucas 12:48). Además, aparece una horrible amenaza al principio de ese pasaje de Lucas: «Pero el que sin conocerlas hizo cosas dignas de azotes, será azotado poco». Azotado con látigo, se entiende, que suele considerarse el látigo del destino. Esa afirmación significa que si nos equivocamos, pero verdaderamente no sabíamos más, seremos castigados comparativamente poco por la falta. De esa manera, la providencia de Dios protege a los inocentes, incluso a los ingenuos. Pero ese acto de misericordia no se reserva a quienes, a sabiendas, pecan, tanto por acción como por omisión. Si obramos mal a pesar de nuestros verdaderos conocimientos, seremos castigados no solo por las consecuencias de ese error, sino también por el crimen mucho mayor de traicionarnos a nosotros mismos y, peor aún, de traicionar a lo que sirve eternamente como guía verdadero. ¿Y cómo va a encontrarnos alguna vez, si nos alejamos voluntariamente de ello y, por tanto, nos perdemos?

Arrojado al infierno, Jonás se arrepiente, levanta la mirada una vez más sobre el horizonte, se orienta a partir del eje de la escalera de Jacob, pone la cabeza en las estrellas, hace acopio de su fe desde dentro del abismo. La fe es el coraje de ser en lugar de no ser, a pesar de la catástrofe de la existencia. La fe es el coraje que decide mantener la meta recia y ascendente en lo bueno, incluso en medio del infierno —«mas aún veré tu santo templo»—:

> Entonces oró Jonás a Jehová, su Dios, desde el vientre del pez y dijo: «Invoqué en mi angustia a Jehová y Él me oyó; desde el seno del Seol clamé y mi voz oíste. Me echaste a lo profundo, en medio de los mares; me envolvió la corriente. Todas tus ondas y tus olas pasaron sobre mí. Entonces dije: "Desechado soy de delante de tus ojos, mas aún veré tu santo templo". Las aguas me envolvieron hasta el alma, me cercó el abismo, el alga se enredó en mi cabeza. Descendí a los cimientos de los montes. La tierra echó sus cerrojos sobre mí para siempre; mas tú sacaste mi vida de la sepultura, Jehová, Dios mío. Cuando mi alma desfallecía en mí, me acordé de Jehová y mi oración llegó hasta ti, hasta tu santo templo. Los que siguen vanidades ilusorias, su fidelidad abandonan».
>
> Jonás 2:1-8

Ciertamente, «los que siguen vanidades ilusorias, su fidelidad abandonan». ¿Se tragó realmente la ballena a Jonás? ¿No son solo los ingenuos incorregibles los que creen en esas cosas? Quizá sí, en la medida en que una *creencia* puede ser la fe infantil en lo genuino y no tanto la existencia metafórica de Papá Noel, pero incluso entonces el deseo de mantener esa creencia es comprensible y hasta admirable, en tanto en cuanto forma parte de un intento sincero de mantener la creencia fundacional o aspiracional que caracteriza nada menos que la civilización judeocristiana misma.

Es más, aquellos lo bastante temerarios como para suponer que su actitud de duda hipotéticamente ilustrada es la respuesta justa y admirable al más profundo de todos los cuentos de hadas manifiestan una ingenuidad de igual profundidad, una ingenuidad combinada con superioridad moral y con culto a un intelecto ilimitado que la convierte en algo arrogante y perverso. Esa combinación de falta de discernimiento en el ámbito literario y arrogancia intelectual es algo más que capaz de congregar las fuerzas del abismo en torno a sí, pues todos aquellos «que tengan oídos para oír» (Mateo 11:15) deberían ahora ser capaces de percibir. Son los falsos sabios los que confunden su incapacidad y falta de disposición para separar el grano de la paja en relación con esas historias antiguas con una iluminación sincera, incluso científica. Son enanos morales armados con bombas de hidrógeno. La ballena siempre, inevitablemente, cierra las fauces sobre los Jonases que han decidido permanecer en silencio y los arrastra al más temible de los inframundos. Y la mayoría de ellos permanece ahí, en el vientre de la bestia, después de haber arrastrado consigo a sus seres queridos. Y esa es la lección del siglo xx. ¿La hemos aprendido, o nos aguarda un infierno más profundo?

Jonás consigue lo imposible. En las profundidades abisales, expresa su gratitud. Job, mucho después, hace lo mismo. Eso tampoco es ingenuidad. Es, sí, la valentía ensangrentada pero indoblegable de la fe misma, a pesar de los horrores del mundo. A causa de ello —en combinación con la gracia de Dios—, el profeta maldito regresa de las garras de la muerte y del inframundo:

Mas yo, con voz de alabanza, te ofreceré sacrificios; cumpliré lo que te prometí. ¡La salvación viene de Jehová! Entonces Jehová dio orden al pez, el cual vomitó a Jonás en tierra.

Jonás 2:9-10*

Después de ese descenso y de su resurrección, Jonás deja atrás al demonio, igual que hace Cristo tras cuarenta noches y cuarenta días en el desierto, y avanza hacia Nínive con la verdad agolpándose en su interior y derramándose. Se ha convertido en el hombre que buscaba y que encontró la luz en las tinieblas. Se ha convertido en el hombre que ha aprendido profundamente qué temer y qué no temer: el profundo mar azul, el infierno y Dios mismo, y no su propia comodidad, y no a sus congéneres. Ha aprendido a no buscar la seguridad de su propio cuerpo ni la saciedad de sus deseos y a buscar, en cambio, la salvación de su propia alma. Se ha convertido en el hombre cuya profundidad de sufrimiento ha vuelto irresistible su palabra, incluso para aquellos que pecan profundamente:

Jehová se dirigió por segunda vez a Jonás y le dijo: «Levántate y ve a Nínive, aquella gran ciudad, y proclama en ella el mensaje que yo te diré». Jonás se levantó y fue a Nínive, conforme a la palabra de Jehová. Nínive era una ciudad tan grande, tanto que eran necesarios tres días para recorrerla. Comenzó Jonás a adentrarse en la ciudad y caminó todo un día predicando y diciendo: «¡Dentro de cuarenta días Nínive será destruida!». Los hombres de Nínive creyeron a Dios, proclamaron ayuno y, desde el mayor hasta el más pequeño, se vistieron con ropas ásperas. Cuando la noticia llegó al rey de Nínive, este se levantó de su silla, se despojó de su vestido, se cubrió con ropas ásperas y se sentó sobre ceniza. Luego hizo anunciar en Nínive, por mandato del rey y de

---

* Estos versículos de Jonás 2:1-10 corresponden al 2:2-11 en el texto hebreo y en la versión de la Conferencia Episcopal Española (*N. del t.*).

sus grandes, una proclama que decía: «Hombres y animales, bueyes y ovejas, no prueben cosa alguna; no se les dé alimento ni beban agua, sino cúbranse hombres y animales con ropas ásperas y clamen a Dios con fuerza. Que cada uno se convierta de su mal camino y de la violencia que hay en sus manos. ¡Quizá Dios se detenga y se arrepienta, se calme el ardor de su ira y no perezcamos!». Vio Dios lo que hicieron, que se convirtieron de su mal camino, y se arrepintió del mal que había anunciado hacerles y no lo hizo.

Jonás 3:1-10

La Palabra del Uno redime eternamente a los muchos. La verdad que se revela en el alma del hombre debe hallar expresión en el mundo para que el paraíso se revele; o, al menos, para que el infierno y su señor se mantengan a raya. Dios está eternamente dispuesto a demostrar su misericordia a quienes se arrepienten, a pesar de sus pecados pasados —a pesar, incluso, de su animadversión por el propio pueblo escogido por Dios, el pueblo judío—. Dios perdona y envaina su espada, pero el hombre no lo hace. Así, Jonás se siente indignado al ver que sus enemigos se han librado de la ira divina que, según él, debería recaer sobre ellos. Le dice a Dios que él huyó a Tarsis, al principio, cuando fue llamado a hablar, sobre todo porque sospechaba que si lo hacía, a aquellos a quienes deseaba el peor mal se les presentaría la ocasión de arrepentirse y sobrevivir. Así, el relato nos cuenta que quienes permanecen en silencio también pueden hacerlo porque su revelación de la verdad podría librar del sufrimiento incluso a sus enemigos, un resultado inaceptable para quienes aún no han aprendido a amar a sus enemigos o a renunciar a su deseo de venganza.

9.1. Jonás se arrepiente de su virtud

Así pues, Jonás ha hecho una muy buena obra. Pero no se perdona tan fácilmente a sí mismo por el tremendo crimen de redimir a sus enemigos y actúa y habla de un modo que indica que no está para nada contento con Dios por habérselo exigido. De hecho, se siente tan disgustado por el éxito de su empresa que le pide a Dios que ponga fin a su existencia: «Ahora, pues, Jehová, te ruego que me quites la vida, porque mejor me es la muerte que la vida» (Jonás 4:3). Deberíamos, una vez más, guardarnos de imaginarnos a nosotros mismos mejores que el profeta ahora disgustado. ¿Quién renunciaría voluntariamente a las delicias de sentirse moralmente superior ante sus enemigos? Quizá hasta merece la pena la molestia de ser odiado para poder sostener ese placer. Resulta muy difícil realizar los sacrificios necesarios para ser buena persona —permitir que arda toda la madera muerta y los detritos—, mientras que resulta muy fácil ver a los demás (sobre todo si son extranjeros) con desprecio, emoción que, entre sus ventajas, tiene la de implicar claramente que el objeto del desprecio y blanco del desagrado es inferior, o incluso infrahumano. ¿Es más fácil rebajar a los demás o esforzarse uno en el camino auténticamente ascendente? La respuesta es obvia, al menos a corto plazo.

Es realmente probable que Jonás se sienta como un traidor, pues las gentes de Nínive son los verdaderos enemigos de los israelitas; de los adoradores de Jehová. Además, en el texto aparece más de una pista que indica que el hombre al que Dios llama para que salve la ciudad perdida es bastante misántropo. Adán se niega a caminar con Dios en el jardín, después de la caída, porque se da cuenta de que está desnudo; porque llega a creer, conscientemente, que la insuficiencia, la debilidad y la vulnerabilidad lo definen. ¿Cómo puede una criatura tan afligida conservar el más mínimo respeto por sí misma? Ese desprecio de sí mismo lo extiende también a Eva y maldice a Dios por haberla creado. Un hombre que no se tiene en gran estima a sí mismo, y aún menos a las mujeres, no va a ser amigo de la humanidad como tal y el orgullo que llevó a Adán a comer la fruta que le ofreció Eva es la misma tentación que lo coloca en la posición del juez que ve las carencias del hombre como tal. Se trata de la misma actitud que lleva a Caín a achacar a Dios las imperfecciones del orden moral, que es la supuesta causa de su sufrimiento; la misma actitud que rechaza Job, que en su caso decide mantener la fe en la creación y en el Creador, a pesar del aparente sufrimiento injusto que recae sobre él.

Jonás no cree, en consonancia con esta actitud de desprecio por lo humano (sobre todo cuando yerra), que los habitantes de Nínive merezcan la salvación y la historia exageradamente extraña y misteriosa añadida al final del relato deja bastante claro el hecho de que esa actitud se asocia con un desprecio contraproducente y un orden moral defectuoso. Dios reprende a su profeta: «¿Haces bien en enojarte tanto?» (Jonás 4:4); pero el receptor de la pregunta no entiende la indirecta ni depone su resentimiento y sus deseos de venganza. El Señor mismo se muestra complacido de que los habitantes de la ciudad maldita hayan abandonado sus malos hábitos, a diferencia de los habitantes de Sodoma, Gomorra y Egipto, altivos y finalmente autodestructivos. Parece esforzarse con diligencia por separar el verdadero grano de la paja, de manera que todo lo que tenga un valor genuino (así sea pequeño) pueda llegar hasta él.

Pero Jonás, menos paciente y menos misericordioso que el Dios que lo ha llamado, abandona la ciudad apresuradamente y se instala en una pequeña cabaña enramada, a las afueras, con la esperanza de que alguna catástrofe pueda abatir a esos a los que aún odia y a la espera de que llegue ese día glorioso. Dios dispone una calabacera para que su sombra lo proteja del inclemente sol, una *elkeroa*, habitual en las regiones arenosas de Palestina, que alcanza una «altura considerable» en apenas unos días,[10] aunque basta decir que era frondosa y de hojas lo bastante grandes como para dar un respiro a aquellos que se refugiaban bajo sus ramas. Jonás «se alegró mucho» por esa sombra (Jonás 4:6) —agradecido, así, por el hecho de la planta y de su protección—. Pero Dios se saca otro as de la manga, con la esperanza de hacer avanzar más a su seguidor aún perdido y agraviado hacia la sabiduría generosa:

Pero, al amanecer del día siguiente, Dios dispuso que un gusano dañara la calabacera y esta se secó. Y aconteció que, al salir el sol, envió Dios un fuerte viento del este. El sol hirió a Jonás en la cabeza y sintió que se desmayaba. Entonces, deseando la muerte, decía: «Mejor sería para mí la muerte que la vida». Pero Dios dijo a Jonás: «¿Tanto te enojas por la calabacera?». «Mucho me enojo, hasta la muerte», respondió él.

Jonás 4:7-9

Jonás está justamente agradecido por los beneficios que le ofrece el arbusto que le proporciona sombra y que crece con tanta celeridad y tan propicio, pero todavía no ha puesto sus valores en el orden adecuado, de ninguna manera. Se alegra de que la naturaleza provea, celebra la naturaleza, incluso la venera, en la práctica, al tiempo que llora su destrucción con una intensidad casi suicida. Se alegra del respiro que le ofrece la naturaleza, agradece esa misericordia y esos cuidados, pero sigue enfadado con el Dios de las alturas por el respiro mucho mayor, la misericordia y los cuidados que ha ofrecido a los habitantes de Nínive. Así pues, Jonás revela que aprecia mucho más la naturaleza que al hombre y los hombres por los que siente animadversión siguen siendo hombres, a pesar de sus transgresiones, y deben ser valorados por un agente moral justamente orientado, mucho más que las meras manifestaciones del mundo natural. Así, Jonás reemplaza la verdadera moral que lo llevaría a amar incluso a sus enemigos por una meta falsa y con un engreimiento que lo convierte en aliado interesado del bosque y del árbol.

De ese modo, en este relato sobre la conciencia y su llamada hay engarzada otra seria advertencia, una advertencia contra la veneración interesada de la naturaleza que disfraza un odio profundo a la humanidad. Se trata de una regresión a la misma idolatría contra la que Elías advirtió y guerreó. Jonás está muy agradecido al árbol que crece para proporcionarle sombra y se disgusta cuando muere porque lo considera una transgresión moral. Dios lo reprende, y con razón, por valorar de ese modo algo que ni se ha molestado en producir y sobre lo que no tiene ningún derecho, y que además es efímero y, en esencia, insignificante: «Entonces Jehová le dijo: "Tú tienes lástima de una calabacera en la que no trabajaste ni a la cual has hecho crecer, que en espacio de una noche nació y en espacio de otra noche pereció» (Jonás 4:10). No hay «recursos naturales» —no hay «medioambiente», por más que se diga; no hay un interés intrínseco «del planeta»— cuyo valor exceda el valor de la humanidad o, quizá, de cualquier hombre o mujer individuales.

Así pues, cuando la naturaleza es elevada por encima del hombre, la verdadera razón es el orgullo de la persona que interviene en esa elevación, que se erige en juez eterno de la humanidad y la considerara eternamente deficiente. Eso no es una verdadera celebración del mundo natural, sino una denigración corrompida y asombrosamente interesada de lo que se considera la más alta creación de Dios: «Me arrogo a mí mismo el derecho de ser el juez de toda la humanidad y, junto con ella, del espíritu que le dio vida». Así pues, en juez del propio Dios. Esa autoelevación engreída y usurpadora viene acompañada de una crueldad y un sadismo inevitables y que sin duda van a revestirse de moralidad: después de todo, si la naturaleza es más que el hombre, entonces cualquier aspecto de la naturaleza podrá considerarse en cualquier momento más valioso que cualquier hombre. Si cualquier hombre no es más que una rata o un insecto, cualquier cosa que pueda ocurrirle a una rata o a un insecto —o incluso a un árbol, un arbusto o una hierba— puede, con más motivo, ocurrirle al hombre en general o a cualquier hombre en particular.

Se trata de una actitud que solo puede acabar en desastre y que además apunta hacia ese mismo desastre desde el principio, por más que se discrepe de ello. Colocar el mundo natural por encima de la humanidad en la jerarquía del valor último es regresar al culto de Baal, al uso de la conceptualización arcaica, con el riesgo de las terribles consecuencias que ello conlleva. Elevar de ese modo la naturaleza es, a la vez, denigrar tanto a Dios, que se alza fuera de la naturaleza, como a la humanidad misma. ¿Cómo no va a aparecer el infierno, y a vencer, cuando se pone la carreta delante de los bueyes? Así pues, Dios se opone, y con todo el derecho. Su valoración de los habitantes de Nínive, a pesar de sus pecados, es de un valor moral muy superior que el compromiso interesado de Jonás con la calabacera; con el mundo natural y su capacidad de guarecer y proveer. «¿Y no tendré yo piedad de Nínive, aquella gran ciudad donde hay más de ciento veinte mil personas que no saben discernir entre su mano derecha y su mano izquierda, y muchos animales?» (Jonás 4:11).

Así termina la gran historia del profeta reacio y con defectos, Jonás, tan misteriosamente tragado por la ballena. ¿Qué es entonces lo que debemos concluir en el momento de terminar el último relato de esta muestra de historias antiguas que sirven de fundamento a nuestra cultura y que hemos sometido a consideración? Que, como en el caso de Elías, Dios está bien caracterizado como consciencia, aunque no solo como consciencia; que el individuo que se niega a hablar cuando lo divino llama a su puerta —tanto si se concibe en el sentido materialista, como instinto, o en el religioso, como la dirección misma del cielo— se condena y condena a su cultura a un destino que es peor que la muerte; que incluso después de ese silencio cobarde, y en el propio pozo del infierno, aún puede ganarse la redención y restablecerse la integridad si existe la voluntad de hacerlo; que no hay diferencia entre el silencio del bueno y la victoria del autoritario y del malo; que incluso la ciudad de los enemigos puede salvarla un individuo dispuesto a pronunciar las puras verdades cuya ausencia engendra el apocalipsis mismo; que el profeta que redime puede caer presa de su deseo de castigo vengativo, incluso después de haber tenido éxito como redentor; y que el amor por el hombre, incluso como ser caído, es una virtud moral superior que la adoración de las provisiones generosas, necesarias y abundantes del mundo natural.

Dicho en pocas palabras, no existe diferencia real entre el silencio de los buenos y la victoria de los malos. Es mucho lo que puede aprenderse de una sola historia; es mucho lo que se concentra en tan poco espacio; es mucho lo que hay que digerir en tan poco tiempo. Pero todos los libros por los que nos hemos paseado y que hemos sometido a consideración presentan esa naturaleza, ese destilado intenso, esos golpes continuos de sabiduría redentora, esas profundas y vitales dramatizaciones de Dios, del hombre y de la mujer. De la creación misma, de Adán y Eva, de Noé y de la torre de Babel, de la aventura de Abraham y de la de Moisés, del descenso y ascenso del profeta reticente, Jonás: estos son los relatos que estructuran nuestra percepción misma, que otorgan el peso adecuado a nuestras aprehensiones, que proporcionan el lugar donde ubicar nuestra experiencia, que nos permiten equilibrar la sabiduría de la tradición —que es la auténtica estaca clavada en el suelo en torno a la cual todo gira— con la experiencia viva del presente. La historia del hombre, de la mujer y de Dios no es una historia de poder ni de placer, sino la secuencia sacrificial de transformación que nos eleva, que aúna el ahora con el antes y al individuo con la comunidad... La historia misma que se desarrolla, a su manera profundamente poliédrica, a medida que se despliega la biblioteca bíblica. Es la historia que deben contarnos para que estemos cuerdos; que ahora debemos llegar a entender, explícitamente, para avanzar a medida que la velocidad del mundo aumenta tan exponencialmente; que la consciencia nos convoca y nos lleva a personificar y encarnar, para poder convertirnos, una vez más, en los habitantes del jardín del Edén y jugar para siempre en el reino de Dios.

Conclusión

Como hemos visto, el mundo es mucho más que un mero conjunto de hechos. Concuerda con ello la observación de que no hay un camino evidente por sí mismo, simple y directo, entre lo que es y lo que debería ser —entre el hecho y el acto—. Al final, el mundo tampoco es un lugar directamente determinista; ni un lugar en el que los átomos, de esencia marmórea, chocan unos contra otros produciendo la predecible cadena de acontecimientos que mueven, o que incluso constituyen, nuestros destinos. No: en todo momento, lo que experimentamos, aquello a lo que nos enfrentamos y con lo que luchamos, es un ámbito de inmensa posibilidad. Lo hacemos en nuestra potestad de verdaderas imágenes de Dios, semejantes al Logos, el espíritu creativo cuyas acciones dan lugar al cosmos mismo, con su bondad de orden. Y lo hacemos mientras nos movemos con lo divino sobre la faz de las aguas primigenias, insuflando realidad al ser al hablar. Ese espíritu de implicación creativa voluntaria es la primera caracterización de lo que justamente, en el corpus bíblico, se coloca en el lugar más elevado. Esto prepara el escenario para todo lo que sigue: para nuestra comprensión del espíritu y del relato que expone los incontables hechos de la realidad como algo limitado y que los convierte en el centro de atención y de acción de una manera que hace que el mundo sea habitable, acogedor, estable, oportuno y productivo.

Nuestro parentesco con el Logos conlleva una serie de responsabilidades: nombrar y someter adecuadamente; actuar como complemento o socio en ese proceso para administrar el jardín vallado que es el entorno eterno de hombre y mujer por igual, implicarse en el proceso de transformación sacrificial esforzada y ascendente que aúna lo humano y lo divino. Eso significa también cargar voluntariamente el mundo sobre nuestros hombros —prestar atención a la amenaza del caos, cuando esta surge; mantener a raya nuestra arrogancia tecnológica; asumir con valentía la aventura romántica de nuestras vidas; convertirnos en líderes de esclavos para alejarlos del tirano; y pronunciar las palabras que redimen, decírselas incluso a nuestros enemigos—. Y todo ello debemos hacerlo en consonancia con el orden moral intrínseco, cuyo espíritu es de Dios, cuyos resultados están escritos en el gran libro del orden celestial, captados en el texto bíblico y grabados en el alma humana.

Sin embargo, Adán y Eva se ven tentados, desean llegar a ser como dioses, se arrogan el derecho a comer del fruto prohibido y al hacerlo dan entrada a la influencia del gran usurpador; el reptil que es a la vez serpiente en la hierba y espíritu arrogante de Lucifer, el ángel más elevado del reino de los cielos de Dios, que se ha descarriado estrepitosamente. Eva da por sentado el derecho y la capacidad de llevarse al pecho incluso lo que es realmente venenoso. Esa es la patología de la compasión, ampliada más allá de su campo, la madre devoradora, de la que advierten el mito y el psicoanálisis por igual; la bruja de la casita de caramelo, que es el lugar de la seguridad deliciosa, demasiado buena para ser verdad, y que es verdadero hogar del enemigo del espíritu del Hijo del Hombre: «No hay límite para mi amor (mírame, mírame)». La compañera de Adán, tentada por su meta ascendente patológica, convoca a su pareja para que asimile lo incomestible y dé la bienvenida al traidor y al usurpador, reconfigurando, al hacerlo, el orden cósmico.

Adán, siempre dispuesto a esforzarse falsamente para impresionar a su pareja, acepta hacerlo, aunque cobardemente.

¿Cuáles son sus maneras eternas de racionalizarlo? «Por supuesto que puedo hacerlo; mi competencia no tiene límites; por ti, cualquier cosa, querida (nada escapa de mi alcance); es más fácil seguir la corriente que oponerse o negociar; soy verdaderamente tu amiguito inofensivo»; y acepta hacerlo. Tanto el hombre como la mujer caen como consecuencia de su orgullo, ambos del modo que caracteriza la tentación específica para cada sexo; ambos manifestando la inversión de su propia fuerza, única y fundamental. En el caso de la mujer, se trata de la capacidad de cuidar y alimentar, su gran vocación por las personas. En el caso del hombre, se trata de la pasión por entender y dominar las cosas del mundo.[1]

Por tanto, ambos descienden a una autoconsciencia amarga de la desnudez y del alejamiento de Dios, junto al que ahora les acobarda caminar. Es más, el mundo se convierte en un lugar caído después de que se extravíe la meta de la madre y el padre arquetípicos de la humanidad. Condenada a trabajar duramente, la primera pareja se encuentra fuera del jardín celestial, enfrentada al temible querubín que custodia sus puertas, acompañado de la espada encendida que gira en todas las direcciones y que arde. ¿Qué indica eso? Que nada que sea imperfecto puede acceder al paraíso y que para los pecadores el proceso de discriminación —el Logos— que cierra el paso puede parecerse al infierno.

Ahí es donde empieza la historia profana. Caín y Abel, los dos primeros hijos de los padres primigenios, también son los dos primeros habitantes del mundo en que ahora habitamos que han nacido de manera natural. Como tales, encarnan y representan dos modos arquetípicos y fundamentalmente opuestos de ser y devenir, que marcan o constituyen el patrón de toda obra humana; que definen todos los modos de sacrificio del presente en aras del futuro y del capricho individual en aras de la armonía comunitaria y la productividad (o lo contrario) que definen a la persona o al Estado bien constituidos. Abel ofrece lo que es de la más alta calidad, sin quedarse nada para sí. Acepta la responsabilidad que también es aventura y sentido y esta lo transforma a medida que madura y crece. En cambio, Caín no lo da todo. Ofrece lo menos bueno, entierra sus talentos y oculta su luz bajo una vasija. Por tanto, queda bajo el influjo del espíritu de la manipulación y del engaño. Todo el que toma el camino fácil acaba por mentirse a sí mismo sobre quién es, sobre lo que hace y por qué lo hace, intentando, al hacerlo, confundir al propio Dios. Pero la vida es un juego difícil. El precio pagado es la muerte y la posibilidad del infierno y cualquier jugador que no lleva lo mejor a la mesa de juego no tendrá éxito. La vida que podría ser paradisíaca es una recompensa ofrecida solo a quienes voluntariamente, incluso con agradecimiento, llevan la más pesada de todas las cargas posibles; que llevan sobre sus hombros, incluso, los pecados del mundo. Abel lucha con el potencial que podría ser el Edén si su meta es lo suficientemente ascendente, si enfoca bien su atención y si sus sacrificios son de la calidad más alta. En consecuencia, Dios respeta su ofrenda.

Caín, en cambio, opta por la senda ancha y cómoda y al hacerlo planea beneficiarse falsamente y escapar de las consecuencias inevitables de sus fallos sacramentales. Mientras camina por ella, se encuentra a la misma tentadora cuyas lisonjas causaron la caída de sus padres e iniciaron el alba del mundo caído. Lo que sigue no es más que desgracia. En lugar de tomar nota de su fracaso, confesando sus pecados, arrepintiéndose y expiándolos, Caín decide reprender al mismo Dios por la ineptitud del mundo, señalando, resentido, el insoportable éxito de su hermano, insinuando y acusando, proclamando ante sí mismo y ante Dios que el orden cósmico es defectuoso y que el espíritu que lo originó es injusto. ¿Cuáles son las evidencias? Su propio fracaso. Dios no está dispuesto a aceptar nada de todo eso. Informa a su nieto descarriado, de manera inequívoca, que ha abierto la puerta del pecado, que se encuentra en pleno sufrimiento y aislamiento autoinducidos y que ha invitado al temible espíritu sentado en el umbral para darle su merecido. Las amargas reflexiones de Caín sobre su suerte no son más que el matrimonio consumado entre el hombre y el espíritu que odia y envidia, y que gobierna el infierno.

Indignado, el hermano que se niega a admitir su propio error conspira contra Abel y lo asesina. A Abel, que es también su propio ideal, entre otras cosas para mortificar al Dios que ha rechazado ofrendas de segunda categoría y que después ha osado reprenderlo. Ello lleva al castigo que es más de lo que Caín puede soportar y la condena a vagar eternamente en el desierto solitario de la inconsciencia y la oscuridad. El problema no acaba aquí. El espíritu de Caín reaparece en sus descendientes, condenados a convertirse en adoradores insensatos de la tecnología, en lugar de avatares de la moral que orienta justamente el mundo, cada vez más agentes genocidas de la venganza cuyas acciones amenazan el orden que es bondadoso. Poco después de esa degeneración de las generaciones llega el cataclismo del diluvio y la construcción de la torre de Babel. Se trata del regreso del dominio de Leviatán y Behemot; la aparición, primero, de la confusión y del caos, y después del orden patológico, presuntuoso y mal alineado. Ni el propio Lucifer podría haberlo hecho peor y precisamente de eso se trata.

Dios se manifiesta en Noé, el señor del diluvio, como personaje aún plenamente no revelado, pero al menos como el impulso, la voz o el espíritu que les llega a aquellos que han mantenido los ojos abiertos y se han preparado adecuadamente para la llamada. Siendo, como es, un hombre bueno —sometido, por supuesto, a las limitaciones de su época y su lugar—, Noé puede confiar en sí mismo y en Dios y por tanto tiene fe en sus intuiciones, que derivan de una conducta confiada y que guían y motivan la acción sincera. Intuyendo que se va a desatar el infierno, comprendiendo que Dios está descontento y que es imposible burlarse de Él, el profeta y salvador construye el arca. Se trata de una embarcación que representa la psique fortalecida por la integridad, el matrimonio que está comprometido, la familia que vive junta, la comunidad construida sobre unos cimientos indestructibles y el Estado que es uno bajo el Dios de las alturas. Noé capitanea su barco a través de crisis y catástrofes, guiando a su familia, a su incipiente comunidad y al orden natural completo, cuya supervivencia, en realidad, depende de la integridad y la fiabilidad del alma humana. Al hacerlo así, salva y restablece el mundo. Sin embargo, la falta de gratitud resurge poco después en las acciones de su hijo Cam, que se ríe cuando quedan expuestos los defectos de su gran padre. Los descendientes de Cam son los cananeos, los eternos resentidos y fracasados, sentenciados por siempre a ser los siervos de los esclavos; condenados a ser sometidos por los seguidores devotos del único y verdadero Dios, entregados a estos.

Los ingenieros presuntuosos que son los nietos de Caín se empeñan entonces en construir la torre de Babel, monumento al orgullo y al enaltecimiento propio del tirano que desea ocupar el lugar de lo que es trascendentemente soberano. Pero los habitantes del Estado monstruoso no tardan en descubrir que son incapaces de comunicarse unos con otros. ¿Por qué? Cuando los correctos cimientos son destruidos con despreocupación; cuando el espíritu trascendente del empeño ascendente y de la verdad se olvida, todos se vuelven inexpresivos y todo se vuelve indefinido. Todos se esparcen, incapaces de cooperar y de competir en paz y armonía; incapaces de unirse en una sola dirección. El lenguaje —las palabras mismas del pensamiento y de la ofrenda fructífera mutua— pierde todo significado. Todo el mundo habla una lengua distinta. Cuando el eje central del mundo se suelta, la atención queda fatalmente dividida y fracturada, la ciudad se desintegra y regresa el caos precosmogónico.

Aun así, Dios le revela un aspecto diferente de su carácter a Abram, que posteriormente se llamará Abraham, el aventurero individual arquetípico. Abram empieza tarde, pero finalmente decide embarcarse en el viaje de su vida como consecuencia de la llamada a la conciencia que constituye la voz divina. Cuando escucha esa voz, decide construir su altar inicial para consagrar su vida a la senda ascendente y sacrificar lo que sea necesario en ese empeño. Eso es lo que todos nosotros seguimos haciendo siempre que juramos corregirnos, enderezarnos y poner en orden nuestras casas; cuando determinamos y decidimos mejorar en lugar de destruir nuestras vidas y las vidas de todos los que nos rodean. Apuntar hacia arriba, en la medida en que ese *arriba* pueda concebirse; abandonar todo lo que se interpone en ese camino a los fuegos de la perdición que constituyen la espada encendida; esa es la creencia en Dios a la que el espíritu discriminador de lo divino muestra el respeto debido a través de un sacrificio adecuado y aceptable. Ese es el camino que escoge Abram cuando se convierte, primero, en un sinvergüenza embustero, después en guerrero y aliado de reyes, después en viajero con los ángeles de Dios —o incluso con Dios mismo—. Ese verdadero seguidor de la llamada divina llega incluso a mostrarse dispuesto, a medida que su personaje se desarrolla, a ofrecer a su amado hijo, largamente prometido y esperado, al Dios al que ha jurado inquebrantable lealtad. ¿Qué podría señalar semejante ofrenda? *Que nada en absoluto, sea cual sea su valor, debe retenerse. Que todo, sobre todo lo más amado, debe sacrificarse a lo que es aún más elevado; y, en consecuencia, curiosamente, que todo lo que se ofrece de ese modo será retenido.*

Abram cambia tan por completo en el curso de su aventura, que se gana otro nombre. El Abraham en el que se convierte es el espíritu mismo del buen padre —y, por tanto, la copia exacta del aliento y el escarmiento divinos; la encarnación misma de la llamada y la conciencia—. Se trata del patrón abrahámico que convierte el arte de la reproducción no en mera unión sexual, sino en el establecimiento de la moral que recorre generaciones y mejor asegura la supervivencia de la familia y de la raza: que hace del verdadero hombre el padre de las naciones. Y eso no es todo: Abraham consigue todo ello mientras actúa de la manera productiva, hospitalaria, generosa y sacrificial que hace de esa manera de comportarse en el mundo una bendición para él, un medio para alcanzar una excelente reputación y un beneficio para todos los demás. Y además lo hace en compañía de su esposa, Sarai (que después se llamará Sara), que simultáneamente experimenta la revolución de la aventura romántica y se convierte en la verdadera esposa y madre del mundo. Esa alianza exitosa con Dios, sellada tanto por el hombre como por la mujer, indica nada menos que un alineamiento absoluto y definitivo entre el instinto que invita a todo niño a salir al mundo y el orden implícito de la sociedad, la naturaleza y lo divino. ¿Por qué habríamos de esperar menos? ¿Por qué habríamos de esperar algo que no fuera esa armonía fundamental entre el alma y el deseo humanos y el cosmos mismo? ¿Somos desconocidos en una tierra extraña, o los justos habitantes del jardín edénico? Incluso los biólogos ateos más reduccionistas y materialistas entienden que el hombre es, necesariamente, un microcosmos, un espejo de lo definitivo y lo absoluto.

Dios vuelve a ser otro personaje para Moisés y los israelitas. Es la llamada a ascender desde el cimiento mismo del mundo —la llamada que atrae a los dignos de salirse del camino trillado, a seguir su destino peligroso y a convertirse, como Abraham y Sara, en quienes realmente son—. El Dios del Éxodo, de Números y del Deuteronomio es el fenómeno centelleante e intensamente vivo cuya indagación produce la transformación de carácter más profunda; el impulso divino y la voz que impele al hombre a convertirse en el líder que eternamente se invita a sí mismo y a su pueblo a alejarse del tirano y a adentrarse en el desierto caótico hasta llegar a la tierra prometida. En este caso se trata del patrón arquetípico de nuestro empeño, de la motivación misma —de la historia de nuestra vida—[2] en su forma unificada y madura. Moisés también se enfrenta a su adversario; como Adán y Eva; como Abel. En parte, se trata del faraón, pero también, de manera más abstracta y fundamental, de la tentación del poder, siendo el faraón un mero avatar de ese espíritu atractivo. Moisés emplea la fuerza y la imposición allí donde bastaría con persuadir e invitar. Como consecuencia, la mano inapelable de Dios le impide entrar en la tierra prometida, a pesar de sus décadas de servicio leal. Esa caracterización de lo divino ridiculiza toda pretensión de que el Dios bíblico es un tirano.

Complejo, sí; poliédrico, sí. Dios, a fin de cuentas, desborda la comprensión humana, pero no es en absoluto amigo del tirano ni del aspirante a esclavo.

Nuestra exploración ha terminado con Jonás, el hombre que calla cuando el propio Dios le ordena que hable. Estamos ante un relato muy sutil y hay pocos, si es que hay alguno, que resuenen tanto en el mundo moderno. ¿Cuál es la enseñanza moral de la historia de Jonás? Que todo hombre es llamado a decir lo que tiene que decir, porque si no el mundo sufrirá la ausencia de esa verdad singular y única. Todo hombre que no ofrece lo mejor que tiene y que oculta su luz y su talento deja un vacío en el mundo que la ofrenda de su mejor parte habría llenado y esa carencia es atribuible a él. Que toda persona tiene la responsabilidad de mantener el buque del Estado a flote, de arrepentirse incluso en las profundidades del infierno y de viajar al lugar en que el destino intenta manifestarse. Todos sabemos, tras los horrores del siglo xx, que no hay diferencia entre el silencio mentiroso de quien es cobardemente bueno (pero ni de lejos lo bastante bueno) y la victoria de las fuerzas del abismo. Todos sabemos que hay algunos pecados que corrompen no solo el alma, sino el mundo, esos mismos crímenes contra la humanidad sobre cuya realidad trascendente insistieron los jueces de Núremberg tras los horrores del Holocausto.

Sencillamente, no existe nada más real que ese mal y que el bien que eternamente se le opone —y, por tanto, no hay nada más real que los gobernantes de esos respectivos dominios—. Eso lo sabemos. Dirigimos todo nuestro empeño literario a su representación. Necesitamos conocer la historia. Necesitamos aclararla. Necesitamos representarla. No se trata solo de pronunciar las palabras sagradas y convertir esa práctica en un espectáculo. Se trata de la voluntad de desnudarlo todo con la confianza que asegura una alianza voluntaria con Dios. Esa valentía para hablar es, a la vez, la disposición a convertirse en avatar del Logos divino, el Verbo que dio ser y da ser al cosmos bondadosamente ordenado mediante la Palabra, el espíritu que conquista el caos y el Estado tiránico, la voz del sabio consejo en tiempos de crisis, el proceso dinámico que conduce a los perdidos a través del erial del desierto. Es el reflejo de Dios y los cimientos de los derechos y las responsabilidades de hombres y mujeres, así como la presencia de la cúspide, siempre en retroceso, de toda la sucesión de cimas y valles desafiantes que conforman las oportunidades y las crisis —el tesoro y los dragones— de nuestro aventurarnos en el mundo.

Todas estas grandes historias, profundas, inalterablemente memorables, son caracterizaciones de Dios —e inevitablemente, de los hombres y las mujeres que viven en algún tipo de relación con ese Dios—. Es evidente que no son solo caracterizaciones de lo divino que existe. Tampoco son los únicos retratos o dramatizaciones de quienes se rigen por sus dictados, su espíritu o sus principios —o que no consiguen hacerlo—. Hemos visto someramente algunas de las alternativas destacadas, históricas y actuales, en el curso de nuestra investigación, al abordar el *Enuma elish* de Mesopotamia, que fue precursor, variante o paralelismo de los relatos más arcaicos de Dios en el Génesis y en otros textos, sobre todo en relación con su papel de vencedor sobre el gran dragón del caos; al abordar la gran historia de Osiris, Set, Isis y Horus, cuyas caracterizaciones dieron forma al Egipto en el que residieron los antiguos hebreos, primero como huéspedes, después como esclavos, y del que huyeron; y al analizar las sofisticadas concepciones taoístas del paisaje moral como la dinámica del yin y el yang, lo femenino y lo masculino o, con el mismo grado de profundidad pero más en general, el caos y el orden. Eso por no hablar de las otras muchas tradiciones tan bien investigadas e interpretadas por la escuela de Jung, Neumann y Eliade o, sin duda, presentadas y examinadas por las otras muchas historias que pueblan el Antiguo y el Nuevo Testamento. Otro libro sobre estas, con algunas incursiones más en aquellas, seguirá al presente volumen.

Esos relatos evangélicos y los textos que los acompañan mantienen, por supuesto, la caracterización de Dios bien iniciada en las obras más antiguas, describiendo su pleno descenso al mundo sufriente del hombre; describiendo la ofrenda abrahámica del Hijo de Dios, que también era Él mismo, para asegurar la redención, la salvación y la victoria sobre la muerte y el infierno, para llevar a la tierra la voluntad de Dios y el reino de los cielos. La vida y las palabras de Jesús dramatizan y describen exactamente el patrón de entrega ascendente de todo lo que es insuficiente en busca de la armonía perfecta que caracteriza el cielo que podría derramarse sobre la tierra si los hombres y las mujeres mantuvieran su alianza con lo divino, si hicieran realidad su verdadera naturaleza y asumieran la responsabilidad de caminar con Dios. Se trata del espíritu que se esfuerza por ascender, ejemplificado por todas las diversas caracterizaciones de Dios, que reflejan de la manera más profunda el monoteísmo unitario y definitivo —la unión de todo lo que está en la base o en el lugar más elevado y que parece fundamental para motivar por igual al hombre, a la mujer y al cosmos—.

En todas estas historias, en todos estos dramas, en todas estas descripciones de la meta —en todas estas caracterizaciones—, Dios se presenta como la unidad que existe en los cimientos o que se alza en la cúspide. En ausencia de esa unidad, o bien no hay nada que unifique o armonice —en cuyo caso se produce un deterioro que desemboca en la anarquía o el caos—, o bien se producen diversas sustituciones que descienden sin tardanza, infames, para usurpar y dominar: el espíritu de poder que caracteriza el reino luciferino y engendra la bestia escarlata del Estado degenerado. ¿Convierte eso en real lo divino? Se trata de una cuestión de definición, a fin de cuentas, y por tanto, de fe. Es real en tanto en cuanto ir en pos de ello hace que el dolor resulte soportable, mantiene a raya la ansiedad e inspira la esperanza que brota eterna en el pecho del ser humano. Es real en tanto en cuanto establece el orden cósmico benévolo e inteligible, ese lugar infinito de trabajo producto del pecado o de juego producto de la fe. Es tan real como la fuerza que se opone al orgullo y pone de rodillas a quienes realizan malos sacrificios. Es tan real como los límites más lejanos de la imaginación humana, siempre esforzándose por ascender.

Es más real que el infierno al que se opone. Es más real que toda esa certeza totalitaria y su oferta patológica de una vida libre de cargas y deberes y, por tanto, de aventura y de sentido. Es más real que el poder; más real que el impulso, el deseo o el capricho. Es tan real como la consciencia que combate con las posibilidades de la vida; tan real como la carga de la decisión que comprende todas las miradas, las voces y los pasos adelante. Es el ofrecimiento de redención y expiación a aquellos que están perdidos, el cimiento de los derechos que hacen de los países soberanos lugares que son tanto libres como deseables y el espíritu de toda relación voluntaria y productiva —con uno mismo, con el cónyuge, con el hijo, con los padres y hermanos, con amigos y conciudadanos—. Es tan real como la lucha con el destino que, necesariamente, caracteriza nuestras vidas, independientemente de cómo se desarrollen. No hay percepción, creencia ausente; no hay encuadre que proteja e inspire, creencia ausente; no hay resiliencia ni avance, no hay unidad de la psique ni de la sociedad, no hay fe ni esperanza ni coraje, creencia ausente.

Así pues, somos por necesidad los que luchamos con Dios. Si lo hacemos mientras alzamos la vista al cielo, podremos alinearnos con la realidad que es eterna y caminar con ese Dios al tiempo que cuidamos y cultivamos el jardín del paraíso. Si recorremos la senda sacrificial adecuada, ofreciendo lo mejor, manteniéndonos por la vía recta y estrecha, no quedándonos nada para nosotros, en sentido estricto; si atendemos la llamada de la conciencia y la vocación, viviremos la aventura romántica y redentora de nuestras vidas, transformándonos al hacerlo en los gigantes que en otro tiempo hollaron la tierra; nos transmutaremos en los verdaderos hijos e hijas de Dios, llamados a lograr cosas más grandes que las que llevó a cabo el Hijo Único que, como es notorio, ya ha hecho su aparición y se ha revelado. Y así, en respuesta a Nietzsche, brillante filósofo que insistía en que el hombre debe ser el que cree sus propios valores, reproduciendo así la llamada de la serpiente del jardín; en respuesta a los nihilistas y hedonistas que rinden culto a la ramera de Babilonia y que, en consecuencia, corren el riesgo de eliminar el placer mismo; en respuesta a los ateos materialistas reduccionistas que niegan incluso la conclusión lógica de sus propias investigaciones sobre el papel de guía de los instintos implicados más profundos, yo digo...

Ya es hora de rescatar lo que es más elevado de la existencia inconsciente en lo más bajo; de ser plenamente conscientes ante las transformaciones mágicas que hoy nos salen al encuentro con tanta rapidez y de restablecer nuestra alianza con el Dios cuyas palabras mágicas estructuran nuestra consciencia y nuestras sociedades, en la medida en que estas son funcionales y productivas. Es hora de asumir la lucha en serio, de despertar, de regresar a nuestro origen y de conocer el lugar, como adultos conscientes, por primera vez.

¿Dios ha muerto?

No.

Deus renatus est.

Notas

Frontispicio

1. Hopkins, G. M., y Phillips, C., *Gerard Manley Hopkins: The Major Works*, Oxford University Press, Oxford (UK), 2002. Véase <poetryfoundation.org/poems/44392/carrion-comfort>. Gracias al doctor Michael Hurley por hacérmelo notar durante nuestros viajes por Samos y Patmos, Grecia.

2. Eliade, M., *The Sacred and the Profane*, Harcourt, Brace and Company, Nueva York, 1959, pág. 8 [trad. cast.: *Lo sagrado y lo profano*, Paidós, Barcelona, 1998].

Presagio. El susurro de una brisa suave

1. Goldberg, E., «Hemisphere differences in the acquisition and use of descriptive systems», *Brain and Language*, 14, 1981, págs.144-175; McGilchrist, I., *The Master and His Emissary: The Divided Brain and the Making of the Western World*, Yale University Press, New Haven, 2009; Peterson, J. B., *Maps of Meaning: The Architecture of Belief*, Routledge, Nueva York, 1999 [trad. cast.: *Mapas de sentidos: la arquitectura de la creencia*, Ariel, Barcelona, 2020].

2. Newman, J. H., *A Letter Addressed to the Duke of Norfolk on Occasion of Mr. Gladstone's Recent Expostulation: Certain difficulties felt by Anglicans in Catholic Teaching*, vol. 2, 1875, <newmanreader.

org/works/anglicans/volume2/gladstone/section5.html>; véase también Hansen, C., «Newman, conscience and authority», *New Black-friars*, 92, págs. 209-223, 2011; Gage, L. P., «Newman's argument from conscience: Why he needs Paley and natural theology after all», *American Catholic Philosophical Quarterly*, 94, 2020, págs. 141-157.

3. Dennett, D. C., «Cognitive wheels: The frame problem of AI», en C. Hookway (ed.), *Minds, Machines and Evolution: Philosophical Studies*, Cambridge University Press, Cambridge, 1984, págs. 129-150; pág. 130. Véase también McCarthy, J., y Hayes, P. J., «Some philosophical problems considered from the standpoint of artificial intelligence», en B. Meltzer y D. Michie (eds.), *Machine Intelligence*, vol. 4, Elsevier, Nueva York, 1969, págs. 463-502; Medin, D. L., y Aguilar, C. M., «Categorization», en Wilson, R. A., y Keil, F. (eds.), *MIT Encyclopedia of Cognitive Sciences*, MIT Press, Cambridge (MA), 1999, págs. 104-105; Miller, G. A., «The magical number seven, plus or minus two: Some limits on our capacity for processing information», *Psychological Review*, 63, 1956, págs. 81-97; Nørretranders, T., *The User Illusion: Cutting Consciousness Down to Size*, Penguin Books, Nueva York, 1998.

1. En el principio

1. Hirsh, J. B., Mar, R. A., y Peterson, J. B., «Psychological entropy: A framework for understanding uncertainty-related anxiety», *Psychological Review*, 119, 2012, págs. 304-320.

2. White, L., «The historical roots of our ecological crisis», *Science*, 155, 1967, págs. 1203-1207.

3. Tal como se detalla en Peterson, *Maps of Meaning, op. cit.*

4. Chomsky, N., y Halle, M., *The Sound Pattern of English*, MIT Press, Cambridge (MA), 1968.

5. Blevins, J., *Evolutionary Phonology: The Emergence of Sound Patterns*, Cambridge University Press, Londres, 2004.

6. *Ibidem.*

7. Todas estas asociaciones las ha generado Grok, de X, en respuesta a la petición: «¿Qué diez palabras o conceptos es más probable que existan en estrecha proximidad a la palabra? Excluir palabras duplicadas».

8. Rowling, J. K., *Harry Potter and the Chamber of Secrets*, Bloomsbury, Londres, 2000 [trad. cast.: *Harry Potter y la cámara secreta*, Salamandra, Barcelona, 2021].

9. Luske, H., Hee, T., Jackson, W., Kinney, J., Roberts, B., y Sharpsteen, B. (dirs.), *Pinocho*, Walt Disney Productions, EE. UU., 1940.

10. Nolan, C. (dir.), Thomas, E., y Nolan, C. (prods.), *El caballero oscuro*, Warner Bros. Pictures, EE. UU., 2008.

11. Derrida, J., *Of Grammatology*, Johns Hopkins University Press, Baltimore (MD), 1976 [trad. cast.: *De la gramatología*, Siglo XXI, Ciudad de México, 2003]; Foucault, M., *The Archaeology of Knowledge and the Discourse on Language*, Nueva York, Pantheon Books, 1972 [trad. cast.: *La arqueología del saber*, Clave Intelectual, Madrid, 2022]; Lyotard, J. F., *The Postmodern Condition: A Report on Knowledge*, University of Minnesota Press, Minneapolis (MN), 1984 [trad. cast.: *La condición postmoderna*, Cátedra, Madrid, 2019].

12. Los ejemplos actuales más conocidos son ChatGPT, de Open AI, y Grok, de X.

13. Véase GPT-4 en <wikipedia.org/wiki/GPT-4>.

14. La debacle de febrero-marzo de 2024 causada por la salida de Gemini, el espantoso modelo de lenguaje de gran tamaño/inteligencia artificial (<gemini.google.com/app>) ofreció una amplia ilustración, sobre todo con respecto a la generación de imágenes (<nytimes.com/2024/02/24/opinion/google-gemini-artificial-intelligence.html>); véase también Rozado, D., «The Political Preferences of LLMs», 2 de febrero de 2024, <davidrozado.substack.com/p/the-political-preferences-of-llms>.

15. Para una panorámica rápida, véase «Zeitgeist» en <wikipedia.org/wiki/Zeitgeist>.

16. Marx, K., *Critique of the Gotha program*, en *Marx/Engels: Selected Works*, vol. 3, Progress Publishers, Moscú, 1970 [1875], <marxists.org/archive/marx/works/1875/gotha/ch01.htm> [trad. cast.: *Crítica al programa de Gotha*, Vosa, Madrid, 1991].

17. Freud, S., y Breuer, J., *Studies in Hysteria*, Basic Books, Nueva York, 1955 [trad. cast.: *Estudios sobre la histeria*, Siglo XXI, Ciudad de México, 2022]; Freud, S., *The Interpretation of Dreams*, Basic Books, Nueva York, 1955 [trad. cast.: *La interpretación de los sueños*, Akal, Madrid, 2013].

18. Jung, C. G., *Letters of C. G. Jung*, vol. 2: *1951-1961,* Princeton University Press, Princeton, 1976, págs. 610-611.

19. Peterson, *Maps of Meaning, op. cit.*

20. Nietzsche, F., *Thus Spake Zarathustra: A Book for Everyone and No One*, Penguin Classics, Nueva York, 2005, pág. 125 [trad. cast.: *Así habló Zaratustra*, Cátedra, Madrid, 2023].

21. Peterson, *Maps of Meaning, op. cit.*

22. Jung, C. G., *Two Essays on Analytical Psychology*, Princeton University Press, Princeton (NJ), 1953, pág. 384 [trad. cast.: *Dos escritos sobre psicología analítica*, Trotta, Madrid, 2007].

23. Jung, C. G., «The structure and dynamics of the psyche», en *Collected Works of C. G. Jung*, vol. x, Princeton University Press, Princeton, 1970, párrafos 924-940; Dawkins, R., «Worlds in microcosm», en R. Dawkins (ed.), *Inside the Survival Machine*, Oxford University Press, Nueva York, 1976, págs. 115-130.

24. Véase análisis y exposición de C. G. Jung, que se oponía a esta reducción: Jung, C. G., *Symbols of Transformation: An Analysis of the Prelude to a Case of Schizophrenia*, 2.ª ed., Harper & Brothers, Nueva York, 1952 [1912] [trad. cast.: *Símbolos de transformación*, Paidós, Barcelona, 1993]; Jung, «The theory of psychoanalysis», en *Collected Works of C. G. Jung*, vol. 4, *op. cit.*

25. Dawkins, R., *The Selfish Gene*, Oxford University Press, Oxford, 1976 [trad. cast.: *El gen egoísta*, Salvat, Barcelona, 2020].

26. Derrida, *Of Grammatology, op. cit.*; Foucault, M., *Discipline and Punish: The Birth of a Prison*, Penguin, Londres, 1991 [trad. cast.: *Vigilar y castigar*, Biblioteca Nueva, Madrid, 2012]; Foucault, Michel, *The History of Sexuality: The Will to Knowledge*, Penguin, Londres, 1998 [trad. cast.: *Historia de la sexualidad*, Siglo XXI, Madrid, 2024].

27. Pageau, J., y Peterson, J. B., *Identity: Individual and the State versus the Subsidiary Hierarchy of Heaven*, Alliance for Responsible Citizenship Publications Londres, 2023, <arc-research.org/s/The-Subsidiary-Hierarchy-Jonathan-Pageau-and-Jordan-Peterson-ARC-Research-Paper>.

28. Peterson, *Maps of Meaning, op. cit.*; Jung, *The Collected Works of C. G. Jung*, vol. 5: *Symbols of Transformation, op. cit.*; Campbell, J., *The Hero with a Thousand Faces*, 3.ª ed., New World Library,

Novato (CA), 2012 [trad. cast.: *El héroe de las mil caras*, Fondo de Cultura Económica, Madrid, 2015]; Neumann, E., *The Origins and History of Consciousness*, Princeton University Press, Princeton (NJ), 2014 [trad. cast.: *Los orígenes e historia de la conciencia*, Ediciones Junguianas, Lima, 2018]; Neumann, E., *The Great Mother*, Princeton University Press Platform, Princeton (NJ), 2015 [trad. cast.: *La gran madre*, Trotta, Madrid, 2009].

29. Para una panorámica rápida, véase Daniel Defoe, Wikipedia, <en.wikipedia.org/wiki/Daniel_Defoe>.

30. Defoe, D., *The History of the Devil*, Thomas Warner, Londres, 1726, pág. 106 [trad. cast.: *Historia del diablo*, Verbum, Arganda del Rey, 2019].

31. Peterson, *Maps of Meaning, op. cit.*; véase también Jung, *Collected Works*, vol. 5, *op. cit.*; Campbell, *Hero with a Thousand Faces, op. cit.*; Neumann, *Origins and History of Consciousness, op. cit.*; Neumann, *The Great Mother, op. cit.*

32. Freedman, R. D., «Woman, a power equal to man», *Biblical Archaeology Review*, 9, 1983, págs. 56-58.

33. Vygotsky, L. S., *Mind in Society: The Development of Higher Psychological Processes*, Harvard University Press, Cambridge (MA), 1978, pág. 86.

34. Costa, P. T., Jr., Terracciano, A., y McCrae, R. R., «Gender differences in personality traits across cultures: Robust and surprising findings», *Journal of Personality and Social Psychology*, 81, 2001, págs. 322-331; Feingold, A., «Gender differences in personality: A meta-analysis», *Psychological Bulletin*, 116, 1994, págs. 429-456; Schmitt, D. P., Realo, A., y Voracek, M., «The big five factor model of personality across cultures: Robust and generalizable across 55 cultures», *Journal of Personality and Social Psychology*, 94, págs. 26-40; Weisberg, Y. J., Deyoung, C. G., y Hirsh, J. B., «Gender differences in personality across the ten aspects of the Big Five», *Frontiers in Psychology*, 2, 2011, págs. 178-189.

35. Lippa, R. A., «Gender differences in personality and interests: When, where, and why?», *Social and Personality Psychology Compass*, 4, 2010, págs. 1098-1110.

36. Weisberg, Y. J., Deyoung, C. G., y Hirsh, J. B., «Gender differences in personality across the ten aspects of the Big Five», *Fron-*

tiers in Psychology, 2, 2011, pág. 178; Benenson, J. F., Webb, C. E., y Wrangham, R. W., «Self-protection as an adaptive female strategy», *Behavioral and Brain Science,* 45, 2022, e128.

37. Trousdale, G., y Wise, K. (dirs.), *La bella y la bestia,* Walt Disney Pictures, EE. UU., 1991. Guion de Woolverton.

38. Jonason, P. K., Webster, G. D., Schmitt, D. P., y Li, N. P., «The dark tetrad of personality: Narcissism, machiavellianism, psychopathy, y sadism», *Journal of Personality and Social Psychology,* 97, 2009, págs. 1295-1308; Buss, D., *When Men Behave Badly,* Little and Brown, Nueva York, 2021; Brazil, K. J., Forth, A. E., «Psychopathy and the Induction of desire: formulating and testing an evolutionary hypothesis», *Evolutionary Psychological Science,* 6, 2020, págs. 64-81; Carter, G. L., Campbell, A. C., y Muncer, S., «The dark triad personality: attractiveness to women», *Personality and Individual Differences,* 56, 2014, págs. 57-61.

39. Véase sección 1.2.

40. Peterson, *Maps of Meaning, op. cit.*

41. Bak, P., Tang, C., y Wiesenfeld, K., «Self-organized criticality: An explanation of the 1/f noise», *Physical Review Letters,* 59, 1987, pág. 381; Peterson, *Maps of Meaning, op. cit.*; Stephen, D. G., y Dixon, J. A., «The self-organization of insight: entropy and power laws in problem solving», *The Journal of Problem Solving,* 2, 2009, págs. 72-101; Vervaeke, J., y Ferraro, L., «Relevance, meaning and the cognitive science of wisdom», en M. Ferrari y Weststrate, N. M. (eds.), *The Scientific Study of Personal Wisdom,* Springer, Nueva York, 2013, págs. 21-51; Vervaeke, J., «Relevance realization and the neurodynamics and neuroconnectivity of general intelligence», en Harvey, I., Cavoukian, A., Tomko, G., Borrett, D., Kwan, H., y Hatzinakos, D. (eds.), *SmartData: Privacy Meets Evolutionary Robotics,* Springer Science, Nueva York, 2013, págs. 57-68; véase también Andersen, B., «Order, chaos, relevance realization and mythology», <brettandersen.substack.com/p/order-chaos-complexity-and-mytho logy>.

42. Para una exposición más amplia, véase Peterson, *Maps of Meaning, op. cit.*

43. Heidel, A., *The Babylonian Genesis: The Story of the Creation,* University of Chicago Press, Chicago, 1951.

44. Eliade, M., *The Myth of the Eternal Return: Cosmos and History*, Princeton University Press, Princeton (NJ), 1954 [trad. cast.: *El mito del eterno retorno*, Alianza, Madrid, 2015].

45. Véase «Presagio. El susurro de una brisa suave».

46. Shakespeare, W., *King Lear*, acto 4, escena 1, <shakespeare.mit.edu/lear/lear.4.1.html> [trad. cast.: *El rey Lear*, <https://ddooss.org/libros/rey_lear.pdf>].

47. Véase <classics.mit.edu/Homer/iliad.html>.

48. Peterson, *Maps of Meaning, op. cit.*, pág. 105.

49. Taleb, N. N., *The Black Swan: The Impact of the Highly Improbable*, Nueva York, Random House, 2007 [trad. cast.: *El cisne negro: el impacto de lo altamente improbable*, Paidós, Barcelona, 2011].

50. Walleczek, J., «Agent inaccessibility as a fundamental principle in quantum mechanics: objective unpredictability and formal uncomputability», *Entropy*, 21, 2019, pág. 4.

51. Simons, D. J., y Ambinder, M. S., «Change blindness: theory and consequences», *Current Directions in Psychological Science*, 14, 2005, págs. 44-48.

52. El filósofo alemán Martin Heidegger hizo de la idea de cuidado un aspecto básico de su pensamiento y lo conceptualizó como el mecanismo existencial a través del cual el ser se revelaba a sí mismo, definiéndolo como algo más profundo y más fundamental que la mera emoción: Heidegger, M., *Being and Time*, Nueva York, HarperCollins, 2008 [trad. cast.: *Ser y tiempo*, Trotta, Madrid, 2003].

53. Expuesto en Peterson, *Maps of Meaning, op. cit.*

54. Tomkins, S., *William Wilberforce: A Biography*, Londres, Lion Books, 2007.

55. Véase, por ejemplo, en el caso de la esclavitud: Metaxas, E., *Amazing Grace: William Wilberforce and the Heroic Campaign to End Slavery*, Nueva York, HarperCollins Publishers, 2009.

2. Adán, Eva, orgullo, autoconsciencia y caída

1. De *kenosis*, el «acto de vaciar» (<en.wikipedia.org/wiki/Kenosis>), como en Filipenses 2:5-9, Nueva Versión Revisada): «Haya, pues, en vosotros este sentir que hubo también en Cristo Jesús: Él,

siendo en forma de Dios, no estimó el ser igual a Dios como cosa a que aferrarse, sino que se despojó a sí mismo *[ekenōsen heauton]*, tomó la forma de siervo y se hizo semejante a los hombres».

2. Del sánscrito *avatāra*, que significa «descendiente» o «encarnación», <dictionary.com/browse/avatar>; además: «La manifestación de un dios en forma corpórea sobre la tierra; el periodo de dicha manifestación. También (más habitualmente en la actualidad): una forma corpórea concreta en la que se manifiesta un dios», <oed.com/dictionary/avatar_n?tl=true>.

3. «La palabra *paraíso* entró en la lengua inglesa a través del francés *paradis*, herencia del latín *paradisus*, que a su vez procede del griego *parádeisos* (παράδεισος), y esta de una forma irania antigua, del protoiranio *parādaiĵah-*, "recinto tapiado", del que deriva el término iranio antiguo, *p-r-d-y-d-a-m /paridaidam/*, avéstico: *pairi-daêza-*. El significado literal de esta palabra en iranio oriental antiguo es "cercado", de *pairi* ("alrededor"), emparentado con el griego περί, y con nuestro prefijo *peri-*, de idéntico significado, y de *-diz*, "hacer", "formar" (un muro), "construir" (emparentado con el griego τεῖχος, "pared"). La etimología de la palabra deriva en último término de una raíz protoindoeuropea, **dheigw*, que significa "plantar" y "levantar" (un muro) y de **per*, "alrededor"», <en.wikipedia.org/wiki/Paradise>.

4. El nombre deriva del acadio *edinnu*, de un término sumerio, *edin*, que significa «llanura» o «estepa», estrechamente relacionado con una raíz aramea que significa «fructífero», «bien regado». Otra interpretación asocia el nombre con una palabra hebrea que significa «placer»; así, en la Vulgata se lee *paradisum voluptatis*, en Génesis 2:8; y la Biblia Douay-Rheims, en la misma línea, lo formula: «Y plantó el Señor Dios un paraíso de placer», <en.wikipedia.org/wiki/Garden_of_Eden>.

5. También lo cito en Peterson, *Maps of Meaning*, *op. cit.*, pág. 124.

6. Stevenson, M. S., *The Rites of the Twice-Born*, Oxford University Press, Londres, 1920, pág. 354.

7. Eliade, *The Myth of the Eternal Return*, *op. cit.*, pág. 19.

8. Jung, «Concerning mandala symbolism», en *Collected Works of C. G. Jung*, vol. 9 (Parte I), *op. cit.*, págs. 355-384.

9. Aquí se muestra un ejemplo exprofeso, dada la representación

de la disposición jerárquica, <en.wikipedia.org/wiki/Mandala#/media/File:Manjuvajramandala_con_43_divinit%C3%A0_-_Unknown_-_Google_Cultural_Institute.jpg>; para una imagen más concretamente relacionada con el paraíso mismo, véase <metmuseum.org/art/collection/search/228991>.

10. Véase sección 1.2., «El espíritu del hombre en el punto más alto».

11. Pater, W., *The Renaissance: Studies in Art and Poetry*, Macmillan, Londres, 1912, <gutenberg.org/files/2398/2398-h/2398-h.htm>. Le doy las gracias a Rex Murphy, extraordinario periodista, por haber hecho que me fijara en ello.

12. Las afirmaciones extraordinarias exigen evidencias extraordinarias, <en.wikipedia.org/wiki/Extraordinary_claims_require_extraordinary_evidence>.

13. Tólstoi, L., *Confessions*, W. W. Norton & Company, Nueva York, 1983 [trad. cast.: *Confesión*, Acantilado, Barcelona, 2008].

14. Véase sección 1.4., «Eva a partir de Adán».

15. Shiner, R. L., «Negative emotionality and neuroticism from childhood through adulthood: A lifespan perspective», en D. P. McAdams, R. L. Shiner y J. L. Tackett (eds.), *Handbook of Personality Development*, Guilford Press, Nueva York y Londres, 2019, págs. 137-152; Salk, R. H., Hyde, J. S., y Abramson, L. Y., «Gender differences in depression in representative national samples: Meta-analyses of diagnoses and symptoms», *Psychological Bulletin*, 143, 2017, págs. 783-822; Chaplin, T. M., «Gender and emotion expression: A developmental contextual perspective», *Journal of the International Society for Research on Emotion*, 7, 2015, págs. 14-21.

16. Ben Mansour, G., *et al.*, «The effect of body composition on strength and power in male and female students», *BMC Sports Science Medicine and Rehabilitation*, 13, 2021, págs. 1-11.

17. Vanhouten, J. N., y Wysolmerski, J. J., «The calcium-sensing receptor in the breast», *Best Practice and Research Clinical Endocrinology and Metabolism*, 27, 2013, págs. 403-414; Mamillapalli, R., VanHouten, J., Dann, P., Bikle, D., Chang, W., Brown, E., y Wysolmerski, J., «Mammary-specific ablation of the calcium-sensing receptor during lactation alters maternal calcium metabolism, milk calcium transport, and neonatal calcium accrual», *Endocrinology*, 154, 2013, págs. 3031-3042.

18. Buss, D. M., «Sex differences in human mate preferences: Evolutionary hypotheses tested in 37 cultures», *Behavioral and Brain Science*, 12, 1989, págs. 1-49.

19. Buss, D. M., y Barnes, M., «Preferences in human mate selection», *Journal of Personality and Social Psychology*, 50, 1986, págs. 559-570; Buss, D. M., «Sex differences in human mate preferences: Evolutionary hypotheses tested in 37 cultures», *Behavioral and Brain Science*, 12, págs. 1-14, 1989; Buss, D. M., Shackelford, T. K., Kirkpatrick, L. A., y Larsen, R. J., «A half century of mate preferences: The cultural evolution of values», *Journal of Marriage and Family*, 63, 2001, págs. 491-503.

20. Jauk, E., Neubauer, A. C., Mairunteregger, T., Pemp, S., Sieber, K. P., y Rauthmann, J. F., «How alluring are dark personalities? The dark triad and attractiveness in speed dating», *European Journal of Personality*, 30, 2016, págs. 125-138.

21. Clark, R. D., y Hatfield, E., «Gender differences in receptivity to sexual offers», *Journal of Psychology and Human Sexuality*, 2, 1989, págs. 39-55.

22. Rosenfeld, M. J., «Who wants the breakup? Gender and breakup in heterosexual couples», en D. F. Alwin, F. Felmlee y D. Kreager (eds.), *Social Networks and the Life Course*, Springer, Nueva York, 2018, págs. 221-243.

23. Reynolds, T., Baumeister, R. F., y Maner, J. K., «Competitive reputation manipulation: Women strategically transmit social information about romantic rivals», *Journal of Experimental Social Psychology*, 78, 2018, págs. 195-209; Björkqvist, K., Lagerspetz, K., y Kaukiainen, A., «Do girls manipulate and boys fight? Developmental trends in regard to direct and indirect aggression», *Aggressive Behavior*, 18, 1992, págs. 117-122; Lagerspetz, K., Björkqvist, K., y Peltonen, T., «Is indirect aggression typical of females? Gender differences in aggressiveness in 11 to 12-year-old children», *Aggressive Behavior*, 14, 1988, págs. 403-414; Werner, N. E., y Crick, N. R., «Relational aggression and social-psychological adjustment in a college sample», *Journal of Abnormal Psychology*, 108, 1999, págs. 615-623.

24. Congreve, W., *The Mourning Bride*, Jacob Tonson, Londres, 1697.

25. Son esas diferencias las que realmente conforman el denomi-

nado *género*, que es el reflejo del sexo en el temperamento, en la medida en que este puede ser medido de manera válida y fiable, y que varía en relación con el verdadero binomio subyacente de la capacidad reproductiva funcional (pues hay hombres con temperamentos más femeninos, de la misma manera que hay mujeres que son más masculinas).

26. Jung, «Archetypes and the collective unconscious», en *Collected Works of C. G. Jung*, vol. 9 (Parte 1), *op. cit.*, párrafos 292-294; véase también DeVun, L., «The Jesus hermaphrodite: Science and sex difference in premodern Europe», *Journal of the History of Ideas*, 69, 2008, págs. 193-218.

27. Isbell, L. A., *The Fruit, the Tree and the Serpent: Why We See So Well*, Harvard University Press, Cambridge, 2011.

28. En la misma línea: los llamados rasgos de personalidad de la tétrada oscura (narcisismo, manipulación, psicopatía y sadismo) emulan competencia de una manera atractiva e intergeneracional, especialmente para mujeres jóvenes, ingenuas y sin experiencia. Buss, D., *When Men Behave Badly*, Little, Brown and Company, Nueva York, 2021; Brazil, K. J., y Forth, A. E., «Psychopathy and the induction of desire: formulating and testing an evolutionary hypothesis», *Evolutionary Psychological Science*, 6, 2020, págs. 64-81; Carter, G. L., Campbell, A. C., y Muncer, S., «The dark triad personality: Attractiveness to women», *Personality and Individual Differences*, 56, 2014, págs. 57-61. La *ceguera voluntaria* bien podría añadirse al triunvirato de vulnerabilidades, aunque no conozco ninguna demostración experimentalmente validada de esa hipótesis.

29. Milton, J., *Paradise Lost*, libro i, 1674, <poetryfoundation.org/poems/45718/paradise-lost-book-1-1674-version> [trad. cast.: *El paraíso perdido*, Ediciones Ibéricas, Madrid, 2010].

30. Nietzsche, F. W., y Kaufmann, W., *Beyond Good and Evil: Prelude to a Philosophy of the Future*, Vintage Books, Nueva York, 1989 [trad. cast.: *Más allá del bien y del mal*, Alianza, Madrid, 2012]

31. Milton, *Paradise Lost*, libro i, *op. cit.*

32. Goethe, J. W., *Faust: Part One*, Project Gutenberg, <gutenberg.org/files/14591/14591-h/14591-h.htm> [trad. cast.: *Fausto*, Alianza, Madrid, 2014].

33. *Ibidem.*

34. *Ibid.*

35. San Agustín, *Confessions*, Penguin Classics, Londres, 1961 [trad. cast.: *Confesiones*, Akal, Madrid, 2022]; san Agustín, *The City of God*, Penguin Classics, Londres, 2003 [426] [trad. cast.: *La ciudad de Dios*, Gredos, Madrid, 2022].

36. Véase Vygotsky, L. S., *Thought and Language*, MIT Press, Cambridge (MA), 1962 [trad. cast.: *Pensamiento y lenguaje*, Quinto Sol, Ciudad de México, 2009].

37. *Ibidem*; Carhart-Harris, R., y Peterson, J. B., «Consciousness, chaos and order», *The Jordan B Peterson Podcast*, 2023, <youtube.com/watch?v=4NtKdisg0GA&ab_channel=JordanBPeterson>; Andersen, B., «Consciousness emerges at the border between order and chaos», *Intimations of a New Worldview*, 2022, <brettandersen.subs tack.com/p/consciousness-emerges-at-the-border>; Carhart-Harris, R. L., «The entropic brain — Revisited», *Neuropharmacology*, 142, 2018, págs. 167-178.

38. Hakkarainen, P., y Bredikyte, M., «The zone of proximal development in play and learning», *Cultural-Historical Psychology*, 4, 2019, págs. 2-11.

39. Jonason, P. K., Webster, G. D., Schmitt, D. P., y Li, N. P., «The dark tetrad of personality: Narcissism, machiavellianism, psychopathy, and sadism», *Journal of Personality and Social Psychology*, 97, 2009, págs. 1295-1308.

40. Reynolds, T., Baumeister, R. F., y Maner, J. K., «Competitive reputation manipulation: Women strategically transmit social information about romantic rivals», *Journal of Experimental Social Psychology*, 78, págs. 195-209, 2018; Björkqvist, K., Lagerspetz, K., y Kaukiainen, A., «Do girls manipulate and boys fight? Developmental trends in regard to direct and indirect aggression», *Aggressive Behavior*, 18, 1992, págs. 117-122; Lagerspetz, K., Björkqvist , K., y Peltonen, T., «Is indirect aggression typical of females? Gender differences in aggressiveness in 11- to 12-year-old children», *Aggressive Behavior*, 14, 1988, págs. 403-414; Werner, N. E., y Crick, N. R., «Relational aggression and social-psychological adjustment in a college sample», *Journal of Abnormal Psychology*, 108, 1999, págs. 615-623.

41. Brewer, G., De Griffa, D., y Uzun, E., «Dark triad traits and

women's use of sexual deception», *Personality and Individual Differences*, 142, 2019, págs. 42-44; Lauder, C., y March, E., «Catching the catfish: Exploring gender and the Dark Tetrad of personality as predictors of catfishing perpetration», *Computers in Human Behavior*, 140, 2023, 107599.

42. Peterson, *Maps of Meaning, op. cit.*, págs. 240-243.

43. DeYoung, C. G., Quilty, L. C., y Peterson, J. B., «Between facets and domains: 10 aspects of the Big Five», *Journal of Personality and Social Psychology*, 93, 2007, págs. 880-896.

44. Church, A. T., «Relating the Tellegen and five-factor models of personality structure», *Journal of Personality and Social Psychology*, 67, 1994, págs. 898-909.

45. La autoconsciencia es, literalmente, una faceta del bien establecido modelo NEO-PI (véase el modelo de los cinco factores de la personalidad, de doscientos cuarenta puntos, «Neuroticism Extraversion Openness Personality Inventory Revised», en Costa, P. T., Jr., y McCrae, R. R., *Revised NEO Personality Inventory (NEO-PI-R) and NEO Five-Factor Inventory (NEO-FFI): Professional manual*, Psychological Assessment Resources, Odessa (FL), 1992; véase también «... el neuroticismo se asocia con una mayor autoconciencia, lo que a su vez conduce a una mayor autoconciencia en situaciones sociales», en Watson, D., y Hubbard, B., «Adaptational style and dispositional structure: Coping in the context of the five-factor model», *Journal of Personality*, 64, 1996, págs. 737-774, especialmente pág. 753; «Es probable que una alta autoconciencia esté asociada con niveles elevados de neuroticismo, dado que ambos conceptos implican un enfoque en la experiencia interna de uno mismo», en Tangney, J. P., y Dearing, R. L., *Shame and Guilt*, Guilford Press, Nueva York, 2002, pág. 375.

46. Leary, M. R., Tambor, E. S., Terdal, S. K., y Downs, D. L., «Self-presentational concerns in social interaction», *Journal of Personality and Social Psychology*, 68, 1995, págs. 517-525.

47. Bruch, M. A., y Heimberg, R. G., «Self-consciousness and social anxiety: A review of the literature», *Clinical Psychology Review*, 14, 1994, págs. 77-95.

48. Hong, K., Nenkova, A., March, M. E., Parker, A. P., Verma, R., y Kohler, C. G., «Lexical use in emotional autobiographical narratives of persons with schizophrenia and healthy controls», *Psychiatry*

Research, 225, 2015, págs. 40-49; Fineberg, S. K., *et al.*, «Self-reference in psychosis and depression: a language marker of illness», *Psychological Medicine*, 46, 2016, págs. 2605-2615.

49. Rudolph, K. D., y Conley, C. S., «Self-consciousness, social anxiety, and maladjustment during adolescence: A longitudinal investigation», *Journal of Personality and Social Psychology*, 88, 2005, págs. 1074-1086.

50. Leary, M. R., y Kowalski, R. M., «Social anxiety and cognitive interference: A mediational analysis», *Journal of Personality and Social Psychology*, 58, 1990, págs. 636-645.

51. Beilock, S. L., y Carr, T. H., «On the fragility of skilled performance: What makes experts susceptible to choking under pressure?», *Journal of Experimental Psychology*, 130, 2001, págs. 701-724.

52. Barrick, M. R., Stewart, G. L., y Piotrowski, M., «Personality and job performance: A meta-analysis», *Personnel Psychology*, 55, 2002, págs. 529-552.

53. Véase sección 2.5., «La serpiente eterna».

54. Freedman, R. D., «Woman, a power equal to man», *Biblical Archaeology Review*, 9, 1983, págs. 56-58.

55. Según lumbreras tales como la profesora asociada de Antiguo Testamento Phyllis Trible, «resulta superfluo documentar el patriarcado en las Sagradas Escrituras», en Trible, P., «Depatriarchalizing in biblical interpretation», *Journal of the American Academy of Religion*, 41, 1973, págs. 30-48, especialmente pág. 30; para otro ejemplo especialmente atroz, véase Williams, J., «The book of Genesis, part 6: Patriarchs and others», *The Guardian*, 18 de enero de 2011, <theguar­dian.com/commentisfree/belief/2011/jan/18/book-genesis-patriarchs-women>; o, también, Schwark, M., «Avenging Eve: The death of Eden and the birth of patriarchy», *Bitchmedia*, 2 de marzo de 2021, <bitchmedia.org/article/avenging-eve-the-death-of-eden-and-the-birth-of-patriarchy>.

56. Gruss, L. T., y Schmitt, D., «The evolution of the human pelvis: changing adaptations to bipedalism, obstetrics and thermoregulation», *Philosophical Transactions of the Royal Society of London. Series B, Biological Science*, 370, 2015, pág. 1663; Fischer, B., y Mitteroecker, P., «Covariation between human pelvis shape, stature, and head size alleviates the obstetric dilemma», *Proceedings of the Natio-*

nal Academy of Sciences of the United States of America, 112, 2015, págs. 5655-5660; Rosenberg, K. R., «The evolution of modern human childbirth», *Yearbook of Physical Anthropology*, 35, 1992, págs. 89-124.

57. Esta verdad general —Hyde, J. S., «The gender similarities hypothesis», *American Psychologist*, 60, 2005, págs. 581-592— se ve algo complicada por el hecho aparente de una mayor variabilidad de la inteligencia en hombres. Johnson, W., Carothers, A., y Deary, I. J., «Sex differences in variability in general intelligence», *Perspectives on Psychological Science*, 3, 2008, págs. 518-531, podrían dar razón, en alguna medida, del dominio diferencial de los hombres en numerosas áreas de iniciativas que dependen de lo cognitivo.

58. Weisberg, Y. J., Deyoung, C. G., y Hirsh, J. B., «Gender differences in personality across the ten aspects of the Big Five», *Frontiers in Psychology*, 2, 2011, pág. 178.

59. Barrick, M. R., y Mount, M. K., «The Big 5 personality dimensions and job-performance: A meta-analysis», *Personnel Psychology*, 44, 1991, págs. 1-26.

60. Johnson, R. W., Smith, K. E., y Butrica, B., *Lifetime Employment-Related Costs to Somen of Providing Family Care*, Urban Institute: Program on Retirement Policy US Department of Labor's Women's Bureau, Washington D. C., <dol.gov/sites/dolgov/files/WB/Mothers -Families-Work/Lifetime-caregiving-costs_508.pdf>.

61. Buss, D., «Sex differences in human mate preferences: Evolutionary hypotheses tested in 37 cultures», *Behavioral and Brain Science*, 12, 1989, págs. 1-14; Buss, D. M., y Schmitt, D. P., «Sexual strategies theory: An evolutionary perspective on human mating», *Psychological Review*, 100, 1993, págs. 204-232; Buss, D., *When Men Behave Badly*, Little and Brown, 2021.

62. Jackson, J. J., Wood, D., Bogg, T., Walton, K. E., Harms, P. D., y Roberts, B. W., «What do conscientious people do? Development and validation of the Behavioral Indicators of Conscientiousness (BIC)», *Journal of Research in Personality*, 44, 2010, págs. 501-511; Barrick, M. R., y Mount, M. K., «The big 5 personality dimensions and job-performance: A meta-analysis», *Personnel Psychology*, 44, 1991, págs. 1-26.

63. DeYoung, C. G., Flanders, J. L., y Peterson, J. B., «Cogniti-

ve abilities involved in insight problem solving: an individual differences model», *Creativity Research Journal*, 20, 2008, págs. 278-290.

64. Gibson, J. J., *The Ecological Approach to Visual Perception*,
Houghton Mifflin, Nueva York, 1979.

65. Jung, C. G., *Mysterium Coniunctionis: An Inquiry into the
Separation and Synthesis of Psychic Opposites in Alchemy*, 2.ª ed., Princeton University Press, Princeton (NJ), párrafo 750, 1977 [trad. cast.:
*Mysterium coniunctionis: investigación sobre la separación y la unión de
los opuestos anímicos en la alquimia*, Trotta, Madrid, 2002].

66. Tversky, A., y Kahneman, D., «Availability: A heuristic for
judging frequency and probability», *Cognitive Psychology*, 5, 1973,
págs. 207-232.

67. Vygotsky, *Thought and Language, op. cit.*

68. Véase <en.wikipedia.org/wiki/Socratic_dialogue>.

69. Es algo que se aborda con detalle en Peterson, *Maps of Meaning, op. cit.*; anteriormente en Jung, *Mysterium coniunctionis, op. cit.*

70. Lambdin, T. O., *The Gospel of Thomas*, The Gnostic Society
Library, s. f., consultado en <gnosis.org/naghamm/gthlamb.html>.

71. Kabat, P., *et al.*, «Dutch coasts in transition», *Nature Geo-
Science*, 2 (2), 2009, 10.1038/ngeo572.

72. Roth, L. H., *The New Orleans Levees: The Worst Engineering
Catastrophe in US History — What Went Wrong and Why*, American
Society of Civil Engineers: presentación de powerpoint, diapositiva
23, c. 2005, <biotech.law.lsu.edu/climate/ocean-rise/against-the-
deluge/01-new_orleans_levees.pdf>.

3. Caín, Abel y el sacrificio

1. Popper, K., *Conjectures and Refutations: The Growth of Scientific Knowledge*, Routledge, Nueva York, 1963, pág. 29 [trad. cast.:
Conjeturas y refutaciones: el desarrollo del conocimiento científico, Paidós, Barcelona, 1994].

2. Gray, J. A., y McNaughton, N., *The Neuropsychology of Anxiety: An Enquiry into the Functions of the Septo-Hippocampal System*,
Oxford University Press, Nueva York, 2000; Peterson, *Maps of Meaning, op. cit.*; Panksepp, J., *Affective Neuroscience: The Foundations of*

Human and Animal Emotions, Oxford University Press, Nueva York, 2004.

3. Friston, K., «The free-energy principle: A rough guide to the brain?», *Trends in Cognitive Sciences,* 13, 2009, págs. 293-301; Hirsh, J. B., Mar, R. A., y Peterson, J. B., «Psychological entropy: A framework for understanding uncertainty-related anxiety», *Psychological Review,* 119, 2012, págs. 304-320.

4. Swanson, L. W., «Cerebral hemisphere regulation of motivated behavior», *Brain Research,* 886, 2000, págs. 113-164, para un extraordinario resumen de este proceso unificador, desde una perspectiva del desarrollo.

5. Feyerabend, P. K., «Epistemology without a knowing subject», en P. K. Feyerabend y G. Maxwell (eds.), *Mind, Matter, and Method: Essays in Philosophy of Science in Honor of Herbert Feigl,* University of Minnesota Press, Minnesota, 1967, págs. 233-248, especialmente pág. 245.

6. Véase <en.wikipedia.org/wiki/Entertainment>.

7. Van Gogh, V., *Naturaleza muerta: jarrón con cinco girasoles,* 1898. De Martin, B., *The Sunflowers Are Mine: The Story of Van Gogh's Masterpiece,* Frances Lincoln Ltd., Londres, 2013, pág. 54; Van Gogh, V., *Naturaleza muerta: jarrón con iris sobre fondo amarillo,* 1890, Museo Van Gogh, Ámsterdam.

8. Huxley, A., *The Doors of Perception,* Harper & Brothers, Nueva York, 1954 [trad. cast.: *Las puertas de la percepción,* Edhasa, Barcelona, 2004].

9. Peterson, J. B., *The Jordan B. Peterson Podcast,* 3 de marzo de 2018, <youtube.com/live/c- kWEDr6VS0?feature=share>.

10. Los auténticos ganadores persiguen revelaciones de lo divino, independientemente del juego al que puedan estar jugando. El propio nombre *golden snitch* revela una relación entre la llamada y la conciencia: un *snitch* corriente censura la mala conducta respecto a la autoridad. Pero, en cambio, un *snitch* dorado indica desviación del camino celestial. El *snitch* original, según el acervo popular de Potter, era un pájaro llamado *snidget* (véase Rowling, J. K., *Fantastic Beasts and Where to Find Them,* Bloomsbury, Londres, 2001 [trad. cast.: *Animales fantásticos y dónde encontrarlos,* Penguin Random House, Barcelona, 2017]). No hace falta mucha imaginación para captar la asociación

entre esas ideas y la paloma que tradicionalmente representa la tercera persona de la Trinidad.

11. Rowling, *Harry Potter and the Philosopher's Stone*, op. cit.

12. Jung, «The spirit Mercurius», en *The Collected Works of C. G. Jung*, vol. 13: *Alchemical studies*, op. cit., págs. 169-201.

13. La expresión *Jiminy Cricket* se ha usado al menos desde 1803 como eufemismo en el mundo anglosajón para evitar pronunciar el nombre de Dios en vano, <en.wikipedia.org/wiki/Jiminy_Cricket>.

14. Solzhenitsin, A., *The Gulag Archipelago, 1918-1956: An Experiment in Literary Investigation*, vol. 1, Harper & Row, Nueva York, 1974, pág. 168 [trad. cast.: *Archipiélago Gulag*, Tusquets, Barcelona, 2007].

15. White, L. K., y Klein, D. M., *Family Theories: An Introduction*, Sage Publications, Nueva York, 2008.

16. Conger, K. J., y Conger, R. D., «Differential parenting and change in sibling differences in delinquency», *Journal of Family Psychology*, 8, 1994, págs. 287-302.

17. *Ibidem.*

18. Gilligan, T. D., Sansone, R. A., y Hervey, G. R., «Sibling rivalry as a predictor of borderline personality», *Personality and Mental Health*, 4, 2010, págs. 159-164.

19. Kernberg, O., «Sibling relationships and narcissistic pathology», *Psychoanalytic Inquiry*, 34, 2014, págs. 46-61.

20. Cousineau, K. M., Domene, J. F., y McGregor, L. N., «Dark personality and sibling relationships», *Journal of Research in Personality*, 73, 2018, págs. 157-163.

21. Langergraber, K. E., *et al.*, «Generation times in wild chimpanzees and gorillas suggest earlier divergence times in great ape and human evolution», *Proceedings of the National Academy of Science*, 109, 2012, págs. 15716-15721; Bjorklund, D. F., *Children's Thinking: Cognitive Development and Individual Differences*, SAGE, Los Ángeles, 2011; Kuzawa, C. W., y Thayer, Z. M., «Timescales of human adaptation: The role of epigenetic processes», *Epigenomics*, 3, 2011, págs. 221-234; Hrdy, S. B., *Mothers and Others: The Evolutionary Origins of Mutual Understanding*, Harvard University Press, Cambridge (MA), 2009; Konner, M., *The Evolution of Childhood: Relationships, Emotion, Mind*, Harvard University Press, Cambridge (MA), 2010.

22. Rosenberg, K. R., Trevathan, W. R., y Fuentes, A., «Revising the human evolutionary paradigm: The need for a broader view of diversification within Hominidae», en W. R. Leonard, M. F. Oxner y M. T. Baca (eds.), *Human Biology: An Evolutionary and Biocultural Perspective*, Nueva York, John Wiley & Sons, 2009, págs. 3-17.

23. Hewlett, B. S., y Lamb, M. E., *Hunter-Gatherer Childhoods: Evolutionary, Developmental, and Cultural Perspectives*, Aldine Transaction, Piscataway (NJ), 2005; Kaplan, H., Hill, K., Lancaster, J., y Hurtado, A. M., «A theory of human life history evolution: Diet, intelligence, and longevity», *Evolutionary Anthropology: Issues, News, and Reviews*, 9, 2000, págs. 156-185.

24. Buhrmester, D., y Furman, W., «The development of companionship and intimacy», *Child Development*, 58, 1987, págs. 1101-1113; Brody, G. H., y Stoneman, Z., «Sibling relationships in middle childhood and adolescence: A developmental perspective», en P. Salovey (ed.), *The Psychology of Jealousy and Envy*, Guilford Press, Nueva York, 1994, págs. 331-350; McHale, S. M., Updegraff, K. A., y Whiteman, S. D., «Sibling relationships and influences in childhood and adolescence», *Journal of Marriage and Family*, 74, 2012, págs. 913-930.

25. Perreault, T., y Wittman, H., «Anthropology, food policy, and food security», en J. G. Carrier y James, D. (eds.), *The Routledge Handbook of Anthropology of Policy*, Routledge, Londres, 2010, págs. 403-420; Batterbury, S. P. J., «Landscapes of diversity: A local political ecology of livelihood diversification in southwestern Niger», *Cultural Geographies*, 8, 2001, págs. 437-464; Durrenberger, E. P., «Agriculture and the rural environment: Conflict and change», *Annual Review of Anthropology*, 41, 2012, págs. 45-62; Garcia, E., «The contested ecology of cattle ranching and agricultural expansion in Brazil», *Journal of Peasant Studies*, 45, 2018, págs. 1442-1462.

26. Davidson, A. B. (ed.), *Cambridge Bible for Schools and Colleges*, Cambridge University Press, Cambridge (RU), 1899, extraído directamente de <biblehub.com/commentaries/genesis/25-26.htm>.

27. Trousdale, G., y Wise, K. (dirs.), *La bella y la bestia, op. cit.*

28. Rowling, J. K., *Harry Potter and the Half-Blood Prince*, Arthur A. Levine Books, Nueva York, 2005 [trad. cast.: *Harry Potter y el misterio del príncipe*, Salamandra, Barcelona, 2006].

29. Nolan, C. (dir.), *El caballero oscuro, op. cit.*

30. Tolkien, J. R. R., *The Lord of the Rings*, 2.ª ed., Houghton Mifflin Co., Boston, 1993 [trad. cast.: *El señor de los anillos*, Planeta DeAgostini, Barcelona, 2002].

31. Milton, *Paradise Lost, op. cit.*

32. Goethe, J. W., *Faust*, Project Gutenberg, 2008, <gutenberg. org/files/14591/14591-h/14591-h.htm> [trad. cast.: *Fausto*, Planeta, Barcelona, 2003].

33. Allers, R., y Minkoff, R. (dirs.), *El rey león,* Walt Disney Pictures, EE. UU., 1994.

34. Coffin, P., y Renaud, C. (dirs.), *Gru, mi villano favorito*, Universal Pictures, EE. UU., 2010.

35. Clements, R., y Musker, J. (dirs.), *Aladino*, Walt Disney Pictures, EE. UU., 1992.

36. Bird, B. (dir.), *Los Increíbles*, Buena Vista Pictures, EE. UU., 2004.

37. Chase, D. (creador), *Los Soprano*, Chase Films, Brad Grey Television, HBO Entertainment, 1999-2007.

38. Gilligan, V. (creador*), Breaking Bad*, High Bridge Productions, Gran Via Productions, Sony Pictures Television, 2008-2013.

39. Dostoievski, F., *Crime and Punishment*, Vintage Books, Nueva York, 1992 [trad. cast.: *Crimen y castigo*, EDAF, Barcelona, 2006].

40. Dostoievski, F., *The Brothers Karamazov*, Farrar, Straus and Giroux, Nueva York, 2002 [trad. cast.: *Los hermanos Karamazov*, Alianza, Madrid, 2021].

41. Dostoievski, F., *The Possessed (or the Demons)*, Vintage Books, Londres, 1994 [trad. cast.: *Los demonios*, Alba, Barcelona, 2016].

42. Jung, C. G., *Archetypes of the Collective Unconscious*, Routledge, Nueva York, 1959 [trad. cast.: *Sobre los arquetipos de lo inconsciente colectivo*, Trotta, Madrid, 2023].

43. Wooldridge, A., *The Aristocracy of Talent: How Meritocracy made the Modern World*, Skyhorse, Nueva York, 2021.

44. Rowling, J. K., *Harry Potter and the Order of the Phoenix,* Scholastic Press, Nueva York, 2003 [trad. cast.: *Harry Potter y la Orden del Fénix*, Salamandra, Barcelona, 2004].

45. Ogas, O., y Gaddam, S., *A Billion Wicked Thoughts: What the World's Largest Experiment Reveals about Human Desire*, Dutton/ Penguin Books, Nueva York, 2011.

46. Buss, D., *When Men Behave Badly*, Little and Brown, Nueva York, 2021; Brazil, K. J., Forth, A. E., «Psychopathy and the Induction of desire: formulating and testing an evolutionary hypothesis», *Evolutionary Psychological Science*, 6, 2020, págs. 64-81; Carter, G. L., Campbell, A. C., y Muncer, S., «The dark triad personality: attractiveness to women», *Personality and Individual Differences*, 56, 2014, págs. 57-61; Diller, S. J., *et al.*, «The positive connection between dark triad traits and leadership levels in self-and other-ratings», *Leadership, Education, Personality: An Interdisciplinary Journal*, 3, 2021, págs. 117-131.

47. Véase Peterson, J. B., y Willink, J., «Be dangerous but disciplined», *Jocko Podcast*, julio de 2019, <youtu.be/a4PS_DhzyDg?-si=NnrKidwZ3Y1pNtgS>.

48. Para un examen muy amplio y bien detallado, Ogas, O., y Gaddam, S., *A Billion Wicked Thoughts: What the World's Largest Experiment Reveals about Human Desire*, Dutton/Penguin Books, Nueva York, 2011; para representaciones recientes en la cultura popular, véase *La bella y la bestia*, de Disney (2017); James, E. L., *Fifty Shades of Grey*, Random House, Nueva York, 2012 [trad. cast.: *Cincuenta sombras de Grey*, Grijalbo, Barcelona, 2012].

49. Véase sección 3.4., «El buen pastor como líder arquetípico».

50. Véase, por ejemplo, Éxodo 13:1-2: «Jehová habló a Moisés y le dijo: "Conságrame todo primogénito. Todo lo que abre la matriz entre los hijos de Israel, tanto de los hombres como de los animales, mío es"».

51. Tal como señala Giszczak, M., «Nine biblical metaphors for sin», en *Catholic Bible Student*, 26 dc junio de 2013, <catholicbiblestudent.com/2013/06/biblical-metaphors-sin.html>.

52. Peterson, *Maps of Meaning, op. cit.*

53. Véase el comentario de Maclaren en <biblehub.com/commentaries/genesis/4-7.htm>; extraído de Maclaren, A., *Expositions of Holy Scripture — Genesis, Exodus, Leviticus and Numbers*, Hodder y Stoughton, Londres, 1891.

54. Historia extraída de los Papiros Chester Beatty, una colección de manuscritos griegos tempranos custodiados principalmente en la Biblioteca de la Universidad de Míchigan; véase Schrire, T., *The Chester Beatty Biblical Papyri: Descriptions and Texts of Twelve Manuscripts on Papyrus of the Greek Bible*, Hodges Figgis, Dublín, 1972.

55. Peterson, *Maps of Meaning, op. cit.*

56. *Ibidem.*

57. Lichtheim, M., *Ancient Egyptian Literature: A Book of Readings*, vol. 2, University of California Press, Berkeley (CA), 1976.

58. Rowling, *Harry Potter and the Half-Blood Prince, op. cit.*

59. Este tema aparece excepcionalmente bien desarrollado en el brillante documental de Terry Zwigoff (dir.), *Crumb*, Sony Pictures Classics, EE. UU., 1995, que retrata la relación entre los tres hermanos de la familia Crumb. Uno de ellos, Robert, ha iniciado su éxodo y ha conseguido salir al mundo, donde se convierte en un famoso autor e ilustrador de cómics *underground*, aunque sigue teniendo sus problemas, por decir poco. Incluso transforma su resentimiento y deseo de venganza en una carrera auténtica y hasta admirable. En cambio, sus hermanos —igual de brillantes y talentosos que él, si no más— desaparecen en el abismo. Pocas veces se ha mostrado un estudio más exhaustivo de la disfunción psicológica y familiar, con toda su carga asesina, sádica y torturadora. En *Crumb* no se escatiman los gestos iracundos, amargos, resentidos, caídos y sardónicos, incluido el asesinato fratricida, cainita.

60. Primera referencia legal a ese concepto: Pardon of Offences Act 1389, 13 Rich. II St. 2 c. 1. [ley del perdón de las ofensas, 1389].

61. Bonanno, G. A., «Loss, trauma, and human resilience: have we underestimated the human capacity to thrive after extremely aversive events?», *The American Psychologist*, 59, 2004, págs. 20-28.

62. Piaget, J., *Play, Dreams, and Imitation in Childhood*, Norton, Nueva York, 1962 [trad. cast.: *La formación del símbolo en el niño: imitación, juego y sueño*, Fondo de Cultura Económica, Madrid, 2019]; Piaget, J., *The Moral Judgment of the Child*, Free Press, Nueva York, 1965 [trad. cast.: *El criterio moral en el niño*, Roca, Barcelona, 1985].

63. Lakoff, G., *Women, Fire, and Dangerous Things: What Categories Reveal about the Mind*, University of Chicago Press, Chicago, 1987, pág. 108.

64. «El que descendió es el mismo que también subió por encima de todos los cielos para llenarlo todo.»

65. Eliade, M., *A History of Religious Ideas*, vol. 2, University of

Chicago Press, Chicago, 1981, pág. 18 [trad. cast.: *Historia de las ideas y las creencias religiosas*, Paidós, Barcelona, 2010].

66. Eliade, M., *Shamanism: Archaic Techniques of Ecstasy*, Princeton University Press, Princeton (NJ), 2004, pág. 61 [trad. cast.: *El chamanismo y las técnicas arcaicas del éxtasis*, Fondo de Cultura Económica, Madrid, 2001].

67. *Ibidem*, pág. 18.

68. Pagels, E., *The Gnostic Gospels*, Random House, Nueva York, 1979, pág. xv.

69. Véanse, por ejemplo, los amargos comentarios sobre la crueldad de Dios pronunciados por Stephen Fry, ateo y estudiante de mitología, en Fry, S., y Peterson, J. B., «An atheist in the realm of myth», *The Jordan B. Peterson Podcast*, 169, mayo de 2021, <youtu.be/fFFS-Kedy9f4?si=GLj__Y1z9rd1NHOO>.

70. Jung, C. G., *Answer to Job,* Routledge and Kegan Paul, Nueva York, 1958 [trad. cast.: *Respuesta a Job*, Trotta, Madrid, 2023].

71. «Un día acudieron a presentarse delante de Jehová los hijos de Dios y entre ellos vino también Satanás» (Job 1:6).

72. Keathley, J. H., *Biblical Typology: A Brief Overview*, Bible.org, s. f., consultado en <bible.org/article/biblical-typology-brief-overview>.

73. Stevenson, R. L., *The Land of Nod: In A Child's Garden of Verses*, Charles Scribner's Sons, Nueva York, 1913.

74. Robinson, H. W., *Genesis*, Cambridge University Press, Cambridge (RU), 1913, págs. 98-99. Véase <biblehub.com/commentaries/genesis/4-24.htm> [trad. cast.: <https://www.bibliaplus.org/es/commentaries/255/la-biblia-de-cambridge-para-escuelas-y-colegios/genesis/4>].

75. Cita en el texto citado: Gordon, C. H., *Early Traditions of Genesis*, The University of Chicago Press, Chicago, 1907, pág. 204.

76. Flavio Josefo, *Antiquities of the Jews*, s. f., consultado en <gutenberg.org/files/2848/2848-h/2848-h.htm> [trad. cast.: *Antigüedades de los judíos*, Kalamo, Burriana, 2012].

77. Comentario sobre el Génesis 4:15, <biblehub.com/commentaries/pulpit/genesis/4.htm>, tomado de Spence-Jones (ed.), *The Pulpit Commentaries*, vol. 1, Funk & Wagnalls Company, Londres, 1890, pág. 82.

78. Chagnon, N. A., «Life histories, blood revenge, and warfare in a tribal population», *Science,* 239, 1988, págs. 985-992.

79. Stringer, C., «The origin and evolution of *Homo sapiens*, Philosophical Transactions of the Royal Society B», *Biological Science,* 371, 2016, págs. 1698-1702.

80. Kelly, R. L., «The evolution of lethal intergroup violence», *Proceedings of the National Academy of Science,* 102, 2005, págs. 15294-15298.

81. Wikan, U., *In Honor of Fadime: Murder and Shame,* University of Chicago Press, Chicago, 2008.

82. Hobbes, T., *Leviathan,* parte I, capítulo XIII, 1651, tomado de <gutenberg.org/files/3207/3207-h/3207-h.htm#link2HCH0013> [trad. cast.: *Leviatán,* Fondo de Cultura Económica, Ciudad de México, 2017].

83. Milton, *Paradise Lost, op. cit.*

84. Tomado específicamente de <biblehub.com/genesis/4-16.htm#commentary>; sacado de Spence-Jones (ed.), *The Pulpit Commentary, op. cit.*

85. Jung, *Answer to Job, op. cit.,* págs. 355-470.

86. Kiehl, K. A., y Hoffman, M. B., «The criminal psychopath: history, neuroscience, treatment and economics», *Jurimetrics,* 51, 2011, págs. 355-397; Patrick, C. J., y Drislane, L. E., *Psychopathy: An Introduction to Clinical and Forensic Aspects,* Guilford Press, Nueva York, 2015; Jonason, P. K., Kaźmierczak, I., Campos, A. C., y Davis, M. D., «Leaving without a word: Ghosting and the Dark Triad traits», *Acta Psychologica,* 220, 2021, 103425; Jonason, P. K., Luevano, V. X., y Adams, H. M., «How the dark triad traits predict relationship choice», *Personality and Individual Differences,* 53, 2012, págs. 180-184; véase también, para una caracterización más anacrónica, <en.wikipedia.org/wiki/Haltlose_personality_disorder>.

87. Farrington, D. P., Ullrich, S., y Salekin, R. T., «Environmental influences on child and adolescent psychopathy», en R. T. Salekin y D. R. Lynam (eds.), *Handbook of Child and Adolescent Psychopathy,* Guilford, Nueva York, 2010, capítulo 9.

88. Véase sección 2.7., «La pérdida del paraíso y la espada encendida».

89. Véase sección 2.4., «Los pecados eternos de Adán y Eva».

90. Dostoievski, *The Brothers Karamazov, op. cit.*, capítulo 7.

91. Véase sección 3.6., «Poseído creativamente por el espíritu del resentimiento».

4. Noé: Dios como la llamada a prepararse

1. Rashi (1040-1105), *The Complete Jewish Bible with Rashi Commentary*, Génesis 4:25, <chabad.org/library/bible_cdo/aid/8165/showrashi/true>.

2. Ibn Ezra (1089-1167), *The Complete Jewish Bible with Ibn Ezra's Commentary*, Génesis 4:25, <chabad.org/library/bible_cdo/aid/8173/showrashi/true>.

3. Ramban (1194-1270), *The Complete Jewish Bible with Ramban's Commentary*, Génesis 4:25, <chabad.org/library/bible_cdo/aid/8200/showrashi/true>.

4. Ellicott, C. J., *Ellicott's Commentary for English Readers*, Cassell, Petter, and Galpin, Londres, 1878; Spence-Jones (ed.), *The Pulpit Commentary, op. cit.*; Perowne, J. J. S., y Howson, J. S. (eds.), *The Cambridge Bible for Schools and Colleges*, Cambridge University Press, Cambridge, <biblehub.com/genesis/6-4.htm#commentary>.

5. Eliade, M., *Patterns in Comparative Religion*, Sheed and Ward, Nueva York, 1958, pág. 258.

6. Eliade, *The Myth of the Eternal Return, op. cit.*, pág. 215.

7. Milton, *Paradise Lost, op. cit.*

8. Heidel, A., *The Babylonian Genesis*, Chicago University Press, Phoenix Books, Chicago (1965), tablilla 1, págs. 133-138.

9. Como se detalla ampliamente en Peterson, *Maps of Meaning, op. cit.*; véase también Jung, *The Collected Works of C. G. Jung*, vol. 5: *Symbols of Transformation, op. cit.*; Campbell, *The Hero with a Thousand Faces, op. cit.*; Neumann, *The Origins and History of Consciousness, op. cit.*; Neumann, *The Great Mother, op. cit.*

10. Nietzsche, *Thus Spake Zarathustra, op. cit.*

11. Allers, R., y Minkoff, R. (dirs.), *El rey león, op. cit.*

12. Kaufmann, W. (ed), *The Portable Nietzsche*, Nueva York, Viking Press, 1954, págs. 211-212.

13. Nietzsche, *Thus Spoke Zarathustra, op. cit.*

14. Nietzsche, F., *On the Genealogy of Morals and Ecce Homo*, Vintage Books, Londres, 1967 [1887 y 1908], primer ensayo, sección 10, pág. 30 [trads. cast.: *Genealogía de la moral*, Alianza, Madrid, 1979; *Ecce Homo*, Alianza, Madrid, 2011].

15. Kaufmann, W., *Nietzsche: Philosopher, Psychologist, Antichrist*, Princeton University Press, Princeton (NJ), 1974, pág. 98.

16. Pevear, R., «Foreword to demons», en Dostoievski, *Demons, op. cit.*

17. Solzhenitsin, *The Gulag Archipelago, op. cit.*

18. Peterson, J. B. (2018), «Foreword», en Solzhenitsin, *The Gulag Archipelago*, Vintage Classics, Londres, 2018, pág. XII.

19. Véase sección 2.6., «El sufrimiento desnudo como fruto del pecado».

20. Shakespeare, W., *As You Like It*, en S. Greenblatt, W. Cohen, J. Howard y K. Eisaman Maus (eds.), *The Norton Shakespeare: Based on the Oxford Edition*, 2.ª ed., Nueva York, W. W. Norton & Company, 2008, págs. 1611-1663 [trad. cast.: *Como gustéis*, RBA, Barcelona, 2003].

21. Solzhenitsin, A., «Nobel lecture in literature», en M. Slonim (ed.), *Alexander Solzhenitsin: A Documentary Record*, Penguin Books, Hardmondsworth (RU), 1972, pág. 284.

22. Solzhenitsin, *The Gulag Archipelago, op. cit.*; Dreher, R., *Live Not By Lies: A Manual for Christian Dissidents*, Sentinel, Nueva York, 2020; Orwell, G., *1984*, Penguin Classics, Nueva York, 2021 [1949] [trad. cast.: *1984*, Destino, Barcelona, 2023].

23. Dostoievski, *The Brothers Karamazov, op. cit.*, capítulo 25, <online-literature.com/dostoevsky/brothers_karamazov/25>.

24. *Ibidem*, capítulo 41 (conversaciones y exhortaciones del padre Zósimo).

25. Como en «sostenemos como evidentes estas verdades», que se incluye en el inicio del famoso segundo párrafo de la Declaración de Independencia de Estados Unidos.

26. Eliade, *A History of Religious Ideas, op. cit.*, págs. 62-63.

27. Véase sección 1.1., «Dios como espíritu creativo».

28. Goebel, T., Waters, M. R., y O'Rourke, D. H., «The late Pleistocene dispersal of modern humans in the Americas», *Science*, 319, 2008, págs. 1497-1502.

29. Martin, P. S., *Prehistoric Overkill*, Wiley, Nueva York, 1967; Steadman, D. W., y Martin, P. S., «The late Quaternary extinction and future resurrection of birds on Pacific islands», *Earth's Insights*, 6, 2003, págs. 49-60; Fariña, R. A., Vizcaíno, S. F., y De Iuliis, G., *Megafauna: Giant Beasts of Pleistocene South America*, Indiana University Press, Bloomington, 2013; Shapiro, R., *et al.*, «Phylogeography of lions (*Panthera leo ssp.*) reveals three distinct taxa and a late Pleistocene reduction in genetic diversity», *Molecular Ecology*, 18, 2009, págs. 1668-1677; Meachen, J. A., y Janowicz, A. C., «Morphological convergence of the prey-killing arsenal of sabertooth predators», *Paleobiology*, 41, 2015, págs. 280-312.

30. Martin, P. S., *Prehistoric Overkill*, Wiley, Nueva York, 1967; Johnson, C. N., y Miller, W. E., «Australasia's own 'Lost World': The late Pleistocene fossil mammal deposits of the Naracoorte Caves, South Australia», *Transactions of the Royal Society of South Australia*, 126, 2002, págs. 1-12.

31. Huffman, T. N., *Handbook to the Iron Age: The Archaeology of Pre-Colonial Farming Societies in Southern Africa*, Springer, Nueva York, 2019.

32. Steadman, D. W., y Franz, R., «Prehistoric extinctions of Pacific island birds: Biodiversity meets zooarchaeology», *Science*, 358, 2017, págs 911-914; Pregill, G. K., y Steadman, D. W., «Extinctions and declines of terrestrial vertebrates in the Hawaiian Islands», *Journal of Mammalogy*, 100, 2019, págs. 1907-1924; Burney, D. A., James, H. F., Grady, F. V., Raferty, J. P., y Talbot, S. L., «Ecology, extinction and conservation of island birds: La Parguera, Puerto Rico», *Bird Conservation International*, 7, 1997, págs. 209-242.

33. Worm, B., *et al.*, «Impacts of biodiversity loss on ocean ecosystem services», *Science*, 314, 2006, págs. 787-790; Myers, R. A., y Worm, B., «Rapid worldwide depletion of predatory fish communities», *Nature*, 423, 2003, págs. 280-283.

34. En la actualidad, uno de cada veinte estadounidenses se considera vegetariano y uno de cada treinta y tres dice ser vegano, lo que supone una restricción más extrema: Saad, L., «In U.S., 5 % consider themselves vegetarian», Gallup, 3 de agosto de 2020, consultado en <news.gallup.com/poll/317077/five-consider-themselves-vegetarian.aspx>.

35. Extraído específicamente de <biblehub.com/genesis/9-4.htm#commentary>; tomado de Ellicott, C. J., *Ellicott's Commentary for English Readers*, Cassell and Company, Ltd., Londres, 1905.

36. Lutero, M., *Luther's Works,* vol. 42: *Devotional Writings I,* Fortress Press, Londres, 1966, pág. 91.

37. Tomado específicamente de <biblehub.com/genesis/9-22.htm#commentary>; extraído de Spence-Jones (ed.), *The Pulpit Commentary, op. cit.*

38. Esta moral moderna (posmoderna) puede verse reflejada incluso en el comportamiento de los sistemas de modelos de lenguaje de gran tamaño, que, al parecer, o bien han aprendido empapándose de material literario sesgado en su contenido a partir del dominio arbitrario de la escritura moderna sobre la clásica (dada la facilidad de compartir el material impreso que actualmente existe por razones tecnológicas), o bien han sido programados *post hoc* por aspirantes a censores con motivaciones políticas a fin de generar las respuestas adecuadamente cautas y evasivas que los cobardes consideran tanto moral como socialmente aceptables. Así es como ChatGPT (<chat.openAI.com>), por ejemplo, concluyó su respuesta cuando se le preguntó: «Háblame del papel y de la caracterización bíblica de los cananeos»: «Merece destacar que la descripción bíblica de los cananeos ha estado sujeta a crítica y revisión y que hay académicos que defienden que el retrato es sesgado y que es reflejo de los planteamientos políticos y teológicos de los autores israelitas. Además, existen evidencias arqueológicas e históricas que sugieren que los cananeos conformaron una sociedad diversa y compleja con su propia cultura y sus tradiciones particulares, y que su interacción con los israelitas estuvo más llena de matices de lo que da a entender el relato bíblico» (obtenido el 1 de mayo de 2023). Es imposible que cualquier persona sensata lea este disparate patético basado en el interés y el autobombo (generado por máquinas o no) sin sentir una gran vergüenza por el mero delito de ser un ser humano.

39. Véase sección 1.5., «A imagen de Dios».

40. Véase, por ejemplo, «Monuments and memorials removed in Canada, 2020-2022», <en.wikipedia.org/wiki/Monuments_and_memorials_in_Canada_removed_in_2020-2022>.

41. Para una interpretación que es a la vez particularmente repro-

bable y reveladora, véase Nayeri, F., «The conflict over vandalizing art as a way to protest», *The New York Times*, 2 de mayo de 2023, <nytimes.com/2023/05/02/arts/design/vandalizing-art-protests.html>.

42. Específicamente extraído de <biblehub.com/genesis/10-6. htm#commentary>; tomado de Spence-Jones (ed.), *The Pulpit Commentary*, *op. cit.*

5. La torre de Babel: Dios frente a la tiranía y el orgullo

1. Véase <en.wikipedia.org/wiki/Ziggurat>, consultado el 18 de junio de 2024.

2. Véase <en.wikipedia.org/wiki/Mesoamerican_pyramids>, consultado el 18 de junio de 2024.

3. Un conocido ejemplo es el de la «jerarquía de necesidades» desarrollada por el psicólogo Abraham Maslow, uno de los fundadores de la escuela humanista de psicoterapia. Maslow, A. H., «A theory of human motivation», *Psychological Review*, 50, 1943, págs. 370-396. Aunque Maslow no empleó él mismo esa imagen: Ballard, J. A., «The diffusion of Maslow's motivation theory in management and other disciplines», artículo presentado en el 66.º Academy of Management Annual Meeting, Knowledge, Action and the Public Concern: Atlanta GA, agosto de 2006. Sus ideas, por lo general, suelen presentarse con imágenes realizadas a partir de zigurats (<nietzscheselfhelp.com/single-post/2017/12/31/maslow-s-ziggurat>) o, con más frecuencia aún, de pirámides (<en.wikipedia.org/wiki/Maslow%27s_hierarchy_of_needs; simplypsychology.org/maslow.html>).

4. Eliade, *The Sacred and the Profane*, *op. cit.*, págs. 40-41.

5. Lipiński, E., *The Aramaeans: Their Ancient History, Culture, Religion*, Peeters Publishers, Lovaina, 2000, pág. 87.

6. Lipiński, E., *Dictionnaire de la Civilisation Phénicienne et Punique*, Brepols, Turnhout, 1992.

7. George, A., «The tower of Babel: archaeology, history and cuneiform texts», *Archiv für Orientforschung*, 51, 2007, págs. 75-95.

8. Walton, J. H., *Ancient Near Eastern Thought and the Old Testament: Introducing the Conceptual World of the Hebrew Bible*, Baker Academic, Grand Rapids (MI), 2006, pág. 179.

9. Black, J. A., Cunningham, G., Robson, E., y Zólyomi, G., *The Epic of Gilgamesh: A New Translation, Analogues, Criticism*, Oxford University Press, Oxford (RU), 2006.

10. Van der Toorn, K., *Scribal Culture and the Making of the Hebrew Bible*, Harvard University Press, Cambridge (MA), 2007, pág. 133.

11. La bestia escarlata del Estado de siete cabezas, que se representa en la pavorosa imaginería de Apocalipsis 17, se ha considerado tradicionalmente como una referencia a Roma, fundada sobre siete colinas.

12. Hess, R. S., «Babel, Tower of», en D. N. Freedman (ed.), *The Anchor Yale Bible Dictionary*, vol. 1, Doubleday, Nueva York, 1994, págs. 522-526.

13. Menner, Robert J., «Nimrod and the Wolf in the Old English "Solomon and Saturn"», *Journal of English and Germanic Philology*, 37, 1938, págs. 332-384.

14. Se trata de un hecho que recuerda la reaparición del caos monstruoso de Tiamat después de que los viejos guardianes mesopotámicos matasen con tanta despreocupación a Apsu e intentaran usar su cadáver como cimiento.

15. Coogan, M. D., *A Brief Introduction to the Old Testament: The Hebrew Bible in its Context*, Oxford University Press, Londres, 2009.

16. Para una ilustración reciente de ello, véase el documental de Folk, J. (dir.), *What Is a Woman?*, The Daily Wire Plus, EE. UU., 2022.

17. Wittgenstein, L., *Philosophical Investigations*, Blackwell Publishing, Londres, 1953, sección 31 [trad. cast.: *Investigaciones filosóficas*, Crítica, Barcelona, 2008].

18. Milton, *Paradise Lost*, libro VII, *op. cit.*

19. Véase sección 1.4., «Eva a partir de Adán».

20. Marelich, W. D., Lundquist, J., Painter, K., y Mechanic, M. B., «Sexual deception as a social-exchange process: Development of a behavior-based sexual deception scale», *Journal of Sex Research*, 45, 2008, págs. 27-35; véase también Brewer, G., De Griffa, D., y Uzun, E., «Dark triad traits and women's use of sexual deception», *Personality and Individual Differences*, 142, 2019, págs. 42-44.

21. Milton, J., *Comus: A Mask Presented at Ludlow Castle*, 1634, consultado en Project Gutenberg, <gutenberg.org/files/24353/243 53-h/24353-h.htm#link2H_4_0003>; tomado concretamente de <bi blehub.com/revelation/17-4.htm#commentary> y de Ellicott, C. J., *Ellicott's Commentary for English Readers*, Cassell and Company, Ltd., Londres, 1905.

22. Ogas, S., y Gaddam, S., *A Billion Wicked Thoughts: What the Internet Tells Us about Sexual Behavior,* Plume, Nueva York, 2011.

23. Para una guía de funcionamiento (totalmente imperdonable), véase *Tech for Non-Techies,* episodio 113 sobre cómo el porno impulsa la innovación tecnológica, agosto de 2022, <techfornonte-chies.co/blog/how-porn-drives-tech-innovation>; Waddell, K., «How porn leads people to upgrade their tech», *The Atlantic,* junio de 2016, <theatlantic.com/technology/archive/2016/05/how-porn- leads-people-to-upgrade-their-tech/484132/>; Arlidge, J., *The Guardian,* marzo de 2002, <theguardian.com/technology/2002/mar/03/internetnews. observerfocus>.

24. Freud, S., «Three Essays on the Theory of Sexuality», en J. Strachey (ed.), *The Standard Edition of the Complete Psychological Works of Sigmund Freud,* vol. 7, Hogarth Press, Londres, 1905 [trad. cast.: «Tres ensayos para una teoría sexual», *Obras completas,* vol. VII, Orbis, Barcelona, 1998].

25. Sacado específicamente de <biblehub.com/revelation/18-24. htm#commentary>; tomado de Ellicott, C. J., *A New Testament Commentary for English Readers*, Cassell and Company, Ltd., Londres, 1896.

26. Véase sección 1.4., «Eva a partir de Adán».

27. McManus, L., «AI sex robot technician jokes "women are becoming extinct" as doll sales sky-rocket», *Daily Star,* 3 de noviembre de 2023, <dailystar.co.uk/news/weird-news/ai-sex-robot-techni-cian-jokes-31356090>.

28. «Un día acudieron a presentarse delante de Jehová los hijos de Dios y entre ellos vino también Satanás» (Job 1:6; véase también Job 2:1).

29. Véase sección 2.5., «La serpiente eterna».

30. Milton, *Paradise Lost,* libro I, *op. cit.*

31. *Ibidem.*

32. *Ibid.*

33. *Ibid.*

34. *Ibid.*

35. Comunicación personal con el célebre ingeniero James (Jim) Keller, inventor de muchos de los chips de ordenador que mantienen operativa la tecnología del mundo: para contexto, consultar <en.wikipedia.org/wiki/Jim_Keller_(engineer)>.

36. Tolkien, *The Lord of the Rings, op. cit.*

37. Véase, por ejemplo (hay muchos), Shen, X., «Skynet, China's massive video surveillance network», *South China Morning Post*, 4 de octubre de 2018, <scmp.com/abacus/who-what/what/article/302 8246/skynet-chinas-massive-video-surveillance-network>.

38. Cameron, J. (dir.), *The Terminator*, Orion Pictures, EE. UU., 1984; *Terminator 2: el juicio final*, TriStar Pictures, EE. UU., 1991; Mostow, J. (dir.), *Terminator 3: la rebelión de las máquinas*, Warner Bros. Pictures, EE. UU., 2003; McG (dir.), *Terminator Salvation*, Warner Bros. Pictures, EE. UU., 2009; Taylor, A. (dir.), *Terminator: génesis*, Paramount Pictures, EE. UU., 2015; Miller, T. (dir), *Terminator: Dark Fate*, Paramount Pictures, EE. UU., 2019.

39. Peterson, D., «China's 'sharp eyes' program aims to surveil 100 % of public space», Center for Security and Emerging Technology, 2021, <cset.georgetown.edu/article/chinas-sharp-eyes-program-aims-to-surveil-100-of-public-space>, consultado el 15 de mayo de 2023.

40. Kang, D., «Chinese "gait recognition" tech IDs people by how they walk», Associated Press, 2018, <apnews.com/article/china-technology-beijing-business-international-news-bf75dd1c26c947b7826d270a 16e2658a>, consultado el 15 de mayo de 2023.

41. George, A. L., y Smoke, R., *Deterrence in American Foreign Policy: Theory and Practice*, Columbia University Press, Nueva York, 1974.

42. Versión cinematográfica, Fosse, B. (dir.), *Cabaret*, Allied Artists Pictures, EE. UU., 1972.

43. *Los Simpson*, temporada 4, episodio 21, «Marge in Chains», 1993 [«Marge encadenada»].

44. Temporada 11, episodio 14, «Alone Again, Natura-Diddily», 2000 [«Solito otra vez, naturalmente»].

45. Temporada 12, episodio 11, «Worst Episode Ever», 2001 [«El peor episodio de la historia»].

46. Temporada 18, episodio 14, «Yokel Chords», 2007 [«Cuerdas gañanas»].

47. Temporada 23, episodio 5, «The Food Wife», 2011 [«La gastroesposa»].

48. Temporada 2, episodio 13, «Homer vs. Lisa and the 8th Commandment», 1991 [«Homer contra Lisa y el octavo mandamiento»].

49. Ovidio, *The Metamorphoses*, Penguin Classics, Londres, 2004 [c. 8 d. C.] [trad. cast.: *Metamorfosis*, Austral, Barcelona, 2012].

50. Les dijo: «Yo veía a Satanás caer del cielo como un rayo» (Lucas 10:18).

51. Extraído específicamente de <biblehub.com/commentaries/isaiah/14-12.htm>; tomado de Gill, J., *A Commentary on the Whole Bible: Explaining and Defending the Sacred Text,* J. and J. Knapton, Londres, 1748.

52. Tal como se detalla en Wrangham, R., y Peterson, D., *Demonic Males: Apes and the Origins of Human Violence,* Houghton Mifflin, Nueva York, 1996.

53. De Waal, F., *Chimpanzee Politics: Power and Sex among Apes*, Johns Hopkins University Press, Baltimore, 1982, pág. 138 [trad. cast.: *La política de los chimpancés*, Alianza, Madrid, 2022].

54. De Waal, F., *The Ape and the Sushi Master: Cultural Reflections by a Primatologist*, Basic Books, Nueva York, 2001, pág. 46 [trad. cast.: *El simio y el aprendiz de sushi: reflexiones de un primatólogo sobre la cultura*, Paidós, Barcelona, 2002].

55. De Waal, *Chimpanzee Politics, op. cit.*, pág. 223.

56. De Waal, F. B. M., *The Bonobo and the Atheist: In Search of Humanism among the Primates,* W. W. Norton & Company, Nueva York, 2013, pág. 11 [trad. cast.: *El bonobo y los diez mandamientos: en busca de la ética entre los primates*, Tusquets, Barcelona, 2014].

57. Tal como, de manera tan patológica, expuso Foucault, *Discipline and Punish, op. cit.*; Foucault, *The History of Sexuality, op. cit.*

58. Véase <en.wikipedia.org/wiki/Death_of_Benito_Mussolini>, consultado el 15 de mayo de 2023.

59. Véase <en.wikipedia.org/wiki/Nicolae_Ceau%C8%99escuL>, consultado el 15 de mayo de 2023.

60. Anónimo, *The Epic of Gilgamesh*, Penguin Classics, Nueva York, 2003, trad. y ed. de A. R. George [trad. cast.: *La epopeya de Gilgamesh*, Penguin Clásicos, Barcelona, 2015].

61. Sturluson, S., *The Prose Edda*, Penguin Classics, Londres, 2011 [trad. cast.: *Eda menor*, Alianza, Madrid, 2016].

62. Wu, C., *The Journey to the West*, University of Chicago Press, Chicago, 1977.

63. Graves, R., *The Greek Myths*, Penguin Books, Londres, 1955 [trad. cast.: *Los mitos griegos*, Ariel, Barcelona, 2005].

64. Véase Wittgenstein, *Philosophical Investigations*, *op. cit.*

65. Es algo que queda magníficamente explicado en Nørretranders, T., *The User Illusion: Cutting Consciousness Down to Size*, Viking, Nueva York, 1991.

66. Parece tratarse de algo que se aproxima a una variante del teorema formulado por Gödel y expuesto más arriba.

67. Véase Neumann, *The Origins and History of Consciousness*, *op. cit.*; Neumann, *The Great Mother*, *op. cit.*; Jung, *The Collected Works of C. G. Jung*, vol. 5: *Symbols of Transformation*, *op. cit.*; Peterson, *Maps of Meaning*, *op. cit.*

68. La naturaleza axiomática de tal suposición, o de su equivalente, fue en parte el tema de *Maps of Meaning*, *op. cit.*, el libro que publiqué en 1999, así como de las obras en las que en parte se basa. Ver más en la sección 7.4., «De regreso a la tierra de las apuestas redobladas».

69. Jones, D. N., y Paulhus, D. L., «The explanatory power of the Dark Tetrad of personality in the prediction of risk-taking behaviors», *Australian Journal of Psychology*, 73, 2021, págs. 253-261; Watts, A. L., Lilienfeld, S. O., Smith, S. F., Miller, J. D., y Campbell, W. K., «Deception and the dark tetrad of personality: The roles of psychopathy and machiavellianism», *Personality and Individual Differences*, 185, 2021, 111243; Movahedi, S., Kajbaf, M. B., y Rasekh, A., «Dark tetrad personality traits and different beliefs: Exploring the links», *The Journal of Social Psychology*, 161, 2021, págs. 433-451.

70. Cale, E. M., y Lilienfeld, S. O., «Sex differences in psychopathy and antisocial personality disorder: A review and integration», *Clinical Psychology Review*, 22, 2002, págs. 1179-1207; Jonason, P. K., y Li, N. P., «Relationship between number of sexual partners and

involvement in an antisocial lifestyle among young adults», *Journal of Social Psychology*, 149, 2002, págs. 222-225.

71. Lee, K., Ashton, M. C., Wiltshire, J., Bourdage, J. S., Visser, B. A., y Gallucci, A., «Sex, power, and money: Prediction from the dark triad and honesty–humility», *European Journal of Personality*, 27, 2013, págs. 169-184.

72. Łowicki, P., Zajenkowski, M., Golec de Zavala, A., y Piotrowski, J., «Dark triad of personality and its association with addictive behaviors, both substance-related and nonsubstance-related: A systematic review», *Frontiers in Psychology*, 10, 2019, págs. 1-18; Van Schie, C. C., y Van Roekel, E., «The relationship between Dark Triad personality trait levels and addiction tendencies to "substances" and "processes"», *Addiction Research and Theory*, 30, 2021, págs. 184-193; Lewis, C. E., y Bucholz, K. K., «Alcoholism, antisocial behavior and family history», *British Journal of Addiction*, 86, 1991, págs. 177-194; Pihl, R. O., y Peterson, J. B., «Attention-deficit hyperactivity disorder, childhood conduct disorder, and alcoholism: Is there an association?», *Alcohol Health and Research World*, 15, 1991, págs. 25-31.

73. Moss, J., y O'Connor, P. J., «The Dark Triad traits predict authoritarian political correctness and alt-right attitudes», *Heliyon*, 6, 2020, e04453.

74. La preocupación en este sentido ya surgió cuando las pantallas en cuestión eran solo las del televisor: Hill, D. J., *et al.*, «Media and young minds», *Pediatrics*, 138, 2016, e20162591.

75. Véase sección 4.4., «El hijo descreído condenado a la esclavitud».

76. Haidt, J., *The Anxious Generation: How the Great Rewiring of Childhood is Causing an Epidemic of Mental Illness*, Penguin Press, Nueva York, 2024.

77. Véase sección 2.6., «El sufrimiento desnudo como fruto del pecado».

78. Una exposición lo bastante informativa, si bien poco exhaustiva, puede consultarse en «Unit 731», <en.wikipedia.org/wiki/Unit_731>.

79. Panzram, C., *Panzram: A Journal of Murder*, Amok Books, Gardena (CA), 2002.

80. Marx, K., *A Contribution to the Critique of Hegel's Philosophy*

of Right, 1843, <marxists.org/archive/marx/works/1843/critique-hpr/ intro.htm> [trad. cast.: *Contribución a la crítica de la filosofía del derecho de Hegel*, <http://grupgerminal.org/?q=system/files/1844-02-00-contribucionderechoHegle-marx.pdf>].

81. Freud, S., *The Future of An Illusion*, Hogarth Press, Nueva York, 1927 [trad. cast.: *El porvenir de una ilusión*, Club Círculo de Lectores, Barcelona, 2014].

82. Esto es algo técnicamente cierto. Véase Gray, J., *The Neuropsychology of Anxiety*, Oxford University Press, Oxford, 1982.

83. Solzhenitsin, *The Gulag Archipelago, op. cit.*, pág. 615.

84. *Ibidem,* págs. 338-339.

6. Abraham: Dios como vigorosa llamada a la aventura

1. Dostoievski, F., *Notes from the Underground*, 1918, <gutenberg.org/files/600/600-h/600-h.htm> [trad. cast.: *Apuntes del subsuelo*, Alianza, Madrid, 2021].

2. Tomado específicamente de <biblehub.com/commentaries/genesis/12-1.htm>; extraído de Benson, J., *Benson Commentary*, T. Carlton and J. Porter, Nueva York, 1857.

3. Véase sección 3.5., «El sacrificio que complace a Dios».

4. Véase sección 6.6., «Con los ángeles al abismo».

5. Milton, *Paradise Lost*, libro i, *op. cit.*

6. Lukianoff, G., y Haidt, J., *The Coddling of the American Mind: How Good Intentions and Bad Ideas Are Setting Up a Generation for Failure*, Penguin Press, Nueva York, 2018.

7. Haidt, J., *The Anxious Generation: How the Great Rewiring of Childhood is Causing an Epidemic of Mental Illness*, Penguin Press, Nueva York, 2024.

8. Gray, J., *The Neuropsychology of Anxiety*, Oxford University Press, Oxford, 1982.

9. Véase la obra de Jaak Panksepp y Tiffany Field sobre la necesidad del tacto, por ejemplo, incluso para la vida misma de los niños.

10. Como expongo en mi libro anterior: Peterson, J. B., *Beyond Order: 12 More Rules for Life*, Allen Lane, Londres, 2022 [trad. cast.:

Más allá del orden: doce nuevas reglas para vivir, Planeta, Barcelona, 2018].

11. Véase el comentario de Maclaren en <biblehub.com/commentaries/genesis/13-1.htm>, extraído de Maclaren, A., *Expositions of Holy Scripture — Genesis, Exodus, Leviticus and Numbers*, Hodder and Stoughton, Londres, 1891.

12. Véase sección 2.7., «La pérdida del paraíso y la espada encendida».

13. Véase sección 6.2., «El diablo en la encrucijada».

14. Véase sección 3.1., «La identidad del sacrificio y del trabajo».

15. El pensador más citado en el campo de las humanidades, Van Noorden, R., «The top 100 papers», *Nature*, 463, 2010, págs. 569-571. Véase Foucault, *Discipline and Punish, op. cit.*; Foucault, *The History of Sexuality, op. cit.*

16. Dawkins, R., *The Selfish Gene, op. cit.*

17. Buss, D., «Sex differences in human mate preferences: Evolutionary hypotheses tested in 37 cultures», *Behavioral and Brain Science*, 12, 1989, págs. 1-14; Buss, D. M., y Schmitt, D. P., «Sexual strategies theory: An evolutionary perspective on human mating», *Psychological Review*, 100, 1993, págs. 204-232; Tucaković, L., Bojić, L., y Nikolić, N., «The battle between light and dark side of personality: how light and dark personality traits predict mating strategies in the online context», *Interpersona: An International Journal on Personal Relationships*, 16, 2022, págs. 295-312.

18. Barrick, M. R., y Mount, M. K., «The big five personality dimensions and job performance: A meta-analysis», *Personnel Psychology*, 44, 1991, págs. 1-26; Hogan, R., y Ones, D. S., «Conscientiousness and integrity at work», en R. Hogan, J. Johnson y S. Briggs (eds.), *Handbook of personality psychology*, Academic Press, San Francisco, 1997, págs. 85-110; Higgins, D. M., Peterson, J. B., Pihl, R. O., y Lee, A. G. M., «Prefrontal cognitive ability, intelligence, big five personality, and the prediction of advanced academic and workplace performance», *Journal of Personality and Social Psychology*, 93, 2007, págs. 298-319.

19. Costa, P. T., Jr., Terracciano, A., y McCrae, R. R., «Gender differences in personality traits across cultures: Robust and surprising findings», *Journal of Personality and Social Psychology*, 81, 2001, págs.

322-331; Feingold, A., «Gender differences in personality: A meta-analysis», *Psychological Bulletin*, 116, 1994, págs. 429-456; Schmitt, D. P., Realo, A., y Voracek, M., «The big five factor model of personality across cultures: Robust and generalizable across 55 cultures», *Journal of Personality and Social Psychology*, 94, 2008, págs. 26-40; Weisberg, Y. J., Deyoung, C. G., y Hirsh, J. B., «Gender differences in personality across the ten aspects of the Big Five», *Frontiers in Psychology*, 2, 2011, pág. 178.

20. Brown, D., *Human Universals,* Temple University Press, Filadelfia (PA), 1991.

21. *Ibidem.*

22. Buss, D., «Sex differences in human mate preferences: Evolutionary hypotheses tested in 37 cultures», *Behavioral and Brain Science*, 12, 1989, págs. 1-14.

23. Tal como se expone en Scheiber, I. B. R., Weiß, B. M., Kingma, S. A., y Komdeur, J., «The importance of the altricial/precocial spectrum for social complexity in mammals and birds — A review», *Frontiers in Zoology*, 14, 2017, págs. 3-13.

24. Dawkins, R., *The Selfish Gene, op. cit.*

25. Farrell, W., y Gray, J., *The Boy Crisis*, BenBella Books, Dallas, 2018.

26. Jonason, P. K., Luevano, V. X., y Adams, H. M., «How the Dark Triad traits predict relationship choices», *Personality and Individual Differences*, 53, 2012, págs. 180-184.

27. Carter, G. L., Campbell, A. C., y Muncer, S., «The dark triad personality: Attractiveness to women», *Personality and Individual Differences*, 56, 2014, págs. 57-61; Qureshi, C., Harris, E., y Atkinson, B. E., «Relationships between age of females and attraction to the Dark Triad personality», *Personality and Individual Differences*, 95, 2016, págs. 200-203.

28. Breve exposición aquí: <new.nsf.gov/news/benefits-sexual-reproduction-lie-defense-against#>; véase también Jaenike, J., «An hypothesis to account for the maintenance of sex within populations», *Evolutionary Theory*, 3, 1978, págs. 191-194; Hamilton, W., «Sex versus non-sex versus parasite», *Oikos*, 35, 1980, págs. 282-290; Bell, G., *The Masterpiece of Nature: The Evolution and Genetics of Asexuality,* University of California Press, Berkeley, 1982; King, K.

C., Delph, L. F., Jokela, J., y Lively, C. M., «The geographic mosaic of sex and the Red Queen», *Current Biology*, 19, 2009, págs. 1438-1441.

29. Véase sección 1.4., «Eva a partir de Adán».

30. Thompson, D. F., Ramos, C. L., y Willett, J. K., «Psychopathy: clinical features, developmental basis and therapeutic challenges», *Journal of Clinical Pharmacy and Therapeutics*, 39, 2014, págs. 485-495.

31. Jonason, P. K., Li, N. P., Webster, G. D., y Schmitt, D. P., «The dark triad: Facilitating a short-term mating strategy in men», *European Journal of Personality*, 23, 2009, págs. 5-18; Brewer, G., *et al.*, «Dark triad traits and romantic relationship attachment, accommodation, and control», *Personality and Individual Differences*, 120, 2018, págs. 202-208; Figueredo, A. J., Gladden, P. R., Sisco, M. M., Patch, E. A., y Jones, D. N., «The unholy trinity: The dark triad, coercion, and Brunswik-Symmetry», *Evolutionary Psychology*, 13, 2015, págs. 435-454; Jonason, P. K., y Burtăverde, V., «The dark triad traits and mating psychology», en D. M. Buss (ed.), *The Oxford Handbook of Human Mating*, Oxford University Press, Oxford, 2023, págs. 590-605.

32. Frankl, G., *The Failure of the Sexual Revolution*, Free Association Books, Londres, 2003; Perry, L., *The Case Against the Sexual Revolution*, Polity Press, Nueva York, 2022.

33. Dworkin, E. R., Krahé, B., y Zinzow, H., «The global prevalence of sexual assault: A systematic review of international research since 2010», *Psychology of Violence*, 11, 2021, págs. 497-508.

34. Flanagan, C., «Losing the *rare* in "safe, legal and rare"», *The Atlantic*, 2019, <theatlantic.com/ideas/archive/2019/12/the-brilliance-of-safe-legal-and-rare/603151>.

35. Diamant, J., Mohamed, B., y Leppert, R., «What the data says about abortion in the US», Pew Research Center, <pewresearch.org/short-reads/2024/03/25/what-the-data-says-about-abortion-in-the-us>.

36. Garcia, J. R., Reiber, C., Massey, S. G., y Merriwether, A. M., «Sexual hookup culture: a review», *Review of General Psychology*, 16, 2012, págs. 161-176.

37. Abbey, A., Zawacki, T., Buck, P. O., Clinton, A. M., y McAuslan, P., «Alcohol and sexual assault», *Alcohol Research and*

Health, 25, 2001, págs. 43-51; véase también (si no hay más remedio) Miodus, S., Tan, S., Med, Evangelista, N. D., Fioriti, C., y Harris, M., «Campus sexual assault: Fact sheet from an intersectional lens», *American Psychological Association of Graduate Students Resources for Students*, 2023, <apa.org/apags/resources/campus-sexual-assault-fact-sheet.pdf>.

38. Young, C., «Want to have sex? Sign this contract», *Minding the Campus: Reforming our Universities*, 2014, <mindingthecampus.org/2014/02/20/want_to_have_sex_sign_this_con>.

39. Eberstadt, M., *Adam and Eve After the Pill: Paradoxes of the Sexual Revolution*, Ignatius Press, San Francisco, 2013; Perry, L., *The Case Against the Sexual Revolution*, Polity Press, Nueva York, 2022; Harrington, M., *Feminism Against Progress*, Regnery Publishing, Washington, D. C., 2023.

40. Pineda, D., Galán, M., Martínez-Martínez, A., Campagne, D. M., y Piqueras, J. A., «Same personality, new ways to abuse: How Dark Tetrad personalities are connected with cyber intimate partner violence», *Journal of Interpersonal Violence*, 37, 2022, págs. 13-14; Pineda, D., Martínez-Martínez, A., Galán, M., Rico-Border, P., y Piqueras, J. A., «The dark tetrad and online sexual victimization: Enjoying in the distance», *Computers in Human Behavior*, 142, 2023, 107659; Costa, R., Fávero, M., Moreira, D., Del Campo, A., y Sousa-Gomes, V., «Is the link between the dark tetrad and the acceptance of sexual violence mediated by sexual machismo?», *Aggressive Behavior*, 50 (1), 2024, e22116.

41. Véase <snopes.com/fact-check/mike-tyson-social-media>.

42. Institute for Family Studies and Wheatley Institute, «Global family and gender survey», 2018, <ifstudies.org/ifs-admin/resources/global-family-and-gender-survey-2018-gfg-1.pdf>.

43. Park, B. Y., *et al.*, 2016, «Is internet pornography causing sexual dysfunction? A review with clinical reports», *Behavioral Sciences (Basel, Switzerland)*, 6, 2018, págs. 17-24; Foubert, J. D., «The public health harms of pornography: The brain, erectile dysfunction, and sexual violence», *Dignity: A Journal of Analysis of Exploitation and Violence*, 2, 2017, artículo 6; Fog Poulsen, K., Jacobs, T., Høyer, S., Rohde, C., Vermande, A., De Wachter, S., y De Win, G., «Can time to ejaculation be affected by pornography?», *The Journal of Urology*,

203, suplemento 4, 2020, e615; Sharpe, M., y Mead, D., «Problematic pornography use: legal and health policy considerations», *Current Addiction Reports*, 8, 2021, págs. 556-567. Existen hallazgos contrarios o de menor calado, entre otras cosas porque las causas de la disfunción eréctil y de la violencia sexual son múltiples: Landripet, I., y Štulhofer, A., «Is pornography use associated with sexual difficulties and dysfunctions among younger heterosexual men?», *The Journal of Sexual Medicine*, 12, 2015, págs. 1136-1139.

44. Se trata de algo que parece particularmente cierto en el caso de Japón, aunque no exclusivo de él, pues otros países occidentales u occidentalizados le van a la zaga: Ghaznavi, C., *et al.*, «Trends in heterosexual inexperience among young adults in Japan: Analysis of national surveys, 1987-2015», *BMC Public Health*, 19, 2019, págs. 355-363.

45. Razonablemente bien expuesto en «Single parents in the United States», <en.wikipedia.org/wiki/Single_parents_in_the_United_States>.

46. Perry, L., *The Case against the Sexual Revolution*, Polity, Nueva York, 2022; véase también Perry, L., y Peterson, J. B., «Against the sexual revolution», *The Jordan B. Peterson Podcast*, 331, 2023, <youtu.be/rGsZ_HI_q1M?si=jvCcDwRT_PeJKSyR>.

47. Farrell, W., y Gray, J., *The Boy Crisis*, BenBella Books, Dallas, 2018.

48. Harris, I. D., Fronczak, C., Roth, L., y Meacham, R. B., «Fertility and the Aging Male», *Reviews in Urology*, 13, 2011, e184-90.

49. Monga, M., Alexandrescu, B., Katz, S. E., Stein, M., y Ganiats, T., «Impact of infertility on quality of life, marital adjustment, and sexual function», *Urology*, 63, 2003, págs. 126-130; Peterson, B. D., Newton, C. R., Rosen, K. H., y Skaggs, G. E., «Gender differences in how men and women who are referred for IVF cope with infertility stress», *Human Reproduction*, 21, 2006, págs. 2443-2449; Ying, L. Y., Wu, L. H., y Loke, A. Y., «Gender differences in experiences with and adjustments to infertility: A literature review», *International Journal of Nursing Studies*, 52, 2015, págs. 1640-1652.

50. Lassek, W. D., y Gaulin, S. J. C., «Waist-hip ratio and cognitive ability: Is gluteofemoral fat a privileged store of neurodevelopmental resources?», *Evolution and Human Behavior*, 29, 2008, págs. 26-34; Buss, D., «Sex differences in human mate preferences: Evolu-

tionary hypotheses tested in 37 cultures», *Behavioral and Brain Science*, 12, 1989, págs. 1-14; Cloud, J. M., y Perilloux, C., «Bodily attractiveness as a window to women's fertility and reproductive value», en V. A. Weekes-Shackelford y T. K. Shackelford (eds.), *Evolutionary Perspectives on Human Sexual Psychology and Behavior*, Springer, Nueva York, 2014, págs. 135-148.

51. Wolf, N., *The Beauty Myth*, Vintage Classics, Nueva York, 2015 [trad. cast.: *El mito de la belleza*, Salamandra, Barcelona, 1992].

52. Shaw, S. J., y Peterson, J. B., «The epidemic that dare not speak its name», *The Jordan B. Peterson Podcast*, 338, 2023, <youtu. be/Qrg8t34yXRs?si=gYoS9S9rXlkAzE7R>.

53. Se trata de un hallazgo bien afianzado en el campo de la psicología evolutiva: Buss, D. M., y Barnes, M., «Preferences in human mate selection», *Journal of Personality and Social Psychology*, 50, 1986, págs. 559-570; Buss, D. M., « Sex differences in human mate preferences: Evolutionary hypotheses tested in 37 cultures», *Behavioral and Brain Science*, 12, 1989, págs. 1-14; Buss, D. M., Shackelford, T. K., Kirkpatrick, L. A., y Larsen, R. J., «A half century of mate preferences: The cultural evolution of values», *Journal of Marriage and Family*, 63, 2001, págs. 491-503.

54. Crick, N. R., y Grotpeter, J. K., «Relational aggression, gender, and social-psychological adjustment», *Child Development*, 66, 1995, págs. 710-722.

55. Eliade, *The Sacred and the Profane*, op. cit.

56. Nietzsche, F., *Twilight of the Idols and The Anti-Christ*, Penguin Classics, Nueva York, 1990 [trad. cast.: *El ocaso de los ídolos*, Folio, Barcelona, 2007].

57. Tomado específicamente de <biblehub.com/commentaries/genesis/17-15.htm>; extraído de Benson, J., *Benson Commentary*, T. Carlton and J. Porter, Nueva York, 1857.

58. Tomado específicamente de <biblehub.com/hebrew/6117.htm>; extraído de Strong, J., *Strong's Exhaustive Concordance of the Bible*, Abingdon Press, Nashville, 1996.

59. Scott, W., *Marmion: A Tale of Flodden Field*, John Ballantyne and Co., Edimburgo, 1808.

60. Ese es precisamente el tema de la obra maestra de Dostoievski antes mencionada, *Crimen y castigo*. Raskólnikov, el oscuro héroe

del relato, queda impune, pero no puede soportar la tensión psicológica posterior y se delata a sí mismo como responsable del delito.

61. Véase sección 6.5., «Sacrificio y transformación de la identidad: Abram, Sarai y Jacob».

62. Tomado específicamente de <biblehub.com/genesis/18-21. htm>, extraído de Spence-Jones (ed.), *The Pulpit Commentary, op. cit.*

63. Estoy en deuda con Jonathan Pageau, célebre por su «Symbolic World» (<thesymbolicworld.com>) por esta interpretación (en una comunicación personal).

64. Al-Shorman, A., Ababneh, A., Rawashdih, A., Makhadmih, A., Alsaad, S., y Jamhawi, M., «Travel and hospitality in late antiquity», *Near Eastern Archaeology*, 80, 2017, págs. 22-28.

65. Brown, D., *Human Universals, op. cit.*

66. Peterson, J. B., *et al.*, «Biblical series: Exodus», *The Jordan B. Peterson Podcast (Exodus),* episodios 1-17, 2023. Primer episodio en <youtube/GEASnFvLxhU?si=YKbupJppve1iSDbO>.

67. Peterson, J. B., *et al.*, *Biblical Series: The Gospels*, The Daily Wire Productions (próximamente).

68. Masci, D., «In Russia, nostalgia for Soviet Union and positive feelings about Stalin», Pew Research Center, 29 de junio de 2017, <pewresearch.org/short-reads/2017/06/29/in-russia-nostalgia-for-soviet-union-and-positive-feelings-about-stalin/>; Dadabaev, T., «Manipulating post-Soviet nostalgia: Contrasting political narratives and public recollections in Central Asia», *International Journal of Asian Studies*, 18, 2020, págs. 61-81; Nemtsova, A., «Russia's twin nostalgias», *The Atlantic*, 7 de diciembre de 2019, <theatlantic.com/international/archive/2019/12/vladimir-putin-russia-nostalgia-soviet-union/603079>.

69. Ding, I., y Javed, J., «Why Maoism still resonates in China today», *Washington Post*, 29 de mayo de 2019, <washingtonpost.com/politics/2019/05/29/why-maoism-still-resonates-china-today>; Yue-Jones, T., «Witness: nostalgia for Mao era lives on 35 years after his death», Reuters, 8 de septiembre de 2011, <reuters.com/article/us-china-mao-idUSTRE7872EY20110908>.

70. Jung, C. G., *The Relations between the Ego and the Unconscious*, Princeton University Press, Princeton (NJ), 1921, párrafo 254 [trad. cast.: *Las relaciones entre el yo y lo inconsciente*, vol. 7, Trotta, Madrid, 2016].

71. Lefond, S. J., *Handbook of World Salt Resources*, Springer, Nueva York, 2012, pág. 337.

72. Véase sección 5.4., «O Dios, o si no...».

73. Klein, M., *Envy and Gratitude*, Tavistock, Londres, 1957, pág. 190 [trad. cast.: *La relación madre-hijo, la envidia y los celos*, Salvat, Barcelona, 2017].

74. Véase Neumann, *The Origins and History of Consciousness*, *op. cit.*; Neumann, *The Great Mother*, *op. cit.*; Jung, *The Collected Works of C. G. Jung*, vol. 5: *Symbols of Transformation*, *op. cit.*; véase también Zwigoff, T. (dir.), *Crumb*, *op. cit.*

7. Moisés I: Dios como el temible espíritu de la libertad

1. Sarna, J. D., *American Judaism: A History*, Yale University Press, New Haven, 2004.

2. Cochran, G., y Harpending, H., *The 10.000 Year Explosion: How Civilization Accelerated Human Evolution*, Basic Books, Nueva York, 2009.

3. Malory, T., *Le morte d'Arthur*, J. M. Dent & Sons Ltd., Londres, 1485 [trad. cast.: *La muerte del rey Arturo*, Alianza, Madrid, 2018].

4. Eliade, *The Myth of the Eternal Return*, *op. cit.*

5. Roser, M., «Mortality in the past: every second child died», *Our World in Data*, 11 de abril de 2023, <ourworldindata.org/child-mortality-in-the-past#>.

6. Birdsell, J. B., «Some predictions for the Pleistocene based on equilibrium systems among recent hunter gatherers», en R. Lee y Devore, I. (eds.), *Man the Hunter*, Aldine Publishing Company, Londres, 1986.

7. Véase Flanagan, C., «Losing the rare in "safe, legal and rare"», *The Atlantic*, 2019, <theatlantic.com/ideas/archive/2019/12/the-brilliance-of-safe-legal-and-rare/603151>.

8. Rowling, *Harry Potter and the Philosopher's Stone*, *op. cit.*

9. Disney, *La bella durmiente*, Walt Disney Productions, 1959.

10. Malory, *Le morte d'Arthur*, *op. cit.*

11. Jung, C. G., *The Psychology of the Child Archetype*, en *Collected*

Works of C. G. Jung, volumen 9 (parte 1): «Archetypes and the Collective Unconscious», *op. cit.*

12. Véase «Orphan characters in literature», <en.wikipedia.org/wiki/Category:Orphan_characters_in_literature>.

13. Allers, R., y Minkoff, R. (dirs.), *El rey león*, *op. cit.*

14. Véase «Mount Horeb», <en.wikipedia.org/wiki/Mount_Horeb>.

15. Jung, C. G., *Synchronicity: An Acausal Connecting Principle*, Routledge and Kegan Paul, Nueva York, 1952.

16. Peterson, *Maps of Meaning*, *op. cit.*

17. Liser, P., *Understanding Jacob's Ladder: Commentary on Parashat Vayetzei, Genesis 28:10-32:3*, s. f., <myjewishlearning.com/article/on-dreams-and-reality/>; tomado a partir de *Genesis Rabbah*, un texto religioso del periodo judío escrito entre los años 300 y 500 d. C. (véase «Genesis Rabah», <en.wikipedia.org/wiki/Genesis_Rabbah>).

18. Véase, por ejemplo, Jung, C. G., *The Philosophical Tree*, en *Alchemical Studies*, Routledge and Kegan Paul, Nueva York, 1967, págs. 333-344.

19. Ese motivo aparece bien expuesto en «Tree of Life», <en.wikipedia.org/wiki/Tree_of_life>; véase también Eliade, *The Sacred and the Profane*, *op. cit.*

20. Otto, R., *The Idea of the Holy*, Oxford University Press, Oxford, 1923.

21. Geronimi, C., Luske, H., y Jackson, W. (dirs.), *Cenicienta*, Walt Disney Productions, EE. UU., 1950.

22. Fleming, V. (dir.), y LeRoy, M. (prod.), *El mago de Oz*, Metro-Goldwyn-Mayer, EE. UU., 1939.

23. Véase «Seven League Books», <en.wikipedia.org/wiki/Seven-league_boots>.

24. Véase capítulo 5, «La torre de Babel: Dios frente la tiranía y el orgullo».

25. Estas son, claro está, las palabras que inauguran la Declaración de Independencia de Estados Unidos, tras el preámbulo: <archives.gov/founding-docs/declaration-transcript>.

26. Hirsh, J. B., Mar, R. A., y Peterson, J. B., «Psychological entropy: A framework for understanding uncertainty-related anxiety», *Psychological Review*, 119, 2012, págs. 304-320; Friston, K., Kilner,

J., y Harrison, L., «A free energy principle for the brain», *Journal of Physiology*, 100, 2006, págs. 70-87; Janoff-Bulman, R., *Shattered Assumptions: Towards a New Psychology Of Trauma*, The Free Press, Nueva York, 1992.

27. Janoff-Bulman, R., *Shattered Assumptions, op. cit.*

28. Peterson, *Maps of Meaning, op. cit.*

29. Tal como se representa, por ejemplo, en Rowling, *Harry Potter and the Chamber of Secrets, op. cit.*

30. Luske, H., Hee, T., Jackson, W., Kinney, J., Roberts, B., y Sharpsteen, B. (dirs.), *Pinocho, op. cit.*

31. Allers, R., y Minkoff, R. (dirs.), *El rey león, op. cit.*

32. Esto figura bien resumido en «I Am that I Am», <en.wikipedia.org/wiki/I_Am_that_I_Am>.

33. Expuesto en «Common being and Being as pure Act», <en.wikipedia.org/wiki/Actus_purus#Common_being_and_Being_as_pure_Act>.

34. Van der Toorn, K., «Yahweh», en K. van der Toorn, B. Becking y P. W. van der Horst (eds.), *Dictionary of Deities and Demons in the Bible*, Eerdmans, Grand Rapids, 1999, págs. 952-960.

35. Eliade, *The Sacred and the Profane, op. cit.*

36. Véase sección 8.2., «El restablecimiento desesperado de la alianza».

37. Todo se expone en Eliade, *The Sacred and the Profane, op. cit.*

38. *Ibidem*, págs. 34-36.

39. Galeno, *On the Usefulness of the Parts of the Body*, Cornell University Press, Ithaca (NY), 1968 [trad. cast.: *Del uso de las partes*, Gredos, Barcelona, 2010].

40. Véase sección 8.2., «El restablecimiento desesperado de la alianza».

41. Véase «Rule of Three (writing)», <en.wikipedia.org/wiki/Rule_of_three (writing)>.

42. Véase sección 7.2., «El árbol fiero como revelación del ser y el devenir».

43. Esta es una traducción con la que me encontré hará unas dos décadas y que se convirtió en mi preferida: Rosenthal, S., *Tao Teh Ching: The Way and Its Power* (verso 78), 1984, <http://enlight.lib.ntu.edu.tw/FULLTEXT/JR-AN/an142304.pdf>.

44. Nietzsche, F., *Thus Spoke Zarathustra*, *op. cit.*

45. Adoptando, por ejemplo, la forma del *Enuma elish* ya citado.

46. «Enthusiasm (n)», *Online Etymology Dictionary*, <etymonline.com/word/enthusiasm>.

47. Expuesto en gran detalle en Peterson, *Maps of Meaning*, *op. cit.*

48. Se trata de algo que es verdad desde un punto de vista técnico: el hundimiento de un sistema de creencias —un mapa— produce un aumento de la entropía, indicado por la ansiedad, así como una disminución de la emoción positiva como consecuencia de la confusión y el aumento de la distancia con respecto a una meta valorada: véase Hirsh, J. B., Mar, R. A., y Peterson, J. B., «Psychological entropy: A framework for understanding uncertaintyrelated anxiety», *Psychological Review*, 119, 2012, págs. 304-320; Friston, K., Kilner, J., y Harrison, L., «A free energy principle for the brain», *Journal of Physiology, Paris*, 100, 2006, págs. 70-87; Janoff-Bulman, R., *Shattered Assumptions*, *op. cit.*; Gray, J. A., y McNaughton, N., *The Neuropsychology of Anxiety*, Oxford University Press, Oxford, 2004.

49. Gray y McNaughton, *The Neuropsychology of Anxiety*, *op. cit.*

50. Véase sección 7.3., «El regreso al reino tiránico».

51. Véase capítulo 1, «En el principio».

52. Peterson, *Maps of Meaning*, *op. cit.*; véase también Jung, *The Collected Works of C. G. Jung*, vol. 5: *Symbols of Transformation*, *op. cit.*; Campbell, *The Hero with a Thousand Faces*, *op. cit.*; Neumann, *The Origins and History of Consciousness*, *op. cit.*; Neumann, *The Great Mother*, *op. cit.*; Eliade, *A History of Religious Ideas*, vols. 1-3, *op. cit.*; Eliade, *The Sacred and the Profane*, *op. cit.*

53. Véase sección 4.3., «Salvación gracias a los sabios y restitución del mundo».

54. Expuesto en Peterson, *Maps of Meaning*, *op. cit.*; véase también Goldberg, E., y Costa, L. D., «Hemisphere differences in the acquisition and use of descriptive systems», *Brain and Language*, 14, 1981, págs. 144-173.

55. Dawkins, R., «Worlds in microcosm», en R. Dawkins (ed.), *Inside the Survival Machine*, Oxford University Press, Nueva York, 1976, págs. 115-130, especialmente pág. 202.

56. *Ibidem.*

57. *Ibid.*, pág. 203.

58. *Ibid.*, pág. 210.

59. Donehower, L. A., *et al.*, «Defining a mutational hierarchy of cancer drivers based on the distribution of somatic mutations», *Nature Genetics*, 51 (1), 2019, 27888.

60. Véase sección 8.2., «El restablecimiento desesperado de la alianza».

61. Dawkins, «Worlds in microcosm», en *Survival Machine, op. cit.*, pág. 217.

62. *Ibidem*, pág. 219.

63. *Ibid.*, pág. 220.

64. Katsikopoulos, K. V., Şimşek, Ö., Buckmann, M., y Gigerenzer, G., *Classification in the Wild: The Science and Art of Transparent Decision Making*, MIT Press, Cambridge (MA), 2020.

65. Gibson, J. J., *The Ecological Approach to Visual Perception*, Houghton Mifflin, Nueva York, 1979.

66. Menand, L., *The Metaphysical Club: A Story of Ideas in America*, Farrar, Straus and Giroux, Nueva York, 2001.

67. Faulkner, W., *Requiem for a Nun*, Random House, Nueva York, 1951, acto I, escena 3, véase <fadedpage.com/books/20190243/html.php> [trad. cast.: *Réquiem por una mujer*, Punto de Lectura, Barcelona, 2023].

68. Véase «Presagio».

69. Para una exposición extraordinaria de este peligro y de cómo evitarlo, véase Jung, *The Relations between the Ego and the Unconscious, op. cit.*, CW 7.

70. Un repaso breve a la extensa literatura sobre los efectos beneficiosos de establecer metas voluntarias puede encontrarse en Peterson, J. B., y Mar, R., «The benefits of writing», Selfauthoring, 2014, <blob.core.windows.net/media/Default/Pdf/WritingBenefits.pdf>; véase también Morisano, D., Hirsh, J. B., Peterson, J. B., Shore, B., y Pihl, R. O., «Personal goal setting, reflection, and elaboration improves academic performance in university students», *Journal of Applied Psychology*, 95, 2010, págs. 255-264; Pennebaker, J. W., y Seagal, J. D., «Forming a story: The health benefits of narrative», *Journal of Clinical Psychology*, 55, 1999, págs. 1243-1254.

71. Vygotsky, *Thought and Language, op. cit.*

72. Peterson, J. B., y Flanders, J. L., «Play and the regulation of

aggression», en R. E. Tremblay, W. W. Hartup y J. Archer (eds.), *Developmental Origins of Aggression*, Guilford, Nueva York, 2005, págs. 133-157; Flanders, J. L., Leo, V., Paquette, D., Pihl, R. O., y Séguin, J. R., «Rough-and-tumble play and the regulation of aggression: an observational study of father-child play dyads», *Aggressive Behavior*, 35, 2009, págs. 285-295.

73. Zimmerman, A., «Subsidiarity and a free society: The subsidiary role of the state in Catholic social teaching», *Solidarity: The Journal of Catholic Social Thought and Secular Ethics*, 8, 2019, págs. 1-19.

74. Behr, T., *Social Justice and Subsidiarity: Luigi Taparelli and the Origins of Modern Catholic Social Thought*, The Catholic University of America Press, Washington D. C., 2019.

75. Zimmermann, A., «Reforming the democratic state: Subsidiarity and a vision of limited government», *Revista de la Facultad de Jurisprudencia*, 1, 2017, págs. 1-15.

76. Shields-Wright, K., «The principles of Catholic social teaching: a guide for decision making from daily clinical encounters to national policy-making», *Linacre Quarterly*, 84, 2017, págs. 10-22.

77. Röpke, W., *The Humane Economist: A Wilhelm Röpke Reader*, Acton Institute, Grand Rapids (MI), 2019.

78. Hayek, F. A., *The Road to Serfdom*, University of Chicago Press, Chicago, 1944 [trad. cast.: *Camino de servidumbre*, Alianza, Madrid, 2015].

79. Kieffer, J. W., «Subsidiarity: Restoring a sacred harmony», *Linacre Quarterly*, 84, 2017, págs. 1-9.

80. «El principio de subsidiariedad. Fichas temáticas sobre la Unión Europea», Parlamento Europeo, s. f., consultado el 31 de julio de 2023 en <europarl.europa.eu/factsheets/en/sheet/7/the-principle-of-subsidiarity>; Cygan, A., «Participation by national parliaments in the EU legislative process», *ERA Forum*, 22, 2023, págs. 421-435.

81. Vischer, R. K., «Subsidiarity as a principle of governance: beyond devolution», *Indiana Law Review*, 34, 2001, págs. 103-132.

82. Véase sección 2.7., «La pérdida del paraíso y la espada encendida».

83. Véase «Presagio».

84. Van der Kolk, B., *The Body Keeps the Score*, Viking, Nueva

York, 2014. El trabajo reciente, ya citado, sobre la relación entre percepción, conceptualización, entropía y regulación emocional también es relevante a la hora de considerar estas cuestiones: véase Friston, K., «The free-energy principle: a rough guide to the brain?», *Trends in Cognitive Sciences*, 13, 2009, págs. 293-301; Hirsh, J. B., Mar, R.A., y Peterson, J. B., «Psychological entropy: A framework for understanding uncertainty-related anxiety», *Psychological Review*, 119, 2012, págs. 304-320.

85. McEwen, B. S., «Protective and damaging effects of stress mediators», *New England Journal of Medicine*, 338, 1998, págs. 171-179.

86. McEwen, B. S., «Allostasis and allostatic load: implications for neuropsychopharmacology», *Neuropsychopharmacology*, 22, 2000, págs. 108-124, especialmente pág. 108.

87. Janoff-Bulman, R., *Shattered Assumptions, op. cit.*; Edmondson, D., Chaudoir, S. R., Mills, M. A., Park, C. L., Holub, J., y Bartkowiak, J. M., «From shattered assumptions to weakened worldviews: Trauma symptoms signal anxiety buffer disruption», *Journal of Loss & Trauma*, 16, 2011, págs. 358-385.

88. Bremner, J. D., «Traumatic stress: Effects on the brain», *Dialogues in Clinical NeuroScience*, 8, 2006, págs. 445-461.

89. Huffman, N., *et al.*, «Association of age of adverse childhood experiences with thalamic volumes and post-traumatic stress disorder in adulthood», *Frontiers in Behavioral NeuroScience*, 17, 2023, 11471686.

90. Foa, E. B., y McLean, C. P., «The efficacy of exposure therapy for anxiety-related disorders and its underlying mechanisms: The case of OCD and PTSD», *Annual Review of Clinical Psychology*, 12, 2016, págs. 1-28.

91. Lindauer, R. J., *et al.*, «Effects of psychotherapy on hippocampal volume in outpatients with post-traumatic stress disorder: a MRI investigation», *Psychological Medicine*, 35, 2005, págs. 1421-1431.

92. Gray, J. A., y McNaughton, N., *The Neuropsychology of Anxiety*, Oxford University Press, Oxford, 2004; véase también Vinogradova, O. S., «Hippocampus as comparator: role of the two input and two output systems of the hippocampus in selection and registration of information», *Hippocampus*, 11, 2001, págs. 578-598.

93. Carhart-Harris, R. L., y Friston, K. J., «REBUS and the

anarchic brain: Toward a unified model of the brain action of psyche-delics», *Pharmacological Reviews*, 71, 2019, págs. 316-444; Friston, K., «The free-energy principle: A rough guide to the brain?», *Trends in Cognitive Sciences*, 13, 2009, págs. 293-301; Hirsh, J. B., Mar, R.A., y Peterson, J. B., «Psychological entropy: A framework for understan-ding uncertainty-related anxiety», *Psychological Review*, 119, 2012, págs. 304-320. Aldous Huxley apuntaba en esa dirección con su ins-pirada obra a mediados del siglo xx: Huxley, A., *The Doors of Percep-tion*, Chatto & Windus, Londres, 1954 [trad. cast.: *Las puertas de la percepción*, DeBolsillo, Barcelona, 2018].

94. Se trata de algo que a menudo se confunde con una defensa contra la ansiedad de la muerte, en consonancia con Becker, E., *The Denial of Death*, Free Press, Nueva York, 1973 [trad. cast.: *La nega-ción de la muerte*, Kairós, Barcelona, 2003].

95. Jung, C. G., *Psychology and Religion*, Yale University Press, New Haven, 1963, párrafo 82 [trad. cast.: *Psicología y religión*, Paidós, Barcelona, 2004].

96. *Ibidem*, párrafo 75.

97. Wordsworth, W., «Ode: Intimations of immortality from recollections of early childhood», en *Poems in Two Volumes*, Long-man, Hurst, Rees, Orme, and Brown, Londres, 1807, págs. 285-296.

98. DeYoung, C. G., Flanders, J. L., y Peterson, J. B., «Cogni-tive abilities involved in insight problem solving: An individual diffe-rences model», *Creativity Research Journal*, 20, 2008, págs. 278-290.

99. De Waal, *Chimpanzee Politics, op. cit.*

100. Pusey, J. M., y Packer, C., «The evolution of social structu-re in female baboons», *Advances in the Study of Behavior*, 27, 1997, págs. 1-79; Gilby, M. L., Hill, R. A., y Barton, R. A., «Social rank stability in male baboons: The role of kinship and social learning», *Animal Behavior*, 71, 2006, págs. 513-522.

101. Véase sección 7.5., «El inevitable interregno del caos y el espíritu que guía».

102. Como en la conocida afirmación: «Consideramos que estas verdades son evidentes por sí mismas», que abre el segundo párrafo de la Declaración de Independencia de Estados Unidos.

103. Axelrod, R., y Hamilton, W. D., «The evolution of coope-ration», *Science*, 211, 1981, págs. 1390-1396; Nowak, M., y Sig-

mund, K., «Evolution of indirect reciprocity», *Nature*, 437, 2005, págs. 1291-1298, especialmente pág. 1291; véase también Bicchieri, C., *The Grammar of Society: The Nature and Dynamics of Social Norms*, MIT Press, Cambridge (MA), 2012; Fehr, E., y Fischbacher, U., «The nature of human altruism», *Nature*, 415, 2002, págs. 752-755; Hofstadter, D. R., «The prisoner's dilemma: Computer tournaments and the evolution of cooperation», en D. R. Hofstadter (ed.), *Metamagical Themas: Questing for the Essence of Mind and Pattern*, Basic Books, Nueva York, 1983, págs. 715-734.

104. Yan, J., «Personal sustained cooperation based on networked evolutionary game theory», *Scientific Reports*, 13, 2023, págs. 9125-9130.

105. Unos resúmenes breves pero instructivos al respecto pueden consultarse en <newworldencyclopedia.org/entry/Golden_Rule>; «Golden Rule», <en.wikipedia.org/wiki/Golden_Rule>.

106. Jung, C. G., *The Collected Works of C. G. Jung*, vol. 13: *Alchemical studies, op. cit.*

8. Moisés II: hedonismo y tentación infantil

1. Kasser, T., «Materialistic values and goals», *Annual Review of Psychology*, 67, 2016, págs. 489-514; Dittmar, H., Bond, R., Hurst, M., y Kasser, T., «The relationship between materialism and personal well-being: A meta-analysis», *Journal of Personality and Social Psychology*, 107, 2014, págs. 879-924.

2. Como defiende, por ejemplo, Rorty, R., *Philosophy and the Mirror of Nature*, Princeton University Press, Princeton (NJ), 1979, y como mínimo se da a entender con contundencia en las obras de Foucault, tales como Foucault, *Discipline and Punish, op. cit.*; Foucault, *The History of Sexuality, op. cit.*

3. Yeats, W. B., *The Collected poems of W. B. Yeats*, Collier Books, Nueva York, 1989 [trad. cast.: *El segundo advenimiento: poesía reunida*, Pre-textos, Valencia, 2010].

4. Schrödinger, Erwin, *What is Life? The Physical Aspect of the Living Cell*, Cambridge University Press, Cambridge (MA), 1951 [trad. cast.: *¿Qué es la vida?*, Círculo de Lectores, Barcelona, 2009].

5. Esta cuestión se aborda de manera inteligente en <gotquestions.org/Israelites-exodus.html>.

6. Como se expone en 5.1., «Lucifer y los ingenieros».

7. Tomado específicamente a partir de <biblehub.com/exodus/32-35.htm#commentary>; extraído de Spence-Jones (ed.), *The Pulpit Commentary, op. cit.*

8. Véase <biblehub.com/exodus/33-12.htm#commentary>; extraído de Spence-Jones, *The Pulpit Commentary, op. cit.*

9. Véase «Presagio».

10. Véase <biblehub.com/exodus/33-23.htm#commentary>; extraído de Spence-Jones (ed.), *The Pulpit Commentary, op. cit.*

11. Dawkins, R., *The God Delusion*, Houghton Mifflin Harcourt, Nueva York, 2006, capítulo 10 [trad. cast.: *El espejismo de Dios*, Espasa, Barcelona, 2012].

12. «Guy Sorman, un colega intelectual, ha desatado una tormenta entre los *intellos* parisinos al afirmar que Foucault, que falleció en 1984 a los cincuenta y siete años, fue un violador pedófilo que se acostaba con niños árabes cuando vivió en Túnez a finales de la década de 1960»: <thetimes.co.uk/article/french-philosopher-michel-foucault-abused-boys-in-tunisia-6t5sj7jvw>. Por no hablar de su insistencia en mantener sus salidas sexuales, promiscuas y sadomasoquistas, después de saber que era portador del sida: véase Kimball, R., «The perversions of M. Foucault», *New Criterion*, marzo de 1993, <newcriterion.com/article/the-perversions-of-m-foucault>.

13. Perry, L., *The Case against the Sexual Revolution: A New Guide to Sex in the 21st Century*, Polity, Nueva York, 2022.

14. Ehrlich, P. R., *The Population Bomb*, Ballantine Books, Nueva York, 1968; véase también la igualmente criticable e injustificada misiva del denominado Club de Roma: Meadows, D. H., Meadows, D. L., Randers, J., y Behrens III, W. W., *The Limits to Growth: A Report for the Club of Rome's Project on the Predicament of Mankind*, Universe Books, Nueva York, 1972.

15. Conly, S., *One Child: Do We Have a Right to More?* Oxford University Press, Nueva York, 2016.

16. Para un resumen y una crítica de esas concepciones, véase Lomborg, B., «Welfare in the 21st century: Increasing development, reducing inequality, the impact of climate change, and the cost of

climate policies», *Technological Forecasting and Social Change*, 156, 2020, 119981; véase también Epstein, A., *Fossil Future: Why Global Human Flourishing Requires More Oil, Coal, and Natural Gas — Not Less*, Penguin, Nueva York, 2022.

17. Tomado específicamente de <biblehub.com/exodus/34-1. htm#commentary>; extraído de Ellicott, C. J., *Ellicott's Commentary for English Readers*, Cassell and Company, Ltd., Londres, 1905.

18. Véase sección 1.5., «A imagen de Dios».

19. Véase sección 2.7., «La pérdida del paraíso y la espada encendida».

20. Véase sección 2.2., «Orgullo frente a orden moral sagrado».

21. Véase sección 6.1., «En marcha».

22. Chang, I., *The Rape of Nanking: The Forgotten Holocaust of World War II*, Basic Books, Nueva York, 1997, pág. 104 [trad. cast.: *La violación de Nanking: el holocausto olvidado de la Segunda Guerra Mundial*, Capitán Swing, Madrid, 2016].

23. *Ibidem*, págs. 109-110.

24. Browning, C. R., *Ordinary Men: Reserve Police Battalion 101 and the Final Solution in Poland*, HarperPerennial, Nueva York, 1992 [trad. cast.: *Aquellos hombres grises: el Batallón 101 y la solución final en Polonia*, Edhasa, Barcelona, 2011].

25. Para una exposición completa y clarificadora de estas cuestiones, véase Landes, D. S., *The Wealth and Poverty of Nations: Why Some Are So Rich and Some So Poor*, W. W. Norton, Nueva York, 1998 [trad. cast.: *La riqueza y la pobreza de las naciones*, Crítica, Barcelona, 2008].

26. Véase sección 8.2., «El restablecimiento desesperado de la alianza».

27. Frankl, V. E., *Man's Search for Meaning: An Introduction to Logotherapy*, Washington Square Press, Nueva York, 1963 [trad. cast.: *El hombre en busca del sentido último*, Paidós, Barcelona, 2012].

28. Véase capítulo 6, «Abraham: Dios como vigorosa llamada a la aventura».

29. Véase sección 2.2., «Orgullo frente a orden moral sagrado».

30. Véase sección 8.2., «El restablecimiento desesperado de la alianza».

31. Donehower, L. A., *et al.*, «Defining a mutational hierarchy

of cancer drivers based on the distribution of somatic mutations», *Nature Genetics*, 51, 2019, págs. 278-288.

32. Véase sección 2.4., «Los pecados eternos de Eva y Adán».

33. Véase, por ejemplo, Peterson, *Maps of Meaning, op. cit.*; véase también Jung, *The Collected Works of C. G. Jung*, vol. 5: *Symbols of Transformation, op. cit.*; Campbell, *The Hero with a Thousand Faces, op. cit.*; Neumann, *The Origins and History of Consciousness, op. cit.*; Neumann, *The Great Mother, op. cit.*; Eliade, *A History of Religious Ideas, op. cit.*; Eliade, *The Sacred and the Profane, op. cit.*

34. Jones, D. E., *An Instinct for Dragons*, Routledge, Nueva York, 2002.

35. Véase sección 1.5., «A imagen de Dios».

36. *Ibidem.*

37. Foa, E. B., y McLean, C. P., «The efficacy of exposure therapy for anxiety-related disorders and its underlying mechanisms: The case of OCD and PTSD», *Annual Review of Clinical Psychology*, 12, 2016, págs. 1-28.

38. Vervliet, B., Vansteenwegen, D., y Eelen, P., «Generalization of extinguished skin conductance responding in human fear conditioning», *Learning and Memory*, 11, 2004, págs. 555-558; Preusser, F., Margraf, J., y Zlomuzica, A., «Generalization of extinguished fear to untreated fear stimuli after exposure», *Neuropsychopharmacology*, 42, 2017, págs. 2545-2552.

39. Piaget, J., *Play, Dreams, and Imitation in Childhood*, Norton, Nueva York, 1962; Piaget, *The Moral Judgment of the Child, op. cit.*; Vygotsky, *Thought and Language, op. cit.*; Peterson, *Maps of Meaning, op. cit.*

40. Véase sección 3.6., «Poseído creativamente por el espíritu del resentimiento».

41. Douglas, M., *Numbers*, Pelican Books, Londres, 1970; Peterson, J. B., y Flanders, J. L., «Play and the regulation of aggression», en R. E. Tremblay, W. W. Hartup y J. Archer (eds.), *Developmental Origins of Aggression*, The Guilford Press, Nueva York, 2005, págs. 133-157.

42. Véase sección 8.2., «El restablecimiento desesperado de la alianza».

43. *Ibidem.*

44. Véase sección 6.7., «La cúspide del sacrificio».

45. Dawkins, *The God Delusion*, *op. cit.*

46. Prager, D., *The Rational Bible: Exodus*, Regnery Faith, Washington, D. C., 2018; véase también Prager, D., «Do not murder», *Prager U*, diciembre de 2014, <youtu.be/0RENPaY043o?si=35PH jhPgVj8QfZSu>.

47. Niditch, S., *War in the Hebrew Bible: A Study in the Ethics of Violence*, Oxford University Press, Nueva York, 1995.

48. Peterson, J. B., y Thornhill, R., «Death, disease and politics», *The Jordan B. Peterson Podcast*, 184, 2021, <youtu.be/6DqJ1Wv6Et-Q?si=sZJA5pvUchlNbsWN>.

49. Fincher, C. L, Thornhill, R., Murray, D. R., y Schaller, M., «Pathogen prevalence predicts human cross-cultural variability in individualism/collectivism», *Proceedings of the Royal Society: Biology*, 275, 2008, págs. 1279-1285; Fincher, C. L., y Thornhill, R., «Parasitestress promotes in-group assortative sociality: The cases of strong family ties and heightened religiosity», *Behavioral and Brain Science*, 35, 2012, págs. 61-79; Murray, D. R., Schaller, M., y Suedfeld, P., «Pathogens and politics: Further evidence that parasite prevalence predicts authoritarianism», *PLoS One*, 8, 2013, e62275; Thornhill, R., y Fincher, C. L., *The Parasite-Stress Theory of Values and Sociality: Infectious Disease, History and Human Values Worldwide*, Springer, Nueva York, 2014; Thornhill, R., Fincher, C. L., y Aran, D., «Parasites, democratization, and the liberalization of values across contemporary countries», *Biological Reviews of the Cambridge Philosophical Society*, 84, 2009, págs. 113-131.

50. Un explicación más detallada sobre la identificación psicológica del extranjero, la idea extraña y lo extraño en sí mismo puede encontrarse en Peterson, *Maps of Meaning*, *op. cit.*

51. Blenkinsopp, J., *Gibeon and Israel: The Role of Gibeon and the Gibeonites in the Political and Religious History of Early Israel*, Cambridge University Press, Cambridge (MA), 1981, pág. 184.

52. Véase sección 7.1., «Los judíos como transeúntes rechazados y esclavos».

53. *Ibidem.*

54. Ingersoll, R. G., «The punishment of natural consequences», en *The Works of Robert G. Ingersoll*, vol. 10, Freethought Press Association, Joliet (IN), 1905, págs. 39-40.

55. Para un análisis de esta relación causal con respecto al comunismo y sus horrores, véase Solzhenitsin, *The Gulag Archipelago, op. cit.*

9. Jonás y el abismo eterno

1. Véase «Presagio».

2. Platón, «Apology», en J. M. Cooper (ed.), *Plato: Complete Works,* Hackett Publishing Company, 1997, págs. 17-38 [trad. cast.: *Apología de Sócrates*, Minimal, Barcelona, 2013].

3. Véase sección 2.2., «Orgullo frente a orden moral sagrado».

4. Thompson, D., «The spectacular rise and fall of US whaling: an innovation story», *The Atlantic,* febrero de 2012, <theatlantic.com/business/archive/2012/02/the-spectacular-rise -and-fall- of-us-whaling-an-innovation-story/253355>.

5. Véase sección 4.2., «Pecado y regreso del caos».

6. Véase, por ejemplo, *El descenso a los infiernos:* fresco pintado en el *paraclesion* (capilla lateral) de la iglesia de San Salvador de Cora, Estambul. En la imagen, Cristo es representado sacando del infierno a Adán y a Eva, tirando de ellos de las muñecas y no de las manos (lo que indica que la acción es obra de lo divino, que desciende, y no consecuencia de los esfuerzos del hombre y la mujer).

7. Peterson, *Maps of Meaning, op. cit.*

8. Solzhenitsin, *The Gulag Archipelago, op. cit.*

9. Del Evangelio de Tomás, citado [en inglés] en Pagels, E., *The Gnostic Gospels*, Random House, Nueva York, 1979, pág. xv.

10. Tomado específicamente de <biblehub.com/jonah/4-6.htm#-commentary>; extraído de Spence-Jones (ed.), *The Pulpit Commentary, op. cit.*

Conclusión

1. Blau, F. D., y Kahn, L. M., «The gender wage gap: Extent, trends, and explanations», *Journal of Economic Literature*, 55, págs. 789-865; Charles, M., y Grusky, D. B., *Occupational Ghettos: The Worldwide Segregation of Women and Men*, Stanford University Press,

Stanford (CA), 2004; Croson, R., y Gneezy, U., «Gender differences in preferences», *Journal of Economic Literature*, 47, 2009, págs. 448-474; Del Giudice, M., «Measuring sex differences and similarities», en D. P. Vander Laan y W. I. Wong (eds.), *Gender and Sexuality Development: Contemporary Theory and Research*, Springer Nature AG, Cahm, 2022, págs. 1-38; Falk, A., Becker, A., Dohmen, T., Enke, B., Huffman, D., y Sunde, U., «Global evidence on economic preferences», *Quarterly Journal of Economics*, 133, 2018, págs. 1645-1692; Kahn, S., y Ginther, D., «Women and STEM», *NBER Working Paper*, 23525, 2017; Kuhn, A., y Wolter, S. C., «Things versus people: Gender differences in vocational interests and in occupational preferences», *Journal of Economic Behavior & Organization*, 203, 2022, págs. 210-234; Weisberg, Y. G., DeYoung, C. G., y Hirsh, J. B., «Gender differences in personality across the ten aspects of the big five», *Frontiers in Psychology*, 2, 2011, pág. 178.

2. Peterson, *Maps of Meaning, op. cit.*

Acerca del autor

JORDAN B. PETERSON es el autor de *12 reglas para vivir* y su continuación, *Más allá del orden*, obras que han vendido más de siete millones de ejemplares en todo el mundo. Después de trabajar durante décadas como psicólogo clínico y como catedrático de Harvard y de la Universidad de Toronto, Peterson se ha erigido como uno de los intelectuales públicos más influyentes. Su mezcla de erudición, carisma y afán provocador lo han convertido en referente para millones de personas que lo siguen a través de sus videos y pódcast. Junto con sus alumnos y colaboradores ha publicado más de cien artículos científicos, y su libro *Mapas de sentidos* revolucionó la psicología de la religión. Recientemente, en colaboración con *The Daily Wire*, lideró un seminario sobre el Éxodo, continuando así sus conferencias sobre el Génesis, ampliamente elogiadas tanto por la crítica como por el público.